正史의 傳胤 寒闇堂 李裕岦 評傳

百年의 旅程

梁宗鉉 著

正史의 傳胤 寒闇堂 李裕岦 評傳

百年의 旅程

지은이   梁宗鉉
발행일   단기 4342(2009)년 11월 18일 초판 1쇄
발행인   안중건
발행처   상생출판
전   화   070-8644-3161
팩   스   042-254-9308
E-mail   sangsaengbooks@sangsaengbooks.co.kr
출판등록   2005년 3월 11일(제175호)
배본 대행처 / 대원출판
ⓒ 2009 상생출판

ISBN 978-89-957391-9-8

한암당 이유립 선생

正史의 傳胤 寒闇堂 李裕岦 評傳

百年의 旅程

梁宗鉉 著

이유립 선생과 환단고기

이유립 선생은 『환단고기』를 공개하여 역사학계를 크게 놀라게 한 분이다. 우리나라, 역사학계가 그 때처럼 충격을 받은 일이 없었다. 우리나라 역사학 특히 국사학은 일제식민사학에 의해 훼손된 채 내려왔고 이것을 바로잡는 것이 학계의 100년 과업이었다. 그러나 그 여독이 일본역사교과서 문제로 불거져 나왔고 오늘까지도 해결되지 않았고 최근에는 중국의 소위 동북공정에 시달려 동과 서에서 역사침략을 당하고 있다. 우리나라 국사학은 앞문에 호랑이 뒷문에 이리를 맞아 허둥대고 있는 것이다.

그동안 우리나라 국사학은 종래의 「國史」를 국수주의적 명칭이라 하여 스스로 「韓國史」로 창씨개명(?)하였으나 이것은 일본제국주의가 패전하여 국사를 일본사를 바꾼 것을 그대로 모방한 것이다. 왜 국사를 한국사로 바꾸는가. 지금이라도 늦지 않았으니 국사로 환원하여야 한다. 다행히 중고등학교 교과서는 국사를 그대로 쓰고 있다. 우리 국사는 매우 오랜 역사를 가지고 있다. 서양사나 일본사에 견줄 것이 아니다.

일찍이 위당 정인보는 『삼국사기』에 나오는 국학이란 말은 중국에서 들여온 「한학을 배우는 곳」이 뜻이 아니라 우리 고유의 「국학」이라 하였다. 정인보는 『환단고기』를 보지도 못한 분이었지만 국학의 참 뜻을 파악하고 있었던 것이나 오늘의 한국 학계에서는 이 말을 알아듣지 못하고 또 받아들이지 않았다. 중국에서 들어온 儒 佛 道 外來三敎 즉 外國學 이전에 우리 고유의 국학이 없었다고 보는 것이 오늘의 정설이다. 한국 사학은 그런 가설 하에 국사를 연구하고 있다.

외국학이 들어오기 전에 국학이 있었다. 그것을 연구하는 것이 국학이다. 『삼국사기』에 나오는 국학과 국사는 그런 뜻으로 이해하여야 한다. 반드시

3

한문과 한학이 국학과 국사가 아니었다는 사실을 왜 정인보와 신채호와 최남선만 알았을까.

외래삼교가 들어오기 전에 우리고유의 학문과 문화가 없었다는 가설을 버려야 한다. 이 가설이 바로 일제식민사학의 代父 구로이타(黑板勝美)의 敎示(?)이다. 흑판 보다 먼저 조선학을 시작한 하야시(林泰輔)는 조선사의 맨 위 머리에 단군이 계시다는 사실을 시인하였는데 왜 우리나라 한국 학자들은 단군을 부정한 구로이타(黑板勝美)를 따랐을까.

이병도까지도 하야시(林泰輔)를 따랐는데 아니 하야시의 『조선통사』를 베꼈는데 왜 그 제자들은 하야시(임태보)를 따르지 않고 흑판승미를 따랐을까. 그 이유는 선생이 교단에서 흑판(일본)만 보고 강의하고 학생들(한국)을 보지 않기 때문이다. 흑판에는 흑판이 쓴 왜곡된 일인학자들의 역사가 가득 쓰여 있었다. 선생이 학생을 보지 않고 흑판만 보고 강의하여서는 안 된다. 그러면 우리 역사가 제대로 보이지 않고 일본 역사만 보이는 것이다.

이유립 선생이 『환단고기』를 처음 공개되었을 때 우리 학계는 엄청난 충격을 받았다. 우리나라 역사학계는 오랫동안 사대주의 사학과 일제식민사관으로 크게 훼손된 역사를 마치 서당 학생들처럼 사서삼경을 암송하여 오다가 상고사가 없다고 믿어왔다. 그러나 상고사가 있다고 기록한 『환단고기』를 보고 놀라고 "이건 위서야!"라고 소리쳤다. 환인이 하늘에서 환웅을 내려 보냈다는 신화는 물론 그 아들인 단군도 역사가 아닌 신화이다. 이렇게 반박한 것이다.

선생이 『환단고기』를 공개함으로서 학계는 완전히 두 쪽이 났다. 하나는 국학파요, 다른 하나는 한국학파이다. 전자를 재야사학, 후자를 강단사학이라고도 한다. 바꾸어 말하면 『환단고기』를 위서라 하여 반대하는 세력이 강단학파인데 일제 때 일본인 사학자처럼 그들이 대학의 강단을 점령하고 흑판만 보고 역사를 강의하고 있는 것이다. 그들은 학술원 예술원까지도 점령하여 한국사를 찬양하고 국학을 모멸하고 있는 것이다.

아무리 가까운 현대의 인물이라도 흔적 없이 사라지는 분이 있으니 이유립 선생이다. 역사의 대로를 강점하여 반대 세력을 힘으로 역사의 뒷골목으로 밀어붙이기 때문이다. 선생은 우리나라 국사를 바로잡기 위해 태어나신 분이며 사대주의를 싫어하시고 민주화와 근대화라는 서구화를 불신했던 양심 있는 지식인의 한 분이었다. 『백년의 여정』을 지은 저자 양종현 군은 선생을 국사의 아버지라 칭송하고 싶어 했다. 서양에서는 헤로도토스, 동양에서는 사마천을 역사의 아버지라 하지만, 한국에서는 마땅한 역사의 아버지가 없다. 그래서 이유립 선생을 역사의 아버지라 부르고 싶었던 것이다. 과연 이유립 선생을 국사의 아버지라 해도 될까. 된다고 생각한다. 한국사의 아버지는 아닐지라도 국사의 아버지라 하면 옳은 호칭일 것이다.

필자는 이유립 선생 생전에 딱 한 번 뵌 일이 있으나 무슨 말을 들었는지 기억하지 못한다. 필자도 이제 선생이 돌아가실 때의 나이 79세가 되었으니 기억력이 희미할 수밖에 없다. 선생의 키가 작았다는 인상만 남을 뿐, 그때 선생의 말씀을 듣지 못한 것이 못내 아쉽다. 그러나 그 분의 글은 일찍부터 접해온 터라 선생이 우리 국사학의 거인으로 남을 것이란 사실을 이미 점치고 있었다.

금번 저자 양종현 군이 쓴 한암당 李裕岦 평전 『백년의 여정』은 현대사의 표면에서 사라진 거인을 모시고 있던 제자가 스승을 다시 역사의 무대 위에 모신 책으로 별다른 의미가 있다. 역사는 기억이요 기록이다. 스승을 위해 글을 남기는 저자의 뜨거운 정성에 감사하면서 이 글을 마친다. 이 책이 공전의 히트가 되기를 바라지 않더라도 되도록 많이 그리고 오래도록 읽히어 왜곡된 우리 한국사가 국사로 시정되기를 바라마지 않는다.

개천 5906년 여름

서오릉 벌 고개 우거에서

白山 朴成壽 씀

'한암당 사학'의 발전을 기대하며

박정학/사단법인 한배달 이사장
문학(역사학)박사 · 예)장성

사단법인 한배달은 한암당 이유립 선생님과의 인연으로 탄생되었다. 그런데 선생님이 돌아가신 지 20년이 훨씬 지나도록 선생님을 위해 아무런 일도 하지 못한 것이 늘 가슴에 부담으로 남아 있던 중에 양종현 선생으로부터 '한암당 평전'을 낸다는 연락을 받고 매우 반가운 마음이 일면서 옛 생각들이 되살아났다.

내가 선생님을 처음 알게 된 것은 1978년 박창암 장군이 내고 있던 『自由』지의 글에서였으며, 그리고 4년 후에 한미연합사 한국군장병들을 위한 초빙강사로 모시면서 만나뵐 수 있었다. 1985년 8월 '인수봉의 일제 쇠말뚝을 뽑는다'는 기사를 보고 국사광복의 기회가 오는 것 같아 묻고 물어 김포의 단칸방 집으로 찾아가 뵙고, 가르침을 요청했다가 "이미 포기했다."며 거절하셨으나 세 번째에 부부가 함께 아이들을 데리고 찾아가 집사람이 "아들을 만주회복의 선봉장으로 키우고 싶은데 현재의 역사로는 그런 의지를 심어줄 수 없으니 가르쳐주십시오."하고 간청을 하여 승낙을 받아낼 수 있었다. 그래서 주변에 모금활동을 별여 10월에 화곡동에 조그마한 집을 전세 내어 사모님 및 미혼의 막내딸과 함께 살면서 연구를 하실 수 있도록 연구실을 마련해드렸다.

이사를 한 후 집사람은 한암당 선생님의 마지막 제자가 되어 79년 복간된 『환단고기』로 공부를 했고, 나는 선생님의 그간의 연구실적과 아직 마무리하지 못한 연구를 지속하셔서 함께 묶어 책을 출판하기로 승낙을 받은 후 고려원 김낙천 사장의 협조를 받아 『대배달민족사』 편집팀을 구성하여 작업을 시작했다. 한편으로 모금에 참여한 사람들의 요청에 따라 그 제자였던 전형배, 고성미씨를 강사로 하여 12월부터 매주 1회의 '한암당 역사론'에 대한 강좌를 개설했다. 그리고 100여일이 지나 '이제 제자들이 아닌 본인의 말씀을 한 번 들어보자.'는 요청에 따라 모셨던 1986년 4월 16일 강좌를 마치고 쓰러지셔서 결국 4월19일 새벽에 돌아가셨으며, 그 때 마지막으로 하신 "이제 좀 더 체계적으로 국사광복 운동을 해야 하지 않겠느냐?"는 말씀이 뿌리가 되어 그해 7월1일에 한배달을 설립하게 되었고, 다음해 4월17일 1주기를 맞아 '한암당기념사업회'(회장 전유선, 집사람) 주관의 『대배달민족사』 출판기념식을 가졌다. 나와 한암당 선생님은 이런 깊은 인연이 있으니 그분에 대한 평전이 나온다니 기쁘지 않을 수 없다.

『대배달민족사』는 한암당 선생님께서 비록 평소에 하시던 말씀과 꿈을 모두 쏟아놓지는 못하셨지만, 우리 후학들에게는 민족주체적인 사관과 한암당 사론의 핵심을 알 수 있는 귀중한 자료가 되고 있다. 그 사론의 핵심은 "보편적 이론을 추구한다면서 국사를 다른 사람의 시각에 맞추어 해석하는 것은 옳지 않다. 그 당시, 그 사람들의 생각으로 보아야 사실에 가까워지는 게 역사다."며 국사의 주체적인 이해를 중시하는 점과 현재 중국의 동북공정에서 우리나라 학자들의 신라 중심 사론을 고구려를 자신들의 지방정권이라고 주장하는 데에 많이 인용한 점에 비추어 '신라도 고구려의 연맹국으로 보아야 한다는 고구려 정통론'이라고 생각된다. 내가 대학원에 가서 국사를 공부하고 박사학위 논문을 쓰는 동안 이런 사관은 나에게 큰 영향을 미쳤다. 이런 점에서 한암당 선생님은 자신의 역할을 다하고 가셨으며, 선생님이 못다 하신 남은 과제를 완성하는 것은 후학들의 몫이라고 생각한다.

사람이란 원래 완전한 존재가 아니므로 한암당 선생님도 개인적인 신념이나 학설, 논리전개 요령 등에 한계가 있으며, 특히 현대학문방법으로는 충분하지 못하다는 평가를 할 만한 내용도 있을 수 있다. 그러나 당시의 상황에서 이 정도의 연구성과를 남기신 것은 대단한 공적이라고 평가할 수 있다.

그런데도 그간 '한암당 사학'에 대해 제대로 된 연구나 평가도 없었다는 데 대해서는 깊은 인연을 가진 후학의 한 사람으로서 크게 죄송한 마음을 가지고 있었다.

그런 중에 여러 가지 어려움을 무릅쓰고 그의 개인적인 생활과 사론의 핵심적인 내용을 정리하여 평전을 탈고하신 양종현 선생의 용기에 박수를 보내며, 이 평전이 한암당 선생님의 사론을 전체적으로 이해하기에는 미흡하더라도 한암당 사론의 핵심이 현재 우리나라 사학계에 필요하다는 것을 널리 알림으로써 그런 사관에 입각한 연구가 더 많이 이어져 한암당 사학이 우리나라 역사를 주체적으로 정립하는 데 기여할 수 있게 되기를 기대한다.

개천 5906년 여름

序

'正史의 傳胤 寒闇堂 李裕岦 評傳『百年의 旅程』'은 선생님의 행적(行蹟)에 대한 자료를 모으면서 심장(深臟)한 몇 제호(題號) 가운데 인쇄 직전에 결정한 것이다.

함께 마음에 두었던 '國史의 아버지 寒闇堂 李裕岦 評傳'이 우선 고혹(蠱惑)하였으나 가뜩이나 용루(庸陋)한 필력(筆力)과 선생님이 경모(敬慕)하고 전승(傳承)했던 운초(雲樵), 단재(丹齋), 벽산(碧山), 담원(薝園) 등, 제선사(諸先師)들의 위명(威名)에 누(累)가 되겠다는 생각. 특히 개천 5879년 환단고기(桓檀古記)가 일본인(日本人) 가지마 노부로(鹿島昇)에 의해 일본에서 출간되면서 환단고기는 「아시아의 至寶」란 글과 함께 일본인이 쓴 말이어서 그 후 일어판 반입(搬入)과 KBS 역사 스페셜 방영(放映)으로 환단고기를 세상에 전한 분으로 더 많이 기억되어 아직 책의 진위(眞僞)와 사료가치(史料價値) 논쟁의 와중(渦中)에 있는데 그런 일본인의 극찬(極讚)의 부제(副題)가 불가근(不可近)의 대일본(對日本) 정서(情緖)로 인한 화태(禍胎)가 될지도 모르겠다는 심려(心慮) 때문이었다.

그러나 환단고기가 세상에 어떻게 회자(膾炙)되었는지 일일이 지켜보았고 더욱이 국사의 시원(始原)을 환국시대까지 가고(可考)하고 선학(先學)들의 학통(學統)을 더욱 확장(擴張)하고 자칫 실증(實證)을 가장(假裝)한 토왜(土倭)사학으로 매몰(埋沒)될 뻔한 상고사(上古史)를 지킨―식민화(植民化)를 거치며 치명적(致命的)으로 오도(誤導)된 국사의 조정(措定)을 위한 담론(談論, 국사찾기운동)의 물꼬를 튼 업적이야말로 소시(少時) 적구(敵仇)의 총검 앞에 목숨을 건 투쟁 보다 소중하다는 생각으로 고수(固守)하려 하였으나 선배제위의 정온(精蘊)한 지적(指摘)에 「바른 국사(正統國史)의 계승자」로 환치(換置)하였다.

　하지만 이런 소모(消耗)보다는 오히려 나의 문재(文才)는 차치(且置 勿論)하고라도 전기류(傳記類)라면 혹 가할지 모르겠으나 후학(後學)이 선사의 평전을 쓴다는 것이 외람(猥濫)되고 공정한 위치도 아니라는 생각 때문에 몇 번을 망설였으나 선생님의 훈도(薰陶)와 사론(史論)을 인용(引用)함으로서 허물을 벗고자 하였다.

　선생님은 당신에 대한 기록은 거의 남기지 않았다.

　그런 촌각이 아까웠을 것이다.

　선생님을 모시고 단재의 탄생지를 탐방한 후 탐방기를 쓰며 단재의 시(詩) 중「人生四十太支離」를 인용한 것으로 보고 다른 시를 추천해 주었다.

　신고(辛苦)했으나 독존(獨存)했던 단재에 대한 감상이 회억(回憶)에 빠지는 것을 경계하였을 것이다.

　우리의 청에 못 이겨 생전 한번 선생님의 노래를 들을 수 있었다.

　선생님은 등산(登山), 식수(植樹)와 더불어 시를 짓고 노래 부르기를 적극 권장하였는데 가무상열(歌舞相悅)의 핵랑계율(核郎戒律)은 국가 전래의 뿌리 깊은 신앙이니 국가가 융성할 때는 건민(健敏)한 정신의 노래가 제작되고 민족이 폐쇄(閉鎖)할 때는 부화경박(浮華輕薄)한 고조(鼓譟)가 유행한다면서 배달의 노래(於阿歌)와 구독립군가(舊獨立軍歌)를 불렀다. 그 때는 청이 높고 말이 빨라 가사를 정확히 듣지 못했으나 의기(意氣)가 양양(揚揚)하였다.

　당시 독립군이 그러했을 것이고 그것을 추억했을 것이다.

　사상자까지 나서 한번으로 끝났다는 수풍댐제전, 뗏목경주 구경담은 일본인까지 참가해서 신모(申某)라는 조선청년이 우승했다고 말씀하며 우리의 기개(氣槪)와 기재(奇才)를 자랑했지만 수풍댐과 불과 몇 발치에 있던 고향집을 회억(回憶)했을 것이다.

유년 시절 가끔 사랑채에 머문 운초(雲樵)의 권학(勸學)을 마음에 담고 배달의숙(倍達義塾)에서 가르침을 받던 그 스승의 참혹한 주검, 그 잔혹한 왜구와 응견(鷹犬)에 대한 증오(憎惡)와 평양에서 온 곡마단(曲馬團)을 따라 적정(敵情)을 살피기도 했던 소년독립단 시절의 무용담과 경향각지의 재사(才士)들과 학문을 겨루고 닦던 녹동(鹿洞) 시절의 짧은 영일(寧日), 자살을 시도하다 다래덩굴에 걸려 목숨을 부지하고 지인(知人)의 도움으로 백씨(伯氏)의 집으로 옮겨져 1년여 숨어 지내던 일화, 가슴까지 차는 항아리 셋에 묻고 떠난 가장고서(家藏古書)들과 울안의 앵두와 복숭아나무, 고택(古宅) 밭을 부치던 순후(淳厚)한 만주인들, 압록강 뗏목—미군의 미루나무 절단으로 야기된 미군에 대한 북군의 도끼살해사건 때 선생님은 적구에 잘려난 뗏목과 훼손된 광개토대왕비를 회고하며 미루나무사건을 촌평(寸評)하였는데, 북괴의 끔찍한 만행과 도발로 이해하던 우리는 일순 당황했었다—, 광개토대왕비를 참관하고 그 위용(威容)에 감읍(感泣)하고 둘이서, 홀로 백두산에 올라 울음을 터뜨린 그 모든 인사(人事)와 한속(一束)이던 산천초목과 회자(會者)와 이자(離者)들이 이젠 영자(影子)로 남은 듯, 건 듯 추상(追想)의 모습을 보인 것 정도로 어찌 선생님의 질풍노도(疾風怒濤)의 자취를 가고할 수 있을까?

5860년대 후기(서력1970년대 벽두劈頭), 선생님은 라이카예식장과 가톨릭문화회관을 대관하여 열었던 학술회의 말미에 국민 모두가 역사학자가 될 수도, 필요도 없고 오히려 저저큼 더 많은 신학문과 문물과 기술을 익혀 세계와 겨뤄야 하며(5천만 뇌혈이 막강한 힘이 되고 세계의 신문명이 막대한 응원이 된다), 다만 뿌리(역사)를 알 때 비로소 애족, 애국심이 발현(發現)되는 것이니 그 정도(程度)를 충족시키기 위하여 잃어버리고, 깎이고, 빼앗긴 우리 국사의 정립(正立)이 필요하고 시급하다고 강론하였다.

근대 역사학이 우리나라에서는 가까스로 여명기(黎明期)를 맞았으니 뜻있는 이들이 비록 몇이라 할지라도 지나(唐)의 사서훼기(史書毀棄)와 조선조 수서령(收書領)과 위(僞)조선총독부가 수탈(收奪)하고 왜곡한 악조건 속에서도 부단히 연구하고 복원하여 국사광복을 이룬다면 그때야말로 진정한 조국의 광복이 될 것이라고 강조하였다.

선생님은 평소「역사는 실증이 아니라 혼(魂)」이라고 말씀했는데, 신학문을 공부하는 중이고 아직 가슴(心)이 없던 나는 선생님의 말씀이 과(過)하다고 생각하였다.

질의 응답시간에 민족주의 사학의 폐단을 논하는 인천의 모 고교 국사교사의 반론에 대하여 민족주의 발흥이 국가위기 시에만 기승(起承)하는 것이 아니라 중흥기나 융성기에도 한층 온전한 것이니 역사가 있는 민족의 자부심이요 자신감이며 애국애족은 본래 민족지심(民族之心)이라고 말씀하였다.

선생님의 불혹(不惑)까지는 임시정부시기였으니 일가와 동지들과 지인들이 조국의 독립을 위해 헌신하였다. 이후 고향집에 다시 책을 묻고 이역(異域)과 다름없는 남도에서 풍찬노숙(風餐露宿)과 진배없는 신고(辛苦)의 삶을 다시 시작하며 뜻있는 이들과 학회를 재건하고 임하야언(林下野言)으로 전락한 국사정립에 천착(穿鑿)한 때가 어느덧 이순(耳順)에 가까웠다할지라도 본시 학자요 큰 스승들을 이었으니 국사찾기를 일순도 멈춘 적이 있었을까?

선생님하면 TV의 위력 때문인지 환단고기를 먼저 생각한다.

혹자(或者)는 작고(作故) 전 환단고기 위서 논쟁에 마음고생을 하였다 하고, 운초가 70년 후에 세상에 내놓으라고 했다는 말이 전해지기도 한다.

선생님은 얼마일지 모르는 남은 여생(餘生)에 못다 정리한 연구과제와 출판, 후학양성 때문에 조바심하였지만 위서논쟁 따위는 먼 산 밑을 지나는 소나기 소리(遠山下過雨聲)정도로 치부(置簿)하였다.

형극(荊棘)을 이겨온 자만심이 아니라 사대유림들과 왜인 못잖은 토왜 사학자들의 행태(行態)를 너무나 잘 알고 겪었기 때문에 오히려 초연(超然)하고 결연(決然)하였다.

환단고기는 스승의 유저(遺著)이고 또한 텍스트였지만 선생님이 남긴 방대한 지나와 우리의 역대사서에 대한 반정서(反正書)와 한사군(漢四郡), 위만조선(衛滿朝鮮), 기자조선(箕子朝鮮), 한씨 조선(韓氏朝鮮) 등의 실체에 대한 문헌비판, 신묘(神妙)한 우리의 정신세계사의 발굴과 해제(解題), 특히 배달국의 시원과 단군조선으로 이어지는 역년(歷年)과 석주, 벽산 단재 등, 선사의 삼한관경제에 대한 사론의 확장, 동이(東夷)에 대한 새로운 시각과 고찰, 다물주의(多勿主義) 고구려 영락(永樂) 대통일과 요(遼), 금(金), 원(元), 청(靑), 고려사에 대한 재해석이야말로 장구한 세월동안 묻혔던 국사의 체계적인 복원에 공헌함은 물론 미래 참된 조국의 상(像)에 대한 표주(標柱)가 되고 있다.

선생님의 평전을 써야겠다는 생각을 해 본 적이 없었다.

약전(略傳)이 여럿 떠돌기도 하고 선생님의 저술이 곧 선생님이라는 생각 때문이었다. 그러나 우선 오랜 기간 원전대조 그림국사(原典對照 그림國史)의 원고와 대배달민족사(大倍達民族史)를 사상(논설), 종교철학(문화사상사), 역사 부문으로 나누고 누구나 쉽게 접할 수 있게 재편집하던 중 평전을 먼저 쓰는 게 어떻겠느냐는 제의를 받고 자료를 모으고 쓰기 시작한 해를 합하니 어느덧 2년이 훌쩍 넘었다.

제의를 받았을 때 그것이 순서인 것 같았고 특히 40여 년 전 선생님을 만난 지 몇 달 후에 받은 철성문고(鐵城文庫)와 작고 3일 전 찾아뵀을 때 고향 고택에 대한 이야기와 수당(修堂 李南珪先生)과 그의 제자 단재와 산강(山康 卞榮晚先生), 산강의 제자 육천(育泉 安朋彥先生)에 대한 7페이지 분량의 만년필로 빼곡히 적은 약전을 받았는데 그 중 고향과 해방정국, 5842년대의 왕정복고운동(王政復古運動), 중립화통일론(中立化統一論)에 대한 피검(被檢), 숙대(숙명여자대학교)의 낙선제 귀속운동을 회고해 보면 쓸 수 있을 것도 같았다.

문고(文庫)에는 철성역사(鐵城繹史)와 선생님과 부친과 형제와 일가가 관련된 3·1운동과 임정투쟁실기(三一運動과 臨政鬪爭實記), 개정조선독립혈사(改訂朝鮮獨立血史), 무장독립운동비사(武將獨立運動秘史), 조선민족운동연감(朝鮮民族運動年鑑), 대한독립운동사(大韓獨立運動史), 유림단전말(儒林團顚末), 삭주삼일록(朔州三一錄)과 경향신문, 평화신문 등의 「李裕岦을 수괴로 하는 왕정복고단」, 소위 「정치혁명 민족협의회」 사건 등이 수록되어 있었다. (부록 1 三一運動과 大韓民國臨時政府 鬪爭實記)

쓰는 중에도 아직 생존한 지인들과 일가를 만나고 미처 놓친 선생님의 자취가 있던 여러 곳을 답사하고 지나(支那)에 자주 다녀오는 강군(姜君)을 앞세우기도 하였지만 결국 의욕만 남은 셈이다.

이 글을 부탁한 출판사 벗은 선생님에 대해 어느 정도 알고 있음으로 실은 환단고기의 실체와 쟁점에 관심이 지대할 것이다. 당대(當代)의 사가(史家)들도 사실을 보고, 겪고, 느끼고 검사(檢査)하고 기록하나 모두 시각[觀]이 같지 않으니 증험(證驗)이 같을 수 없는 것은 당연할 것이다.

하지만 색경(色鏡)이나 곡경(曲鏡)으로 보는 사물이 어찌 본양일 것인가?

선생님은 대개 우리의 역사기록이 감루(疳瘻)와 같다고, 울기(鬱氣)를 산책으로 달래기도 하였다.

농무(濃霧)속에서 실체를 찾는 작업이 역사학이라고 말씀하더니 이미 선생님의 일생도 농무속이어서 쓰는 내내 멈칫거렸으나 선연(嬋娟)한 모습과 목소리는 귀에 은연(隱然)하다.

가끔 동료나 후배학자들과 만나 담소하다보면 화려한 수사(修辭)와 급변하는 학술용어의 간극(間隙)에 당황할 때가 있다. 내가 공부를 게을리 한 때문이기도 하지만 아마 이대로 100년, 200년 후면 지금 우리 글이나 말을 향가(鄕歌)를 풀이하듯, 암호를 해독(解讀)하듯 할 시대가 올지도 모르겠다.

쓰다 보니 과중(過中)하여 2000쪽이 넘는 분량이 되고 말았으므로 한권의 책 분량으로 덜(除)자니 많은 부분 산정(刪定)과 절삭(絕削)으로 아쉬운 것도 있고, 또한 산만(散漫)해져서 선생님의 생과 학문이 이 글로 하여금 오히려 훼손(毀損)될까 심란(心亂)하다.

20년 선생님의 숨을 섞고 수학(受學)하다보니 학문과 수범(垂範)은 어림없으나 족지(足指)만 닮아 부정제(不整齊)한 글과 인용한, 선생님의 사정(邪正)을 다툰 쟁론(爭論)으로 인하여 혹 상심(傷心)한 이들이 있다면 해량(海諒)을 구한다.

유사이래(有史以來) 해왔을 논쟁이고 앞으로도 해야 할 논쟁이지만 우리의 역사는 장구(長久)한 기간 잃어버린 게 아니라 우리 스스로 잊고 왜곡하고 외세와 함께 훼기(毀棄)했기 때문에 더욱 그러하다.

졸문(拙文)이나마 선생님의 일생과 학문을 이해하는데 도움이 되었으면 하는 마음 간절하며 도움을 준 제현(諸賢)과 상생(相生)의 이종혁(李鐘赫) 부장과 난필(亂筆)을 타자(打字)한 이길연(李吉淵), 정규철(丁奎喆), 이성미(李誠美) 선생, 응원과 지원을 아끼지 않은 권용화(權容華)군과 강병용(姜炳龍)군에게 각각 감사드리고 미진한 부분이나 혹 잘못 기록된 부분, 새로운 행장은 다시 보탤 계획이다.

神市開天 五千九百五年 戊子 初春

後學 南原 梁宗鉉 謹記

차 례

이 책을 권하면서
추천의 글
서문

청사(青史)를 기망(祈望)하며

이 시대(時代)의 다른 풍광(風光)을 쓰면서

16

부록

魏書勿吉傳曰國南 有徒太山 魏言太皇 有虎豹熊狼 不害人 人不得上山溲溺 行逕者──皆以物盛去 蓋桓雄天皇之肇降 既在此山 而又此山 爲神州興王之靈地 則蘇塗祭天之古俗 必始於此山 而自古桓族之崇敬 亦此山始 不啻尋常也.

且其禽獸 悉沾神化 安棲於此山 而未曾傷人 人亦不敢上山溲溺而瀆神 恒爲萬世敬護之表矣.

蓋我桓族 皆出於神市所率三千徒團之帳 後世以降 雖有諸氏之別 實不外於桓檀一源之裔孫也 神市肇降之功惠 當必傳誦而不忘 則先王先民指其三神古祭之聖地曰 三神山者──亦必矣.

(神市本紀에서)

白頭山 天池 五八八九. 六. 寫眞作家 禹敬煥作

青史를
祈望하며

憶前招講対今筵毎与嗟嘆史不傳徐

熙一語折遼慢雲丈三書起國仙清人

變法辨偽始日本維新復古宣民衆論爭

今莫説史観不在是其縁

神市開天五千八百八十二年之丑八月十日

寒閤堂主人李裕岦

적사구곡積史九曲의 나라

兩丸相照之大多勿山全景 (일명 丸都山)

神市開天經

原著 神誌赫德

上　經

昔有桓國하니 庶子桓雄이 數意天下하야 貪求人世어늘 父知子意하시고 下視三危太白하시니 可以弘益人間일새 乃授天符印三個하야 遣往理之하시니라.

中　經

雄이 率徒三千하시고 降于太白山頂神壇樹下하시니 謂之神市오 是謂桓雄天王也시니라.

將風伯雨師雲師하사 而主穀主命主刑主病主善惡하시고 凡主人間三百六十餘事하사 在世理化하시니라.

下 經

時에 有一熊一虎하야 同穴而居러니 常祈于神·雄하야 願化爲人이어늘 時에 神遺로 靈하니 艾一炷와 蒜二十枚니라

曰爾輩-食之하라 不見日光百日이라사 便得人形이리라.

熊虎-得而食之하야 忌三七日이러니 熊은 得女身하고 虎는 不能忌하야 而不得人身하니라.

熊女者-無與爲婚일새 故로 每於檀樹下에 呪願有孕이어늘 雄이 乃假化而婚之하야 孕生子하니라. (李裕岦曰此間疑有闕文이라.)

땅이 꿈틀거리던 먼먼 옛적에 우리 선조들은 천해(天海)와 천산(天山)을 중심으로 남북 5만리, 동서 2만리의 일망무제(一望無際)의 터전에서 전기(前期) 63,180여년과 후기(後期) 3,300여년을 합해 66,480여년을 역사 태동기의 원초적 모습으로 살아 왔는데 어느 날 자식들의 마을(庶子部)의 빼어난 사내 환웅(桓雄)이 무리 3,000명을 이끌고 태백산(太白山) 신단수(神壇樹) 아래로 내려와 그곳에 살던 웅족(熊族)과 호족(虎族)을 아울러 함께 배달나라(倍達國)를 열었다.

아버지(安巴堅)의 나라 환국(桓國)을 이어 5,904년 전 환웅천왕(桓雄天王)이 태백산을 조종으로 세운 배달국(倍達國)이 비로소 우리 겨레의 6천년 유구한 역사의 얼개를 열었으니, 그 저미기(低迷期-天造草昧의 時代)의 경전(經典)- 우리의 시원(始原)을 밝혀주는 건국이야기가 오늘날까지 간단없이 전해져서 이를 일러 신시개천경(神市開天經)[1]이라 한다.

환웅천왕이 천강(天降)한 태백산(太白山-神市開天經, 三國遺事, 金史禮志, 唐書)은 백산(白山-三國史記), 도태산, 태황산(徒太山, 太皇山-魏書勿吉傳), 불함산(不咸山-山海經), 백두산(白頭山-高麗史), 가이민상견아린(歌爾民(長)商堅(白)阿隣(山)-疆域考), 삼신산(三神山-太白逸史 神市本記, 李能和 朝鮮道教史), 장백산(長白山-大辰國太祖高皇帝御製, 金史高麗傳, 契丹國志), 개마대산(蓋馬大山-三國志 東夷傳)으로 불리웠으며 박달(朴達)이라는 속명(俗名)도 와유록(臥遊錄)에 전한다.

요(遼), 금(金), 원(元), 청(淸)을 포함한 태백산을 조종(祖宗)으로 흥망성쇠하던 우리 겨레들이 성지(聖地)로 받들고 영산(靈山)으로 숭상(崇尙)하였다 하니 고려 광종(廣宗) 시기부터 백두산으로 불리운 태백산은 그 부름(名稱)의 뜻 모두가 웅위하고 신령스런 모습과 저절로 우러나는 외경(畏敬)과 숭모(崇慕)의 염(念)에서 비롯되었을 것이다.

뜻이 없는 이름이 어디 있겠는가?

우리 선조들이 불렀을 온갖 명칭은 오랜 옛적에는 모두 우리의 옛말로 불리웠을 것이니 배달민족사에 천착한 정산[2](李裕岦)은 「밝은 산」「한붉뫼」이라 풀이하고 환웅님이 천강(天降)해 처음 나라를 여신 곳이라 「성지 태백산(聖地 太白山)」으로 불렀다.

홍몽(鴻濛)한 아득한 옛적에 뉘도 범치 못할 숭엄한 정기 담고 우뚝 선 태백산은 남으로 은현(隱現)의 숭악연봉(嵩岳連峰) 백두대간으로 맥맥이 뻗어 두류산(頭流山)에서 멈추고 세세(世世)를 이어 살아 온 겨레의 역사를 품고 와호(臥虎)의 자세로 호활무애(浩闊无涯)한 우리의 본향(本鄕) 만주벌을 응시하고 있다.

하늘을 찌르는 태백산정의 천지(天池-神井)[3]를 감싸 안은 18개의 봉우리는 대개 운해(雲海)에 잠겨 신비를 더하고 으뜸 장군봉은 2,750m의 높이로 주위를 압도한다.

우리 겨레끼리 대진(大辰)왕조에서 요(遼)왕조로 정권이 바뀌고 대진의 부흥운동이 한창이던 개천 4825(서기 928)년 태백산은 화산의 대폭발로 화산재가 태양을 가리고 그로 인해 주위의 기온이 2℃나 떨어져서 부흥운동은 실패로 끝나고, 지금의 태백산 천리천평(千里天坪)의 수해(樹海)를 이루고 있는 자작나무, 전나무, 이깔나무, 사스레, 들쭉, 미인송, 노랑만병초…. 호랑이, 곰, 담비, 사슴, 표범, 산양 등등, 온갖 생생화육(生生化育)이 용암더미와 화마에 절멸하여 몇 십, 몇 백 년이 흐른 후에야 복원되었을 것이니 지금의 그 수해가 폭발전의 수해였을까?

천재지변에 본능적인 예지력으로 그 대폭발을 피한 동물의 후예들이 귀산(歸山)했다 해도 다시 뿌리를 내린 수목과 함께 종은 대동소이하나 분포가 달라졌을 것이니 그 땅에 살던 우리 겨레들의 흥망성쇠와 무엇이 다를까?

그 화산으로 다시 탄생한 천지는 스스로 솟구치고 우로(雨露)를 받아 모은 물을 채울 수 있는 만큼 가두고 더 이상은 달문(達門)을 열어 고르기 좋은 완구(緩丘)와 곡경(曲徑)과 단계(斷溪)의 지세(地勢)대로 선경(仙景)의 폭포와 청라(靑羅)의 물길(水路)를 만들고 간단없이 흘러 태고적 압록강(鴨綠江)과 두만강(豆滿江)과 송화강(松花江)의 본류를 이루었다.

이렇듯 태백산 천지에서 발원(發源)하여 발해(渤海)로 흘러드는 압록강은 참람(僭濫)하게도 지금은 지나족 역사 이래 가장 넓은 강역을 차지한 모택동의 중국(仲國)[4]과 국경을 이루고 만주는 물론 한국까지도 지나의 동북공정(東北工程)의 표적이 되고 있다.

백두산 천지에서 발정(發程)한 물은 주위의 세류(細流)를 더하고 과수(過水)를 모아 때로는 침연(駸然)하고 때로는 곤두박질하며 간단없이 흘러 지경(地境)의 강들과 합하여 흉용(洶湧)의 강이 된다.

그러고도 강물은 갈수록 세를 모아 수량이 더욱 풍부해지고 입해(入海)를 멀찍이 앞두고는 유장(悠長)한 수세(水勢)를 이룬다.

그 길이가 장장 2,000리라 선인들은 아리가람(아리수, 긴강, 큰강)으로 불렀다고 역사책에 기록하고 있다.

장강의 물길 따라 초벽(峭壁)과 연봉(連峰)과 촌락(村落)이 용용(溶溶)한 역사의 자취를 좇아 본양(本樣)과 이름과 인걸(人傑)이 바뀌었을 지라도 역사는 일촌도 쉼 없이 쌓여갔으니 그 강안(江岸)에는 고구려의 다물(多勿)정신과 고려시기 묘청(妙淸)의 건원칭제(建元稱帝)[5]의 기개가 상기 남아 있던 여말(麗末) 이성계(李成桂)가 8도 도통사 최영(崔瑩)과 강릉왕(江陵王)의 명(命)에 반(反)하여 대진국이 폐(廢)한지 460여 년만의 실지회복(失地回復)은 고사하고 통한(痛恨)의 소중화(小中華)의 구존주의(俱存主義) 단초(端抄)가 된 회군(回軍)의 역사 현장 위화도(威化島)가 의주군(義州郡)에 있다.

또한 근세에 이르르는 하구(河口)에 한양조선을 놓고 일본과 각축하던 러시아의 침략거점 용암포(龍岩浦)가 있으며, 결국 러·일전쟁을 승리로 이끈 일본이 대륙진출을 위해 건설한 압록강 철교가 신의주와 대안(對岸) 안동을 잇고 결국 한국을 강탄(强吞)한 일제가 5834년부터 건설한 수풍댐이 변계(邊界)의 수풍면(水豊面)에 있다.

압록강의 수계(水界)는 대안 만주와 고려 성종(成宗)시기 관서도(關西島), 조선 태종(太宗)시기 평안도(平安島), 한말(韓末) 평안남북도의 평안북도에 속했다가 지금은 북쪽이 재편한 평안북도, 자강도, 양강도 3도에 걸쳐 있다.

이 땅 어느 곳인들 역사의 현장이 아닐까?

한말부터 해방까지 전국 방방곡곡(만주포함)은 물론 해외, 적토(敵土)에서 야만과 간교의 일제에 맞서 순국(殉國), 영어(囹圄), 폐가(廢家)한 독립지사들이 성하(星河)를 이루었으니 5817년대까지 국내진공(國內進功) 무장독립투쟁을 벌인 서로군정서(西路軍政署)의 별영(別營) 천마산대(天摩山隊)의 근거지(山寨) 천마산이 압록강 변계의 삭주군에 속해 있다. (부록 2 독립단 천마산대)

조국의 운명이 풍전등화 같던 누란(累卵)의 시기, 전국 방방곡곡에서 노블리스 오블리제(noblesse oblige)를 실천한 지사들과 의병들이 들불같이 일어나 혈루(血淚)와 총검을 잡고 안위(安尉)와 목숨을 초개(草芥)같이 버렸다.

이 시기 일본의 강점 35년 동안 구국부민(救國扶民)의 열사들의 행적과 공로가 「독립운동사」, 「한국독립사」, 「민족운동총서」 등에 기록되어 있는데 물색없는 부일배들의 추천사, 권두언 등이 실려 그 취지가 훼철(毁撤)되었으나 님들의 단심(丹心)에 절로 숙연해진다.

어찌 기록된 님들뿐이겠는가?

무명의 지의열사(志義烈士)와 그 분들을 응원하고 지원했던 대다수 민초들을 제(除)하면 매국부일배들의 그 역린(逆鱗)에 통분(痛憤)하고 송연(悚然)할 뿐 기실 그 수 일국(一掬)에 지나지 않을 것이다.

투쟁의 방법도 다양하였다.

의병을 일으켜 저항하고 개인으로, 또는 망명정부를 수립하여 적요인 암살과 무장투쟁을 벌이고 투쟁과 함께 신학문을 보급하고 유사 이래 수 없는 외침에 거의 멸실되었으나 비장된 역사서를 복원해 참된 조국의 상을 정립하기 시작하였다.

청일전쟁(淸日戰爭)과 노일전쟁(露日戰爭)을 승리로 이끈 일제가 영·미(英·美)의 묵인 아래 사실상 국권을 강탈해 불과 3년 후 을사년에는 보호라는 미명하에 식민화에 박차를 가하며 경술국치(庚戌國恥)로 향해가고 있었다.

서력18세기 말과 19세기 초는 밀려오는 서교(西敎)와 통상의 압력과 더불어 들어오는 새로운 학문을 모색하던 실사구시(實事求是)의 선각자들이 공리(空理)의 구태를 벗으려고 안간힘을 쓰던 시기이기도 하였지만 이미 조정은 세도정치와 권력 암투로 말기 증세를 보이고 있었다.

도처에 민란(民亂)과 반란, 화적떼의 창궐과 홍수, 화재, 전염병 등의 천재지변으로 조정과 백성은 피폐(疲弊)해질 대로 피폐해져 훈민정음 반포의 세종대왕과 백의종군으로 살신구국한 충무공마저 없었더라면 임진, 정유의 왜란과 청조(淸朝)에 의한 병자년의 굴욕—성하의 맹세(城下의 盟誓)를 거치면서 이미 신라와 고려를 거친 부용(附庸)의 나라 조선은 「天祖之國於我國卽父母之國也」로 시작되는 명실공히 가명충신(假明忠臣)의 나라[6]였으니 사육신, 삼학사, 충성스런 신료와 의병, 열사, 안방유생지사 정도로는 벌써 폐(廢)하였다 하더라도 이상할 것이 없는 나라였다.

덩치(體)만 있고 혼(精神)이 없는 나라에서 어찌 불멸(不滅)의 청사(靑史)를 바랄까?

지금은 실패한 혁명으로 격상되었지만 숱한 민란의 하이라이트 동학란(東學亂)[7]은 피폐한 민심을 등에 업고 궐기했으나 지도층의 치밀한 거사전후의 준비결핍과 국제정세에 대한 오판으로 청국과 일본의 군대를 불러들여 자기 백성 수십만을 희생시키고 실패로 끝나고 사직(社稷)역시 이 난(亂)을 기점으로 사실상 일본제국주의의 침탈 야욕의 희생물이 되었다.

선생님이 신시개천(神市開天) 5839(서기1942) 임오(壬午) 3월 16일 인시(寅時)에 천마산 동암재(天摩山 東岩齋)에서 신지혁덕본(神志赫德本)을 주해한 신시개천경 원문이다.

선생님은 일생을 지나(支那)와 일본(日本)과 우리 스스로 왜곡한 국사 찾기-국사 광복(雲樵, 丹齋, 碧山, 詹園의 민족주의 사학의 계승과 발전)과 우리 겨레의 정신세계, 배달혼의 뿌리 찾기(天符主義 人代天思想-在世理化 弘益人間)를 체계화하고 복원하는데 바쳤다.

수많은 사론(史論)과 논고(論考)가 광개토성릉비문역주(廣開土聖陵碑文譯註), 신시개천경본의(神市開天經本義), 커발한문화사상사, 세계문명동원론(世界文明東原論), 환단휘기(桓檀彙記), 한암당사학총서(寒闇堂史學叢書), 대배달민족사(大倍達民族史) 등에 녹아 있으며 이런 평생을 바친 노작(勞作)들은 민족의 시원(始原)과 정신세계를 고스란히 간직하고 있는 신시개천경에 담겨져 있다 해도 과언이 아니다.

• 桓國(十二支 桓國) - 옛적에 환국이 있었다.

환(桓-환하다, 밝다)은 중외고금(中外古今)의 문서 역사에는 모두 맥(貊-붉-koma)으로 통하고, 맥(貊, 桓, 發, 檀)은 구려(九黎-카을·가우리) 또는 고구려(高句麗-거우리·korea)로 통한다. 또한 조선(朝鮮)은 식신(稷愼), 주신(州愼), 숙신(肅愼 chusin, shusin), 여진(女眞·Jusin)으로 통하고 동호(東胡·Tun Hou)는 통고사(通古斯·Tungus)로 통하고 있다. 그러나 桓-貊, 朝鮮-肅愼-女眞, 東胡-通古斯 모두가 딴 겨레가 아니고 역시 한 핏줄의 계통에 속한 것이다.

이들은 족명(族名)이자 국호(國號)이다.

• 天海 - 拜額勒湖·바이칼湖·北海

「天海는 一名 北海니 古語 桓鏡海(붉·카을)요 금명 拜額勒이 是라.」(三聖紀全 補錄)

우리 배달민족의 아주 먼 옛날 조상들이 처음으로 개척해 놓으신 근기(根基)의 땅 파내루산(波奈留山 : 하느루산)과 붉카을해(現地語 바이칼湖)는 넓이가 3만5백 평방천(平方粁·㎞), 물 깊이는 한 때 1천6백20미(米·m)이던 것이 최근 측량에서는 1천9백40미(米·m)로 나타났다(한국일보 특파원 劉明寅 보고).

물 맑기가 유리같아서 소금기가 전혀 없으며 동북쪽으로 향하여 뻗어 내려가면서 가장 뾰족한 봉우리는 7천피트(一피트 : 三十糎)이상이 되고 이 산줄기의 남쪽을 「하말·다방」이라 부르고 이 산맥이 아카트 산맥으로 이름이 바뀌면서 뻗어서 바르구징, 타이카(타이카 : 原始林의 뜻)로 들어가는데 높이 6천5백피트에 달하는 여러 봉우리를 갖는다. 이 길다랗게 뻗은 산의 연속은 이보다 낮은 한 개의 산맥에 의하여 붉·카을海로부터 격리되고 있다. 서쪽과 그 동쪽의 모퉁이를 제외하면 밖(外)의 붉카을의 특징을 보여주는 풍경은 삼림(森林)에 뒤덮인 낮은 구릉성(丘陵性), 산맥의 두 비탈(斜面)인 작은 강과 계류(谿流)로 이루어진 폭 약 6마일(哩 : 約三里餘 : mile) 정도의 계곡이 바로 그것이다.

비팀강은 북쪽 밖의 붉카을 최대의 강인데 이 강은 이카트 산맥의 동쪽 비탈에서 물줄기가 시작되는데 비팀캉江(Vitimkan R)이란 이름으로 동북을 향해 흐르고 치나강과의 합류점에서 그 이름을 바꾸어 거기서부터 서남쪽으로 향방을 돌리는데 중요한 세 지류(三支流) 곧 자자강(Zaxa R)과 키디미트강을 받아들인다. 그리고 활 모양을 그리면서 다시 방향을 바꾸어 다시 한 번 북쪽으로 흐르는데 오른쪽 지류 카렝가강을 받아들인 후 북으로 흘러 레나강(Lena R)으로 들어간다. 카렝가강 어구에서부터는 뱃길이 가능하다. 위쪽 앙가라강과 바르구징강은 에니세이강(Enissr R) 유역에 속하고 높은 산맥으로 레나강 및 에니세이강 유역을 흑룡강 유역에서 분리시키고 있다. 남쪽 밖의 붉카을에서는 비팀 고대(高臺)의 남쪽이 레나강 유역을 에니세이강 유역에서 분리시키고 있다(시로코고로프 敎授).

붉카을해(海)에 백어(白魚)가 생산되고 오이지는 우리 국산 오이지와 똑같다 하며, 2천 종 이상의) 동식물이 사는데 그 중 1백60여종은 세계 어느 곳에도 없는 최귀종(最貴種)이라 한다.

남쪽 밖의 붉·카을은 붉·카을, 부근의 산악지방, 곧 하마르·다방과 야불로노이 산맥을 제외하면 몽고초원(草原 스텝프)의 연속으로 되고 있다. 국사반정론(碧山 李德秀先生·國史反正論)에서는 붉카을海는 3백66개의 강물 줄기가 모여들어 끊임없이 물을 쏟아 넣는다 해서 삼일신고(三一神誥)는 3백66자로 엮고 참전계경(參佺戒經)은 3백66가지의 강령·계목(綱領戒目)으로 되어 있다고 하며, 또 그 붉·카을海의 기슭 사방 둘레에는 크고 작은 동굴이 64개가 있고, 그 64개의 동굴 속에 사는 겨레를 역사에서 6십4민(民)이라고 했다. 그러나 최근 발견된 동굴이 45개라 하니(劉明寅 특파원) 아직 20개 동굴이 발견되지 않은 셈이다.(寒閣堂)

波奈留山之下 有桓因氏之國 天海以東之地 亦稱波奈留國也 其地廣南北五萬里 東西二萬餘里揔言桓國分言則卑離國 養雲國 寇莫汗國 勾多川國 一群國 虞婁國(一

云畢那國) 客賢汗國 勾牟額國 賣勾余國(一云稷臼多國) 斯納阿國 鮮卑國(或云豕韋又云通右斯國) 須密爾國 合十二國是也 天海今曰北海(太白逸史)

挹婁在夫餘東北千餘里 濱大海南與北沃沮接未知 其北所極 其地多山險 其人形似夫餘言語不與夫餘 句麗同有五穀牛馬人多勇力(三國志魏志)

其地連靺鞨部落 恐盜侵爲害 遂攘斥之(高句麗本記)

卒本城地連靺鞨(三國遺事)

挹婁卽肅愼東濱大海西接寇漫汗國(晋書)

按挹婁卽靺鞨之後支那人所謂韃靼嚴狁·通古斯·鮮卑者·是也 古記有北曰桓國卽其地而今爲西比利亞也 今隷俄羅斯西蹂烏拉山 北瀕氷海南界蒙古限以高山峻嶺 東南距滿州 東至 㬇察索成 半島與南米相對 其幅員與支那本土等(古事類考)

人類之祖는 曰那般이시니 初에 與阿曼으로 相遇之處를 曰阿耳斯庀오 夢得天神之教하야 而自成昏禮하니 則九桓之族이 皆其後也라. 古記에 云호대 波奈留之山下에 有桓仁氏之國하니 天海以東之地를 亦稱波奈留之國也라, 其地廣이 南北은 五萬里요 東西는 二萬餘里라, 摠言桓國이요, 分言하면, 則卑離國과 養雲國과 寇莫汗國과 勾茶川國과 一群國과 虞婁國과 客賢汗國과 勾牟額國과 賣句餘國과 斯納河國과 鮮裨國과 須密爾國이니 合十二國也라, 天海는 今曰北海니 傳七世하야 歷年이 共三千三百一年이라. (三聖紀全下篇)

· 天山

外興安嶺·外鮮卑山·金阿林·波奈留山·中央고원 「波奈留山은 今鮮卑阿中央高原이 是也라」(李碧山 國史反正論)

· 天造草昧時代

1. 7만5천년 전 인도네시아의 슈퍼화산 폭발로 빙하기가 도래하여 아프리카는 건조해져 사막이 생기고 1~2천 명 정도가 생존해 진정한 현대인이 생겼다. 대화가 가능하고 벽화를 그리고, DNA분석 결과 현대인의 조상인 그들은 현재 칼라하리산족 DNA와 일치하며 현존 인류는 그들의 직계 후손이라 추정한다. (웰스설)

2. 우리의 옛 기록에 의하면(太白逸史) 6만3천여 년 전의 전기 환국시대(前紀桓國時代). 진화 향상하는 지혜와 솜씨와 더불어 아버지(天父·安巴堅)라는 계천입부(繼天立父)의 유일존호(唯一尊號)가 새 시대의 빛을 받으며 통치자로 군림한 시대.

- 倍達

  신시(神市)시대의 국호.「밝은 땅」「붉달」원시신앙으로서의「삼신하느님이 배어주신 땅 - 배어달」「三神懷胎之地」

  「桓雄天王定有天下之號也 其所都曰神市 後從靑邱國是爲日出九津之仙境也」

  우리가 倍達民族이란 歷史的 根據가 여기에 있다.

- 庶子

  뭇 무리, 또는 지명(地名)으로서의 서자촌(庶子村).

  오늘의 알단고원(아리·다·늬-長嶺世界의 義).

  지금의 오소리강 유역에 먼 옛날부터 붉겨레가 살고 있는 네 개의 촌락이 있는데 그 가운데 현지어「브라고슬로벤노예」(자식들의 마을)라 하였다.

  「今沿海州烏蘇里四村落之中有 "브라고슬로벤노예者" 譯之謂庶子村是也」(이벽산 국사반정론)

  여진(女眞)에「벗들의 마을(朋友之部)」이 있어 필날(拂涅)이요, 흉노(匈奴)에「예속들의 마을」이 있어 가로대 동복(僮僕)이요, 환국 말기에 여왕의 골(忽)이 있어 가로대 검딸(熊女)이며 남계(男系)의 조상의 제사를 가로대 호신(虎神-불검)이니 또한 부족의 신이다.(神市開天經本義)

  지금 세속에 가로대 중흥부를 가로대 에미의 마을이오, 장복부를 가로대 애비의 마을이오, 임천부는 자식들의 마을이오, 가덕부는 딸들의 마을이니 그 이유(實)를 알 수 없다.(三國遺事)

  그 때 반드시 모(母) 부(父) 자(子) 녀(女)들이 서로 성(性)과 나이를 가려서 사가 일구(四家一區)로써 구정법(邱井法), 일구구승(一邱九乘)으로써 사출도(四出道)가 마련되는 데까지 생각이 미친 것으로 볼 수 있다.(계연수, 李裕岦 說)

  庶子는 部名이니 吾所謂「자식들의 마을」이 是也라. 例컨대 如今烏蘇里-四個村落之中에 有「브라고슬로벤노예者」하니 乃譯之謂庶子村이 是也라 故로 女眞에 有朋友之部曰拂涅이요 匈奴에 有隷屬之部曰僮僕이요 桓國之末에 有女王之忽曰熊女요 男系之祭祖曰虎神이니 亦部族神也라 三國遺事에 曰 今俗이 中興部는 爲母하고 長福部는 爲父하고 臨川部는 爲子하고 加德部는 爲女라하니 意當時에 必有諸母諸父庶子庶女之部하야 自從所安而己니 何能一尊臨理之事乎아 肇自庶子部로 共擧桓雄하야 爲大日王하니 於是에 立都神市하시고 開國號倍達也시니라.(神市開天經本義)

- 三危—현 감숙성 돈황현(甘肅省敦煌縣) 소재.
- 太白—현 백두산(白頭山). 東至日所出謂之太白山. 日光所出之世界文明發生地-聖地 太白山(李裕岦)
- 天符印—거울과 북과 칼.

  거울—카을(鏡)—붉카을(天光鏡)-造化

  북~鼓—붇(胞·殖), 북돋운다(培也, 키움), 북(鼓-舞也) 곧 무천고(舞 : 回也·天 : 壇也樹也·鼓—풀무)—敎化

  칼~劍—檢(검-制也式也)—治化
- 父—아버지, 安巴堅, 阿保機, 아파치—주권자. 桓仁
- 桓雄—배달국의 시조. 환(桓-日光)은 태양이 환하게 빛나는 얼굴. 햄(위대함을 나타내는 말). 아햄(어햄). 웅(雄)은 숫, 곧 남성적 영구 생명(無息大의 人間性-살아있는 인간의 자연성)의 소유자임을 깨닫고 빛나고 밝고 큰(光明正大-커발한) 오직 하나인 존재(我是天帝子)라 함.
- 子—백성. 환웅의 무리
- 熊虎—先住民
- 神市—검불. 신단수—수두신단(蘇塗神壇)이 있는 곳. 배달국의 서울.
- 弘益人間—「인간을 널리 이롭게 한다」는 교육법의 이념인 홍익인간은 배달국의 건국이념이며, 국경일 개천절(10月 3日)은 배달국 건국일이 적확할 것이다.
- 桓仁氏의 桓國은 구석기시대, 桓雄天王의 배달국(神市)은 신석기시대, 배달국 14대치우천왕(蚩尤天王)부터 단군조선에 이르기까지는 도토기(陶土器) 및 동철기(銅鐵器) 병용(並用)시대이다.

선사시대(先史時代)는 곧 글자로 기록되기 이전의 인류사회의 역사를 말하는데 다시 신·구석기시대, 청동기시대로 구분하는 것이 오늘의 통설이다.

그러나 구분할 수 없는 것은 이 세상 모든 사건과 목적물(目的物)이 모두 입체적(立體的)으로 구성되고 입체적으로 발전하므로 신·구의 자리가 서로 바뀔 수도 있고, 또 서로 함께 존재할 수도 있는 것이다.

선사시대의 유적지 울주의 암각화(蔚州岩刻畵)는 동철로 만들어진 기구가 아니면 각(刻)할 수 없으며, 오늘날 세계의 오지에 구석기시대의 미개한 생활이 존속되고 있는 사실도 부인할 수 없다.

蔚州의 岩刻畵   南海의 神市古刻

『우리 韓東半島에 五十만년전에 인류가 생활하였다는 설이 「검은모루」유적의 붉은 갈색 자갈층(四층)에서 다량의 동물화석과 석기가 출토되어 開天 기원앞 三十九만6천년~五十九만6천년(西曆앞 四十~六十만년)으로 추산했다 해서 놀랄 것은 없다.

선사 고고학이라는 비록 방사능 탄소의 측정법이 없는 것은 아니겠지만 그때 그곳의 소위 권위자라는 눈저울에서 판정되는 것이므로 관찰력의 정숙 미정숙에서 오는 차이점을 보완할 방법이 없다. 그것은 지층에서 발견된 해골이 말이 없으니 성명과 연대는 물론 정확한 역사의 由來를 알 길이 없다. 있다면 五분에 하나 七분에 하나의 비율을 넘지 못할 것이다.

환인은 구석기시대, 桓雄은 신석기시대, 치우와 檀君은 도토기 및 동철기 병용시대로 규정지었다 해서 누가 벼락이라도 친다는 것인가.

전一百만년 인류의 시조를 가로대 나반과 아만이니 처음에 那般과 阿曼이 함께 만난 곳이 수릿벌(阿耳斯庀 : 北極原)이라 했다. 전六十만년 祥原군 검은모루의 구석기 문화의 유적, 전三十만년 連川군 全谷의 兩面核石器 등 全谷文化의 유적, 이것이 西歐의 아슐리안 문화유적보다 앞섰다 해서 무엇이 못마땅하다는 말인가.

전二十만년 淸原郡 두루봉의 蘆峴문화 유물 二百점, 전十만년 雄基군 굴포리의 屈浦문화 第一期, 전 三~四만년, 第二期의 구석기 유물, 전八만년 濟州道 빌레못동굴의 구석기 때 穴居유적, 전四만년 烏蘇里江 연안 「우스리크」 근처의 지층 「부싯」공장 유적, 전三만五천년 公州石壯里의 前·中·後期의 구석기 문화층 형성, 그리고 전三만五천년~二만七천년 雄基시 굴포리, 종성군 동관진, 公州 마암동, 서울 面牧동 또는 만주 吉林성 골나루 郊外의 顧鄕屯, 봉천성 錦西縣 사와둔, 연해주 및 아므르(黑龍江) 붉·카을海, 에니세이江 상류지방 등지의 같은 문화유적,

전一萬年 부산시 절영도 유적, 이것이 후기 환국시대의 것으로 볼 수 있다. 어떻든 울주(蔚州)의 암벽과 단양 고수리 동굴에 새긴 그림 또는 농경용 석기(農耕用石器), 남해도의 신시고각(神市古刻), 대전의 청동의기(靑銅儀器), 화순의 동검(銅劍), 쌍령구(雙鈴具), 平壤土城의 銅器는 모두 前馬韓의 것으로 볼 수 있으며 熊川 조개무덤의 철기, 김해 조개무덤의 쇠도끼(鐵斧), 철도자(鐵刀子), 평양토성의 철기 철물 또한 前馬韓 후기의 것이다. 녹아도(鹿兒島指宿市西方)의 백동경(白銅鏡) 또한 남구주(南九州) 최초 발견된 고대 한국제이며, 前番韓의 관경(管境), 오늘의 봉천성 寧城현 南山根의 문화유적, 객좌현(喀左縣北洞孤山)의 고죽뇌(孤竹罍) 또 그 기후명문이 들어 있는 方鼎이 모두 단군조선 중기의 것으로 볼 수 있다.

삼국지(三國志馬韓傳)에 보면 「나라에 鐵을 생산하는데 한(番辰二韓並)과 왜(倭人) 회(濊 : 濊水의 貊, 玄菟 곧 眞番胡國)가 모두 좇아서 취용하며 모든 시장 매매에 철을 돈으로 해서 쓴다」는 기록이 이미 단군조선 때 三韓 각지에서 청동기 및 철기 문화가 널리 분포되어 있었음을 입증하고 있다. 순조(純祖) 十九年에 正陽門밖 우물, 속칭 기자정에서 東○王鏡이라 새긴 옛 銅鏡이 나왔는데 東과 王 자 사이의 글자를 없애고 이것을 箕子鏡이라 하나 잘못 전해진 것이다(關西俗尙記)했으니, 東王이 물론 東川王이 될 수 있으나 덮어놓고 箕子로 比定한다는 것은 너무 무분별증에 고질환 사고방식이 아닐 수 없다. 발해만 연변의 노룡(盧龍) 청룡(靑龍) 풍령(風寧) 興城지방과 대릉하 상류 朝陽지대에서 출토된 청동기 유물이 일체 은상의 것으로서 箕子朝鮮의 실존을 인정하기에는 너무나 먼 거리에 놓여 있다는 것을 확신할 수 있다.」 (李裕岦)

선생님의 휘(諱)는 유립(裕岦)이며 초명(初名)은 복규(復圭)이고 호(號)는 정산(靜山)으로 정산초인(靜山樵人)이라고도 썼으며, 단하산인(檀下山人) 호상포객(湖上浦客) 단학동인(檀學洞人) 등이 있고 당호(堂號)는 한암당(寒闇堂), 자(字)는 채영(采英) 또는 중정(中正)이다. 정산은 고향 고택(古宅)이 의지한 종정산(宗靜山)에서 취했는데 동지들은 대체로 정산으로 불렀으며 우리는 한암당 선생이라 불렀다.

품성(稟性)이 청간지절(淸澗志節)하나 의기강고(義氣强固)해서 그런 성정(性

情)을 염려한 선친 단해(檀海) 선생은 국권을 왜구에게 빼앗긴 조국에서 살아갈 영민한 아들에게 정산(靜山)이란 호를 주고 「心」자를 화두로 휘필부벽(揮筆付壁)하였는데 7년 만에야 마음에 담을 수 있었다고 한다.

인(因)하여 항심(恒心)과 해량(海諒)을 선천성근(先天誠勤)과 함께 체현(體現)할 수 있었다고 후학들에게도 권했는데 불민(不敏)하고 나태(懶怠)한 나는 세사(世事)에 좌고우면(左顧右眄)하여 어림없었다.

주 3

천지(天池)는 최고 수심 312.7m, 둘레 11.3㎞의 화산호(湖)이다. UFO(미확인비행물체)와 같이 세계적인 미스터리가 되어 지금도 심심찮게 화제를 일으키고 있는 네스호(Ness L)의 괴물은 네시(Nessie)라는 이름까지 얻었다.

현대의 첨단장비로 무장한 탐사대를 조직하여 끊임없이 탐색하고 그 출현 사진(?)이 토픽을 장식하고 있다.

인간이 범접하기 어려워 외경(畏敬)의 대상이 된 산과 호수, 강과 바다, 어느 곳 만유(萬有)에 전설과 신화와 설화가 없을까?

천지도 괴물 출현 소문이 잊을 만하면 세간에 회자(膾炙)되는데 선생님은 지나(支那)의 주특기인 환진혼가(換眞混假)의 음흉하고 능청스런 과장선전이라고 일축하고 먼 훗날 내외인에게 부지불식간(不知不識間)에 그들의 영토라고 주장하고 인식하게 하려는 지나 특유의 간계와 술책이라고 말씀하였다.

공구(孔丘), 맹가(孟軻), 주희(朱熹)로 이어지는 춘추필법(春秋筆法)이 일관되게 존화양이(尊華攘夷)요 자기들 안(內)은 세세히 적고 밖(外)은 이적(夷狄)이니 데면데면 적으라고 했다지만(詳內略外) 유리한 건 부풀리고 미화하고 불리한 건 빼고 감추고 왜곡한 게(爲國諱恥) 그들의 역사서이다.

산융(山戎), 예(濊), 맥(貊), 흉노(匈奴), 읍루(挹婁), 말갈(靺鞨), 묘(貓), 남만북적(南蠻北狄), 모두 적의(敵意)에 찬 저들의 질시(嫉視)를 보라.

한편으로는 교만하고(菇中國而撫夷) 교오일관(驕傲一貫)의 과대망상으로(夷狄之有君 不如諸夏之無也) 타민족을 폄강(貶降)하는 것이 고질적인 지념(持念)이고 그들의 정체성이다.

지금도 우리의 식자(識者)는 장황한 세상사를 몇 자로 함축한 지나의 고사성어

(故事成語)와 경전과 문학에 매몰되고 범인(凡人)은 수없는 괴담(怪談) 기속(奇俗)에 매혹되고 황당한 무협지, 영상물, 무술에 현혹된다.

今白頭山上有大澤 周可八十里 鴨綠一土門(松花江上流)豆滿諸江 皆發源於此曰天池也. 惟天王峰屹屹然特立於太白山頂上 乃桓雄天王肇降之聖所也. 盖上古支那(秦那羅之略稱)入東至海上一望無際涯而渤海(鄒魯人謂之北海者一是)之中更不知有他海故輒曰三神山亦在渤海中去人不遠 患且至則船風引而去 盖嘗有至者·諸仙人及不死之藥 皆在焉其物禽獸盡白而黃金銀爲宮闕. 未至望之如雲及到三神山反居水(謂天池也)下. 乃史記封禪書所言亦如此盖三神山非實各在三島山也. 蓬萊蓬勃萊徑之處卽天王所降方丈四方一丈之閣卽蘇塗所在 瀛洲瀛環洲島之貌卽天池所出也. 向所謂反居水下者一卽謂此摠言爲三神山而三神卽一上帝然尤其荒誕可怪者. 不知三神之源委而乃金剛曰蓬萊智異曰方丈漢拏山曰瀛洲是也. 今日本人鹿島昇之徒載檀君桓因像於桓檀古記假名版(三刊) 卷頭亦興大倧敎三神檀君한빅금之說同歸誣史犯也. 可不戒哉·當可戒也. (李裕岦)

주 4

소위 요(堯) 순(舜) 우(虞) 탕(湯)의 옛적부터 일동일서(一東一西)의 주도 세력이 바뀜에 따라 부회(附會)와 혼가(混假)의 승자(勝者)의 문서역사(文書歷史)로 자존한 중국(仲國)과 왜국(倭國)의 왜곡과 농간이 개명천지 현재까지 이어지고 있다.

선생님은 옛 지나인이 지어 붙였던 우리의 족명, 국명은 물론 단군신화(檀君神話)니 단일민족(單一民族), 한(恨)의 민족, 한국사, 이조(李朝) 7년 전쟁, 한반도, 일제시대 등, 특히 만주 지명의 지나식 표기는 환부역조(換父逆祖)의 식자우환(識者憂患), 사대주의발상(事大主義發想)이라고 역정을 내었다.

숙종 38년(1712) 청태조시(淸太祖時) 길림성 총관 목극등(穆克登)과 조선의 접반사 박권(朴權) 등이 백두산 동남방 4km, 해발 2,200m에 세운 백두산정계비(白頭山定界碑)는 「西爲鴨綠東爲土門」중 토문강에 대한 위치 문제로 지나와 우리 학계의 논쟁거리가 되었다.

지금도 선생님은 물론 국내와 조선족학자들의 많은 연구로 토문강의 위치가 두만강이 아니라는 게 밝혀졌는데 역사 연구의 장으로 밝혀야겠으나 청과 우리와의 변계역사(邊界歷史)문제이지 지나족과의 고유 국경문제나 영토문제가 아니다.

5871년「커발한 문화사상사」간행 때 쓸 신시고각모사(神市古刻模寫)와 『桓國疆域圖』를 그리게 하기 위해 선생님은 나에게 참고로 당신이 획한 초도(初圖)와 4,50년대의 중·고 역사부도와 일제가 발행한「만주국」지도를 주었는데 만주는 요즘 용어로 지나의 실효적지배지이나, 일제의 괴뢰국으로 비록 청조(淸朝) 마지막 황제 부의(溥儀)로 끝났지만 언젠가 우리가 실지회복(失地回復)해야 할 최소한의 본향임을 시사한다.

그러므로 숭화니, 리오허니, 지린, 하얼빈, 헤이룽 따위의 지나식 지명 모두 우리말로 환언해야 할 것들이다.

「우리는 그간 지나의 역사책에만 의존하여 지나의 지칭을 답습하였으나 이제 지나 사료에 나타난 우리의 지명, 국명, 인명 따위를 우리 것으로 찾아쓰는 것이 무엇보다 중요하다」(寒闇堂)

주 5

仁宗十二年十二月戊寅　右正言黃周瞻希妙淸　鄭知常意奏請稱帝建元不報(高麗史第十六)

尹紹宗論崔瑩　曰功蓋一國罪滿天下功則然矣罪其可當乎　嗚呼崔瑩當效明做偶之時　恨國勢之疲劣遂大胃儉劃然有展拓雄豁之志　忠赤循國宣威佐命乃其所謂罪滿天下者　抑亦以征明爲犯順者歟　所謂興國寺之招會雖以王爲辛而自言廢假立眞者　固無高麗中興之義而九功臣之加號徒自瞪目駭神而己(核郎指訣)

원(元)이 응창(應唱-內蒙古達里泊)으로 도망가고 뒤이은 명(明)이 철령위(鐵嶺衛)에 군사기지를 만들고 우리 국경을 넘보자 강릉왕과 최영은 군사 5만명을 이성계에게 주고 오랑캐 명을 응징하라고 명하였다.

위화도 회군 후 이성계일파의, 강릉왕을 신돈의 자식이라고 폐서인 시역하고 최영을 반역으로 몰아 죽인 모반의 구공신(九功臣)회의가 흥국사에서 열렸는데 참석한 면면은 다음과 같다.

「李成桂, 沈德符, 池勇奇, 鄭夢周, 偰長壽, 咸石璘, 趙浚, 朴葳, 鄭道傳」

주 6

(上略) 우리 민족 역사의 제1기를 창피하게도 신라의 반반도 통일로 알고 있기 때문에 언제나 우리 단군조선은 우리 역사의 밖에 있는 명(明)의 외기(外記)로 다루었으니 서거정(徐居正), 안정복(安鼎福), 송병준(宋秉濬) 들이 그 대표적이다.

어디 그 뿐인가?

평양사당의 주벽 단군왕검의 위패를 「서향지좌」로 내리고 도리어 후조선후기자(後朝鮮侯箕子)의 위패를 주벽으로 바꿔 놓았으니 유교인의 광태난무도 이만저만이 아니었다.

소위 공구춘추(孔丘春秋)-주희강목(朱熹綱目)을 세계 유일의 사필(史筆)로 내세웠기 때문에 우리의 붉사상(思想)-환단문화(桓檀文化)는 피소위 예맥(濊貊)문화라 폄칭하여 이것이 마치 오랑캐와 다름없는 대우를 받고 또 그렇게 오랑캐로 자처하는 것이 유교 상전(上典)의 나라 천자국에 대한 예의로 알고 살아왔다.

이만하면 유림(儒林)들의 교기(驕氣)도 대단스러웠고 의부(義父)의 홍패를 메고 춤추는 양반들의 정치놀이! 그래도 500년이란 긴 시간을 지속해온 것이 기적이라면 기적이다.(李裕岦)

四夷八蠻·皆爲帝國也 獨朝鮮不能自立 入主中國吾生何爲也 吾死何恨也. (古今名賢傳 自湖林悌遺言) (사방의 겨레들이 모두 천자국이 되는데 홀로 우리 조선만 능히 자립을 못하니 내가 산들 무엇하며 죽은들 무엇이 한이 되랴.)

가명 충신의 나라를 개탄하고 소모적이고 자학적인 당파에 비분강개하던 백호(白湖) 임제(서기 1549~1587)가 임종 시 슬퍼하는 가족들에게 남긴 자조적인 유언이다.

임백호 요절 5년 후 예견된 임진년과 정유년의 7년 왜란을 겪고 왕위에 오른 광해왕(光海王 재위 서기 1608~1623)은 전란의 혹독함, 민심의 이반, 명과 왜의 협상에서 나라의 명운(命運)이 농단(壟斷)되는 것을 체험했던 터라 후금(後金-淸國)과 명과의 전쟁에서는 중립외교를 실현한다.

선생님은 신라의 반벽통일이후 반도로 자축(自縮)하며 발호한 사대주의가 고려, 조선을 거치면서 명이 사라진 후에도 망한 명나라의 왕을 다시 세운다는(亡明復辟), 어처구니없는 집단 최면, 춘추의리 소중화로 굳어졌으나 그 중에도 어찌 선인건자(仙人健者)가 없었겠느냐면서 그들의 행적과 정신 속에서 아직 살아 있는 참된 조국의 상을 발견할 수 있다고 예를 들며 고려가 신시개천의 법통과 단군조선의 역사를 밝히고 삼성사(三聖祠) 동명신사(東明神祠)의 사당을 짓고 제사한 것, 금속활자의 발명, 묘청(妙淸)과 정지상(鄭知常)의 건원칭제(建元稱帝), 이존비(李尊庇)의 물류련(勿留輦-絶變花), 정지상(鄭之常)의 절불화(折不花), 서희(徐熙)의 대(對) 거란(遼) 담판외교, 강조(康兆)의 고구려 혼의 발현, 최영, 강릉왕의 실지회복(失地回復) 의지, 세종대왕의 숭령전(崇靈殿-檀君廟) 건립, 훈민정음 반포, 측우기 등 과학기구의 발명, 임진·정유왜란과 이순신 장군, 한말의 무수한 의병과 임정시기 독립투사들의 구국투쟁이 그 전거(典據)라고 하였다.

여담이지만 선생님이 일제강점기를 「임시정부시대」라고 정의한 것에 대한 토론이 있었는데(5868. 회일강좌) 「역사연구 대상으로서의 일제시대는 가(可)하나 국통(國統)으로서의 일제시대는 인정할 수 없다」고 설명하였다.

「기록으로서의 역사는 그 기본 사료는 객관적 실증사실을 중요하게 다뤄야 하지만 국사의 원칙 서술은 이것이 전체 민족의 전통적 전승과 번영이 선행 조건으로 되지 않을 수 없기 때문이며 그것이 아니라면 조국과 민족을 위해 하등 목숨을 바칠 이유가 없다」는 것이다.

「현행 국사 연표에 일제 침략시대를 표시했는데 역사의 사건으로 기록해야 하고 일본 자본주의 침략집단을 국사 계통으로 넣을 수 없다. 헤이그 밀사 사건에 의하여 고종황제는 강제 퇴위당했으나 이는 제(帝)의 본의가 아니요 항일무장의 병이 계속 일어났다.

광무 23년 1월에 제는 일인에게 시해되고 이 때 4월 10일 평화적 독립을 3백여 주에 선언한 대한민국임시정부가 엄연히 있었음으로 대한민국 임시정부시대로 바꾸어 국사 연표에 넣어야 한다.」(國史教科書 編纂의 基本要領-대배달민족사 권五)

回日講座 5859(壬寅)年 5月 6日 始作 (貞洞寓舍)

80년대 전두환 정권이 이벤트성 「독립기념관」건립계획을 발표하자 선생님은 그 명칭을 마뜩잖게 생각하였는데 언어가 사물을 규정하는 전도현상(顚倒現象)이 "독립기념관"이라는 상징물의 명칭이 주는 폐해로 전이(轉移)됨을 예를 들어가며 적시(適示)하였다.

그럴 바에야 「민족관」이 낫겠다고 하였지만 체화(体化)된 사대주의가 재빠르게 지나와 일본을 거쳐 미국으로 갔는데 민족관이 용납되겠는가?

어쨌든 국민의 성금으로 건립된 독립기념관은 목천의 흑성산 아래 버티고 서 있다.

● 嘗著渤海國記以高麗之人而獨不修渤海之史乎 嗚呼文獻散亡幾百年之後不可得矣 余以內閣屬官頗讀秘書撰次渤海事爲君臣地理職官儀章物産國語國書屬國九考不日世家傳志而日考者未成史也 亦不敢以史自居云(甲辰閏三月二十五日 柳得恭) (고려가 떨치지(실지회복) 못한 것은 발해사를 닦지 않았기 때문이다.)

● 契丹兵已至縛兆裏以氈載之而去鉉雲亦被執 契丹主解兆縛問日汝爲我臣乎 對日我是高麗人何更爲汝臣乎 再問對如初又剮而問對亦如初問鉉雲 對日兩眼已瞻新日月一心何憶舊山川兆怒蹴鉉雲日汝是高麗人何有此言契丹遂誅兆. (高麗史康兆傳)

● 高宗十八年文大以郎將在瑞昌縣爲蒙古兵 所虜蒙古兵至鐵洲城下令文大呼 論州人日眞蒙古兵來矣 可速出降文大乃大呼 日假蒙古兵也 且勿降蒙古人欲斬之使更呼 復如前遂斬之 (高麗史文大傳)

● 今契丹之來其志不過取比二城其聲言取高句麗舊地者實恐我也 今見其兵勢大盛遽割西京以北與之非計也 且三角山以北亦高麗舊也 彼以谿壑之欲責之無厭可盡與乎 況割地與敵萬世之恥也 願駕還都城使臣等一與之戰然後議之未晚也. (高麗史徐熙傳)

● 天朝之國於我國卽父母之國也 奴賊之於我國猶父母之讐也 結爲兄弟而置父母於相忘之地 恬不以爲恥乎. (三學士傳)
(명이 우리나라에는 즉 부모의 나라요 청이 우리나라엔 부모의 원수와 같은데 부모의 원수와 함께 형제의 의를 맺어 서로 부모를 잊어버리는 경우가 되어도 편안히 부끄럽지 않다 하겠는가.)

● 어허, 우리나라의 명실(明室)에 대한 군신(君臣)의 의(義), 부자(父子)의 은(恩)은 대범 이백여년인데 하루아침에 신주(神州)가 육침(陸沈)되고 충렬오공(忠烈吳公) 홍윤양공(洪尹兩公)이 몸을 죽여 인(仁)을 이루어 대의(大義)를 만세에 밝히시었다.(金炳學의 小華外史序文)

    * 육침 : 물 없는 바다에 잠긴다. 국가가 외적의 손에 떨어진다.
    * 오공 : 吳達濟
    * 홍윤양공 : 洪翼漢, 尹集

「일본(日本) 문명은 동해(東海) 바다를 넘어서 우리 조선(朝鮮)으로 들어오니 그때 조선은 순국한 충신열사는 비록 수없이 많았으나 모두 책임 있는 할복(割腹)이 아니라 어디까지나 영예적 애국에 그치고 보면 그이들의 지식과 사상을 말하자면 대부분이 현실 과학의 지평선(地平線)을 떠나 있었고 十년 이후의 앞날을 내다볼만한 선견지명(先見之明)도 갖지 못한 글자 그대로 보수사대(保守事大)의 오직 형식적이고 관념적인 숭명의리(崇明義理)의 세계를 탈피 못하니 이른바 은둔(隱遁)의 무능왕국(無能王國)으로 스스로 뽐내면서 일종의 허망하고도 편협 고루한 문호연원(門戶淵源)주의를 익히고 가명국민(假明國民)의 왕춘사상(王春思想)에 의한 독보건정(獨保乾淨)을 창피스럽게 자랑하고 앉아서 물질과학(物質科學)의 서구문명을 한갓 견양이적(犬羊夷狄)의 소행으로만 보고 있었나니 그때의 국제정세와 조국의 최후운명이 어떻게 될 것인지조차 강구해 보려하지도 않고 대학(大學) 읽는 소리에 혼나 도망칠 일본군(日本軍)은 아닌데 문선왕(文宣王) 위패만 지면(負) 이기는 송사일 줄 알고 언제나 입에서 끝일 줄 모르는 것은 홍무일월(洪武日月)의 붓방아요 그렇지 않으면 망명복벽(亡明復辟)의 탈춤놀이 뿐이니 근대 조선의 선각자 고균 김옥균(古筠 金玉均)님이 비록 개화독립(開化獨立)의 혁신사상과 웅대한 정치적 일대 경륜을 갖고 일어났으나 조직 있는 사회적 배경과 국민 전체의 호흡을 받지 못한데다가 그만 불행하게도 만고 음흉한 일본 정부의 고의적인 약속 위반과 계획적인 방해공작 때문에 갑신개혁(甲申改革)의 수창자 충달공 김옥균(忠達公 金玉均)님은 마침내 성공하지 못하고 만리 이역의 고혼이 되고 말았다.

그리고 조선의 「갑신개혁」을 본받아 일어난 강유위(康有爲) 일당의 변법자강(變法自疆)도 또한 조선의 독립을 방해했던 한때의 간웅 원세개(姦雄 袁世凱)의 매국적인 배신행위에 의하여 실패하였나니 결국 생각해보면 말로만 부르짖은 차관개화(借款開化)가 우리의 국력배양에 도움이 될 수 없고 자주 실력을 갖추지 못한 병자수호(丙子修好)의 금석같은 맹약은 도리어 양호유환격(養虎遺患格)이 되고 바람 앞에 등불처럼 국가위기의 일발(一髮)을 눈앞에 둔 만능외척(萬能外戚)의 부패와 날로 발효하는 학민정치는 실로 전진할 수 없는 사대외교(事大外交)의 허망(虛妄)을 드러내고 또 한편 민간에서는 이상도 조직도 없는 그때의 각 곳에 일어나는 농민반항(農民反抗)운동에 편승(便乘)하여 궁을감결(弓乙鑑訣)의 구호 앞에 정씨입도(鄭氏立都)의 새 운수가 터지는 줄 잘못 알고 우-욱 하고 따라난 반정부(反政府) 세력으로 등장한 동학당(東學黨)의 척왜양창의(斥倭洋倡義)가 진정한 의미에서 부한(扶韓)도 척왜양(斥倭洋)도 아닌 대원왕(大院王)의 추김에 의한 그때의 성균관 유생들의 낡아빠진 종청사대(從淸事大)의 노름판 속에 헤매일 뿐이며 오도 무위이화(吾道 無爲而化 우리는 하염없는 속에서 스스로 감화할 수 있다)의 그 도만 믿으면 서양전승공취 무사불성(西洋戰勝攻取 無事不成-서양은 싸우면 이기고 치면 아우름에 이루어지지 않는 일이 없다)은 그 서양을 물리칠 수 있다 생각하였나니 참으로 승산있는 현실의 해결책이 될 수 없다.

吾亦感其言 受其符 書以呑服 則潤身差病 方乃知仙藥矣.
西洋 戰勝攻取 無事不成 而天下盡滅 亦不無脣亡之歎 輔國安民計將安出.(布德文)
中華之國 不免兵火之燒滅 爲鄰國者 惡得無脣亡之患也(論學文注)
鄒魯之風 傳遺於斯世 吾道受於斯 布於斯 豈可謂以西名之者乎.
仁義禮智 先聖之所敎 守心正氣 惟我之更定.(修德文)

어쨌든 동학난은 동학난으로 끝나지 않고 자율(自律)적이고 또 자발적인 주체사관(主體史觀)과 체계있는 이념(理念) 밑에 조직된 주체세력(主體勢力)으로 구국(救國)의 체제유신에까지 이론 전개와 함께 사회 계몽운동으로 확대하지 못했을 뿐 아니라 외국출병(外國出兵)의 변칙적인 구실만 만들어서 결국 기호봉육(飢虎逢肉)의 기화(奇貨)로 나타난 일본(日本) 자본주의 침략정책을 펴는데 절호의 기회만 제공할 뿐이요 하나의 일진회(一進會)를 교두보로 한 동학운동은 이것이 자족상잔의 악순환이 아니었겠는가. 일본 직출의 세력과 함께 그 일당의 그늘에 이익을 본 자가 바로 원시천도교이기 때문이다. 여기에서 국가의 원기는 다시 회소할 수 없는 최후의 구경으로 몰아넣고 말았으며 조금이라도 우리나라의 자유민주주의(自由民主主義) 혁명세력을 구현할만한 성격(性格)과 내용을 갖추지 못했으니 그저 기분적인 제폭구민(除暴救民)의 구호가 되고 우통과 같은 일시적 빈대가 죽으니 시원통쾌하다는 것처럼 결국 내가 사는 초가삼간(草家三間)은 타버리듯 국가의 운명은 이로 인하여 도마 위에 오른 물고기 신세가 되었다면 고귀한 피의 항쟁(抗爭)이 실로 국가민족의 백년대계에는 도움이 될 수 없고 도리어 해독을 남긴 결과가 되고 말았다.
이홍장(李鴻章)·원세개(遠世凱) 등이 조종하는 노쇠(老衰)한 청제국(淸帝國)은 우리 조선의 보수주의 유림세력과 결탁하여 각가지 사회의 부정(不正)과 정치의 부패를 조장하였고 이등박문(伊藤博文)이 인도하는 신흥일본은 동학잔당(東學殘黨)을 포함한 그때의 친일세력을 유인하여 동양 침략의 발판을 만들어 놓았으며 아라사(俄羅斯 러시아)의 남하정책에 의한 변칙외교(變則外交)도 또한 그때의 친아(親俄) 세력을 흡수하여 내정간섭(內政干涉)과 이권(利權) 매수의 흉거(凶擧)에 골몰하더니 최후에 자본주의 일본(日本 예국)은 영·미 등을 비롯한 구미 열강의 공개적인 승인 아래 이루어놓았다는 사실이 주목되는 것이다.」(李裕岦)

철성이씨 약전 鐵城李氏百世彝鑑

남해안의 사진(고성 근처)

예나 지금이나 어떤 이를 형용할 때 명문 거족(名門巨族)의 후예라는 말을 많이 쓴다.

명문거족이 어떤 의미로 쓰이는지 하도 용례가 많아서 예식장 신랑신부 가계에도 흔히 쓰는 말이니 우리 민족 모두 명문 출신이고 거족의 후예일 것이다.

역사 용어로 천손족(天孫族) 천제지자(天帝之子)가 아니겠는가?

철성이씨(鐵城李氏) 시조 이황(李璜)은 진사(進士)요 밀직부사(密直副使)라 단기 3140년(서력 807년) 신라 애장왕(新羅哀莊王) 12년(丁亥) 11월에 당헌종원화 2년(唐憲宗元和二年) 이기(李琦)의 난을 피하여 그 형 경(瓊)과

1세 **이황(李璜)**

9세 **이암(李嵒)**
『단군세기』 지음

11세 **이원(李原)**

13세 **이맥(李陌)**
『태백일사』 지음

15세 **이방(李滂)**
삭주로 이주

27세 **이기(李沂)**
계연수의 스승

30세 **이상룡(李相龍)**
상해 임정 국무령

35세 **이유립(李裕岦)**
『환단고기』 공개

철성 이씨와 환단고기의 관계도

함께 본국(本國-新羅)으로 들어왔다 하고(追遠錄), 중국 한(漢) 문제(文帝) 때 「중서사인(中書舍人) 이반(李槃)의 24세 손(孫)」이라는 말도 있으나(萬姓譜) 하도 먼 일이라 자세히 알 수 없으며, 고려 문종(文宗) 17년(癸卯)에 「호부상서(戶部尙書)를 추증하고 철령백(鐵嶺伯)을 봉하였다」 한다.(尋源錄 丁亥世譜)

- 鐵城李氏

貫號 - 古自, 鐵嶺, 固州, 鐵城, 固城

鄕貫의 建置된 沿革 - 新羅 奈解王 十四年(서기 209년) 己丑에 古資國이 新羅에 滅한 바 되어 古資郡이 되었고, 古資는 또 古自, 龜慈라 한다.

古資는 鄕言에 水灣(구지)의 뜻이다.

景德王이 鐵嶺으로 고쳤다가 다시 鐵城으로 하였고, 高麗 成宗 때 이르러 固州刺使를 삼았다가 후에 縣으로 내리고 元宗이 鐵城都護府로 올렸다가 恭愍王이 固城縣令으로 내렸고 朝鮮 高宗 太皇帝 建陽 元年에 이르러 郡守로 고쳤다.

2세(二世) 전지(田枝), 3세 국헌(國軒), 4세 영년(永年), 5세 인충(麟冲), 6세 진(璡)이 모두 고려 조정에서 벼슬을 하였다.

그 중 6세 진은 고려 고종(高宗) 3년에 나서 고종 18년에 문과에 뽑혀 승문원 학사(承文院學士)가 되었다가 사퇴하고 문소산(文邵山)에 숨어들어 문산도인(文山道人)이라 자호(自號)하고 은거하였다.

文邵山 놀애

반 공중 웃둑 솟은 철성문소산(鐵城文邵山)
천만고에 변함없이 푸르럿구나.
도고(道高)하신 문산도인(文山道人) 의표(儀表)와 함께
남해바다 부는 바람 맑게 개었네.

송도에서 곰실까지 천백리인데 몽고위제 받기 싫어

은불사(隱不仕)했네.

산빛 좋고 물맛 좋아 선경같은데

조그마한 풀집 속에 홀로 앉아서

깊고 묘한 우주 철리 뚫어도 보고

절 되는 하나 참함 즐길 뿐일세.

새벽한울 빛이 나나니 남극성인데

한나영봉(漢拏靈峰) 까마득히 눈 아래 들고

만경창파 뛰는 물결 앞에다 보니

쾌장할 손 선인기상(先人氣像) 슷겨 보노라. (後孫 裕岊)

선생님이 5831년 경남 고성군 회화면 소재 문산공(이진)의 유택(幽宅)
봉산제(鳳山齋)를 참배하고 지은 文邵山노래이다.

7세 이존비(李尊庇)의 자(字)는 빈연(彬然)이고 호는 후백(厚伯), 또 덕안(德安)
이며 휘(諱)는 인성(仁成)이다.

고려 고종 24년(癸巳) 7월 15일생으로 원종(元宗) 원년(元年) 문과 급제하고
충열왕(忠烈王) 원년에 상서우승(上書右丞)으로 지국자감시(知國子監試), 5년에
밀직부사(密直副使), 6년에 지밀직사사(知密直司事) 겸 세자원빈(世子元嬪), 8년
에 지공거(知貢擧), 10년에 감찰대부(監察大夫)로 보태자감국사(補太子監國事),
12년 연려(蓮女)에 드리는 시(詩)의 개작(改作) 사건으로 삭관(削官)되어 문의(文
義)에 유배, 13년 복관(復官)하여 판밀직사사(判密直司事))겸 세자원빈이 되었으
나 사자(使者)가 미보(未報)하여 받지 못하고, 이 해 1월 7일 무진(戊辰)에 세상을
떴다.

향년 55세, 사후 익조공신벽상삼한삼중대광(翊祚功臣壁上三韓三重大匡)을 사
(賜)하고 철성부원군으로 봉(封)하고 시호를 문희공(文僖公-勤學好問曰文·不隱不
屈曰僖)이라 하고 묘소는 현재 충북 청원군 문의면 소전리에 있다.

心山 金昌淑(1879~1962)

성균관대학교 총장 심산(心山) 김창숙(金昌淑)선생이 비지(碑誌)를 적었다.[8]

전화(戰禍)가 채 가시지 않은 5852년 정산(유림)은 일가(一家) 이웅열(李雄烈·中都日報社長)과 함께 성균관으로 심산선생을 찾아 대전과 청주 사이의 문의면에 있는 7세 이존비의 묘비명(墓碑銘)을 받았다.

심산선생은 기유(己酉)생이며 경북 의성(義城) 출신의 유학자로 일본에 조국이 강탈당하자 기미년 상해로 망명하여 임시정부의정원 의원이 되었다.

5819(壬戌)년 신단재(申丹齋)선생과 북경에서 독립운동지 ≪천고(天鼓)≫를 발간하고 서로군정서(西路軍政署) 선전위원장으로 활약하다 5824년 상해 일본영사관원에게 체포되어 14년 형을 선고받고 대전형무소에서 복역 중 해방을 맞았다.

행촌 이암 선생 존영   행촌 선생 자화상

春雨

花生春猨冷霜心只自月驚孤笭啼永晝細
自涵高城撲撲來何事興々逢此生絿絲
閑夕書隨雲吾詩情

渡江

江南非不好楚客自生哀搖楫天平渡迎
人樹欲來句錄吳岫立日照海門一每雖異
中原險方隅六壮哉

행촌 선생 서

성균관대학을 세우고 초대 총장으로 재직하다 5859(壬寅)년 노환으로 별세하자 사회장을 치루고 그 해 3월 1일 정부는 그 업적을 기려 대한민국건국공로훈장중장을 추서하였다.

존비(尊庇)의 장자 문헌공(文憲公) 우(瑀)는 3남4녀를 두었는데 장자가 9세 이암(李嵒)이다.

시화(詩畵)에 능했던 암은 고려 충렬왕23년(丁酉)에 태어나 17세(충선왕 5년)에 문과에 급제했는데 찬성사(贊成事), 우정승(右政丞)을 지내고 68세 때인 공민왕 13년(戊辰)에 졸(卒)하자 공민왕은 문하시중철성부원군(門下侍中鐵城府院君)으로 봉하고 추도하여 직접 상(像)을 그리고 벗으로써 술을 따라 제를 지냈다.

고려사, 동국통감에는 그의 성품과 유사(遺事)가 세세히 기록되어 있고 그의 저서는 단군세기(檀君世紀), 태백진훈(太白眞訓), 농상집요(農桑輯要) 등이 있다.

특히 단군세기는 운초(雲樵)가 환단고기(桓檀古記)를 책할 때 암의 현손 맥(陌)의 태백일사(太白逸史)와 함께 편찬하여 그 내용이 소상(昭詳)하며 농상집요는 농사가 천하지대본(天下之大本)인 우리나라의 최초의 농잠서로서 단군세기, 태백진훈과 함께 행촌 3서(杏村三書)로 일컫는다.

묘소는 개성시 서쪽 방향 20리, 장단군(長湍郡) 진서면(津西面) 선적리(仙績里)이고 묘지명(墓誌銘)[9]은 목은 이색(牧隱 李穡)이 지었는데 목은은 10세 강(岡)의 묘지명도 지었다.

10세 강(岡)은 충목왕(忠穆王) 때 문과에 급제하여 봉익대부 밀직부사 진현관대제학(奉翊大夫 密直副使 進賢館大提學)을 지내고 공민왕 때 36세로 졸(卒)하였는데 그의 아들 원(原)은 여말(麗末) 강릉왕(江陵王) 때 문과에 나아가 조선조 태조(太祖), 정종(定宗), 태종(太宗), 삼대를 거치면서 우의정으로 병오년에 세상을 떠났다.

세조(世祖) 연간에 군신이 의논하여 양헌(襄憲)이라 시호하고 태종 묘정에 배향하고 자녀를 6남4녀 두었는데 묘소는 경기도 광주군 서면 율촌리이다.

후손 이석제(李錫濟-五·一六 주체, 당시 최고회의사법위원장, 육군대령)가, 유립, 석영, 병현(秉賢), 형련(亨連) 등과 더불어 선조의 묘소를 깨끗이 소제하고 제물을 올려 참배한 후 시를 남겼다.(서력 1962년)

奠掃先壟
忙中請暇出城門 爲省松楸到栗村 幸得榮名誰所賜 今來偏感祖宗恩(錫濟)
次韻
當代英雄出我門 天翁肯使老鄕村 盡心爲國今思本 奠掃墳塋答祖恩(秉賢)
祖宗當日拜天門 次第歸藏此栗村 碑額大書封爵諡 至今摺帶聖朝思(采英)
五行底事入出門 累世先塋在此村 呵護不令陵谷變 拜時更自感神思(錫暎)

이들은 12세 지(墀)의 증손 방(滂)파로 지의 자는 병경(幷卿)이오 호는 사암(思庵)이니 세종2년(서기 1420) 5월생이며 한성소윤(漢城小尹), 안변도호부사(安邊都護府使), 괴산군수(槐山郡守), 광주목사(廣州牧使) 등을 지냈다.

13세 장자 육(陸)이 좌리원종공신(佐理願從功臣)을 받음으로 추은(推恩)하여 가선대부예조참판(嘉善大夫禮曹參判) 겸, 동지춘추관사(同知春秋館事)를 증(贈)했는데 4남4녀 중 단종3년(을해)에 출생하여 연산조에서 예조정랑(禮曹正郎), 춘추관 편수관(春秋館編修官) 사헌부장령(司憲府掌令) 등을 지내고 괴산으로 귀양 갔다가 중종(中宗) 원년(52세 時)에 소환하여 성균관사예(成均館司藝)를 시작으로 호조참의(戶曹參議), 동지돈녕부사(同知敦寧府事) 등을 거친 맥(陌)이 4남이다.

맥의 자는 정부(正夫) 호는 규원(葵園), 또 일십당(一十堂)으로 가전(家傳)한 많은 서책과 귀양지에서 돌아와 찬수관(撰修官)으로 있을 때 궁 안의 비장서적[10]의 열람을 바탕으로 태백일사(太白逸史)를 지어 후손들에게 전했다.

맥의 장자 린(璘)은 협천군수(陜川郡守), 개천군수(价川郡守)를 지내고 그의 3남 방(滂)이 15세 수산공(繡山公)이다.

수산공의 자는 계조(啓祚), 호는 수산, 또 관란제(觀瀾齊)니 성종25년(甲寅) 경기도 광주에서 출생하였다.

삭주부사(朔州副使)를 지내고 묘는 삭주군(朔州郡)[11] 중남면(中南面) 자산동(慈山洞 定朔線 大安驛下車) 자심천 건너 맞은 짝 3리 자운산(紫雲山)에 남향하고 있다.

수산공 방은 말년을 삭주군 중남면 자산동에서 관란재를 짓고 은거하였다. 그로부터 세세를 이으며 그의 후손들이 삭주에 살아왔으니 35세 정산은 방의 20세손이다.

수산공의 유사(遺事)는 삭주지(朔州誌)와 조선환여승람(朝鮮寰輿勝覽)에 적혀 있기를 「剛毅有志節特家淸儉特躬謹飭以門蔭歷剔華御 仁宗元年乙巳言事忤旨貶爲外補 朔州有去思碑日捐金繕城庶民子來」라, 검소한 삶을 살며 성을 쌓아 북방을 지키고 그곳 백성들을 돌보며 학문에 정진하였던 글방이 있는데 삭주는 험고(險固)하나 산자수명(山紫水明)하며 본향 대륙을 지척에 두고 누대(屢代)에 걸쳐 자손이 번창한 중에 말손(末孫) 정산이 국자박사 박문식(國子博士 朴文植)에게 청을 넣어 관란재기(觀瀾齋記)를 얻었다.

관란재기(觀瀾齋記)

삭주는 산수 좋은 고을이라 두룽이(龍山)와 팔영령(八嶺)이 기운어리어(扶興) 언틀먼틀(울퉁불퉁) 넓게 덮이고(磅礴) 자심개울 일곱물줄기(慈水七源)가 맑아서(淸淑) 가느다란 물결(漣漪)이 흐르는데 그 가운데에 마을(洞)이 있어 이르되 태평이요 글집(齋)이 있어 관란(觀瀾)이라하니 전에 수산선생(繡山先生) 철성 이공(鐵城 李公)이 숨어 닦은 데라 글집으로 큰물결(瀾)이라 이름한 것은 아마 소문충공(蘇文忠公-蘇軾. 號東坡)이 세운 황주의란당(黃州漪瀾堂)의 뜻을 취한 듯하니 함께 이 하늘 끝 먼 곳(天涯)에 빠지고 떨어져(淪落) 소리기운(聲氣)이 부합되므로 그러하셨던 것인가?

공이 여러 대로 고귀(軒冕-차륜거. 高官이 쓰는 수레와 冠)한 가문에 태어나시어 선조의 그늘을 기대여서 의론하고 생각하는(論思)자리에 계시게 되었으나 그래도 조정의 뜻을 얻지 못하시었고 꾸짖어(謫) 삭주(朔北)원으로 갔으되 일찍 성내어 탓함이 없으시고 공손히 신하의 직책을 닦으시고 백성을 사랑하여 물건을 애호하시고 나라를 근심하여 몸을 잊으시고 돈을 보태어 성(城)을 쌓아 북방(北鑰-北門鑰鑰-북쪽 수비)을 굳건히 하시고 망 보는 다락(城樓)을 글(賦) 하여 깃머리(旄頭 - 얼룩 소 꼬리털을 대 끝에 단 旗)의 깨우침이 있으시고 권충정(權忠定 - 權撥(1478~1548) 자는 仲虛 호 忠齋, 예조판서로 명종초에 尹元衡의 尹任배척을 반대하다가 삭주에 유배되어 죽음)을 서러워하여 거정(居停-旅寓 혹은 客窆)의 눈물을 뿌리시더니 드디어 벼슬을 버리시고 그대로 살으시어(家焉) 바람벽(壁)에 글을 써서 관란(觀瀾)이라 하시니 대개 「란」(瀾)이라 함은 큰 물결(大波)이라 물에 취하여 그 큰 물결을 보았으니 그 뜻(義)이 깊도다.

저 졸졸이(涓涓) 절절이(滴滴) 흘러 밤낮을 쉬임없어서 큰 물결(大波)가 되고 내(川-通流水)가 되고 긴내(河)가 되고 큰강(江 -大川)이 되고 이어 바다(海)로 돌아 들어가는 것이니 큰 바다라는 것은 구름. 비가 일어나고(潑) 고기, 소금이 나고 진주. 산호(珊瑚)가 배어나고(孕) 배. 큰배(船舶)가 통행하고 험하고 막힌 곳, 모든 것을 싸서 나라를 복되게 하니 물의 길이 지극하도다.

우리 배움의 치(寸)만한 정성과 분(分)만한 공경으로 하나를 알면 전반을 쌓고 쌓아(積積) 포개고 포개면(累累) 비로소 사물의 이치를 궁구하여 밝힘(格治 -格物治知)이 있게 되고 흙성(堠-里堠-적정을 살피기 위해 흙으로 쌓은 보루)을 지나 관(關 -국경관문)을 넘어서 세상을 잘 다스리어 평화(治平 - 治國平天下) 하기 이르면 곧 하늘땅이 제 자리에 편안해지고 만물이 절로 기르게 되는 것과 같은 것(猶)이니 배움의 길이 지극하도다.

이것이 공이 큰 물결(瀾)을 보고 얻어서 길(道-사람이 지켜야 할 도리)을 비유하신 것이니 오직 이치(理)를 보고 살피어 절로 좋아하게 될 뿐만 아니라 뒤에 오는 자손(來昆)을 열어 깨우치게(啓牖)하려는 바가 있는 것이다.

이러므로써 철성씨의 배우는 길(文憲)이 열두대 반장(泮一諸侯學宮 즉 鄕校西席)이 나기에 이르렀으니 어찌 아름다이 옳은 것(韙)이 아니겠는가?

이제부터 뒤에 오는 자손들이 또한 이러한 것으로써 제각기 직접 현실에 대한 경험을 얻게(體驗)되면 공과 같은 이들이 다시 세상에 쏟아져 나올 것이니(輩出) 어찌 서로 힘쓰지 않는다 할 것인가?

공의 후손 국영(國英)과 병현(秉賢)과 석영(錫暎)이가 그 종인 유립(裕岦)을 소개(介)하여 내게 적기를 요구하기에 사양할 수 없어 참람스러이 쓰노라.(국자박사 박문식)

觀瀾齋記

『朔州 山水鄕也 龍山八嶺 扶興磅礴 慈水七源 淸澈漣漪 中有洞曰 太平 有齋曰 觀瀾 故 繡山 先生 鐵城李公 藏修之所也 齋而瀾名 盖取於蘇文忠公 黃州漪 瀾堂之義也 同是淪落於天涯聲氣之符而然歟 公生於屢世軒冕之家 席 先蔭而居論思之地 因不得於朝謫守朔北而會無 慍尤恭修身職 仁民而愛物憂 國而忘身 捐金 築城以固北鑰 賦戌樓 有旄 頭之警 悼權忠定 酒居停之淚 遂 去官而家焉 題壁曰 觀瀾 盖瀾大波也 取於水而觀其大瀾其義 - 深矣 彼涓涓 滴滴 不舍晝夜爲大波 爲川爲河爲江而歸於海 大海者 雲雨潑焉魚鹽産焉 珠 珊孕焉 船舶通焉 險固塞焉 包括萬有以祚邦國水之道 - 至矣 猶吾學之寸誠 分敬一知半行 積積累累始有格治歷堠透關 至於治平 則天地 - 位萬物育焉 學之道 - 至矣 此 - 公之觀於瀾而喩道者也 不惟觀理自好 而亦有所以啓牖來 昆也 是以 鐵城氏之文憲至有十二代泮長 曷不韙哉 自今來昆亦以是體驗焉 則始公者 - 復輩出於世矣 盍相勉哉 公之後孫國英秉顯 錫暎介其宗人裕岦 要余記 辭不獲僭書之 (國子博士 朴文植)

삭주 도호부사 방(滂)이 삭주에 은거한 이후 수산공파들은 많은 후손들이 대대로 삭주에 살며 봉사와 희생의 참지식인의 삶을 살았다.

17세(世) 극창(克昌)이 음사(蔭仕-조상의 공덕으로 받은 직) 동지중추(同知中樞)하고 문무를 겸비한 21세 지(芝)가 무과에 급제하여 병마만호(兵馬萬戶)를 지냈고 24세 성립(成立)이 선무랑전역부위(宣務郞展力副尉)겸 사복(司僕), 26세 삼문(三文)은 숙종조에 나서 영조조에서 무과에 급제하고 시습재(時習齋)를 짓고 인재를 육성하였다.

그 학문과 유행(儒行)이 빼어나 사후 금창(金昌) 서원에 배향되었다.

27세 명백(明白)이 장사랑(將仕郞)하고 28세 하상(夏相)이 통정대부절충장군(通政大夫折衝將軍)하고 30세 종련(宗蓮)이 임신년 홍경래 난(洪景來亂) 방수(防守)의 공으로 복호(復戶)하고 통정대부절충장군(通政大夫折衝將軍)하였다.

정산의 고조 31세 석률(碩律)은 품성이 성근(誠勤)하여 가계(家計)를 일으키고 지극한 효심으로 풍우불구(風雨不拘)하고 조석으로 성분(省墳)하고 향민을 돌보다가 40세에 문득 입산사(入山寺)하여 학문에 매진일로(邁進一路)하였다.

두루 독서하여 경·사·자·집(經史子集)을 섭렵하였으나 사학(史學)이 주(主)이고「聖人之道正德利明厚生 人生之望 性在新吾心之明德豊吾家之財用」이라 하고 그가 사는 곳을 신풍동(新豊洞)이라 하니 지금의 신풍동이다.

동호 박현구(東湖 朴顯求)가 기적비(紀蹟碑)를 쓰고(撰) 성당 강매(星堂 姜邁)가 묘각(墓閣)-경미각(敬美閣) 상량문을 짓고(作) 해창 송기식(海窓 宋基植)이 각기(閣記)를 썼다.

이때에 전국 13도의 사림(士林)들의 답지(遝至)한 시(詩)가 400여 수고 제막(除幕) 사실이 만선일보(滿鮮日報)에 실렸다.

32세 재형(載亨)은 극기진수(克己進修)하여 꾸밈이나 거짓이 없는 언행으로 주장을 내세우지 않아도 심중으로 전하여 향당(鄕黨)이 모두 충언(忠言)을 따르고 종족(宗族)이 모두 독실한 문행(文行)을 칭송하였다. 일찍 삼균재(三均齋)의 서실을 지어 인재를 양성하였다.

33세 의권(儀權)은 부친 재형의 덕행을 이어 재산을 내 장학(獎學)하고 곡식을 내어 구빈(救貧)하였다.

정산(靜山)의 가계는 먼 예부터 여느 반가(班家)와 마찬가지로 책임과 희생의 충효(忠孝)를 본(本)으로 삼았으나 나라의 자존(自存)을 구책(求策)하고 그 모개(목)를 역사의 교훈에서 찾았다.

원(元)의 지배를 받고 고려가 망하는 시대상황의 이존비(7세) 이암(9세), 숭명 유일주의 조선의 쇠국(衰國)과 일제 침탈기의 민족의 처량(凄凉)과 분개(憤慨)를 떨쳐 일어난 정산 일족들은 진충보국(盡忠報國) 살신성인(殺身成仁)의 행동하는 지식인이었다.

매국 5적 저격사건으로 옥고를 치루고 유환(宥還)하여 5807(庚戌)년 경성여관에서 절식자진(絕食自盡)한 해학 이기(海鶴 李沂, 28세)는 단학회(檀學會)를 창립하고 해학유서(海鶴遺書) 등을 남겼다.

국치(國恥) 후에 남만주(南滿洲)로 이주하면서 남만주 동포들의 자치기관으로 부민단(夫民團)을 조직하여 교민의 교육과 산업에 주력하고 서로군정서(西路軍政署)를 조직하여 무장투쟁을 펼치고 상해 임시정부 국무령으로 활약한 석주 이상용(石州 李相龍, 30세)과 삭주 3·1운동과 천마산을 중심으로 무장투쟁을 벌였던 독립운동가들은 순국 영어의 몸이 되거나 만주와 지나로 쫓겨 계속 구국투쟁을 했는데 이봉우(30세) 이덕수(31세) 이양엽(32세) 이용봉(33세) 이용담(33세) 이동규(34세) 이태집(34세) 이유항(35세) 등, 외에도 수십 인으로 광복 후 건국훈장을 받거나 독립운동사에 유적(遺蹟)이 기록되어 있다. (부록 3 滿洲獨立運動團體의 武力鬪爭(檀石抄)

정산 본인은 물론 선친 이관집과 숙부 이태집 4촌 이유항이 모두 일제와 치열하게 맞섰다.

天磨山(高 1,180m)은 삭주, 의주, 구성의 세 군에 걸쳐있어 삼천마(三天磨)로 통칭되며 삭주 쪽 삭주천마는 주남동 덜골마을이 관문이다. 산세가 역삼각형이고 산정에는 늪이 있고 주남동으로 오르는 삭주 쪽 능선은 식생(植生)과 자연 환경이 뛰어나고 울창한 원시림과 몇 백 년씩 묵은 적송(赤松)이 자태를 뽐낸다. 9월이면 이미 산봉에 눈이 덮이고 사시(四時) 선경을 이루고 의주천마는 깎아지른 절벽이며 구성천마는 험한 바위와 돌이 기슭까지 깔려 있어 삭주 천마 남서면 쪽으로만 오르내릴 수 있는 천연의 요새, 천마산대의 산채(山寨)였다. 겨울 벌채한 목재를 여름 홍수를 기다렸다가 급류로 흘려 하류에서 뗏목을 짓고 그 뗏목은 대령강을 타고 태천을 거쳐 박천으로 나간다.

천마산 밑 삭주 출신 남류 치덕자(南留齒德者)의 말을 빌면 뗏목을 엮는 로프대신 천마산 원시림의 응달에서 얻은 참나무를 베어주고 뗏목상의 용돈을 얻어 썼다니 나의 유년시절 산판을 하던 선고에게 산자락으로 굴린 말구 중 숨은 놈을 찾아주고 용돈을 받고 뛰던 동무들이 생각난다.

선고의 인부들은 빈 드럼을 깐 뗏목에 말구를 싣고 저수지를 가로지른 마닐라 로프를 당겨 산판길이 끝난 저수지 둑 밑에 대기한 윈치 달린 군용 GMC에 실었는데 발치서 뒷짐 지고 바라보던 선고는 읍내 한의원에서 머리 통증을 호소하곤 하였다.

선고의 작고 후 나의 모친은 그 벤 단면에 맺히는 진이 나무의 피라고 그 시절을 회고하곤 하였는데 나는 그 벤 나무의 몇 배를 심겠다고 위로하며 약속했지만 모두 공언(空言)이 되고 말았다.

선생님은 곤고한 생애 틈틈이 수많은 나무를 심었는데도 말이다.

선생님이 「북괴의 휴전선 도끼만행사건」(도하 신문의 헤드라인) 때의 논평은 적구에 잘려난 고향삭주의 그 헤일 수 없이 많은 나무를 떠올렸을 것이고 교육과 식수는 백년, 십년지대계라고 식수를 권장하고(王墓洞植樹 說 辛丑五月) 신풍학원 주변과 선조들의 무덤가와 개천각 주변과 식목일 근로 봉사 때 정성껏 심던 나무들은 그 상흔을 치유하려던 행작(行作)이었을 것이다.

선생님은 전문적으로 우리강산 본이름 찾기는 하지 않았으나 틈틈이 발길이 닿는 의미 있는 곳은 가급적 원이름을 찾아 불렀고 없으면 새로운 이름도 지었다.

그냥 좋은 이름으로 짓는 것이 아니라 역사성, 지형 등을 고려하여 진취적이고 좋은 뜻의 이름을 지은 것이다.

천마(天摩)로 굳어진 고향 명산을 천마(天磨)로 부르고 마니산(摩尼山)으로 불리던 마리산(摩利山)을 검증하여 현재 강화군에서도 마니와 마리를 병기하며 단학동(檀鶴洞)은 개천각(開天閣)이 있는 성지를 새로 지어 불렀다(커발한 16호) 개천각 명칭도 마찬가지였고 기존의 그냥 불리던 이름을 역사성을 찾아 의미를 부여했는데 이를테면 청원의 광거산하 형강(荊江)과 참성단하 단계천(檀溪川)같은 것이다.

내 故鄕 그곳은 … 朔州郡

水豐댐의 위용은 여전하건만…

평안북도 북서부에 위치한 곳으로 80년대말 12만 4천여 명의 인구를 갖고 있는 고장이다. 천마군, 대관군 등과 경계를 이루고 있으며 압록강을 경계로 중국과 마주하고 있다.

고구려 때 郡縣이 설치되었는지는 확인되지 않고 있으나, 국내성이 바로 인접한 對岸에 위치해 있는 것이 주목되고 있다. 고려가 개국된 이후 이곳을 영새현(寧塞縣)이라고 했다가 1018년 삭주로 변경한 후 방어사를 두고 府로 승격시켰다. 거란과의 전쟁 후 압록강에서 함경남도 정평까지 이어지는 천리장성이 지나는 국방요새의 하나였다.

조선시대인 1413년 도호부로 승격되었고, 이후 여러 차례의 변경을 거쳐 구한말인 고종 32년 府郡制 실시에 따라 의주부에 속했다가 다시 1896년 13道制 실시 때 평안북도에 속하게 됐다. 그 뒤에도 계속해서 행정구역 개편이 이루어져 북한 정권이 통치하고 있는 현재 삭주읍 1개를 비롯하여 대대(大垈), 용암(龍巖), 판막(板幕) 등 19개 里와 수풍, 청성, 청수 등 3개 노동자구로 되어 있다.

한 때 동양 최대의 규모를 자랑하던 水豐댐이 아직도 그 위용을 자랑하고 있으나 북한의 경제 사정 악화로 전력 생산량이 60만kw로 급감하여 중국측 지원에 의지해 그 명맥을 이어가는 것으로 전해지며, 생산되는 전력의 절반을 중국으로 송전하고 있다.

이곳의 지형은 대부분 산지로 되어 있다. 군의 중앙부를 강남산맥이 동서로 가로지르고 있으며, 계반령(해발 577m)을 경계로 남북지역으로 나눠진다. 대표적인 산으로는 서쪽군계에 위치한 천마산(天麻山)을 꼽을 수 있다. 하천도 이러한 산세에 따라 분수령의 북쪽으로는 구곡천(九曲川)이 흘러 압록강으로 들어가고, 남쪽으로는 대령강이 발원하여 여러 계곡을 거치며 합류하여 대령강 본류로 흘러간다.

조선시대인 숙종 33년에 세워진 금창서원과 삭주향교가 있다. 또 근대교육기관으로는 삭주군 구곡면에 사립학교가 세워졌고, 간이학교 8개교가 있으며, 신풍학원, 삼성학원이 있었다. 1911년 삭주공립보통학교가 설립되었고 20년대 이후 외남면에 대관공립보통학교가 설립된 후 12개의 공립보통학교가 각 면에 세워졌다. 해방 직전인 1944년경에는 14개교와 사회교육기관인 삼육사가 있었다.

유적으로는 고구려 때 것으로 추정되는 낮은 봉분의 고분군들이 구곡면 연삼동과 외남면 대안동, 청계동, 양산면 팽하동 등지에 분포되어 있다. 불교문화재로는 양산면 팽하동에 묘햐안 보현사의 말사인 중흥사지가 있으며, 그 외에도 이름을 알 수 없는 절터가 무수히 흩어져 있다. (出處 新聞記事)

7세 이존비 비문 中

碑銘(表石 略)

高麗正議大夫同判密直司事贈壁上三韓三重大匡翊祚功臣鐵城府院君諡文
僖李先生神道碑銘並序

고려국 정의대부판밀직사사 증벽상삼한삼중대광익조공신 철성부원군(府는
大臣宰相의 집무처. 院은 주위에 垣墻이 있는 저택) 시호 문희 이선생 무덤
가는 길 선돌 새기는 글 아울러 폄

余嘗讀高麗史 李文僖公事公生於麗氏尙佛之世卓然以儒學風一世至今千載
之下尙能使人欽崇其德學風節而爲之興起焉

내가 일찍 고려 역사에서 이문희공 사적을 읽으니 공이 려씨(麗氏)의 불
(佛)을 숭상하는 세상에 나시어 뛰어나게 유학(儒學)으로써 한 세상을 풍미하
시고 지금 천재의 아래에서 오히려 능히 사람으로 하여금 그의 덕학(德學-도
덕과 학문)과 풍절(風節-風裁와 節介)를 흠숭하고 위하여 떨치어 일어나게 하
는지라

歲乙未公之後孫-居湖西者雄烈裕岦二君抱公事遺事北走漢師訪余于成均館
謁以神道顯詩 余以病廢泓穎力辭之後介余里中人其門親道和君請益懇閱四年
而固徵之觀其意不得請不已 余感其誠篤仍按狀而第次之

을미년 서력 1955년) 공의 후손 호서에 사는 웅렬, 유립 두 님이 공의 남긴
일(遺事)을 안고 북으로 서울(漢師)에 달려와서 나를 성균관으로 찾아 공의
뫼로 가는 길 새기는 글(神道顯詩)로 아뢰(謁)거늘 내가 병들고 버려(病廢) 벼
룩이 물고 지린내 나는 자리(泓穎)에서 일어나지 못하므로 힘써 사양하였더니
후에 내가 사는 마을 사람 그 문친(門親) 도화(道和)군을 소개(介)하여 청함이
더욱 간절하고 4년 동안이나 굳이 요구(徵)하니 그 뜻을 보건대 청대로 되지
않으면 그만두지 않을 것 같아서 내가 그 정성의 도타움에 감복하고 이에 행
장을 안찰하여 차례로 엮으니

日公諱仁成後改尊庇字彬然李氏本隴西人其氏于鐵城以麗初密直副使鐵嶺
君璜始鐵嶺之後赫世軒冕曰國軒曰永年曰麟冲三世皆兵部尙書曰瑄承文學士

是爲公高會祖禰也 母藍浦白氏 贈僕射景瑄之女以高宗二十年癸巳七月十五日
生公于姓鄉(中略) 檀紀四千二百九十一年 戊戌芒種節 義城后人 金昌淑 謹撰)

이르매 공의 휘는 인성(仁成)이요 후에 존비(尊庇)로 고쳐서 자는 빈연(彬
然)이라 하니 이씨(李氏)는 근본 농서(隴西) 사람이라 그 철성으로 씨(氏-姓之
所分)하는 것을 고려 초에 밀직부사 철령군 황(璜)으로 시작하였다.

철령의 뒤에 대대로 빛나게 헌면(軒-大夫 이상 승용차, 冕은 귀인이 쓰는
冠, 즉 고귀한 벼슬)하였으니 이르대 국헌(國軒)과 이르대 영년(永年)과 이르
대 인충(麟沖), 3세는 모두 병부상서(兵部尚書-지금의 국방부장관)요 이르대
진(瑨)은 승문학사(承文學士)니 이가 공의 고증조니(高曾祖禰-고조, 증조, 조,
부)라 어머니 남포백씨는 증(贈) 복야(僕射) 경선(景瑄)의 따님이시니 고종 27
년 7월 15일에 공을 성향(姓鄉-貫鄉)에서 낳으시었다. (중략)

(단기 4291년 무술 망종절 의성후인 김창숙 삼가 지음) (『百世彝鑑』)

● 儒林團 顚末 - 기미년 3월 1일 고종황제의 인산(因山)으로 전국 유림들
이 서울에 모였다가 당일 예수교 대표 이승훈(李昇薰), 길선주(吉善宙), 천도
교 대표 오세창(吳世昌), 불교 대표 한용운(韓龍雲) 등, 33인이 서명한 독립선
언과 함께 손병희(孫秉熙)는 학생 대표로 전국인을 동원하고 후작 박영효(朴
泳孝)는 국민대표로 파리(巴里)에 장서(狀書)하고 경학원(經學院) 김윤식(金
允植)은 유림 대표로 독립운동을 각기 추진하였던 사실을 목도하고 김창숙(金
昌淑), 이태식(李泰植), 이중업(李中業), 김정석(金丁錫), 권상도(權相道) 등
수십 인이 상의하여 "이제 각교(各敎) 대표가 모두 독립선언에 참여하고 있는
데 어찌 우리 유림만이 민족운동에 뒤떨어지랴. 그러나 사태가 중대하니 유림
계의 망중(望重)한 인물이 주지(主持)하지 않으면 불가할지니 유림 각자가 당
연 분기하여 전국 유림의 결속을 촉구할 것과 이제 김윤식으로 유림 대표를
선정한다는 것은 진정한 공론이 아니며 유림의 명예도 아니니 이제 전 참찬
(參贊) 곽종석(郭鍾錫)으로 추대함이 당연하다" 하여 이태집, 김창숙 2인이 거
창(居昌)에 가서 곽종석을 보고 유림을 단결하여 독립을 환기하고 다시 파리
에 파인(波人)하여 만국평화대회(萬國平和大會)에 원서(願書)를 제출하여 우
리의 거국일치의 대의를 성명(聲明)함이 어떠냐고 상의하니 쾌히 승낙하여
"노부(老夫)가 금일에야 죽을 자리를 얻었노니 군(君) 등은 빨리 도모하라."
태식은 환향(還鄉)하여 자본을 모금하고 창숙은 다시 입경(入京)하여 각도 유

림과 연락 협의하니 전 승지(承旨) 김복한(金福漢)이 듣고 그 문인 임경호(林敬鎬)를 보내 힘을 합하매 태식, 창숙이 장서를 가지고 상해로 건너가다가 태식은 중도에서 병이나 돌아오고 창숙은 호주(滬洲)까지 가서 파리 평화대회에 우송하였더니 일경(日警)은 크게 놀라서 곽종석 이하 137인을 체포하여 투옥하니 곽종석, 하용제, 장석영, 김복한, 유필영 등은 옥중에서 순사(殉死)하고 기타 제인(諸人)은 형사(刑死)도 되고 처형도 되었으며 김창숙의 처자는 여러 달 복역하였다. (巴里狀書의 主謀者 心山 金昌淑)

심산과 함께 파리장서의 주모자 이태식(李泰植)은 철성이문(鐵城李門) 28세손(世孫)으로 자는 자강(自剛) 호는 수산(壽山)이며 고종 12년(1875년) 4월생으로 조선조 500년간 성리학 6가 중 한주 이진상(寒洲 李震相)의 주리이원론(主理二元論)을 좇은 유학자였다.(鐵城文庫 卷2)

주 9

행촌 이암 묘지명 中

碑誌

高麗推誠守義同德贊化輔祚功臣壁上三韓三重大匡守門下侍中鐵城府院君諡文貞李公墓誌銘並序」 韓山君 李穡撰

· 輔祚 - 補翼, 즉 書傳說明에 以補台德, 祚, 位史記月表에 辛踐帝祚라 함.
· 三韓 - 고대 조선 삼한연맹의 나라. 辰韓, 弁韓, 馬韓.(東有三韓國-後漢書)
· 三重 - 議禮制度. (中庸)
· 大匡 - 大相國 혹은 匡佐之勳을 세움.
· 시호 - 諡. 생전의 행적을 살펴서 죽은 공신에게 주는 칭호. 稱號賜諡의 제도가 周나라에서 시작됨.
· 文貞 - 道德博聞曰文 直道事君曰貞
· 墓誌銘 - 唐書의 李摚筠傳에 自爲墓誌라 하니 墓誌에 銘을 덧붙인 글.

至正甲辰五月初五日推誠守義同德贊化輔祚功臣壁上三韓三重大匡鐵城府院君李公年六十八以病卒于第太常諡文貞有可一供葬事如典故六月初九日窆于大德山夫人洪氏域中明年上思公親畵其形旣肯錫朋酒以祭季子岡泣謝退徵穡銘曰銘之不蚤若有待今可銘穡以岡故父事公嗚呼忽銘諸公諱君侅字翼之避兇

人名改嵒字古雲晋州固城縣人 (下略)(『百世彛鑑』)

　지정(至正 : 元順宗年號) 갑진 서력(1364년) 5월 초 닷샛날에 추성수의 동덕찬화보조공신 벽상삼한삼중대광철성부원군 이공(李公)이 68세에 병으로 집에서 돌아가시니 태상(태상(太常 : 唐代의 벼슬 이름)이 문정이라 시호하시고 관리(有司)가 장사에 돕기를 전고(典故 : 구례)대로 하여 6월 9일에 대덕산(장단군에 있는 산)에 있는 부인 홍씨 묘 있는 산에 묻히시었다.

　명년에 상(上-공민왕)이 공을 생각하시어 친히 화상(形)을 그리시고 술을 내어 제사하시었더니 끝아들 강(岡)이 소리없이 울며 임금님 은혜에 고맙다는 예를 들이시고(泣謝) 물러나와 색(목은의 諱字)에게 「돌비에 새겨 붙이는 글(銘)」을 부탁(徵)하면서 이르대 돌비에 새겨 부치는 글을 일찍 못했으나 또(若) 오늘을 기다려 비명을 함직도 하다 하였으니 색이 강의 죽은 아버지(故父)로써 공을 섬기니 아! 슬프다. 차마 묘비명을 지을 수 있겠는가?

　공의 휘는 군해요 자는 익지라 흉한 이름을 피하여 암(嵒) 자로 고치시고 자를 고운(古雲)이라 하시니 진주의 속현 고성사람이라 하였다. (이하생략)

　「朝鮮歷史의 첫 장이 이미 農業經濟의 記錄이요, 또 東洋古代의 政治哲學이 農業第一主義로써 構成되어 있으니까 언제부터 農業이 尊重되어 온 것은 새삼스러울 것이 없는 事實이지만 辰域에서 農業이 學文의 對象 노릇한 것은 퍽 後世에 내려와서의 일인 듯합니다.

　農業의 分明한 出現은 高麗下葉에 비로소 찾을 수 있으니 恭愍王朝 李嵒(1297~1364)의 農桑輯要가 실로 이러한 書種의 初見입니다.

　嵒은 號를 杏村이라 하여 才學으로써 들리고 書法으로 一時에 뛰어났는데 國人이 生理에 어둡고 衣食을 一仰於天함에 慨然하여 一書를 만들어 農桑輯要라 이름하니 「凡衣食之所由足貨財之所由農種時蟄息之所由周備者莫不門分類聚縷折燭照實生理之食書也」라 함이 李穡의 序文에 보인 말입니다.」(下略) (六堂 崔南善)

         한양조선 세조(世祖), 예종(睿宗), 성종(成宗) 조에 수서령(收書領)을 내려 수많은 도서를 압수하였다.

성리학의 학문세계와 소중화사(小中華史)에 반하고 부용(附庸)시대의 명(明)의 눈치를 봤을 것이다.

또는 절대왕조에서 민본주의 상고사서와 사상서들은 양립할 수 없었을 것이다.

수압(收押)이나 분서(焚書)는 비단 세조, 예종, 성종 조 뿐 아니라 진시황의 분서갱유(焚書坑儒)나 당과 신라의 분적(焚籍), (당의 이세민이 고구려의 국립대서고(國立大書庫)를 불태워 버리고 안사고(顔師古)같은 어용학자를 총동원하여 고치고, 옮기고, 바꾸고 그 본(本)과 말(末)을 어지럽히고 주객(主客)을 전도하고 진망(眞妄)을 섞어 놓았다.) 위조선총독부(僞朝鮮總督府)의 고서류(古書類)의 수압령(收押領)이 그것이다.

위(僞) 조선총독부 시기의 우리 고서의 압수 폐기는 물론 일본 내에서도 우리 상고사와 불가분의 관계가 있는—그래서 그들이 숨기고 싶어 하는 많은 비서(秘書)들을 압수하고 심지어는 소장자를 고문하고 죽이고 폐문(廢門)까지 하였다.

근년에 일본의 1대 신무천황(神武天皇) 이전에 약 73대에 걸친 고대 한국인들이 건국한 왕조사의 기록이 일본의 여러 곳에서 발견되었는데 그것들을 비밀리에 보관해 온 사람들은 자신이 왕족이거나 예부터 왕족과 밀접한 관계를 가졌던 유서깊은 가문으로 그것을 빼앗으려고 온갖 협박과 학대를 하였기 때문에 대대로 여러 사람이 목숨을 잃었고 공개하려하자 일본 정부가 경찰과 헌병을 동원해 저지하고 모진 고문을 가했다. 일본 또한 그들 문서들이 공개되었을 때는 '부처님이 일본에서 태어났다'든가 '예수가 일본에서 죽었다' 하는 따위의 허무맹랑한 말이 첨부되어서 그 문서의 신빙성을 손상시키고 있다. (박병식의 '어원으로 밝히는 우리 상고사'중 제2부 일본의 생성기 중에서)

고래(古來)의 우리의 서책을 수압, 폐기하고 남겨둔 한쪽 삼국유사의 환국(桓國)을 환인(桓因)으로 고치고 위조선고적도보를 만들고 가까이는 녹도

승이 한 자, 한 구절도 첨삭부회를 않는다는 서약을 하고 환단고기를 얻어가 자국어로 번역할 때 해석은 우리가 아니니(日本人) 그렇다 치고 여기 저기 자귀와 사실(史實)을 고친 것은 저들의 그 버릇이 여전히 상통하고 있다.

박병식 선생의 원고초에서 밝힌 고문서 들은 다음과 같다.

○ 우에쯔 후미(上記) - 13세기 가마구라(鎌倉)막부의 창시자 미나모도 요리도모(源賴朝)의 서자이며 분고국(豊後國)의 태수를 지낸 오오도모 다가나오(代友能直)의 작.

　서기 1838년 오이다겐오- 이다시(大分縣大分市)일본 국학자 사찌마쯔 히에사가(辛松葉枝尺) 발견

○ 후지미야시다 문서(富士官下文書) - 야마니시현(縣) 요시다시(市)에 살고 있는 미야시다 요시다가(官下義孝)씨 보존

○ 다께우찌 문서(竹內文書) - 이바라기현(縣) 이소하라에 있는 황조황태신궁(皇朝皇太神宮)의 아마쯔교(天津敎)관장 다께우찌가(家)에 대대로 전해 내려오는 신대사관계자료(神代史關係資料)

○ 구가미 문서(九鬼文書) - 일본 제일의 명문 오오나까도미 후지와라(大中臣勝原)씨의 후예인 구마노벳도 소오께(熊野別當宗家)의 구가미(九鬼)집안에 전함.

○ 쓰가루 소도산 군지(東日流外三郡志) - 11세기 중엽 일본 조정에 의하여 멸망한 아배(安倍)씨 가문에 전해오는 것으로, 에도시대(江戶時代, 1063~1867) 중기에 아배씨와 혈연이 있는 두 사람이 일본 전국을 찾아다니며 자료를 수집 편찬. 1975년 공개.

이 같은 사실이나 문서들은 이미 30~40년 전부터 선생님이나 문정창 선생 등이 저서 「대배달 민족사(권5, 73쪽)」와 「참된 조국의 상(49~64쪽)」「한국사의 연장 - 고대일본사」등에서 논증하였고 그 6~7백 년 전 이맥의 태백일사 마한세가, 행촌의 단군세기에 언급되어 있다.

이미 세왕대(三王代)의 수서령으로 자취를 감춘 사서들은 한 때 절친했던 우암(尤岩)과 백호(白湖)의 주자학 해석과 장열왕후 조씨(莊烈王后 趙氏)의 복상문제로 남·서인으로 갈라 다투다가 백호 윤휴(尹鑴)가 사문난적(斯文亂賊)으로 죽임을 당하는 판국에 민족사서, 경전의 소장자들은 농 깊숙이

숨기고 땅에 묻어 보존하였다.

운초(雲樵)도 일경에게 참혹한 죽임을 당하고 3,000여권의 서적, 문서를 빼앗기고 불살라졌으며 선생님도 두 번에 걸쳐 세독에 넣어 묻고 5845년 남하하였다.

작금의 일반은 - 학자까지도 그런 서책을 숨길 필요가 왜 있었겠느냐고 한가롭고 능청스레 반문하는데 현대에도 그런 예는 얼마든지 찾을 수 있으니 광주항쟁을 다룬 출판물, 기사(국내로 반입되는 외지(外誌) 포함), 영상물. 서력 70,80년대의 북한 이적출판물 등의 색출, 소장자의 피체, 고문 등이 그것이다.

太白逸史曰神市之世에 有仙人하니 夫弘益人間者는 天帝之所以授桓雄也오, 一神降衷하야 性通光明하며 在世理化라야 弘益人間者는 神市之所以傳檀君朝鮮者也라. 桓易이 出於雨師之官也니 早已測定日月之纏次하고 推考五行之數理하야 著爲七政運天圖하니 是爲七回曆之始也라. 自是以來로 天符經, 三皇內文經, 三一神誥, 神誌秘詞, 參佺戒經, 大辨經, 朝代記, 三聖記, 三聖密記等 金簡玉字之書小流傳於夫餘, 高麗之世하야 譯繙刊行者-多로대 而事大新羅之戔戔輩가 乞兵於唐奴하야 攻陷大平壤城하고 火其國立書庫하며 其散在於民間者도 亦皆收焚하고 夫餘辰韓之所藏者傳于震, 定安이로대 而遼與金이 踐羅唐之轍이나 天藏地秘하야 不無超火遺傳者러니 而至于朝鮮, 世祖睿宗成宗之時하야 崇明國是하고 專意儒書하니 朝野眼目이 苟細蝟集하니 異於是者는 雖國粹民寶라도 悉以論諸道觀察使하야 收上이라가 因爲兵燹-遺失이라. 以至千載之後하야 猶有衆情이 咸憤焉이로다. 國朝實錄太宗光孝大王十七年丁酉十一月에 下旨禮曹曰讖緯術數之言은 惑世誣民之甚者也니 爲國者-必當先去라. 故로 己命書雲觀하야 擇其妖誕不經之書하야 付諸烈焰이라. 自今으로 京外私藏妖蠱之書를 戊戌年正月爲限하고 自首現納하야 亦令燒去라. 如或定限不納者는 許諸人陳告하야 照依造書之律하야 旅行하고 將犯人家産하야 告者充賞이라. 世祖仁孝大王三年丁丑五月에 諭八道觀察使曰古朝鮮秘詞, 大辯說, 朝代記, 誌公記, 表訓天詞, 三聖密記, 安含老元董仲三聖記, 道證記, 動天錄, 通天錄, 地華錄等文書는 不宜藏於私處니 如有藏者여든 許令進上할것으로 其廣論公私及寺社라. 睿宗昭孝大王元年己丑九月에 傳于禮曹曰誌公記, 表訓天詞, 三聖密記, 道證記, 地華錄諸書-家藏者는 京中限十

月晦日하야 呈承政院하고 外方近道는 十一月晦日이오, 遠道는 十二月晦日에 納所居邑하되 納者는 超二階하고 不納者는 許人陳告하야 告者는 依上項論賞하고 匿者는 處斬할것으로 其速諭中外라. 成宗恭孝大王卽位年己丑十二月에 下書하야 諭者道觀察使曰前者에 誌公記, 表訓天詞, 三聖密記, 道證記, 地華錄諸書는 無遺搜覓하야 上送事로 曾己下諭矣라. 其己收册者는 依前諭上送하고 餘書는 勿更收納이라. 一自戊辰回軍以來로 三韓世守 仍舊爲覆之英斷은 反被擧兵猾夏得罪天子之律하니 其惑之甚矣라. 其神誌秘詞三韓三京之如秤 錘極器之說은 地理形勢之最爲緊重者也요. 以至三聖朝代等記之歷史와 表訓天詞, 大辨經之哲學하야는 皆因法禁峻嚴하야 一無遺傳하야 己失民族固有之文化價値하니 天實爲之라. 云之奈何哉아 其儒林之驕氣와 兩班勢道之戲劇이 勿變爲復讐黨爭하야 專事勿失國婚하고 虛名崇用山林하니 孝顯刷汰에 補佐非人이오, 開化獨立에 機事不密이라. 弱者小人으로 溺於圖讖하야 失勢桀黠之輩가 咀呪動衆하니 東學時中之黨과 吽哆普化之敎가 前後相起하야 悉爲鄭鑑錄之階梯矣라.

招引唐奴共滅平壤 火其書庫 其散在於民間者 -傳於大震以遼- 踐羅唐之轍 天藏地秘不無脫火遺傳者 而至朝鮮世祖·睿宗·成宗之時 諭八道觀察使收上因爲兵燹遺失惜哉. 國朝實錄世祖仁孝大王二年丁丑五月 諭八道觀察使曰 古朝鮮秘詞 大辯說 朝代記 誌公記 表訓天詞 三聖密記 安含老 元董仲 三聖紀 道證記 動天錄 通天錄 地華錄 等 文書不宜藏於私處如有藏者 許令進上其廣諭公私及寺社. 詩曰收上當年嚴勅存漏綱幸有此書存兩賢去就 雖無考碩果回陽目下(李裕岦 三聖紀全正解中)

神市以來蚩尤檀君之古史經典流傳於北夫餘高句麗之世 譯繙刊行者多而 新羅-與唐將李世勣功陷高句麗之宮城 火其書庫其散在於民間者亦皆收焚天藏地秘不無超火遺傳者而至漢陽朝世祖·睿宗·成宗命八道觀察使收上竟爲滅失(白亨奎隨記)

世祖三年丁丑五月 諭八道觀察使曰 古朝鮮秘詞 大辯說 朝代記 誌公記 表訓天詞 三聖密記 安含老元董仲三聖記 道證記 動天錄 地華錄等文書 不宜藏於私處 如有藏者 許令進上其廣諭公私及私寺(世祖實錄)

睿宗己丑九月 傳于禮曹曰 誌公記 表訓天詞 三聖密記 道證記 地華錄 諸書家藏者 京中限十月晦日 呈承政院外方近道十一月晦日 遠道十二月晦日 納所居邑 納者超二階 不納者許人陳告 告者依上項論賞 匿者處斬 其速諭中外(睿

宗實錄)

成宗卽位己丑十二月 下書論諸道觀察使曰 前者 志公記 表訓天詞 三聖密記 道證記 地華錄 諸書 無遺搜覓上送事曾已下諭矣其已收册者 依前諭上送餘書 勿更收納(成宗實錄)

주 11

朔州의 建置된 沿革

高句麗 때 邀仙宮을 두었고 高麗 顯宗 九年(1018)에 朔州大都護府를 두었고 仁宗 때 寧塞縣이라 하고 朝鮮 太祖 高皇帝開國 三年(1394)에 古龜州 및 부근 十三村을 떼어 朔州縣을 삼았다.

太宗 四年(1404) 甲申에 都巡問察理事 李原(十一世)이 建請하여 都護府 겸 防禦使로 올렸고 同年에 朔州에 城을 쌓아서 이듬해 癸巳年에 지금의 大舘으로 移邑하고 世祖 十二年(1467) 丁亥에 다시 雪城關으로 移邑하여 獨鎭將을 삼았다가 高宗太皇帝 三十二年 乙未에 郡守가 되었다.

邑號
邀仙宮, 朔州, 安朔, 寧朔, 寧塞, 朔州

巡到朔州 口號
「水濶聖人渡하고 山深君子居라 大地에 天摩山屹하니 邀仙宮舊墟」라
- 물은 넓어 성인이 건넜고 산은 깊어 군자가 살았는데 큰 벌판에 천마산이 높이 있어 요선궁의 옛터가 여기인가 하노라.

寧朔關 (明宗 丙午 繡山 李澇 十五世)
元戎河朔不平淸 殘角寒營終夜聲 一上戍樓多慷慨 旌頭秋色接關城
仁祖 甲子 入天摩山偶成 (萬戶 李芝 二十一世)
尖峰千仞揷天飛 截彼高巓到者稀 白掛山腰淸瀑布 靑垂石面老苔衣
雲過絶壁還恩歇 鳥度層巖退却歸 余亦避名逃世客 恨未早年閉柴扉
鳳棲樓 自題 (鳳峴 李德林 二十五世)

奈此僻鄉蕭散何　山重水複一幽窩　梧樹鳳棲儀可欽　月川風穩詠相和

時淸奚取韓孤憤　文拙每懷歐三多　積德千年先祖意　特心正道鏡如磨

登望北亭 (在仇寧堡) (時習齋 李三文 二十六世)

新亭舊客又斯亭　一望烟濤鴨水汀　風光縱好江山異　其靑難逃晋史靑

檀君 (老安堂 李夏相 二十八世)

首出都平壤春色畵太平協氣圍天地馨香感神明端拱孚篤　恭於穆合中行四表
烟花暖百獸率舞情

魯東齋 (棠巖 李宗連 三十世)

峨峨尼峰眞魯東　王月延登泰氣磅礴浴沂流瀲漣仁智兼此有道物與同傳山靜
水自去至理探渾然

朔州 石窟庵 (淸庵 李碩律 三十一世)

梨帶雪花柳帶烟　蒼松古栢半遮天　法王舊寺遙相憶　乙相遺虛暗互連

幾爲詩老惜春所　宜作碁翁消夏筵　乾坤開闢神如許　紀蹟無人閱萬年

菊花 (誠齋 李載亨 三十二世)

霜風豪傑花之隱　隱逸芳名第一章　中央正色重陽信　信足千秋述二章

固城途上 (井谷 李儀權 三十二世)

受封累世作巍功　吾貫是州族大同　丹心已照葛川月　稟氣更淸南海風

文明世襲宮墻屹　春雨時滋花樹紅　不知何處鍾靈氣　一角天王聳碧空

多勿山城 宮城址 溪谷

03 靑史를 祇望하며
머나먼 요선궁邀仙宮

시대의 요청에 따라 우리나라 고장의 지경(地境)이 새로 그어지고 지명(地名)이 바뀌는 것은 자연스런 추세이니 삭주(朔州) 또한 예외가 아니어서 왕조별로 시대별로 여러 번 그 명칭과 경계가 바뀌었다.

한말(韓末)은 조선조 8도제의 전토(全土) 분경(分境)이 고종23년(乙未) 23개 부(府)로 나뉘어졌다가 이듬해 폐지되고 곧 대한 13도(道) 제로 나뉘고 5810년부터 일제에 의한 13도의 분경과 지명 등을 그들의 편의대로 다시 재편하였다.

삭주도 5804년 중반기까지 12개면으로 명칭만 바뀌던 고을 이름이 5827년에 6개면으로 바꾸고 다시 5837(1940)년에는 1읍7면으로 바꾸었다.

한동반도(韓東半島)와 대륙 요동(遼東)을 남북으로 나눈 압록강(鴨綠江)을 경계로 반도 북단 하류 변계 동경 124도~ 125도 25분, 북위 40도 1분~40도 9분에 위치한 삭주는 면적 1,151㎢, 인구 62,536명(서기 1943년 기준), 1읍 7면 56개 고을로 동북쪽은 창성군(昌城郡), 서쪽은 의주군(義州郡), 남쪽은 태천군(泰川郡), 구성군(龜城郡)과 접하고 북쪽은 강을 건너면 만주 대륙이다.

그 지세가 중반부를 동서로 강남산맥(江南山脈)이 가로지르고 그 산맥의 계반령(界畔嶺, 557m)을 경계로 북반은 영내(嶺內), 남반은 영외(嶺外)로 불린다.

강남산맥은 동편 창성군과 경계를 이루는 전무봉(氈舞峯, 997m), 가현령(佳峴嶺, 619m)과 서쪽 의주군과의 경계에 5820년대 중반까지 일제와 치열하게 맞섰던 무장 독립운동단체 천마산대(天摩山隊)(후에 서로군정서, 별영) 산채, 천마산(天摩山, 1,180m)이 있으며 천마산 연봉 거문산(巨門山, 1,049m)과 어두산(於頭山, 911m), 오봉산(五峰山, 882m), 연대산(煙臺山, 686m) 등을 거느리고 있다.

산이 높으면 골이 깊어 내가 많으니 내륙성 기후의 연평균 기온이 대체로 7~11도, 겨울 −10~−11도, 8월이 23~24도C인데 평북에서는 일조율이 가장 높은 60%로 연평균 강우량이 1300㎜이상의 다우지대(多雨地帶)로 눈과 비가 많아 강남산맥에서 발원한 대삭천(大朔川)을 필두로 5㎞이상의 하천이 20여개나 되고 그 천 들은 대령강(大嶺江)으로 합류한다.

또한 영내는 역시 강남산맥에서 발원한 동문천(東門川)과 구곡천(九曲川) 등이 압록강으로 흘러들며 일제 말기에 완공한 영내의 수풍호(水豊湖)는 그 넓기가 물경 1,074㎢에 이른다.

삭주군 인구가 옛조선(古朝鮮)시에는 신.구석기 시대 유물과 주거지들이 인근 의주군 미송리에서 출토된 바 있어 예부터 정착민이 있었을 것이고 BC 1세기경 고구려 이후는 중심부로 요선궁(邀仙宮), 발해 때는 서경압록부(西京鴨綠府)에 속해 있었다.

고려이후 거란, 요, 금과 다툼이 있었으나 성종(成宗 서기 994년)이후 영새현(寧塞縣)으로 완전 수복되어 군사요충지로 현종(顯宗) 9년(戊午) 삭주로 개칭되고 덕종(德宗) 2년(癸酉)에는 함경도 정평(定平)에 이르는 천리장성(千里長城)을 쌓기 시작, 정종(靖宗) 10년 (甲申)완성하여 국경 수비를 튼튼히 하였다.

한양조선 세종世宗 14년 삭주 전역은 호수(戶數) 222호, 인구 394명, 병군(兵軍) 309명(익군 214명, 수성군 20명 선군 75명)이던 것이 영조(英祖) 35년(己卯) 5,984호,

인구 22,578명(남8,919, 여 13,659명)으로 늘었는데 임진년, 병자년의 왜·호란을 겪고도 인구가 증가한 것은 서력 15세기 중엽까지 평안도 인구정책을 정력적으로 폈기 때문이며 이전 세종 20년 평안도 남부지역 주민 4,000여 호로 압록강 연변으로 이주시키고 하삼도 주민 희망자 역시 이주시켰으며 세조 7년(辛巳) 역시 하삼도 주민 수백 호를 이주시킨 결과였다.

이들에게는 조세, 부역 면제들의 특권이 주어졌다.

삭주부읍지(朔州府邑誌)에 따르면 고종 8년에는 영조 때보다 4개 면이 늘어난 12개면으로 고종23년 주민이 3,773호, 인구 11,963명이었다가 5804(1907)년 12개면의 명칭이 모두 바뀌고 주민도 4,421호, 인구 17,769명으로 기록되었는데 (삭주부읍지 5월 간행) 이후 불과 30년 만에 10,821호, 62,536명(남31,505명, 여31,031명)으로 급격히 늘어난 것은 이 지역의 수림(樹林), 광산 개발과 특히 수풍호의 건설과 정주(定州) 수풍사이의 평북선(平北線) 철도 개통에 따른 것이다.

이렇듯 급변하는 정세 속에서 삭주의 산업도 임정시기 이전에는 농업이 주였으니 밭농사, 돌려짓기 농법의 발달로 조, 옥수수, 콩, 수수, 대마, 면화, 감자와 쌀, 소, 돼지의 사육과 누에치기가 성하고 작잠(柞蠶)이 특히 유명하였다.

임업은 압록강 연안의 고지대와 내륙 산지에서 나는 원시림의 질 좋은 압록강재(鴨綠江材)로 건축, 가구용재와 갱목재, 펄프, 목탄 등의 생산이 풍부하고 광업은 5817년대부터 금, 은광의 개발로 구곡면의 신연광산(新延鑛山), 삭주 각지의 대창(大昌), 은곡(銀谷), 금창(金昌), 신창(新昌) 광산 등이 잇달아 개발되었으며, 흑연, 운모 같은 광산물도 많이 생산되었다.

공업은 외남면(外南面) 대관에서 생산되는 양말 공장 정도였으나 수풍댐이 건설된 5837년 이후부터 청수읍(淸水邑)의 카바이드 공장이 상징하는 바 괄목할 만큼 성장하였다.

이 모두 조선 13도에 내려진, 지금 오히려 부일배(附日輩)들이 고창(高唱)하는 「일제의 근대화은전(식민지 근대화론)」[12]의 여파가 변방 삭주에 닿았으니 예부터 「勤學文尙武藝」의 향(鄕)[13] 삭주 배움터는 여느 타 곳과 마찬가지로 고려말 세워진 삭주향교

(朔州鄕校)와 서력 18세기 초에 세워진 금창서원(金昌書院)과 서당(書堂)들이 각처에 설치되어 교육을 담당했는데 5812년 집계에 의하면 그 기관에서 천자문(千字文)과 명심보감(明心寶鑑), 소학(小學), 사서삼경(四書三經) 등, 한학을 가르치다가 5808년 삭주보통학교, 5816년 대관보통학교가 설립된 것을 시작으로 이후 각 면에 1개교 이상의 초등교육기관이 갖추어져 5841년 일제의 패망(敗亡)전까지 삭주면, 외남면, 구곡면, 각 3개교와 청수읍, 수풍면, 남서면, 양산면, 수동면에 각각 1개, 합 14개교로 증가하였고 정산가(淨山家)가 구곡면에 세운 신풍학원(新豊學院) 같은 간이학교도 양산면 3개교, 수동면 2개교, 남면, 서면, 외남면, 각 1개, 모두 8개교가 세워졌다.

또한 삭주면에는 농업학교 1개교도 개교하였다.

정산(靜山)은 신학문을 접하고자 17세의 만학도가 되어 60리 길의 삭주 보통학교를 월반하여 3년간에 마쳤는데 등하굣길에서 더 많은 것을 얻었다.

이를테면 그 즈음 자신도 별동대로 참여한 국내진공의 무장독립투쟁이 5821년 이후 사실상 막을 내리고 그동안 스승과 가족과 많은 일가와 향민들이 피체, 죽임을 당하는 목전의 상황을 어떻게 극복할 것인가에 대한 모색이었다.

그러나 무엇보다 견디기 어려웠던 것은 일제보다 더 간악한 응견(鷹犬)－밀정이 동포라는 사실과 급격히 증가한 각처 유입인구로 고향의 질박함이 괴몰(壞沒)해 가고 더불어 일제의 통치가 더욱 견고해 가는데 대한 조바심이었다.

삭주도 일제의 만주 침략과 더불어 더 이상 항전이 불가능해진 것이다.

무장투쟁의 도화선이 되었던 3·1만세 운동은 정산을 포함한 소년들도 나섰던 전국적으로 인구에 비해 가장 많은 피해를 낼 만큼 가장 격렬했던 일제에 대한 저항이었다.[14]

삭주에도 서력 19세기 말 천도교가 포교되고 20세기 초에는 기독교가 포교되어 3·1운동 당시 큰 힘이 되었다.

정산이 거가(居家) 할 당시 13개의 교회가 들어섰는데 불교사찰은 구곡면의 보현사(普賢寺－藥師菴)정도가 그 명맥을 유지할 뿐 동불사(東佛寺), 종산사(鍾山寺), 관음사(觀音寺) 등 7,8개의 절터만 남아있었고 누대(累代)를 이어온 세시풍속－설과 대보름, 단오, 추석 등은 우리나라 전국 여느 곳과 마찬가지였다.

다만 풍속의 내용이 약간씩 다를 뿐 단오절이 가장 큰 축제이고 장강(長江) 변계에다가 수많은 내가 흐르고 원시림이 울울한 산이 많으니 고기잡이와 사냥이 주요한 유락(遊樂)이자 일부에게는 생업이기도 하였다.

주 12

선생님은 「일제의 근대화은전」이라 조매(嘲罵)하고 학관(學官)에서는 「식민지근대화론」이라고 실증(實證)한다.

'일제시기가 없었더라면…', '우리의 어느 대통령이 없었더라면…' 우리는 마치 아직도 19세기 이전을 살 것 같이 말하는 이들이 국민의 반(半)이라면 과언(過言)일까? (백성 - 申丹齋曰二十世紀萌芽者. 현정치인들曰 위대한 국민)

미래의 지능 컴퓨터가 과학의 체스(chese)를 이기고도 바둑을 따라잡지 못한다고 한다. 그 원인이 패(覇)의 활용에 있다하니 패는 철학적으로 어떤 테제(these)를 상징하고 있을까?

국민들은 정치9단에 버금가는 정치인들 중 많은 이들이 입문자 초급에도 미치지 못하는 행태를 한다고 생각하고 있다.

그러나 그들 역시 유단자(有段者)여서 패를 지략껏 활용하는 게 아닐까?

선생님의 방문 때 바둑을 두고 있을 때가 있었다.

"마자(마저) 두시구레(두시구료)."

한켠에 자리를 잡으며 만류하였지만 얼른 바둑판을 밀쳤다.

두던 바둑알을 황급히 흑백으로 나눠 챙기는 일도 만만치 않은 일.

『일제의 근대화은전, 또는 식민지 근대화론 - 꽃놀이패』

『勤學文尙武藝』

선생님은 근학정신 못잖게 상무정신을 강조하였다.

어느 回日講座 末尾에 嶺南에 獨立運動家와 社會主義者가 많았던 것은 韓末以後 倭僞政時代에 西洋과 日帝의 强盛이 實事求是學文에 있음을 自覺하고 五百年 空理空論의 因循姑息行能에서 벗어나려는 反作用이었다고 敷衍하였다.

自立經濟, 自主敎育, 自由(民主)政治는 追求해야할 國家의 理想과 政策이며 때문에 朴正熙 將軍의 五一六을 肯定的으로 支待하여 아직 소갈머리 없던 우리를 답답하게 하였다.

「입으로만 天下萬事를 論하며 丈夫의 象徵인 수염을 戱弄하는 文人들을 벤 武人들은 그나마 人間的인 同情을 얻게 되는 것이다.」(回日講座時 鄭仲夫亂에 대한 寸評中)

삭주삼일록

선생님은 5807(庚戌) 우리의 전 강토와 겨레가 간교야만한 일제의 발굽아래 짓밟히고 그로부터 34년 11개월 동안 치욕의 식민화 역사가 전개되는 동안 국내에서 혹은 이역에서 개인이나 단체로, 망명정부로, 육탄으로, 열악한 무기로, 오직 조국광복의 일념으로 왜노와 맞섰던 투쟁실기를 5857년 5월 역사기록으로 책(册)하였다.(鐵城文庫수록)

그 투쟁시기 당신과 가족과 일가와 선배, 동지들이 직접 참여하여 대부분 희생을 당했지만 해방 15년이 흐른 후에야 비로소 기록으로 남길 수 있었던 것은 우리 겨레의 미숙과 일본에게 승리한 전승국 미·소의 할반으로 인해 위정시기보다 더 혹독한 시련으로 책할 여유가 없었기 때문이었다.

그 기록 중 삭주삼일록을 게재한다.

이 기록은 초록(抄錄)으로 그 또 15년 후에 발행한 「독립운동사(1975. 4. 30. 독립운동사 편찬위원회)」에 기초사료로 활용되었다.

槪說

嗚呼라 我國이 自檀君肇基以來 數千年之間에 非無外敵之侵寇로대 未有若我韓 純宗孝皇帝隆熙 四年庚戌之恥也로다 以若三千里疆域之大와 三千里民人之衆으로 不能試一劒放一丸하고 淪入於倭奴之版籍하니 豈非天地鬼神之所可共怒와 草木鳥 獸之所可共悲者哉아 由是라 其後九年之戊午에 諸亡在北滿之義士一 徐一李相卨諸 公이 宣言大韓獨立하니 倭奴一 聞之恐懼하야 遂鴆弒高宗上皇焉이라 由是로 諸儀 士之憤이 益激하야 乃於翌年己未二月八日에 在倭都東京留學生李光洙崔八鏞諸人 이 又宣言獨立하고 唱萬歲하니 倭奴一 大索之하야 益肆其暴虐故로 或亡入於中國 之上海하야 結新韓靑年團하고 至四月十日하야 又建大韓民國臨時政府하고 或亡入 於內地하야 密謀擧義하고 又相聊結於在遼義士李相龍金東三李碧山金昌煥諸公이 러니 在南滿韓人이 先呼唱萬歲於高山子而設大韓軍政府하고 內地一 亦於同年 三 月一日因山時에 大衆이 一齊起來하야 呼唱大韓獨立萬歲矣라 先是에 朔州義士松 隱李觀楫이 入北滿하야 參於獨立宣言時하고 入國하야 與諸同志로 謨義益密이라 가 往參因山哭班而又多逢四方同志하야 詷知國內大議已動하고 遂歸하야 密密羅 織而金銘基李陽甫는 謀於儒林하고 崔錫淳은 謀於靑年界하고 張燦鎭李應涵金贊 禎은 謀於耶蘇敎하고 洪碩浩金鳳翼은 謨於天道敎하고 李奉壎崔時興은 謨於鄕紳 하고 李長靑은 謨於婦女界하고 李龍潭은 謨於農商界하야 乃於四月七日(陰三月七 日己丑)에 李奉壎 明璘夏는 自延浦洞起하고 李海昌은 自松亭洞起하고 韓德涌 李 相禧 姜宗文은 自東部洞起하고 朴鏞珏은 自大垈洞起하고 崔錫淳 崔錫濬 張燦鎭 林箕鍾 金明鳳 金弘洙(城內)金仁孫(通谷)安俊浩 金鳳翼 安聖奎(長谷)는 自西部洞 起하고 金孝成 李之白 李兀模(遂安人)은 自仁豊洞起하고 李寬實 全澤秀 白南奎는 自水豊洞起하고 李裕沆 金潤權 金允鳳은 自新豊洞起하고 朱元鍵 朱尙玉은 自新 安洞起하고 金泰淵 金時幸은 自板布洞起하고 金銘起 金贊道 卓成龍 張某는 自延 三洞起하고 李陽熙 崔泰熙 李永恒은 自金五洞起하고 徐靑山吳東振은 自靑水洞起 하고 洪碩浩 李東奎는 自昌新洞起하고 李允模는 自南坪洞起하고 朱某는 自淸溪洞 起하고 崔志興 崔之豊은 自南長洞起하고 李枝晃은自水龍洞起하고 李鶴冑는 自松 坪洞起하고 李佰英 金某는 自鳳峴洞起하고 李萬植은 自松南洞起하고 其餘龍泳蘇 德龍上院豊大舘諸洞도 亦自起하야 各作隊하니 大隊는 數千餘人이요 中隊는 五六 百人이요 小隊는 亦不下七八十人이라 揮太極旗하고 歌獨立歌하야 齋聲昌大韓獨 立萬歲하고 殺奔朔州邑來라가 嶺以南各洞軍은 於倧達坪에 與倭警相遇交戰하야

被七十餘人之殺傷하고 而嶺以內各洞軍은 至州官하야 圍住倭奴官署하고 疾呼曰
我國이 旣宣言獨立하니 爾拘彘輩는 速爲撤去하라하고 或投石하며 或曳捧하야 破
壞其門壁하고 執倭會勸降하니 倭奴... 計不知所出하고 使韓奸 李東熙(全州人)裵
東希로 用銃砲多亂射하야 死傷者亦數十人이요 日且暮하야 各自退歸하고 明日에
又如是하야 或三四日하고 我七八日不止而四月十五日 則延浦新豊水豊三洞靑年數
三百人이 聚會하야 唱萬歲示威하고 且於每夜於仇寧浦後山에 擧烽火轉大石하야
如虎援然하고 因呼大韓獨立萬歲하야 如是月餘矣러라 此時에 李奉墹 李觀楫 金錫
奎諸氏一 俱在求誠齋하야 講古史하고 勸靑年多入於獨立諸團體하고 鄕中多士一又
結義民社와 正義靑年決死隊及蒙士團三育社하야 撤布獨立宣言文於都鄙村巷하고
又貼付於街樹屋壁하야 以鼓動國內之民心하고 惹起列强之興論이나 然이나 倭奴之
根이 已盤하니 豈可一朝一夕而拔去哉아 自是로 倭奴之眼이 益血하야 大索義士之
有得이면 輒殺死之하고 又囚禁之하야 州里蕭然而鷹犬之徒一 猶四出相望故로 多
渡滿洲하야 或留於軍政署參議府正義府하야 而結義民社碧昌義勇團碧波隊와 及光
復軍總營而選其莊勇者하야 敎練爲獨立軍하고 其餘則據於本州天摩等處하야 與在
滿獨立軍으로 相呼應而時出抄擊倭奴하고 或欲聯通在內在外諸同志하야 晝伏宵行
이라가 不知所終焉이라 翌年 五月에 在州義士一 又相密謀曰政府旣樹立於上海而
國內各地에 皆設諸機關故로 我平安北道에 亦置督辦府하니 我州一 獨可無郡監面
等諸職之稱號乎아하고 於是에 互相推薦하야 宋永昊一 爲郡監하고 姜宗文 金鈺基
爲叅事하고 金瑞準 金定魯 李寬實 李學周 朱元健 林時塋이 爲掌書하고 崔錫濬이
爲警監하고 朱炯奎 吳鳳根 李永善 崔錫仁 崔謙純 李伯英이 爲叅議러니 未幾에
宋永昊(朱永昊) 朱炯奎 金定魯는 反附於倭奴하야 永昊爲朔州面長하고 炯奎는 爲
九曲面長하고 定魯는 爲書 記焉이라 督辦府聞之하고 令改選故로 會於求誠齋하야
以金乃文(錫奎) 李廷普(觀楫) 李海昌 白南奎之力薦으로 吳鳳根이 以叅事하야 署
理郡監이라가 月餘後에 辭免하고 李俊禧(泰嶿)爲後任이러니 事覺而被殺於倭奴하
고 金乃文李延普一 又薦崔禹錫不應이라 於是에 吳東振 李碧山 崔時興이 交薦李
延普爲郡監하고 餘亦選改하야 白南奎一 爲總務하고 金乃文爲叅事하고 崔謙純爲
朔州面監하고 崔孝鎭이 爲九曲面監하고 李永善이 爲南西面監하고 崔錫仁이 爲外
南面監하고 李伯英이 爲水東面監하고 朴某爲兩山面監하고 靑水邑則闕焉이라 李
鴻麟이 爲警監이러니 孝鎭이 與正義靑年會幹事金孝成(延安人)으로 有隙하야 叛
附於倭奴而陰告其事故로 金孝成 李泰輯 金潤權 申讚禎(出獄後移居田倉)諸公은
被逮服役하고 李瑞準 白善健 白南奎 金允河諸人은 避逃焉이라 先是에 州儒李松

隱이 密協於己未義擧하고 又與其弟泰楫再從姪陽甫及門下諸人으로 設統均社하야 以究我國前頭政治制度하고 假托通商而多置船舶於鴨綠江하야 渡義軍하고 運軍器러니 至是하야 以泰楫諸人之被逮로 統均社事ㅡ 亦多倭奴所覺하야 其社員이 或逮囚하고 或亡去而船舶財物則 盡爲倭奴所燒破籍取矣요 在滿紅石砬子之義民社及光復軍諸營이 亦常賴此러니 此後에 內外消息이 隔絶하야 其社長李碧山(德秀)ㅡ 被逮於倭奴死하고 社員白南奎 朴應龍 白亨奎 李龍潭 李炳珍(慶州人) 李炳秀 李達奎 李錫龍 李鳳廈 及女義士李長靑諸人이 或死或逃하야 使諸義士로 不能遂其素志하고 抱寃歸天하니 嗚呼悲夫라 然이나 彼倭奴貪欲無厭하야 若食我國하고 席卷滿洲而侵入 中國이라가 終動天下之兵하야 遂以己未義擧後 二十七年之乙酉 八月十五日(陰七月七日)로 亡하고 我政府一自上海로 卽將凱還하니 無乃諸義士之靈이 告于天帝하야 致之使然耶아 然이나 聯合之各擁己黨으로 終至虎兎之亂하고 至于今日에도 事有所難平이나 孔明之明으로도 會未所逆見也라 於諸義士之靈이 又奈何乎哉아 今不佞等이 虎兎前後에 避亂南來하야 結友鄕社하고 會坐則每語及故鄕事而事莫大於己未義擧故로 乃論著諸義士列傳而先此槪說者는 所以明夫義擧之願末而亦恐夫不知所終하야 不入於列傳中者一或有遺漏其總明之所未及과 記錄之所未備에 亦莫如之何矣라 然이나 天帝一旣知之矣시리니 何慊乎人之知不知哉아 惟以願夫益加陰隲하야 使我國家로 反諸檀皇之舊하노라.

책성柵城을 지나며

山上烈帝陵

過柵城 有感

檀海 李觀楫

地盡海天望浩茫　西闕山下是東京　玉駕當年東迥日　崇巖紀績大明王
抗唐爲敵能新國　肇極繼天恢舊疆　我今過此多銘感　孤立路頭恨不强

책성을 지나며

단해 이관집

땅 끝 다 한 바다 하늘 바라보니 넓고 아득한데
서계산 밑 동경이라(대진국 때의 동경 용원부)
제의 옥수레가 동쪽으로 나가 그 끝 높은 바위에
(한구를 몰아낸) 공적을 세기니 명철하옵신 왕(대무신열제)이로다
당에 대적하여 능히 (고구려를 이어) 새로운 나라(대진국)를 세우고
천제자로서 넓은 옛 강토를 다시 찾았다.
(이제 나라 잃은) 내가 이곳을 지나며 가슴속에 새겨 감사하는 바 많지만
길가에 외로이 서서 한스런 것은 (우리나라가) 강하지 못했음이라.

단해가 운초와 벽산과 더불어 5809년(임자) 근기(根基)의 호수(바이칼호)를 찾아 떠나는 길에 보로실로노프(속칭 소왕령)에 닿아 고구려가 저 졸본천(卒本川)에서 일어나 옛 조선의 땅을 되찾으며 동쪽 땅 끝 바다에 닿아 책성[15]을 쌓은 서계산에서 선인들의 옛 자취를 더듬으며 회억에 젖어 읊은 노래이다.

90년도 전에 도보로, 마차로 나선 아득한 여정이었지만 그 가는 곳마다 선조들의 자취와 숨결을 느꼈으니 오늘날 드러난 성들이며 겉 땅만 파도 나오는 선조들의 자취며 속살을 더 파면 나오는 구들을 간 대진국 백성들의 삶의 흔적들은 아마 5900 (서력2000년)년대 윤명철 교수나 정석배 교수팀도 단재, 벽산, 단해들이 밟고 간 루트를 한번 쯤 밟았을 것이다.

정산도 5843년 나갈 길 없는 절명(絕命)의 울안에서 삼베 보자기에 싼 잡기장 보따리를 매고 부친 단해와 선학들의 발자취를 따라 기약 없는 행장에 나섰다가 팔로군과 로스께에게 막혀 발길을 되돌려서 압록강에 이르러 절망의 어둠과 단애에서 스스로 해원(海源)으로 추락을 하였다.

주 15   太祖武烈帝 四年 秋 七月 東伐沃沮取其地爲城邑 拓境東至海南至薩水. 十六年 秋 八月 曷思王孫 都頭-以國來降 二十年 伐藻那虜其王. 二十二年 冬 十月 帝-遺桓那沛者 薛儒 伐朱那 虜其王子乙音爲古鄒加. 四十六年 春三月 帝-東巡柵城之柵城西罽山 獲白鹿及至柵城與群臣宴飮賜 柵城・守・吏・物段有差遂紀功於岩 乃還.(三國史記)

青史를 祇望하며 05

뜻을 세우던 시절

압록강 뗏목

정산이 태어난 정곡(舊九曲)의 고택이 고조부 종련(宗連) 때인지 알 수 없다.

다만 □자(字) 와가(瓦家)의 고택 정원에 오래된 앵두나무가 복숭아나무와 함께 있었다는 유경(裕卿)여사의 증언이니 당암(棠岩)을 호로 썼던 종련 때가 아니었나 생각될 뿐이다.

정산가(家)의 고택은 삭주부 두 군데에 있었으니 정산의 일생을 지배했던 부친이자 스승인 송은(松隱 또는 檀海) 이관집은 대왕대비가 발을 치고 뒷전에서 종사를 논하다가 비로소 고종태황제에게 자리를 물려주고 (5763년 高宗, 三年 丙寅), 독일, 영국이 통상을 청하고 민씨가 왕비 명성황후가 되고 미국상선이 평양에서 군민의 공격으로 불타고 프랑스함대가 강화를 점령해 분탕질하고 그리하여 헌종 이후 척사(斥邪)가 당위로 대두될 때 삭주부 삭주면 탁노동의 고가에서 10월 2일 태어났다.

학문에 정진하여 약관에 경·사·자·집을 통달하였고 지극한 효심과 선대의 덕행을 실천하여 신미년생 아우(菊隱 李泰楫)와 더불어 향민과 여족의 기대를 모았다.

19세인 갑자년 세 살 위의 백천 김문(金門) 몽량(夢良)의 여식을 맞아 유성(裕星), 유정(裕正), 유필(裕弼)을 낳고 그녀가 병사하자 태인 백문 문봉(泰仁白門文奉)의 딸을 맞아 유립(裕岦)과 유헌(裕憲)과 세 딸을 더 두었다.(鐵城李氏百世彝鑑)

서기1892년 부친 의권(丁酉생)이 56세를 일기로 세상을 떠나자 선례대로 시묘 후 구곡의 구성재(求誠齊)를 열어 향민에게 근학의 길을 열어주고 어려운 향민들을 그들이 처한 상황에 따라 구빈(救貧)하며 길을 넓히고 다리를 놓고 향민과 종친들을 결속하였다.

을사년(1905) 왜와 보호조약이 체결되자 대성통곡으로 울분을 삼켜 주위를 숙연 케 했던 단해는 다음해 장지연(張志淵), 윤효정(尹孝定), 윤치호(尹致昊)들과 대한자강 회(大韓自强會)를 조직한 종친 해학(海鶴)의 권고로 이인수(李仁遂), 오봉근(吳鳳根) 등, 제인(諸人)과 자강회를 조직하여 보호조약을 성토하고 일가 이덕수, 이봉우, 이용담, 이태즙, 이양엽 등과 문하(門下) 오동진, 최시흥, 김시화, 이인수, 김기형, 백형규, 김활석, 이관실, 최석준, 백남규, 주상옥, 양승우, 전봉천. 이장천, 이유항, 김대연 등과 왜에 복수할 것을 다짐하였다.[16]

그러나 기미(己未) 3 · 1 운동 전까지 변방의 단해가 왜노에 직접 복수할 길은 달리 없었다.

그가 풍운의 시대 지학(志學)을 품고 약관(弱冠)을 넘어 이립(而立)과 불혹(不惑)에 다달은 한 세대의 긴 시간동안 세계열강이 마치 목숨이 경각인 내상투성이의 병든 짐승 한 마리를 놓고 서로 목덜미를 물어 생기를 끊으려는 각축 속에서도 추루한 짐승의 모든 기관들은 순환이 아닌 역행의 발광을 하고 있었으니 말이다.

「역사는 삼세판을 커녕 두 판도 없다. 가설이 없다는 것이 역사의 명제이자 교훈 이다.」

「왜 역사학이 필요한 것인가? 인간이 사회적동물이라는 것은 역사 속에 살고 역 사를 창조하는 지상 유일의 영장류이기 때문이다.」

가설이 없다고는 하지만 그 역사의 교훈을 기억하고 되살려 부단히 지혜의 문을 열고 미래를 창조할 수 있는 힘이 인간에게는 축복이다.

종사(宗社)가 접힐 당시 태어난 정산은 좀더 일찍 대원군 쇄국시(鎖國時)에 망했더라면 그나마 뒤끝이 깨끗했을 것이라고 말하곤 하였다.

— 신학문을 공부하는 젊은 분들이 李君 정산의 문하로 모이니 정산이나 여러분 모두에게 희경입니다. 정산은 보배이니 잘 보필하여 근학하기 바랍니다. (安朋彦)

— 李裕岦선생이야 말로 독립운동가로 국사 광복군으로 초지일관하는 진정한 지사입니다. 국사학이 아직 황무지나 진배없으니 후학에게는 호기이지요. (宋志英)

— 선생님의 학문을 빠짐없이 전수받으십시오. 여러분의 시대에는 반드시 정사가 될 것입니다. (朴蒼岩)

— 이 시대 문·언·행을 일관한 분은 정산정도이지요. (文正昌)

— 배움 속에서도 선생님을 도우십시오. (洪以燮)

정산의 일생에 있어서 본령은 아니더라도 알아보고 도움을 주는 이가 있어 감당키 힘든 생을 추동할 수 있었다.

말년의 생을 지탱해준 박정학, 전유선과 전형배 등, 후학들과 고려원 김낙천, 뉴코아 김의철 등은 직접 생활과 학문을 도운이 들이다.

그를 낳은 삭주와 가고할 수 있는 천년을 이은 긍지높은 선계(先係)와 선현들과 많은 동지들은 뜻을 품고 뜻을 이루려는 초극(超克)의 의지를 주었다.

「만유(萬有)는 환경을 만들고 또 그 지배를 받는다.」

촌철살인(寸鐵殺人)−생경하고 투박한 듯 가식 없는 문체, 일구 일획 속에 담긴 가늠할 수 없는 사유(思惟), 그리고 일순도 일탈하지 않았던 일관된 언행, 세속이 추구하는 생명의 환희조차 궁구하는 학문에 환치한 초인의 모습, 그러므로 그는 태초(太初)를 찾았을까?

무극과 태극을 혜해(慧解)하고 생명이 물에서 생하였다는 설을 긍정하였으나 을 파소나 행촌, 해학, 운초, 단해, 벽산, 단재를 추존했으니 찾았다 해도 그것이 정산의 명제는 아니다.

정산의 아르케는 환국이고 그의 나라는 배달국으로 부터 이어온 오늘의 이 나라이며 고유조선의 자취와 얼을 찾는데 평생을 바쳤으므로 그 학문을 구하기 위해 재세이화(在世理化) 홍익인간(弘益人間)의 심법(心法) - 먼저 뜻을 세우고 그 뜻 세우기를 구하려면 성(眞一無僞)의 공부를 닦아야 한다는 태백속경 속의 커발한 학잠(學箴)을 신실(信實)한 교도(敎徒)가 되어 일순도 잊거나 놓지 않았다.

정산에게 있어서 글을 깨우쳐주고 극진한 사랑을 준 이는 모친 백씨(白氏)였지만 학문을 전수한 스승은 진정한 지사들인 부친 단해와 진중(陣中)에서도 책을 놓지 않았던 벽산과 송암 들이었다. 정산은 소년 독립군 비밀 통신원 시절의 석주와 녹동서원 시절의 해학, 유년 시절 머리를 쓰다듬으며 우리 고유학문을 권하던 운초와 배달의숙[17]에서 만난 단재의 학풍을 좇아 그들의 학설을 광확세고(廣擴細考) 하였다.

정산의 스승인 단해와 운초[18]는, 단해가 운초보가 2년 늦게 태어났으나 단해는 무명의 운초를 스승으로 대하였다.

운초는 무술(戊戌) 이전 약초를 캐 호구(糊口)하며 서북의 반가(班家)와 승지(勝地) 곳곳의 비장서책(秘藏書冊)과 금석문(金石文), 암각문(岩刻文) 등 각종 사료(史料)를 모으고 있었다.

그 즈음 단해는 운초의 출향지처(出鄕之處)와 머잖은 자신의 향리에서도 일가이자 향인인 이문(李門), 백문(白門)과 교유(交遊)하며 국사와 민족혼의 단초(端初)를 채득(採得)하던 운초를 만날 수 있었으며, 또 애초부터 인순고식(因循姑息)의 유학자연(儒學者然)한 적 없고 창신(漲伸)하던, 실사구시 학문을 좇던 중이었으므로 그 이상의 지평에 선 운초에게 바로 매료(魅了)되었다.

운초가 우리 겨레의 본원(本源)을 찾고 있었으므로 그 본원의 사료를 간직한 문중의 단해가 그 해후(邂逅)를 어찌 필연(必然)이라 말하지 않을 수 있겠는가?

운초는 대고구려의 땅이며 거문산(巨文山) 좌물촌(左勿村)의 명상(名相) 을파소(乙巴素)를 낳은 삭주가 속한 평안북도의 선천사람으로 단해의 일가 삭주 배골(梨洞) 진사 이형식(李亨栻 29世)에게 가섭원부여기와 북부여기를 얻고 태천진사 백관묵에게 삼성기, 단군세기를 얻고, 단해가 백관묵 일가의 여식을 맞아 정산을 얻고 백관묵이 이형식*과 동문으로 형식의 부 송재(松齋) 이선생행록(李先生行錄識)을 지었으니 그로 추정컨대 운초는 이들 모두와 교분을 맺고 광무 1년(丁酉)에 해학을 찾아 그의 문하가 되고 광무 2년(戊戌) 태백진훈과 단군세기를, 광무 3년(己亥) 참전계경, 태백일사, 천부경 요해를, 광무 15년(5808, 辛亥) 3월 관전현 성안에서 백암(白巖 홍범도), 송암(松岩 오동진) 등 동지들의 지원으로 환단고기 30부를 간행하였다.

5806년 정월 초 스승 해학과 함께 단학강령 3장하고(祭天報本, 敬祖興邦, 弘道益衆), 그해 3월 16일 강화도 마리산에서 제천서고한 후 단학회(檀學會) 창립대회를 열고 해학이 7월 13일 경성여관에서 절식자진(絕食自盡)하자 통곡하고 만주로 향한 2년 후의 일이다.

그리고 그 전 5795년(戊戌) 5월에 송암과 이홍린의 전별금으로 벽산과 김효운과 백선건을 앞세워 제향하고 사출한 성능비문을 5809년(壬子) 5월에 단해와 더불어 봉심(奉審)하고 그 사이 더욱 훼손된 비문을 다시 징실(徵實)하여 정산에게 남겼다.
(부록 4 雲樵 桂延壽 · 檀海 李觀楫 「廣開土王聖陵碑文徵實」)

서력 1970년대 초 재일사학자 이진희가 일제군벌이 광개토성능비를 석회도부후 탁본하고 신묘년(辛卯年) 조를 왜곡하여 임나일본부설을 조작해 학계에 회람한 사실을 추적, 일본학계에 발표한 다음 그로 인해 동양사학자들이 동경에 모여 세미나를 할 때 한국사학계의 지존(?)이 중앙언론을 상대로 농(弄)을 펼치고 취재차 함께한 그 제자들의 행태에 분개한 경향신문 문화부 기자가 귀국하여 정산을 찾았다.

이형식(29세) | 字는 子大, 號는 竹齋로 1820년(丙辰)생. 성품이 粹美하고 효성과 우애가 깊고 학문에 진력하여 1840년(庚子)에 진사에 오르고 경학에 힘써 많은 후학을 배출하였다. 續三綱歌를 간행하고 유고가 남아 있다.(『百世彝鑑』)

夢尊兩楹七月天 秋空一鶴白雲仙
一斧壁破振民氣 三育全材恢國權
苦心未愜斬奸後 絶食最哀雪恥前
道大難容今世界 後承倍切負雙肩
(雲樵哭輓之章)

광개토대왕릉

• 이병도 박사는 패수를 반도내의 예성강으로 비정한 전거를 「삼국사기 역주」의 광개토대왕비 4년조에서 들고 있다. 광개토대왕비에 대한 학술토론회가 동경에서 열릴 때 육당의 제자 수원의 이모 교장의 일본군부를 두둔하는 증언을 흘리고

「浿水出遼東塞外 西南至樂浪縣 西入海」(地理志)

「浿水出樂浪郡 樓方縣東方過於臨浿縣 東入海」(水經)

의 낙랑, 임둔 등 4군을 반도내로 비정하고 설을 펴자니 동입서입이 틀려먹었다고 주장할 만큼 뒤틀려 버린 것이다.

광개토대왕비

이박사의 의식의 저근에는 우리 국사를 말살하려는 왜인의 마수가 숨겨져 있으니 「같은 물도 소가 마시면 젖이 되고 독사가 마시면 독이 된다.」는 잠언이 실감나는 대목이다. (李裕岦)

• 역사 자료(史料)는 사실의 기록 뿐 아니라 상징적이고 함축적이며 비유적이고 현학적인 기록도 허다하다. 60년대 월남파병을 「맹호향월(猛虎向越)」로 썼다고 후세 어떤 물색없는 학자가 위사(僞史)라고 떼를 쓰겠는가?

연구원. 월남 즉 남베트남으로 향하는 배에 우연히 사나운 호랑이가 숨어들었다가 베트남에 정착한 기사일 것이다. 그 후의 월남호랑이는 우리 백두산 호랑이의 피가 일정부분 섞여있을 것이다. 기사가 실린 지질로 보아 20세기 것이 확실하니 이후 양국 호랑이의 표본을 찾아 DNA 미토콘드리아 검사를 해보는 것도 한 방법이다.

기자. 당시 우리 군부대 중에 호랑이를 심볼로 한 용맹스런 부대가 있어 자유진영을 도우러 베트남에 파병했다는 다른 기사로 추측컨대 그 맹호는 파월부대일 것이다. 보다 오랜 문헌에 우리는 곰과 호랑이의 신화가 있었다는 기록이 이를 증명한다.

박사. 그 설에 동감한다. 하지만 자유진영을 도우려는 따위는 학술용어도 아니고 사실과도 다르다. 내가 실증한바 그때 우리 민족의 형편상 미국의 용병이었을 것이다.

교수. 이 기사 제목만으로는 적확한 사실을 검증할 수 없다. 헤드라인이니 쇼킹한 기사임에는 틀림없다. 더 폭넓은 연구가 필요할 것이다. 특히 반 이상 삭아 망실된 부분의 글자가 「월」자 인지는 확실치 않다. 월자라 해도 그것을 베트남이라고 단정할 수는 없다. (미래 어느 세미나장 풍경)

• 신화(神話) : 원시적인 세계관·인생관에 기초를 두어 신(神)의 의지활동을 중심으로 하여 자연계나 인간계의 모든 현상을 설명한 여러 가지 전설. 내용에 따라서 자연신화와 인문신화로 나눔.

신화에 대한 사전적 정의이다.

컴퓨터 자판 몇 번만 두드리면 나오는 신화의 정의, 세계의 신화, 신화를 다룬 학자, 작가, 저작 등 이미 한 학문분야이고, 물론 국내의 사학자들도 그 정의를 언급하고 있다.

「神話란 自我人間의 주체의식을 高格化한 것이다.」

'신화없는 민족은 없다'라고 우리의 신화를 비하하고, 그럼으로써 우리의 고대사를 절삭(絶削)하는 사람들에게 선생님이 마지못해 한 말이다.

위(僞) 조선총독부시기 「단군은 신화다」라는 말이 우리 고대사의 실존까지 함께 부정하는 용어가 되어버리고 그런 일인사학자들의 말을 좇아 아직도 학계 일부와 일반대중은 은연중 그런 일제의 흉모를 습용(襲用)하고 있으니 골이 날

밖에….

　一. 신한 六部의 시조가 모두 하늘에서 내려왔다.(新羅本紀)

　一. 활로 물위를 끌어 올려 魚龍橋를 만들고 건너자 곧 무너졌다.(東明王篇)

　一. 하느님의 王帶를 전했다.(三國遺事 眞平王時)

　一. 昔氏의 까치, 金氏의 닭, 王氏의 龍女.(輿地勝覽 開城條)

　一. 甄氏의 지렁이, 曹氏의 龍이야기, 몽고시조 狼·鹿 夫婦.

　老子의 懷胎八十載, 孔子의 二龍五老, 釋迦의 前生金犢

　예수의 童貞女所生, 閔泳煥氏의 遺衣生血竹 같은 東西古今의 많은 神怪奇異한 神話이야기가 그 由來를 따져보면 모두 自我人間의 主體意識의 高格化한, 考古學的 考證과는 아무 관계없는 그때 일반사회의 역사 속에 나타나는 참 해동의 歷史的 事實.

　一. 사족을 달면 박정권의 공화당은 황소들의 정치단체가 아니고 미국의 비둘기파나 독수리파가 모두 날짐승이 아니다.(寒闇堂)

그리고 그 기자는 단해와 운초와 벽산으로 인하여 비의 권위(權威)가 된 정산의 한암당을 찾아 광개토성능비문을 중심으로 정산의 학문을 주어진 지면 이상으로 조명하였다.

나는 그때 군인이었으므로 군무에 열중하였으나 제대 후 광개토성능비에 물두하였다.

우리 사학계의 태두가 심드렁히 「비(碑)야 비 주인의 업적을 과장하는 게 당연지사다.」는 식으로 평가절하한 대제의 공적비야말로 그 내용과 위용은 그 비가 시사하는 바 지나를 위시한 동양의 음부를 향해 용트림하는 우리 민족의 거대한 남성심볼이라고 단정하였다. 유한한 인간이 후예 말고 또 무엇으로 자신이 존재했음을 세상에 남기겠는가?

그것이 두려워 지나가 각(閣)을 씌워 일반의 참관을 막고 간교한 왜가 도부날각(塗附捏刻)의 칼을 대고 무늬만 한국인인 토왜청양 군상들이 평가절하 하였으나 지상최대의 금석문, 대제의 비는 우리의 체질개선으로 강건채질 날을 기다리며 불끈 발시(發施－射精)의 태세를 준비하고 있을 것이다.

단해는 을사늑약(乙巳勒約) 전후와 기미(己未)만세운동전까지 역사의 부재야말로 망국을 초래한 원인이며 설사 나라를 다시 찾는다 해도 역사를 바루지 않으면 온전한 국체를 보존하지 못할 것이라 생각하고 역사찾기에 나섰다.

구성제를 송암과 석천에게 맡겼다.

벽산과 더불어 백두산과 안시성 터를 참관하고 근기의 땅을 찾아 바이칼호 주변의 선인들이 살던 동굴을 답사하였다.

장도(壯途) 곳곳에 널려있는 것은 선인들의 유적과 민가에 남아 있는 고구려시대의 가옥구조가 누대를 거치며 상기 온전한 것도 목격하였다.

진중(陣中)에서도 책을 놓지 않을 정도로 독서량이 많았던 벽산은 그것과 가전(家傳)한 사적(史籍)을 토대로 국사반정론을 써서 정산이 고사류고(古事類考)와 왜곡과 무욕(誣辱) 투성이의 지나와 우리의 역사서에 대한 반정서를 쓰는 기초를 마련해 주었다.

정산은 오랜 동지이자 선배인 묵거(黙居) 전봉천(全鳳天)의 대동아전쟁거부론 살포사건으로 위조선총독부 헌병대에게 심문을 당하던 중에 광복을 맞고 그 광복의 안도도 잠시, 신탁통치반대 필화사건으로 이번에는 조국의 품에서 모멸의 옥고를 겪고 사방이 벽에 막히자 유량의 길을 떠났다.

　　나라마다 국적을 혈연(血緣)과 지연(地緣)에 따라 나눈다. 민족이 뒤섞인 미국은 속지주의(屬地主義) 지연 개념이다.

　　선생님은 조국과 민족의 정치적 이탈자로서 존화양이(尊華攘夷)에 의한 이단적 춘추종주(春秋宗周)의 지지자 태공망(太公望), 미자계(微子啓), 관중(管中-萊夷系), 공자(孔子-殷商系)와 을사오적 등 숫한 배반의 이름을 민족공동체에서 제외하였다.

　　그런가 하면 순임금, 서언왕, 백이숙제, 아골타, 단재 등 무국적 300여 독립열사를 민족의 이름으로 추앙하였다.

　　국사찾기협의회 시절(서기 1978~1986) 동지들 중 어떤 이까지도 종파주의, 분파주의자라고 넌지시 질타하였지만(이에 대한 인간적인 고뇌와 해명이 6~70년대 초에도 여러 번의 논쟁이나 도론 속에서 언급되었는데 글로서도 「커발한

문화사상사」권두언, 「용사일기 논고 유감(대배달민족사)」등에 그 소회와 판가름을 피력하고 있다. (판가름: 國史찾기에 있어서 眞僞, 眞妄, 眞假, 眞否, 眞贗 등의 分別. 我와 非我의 區分) 환진혼가(換眞混假)의 언어의 성찬(盛饌)을 경계하고 국사찾기 본령에 생을 건 초인의 모습을 견지하였다. 〈나(我)와 아닌 나(非我)의 판가름은 비단 우리 민족과 다른 민족을 국한시켜 말하는 것이 아니며 우주만물과 세계 인류의 일체 언증문증(言證文證)과 사증물증(事證物證)에 있어서 제각기 「나」와 「아닌 나」의 판가름이 있게 되는 것이다.〉

토론의 장을 떠난 자연인의 모습은 겸양과 정성을 다했으며 동지들 중에서도 있는 듯 없는 듯 하였다. (處中而逸衆 逸衆而厚衆)

34년 전 단해와 벽산이 그랬던 것처럼 5843(서기1946)년 조국(肇國)의 시원을 찾아 바이칼호를 향해 발길을 옮겼지만 더 이상 나갈 길 없는 절망 속이었고 고향에 이미 소련군이 진주해 있었고 팔로군이 명석말이(席卷)를 시작한 만주 땅을 어찌 선사들만큼이나마 유랑할 수 있겠는가?

중도에서 프랑스에 유학한 주은래, 등소평과 모택동, 유소기 등의 솔도(率徒)들이 수십만 군중을 모아놓고 공산주의의 공자(共子)는 한자도 꺼내지 않으며 자신들이 세계사에서 낙오된 원인과 이제 세계와 어깨를 나란히 하기위해 자신들이 배워야 하는 자본을 주고 노동을 착취하는 미국과 기술을 주고 노동을 착취하는 소련 중 하나를 선택하자고 선동, 설득하고 단결하는 현장을 지켜보았다.

선생님은 해방된 조국에서 또다시 구금을 당하고 더 이상 학문과 소신을 펼 수 없자 좌절하고 만주를 유랑하다 돌아오는 길에 압록강에서 투신을 시도했다고 하였다.

천운으로 다래덩굴에 걸려 목숨을 부지하고 야간 고기잡이배에 발견되어 독립군을 숨겨주던 백씨(伯氏)의 지하에서 1년 동안 지냈다고 모택동 정권과 김일성 정권의 성립시를 비교하는 중에 들려주었다.

정산은 삼엄한 60년대 말 후학들에게 반탁이 실수였으나 한계였다고, 그래서 또다시 지루하나 절박한 역사 찾기를 계속할 수밖에 없는 처지를 절실하게 피력하였다.

주 16

檄一進會

松隱 李諱觀橺

今見容九書하니 令人喪氣로다 逆九一 自以爲人窮返本故로
憂愁悲苦에 未嘗不呼父母하고 疾痛慘憺예 不能無呼天者라하니 未知逆九一 以如
劉豫의 臣事醜虜하야 南面稱王으로 爲萬世不拔之業乎아 一朝에 豺狼이 改慮하야
捽而縛之라도 抑汝心에 自以爲人窮返本하야 呼天呼父母之苦衷乎아 其言에 曰宜
聽日本하야 更始一新이라하니 今汝所謂人窮呼天하고 反本呼父母之眞義乎아 又其
言에 曰邦家萬世의 不拔洪基는 創立韓日合邦이라하니 是且汝所謂誠夫天誘其衷
之實證乎아 雖曰何代無賢이나 豈有如逆九之賢乎아 噫噫라 人而不能獨立이면 時
曰奴隸요 國而不能獨立이면 時曰附庸이라 試問逆九之心에 甘自爲奴隸하고 喜自
爲附庸則亦已矣여니 更復何言가만은 然이나 苟不其然則何能僕僕仰人之庇護乎아
彼逆九之言에 有民生福利一等國列云云하니 是何以異於畜犬遊妓之所爲乎아 中庸
에 曰中立而不倚라하고 孟子曰 彼丈夫我丈夫라하니 夫人之所以異於畜犬遊妓者
一 實在於此라 居今日而不求自强하고 生此國而不講獨立하야 反欲以祖宗之天下로
爲犬羊之祭物하고 以神聖之大位로 爲犬羊藩臣之木偶하야 檀紀 四千二百四十三年
之祖國臣民으로 盡爲夷狄左袒 之行屍而已하니 他日豺狼無厭之求가 安知不加我
無禮를 如劉豫也哉아 倭奴之行詐也久하고 東匪之凶謀也險하니 果天之亡我韓乎ㄴ
저 內而賊臣이 狹私智하야 以脅君父하고 外而强隣이 憑其暴力하야 以勒約이라도
汝逆九之心이 亦以此로 更言遵禮하야 足以死正命乎아 彼日本이 嘗以我韓之獨立
으로 爲永久遵守之案하고 對於列國하야 屢以我韓之自主獨立으로 爲聲明이러니
而今忽兒說이 一唱에 變詐交作하야 宋人滅宋之恨이 復睹於此邦하고 箕豆相煎之
變이 更起於今日하니 汝逆九一素以東匪之殘流로 多行不義하고 身旣爲地中鬼而能
成陰謀之事乎아 彼日本이 世爲我仇하야 專務殺伐하니 意必謂能食我韓三千里之疆
土나 而我國魂이 强固하야 萬無融 和之理요 咸思鳴寃하야 決死鬪爭하리니 雖曰
不挾武器하야 徒手以奮이로대 竟不能食我韓三千萬民族之肺肝也明矣로다 或曰從
前種種이 譬猶昨日死하고 從後種種은 譬猶今日生이라하니 自玆以往으로 志士仁

人之思雪國恥者ㅣ 所在皆有하고 期復舊土者ㅣ 世不乏人이러니 徵諸往史에 歷歷可證이요 而薩水之捷과 安市之勝과 閑山之凱旋은 可謂東方之雅典이니 而顧此倭情이 其患이 猶在數戰數勝이라 今合邦이 譬猶昨日死면 安知獨立이 譬猶今日生乎아 吾以此로 信之無疑矣요 吾以此로 行之不懼矣리니 汝逆九은 其思之耶아 未思之耶아.

檀海 李觀楫先生 遺事

李觀楫(三十四世) 字는 廷普요 號는 松隱이니 淸庵碩律의 曾孫이요 井谷儀權의 子라 高宗太皇帝卽祚之 三年 丙寅 十月 二日에 生于朔之井谷第而夢旣叶吉하고 貌且殊凡하야 父母鄕人이 咸知其將爲大器러니 及長에 果好讀書하야 經史子集을 無不博覽하고 慷慨有大節而又善談論하야 辯古今事當否와 事後當成敗를 若河決下流而東注也하니라 一赴公車하야 不對策而退여늘 人問其故한대 公이 對曰政歸多門하야 公道蔑如하니 雖有品買之策이나 於何可施리요하고 遂專意於聖賢之學而與第泰楫으로 日切磋於父子之仁과 君臣之義와 夫婦之別하야 不舍하고 時復漁樵而養하야 親極滋味하고 及其丁憂에 哀戚이 甚하야 弔者大悅하고 雖已闋制나 猶常啜恤하야 見父母所嗜면 不忍下咽하고 朔望必省墳하야 不必雨雪而或廢하고 祭之日에 雖菜果之微라도 必躬自點檢하야 務盡精潔하고 旣祭而無遠禮則油然而喜하야 人服其至誠하니라 兄弟之間에 友愛篤至하야 有無를 共之하고 又推以及於宗族하야 見窮乏者則救恤之를 如恐不及이러니 嘗於飢歲에 度己力不逮하야 大會宗族而取范文正公ㅣ 爲參知政事詩敎諸子中語하야 誦之하고 仍下淚하니 諸宗人이 莫不感泣하고 其中稍饒者爭捐穀이여늘 遂計口賑給하야 俾無餓莩하고 存其嬴餘하야 以備不虞而取息有方하고 裁用有節하야 數年之間에 終致富贍焉이라 因之置田立庫하고 早寡無依者를 助使成立하고 過時未婚者를 助使嫁娶하고 親喪未葬者를 助使營壙라고 有志無資者를 助使就學하고 才合世用者를 助使應試하야 其宗族之居朔者千有餘戶而旣皆賙如하고 稍稍延及於散居四方之宗族而名之曰明親社라하니 此可以爲縉紳家楷範矣요 又與卿人結契立約하야 以倣藍田之俗이러니 及至甲午에 匪徒大起여늘 陷城邑殺長吏하고 聲言淸君側之惡하니 鄕中群小亦欲應之여늘 公이 曉以順逆하고 喩以利害하야 事遂得已하니 非信義之素孚於人者면 能如是乎아 道伯李公道宰ㅣ 聞而賢之하야 請見以賓主之禮하고 勤之仕한대 不應이라 乃贈一絶而揭之曰「師門開東吾道指南教亦多術叮寧再三」이라하니 時에 內有衣冠之盜하고

外有干戈之賊하야 庶政이 墮弛而道路橋梁이 尤甚이어늘 公이 慨然曰 道路橋梁은 王政之大者라 故로 夏令에 曰九月除道하고 諸葛武侯之治蜀에 官府次舍와 橋梁道 梁을 莫不繕理而我 朝經國大典에도 亦且詳備여늘 有司一 慢不擧行하야 使至於此 하니 可嘆之甚이라하고 乃倡率鄕人하야 爲役於傍近道路之開通과 橋梁之架設호대 躬執鍤畚하고 所需物力을 特先優捐하니 人樂從而功易就하야 至今仇寧浦老兎灘 의 間과 新豊川等處에 人不哭窮病涉하니 使公而得聞國政이면 其所施爲一 爲如何 哉아 先是에 國論攜貳하야 有主守舊者하고 有主開化者러니 已而오 守舊者敗하고 開化之中에 又分二派하야 或親俄하고 或親倭하야 有若前日四色之相鬨이라가 畢 竟親倭者全勝焉이라 倭旣得凶黨之助力하야 盤據內外하고 將肆呑噬호대 猶憚 高 宗之英明과 列國之輿論하야 使其鷹犬으로 創爲一會하고 驅嚇愚民하야 使皆入會 하니 李容九 宋秉畯이 其魁也라 與李完用諸賊으로 相呼應而名之曰進이라하고 凡 有所爲에 必使此輩로 爲先驅하야 似若出於民願者러니 竟結乙巳保護等條約하야 以爲庚戌合邦之嚆矢하니 吁其巧且憯矣로다 乙巳凶論之方張也에 公이 聞之하고 不勝公憤하야 曰春秋之法에 亂臣賊子는 人人得而誅之하나니 今此賣國徒輩는 不 可不討라하고 乃與李仁遂 金時華 李治星 吳鳳根 李鴻麟 金基衡 崔禹錫 李鶴胄 等 諸同志로 發文聲討其罪하고 遠近이 饗應이어늘 因結之爲自彊會라하고 又欲率 子弟하야 爲義旅라가 凶熖이 益熾하야 幾危僅免하니라 國勢一 旣如是芨芨而西敎 徒又復猖獗하야 破壞古蹟하고 唾罵國粹여늘 公이 觝排之甚力이러니 及至丁未에 有國債償還之議호대 不得已求願納於民而其徒一 不肯出捐하고 反肆橫暴호대 朝廷 이 與西國으로 通關市하고 又恐生釁하야 官役無如之何矣라 公이 聞鄕人之傳染者 多하고 托多事遍請之하니 如其畢至여늘 曉陣忠孝之道하고 因問曰父有債여든 子 爲之償之一 可乎아 否乎아 僉曰可하다 又曰國有債어든 民爲之償之一可乎아否乎 아 僉曰可하다 曰然則 諸君之不應於國債償還은 何也요 有笑于列者曰是則有說焉 하니 使國家로 行堯湯之政이라가 不幸九年 七年之水旱하야 爲長活溝壑塗炭之民 而有債則其償을 可以責之於民矣이어니와 彼勢道之家一 專事貪饕라가 禍起蕭墻 에 不能撫戢하고 紛紛召外兵하야 誤國至此而其富貴는 固自如여늘 朝廷之上에 何 無一介埋輪之張網而反煩擾殘疲之民爲哉오 公이 曰子之言이 誠焉矣어니와 若憤 嫉於彼而不恤國家之急이면 猶諺所謂惡蝎而不救草堂之火者也라 國債不償이면 必 至於割地요 割地不已면 必至於亡國리니 一朝에 異族이 夷我宗廟하고 屋我社稷이 면 吾輩將安所於歸요 惑이 又曰不在其位하야 不謀其政하나니 若是乎先生之多事 也여 公이 正色曰漆室邑之處女도 尙憂魯國之危어든 況鬚鬐而冠儒者乎아 子之胸

中에 有幾個猶太國祖之神弊요 言者羞服하고 因相輪納이러니 是年에 竟有傳位之
擧하니 尙忍言哉아 父子相傳는 韓之約也則國體에 似無損이나 然이나 太皇이 非
老倦於勤이요 特彼凶徒ㅣ 急於賣國하야 脅使退位하고 乃佯以義立後皇하니 所謂
履霜이면 堅氷至者也라 天下士ㅣ 孰不飮泣이리요만은 猶幸後皇이 仁孝하야 庶幾
有爲러니 及至己酉하야 凶謀益彰하고 三手之禍ㅣ 迫在朝夕이라 公이 又唱扶皇保
國論하야 與前參奉李仁遂와 別將李載謙과 前主事金時華와 士人李治星 安齊翼 金
基衡 金錫奎와 參事吳鳳根과 及第泰楫等으로 或作文惑釀金하여 欲以振起國中之
義氣하고 欲以赴愬海外之公會러니 大勢已傾하야 卒有庚戌 七月之恥하니 嗚呼痛
矣라 公이 遂入白頭山하야 訪檀君降于之處하고 乃取三一神誥讀之하고 考究羅弘
岩所唱之敎者ㅣ 數年에 欲正其訛謬라가 未就하고 至戊午에 開諸已在外之義士ㅣ
稍稍集於北滿等地하야 宣言獨立하고 乃告天出山하야 密訪李溥齋相卨所導之聲鳴
會而備陣計策하고 又得李範允 洪範圖 楊承宇 李德秀 全德元 李鎭龍 李龍潭諸義
士하야 謀復太皇하고 又草文遍踏滿洲하야 輪告于昔日同志之尙在世者와 與夫遷居
之同胞하고 一邊走書於大倧敎元老徐白圃一과 金茂園獻하야 約以同時擧義러니 是
年冬에 以其太皇崩殂로 翌年己未에 赴哭於大漢門外하야 如喪考妣하고 歸更謀復
隆熙帝하니 只知有國이요 不知有身은 其公之謂也歟ㅣㄴ저 公이 與鄕貢曹鳳漸으
로 坐書室하야 談古事할제 倭吏川上俊彦郎者ㅣ 訪至하니 盖知公之有大志하고 譏
察之也라 設問曰合邦이 於兩先生之意에 何如오 公이 卽答曰鶴頸雖長이나 斷之則
憂하고 鳧脛雖短이나 續之爲悲라하니 川上이 不敢復言而去라 乃多購船隻하야 置
諸鴨江上下하고 假裝商號曰 統均社而使弟泰楫으로 管之하야 晝運貨物하고 夜渡
義軍하야 以助在外軍署러니 壬戌 九月 十二日에 事覺하야 弟姪이 惑逃惑囚하고
船隻則被奪하야 祖業을 由是盡破라 不得已轉徒東西호대 猶留意於制民産興王道實
事求是之學하야 取其先祖杏村先生의 所著農桑輯要와 以及柳磻溪朴西溪李星湖 徐
楓石丁茶山諸公之遺書하야 硏精覃思하고 卽其易近者而試先爲之하니 無不如意라
因盡復舊業하고 壯心猶不己하야 又欲散而募義러니 逮至丙寅에 隆熙帝ㅣ 遽遺弓
劍하시고 英王이 亦爲倭人所留하야 東周之統도 無可以續하니 天乎아 人乎아 公
이 年旣衰暮하고 不忍宮殿之荒凉하야 不赴因山하고 與士人 金時華 李仁遂 金基
衡으로 相謀設位於雪城之東而望哭之하니 當日叅哭者ㅣ 二千五百餘人云이러라
是後에 子號松隱하고 遂專意於尊慕先聖하야 養育後進하고 謀議于士林하야 設鴨
江敎會復日學敎하고 以家財로 建新豊學院하니 校는 所以敎幼年而先於敬老요 院
은 所以敎成年而終於通藝也라 制度旣宏闊하고 親模又詳備而多延通經學識時務有

氣節者為師하야 分科教授하고 時復親自督勵호대 諄諄於君師父一體와 忠孝烈三綱
而不倦故로 從學者一日盛하야 白亨奎 金活石 朴鏞珏 徐青山 李寬實 崔錫俊 崔時
興 白南奎 金泰淵 朱尙玉 金炳周 楊承宇 全鳳天 李長青 及姪裕沆等이 並出其門下
하야 爲愛國志士云이러라

方倭人之加兵中國也에 人皆中國도 且將爲倭所竝이라호대 公이 獨以爲不然曰
敵加於己에 不得已而起者는 謂之應兵이니 兵應者는 勝하고 利人土地貨寶者를 謂
之貪兵이니 兵貪者는 敗라 以今觀之컨대 中國之兵은 應兵이요 倭人之兵은 貪兵
이라 豈有貪兵勝而應兵敗者乎여 且美英諸國之利權이 多在中國하니 倭人이 若乘
勝長驅면 美英이 豈其坐視乎아 天下之兵이 從此動矣오 動則倭人必亡하고 我國이
行且興復矣리라 然이나 北有蘇俄可畏而美亦難恃라하더니 及至乙酉에 皆驗하니라
先是에 我國義士一 惑有亡在美英者하고 惑有亡在蘇俄者하고 惑有亡在支那者하야
竝爲本國興復而盡瘁러니 至是에 美英軍은 進駐我國之南部하고 蘇俄軍은 進駐我
國之北部하야 各欲攘立其所親하니 山河逯半分이라 公이 乃作南北統一三策하고
至丁亥七月하야 有病하야 戒其子姪曰吾年이 八十有餘요 又見國家興復之有兆하
니 死復何恨이리요 但吾太皇血脈이 惟有英王而雖在倭中이나 可以迎歸요 南國에
且有舊宮殿而尹后在焉하시니 吾則死어니와 汝等은 必須投往南韓하야 多交有識之
士하야 圖立英王케하라 此는 春秋也라 以此意로 傳于亡在遼之家兒하라고 因吟春
王正月萬年明等句라가 未終篇而殁하시니 乃十四日也라

公이 平生에 尊師退溪夫子與眉叟大山兩先生하야 作道統說而直而三先生으로
續於先夫子之緒하니 豈無所見而然耶아 然이나 夷考其事行則三先生은 聖眷이 隆
重호대 難進易退하고 公은 無其位而自担世務하야 有若救焚拯弱者然하니 何其不
相侔也오 蓋其所處之不同故也니 使孟子로 復生이면 亦將曰易地則皆然耶아 其所
論著多前人所未發云而尙未傳於世하니 可恨也로다 嗚呼라 朔之爲州一 在古鞨鞀女
眞之 界하야 可謂夷服之地나 然이나 高句麗時에 有乙巴素者하야 爲世名相하고
高麗時에 崔文憲之風이 有及焉而繼之昭代에 有冲齋權忠定之謫居와 繡山公之作
宰하야 有若孝友富學金公翼虎一 聞風而起하고 時習齋公이 能傳家學하야 同享金
昌書院하니 宜其忠義文學之士多出也로다 其胤裕豈甫在北部하야 主南北平和統一
自立經濟自主教育之策이라가 逮獄數年하고 後復渡遼而志未得하고 又亡命而南하
야 以公遺命으로 圖立英王이라가 古之王道가 有反於民主라하야 亦彼逮繫하야 經
年乃得釋하니 旣自倭逮獄으로 至是히 凡十有餘次라. 其忠孝之性이 有自來也라.

배달의숙

　　　　선생님은 배달의숙 때의 운초의 모습을 숱이 성긴 수염과 살집이 없는 검은 얼굴 속에 형형히 빛나는 안광이 인상적이었다고 회고하였다.

두 겹의 여러 개 끈이 달린 무명보자기에 필기구와 서적과 미숫가루를 싸서 다니고 축지법을 쓴다할 만큼 날랜 보행이었으며 낮지만 보통 톤의 단전에서 울어나는 음성이 친근하고 자상했다하였다.

배달의숙의 모양과 규모에 대한 자세한 설명이 없어 어떠했는지는 알 수 없으나 만주의 독립운동가와 삭주의 열사들이 수시로 모여 기숙하고 강론과 훈련을 할 만큼의 규모였을 것이다. 배달의숙은 송암이 단해와 운초, 석천, 벽산, 직송헌 등의 뜻을 모아 기미년 7월경 관전현 홍석랍자에 설치했으며 초기에 단해와 아우 국은 (菊隱 李泰楫)이 세운 통균사(統均社)의 지원이 있었다.

그 해 10월 부친 단해를 따라간 선생님은 낮에는 역사 강론과 군사훈련을 받고 이듬해 천마산대가 조직되자 천마산대 통신원으로 남만과 압록강을 넘나들며 석주의 서로군정서를 오가는 분란(紛亂)한 벽산과 송암과 천마산대 대장 석천에게 적정(敵情)을 알리고 독립단체 간 연락을 맡는 등 3년여 간 학문과 훈련과 투쟁을 병행하였다.

천마산대는 벽산과 단해와 그 문하 송암, 석천 등이 기미 만세 운동 직후 5월부터 모의하여 조직하고 배달의숙에서 밀정의 발고로 체포되어 처참히 살해된 운초의 뒤를 이어 3대 회장이 된 석천이 대장이고 그 막하의 박응백, 최지풍, 이봉우, 전택수, 이동규, 홍석호, 김태연, 서청산, 이유립(당시 복규, 또는 채영. 6대) 등이 모두 단학회 회원으로 직송헌(5대)과 함께 산파역을 한 벽산이 4대 회장이니 명실공이 단학회의 무장독립운동 단체였다.

배달의숙의 교재는 석주의 태백교범인 부여구서(夫餘九誓) 효(孝), 우(友), 신(信), 충(忠), 손(遜), 지(知). 용(勇), 염(廉), 의(義)를 인, 우(仁友), 양손(讓遜), 효(孝), 충(忠), 지(知). 의(義), 신(信), 염(廉), 용(勇)으로 한 교양과 운초와 벽산의 역사와 태백교의 교리강좌로 이루어졌다.

군사훈련은 도수체조와 집총훈련이었고 그 훈련과 역사교육을 충실히 받았다. 초기부터 백포(徐一)와 왕래하는 대종교인 윤세복이 여러 번 방문했는데 단재와 함께였다. 단재의 강연은 눌변이었으나 좌중에서는 묵언(黙言)이고 지체보다 큰 만복(滿服)을 입고 있었으며 송암이 준 여비를 받아 다음 행선지로 떠나곤 하였다.

선생님이 본격적으로 단재의 학문을 얻고자 한 해는 5833(丙子)년 서울에서 귀향하는 길이었고 그해 단재가 여순 옥에서 순국하였다.

開天五千八百十六年己未三月以來로 全國民人이 徒手蹶起하야 宣言獨立하고 聲呼萬歲할새 西墾島在留僑民이 齊會于柳河縣孤山子하야 仍設軍政府하고 推李相 龍하야 爲緫裁하고 呂準爲副하며 金東三爲叅謀長하니 其地域範圍가 南北이 千五 百里요 東北이 七八百里라. 初에 安昌浩李東輝諸人이 議建大韓民國臨時政府於上 海租界하니 卽高句麗松江縣舊地也라. 秋에 相龍이 遣呂運亨하야 要與妥合이러니 諸議多不合이라. 相龍曰吾意-建政府太早나 然이나 旣建矣니 一民族이 豈有兩政 府哉아. 且方在準備時代하야 所宜在團合이오 不可以權位爲心이라하고 遂讓政府 于上海하고 改軍府爲署하야 用督辦制라. 東滿洲曰和龍, 延吉, 旺淸, 琿春等四縣 이니 我民이 居全人口之八割以上하야 而力竭斥荒하야 以安生業也오. 南滿洲曰長 白, 撫松, 臨江, 輯安, 通化, 桓仁, 興京, 柳河, 淸源, 寬甸, 安東等十一縣이니 自光 武十八年甲寅으로 始租平地하야 作水田種稻라. 李督辦相龍時에 有曰滿人不解水 田農하야 租借荒郊種稺稈하니 秋來白飯兼魚饌하야 生氣方回面上彤者-卽謂此也 오. 南滿洲山谷水畔이 一朝에 化爲良田沃沓者니 原係我民血汗之効力也라. 有新 興武官學校하야 養成靑年將校하야 四年之間畢業者가 以達二千八百七十六名也라. 又有檀學會하야 附設倍達義熟於寬甸縣紅石拉子하니 盖其古書搜訪과 國史反正之 擧가 始於此也라. 檀學綱領이 有三章하니 一曰祭天報本이오 二曰敬祖興邦이오 三曰弘道益衆이라. 國史之上限은 以桓雄天王이 率徒三千하시고 降于太白山第一 年으로 爲始하고 而弘益人間之爲開天理念者-乃萬世不易之敎育大綱也니 自與大倧 敎國史觀으로 有異라. 太白敎典則有理化三經弘益五書하고 反正史書則有桓檀古記 國史反正論, 一斧劈破論等書라. 朴長浩 白三圭, 李雄海, 全德元, 趙孟善諸人이 設 大韓獨立團於柳河縣三源堡西溝大花斜하고 吳東振, 崔時興, 洪植, 崔昌坤, 崔燦, 楊承兩, 李寬麟諸人은 創光復軍司令部於大韓獨立團本部內러니 時潮又一變하야 日本軍이 大行虐殺於南滿洲라. 吳東振將軍이 獨守寬甸縣하고 又復新編하야 爲光 復軍總營이라가 後에 合於統軍府하고 又復擴大하야 總于統義府하니 南滿洲五個 軍事機構가 始歸于一也라. 第一中隊는 西路軍政署扶民會系統이니 在輯安通化等 地하야 軍九百名이오 弟二中隊는 大韓獨立團主流光復軍總營系統이니 在桓仁縣裡 溝等地하야 軍이 七百名이오 第三中隊는 天摩山隊檀學會系統이니 在桓仁縣北甸 子等地하야 軍이 六七百名이오 第四中隊는 大韓獨立團分派天道敎-部系統이니

在老爺嶺等地하야 軍이 或云百名이나 金承學獨立史에 五百名이오 第五中隊는 舊義兵系統이니 在興京旺淸門等地러니 後에 黃海道義兵將趙孟善, 李鎭龍等이 以有犯律이라하야 自統義府로 解除武裝하니 至民國四年壬戌하야 分立爲義軍府하고 移營于桓仁縣小雅河口하니 自是蔡尙德 全德元이 導之라. 乘釁하야 白狂雲(本名蔡燦)이 爲金承學等所囑하야 遂與尹聖佐(本名世茸)崔志豐 朴應伯, 金篠廈(本名張基礎)崔碩淳諸人으로 謀하야 別立爲陸軍駐滿叅議府하고 派李龍潭等入國하야 置國內令部라가 被逮하야 在獄十九年三個月하고 至八 一五而見放이라. 當是時하야 天摩山隊員吳鳳錄이 謂金承學曰今統義府가 在南滿洲하야 由來旣久에 地盤亦立하야 精銳萃聚하고 獨立熱高하야 爲武裝獨立運動之總本營이여늘 今自臨時政府로 投入說客하야 別爲陸軍駐滿叅義府者는 乃民族分裂之端이요 非有意於屠倭復讐之策也라하고 勸再罷事나 承學이 不聽이라. 於是에 脫軍服하고 歸于農하야 專力於檀學會敎育事業耳이라. 叅議府則白狂雲, 尹世茸, 金承學이 相襲爲叅議長하고 朴應伯, 白時亨, 金篠廈, 梁基瑕, 崔志豐, 梁鳳濟, 崔天柱, 車千里等이 佐之라. 民國六年乙丑에 改統義府하야 擴張行政機構하고 總綱民間團體하니 是爲正義府라. 吳東振, 李相龍, 李沰, 金虎林, 李德秀, 李德甫, 李震山, 玄益哲, 金昌煥, 金東三, 梁世奉, 諸人이 主之라. 先是民國二年에 日本軍이 三道並進하야 一自興京하야 蹂新開嶺하야 入永春源하고 一自鐵嶺하야 由山城子하야 入柳河하고 又以大軍으로 北入하야 直向琿春, 延吉諸縣하니 所過我民部落이 殘滅殆盡이러라. 是年六月六日에 倭新美小隊가 來襲旺淸縣鳳梧洞이여늘 洪範圖將軍이 整師躬率하고 急擊射之하야 殺獲倭兵者-一百二十餘人이라. 七月에 李化日分隊는 破倭前衛中隊於高麗嶺西하니 是日에 倭又整陣하야 來到鳳梧洞上村이라가 復爲姜尙模中隊所滅하고 繼又李德秀-引隊來下村하야 助戰殺獲하니 皆依總司令洪範圖之指揮也라. 十月十八日 洪範圖將軍은 守完樓溝하고 金佐鎭將軍은 居靑山里하고 倭少將東正彦은 在龍井村이러니 洪範圖將軍이 豫知倭將來襲하고 卽與西 北兩路軍政署로 招會하야 議聯合이나 北路副總裁玄天黙이 力主避戰策하고 司令金佐鎭이 亦從而棄主戰之論하니 事遂寢이라. 是日에 倭大佐山田이 聞知하고 出自龍井急襲할새 倭中村大隊는 迂回蜂蜜溝하야 以迫夾擊하니 金佐鎭이 退自白雲坪하야 轉出泉水洞이라가 而又遭倭騎하야 唐慌罔措러라. 東正彦이 欲遮救援之路하야 直向大陣戰할새 加納騎兵隊가 與飯野部隊로 遂以迂回하야 作戰夾攻하고 特攻砲隊-亦隨之하니 兵多器利가 幾倍於我라. 然이나 洪範圖將軍之用兵이 近於神하야 前若神出하고 後似鬼沒하야 獨往獨來를 倭不敢知라. 彼之步·騎·砲·三隊·聯合作戰이 其勢-甚盛하니 蓋金佐

鎭·訓鍊士官之殆不振이 是其緣也라. 其飢寒甚億하고 又不休息하야 爲之何哉아.
洪範圖將軍之麾下士卒은 百戰老鍊하고 食足物備하야 多日休息하니 人皆賈勇하야
願欲一戰하니 一大集團이 爲精個勢力하야 畜力待用之熱이 自成堅壁하니 乘機引
敵而出하야 突擊以環破하고 仍忽疾走而潛伏하야 如是者-十月餘回라. 倭敵이 頓失
戰意하고 又不見將軍之蹤跡하니 忿甚發狂하야 彼遂以彼로 誤認爲我軍하고 夾攻
南北以迫하니 自相交砲하야 致斃-殆至一千六百餘人이라. 我軍之虜獲者는 速射砲
五門과 騎鎗三十 挺彈子五千發·馬二十匹·軍刀二柄·雙眼望遠鏡二對·佩腕時
計二十個·軍用地圖六枚也라. 此之謂前後稀有之奇功也라. 二十五日에 敵飯野部
隊가 又乘夜來襲하니 乃古洞河溪谷也라. 盖疊嶂複嶺이 起伏錯列하야 千峯萬壑이
溪流控險하니 實難突犯하야 可謂天險要塞也라. 洪範圖將軍이 能於射擊하야 橫縱
馳突하야 恰如神出鬼沒하니 倭之敢出百戰이 自招敗亡하야 翌日에 遂棄兵甲而敗
歸于蜂蜜溝라. 滿洲人이 有言曰日本兵一人이 當支那兵十人하고 朝鮮兵一人可當
日本兵十人之語라. 近自五六十年來로 西北沿邊之民이 移住於鴨綠江北十八道溝之
間하야 民戶之殖이 奄至數十萬이오 其地甚膏沃하야 宜五穀하고 牧畜蕃盛이라. 高
句麗史所謂山水深險하고 地宜五穀者-卽此也라.

南滿洲奉天省輯安縣等地는 高句麗畿內之地오 後爲大震中京顯德府境이오 亦今
西間島界內也라. 其地- 枕鴨綠江右岸하야 距桓仁縣西南三百六十里也니 卽今江界
郡伐登鎭之對岸也요 又曰丸都之山·國內之城者는 一地而兩叙니 國內(불내 或펴
라)는 平壤(펴라或불내)之轉音也라. 三記曰琉璃明烈帝二十一年冬十月에 帝-遷都
於國內하고 築尉那岩城이라하니 岩城이 與國內로 當自別이나 而亦可謂之國內之
岩城也라. 東川烈帝二十一年春二月에 帝-以丸都城經亂으로 不可復都라하야 築平
壤城하고 移民及廟社라하고 故國原烈帝十三年秋七月에 移居平壤東(西京東南十
里木覓山中) 黃城이라하니 黃城이 與平壤으로 亦自別이나 而亦可謂之平壤之黃城
也니 其義一也라. 山上烈帝之移都丸都者-卽此國內之岩城也니 更復何疑哉아. 據增
補文獻備考則距今三百年前에 有一古碑하야 發現於東岡深峽中이러니 至高宗太皇
帝十九年하야 淸盛京將軍左宗棠이 始雇人瞻掃(本發掘今改)하니 乃高句麗國岡上
廣開土境平安好太帝聖陵碑也라.

子桂子-有廣開土聖陵碑銘徵實考하니 曰歲戊戌五月에 欲觀高句麗古都하야 將
發에 吳君東振이 聞之하고 饋贐以五十金하고 李參奉鴻麟이 亦出布以助之라. 於
是에 束裝北行할새 路由江界滿浦鎭하야 舟渡鴨綠水하야 而直抵輯安縣하니 李君
德秀와 全君孝雲과 白君善健이 先在碑石街焉이라. 留與之議瞻碑事하고 雇壯丁數

三人하야 至聖陵하니 林深山險하고 路多未便이라. 一行이 先祭以酒果하고 又灌油
灑掃後에 寫出碑全文하니 字總一千八百二字라. 雖字劃이 精整하야 猶可判讀이나
竟未得以取膽者-惟一百十七字而已러니 越十五年壬子五月에 又復來祭觀碑則字劃
이 尤至刪減하야 多非如故也라. 乃嘆曰此碑不傳이면 何能以知我高句麗聖人之治
化於天下萬世者乎·是乃冒淺劣하고 敢以前所膽으로 作此徵實하야 以備存古하니
讀者는 諒之어다.

주 18

운초 계연수

아직 표상 없는 雲樵 桂延壽
-洪範圖, 李相龍, 吳東振과 祭天血盟활동

國史찾기 協議會

抗日 己未 『독립만세』의 回顧

오늘은 三月一日이다. 지금으로부터 六十年 前
이날에 우리 倍達民族은 倍達民族의 영원한 自主와
獨立을 되찾기 위하여 일본자본주의의 침략세력에
전면 항거하고자 聖地 白頭山 꼭대기에 해돋이를
기다리고 있었다.

돌연 이날 오후 두 시 정각에

『吾等은 玆에 我朝鮮이 獨立國임과 朝鮮人이 自
主民임을 宣言하노라.』

하는 한마디 靑天霹靂의 소리가 어떤 無名靑年의
입을 통하여 大서울의 한복판 塔洞公園에서 떨어졌다. 太極旗는 半空中에 휘날리
고 數十萬群衆은 일제히 獨立萬歲를 부르니 하늘·땅이 振動하고 山川草木도 모두
엄숙한 表情을 나타내었다. 이로부터 國內外를 통하여 全世界 國國處處 우리 倍
達民族이 살고 있는 곳에서는 徒手空拳으로 二千三百萬 군중전원이 일시에 총궐
기한 것이다.

最後의 一人까지 最後의 一刻까지 民族의 意思를 쾌히 발표하면서 前이 사하면

後가 繼하고 老가 謝하면 少가 代하여 正正堂堂한 독립국민의 역사와 義務感이 있고 또 현대문명의 대열에 참가할 굳은 快意와 각오가 이미 서 있었던 것이다.

그 날이 있기까지의 배달의 민족의식

생각하건대 우리 倍達民族은 桓雄天王님의 太白山 天降과 함께 桓國의 弘益人間 主義 文化意識이 싹트게 되어 爾來 五千八百年을 지내왔다. 때로는 秦·漢·魏·晉·隨·唐의 침략을 받았으나 따무르자 高句麗의 국민들은 일치단결하여 이것들을 모조리 쳐 물리쳤으며 그 뒤를 이어 大震國(渤海)이 唐에 항거하고 또 그 高麗가 글안(遼)과 몽고에 항거하고 한양朝鮮이 왜구에 항거하며 조금도 굴하지 않고 능히 祖國의 강토와 國權을 유지발전해온 것만은 역사가 증명하는 것이다.

이것이 결코 일시의 요행이거나 우발적인 奇蹟에서 생긴 것은 아니다. 世界의 侵略魔王 唐世民이 三十萬대군을 이끌고 신예무기인 砲車와 撞車라는 攻城기구의 위력앞에 우리 고구려는 패하고 序戰에서 대승리한 唐世民의 군사들은 득의양양하여 遼西의 하나 의로운 安市城(第一番汗城)을 향하여 총공격을 개시하여왔지만 고구려의 국운을 내걸은 安市城은 城主 楊萬春 장군을 비롯하여 이름 없는 수천군대의 전원이 일치단결 사투를 계속하며 한사람도 이탈 않고 唐世民의 온갖 방법의 攻城작전을 물리치기까지 六十여일 동안 그 快壯 壯熱한 不敗의 정신은 세계 戰史上 일찍 그 유례가 드물 것이다. 따라서 이 외롭고 적은 안시성이 최후까지 血戰苦鬪하여 敵 唐奴들로 하여금 막대한 출혈을 강요하고 敵 唐奴들의 前進兵力을 쳐부수고 이것이 六十여일동안 이미 위험난감했던 고구려군대의 主力으로 하여금 그 戰列을 다시 수습할 수 있는 기회가 되고 唐世民은 더 싸울 능력이 없어 도망쳤던 것을 이제 생각해볼 때 물론 고구려의 將兵들이 일치된 그 독립정신과 애국애족의 빛나는 의지력에서 가져온 것이 사실이다. 그러나 이것은 또한 楊萬春장군이 평소부터 술·고기가 하사(宣醞)되면 여러 사병들과 함께 고루히 마신 까닭에 一朝의 緩急이 있기만 하면 그들의 死力을 얻게 된 것이며 따라서 고구려정부! 또한 조금도 차별과 등분 없는 일체의 대우를 하게 된 결과임을 알 수 있다.

論功行賞이 미진한 點 없지 않았나?

우리들이 이제 六十年 前 이날의 民族獨立을 처음으로 宣言한 것! 또한 그때의 강도 日本의 가장 혹독한 銃劍의 앞에 속박과 굴욕을 빗으리고 徒手空拳으로 抗

戰血鬪를 계속하는 동안 혹은 국내에서 投獄殉國되고 혹은 滿洲나 沿海洲의 넓은 草原 이곳저곳에서 民族大義를 펴지 못한 先烈寃魂을 위로해주지 못한 事例는 없지 않았는가. 한번 反省自念해 보는 것도 하나의 民族魂 正義感의 發露가 아닐 수 없다.

우리가 간혹 역사적으로 回顧해볼 때 때에 따라 論功行賞이 미진한 점을 발견하게 되는데 저-新羅를 보라. 勿稽子가 山谷으로 들어가게 된 원인이 무엇인가? 高麗를 보라. 죄 없는 國風黨首 鄭知常을 음해하고 功있는 尹彦頤를 귀양 보내고 또 遼東收復을 주창한 崔瑩을 목 베고 끝까지 적군에게 항복 않은 崔椿命은 도리어 몽고인이 「너희 나라엔 충신이라」하여 살리게 되지 않았던가? 한양朝鮮을 보라. 울릉도 독도(石島)를 혼자서 되찾은 安龍福은 謫徙하지 않았던가?

이같이 忠을 모르고 功을 잊었기 때문에 필연적으로 신라는 동족상잔의 小民族主義에 그치고 高麗는 大震의 옛땅을 되찾을만한 실력을 갖추지 못했으며 한양朝鮮은 약마태중의 사대주의 놀음 속에서 士禍黨爭의 그늘만 지고 丙子의 국가적 굴욕을 스스로 감수하는 것으로 다행타 생각할 밖에 아무것도 없는 것이다.

그러므로 옛날부터 功이 의심스러우면 경한것도 취한다(功疑取經)는 말과 함께 調功을 신중히 해야 된다는 것 아니겠는가.

有名뒷전에 남겨진 無名의 獨立투사

光武九年 十一月 十七日 소위 〈乙巳條約〉이라는 간계가 세계적인 공개 속에 이루어지게 되고 李儁烈士의 割腹示威와 함께 많은 유명무명의 愛國志士들이 제각금 海內海外에서, 혹은 붓을 들고 싸우고 혹은 총칼을 들고 싸우고 혹은 三寸舌로 싸우고 그리고 또 돈 있는 이는 돈을 내고 지식 있는 이는 지식을 내고 노력 있는 이는 노력을 내어 老少男女 빈부귀천 가릴 것 없이 모두 눈짓으로 應하고 마음속으로 뭉치며 누구의 命令없이 스스로 저항하고 나랏일을 제집일같이 생각함으로서 물불을 가리지 않고 힘닿는 대로 기회 있는 대로 언제나 强盜日本의 갖은 포악과 약탈의 죄상을 세계의 여론에 호소함과 아울러 우리 倍達民族의 自由人임과 獨立國임을 선언할 수 있는 一大團結의 민족 실력을 전 地球上에 과시할 수 있었던 것이 아닌가!

이것이 결코 三十三人의 힘만이 아니며 또 利敵變節한 가면적인 有名英雄보다는 오직 단결할 수 있고 남이 알아주지 않아도 투덜댈 줄 모르던 그 無名의 獨立星座들의 절대적인 다수의 힘이 있었다는 사실을 그저 무시할 수 없을 것이다.

당초 獨立운동에 자원하고 나섰던 그분들이 누구나 오늘의 표상을 목표로 한 것은 아니었지만 이제 국가의 표상규례가 시행되고 있는 이상 그 유족이나 또 그 뜻을 이어온 후계동지들이 한갖 수수방관할 수는 없기 때문에 이날 이 땅에서는 三一民族運動六十周年 紀念행사가 있게 됨을 한 계기로 하여 우리 國史와 國學의 정통체계를 올바로 찾아 세우려다가 倭警의 손에 목숨을 잃은 雲樵·桂延壽先生을 추천하는 바이니 독립유공자 표상규례를 추가 적용함이 있기를 바라는 마음 간절하다.

물론 愛國信念과 抗日鬪爭의 사설에 있어서 비록 有名 無名의 차가 있다 해도 그 독립쟁취의 정신만은 서로 같은 것이라면 오늘날 獨立有功者에 대한 국가의 표상에 있어 무슨 구별이 있을 수 없고 당파를 초월한 재심사가 있어야 할 줄 안다.

이제 國史찾기 協議會에서 추천하는 雲樵先生의 공적을 적어보면 이러하다.

아직 표상없는 雲樵 桂延壽先生 略傳

桂延壽 = 字는 仁卿, 호는 雲樵이니 世로 宣川에 居하였다. 海鶴·李沂門人으로서 百家書를 涉獵했고 光武二年 戊戌에 『太白眞訓』跋文을 지었다(海東人物志).

「舊俗이 慕效尊周不緊之義하고 習讀宋學無實之文而已오 此世에 更不知有神市開天之法統하고 尤昧於太白弘益之眞訓하야 無能爲善하고 無動爲大하니 所謂善者-果善也며 所謂大者-果大耶아 今에 外侮荐至하고 危辱疊生이로대 而兩班儒林은 看把名義太重하야 視他外人嬌犬羊하고 素缺技術精巧로대 對新科學若茶毒하야 尋常言論에 輒做嫌怨하고 直實報筆이 兵戈相隨하야 風氣之束縛이 旣如是하고 黨論之痼疾이 又如此하야 達變通權之材則缺焉하며 求我自新之量則蔑焉하야 固無合群爲公之思想이어니 其何以能競進於物競天擇之世界乎아 惟我先師杏村李先生은 道探三極하시고 功存民國하사 爲蓍龜元老하시고 爲國人秷式하시니 平生信念이 專主求我하야 弘誓救國하시고 恢圖扶民하야 修鍊驗躬하시며 發揮竭力하사 充實光輝之能聞於天下오 且好文章하야 尤於闡明桓檀古道하야 有一副苦心하시고 孜孜焉講述하야 至老而不衰하시니 此書-足以爲倍達人宗敎之本이오 又其祭天一事는 不當用之一域이오 當留爲天下後世之法綱이니 先師-處於倭寇紅賊之繼相侵撓之世하야 其艱險而樹立하시며 亡滅而扶存하시니 何其偉哉며 何其烈哉라 嗚呼라 先師-嘗慨然於世道하사 先破華夷名分之界限하시며 唱人外無尊之設하야 尊吾倍達之祖

하시며 喚醒倍達之魂하야 蕩洗詐僞하시며 養成人材之是賴於是書하야 將欲光大雄飛於天下萬世者耳니 此其先師之志也시니라. 先師之玄孫忠憲公陌이 廣搜據實하야 旣撰 『太白逸史』하시며 兼以繕修此書하야 秘藏之於家者-久矣러니 餘從海鶴李沂先生하야 始得草稿하고 喜甚下寐而讀之熟하며 味之完然後에 更得與一, 二同志로 論難相確하며 間有增補遺事하야 以公於世하니 後之思保國敎者-或可採擇者歟아 此所以區區之望耳니 乃爲跋하노라. 光武二年 戊戌三月十六日에 後學 宣天 桂延壽는 謹跋 」

雲樵先生은 이미 「光武變制」의 初年부터 海鶴門下에 출입하면서 太白眞敎의 經典搜訪과 註解편찬에 着眼하고 崇明獨立을 내용으로 하는 所謂 斥邪衛正운동과는 다른 역사적 民族의 高次元 世界를 바라보며 海鶴·李沂先生을 大宗師로 받드는 檀學會 조직 운동을 펴는데 힘써왔다.

光武十三年(隆熙 三年 乙酉) 三月十六日 摩利山塹城檀에서 海鶴先生의 「檀學綱領」 三章」= (一)祭天報本 (二)敬祖興邦 (三)弘道益衆=을 발포하는데 함께 核心人物로써 참가했고 그해 七月 十三日, 海鶴이 絶食하여 장차 自盡하려할새 桂延壽의 손을 잡고 유언하시기를 『道라 함은 나라가 망했다고 해서 廢할 수 없고 나라는 반듯이 道가 있음으로 해서 일어나니 오직 그때는 힘쓸지어다.』한 그것이 太白眞敎의 法統을 이은 것으로 볼 수 있다.

僞政의 變造以前에 廣開土大王碑文을 徵實

光武十六年(僞隆熙六年壬子)五月에 檀海·李觀楫님과 함께 高句麗의 皇城·오늘의 通溝를 찾아 廣開土境聖陵碑를 두 번째로 奉審하고 『碑文徵實考』를 세상에 발표했다.

「歲戊戌五月에 欲觀高句麗故都하야 將發에 吳君東振이 聞之하야 饋賧以五十金하고 李泰奉鴻麟이 亦出布以助之라 於是에 束裝北行할새 路由江界滿浦鎭하야 舟渡鴨錄水하고 而直抵輯安縣하니 李君德秀와 全孝文과 白君善建이 先在碑石街焉이라 留與之議謄碑事하고 雇壯丁數人하야 至 聖陵하니 林深山險하야 通路多未使이러라 一行이 先祭以酒果하고 而次層設木梯하며 又灌油灑掃然後에 寫出碑全文하니 字總一千八百二字라 雖字書精整하야 猶可判讀이나 竟未得以取謄者-惟壹百十七字而己러 니 越十五年壬子 五月에 又復來祭觀碑하니 則字劃이 尤至減減하

야 多非如故也라 乃嘆曰此碑不傳則何能以知我 高句麗聖人之治化於天下萬世者乎
아 是乃冒澗劣하고 敢以前所膽으로 作此徵實하야 以備存古하니 讀者는 諒之어
다. (中略)

碑構造

▶碑高는 二十二尺이오 刻文은 總四十四行이니 ▶第一面은 廣이 五尺一寸, 十一
行이오 ▶第二面은 廣이 四尺七寸, 十行이오 ▶第三面은 廣이 六尺七寸, 十四行이
오 ▶第四面은 廣이 四尺六寸, 九行이라 ▶每行에 四十一字로대 而第一面 六行은
則三十九字니 字總千八百二字라 內에 缺字는 一百十七字요 徵實이 一百三十八字
라 每行이 縱劃罫線이요 碑上下에 有橫線이오 一字大는 約四寸이오 碑石은 綠灰
邑 · 花崗岩 · 四角柱로대 而上部는 自然形으로 無冠石, 無碑閣也라.

所在는 高句麗國 皇城府니 今滿洲奉天省輯安縣 碑石街니 自通溝城로 距東北十
五里也라 『光武十六年(僞隆熙六年壬子)五月 日 宣川 桂延壽 鐵城 李觀楫 共記』

또 雲樵先生은 일본군벌들이 정책적으로 磨滅하였던 廣開土境聖陵碑文 一百三
十八字를 직접 寫出하여 후세에 남겨놓았기 때문에 우리가 오늘날 廣開土境平安
好太帝의 위대한 업적을 소상히 알 수 있으며 또 그리고 灤河(란하)를 건너서 오
늘의 하북성 開平市東北七十里에 소재한 安市城까지 답사하고 이곳이 옛날 楊萬
春장군이 唐世民의 左目을 화살로 쏘아 맞혔다는 역사를 밝힌 것이다.

民族主義의 敎學과 史觀定立에 不撤晝夜
이로부터 雲樵先生은 不撤晝夜하고 오직 三神一體의 원리와 神市開天의 역사
적 使命을 스스로 체득비장하고 우리민족의 기본방향과 祖國의 將來를 밝히기 위
하여 白頭山 · 摩利山 · 妙香山 · 九月山 · 太白山 등 名山古蹟의 巡審은 물론 天經
神誥의 교리연구와 함께 檀君=朝鮮=以來의 古傳史料를 搜訪하는데 최대의 노력
을 하여왔었다. 光武十八年(甲寅)에 이르러
雲樵先生桂延壽 · 檀海李觀楫 · 石泉崔時興 · 松岩吳東振 · 白下金孝雲 · 碧山李
德秀 · 一峰朴應伯 · 昌春楊承雨 · 直松李龍潭 · 菊隱李泰楫 · 綠水徐靑山 · 白舟白亨
奎 등

十二仙人의 굳은 祭天血盟을 맺고 民族主義 教學과 史觀을 正立하므로 抗日獨立統一 陣線을 확대하는데 힘쓰기로 하였다. 그 이듬해 白岩洪範圖·石洲李相龍의 동조를 얻고 그해 十月에 朴應龍·鄭昌和·朴龍琰·金炳周·李龍俊·李奉璃·許基浩·申讚禎·李陽甫·朱尙玉·李東奎·金錫奎·孫榮麟·李振武 등 十四名이 추가로 發起文에 서명하니 모두 二十八名으로서 그때 회원이 총 五萬餘人에 달하였다. 그의 發起文을 새겨보면 이러하다.

『國家의 獨立이 오직 自强에 있고 自强의 방법은 또한 求我함에 있나니 我志가 立지 못하면 趣向이 瞀朦할 것이오, 我智가 開치 못하면 事行이 缺漏할 것이오, 我力이 實치 못하면 我權이 被奪할 것이다. 어허! 擧世의 人이어 奴의 顔으로 膝를 屈하고 阿護로 求容하며 도와서 서로 誘引하여 放逸하며 傲惰하여 구차스러히 편하려는 時月뿐이니 반듯이 스스로의 主權意識을 吾內의 속에 充盈할 수 없는 것을 알 것이다. 사람된 자로서 이미 本性을 잃고 나라로서 또한 主權을 잃는다면 장차 어떻게 능히 世界文明의 隊列에 설 수 있는가. 여기에서 我等이 人의 性! 잃을까 두려워하고 또다시 나라의 權利! 잃음을 한탄하여 기어코 祖國 固有의 信仰을 회복하고 自强精神을 계발함으로써 屠蛾가 燭에 赴하려는 祖國을 求하고 孺子의 井에 淪하려는 民心을 濟하고자하여 우리 倍達六千年의 歷史로 하여금 고쳐 다시 呑噬競存하는 시대에서 萬丈으로 光輝하게끔 할 것이다. 然이나 群教가 제 각기 各立하고 百家가 衡을 爭하여 마침내 僉人歸一의 精神을 見할 수 없으니 國權의 회복과 人性의 自盡함을 가히 바라리요. 이것이 곧 我等이 써한 바 昧를 冒하고 恥를 忍하면서 감히 一聲으로 疾呼하여 勸하는 것은 모두 三神을 인식하고 함께 모름지기 「一始無·始一, 一終無·終一」의 盡함 없는 大道를 體認한다면 곧 天帝桓國의 弘益人間主義가 또한 본래 스스로의 神으로하고 仙으로하여 人間世上을 貪求하는 無量弘願이 될 것이 분명하다.

高句麗의 多勿主義가 또한 國政改新·國教發闡·國富增進·國權恢復·國土統一의 主旨로 究竟目的이 되는 것이니 곧 我等이 學하고자 하는 것이 어찌 此를 外로하여 他에 求할 것이리요. 이것이 我檀學會의 發起하게 된 所以이다. 오직 我憂國同胞는 良心을 激發하여 念을 誦하고 標를 持케하여 民族固有의 性을 復原하고 携하여 光明의 一途에로 登케하여 함께 太平日月을 享하게 할 것을 이것이 區區한 所望이로다.』

〈綱領三章〉
『一은 祭天報本하므로써 眞實에의 追求다.
二는 敬祖興邦하므로써 平和에의 追求다.
三은 弘道益衆하므로써 統一에의 追求다.

그리고 「檀學會報」의 發刊辭는

『悠久한 神市開天의 弘益人間主義 思想과 運動은 六千年以來의 역사적 社會生活의 근본원리와 傳統敎育을 확립하고 三千萬民族은 항상 이 崇高한 桓國의 五訓 · 夫餘의 九誓를 그 하늘의 符印으로 하는 大圓一의 原理原則에 입각하여 三萬里 神市疆土를 守護하면서 人格的으로 世界人類와의 共存生活을 追求하고 역사적으로 人類文化와의 和調運動을 힘쓰고 있는 것이다.

우리는 여기에서 「祖國의 象徵」을 찾아 새로운 理念體系와 올바른 思考方法을 세우고 힘 있는 意識化의 組織과 자유로운 社會化의 訓練을 펴면서 開闢蕩平 實事求是의 새 氣風을 振作하고 弘益人間 農村啓發을 그 核心으로 한 智生雙修 生活宗敎의 育成과 함께 社會文化 福利施設의 向上에 대한 最眞 · 最善 · 最美의 努力을 다하여 世界人類의 救濟와 奉仕로써 未開發地域의 利用擴大 計劃을 실시하며 世界最新文化와의 對合競爭에서 우리의 立場을 闡明하여 진정한 民族文化의 建設을 提唱하며 戰爭廢止 人類愛普及을 근본정신으로 世界聯合人類同化主義의 弘益人間時代에 알맞은 經濟 · 知識 · 道德의 체제를 樹立하는데 까지 努力하는 것이다.

이제부터 우리 檀學會는 우리의 健全한 主體意識과 民族의 傳統 및 그 繁榮을 先行條件으로 한 民主主義에 抱着하여 實用的인 格致科學과 主意的인 實踐倫理를 완전일치로 하는 그 桓國의 「弘益人間 貪求人世」 精神을 社會的으로 人格化하며 責禍報國 賑濟愛民의 一施同樂 觀念을 福利的으로 擴大發展시키어 우리의 國土, 우리의 歷史, 우리의 文化思想에 대한 愛着心을 고취하여 오직 自力救國 眞知實踐의 爲學方法으로 다시금 되살리어 現實을 통한 民族의 自主獨立 聖業을 성취하는데 一助가 될 뿐이다.

이제부터 檀學會는 在來의 그릇된 歷史觀을 바루며 民族의 올바른 傳統과 信念을 把持하여 국가의 主權을 恢復함으로써 우리 子孫萬代의 福祉安全과 世界共同의 自由幸福의 길을 티줄 것을 다짐하고 우리는 檀學會報를 세상에 傳布하는 것이다』

紅石拉子에서 暗殺당한 雲樵先生

　檀學會報는 檀紀四二五二年 三月十六日, 創刊號가 간행되어 第八號까지에 그쳤
으나 그 비용은 西路軍政署總裁·李相龍선생이 보조했고 光復軍第一營司令長·
吳東振장군이 敎堂과 田土를 사서 寄贈한 것은 특기할 일이다. 雲樵先生은 檀學會
를 南滿洲寬甸縣紅石拉子로 옮기고 西路軍政署의 篆劃에 유공할 뿐 아니라, 『桓
檀古記』의 편집간행한 업적! 또한 至大하다. 僞巡査監督甘演極(一云甘永極)이란
자가 「朝鮮歷史를 고쳐하는 놈은 日本帝國 大東方平和政策에 방해하는 것이니 모
두 빨리 잡아 없애야 한다」 하여 기어코 밀정을 紅石拉子로 보내여 雲樵先生을
암살하고 말았다.

　이때가 檀紀 四二五三年 八月 十五日이었다. 雲樵의 雲은 白雲山의 雲자를 뜻
한 것이다. (1979年 3月號〈自由〉)

마리산 참성단에 선 한암당 선생

5818년 부친 단해와 숙부 국은(菊隱 李泰楫 34世), 15세 위의 4촌 겸산(兼山 李裕沆 35世)의 통균사(統均社)가 왜경(倭警)에 발각되어 단해 형제는 체포되고 겸산이 남만주 독립단체로 피신하자 정산도 익년 정곡의 후미진 골짜기의 혈구재(絜矩齋)로 잠시 피막(避幕)하여 환단의 고서와 경서를 탐독하는 한편 야학을 열어 아동들을 지도하였다.

다행히 단해가 풀려나 집행유예로 재가중이어서 정곡의 고택으로 돌아온 정산은 5821년 신학문을 접하고자 17세의 만학도로 삭주보통학교에 편입하였다.

졸업 때까지 3년 반 동안 왕복 60리 길을 달음박질하여 통학하고 여름 장마철 구곡천의 범람으로 삭주읍의 일가에서 머문 며칠을 빼고는 방학과 휴일, 평일의 야간에도 쉬임없이 계몽활동에 진력하고 천마산대 통신원 역할을 수행하였다. 그 사이 벽산이 체포되어 순국하고 송암과 직송헌이 길고도 험난하나 꺾이지 않는 의기의 수형생활을 시작하였다.

모두 부친과 다름없는 스승들이었다.

서력 1980년대 학회의 분란으로 부쩍 연로해진 정산은 나를 불러 그 분란의 불가피한 대응을 위해 장문의 내용증명을 쓰게 된 내력을 설명하는 중에 한탄처럼 일생에서 힘들었던 때를 예를 들며 20대 당시의 1920년대[20]가 가장 힘든 시기였다고 술회하였다.

5824년 졸업하자 이상재, 안재홍, 허헌, 홍명희 등의 민족주의자들이 전국적으로 조직한 신간회(新幹會) 삭주지부를 결성, 구룡포 왜경에 의해 초기에 해체 당하자 정산은 벽산의 순국으로 끊어진 단학회를 잇고자 해학의 삼육종지(三育宗旨)를 이어 삼육사(三育社)를 조직하고 보통학교를 다니며 접한 신학문과 세계대공황, 티베트 등 약소국들의 독립정부수립 움직임, 중남미의 혁명, 지나 장개석의 남경개서 등, 국제동향을 예의주시하며 5828년 구금될 때까지 근로와 교양, 국사교육에 매진하였다.

우리가 몰랐던 선생님의 진면목 중에는 해박한 물리학 지식과 경제학, 특히 일어와 지나어의 구사능력이 있었다.
오봉록, 이태식 선생의 귀뜸과 일어판 서적을 옆에 둔 선생님을 몇 번 보았으나 선생님은 우리가 일상에서 무심코 쓰는 일본어 편린마저도 한 번도 쓴 적이 없었다.

삼육사가 해체당하고 그로인해 다시 피체되나 틈틈이 영어(英語)를 배우던 기독교 장로인 일가(31世)의 도움으로 혹독한 구금에서 풀려나 재가 중 녹동서원(鹿洞書院)의 개원 소식을 듣고 남행을 결심하였다. 일제의 만주진공과 더욱 심화된 감시와 탄압으로 더 이상 어찌할 도리가 없었고 경향의 동향을 접해보고 싶었다.

나의 집에서 이틀에 걸쳐 회일강좌를 한 일이 있었다.
마침 경부선과 호남선이 갈리는 오정동의 호남선 쪽 단칸 시멘트교각을 철거하는 공사장의 소음이 멀리까지 시끄러웠다.
왜 위정 때 일인들이 설치한 교각을 며칠 째 지리하게 부수고 있었는데 현장

기사는 그 견고함에 혀를 내 둘렀다.(벗의 숙부가 기사였다)

선생님은 망망한 만주벌을 측량하는가 싶더니 철로가 놓이고 그 위로 기차가 달리고 거짓말 같이 들어서는 수풍댐 위용이 경천동지였다고 한다.

선생님은 일본을 애증의 심사로 보았는데 지지고 볶아서 생기는 애증이 아니라 그들이 본디 우리의 아류라는 사실 때문이었다.

식민지근대화론에 대해 만주국을 세우고 그런 역사를 만든 것쯤으로 긍정하는 정도가 선생님의 조소 - 근대화 은총이다.(만주국을 세운 왜인의 의도와 선생님의 관점이 확연히 다를지라도….) 근대화는 근대가 이미 도래해 우리도 맹아했으므로 장차 스스로 할 수 있는 일이었으나 만주를 회복하는 일은 우리로서는 꿈도 못 꿀 일이므로.

단해와 상의하고 승낙을 얻었음은 물론이려니와 단해의 존재가 남쪽 일가뿐만 아니라 유림사회에도 널리 알려져 있어서 큰 불편이 없는 생활을 할 수 있었다.

상경 여정에 개성에 들러 문정공 묘를 참배하고 관향(貫鄕)에 들러 일가들을 만나고 곰실의 문산공묘(文山公墓)를 참배한 후 안순환이 세운 녹동서원(鹿洞書院)의 명교학원 1기생으로 입교하였다.

단군전을 지어 단군의 영정을 모시고 단군교를 표방했으나 수업내용은 정식명칭 조선유교회강학소(朝鮮儒敎會講學所)로 1기생 정원 20명과 수업기간 6개월로 4월 5일부터 동년 9월 말일까지 경학, 유교철학, 문학사, 종교학, 윤리 및 심리학과 국어와 산술은 학습법만 가르쳤다.

6개월 수료 후 정산은 녹동서원에서 발행하는 조선유학회 기관지 「일월시보(日月時報)」의 주필을 맡아 5833(서기1936)년까지 서원을 드나드는 수많은 교수생도와 친교를 맺고 서원의 장서각과 서원 인사들의 서적을 빌려 볼 수 있었다.

속독으로 인한 엄청난 독서량과 기억력에 모두 혀를 내둘렀다. 무엇보다 소중한 자산은 그 때 친교를 맺은 인사들이었다.

그리고 동몽(童蒙)시절부터 익힌 민족의 유구한 역사와 선착편(先着鞭)의 문명과 문화에 대한 구학(求學)이 정도(正道)였다는 자신감을 안고 5833년 귀향하였다.

그 사이 고향이 남쪽 못잖게 활기차 있었다.

광산개발과 수풍댐의 건설로 하루에도 수백 명씩의 노동자와 기술자들과 부속인구의 유입으로 면마다 시장이 활기를 띄고 물산이 풍부해졌지만 반대급부로 순후하고 질박한 인심이 퇴색하고 있었다.

독립전사(獨立戰史)에 빛나는 500명이 넘던 단학회의 천미산대도 3대 석천, 4대 벽산이 순국하고 광복 후 5대 회장이 된 직송헌이 수형생활 중이라 남은 대원들은 타 독립단체로 뿔뿔이 흩어진배나 다름없었다.

국내의 무장 항전은 이미 10년 전에 멈췄고 많은 향민들이 어느덧 남쪽에서의 체험과 같이 왜의 위정(僞政)에 순응해 가고 있었다.

그나마 요시찰로 감시를 받는 단해의 영향력이 상기 남아 있고 뜻있는 일가의 희사금으로 구성재의 남은 터에 정산의 근로부담으로 신풍학원(新豊學院)[21]을 지어 학생들에게 국사, 세계사, 셈본, 과학 등을 가르쳤다.

경향에서 구할 수 있는 필요한 신간 대부분을 삭주와 인근 평양, 의주 등지에서 스스로, 또는 인편으로 구할 수 있었다.

훈도를 하면서 주야로 천부주의 철학 사상과 역사, 우리 고유의 종교인 태백진교의 교리 연구와 천도교, 대종교, 불교, 기독교의 교리 연구에 몰두하였다.

그 사이 민족교육과 창씨개명 거부를 빌미로 위경(僞警)은 3년을 운영하던 신풍학원을 폐쇄하였다.

설립 때부터 노심초사 각오했던 일이나 실의와 분기로 불면(不眠)인 것을 어찌 할 수 없었다.

그러나 정산은 곧 일신(日新)하고 몽양 등 자주파들과 연계한 일가 유필의 권유로 일본이 곧 망할 것을 원려(遠慮)한 단해의 승낙을 얻어 건국동맹 삭주책을 맡았다.

은밀히 동지들을 규합해 독립 후를 대비하고자하였으나 다시 위경에 피체되어 구룡포 헌병대에 구금되었다.

노구의 단해가 구명운동을 하였으나 구타와 볼이 뚫리는 혹독한 고문으로 여러 차례 기진하였다.

때에 광복이 찾아왔다.

《축소지향의 일본인》, 《국화와 칼》 등은 일본의 정체성을 치밀하게 드러낸 글이다. 일본인이 자연을 축소하여 울안에 비치하고 그것을 관조하는 행위는 일편 1300여 년 전 섬으로 축소된 자신들의 처지를 내면화하여 부단히 본향을 찾고자하는 그들 국민성의 발로일 것이다. 동양의 패자가 되어야만 목적을 달성할 수 있으므로 그들이 일으킨 침략전쟁이 세기말의 전환점에 선 제국주의 국가들의 팽창주의의 식민지 개척만이었을까?

江上, 幣原, 吉田, 今西, 池內들과 現 鹿島들과 소위 일본의 리더그룹이 툭툭 내뱉는 韓日古代史, 또는 史的懸案에 대한 언급 속에는 자신들의 本源을 감추고 애써 우월감으로 위장하는 안간힘을 볼 수 있고, 江上, 幣原, 鹿島가 일본인다운 겸양의 말미에 사족처럼 附會하는 朝日兄弟論, 受恩, 民族始原의 顚倒, 混沌作文 등은 史的考證과는 동떨어진, 오히려 정치적 陰計에 가깝다 할 것이다.

(강상파부의 왜의 기마민족설 속내 ― 한 가계를 유지하는데 있어서 서열이 중요한 것이 아니라 아우가 형보다 능력이 있다면 그 아우가 잇는 게 순리이다.)

몸과 마음을 추스르는 동안 살아남은 동지들과 일인들과 그들의 응견(鷹犬)들과 정착 못한 타향인들이 썰물처럼 빠져나갔다.

그 자리에 살아남은 동지들과 난무하는 소식들과 그리고 직송헌(直松軒)이 살아 돌아왔다. 또 한편 위정이 있던 자리에 소련군이 들어오고 발 빠르게 보안서 등 행정기관이 설치되고 그릇에 담긴 고요한 물이 거친 가수(加水)때처럼 요동쳤다.

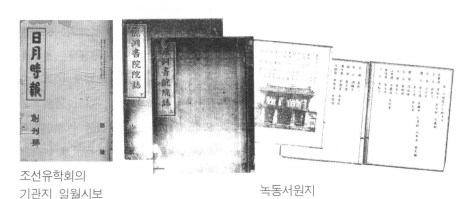

조선유학회의
기관지 일월시보

녹동서원지

그해 11월까지 농민조합장, 학교장, 정치단체의 문화부장 자리가 주어졌으나 모두 사퇴하였다.

직송헌과 함께 백운산(白雲山–天磨山)에서 10월 3일(음)을 기해 감격의 제천대회를 열고 고유제(告由祭)를 지내는 감개와 각오를 서고(誓告)하고 먼저 가신님들을 추도하였다.

독립운동사상 가장 긴 19여년의 투옥생활을 마친 직송헌이 단학회의 5대 회장이 되었다.

향리에 사무실을 내고 기관지 ≪태극≫을 발행하였다.

남북 모두 미·소가 할반한 정치구도 속에서 조국의 미래를 결정하는 신탁통치에 대하여 깊은 성찰없이 찬반의 살벌한 대결을 계속하는 속에 신탁통치 반대 격문을 태극에 실었다.

그리고 그로 인해 이번에는 해방된 조국에서 다시 영어(囹圄)살이를 시작하였다.

이 5843년 정월의 삭주는 소련군이 치안을 담당하고 김일성 정권의 태동기였으나 기민하게 모든 기관을 장악하고 삭주는 공산당과 천도교인이 대세를 이루고 독립운동가들이 그나마 제 목소리를 낼 정도였다.

모든 게 아직 정해진 바 없었으나 공산당이 정해가는 정치적 언행에 대한 반발은 생명을 담보할 만큼 위험한 것이었다.

자주파 중도파로 불리던 건준 삭주지부에 많은 단학회원들이 독립운동가의 지위에 있었으나 ○○교의 정치 단체인 청우당은 정산의 조합장 시절 정치적 발언(3.7제와 자작농 인정)과 소련군 양곡반출저지, 신탁통치 반대를 빌미로 당국에 고발하였다.

그러나 전군민의 진정으로 귀가한 정산은 5844년 7월 부친 단해의 임종을 지켜보고 철도원인 아우 유헌과 형들이 마련해준 여비와 몇 권의 책으로 행장(行裝)을 꾸리고 이듬해 3월 돈으로 산 안내원을 따라 돌아갈 기약 없는 남행길에 올랐다.

이덕립(21世), 이대언(27世), 이승락(29世), 이석률(31世), 이희태(32世), 이중백(33世), 이택진(33世), 이석보(33世), 이신집(34世) 등 수많은 효자를 배출한 3년 시묘의 가풍을 깨고 부친의 유언에 따라 월남을 시도하였으나 안내원의 배신으로 해주 내무국에 송치되었다.

며칠 뒤 월남하던 부인 유경과 두 살 박이 여식 순직과 가손 석영과 석영 일행2인은 무사히 3.8선을 넘어 청주에 도착하였다.

몇 달이 넘게 잠을 재우지 않거나 방치하는 교묘한 고문과 급질(急疾 심한 설사)로 소생 기미가 없자 인근에 버려졌다.

생사의 기로에서 초여름의 폭우를 맞고 소생한 정산은 이미 소진한 기력과 혼미한 정신으로 방향도 모른 채 무작정 발길을 옮겼다.

독립군 시절 어떤 이 하나 느린 이가 없었다.

느린 건 곧 죽음이었다.

칠흑 같은 밤 산행이 짐승보다 빨랐다.

서기 1968년 엄동에 김신조 일당의 침투를 놓고 우리 사회가 축지법을 쓴다할 만큼 그 빠른 행군이 회자될 때 정산은 전투 독립단 시절 독립군 거의가 그랬다고 회고하였다.

체계적인 산악 훈련을 받지 않았으나 적진에서 목숨을 담보하고 독립의 대의가 있었으므로 가능한 일이었다.

6~70대의 노구(老軀)로 팔팔한 우리들보다 몇 배 빠른 등정이 방박한 삭주에서 체화(體化)된 젊은 시절 일상이었고 몇 시간이고 좌정한 곧은 자세로 큰 소리로 책을 읽고 원고를 쓰던 상반된 모습 모두 정산의 진면목이었다.

편고명 頌

떡고물 노래

서양은 하수(下手)들도 축지법(縮地法)을 쓰지요(乘自動車 飛行機)
고수(高手)는 우리 옛적 한성(漢城) 갈 시간이면
달나라, 화성(火星)도 편히 가고요(乘宇宙船)
우리네는 자칭(自稱) 선인은자(仙人隱者)의 나라
축지 비술(秘術)은 차원이 다르다는데 보자 하면 천기누설(天機漏泄)
청자(靑瓷)는 고사하고 짚신 짓는 법도 어림없대나

서양이 투명술(透明術)로 청기와 은은처(隱隱處)를 염탐(廉探)하면

복화술(複話術)도 아무 소용없다지만

우리네도 사명대사(四溟大師) 도술(道術)을 부려

왜적(倭賊)의 간담(肝膽)을 얼린 적 있구요

나라의 흥망(興亡)도 징조(徵兆)로 안다는데

범인(凡人)이야 백날가도 알 수 없는 일

서양의 대통령이 이불속 송사(訟事)로 한두 달도 아니고 몇 년을 끌 때

우리네는 관상(觀相) 하나로 결말(結末) 냈지요

이불속 가랏사이 무슨 법(法)이 있길래 한심(閑心)한 코쟁이들 도덕(道德) 따
지고

우리네는 세월따라 변해가는 몸태 시빈(是非ㄴ)데

관상쟁이 가라대 본새는 불변(不變)이라나

그러니 학봉(鶴峰)은 수길(秀吉)이 쥐눈이라 쫌팽이 같다하고

우송당(友松堂)은 안광(眼光)이 범상(凡常)치 않아 곧 바다를 건널 것 같다는
데

하늘같은 성상(聖上) 공(眖)이랑 아햄! 누구 누구 대신들은

좋은 게 좋다고 학봉 말 좇다가 들쥐 같은 백성들만 절단 냈으니

혼(魄)은 아예 큰데(大國) 두어 그렇다 치고

알량한 넋(魄)마저 빼앗겼대요

나 잘 먹고 폼 나게 힘 좀 쓰자는데 7년 전쟁(壬辰倭亂의 韓國史學者定義) 교
훈은 내 알바 아냐

요즈음 까칠한 원화(源花) 한 분이

스스로 면류관(冕旒冠)을 벗어 던지고

형조신하(刑曹臣下)들과 맞짱 뜬 대통령 관상을 보고

이리저리 깝치니 언론과 백성들이 낄낄대대요

한암당(寒闇堂)이 가라사대 왜인(倭人)은 진중(鎭重)해 양파 같고

되인(大人)은 흉험(凶險)해 암굴(暗窟) 같고

우리네는 본(本)을 잊은 동몽(童蒙)이라

하긴 모르는 게 약(藥)이라는 잠(箴)도 있으니

먹고 사는 배움의 길이 성균관(成均館-학교)에만 있나요?

우리네 떡 찌는 곳에서 이런들 저런들 얽히고설키어

떡이야 주무르다 보면 고물이 묻는 법

식자(識者) 가라대 제로섬 법칙(法則)이란 게 있대나

떡이나 고물이나 내나라 안에 있는 것을

아! 떡고물이 흔한 나라

우리나라 좋은 나라

神市開天 五九0一. 五. 檀石 頌

주 19

絜矩齋自述

李裕岦

一矩直方在我成 絜來絜去萬端生 執中舍和能開物 謹獨善群又正名 觀水發嘆舍
灝氣 登山懷賦動新聲 敢將二字題齋號 篇末言財頗得情 (其二~六課 解題略)

주 20

1920년대

悼 石泉 崔時興 將軍

석천 최시흥 장군은 이제 갔도다. 사계(斯界)의 모든 것을 뒤에 두고 홀홀히 먼 길을 떠나갔도다. 아(我) 장군이여, 한 많은 그 길을 떠남에 당하여 장군의 가슴에 끓어오르는 뜨거운 피는 용솟음쳤으리로다. 아! 장군을 보내는 우리의 눈에는 열루(熱淚)가 그칠 줄 모르고 흘러내리는구나. 이 시대의 불행이냐? 혁명의 영웅 최장군은 이제 어디로 갔느냐? 시국은 다 망하고 원수는 도전하는데 장군은 이미 떠나갔도다. 장군이여! 5,6년간 폭풍처우(暴風凄雨)에 그 혈전 고투를 이제 무엇으로 기념하랴? 장군의 호통에 원수는 전율하며 장군의 위세에 적군은 사산하고 장군의 칼날과 총알에 원수는 삼대같이 쓰러지도다.

　그러나 장군은 지금에 없도다. 피 묻은 칼을 씻지 못하고 장탄(裝彈)한 총을 그대로 가지고 유인(裕仁) 취박(就縛)의 진중 첩보를 듣기도 전에 동경 함락의 독립호외(獨立號外)를 보기도 전에 그만 이제 머나먼 길을 떠나갔도다.

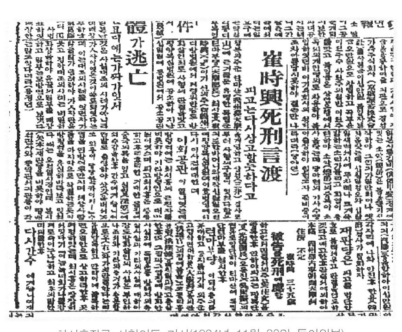

최시흥장군 사형언도 기사(1924년 11월 20일 동아일보)

　장군이여! 천마산중 풍찬노숙(風餐露宿)의 주린 때는 얼마이었으며, 압록강두에 무주(無舟) 방황은 무릇 몇 번이었던가? 적진에 임하여 적의 수급을 취하는 동지들의 용무(勇武)를 보고 웃기도 하였을지며, 적의 탄우(彈雨)에 동지가 꺼꾸러질 때 울기도 하였을지로다.

　대계(大計)의 성공이 중도에 못 미쳐 토병(土兵)의 무리한 발호(跋扈)는 왜 이리 극하며 원수의 독아(毒牙)는 왜 이리 강하냐? 40평생의 철천(徹天)의 한으로 형무대(刑務臺) 통부(通訃)는 웬 일이며, 장성(將星)이 귀본(歸本)에 송사무주(送死無主)는 이 무슨 애보(哀報)이냐. 이제 장군의 몸은 기성(箕城) 일우(一隅)의 일부토(一抔土)로 동귀(同歸)할 것이며, 장군의 영령은 대동강 상에 내거(來去) 방황하리로다. 아, 이것이 쾌남아의 불운이냐? 상도(常道)이냐?

　장군이여! 속선(俗仙)이 비록 한계 있다 하며, 영육(靈肉)이 비록 접어(接語)는 불능타 하나 장군의 영은 단손(檀孫)의 영이며, 오인의 육은 단손의 혈이로다. 바라건대 장군의 영령은 한산수(韓山水)를 원리(遠離)치 말고 재생(在生)의 동지를 음우(陰佑)함이 있으면, 근원(槿園)의 강산에 왜적을 소탕하는 날, 일주(一炷)의 향을 사르고자 함이다. (5821.3.14.)

五八二一年(乙丑) 大韓民國 七年(西曆 1925) 三月 十二日 天摩山隊長 石泉 崔時興 將軍이 平壤獄에서 不屈而殉於國하다

朔州殉國義烈士列傳

○李德秀

子는 大有요 號는 碧山이니 其先은 鐵城人이니 中世에 有以直道로 忤權貴人하고 貶爲朔州府使者하야 子孫이 仍爲朔州人하니라 公이 生而膽氣絶倫하고 智慮深遠이러니 純宗隆熙庚戌後에 見宗國之淪喪과 倭奴之跳梁하고 不勝忿憤이러니 壬子春에 往投耕學士하야 爲贊議하고 歸而放浪遊歷하야 多與志士結하고 己未義擧之際에 與吳松庵東振楊昌春堂承雨와 崔石泉時興李菊隱泰緝으로 入天摩山하야 告天誓復雪耻하고 仍審說兵營之地하니라. 復渡滿至寬甸縣紅石拉子三岔子하야 招集居留民하고 陳說大義하니 衆皆從之어늘 再結義民社하고 公이 爲社長하니 衆推也라 其後에 又與族人相龍과 李裕弼楊承雨崔時興金東三吳東振蔡燦全德元諸義士로 決意復雪하고 歷統軍府軍事次長과 碧波義勇隊長하야 後陞爲碧波別營長하고 轉軍政署關南總管하야 經新興武官學校通化分校長하고 至正義府代議員이러니 李相龍國務領就任時에 同入上海하야 以特別警備隊長으로 受密旨하고 除去反側者金錫河等向政府放銃一黨하야 使政府로 加重於中外也러라. 後爲平北督辦하야 多有參劃功而終爲黨敵所不容하야 不能大用하니 惜哉라 功이 雅好經史하야 雖軍務倥偬之中이라도 手不暫釋而能詩善書하고 同志或有不和則 必居中調停하야 期輯睦而知在上海에 無可爲勢하고 復歸滿洲하야 設農團於四道溝快大廟子하야 爲屯兵之計라가 至庚辰하야 爲韓奸所發하야 竟被執於倭兵하야 抗罵不屈而死하니 距其辛卯에 得年이 纔五十이라. 臨刑에 唱大韓民族萬歲英親王萬歲者三而顔色이 自若하고 懷中에 又有自挽詩一絶하니 曰韓國忠臣李碧山은 滅身不變片心丹이라 魂當化作飛天虎하아 食盡無知漆齒肝이라 又有自著民主私議하다 事在白白舟海外隨記及金東三豫審終結書하니라.

○吳東振

字는 雷卿이요 號는 松庵이니 高宗乙丑에 生於朔州之靑水邑萬家洞하고 家享素封도 亦不屑也하니라 小從同鄕李松隱觀輯하야 聞古義烈之論하고 己有報國之志하야 以家財로 設日神學校하고 敎授生徒호대 先國史以後文藝러니 及己未에 天下義士聞倭奴鴆弑高宗하고 怒髮衝冠하야 思懲於其年三月一日因山時 並起腹讐하니 是謂三一運動야라 公이 與義州尹河鎭李龍俊과 同鄕李奉堨로 從松隱密議라가 爲附倭子所覺하야 脫出渡遼하니 先是에 國人之避亂居滿者 遍省縣하야 各自有大韓靑年團焉이라 公이 至寬甸縣하야 與安秉瓚金承學李鐸李德秀李長靑諸同志로 結聯하고 合選其壯勇者하야 作隊伍而名曰光復軍이라하고 與朔州天摩山及諸處所屯義旅로 相呼應하야 多設營壘하고 其措畫處를 稱謂總營而營長之難其人이러니 明年에 公以衆推爲之하고 卽以天摩隊長崔時興으로 陞爲天摩別營長하고 碧波隊長李德秀로 陞爲碧波別營長하야 兼任隊務케하고 又選趙孟善李鐸及女義士李長靑(寬麟)하야 興議營內事하고 外連各營하야 置水不漏러니 營中이 感服公之處置得宜하니라 是年에 聞美國議員團이 來國하고 齋彈密遣林龍日鄭在福及女義士金敬信하야 爆破倭奴機關之誇示遠人者하니 所以示民心之不服而欲起列國之輿論也요 又從李石州相龍李碧山德秀言하야 出金助白南雲國際堂會之行하고 又明年冬十月에 與楊承雨李德秀崔時興洪碩浩文學彬朴應伯李龍潭李長靑으로 會松隱於朔州之鐵峰山石門하야 謀議軍務러니 適朔州楚山郡監이 缺하야 公이 與諸同志推松隱爲朔州郡監하고 楚山卽公自擔之러니 盖衆所難也요 又明年에 被選於統義府財政部하야 未幾에 遷正義府中央委員하야 與委員長李相龍과 軍事委員長李靑天과 行政委員長金東三으로 同心協事하야 巡回激勵하고 過吉長線興隆驛이라가 被執於倭吏하니 卽丁卯十一月也라 遂死於獄中하니라.

○崔時興

公은 本 義州人이니 少年에 移居朔州하야 學史於李松隱觀輯門하고 家貧하야 或牽馬資生而暇則騎馳하고 又倜儻有氣節하야 爲衆所服矣요 常恨倭奴之荐食我國이러니 及己未三月一日高宗因山時에 天下義士蜂起攘侮어늘 公亦招集鄕里子弟數百人하야 以應之나 蓮이나 鉏櫌棘衿이 不可敵彼凶鋒故로 不得已하야 入據同縣天

摩山踰年에 齎書遣同志崔志豊李東奎許基浩等數人於遼中하야 見光復軍總營長吳
東振하고 告以軍情而請聯屬한대 吳公이 大喜하야 卽與軍政署總辦李相龍과 碧波
別營長李德秀及衆議士로 定議하고 以天摩山으로 爲別營而推公爲營長하야 措畫
方略하고 兼送軍器어늘 公이 益勵士衆하고 又與朔州郡監代理李隱波와 掌書朱元
健等으로 伺倭動靜하야 時出抄擊하고 又探糧食器械所儲하야 掠取以充山寨之用이
러니 明年에 以軍務로 微服渡遼하야 路謁西路軍政署總辦李相龍하니 相龍이 特奇
之하야 結與死義하고 書贈天摩山正氣五字하고 後過臨江縣하야 與吳東振李德秀로
會하야 議其健農團屯兵之策而未幾에 被逮於中國官憲焉이라 盖是時에 中國도 亦
且疲弊하야 政令不一而奉天政權은 受制於倭하야 每賊害我義士러니 可憎也로다
吳公東振이 卽令李德秀李長靑等으로 告急于上海獨立新聞社하니 社中이 聞之하고
大驚하야 急令人으로 馳見臨江縣長하고 喩以大義하야 移管於奉天省廳하고 從中
周旋矣러니 倭奴 詗知之하고 使其所謂新義州僞警察署鷹犬金德基者로 齎金往設
省長曰崔時興은 非韓國獨立軍이요 實遼州拓地有功之人이니 願釋付我라하야 方其
出獄也에 待其門前이라가 卽縛之를 中國官憲이 非不見也로대 置而不問하니 亦可
笑也로다 押致新義州僞署하야 拷掠甚酷하되 不服하고 遂以甲子十二月로 死於平
壤獄中하니라.

○李奉塏

字는 俊禧요 號는 繡雲이니 時炯之子요 碧山德秀와 松隱觀檉之族也러라 薰染
家庭하야 常以義氣自勵러니 及己未에 聞倭奴一鴇弑高宗하고 以手擊地曰國事至
此하니 生亦何爲오하고 遂與義州尹河鎭과 昌城申讚禎文昌洙同縣吳東振으로 會於
松隱하야 密謀擧義하가 爲附倭者一所覺하야 吳東振尹河鎭은 脫出渡遼하고 金鉐
基는 歸石湖躱身而後亦渡江하고 松隱은 素自重望하야 告者亦有所不忍而無事矣
라 公이 晝伏宵行하야 與松隱之弟泰檉과 儒林有司吳鳳根諸同志로 謀하고 倡起義
旅하야 乃於四月七日에 自延浦洞으로 先唱大韓獨立萬歲하고 殺入朔州邑하니 各
部義士一亦聚여늘 欲破攘倭奴官署하고 驅隊長吏라가 强弱不適하야 雖暫退歸호대
連年不解焉이라 及同志中朔州郡監宋永昊一叛附倭奴하야 爲朔州僞面長하고 郡監
이 缺일세 公이 以平北督辦公議로 爲參事하야 署理郡務러니 未幾에 以衆薦으로
卽眞하야 與總務白南奎와 面監李永善崔謙純과 通信隊長姜宗文과 靑年會長李裕沆
과 掌書李瑞準과 靑年會幹事金孝成金潤權과 昌城義士文昌洙申讚禎及泰檉諸同志
로 密謀再擧라가 因內訌事覺하야 或渡江하며 或轉依山寨하고 公與孝成潤權讚禎

은 被逮하야 三人은 服役하고 公은 獨受銃殺刑於鴨綠江하니 卽庚申八月二十三日
야라 事載韓國獨立運動血史等諸書하니라.

○ 李龍潭

　　字는 深源이요 號는 直松軒이요 鳳周之子니 亦碧山德秀之族也라 有膽略하고
善騎射하니 見倭奴肆虐하고 有攘斥之志하야 己未義擧後에 知國內無可爲하고 仗
劍渡滿至寬甸縣三岔子하야 與德秀及諸同志로 結義民社而措畫有方하고 後又屬於
光復軍第二中隊라가 未幾에 以正尉로 陞小隊長하고 明年에 歸國하야 自爲正義靑
年決死隊長하고 請於平北督辦府하야 受長銃三挺과 六穴砲七口라 遂與全澤秀朱尙
玉鄭昌和金泰淵朴應龍李裕沆諸義士十一人으로 分爲三隊하야 直到天摩山留五日
休息하고 豫探倭情하야 乘夜襲大舘市하니 敵亦有備여늘 依民家交戰하야 射殺倭
吏二하니 餘皆疲靡而走라 入其官署하야 聚其圖籍椅案하고 灌油投火하니 刮刮雜
雜燒하고 焰騰一延及屋上하야 火光沖天하니 平日附倭作勢者一皆抱頭鼠竄하고 金
組郵局이 皆開庫爭納이어늘 公이 乃高揭太極旗하고 聚市民하야 齊聲唱獨立萬歲
하니 倭奴之婦女兒輩一亦皆參焉이라 公이 登土高如壇處하야 痛設倭奴之虐政하고
激勵祖國之精神하야 聲淚俱下하니 聞者皆泣하야 莫能仰視라 乃級其所得財物之
麤重者於邑民有差하고 取其輕寶若干而歸하야 納諸督辦府하고 己無與焉하니라
是後에 倭奴購求公甚急이어늘 公이 復渡遼하야 誓欲雪復이러니 未幾에 形勢益孤
호대 壯志不衰하고 與在遼同胞로 開荒地興學校하야 以爲長久屯兵之計하고 至癸
亥하야 與同志數十人으로 編隊偕入國하야 探倭情하고 傳海外消息於遠近하야 使
結義民社愛汗團自强會等團體하야 皷動民心하고 一邊勸募軍資公責라가 被逮於倭
吏하야 受終身役於京獄이러니 聯合軍進駐하고 倭政撤退時에 出獄하야 旋卽忿憤
絶食病歿하니 計其在獄이 凡十九年三個月也러라.

○ 李陽燁

　　世祿之子요 直松軒龍潭之族也라. 亦入於大韓獨立運動義士團하야 歷昌城郡掌
書하고 以平北督辦府警護官으로 數年稱職하고 後又以督辦府命으로 入國이라가
被逮於倭奴鷹犬金貞奎하야 拷掠호대 不服하고 竟受銃殺刑於昌城之平路洞하니 乃
甲子八月七日也라. 郡監康濟義一特薦其忠烈하고 督辦申紫雲이 作辭悼之하고 事
又載警鍾報大韓獨立運動史等書하니라.

○金泰淵

生長於朔州之板幕洞하니 其世居也라. 唐岳人이니 爲人이 忠直果敢하야 臨難不避러니 己未義擧時에 率鄕里子弟하고 與覺洞義士로 相呼應하야 一齊殺奔朔州邑來하니 倭奴一旣有備하고 且强弱不敵하야 散而復合者-累日이라가 知事不濟하고 遂渡遼하야 屬於光復軍總營하고 明年에 又與李龍潭部隊로 歸國하야 同爲正義靑年決死隊하고 有功於大舘擊破軍署하고 復渡遼하야 爲正義府正士하고 又爲西路軍政署警護員하야 以勤績으로 受督辦李相龍褒賞하고 後에 又入遼北하야 隷於新民府하니 國耳-非他요 以軍務로 巡過木蘭縣等地라가 被執於倭兵하니 實意擧後十一年己巳也라. 遂被囚於平壤獄이러니 解放後出獄南下하야 遂憤死하니라.

○朴應伯

亦朔州之義俠也라. 己未義擧時에 無所知名이러니 卽從崔時興於天摩山光復軍別營하야 每擊倭奴官署及機關에 必賈勇先登하고 又參光復軍總營長吳東振이 歸國하야 與李觀楫諸同志로 會義軍務於鐵峯山時하고 又渡遼하야 爲大韓臨時政府駐遼陸軍參議府中隊長하고 尋陞司令長이러니 義擧後九年丁卯에 與同志二人으로 歸國하야 察倭政하고 皷動民心이라가 與倭敵遭遇하야 交戰移時에 中丸死하니라.

○崔錫濬

其先은 靑松人이니 中世에 移于朔州하야 居東部洞이러니 以京師絶遠으로 雖不顯達이나 儒業不墜하야 遠師鮮于遜庵先生하고 又好讀忠臣烈士傳이러니 己未義擧時에 與兄錫淳과 張燦鎭諸同志로 率鄕里子弟하고 殺奔朔州邑來하야 劫其長吏하더니 知事不濟하고 遂渡江하야 屬於大韓臨時政府駐滿陸軍參議府爲軍官이러니 明年에 府有命하야 帶軍務歸國이라가 被逮於遼州安東縣所駐倭吏하야 栲問時拳錫彼所謂警部者하니 彼知不可服하고 以銃射하야 遂死하니라.

○全澤秀

一名은 澤信이니 旌善人이라 己未義擧時自其所居水豊洞으로 高揭太極旗하고 唱大韓獨立萬歲而出하니 同閈李寬實白亨奎金允河白南奎及女義士李長靑이 先後之하고 從之者數百人이어늘 向朔州邑殺將去하야 與各部義士로 圍往倭奴官署하고 疾呼曰狗㹠輩는 趣去하라하야 聲動天地하니 倭奴不知所出하고 肆其毒手하야 死

傷者數十人이라 强弱이 旣不敵하고 日且暮하야 各自解歸호대 明日에 又如是하고 再明日에 又如是하야 如是七八日이라가 公이 以爲暴憑이 不如好謀라하야 遂馳入 平北督辦府爲警護員이라가 憤氣不解하고 義膽이 益張하야 明年에 自願編於李龍 潭別動隊하니 決死也라 入朔州大舘하야 擊破倭吏하고 渡江하야 供職於西路軍政 署하니 總辦李相龍이 以爲國內聯通制尙未整備하고 倭情이 且漠然이라하야 令公 與署理李隱波와 同警護員姜京模로 歸國이어늘 未渡江에 逢正義靑年團總務徐靑山 從故鄕來하야 遍問消息하고 因會坐於鴨綠江北岸臺溝後山하야 議擊襲倭奴官署러 니 倭奴鷹犬崔錫蘭(靑松人自南長洞移居水豊洞後爲獨立軍全澤春所殺)者 知之하 고 告其所謂刑事監督高炳根者하야 率其從五十餘하고 來圍其急이어늘 公이 與徐 靑山으로 殺開一條路하야 力戰死之하니 時則辛酉秋八月二日也라. 軍政署-聞之하 고 令申紫雲으로 作文以祭之하니라.

○徐靑山

　字는 捷吾요 號는 綠水요 李松隱觀楫門人이니 盖其所居-旣鴨綠江邊이요 其洞 號靑水故로 取山水作名號하야 以示特立不降之意也라 爲人이 高爽不羈하야 高談 峻論이 壓倒滿座하고 有膂力好劒術이러니 以正義靑年團總務로 欲購武器하야 渡 遼라가 逢軍政署幹事全澤春-與朔州郡監署理李隱波와 同郡警護員姜京模(昌城人)- 從遼中來하야 因會坐於鴨綠江北岸臺溝後山而有所謀議러니 倭奴-偵知之하고 使鷹 犬高炳根等五十與로 來圍어늘 公이 與全澤秀(澤信)로 殺開一條路하야 脫歸隱波 京模하고 力戰死之하니 實己未義擧三年辛酉八月二日也라. 督辦府一聞하고 甚悼 之하야 與全澤春로 並祭之하니라.

○李泰楫

　字는 君普요 號는 菊隱이니 松隱觀楫之弟라 鐵城李氏-固朔州之鉅族而家世-以 程朱性理之學으로 爲宗하고 又私淑鮮于遯庵先生하야 以達於退溪李文純과 與軒張 文康과 眉叟計文正諸先生則超世節義는 特其一事耳로다 公이 於己未義擧時에 每 事를 必咨稟於伯氏하고 又與族人奉壎와 儒林有司金錫基(後爲郡監)로 謀하야 雖 知無益於一時나 欲鼓動國內之士氣하고 惹起國外之輿論하야 乃於四月七日에 大率 士衆하고 揮太極旗而進하야 示威於九曲面倭奴官署而退矣라 是後에 公이 每避倭 奴와 及其鷹犬之血眼하고 與其伯氏及諸同志로 設統均社하야 以究我國前頭政治之 制度하고 又多置船隻하야 晝運貨物夜渡義單하야 以助光復運動矣러니 壬戌에 以

其事로 服役하고 未幾에 渡遼하야 與西路軍政署諸公으로 籌謀密勿하고 以國內聯通制整備士로 歸國潛行이라가 事覺逃復越江하야 公이 乃於丙寅十二月에 被逮於倭吏四十餘日에 受拷問於同縣九寧浦倭奴警察官駐在所러니 以嘔血甚多로 令還家從使調理하니 蓋以公之不服而避無故殺人之名也라 然이나 竟以翼年二月一日로 歿하니 倭奴之計奸矣이요 倭奴之刑이 毒矣로다 安葬於新豊洞先隴하니라.

○李之白

鐵城人이라. 己未義擧時에 與同閈義士金孝成으로 從玉蓮洞起하니 公之義氣-素爲鄉人所服하야 莫不響應焉이라 遂於四月七日에 揮太極旗하고 向朔州邑殺將去하야 與各部所聚士衆으로 到新安洞하야 圍住倭奴官署하고 齊聲唱大韓獨立萬歲하야 以示威而退러니 其後에 倭奴-追公甚急하야 遇害於同縣九寧浦라 與其子某로 抗罵不受縛하고 相與拳踢之際에 適有中國商人이 亦爲義憤所發하야 並力拒之라가 俱爲凶彈所中而死하니 慘矣哉라.

○朴應龍

一名은 龍角이니 密陽人이라 己未四月七日朔州大舘義擧時에 雜於士衆之中하야 迫躡倭奴甚急이라가 渡遼하야 屬於光復軍總營하고 又入正義決死隊하야 與李龍潭李隱波白亨奎全澤秀李陽燁으로 共襲大舘市하야 有功하고 又爲西路軍政署參士러니 獨遇倭吏十餘於寬甸縣南大麻溝하야 力戰而死하니 乃義擧後四年壬戌也라 事聞에 督辦府-甚悼之하야 爲文祭之하니라.

○卓成龍

其先世雖不貴顯이나 旣世居於朔州之延平洞하야 氏族이 寔繁하고 又有鄉先生與金晩學齊翼虎와 李時習齋三文諸公者하야 倡明吾學하고 躬篤孝友하야 儒林蔚然而公亦與有文焉이라 常恨所謂士大夫者-……時平則貪位冒祿하야 惟黨論을 是事하고 國有亂則先妻子而後君國이러니 及己未義擧時에 與儒林有司金鉉基와 及張某(潤河父)로 倡率鄉里子弟하고 殺向朔州邑倭奴官署하야 揮太極旗하고 先唱大韓獨立萬歲하야 以迫躡倭吏라가 中丸而死하니 嗚呼義歟烈哉라. 世之席其先祖之勢하야 爲美官食厚祿而收利於賣國하고 甘心奴隸於君父之讐하야 至于今日에도 尙欲依存於異族而自安者-聞之면 寧不知愧아.

○韓德湧

己未義擧時에 自其東部洞世庄으로 揮太極旗하고 隣友李鴻麟曰爾忘向日所約否아 怕死여던 勿來하라 公이 應曰豈有是哉리요 卽出하야 共唱大韓獨立萬歲하니 士衆이 聞之하고 莫不鼓舞하야 爭先集이어늘卽率至朔州邑하야 圍住倭奴官署하고 脅倭吏使撤去라가倭奴-旣盛爲之備하고 且日暮하야 暴虐益甚하야 諸部所聚同志로 約以明日再擧하고 各自退歸하야 如是者或三四日하고 或七八日焉이라 是後에 倭奴-暴虐日甚하야 諸部同志-或渡遼하고 或歸山寨호대 公則微服하야 潛行激勵하야 期於光復이라가 是年七月十六日에 被逮於倭吏하야 卽被殺死之하니 盖倭奴之所甚忌也러라

○韓德裕

天道敎人이라 己未義擧時에 公이 受孫公秉熙指하야 與李海昌李枝晃洪碩浩父子諸同志로 擧義旗於朔州하고 鼓動鄕里라가 竟以同年七月十四日로 被逮于同縣仁豊洞하야 不屈死之하니라

○洪碩浩

亦天道敎人이라 己未義擧時에 受孫義庵指하고 與韓德湧諸同志와 及其子某로 密密羅織하야 置水不漏케하고 乃於同年四月七日에 與同閈 李東奎(鐵城人)諸同志로 倡率士衆하고 從昌新洞起하야 揮太極旗하고 將與各部義徒로 會合於朔州大舘市하야 擊碎倭奴官署하고 驅逐彼所謂長吏라가 遭遇倭兵하야 折我義徒數人하고 日暮退歸호대 義憤不解하야 待朝復擧하고 再明日又如是하야 如是者-凡五日焉이라 是後에 倭奴眼益血하야 爬起求公甚急이어늘 公이 渡遼屬於大韓臨時政府駐滿陸軍衆議府爲敎鍊官하야 養成一中隊하고 多所贊劃이러니 義擧後九年丁卯에 被逮於倭吏하아 不屈死之하니라.

○李東奎

字는聚五요 德秀之族也니 世居朔州之昌新洞하니라 己未義擧時에 與洪碩浩로 振勇名於大舘示威之戰하고 遂入於西路軍政署하야 爲正士러니 尋陞小隊長하고 後入國內하야 與崔時興天摩隊로 合勢하야 乃於辛酉六月二十八日에 襲擊朔州之兩山面倭奴警察官駐在所라가 與副官許基浩等同志로 一時中丸而死하니라 襄中에 有

誓詞하니 曰碧山隱波-皆吾同宗이라 前後相繼하야 爲國盡忠이로다 今試濶斧에 兩
山之中이로다 先天宿志--死乃終호리라 云云

○李允模

　　一名은 允浩니 朔州之南坪洞人이라 己未義擧時에 與宗人龍鳳으로 率士衆하야
進擊同邑倭奴官署라가 不利하고 渡遼하야 屬於碧波隊러니 後經駐滿衆議府教官
하고 俄遷督辦府러니 後爲上海政府之見招하야 選爲特使하야 將入國到滿洲安東縣
이라가 被逮於倭吏하야 服十三年刑하고 倭奴撤去後出獄하야 病歿于延浦洞山中하
니라

○李相禧

　　俊禧之弟라 檀紀四二五三年七月十六日에 與韓德湧으로 遇倭吏하야 交戰于東
部洞이라가 同志二人이 並被流彈而死하니라 相禧는 名尙禧라

○李龍鳳

　　允模之族也라 己未義擧時에 與允模로 相約擧義하고 率士衆하야 立先頭揮太極
旗하고 唱大韓獨立萬歲하야 以脅朔州邑所駐倭吏撤去라가 中丸死하니라

○孫榮麟

　　朔州之水豊洞人이라 每從同隣李松隱觀楫兄弟하야 聞韓國獨立大義러니 遂與松
隱之第泰楫及諸同志로 受松隱指하야 設統均社하고 以究我國前頭政治制度而又盡
瘁於獨立軍鴨綠江渡船과 及軍器搬入等事라가 被逮於同縣九寧浦倭奴警察官駐在
所하야 受拷掠甚酷하고 昇至家하야 未數月而死하고 其八歲兒章君이 亦叅於蒙士
團하야 自己未로 每義擧時에 輒揮太極旗하고 唱大韓獨立萬歲하야 以助聲勢하니
라

○金炳周

　　字는 文哉니 唐岳人이라 世居朔之新豊洞하야 受業於李松隱觀楫하야 聞國家興
亡이 匹夫有責之語하고 嘗以氣節로 自期러니 嘗作詩曰黨論來賣國이요 四色生五
凶이라 念到奴吾族하니 搔頭髮欲衝이라하다 以其妻家在義州로 頻相往來하야 己

未에 亦在永山市하야 共事義擧하고 後入義民社하야 巡回激勵하고 庚申에 遂決一死報國하야 與李龍潭 李隱波全澤信白亨奎李德秀等으로 武裝入國하야 乘昏深襲永山倭奴官署하야 射殺二名卽死하고 復欲放銃之際에 忽然彈浮中天而飛來하야 中胸而死하니라

○全澤春

一名은 澤純이니 澤秀之弟라 辛酉冬十月에 始知伯氏-被害于臺溝陣中하고 悲不自勝하야 遂渡江하야 言於軍政署하고 願賜武器爲遂屠倭復讎之意한대 許之라 壬戌十二月二十六日에 乃與李龍潭白亨奎等七人이 直到崔錫蘭家하야 索出數罪而卽射殺之하고 會三洞之民하야 激勵獨立하야 不可以一刻忘祖國之意로 論之하니라後明年에 與諸同志로 襲擊永山市하야 灌石油倭奴官署하야 盡燒之하고 倭吏를 見輒射殺之하니 一市如空이러라 大呼曰爾等이 不知韓國有全將軍乎아 招諸倭婦女而前曰雖可盡殺이나 吾所讐敵는 汝政府요 非汝等個人이니 今特有恕나 早而撤去하야 俾無後悔-可也라한대 諸倭婦女-叩頭謝之하니라 丙子十月에 隱伏於木蘭縣農場이라가 被執於倭吏하야 受二十年刑하고 服役於京獄이라가 乙酉八月에 出獄歸家러니 旣而病逝하니라

○金鉐基

延安人이라 以郡監으로 被執於倭吏하야 服三年六個月刑하니라

주 21 신풍학원

學 校

新豊學院記

强齋 張爀 撰

夫先王之興學設敎ㅡ旣務其本而不遺其末하야 使盡其性而各適其用하야 以爲法於天下後世者也라 世道之隆替와 人材之盛衰는 常視敎學之興廢矣라 父子君臣夫婦長幼朋友ㅡ有親議別序信하니 是人所秉彝ㅡ亘古今而不可變者也라 天文地理錢穀

兵刑射御書計工醫之術이 是民生之所日用而不可廢者也라 使不可變者로 常爲之先
務하고 不可廢者를 亦得以兼習焉則必德藝兩全矣이요 不及此者는 亦必德勝藝矣이
라 反是則藝勝德矣이요 不及此則藝而已矣니 而不聘巧逞詐爭奪傾危者一未之或有
하니 此誠任教責者之所宜愼也라 關西之朔州에 有文學大家하니 曰鐵城李氏松隱詞
伯이 隱居教授於萬山之中하야 宗族隣里之來學者一患其房舍不能容하야 捐金二萬
하고 納土數千하야 甲戌夏에 乃於宗靜山下九曲川上에 營建塾舍十間하고 收納生
徒하야 督勵經學하고 兼授時務課하고 又設復日學校하야 以教幼年하고 又置敬老
會學藝會하야 以振尙齒育材之俗하고 庚辰에 其族尙遊君이 捐金五萬하야 增饗舍
十間直所四間하고 其胤中正君이 與士人崔龍雲氏로 亦相其役하니 鴨江文風이 於
斯爲盛하니라 以新豊學院之扁으로 屬余以記之여늘 余應之曰諸名碩之述이 已盡之
여니 今又何贅焉이리요 第惟吾東이 專以功令取士하야 士知尋章摘句와 聲律對偶
之爲工하고 而不知修身之大道와 經國之大業하야 昏昏憒憒하야 靡然風從하야 習
以爲常하니 盖國勢寢微하야 以至强隣外侮하고 姦宄內訌하야 莫可振者一此也로다
噫라 功令之爲 弊於前日如此하니 鑑於此而善變之하야 以求合於先王教人之旨則世
道之裨益이 何可涯量也리요 諸益은 益加勉焉이어다 詩에 曰建堂設教是誰功가 多
賀吾黨隔意通이라 貨不藏躬惟善俗이요 力非爲己見仁風이라 愁雲欲霽中原北이요
春氣遍深鴨水東이라 學孔須尋眞義在하니 大同從此樂無窮이라

結社

友鄕社 在朔州鳳峴洞○李德林이 續先契而爲之러니 後에 改友德하다

樂善稧 時習齋李三文이 與儒鄕有齒德者八人으로 設稧以勵鄕俗하다

義民社 在滿洲寬甸縣紅石砬子區三岔子○社長李德秀富社長李隱波總務白南奎
民政部長朴應龍(鏞濟)民教部長白亨奎民産部長李長靑民兵部長李龍潭民法部長李
寬實

▶碧山李德秀詩 天子蒙塵久未還男兒仗劒出鄕關結社滿洲存楚計義民成冊重於山

▶直松軒李龍潭詩 國讐未報敢何還撫劒時時向戌關我欲與中唇齒計一簣徒志難
成山

▶隱波李裕沆詩 從軍多日鼓更難還早計輕重遠出關義旗高揭長行進鼙角喊聲振
海山

統均社 在寬甸縣紅石砬子大久財構○松隱李觀楫이 多購船隻하야 置鴨江上下하

고 假裝商號曰統均社라하야 使第泰楫等으로 管之하고 晝運貨物하고 夜渡義軍하
야 以助在外光復軍府러니 壬戌九月에 事覺하야 第姪及諸人等이 或逃或囚하고 船
隻則悉爲籍沒하니라

自强會　松隱李觀楫　有趣旨文

三育社　事在東亞日報

報社

太極社

在定朔線富豊驛前　井谷勸勞國民會內　○乙酉十一月創刊이라가　翌年正月二十七
日에　以信託統治反對論으로　押收廢刊되다　○主幹李裕岦經理金讚禎(平南江西出
身)　印刷李伯隣　記者李錫暎

다시 광야廣野 에서

1962년 광거산하 형강에서

공주의 마곡사 근처 사곡면 일갓집에서 몸을 추스르고 고향에 기별을 넣었던 정산은 5846년 5월 청주에 안착한 부인 유경 여사와 조치원에서 상봉하였다.

그 해 대전 정동에서 이발소를 운영하는 일갓집 셋방에서 생활의 구책과 학문을 시작하던 정산은 이듬해 6.25를 맞아 계룡산과 안영리 등지에서 피란을 하고 전쟁이 끝나서야 포격으로 반파된 이발소에 돌아왔다.

그리고 서울을 오가며 숙대의 낙선재 귀속 운동과 왕정복고단 사건, 중립화 통일론 필화 사건으로 검찰에 송치되고 그 사건들이 5년여, 5857년까지 지속되었으나 중립화 통일론은 주변 4국의 승인과 만주의 완충지대화로 죄명 용공주의라는 혐의를 벗었고 왕정복고단 사건은 당시 경향의 여러 신문에 오를 만큼 희화화 하였으나 효자 정산이 부친 단해의 유언에 따른 것이며 해방된 조국이 적의 볼모(영친왕)를 구하지 않는 것은 국가의 체통으로써 수치스럽고 용납할 수 없는 일이라고 항변하였다.

王政復古(立憲君主制) 운동은 나라의 운명이 백척간두에 선 서력 1890년대 말 우리나라 지식인 사회에서 논의되던 한 화두이다. 선친의 간곡한 유지를 이어 해방된 내 나라에서 지향한 정치적인 활동이었다.

작문 기사 내용이나 당시 선생님의 증언을 들으면 지식인들이 지식인사회라고 하는 그 지식인 속에 기자들이 포함되어 있는지 의문이다.

이때 대한민국 전 왕조의 상징인 李垠은 해방된 조국에 돌아오지 못하고 아직 적국 일본에 볼모로 있었고 李垠의 未歸還은 國體와 그 根幹이 어떻게 유지, 보전되어야 하는가를 보여주는 정신 체계의 일례로 친일파청산문제, 신탁통치문제 등과 함께 크나큰 역사의 교훈을 주고 있다.

● 관련기사 ●

○ 京鄕新聞 (檀紀四千二百八十五年七月十二日土曜日)

王政復古를 劃策 一黨八名을 檢擧問招中

정치개혁민족협의회(政治改革民族協議會)라는 지하조직을 구성하고 재일본(在日本) 영친왕(英親王) 리은(李垠)씨를 국가수령으로 받들겠다던 소위 신판왕정복구당(王政復舊黨) 일당 八명이 국가보안법 위반으로 서울지검(地檢)에 송청되어 엄중취조 중에 있다. 그런데 동사건담당 윤(尹雲永)검사는 사건 내용을 비밀에 부치고 있어 자세히는 알 수 없으나 탐문한 바에 의하면 작년 八월경 재일조련선전부(在日朝聯宣傳部)의 지령을 받은 리(李裕岦—四六, 韓獨黨員)와 청주대학생 이(李容夏—二四) 양명은 작년 구월초순 불구레문화사란 표면 간판 아래 지하적으로 세칭 정치혁명민족협의회(政治革命民族協議會)라는 비밀조직을 만들었다.

李垠氏에 上奏書

國號는 大達로 하겠다고

이자들은 그 후 회원을 비밀리에 모집하는 한편 九월 二十일에는 리(李垠)씨에게 상주서(上奏書)를 작성하여 피의자 이(李容夏)로 하여금 재경남(在慶南) 윤황후(尹皇后)에게로 전달하는 등의 허무맹랑한 짓을 하다가 중부서(中部署) 사찰계원에게 적발되어 약 十二일 전 피의자 리(李裕岦) 외 七명이 국가보안법

위반혐의로 송치된 것이라 한다.

그리고 동인들이 내세운 「스로—강」은 외세배격(外勢排擊) 남북민족사상통일 (南北民族思想統一) 국토통일(國土統一) 등의 조목이며 상기한 바와 같이 재일 리(李垠)씨를 국가 수령으로 모시고 국호(國號)를 대달(大達) 국가(國歌)는 신가 (神歌) 년호(年號)는 개벽(開闢)으로 또 국기(國旗)가지 변조하겠다던 망상배들 이라고 하며 무궁화(無窮花)라는 책까지 발간할 준비를 하고 있었다 한다. 또한 이번에 체포된 일당 중에는 사주쟁이를 비롯한 한독당원 남노당원 양복점주인 학생 등 각양각색의 사람이 섞이었다고 하는데 검사 취조가 일단락되어 금명간 기소될 것으로 보인다.

○ 平和新聞 (陰壬辰閏五月二十一日己未 平和新聞第一千六百八十八號(2))

所爲政治革命民族協議會事件의 全貌

王政復古를 標榜 「朝聯」指令下政府顚覆企圖

王政復古라는 고리타분한 스로강을 내걸고 정부전복을 꿈꾸던 일당이 당국에 일망타진되었다함은 이미 기보한 바와 같거니와 전기 지하조직체의 수괴급 인 물 八명이 송청된 수 지검에서는 尹雲永檢事담당으로의 수사를 진행한 바 있 었는데 금번 그 활동 전모가 백일하에 나타나게 되었다. 그런데 동사건은 李裕 붕(四六—韓獨黨)을 중심으로 남 六, 로동당원 盧鳳愚(四○) 商大학생 李容夏 (二四) 通關業者 洪性道(二九) 사주업자 李錫暎(三四) 朴憲喆(三八) 등 대부분이 충청도 인물들로써 조직되었으며 이 목적을 위한 포섭공작이 대규모로 실천되 려던 찰나에 피체된 것이라고 한다.

이제 동사건의 전모를 더듬어 본다면 조직체를 政治革命民族協議會라 칭하고 상부기관으로는 在日本朝鮮人聯盟의 지령과 국내세력부식을 위하여 불구레文化 社라는 괴상한 출판간판을 가장하고 그실 理念에 있어서는 공산로선을 지향하 는 조직체일 뿐만 아니라 실천강력에 있어서 이해하기 어려운 점이 비일비재하 다는 것이다.

즉 내세운 행동강령부터 外勢배격 남북민족사상통일 국토통일 등이며 국호를 大達 국가를 神歌라고 칭하는 위에 국기는 태극을 淡黑色無極에다 흰빛 바탕을 누른빛(黃)으로 뒤바꾸고 八卦를 없애는가하면 년호는 開闢을 하고 日本을 국제 적 媒介地로 해서 열강제국에 이를 납득시킬 것이며 과거의 李王의 후손인 英親

王李垠을 領導者로 추대한다는 괴상망칙한 운동체였다고 한다.

그런데 지도자를 전기한 李垠씨로 내세우는 근본 원인으로써 現政權을 民衆의 信賴를 받고 있지 못할 뿐만 아니라 國際的威信도 없어 神市天皇 肇國 悠久한 人格者로 李垠氏를 奉戴한다는 것이다.

상기한 바와 같은 지령이 八四年 三月 전기한 朝聯에서 李裕岦에게 전달되였고 이로부터 활동인원의 포섭을 내정한 李裕岦은 점차 세력을 부식시키는 일방 同年三月下旬 문화계몽기관으로 불구레文化社를 비밀리에 조직하고 서책 기타 방법을 이용해서 본격적인 운동에 착수하였던 것이고 八四年七月七日 소위 民族協議會산하 동문화운동선언기초와 함께 同年十月에 이르러서는 同協議會代表 李裕岦의 外 十名의 서명날인한 上奏書를 日本에 계신 李垠氏에게 전달하기 위하여 女僧 李性柔를 경남 龜浦에 거주하는 尹皇后에게 보냈다 한다.

活動體系圖

朝聯宣傳部 李裕岦(韓獨黨)

朴憲喆(韓獨黨) 大田市責

嚴詳燮(民議員)

姜二馨(延大教授……連絡)

李錫暎—李容夏(商大生)—朴基東 洪完一(釜山)

南勞黨 盧鳳愚

李敏雨

權寧仲

尹性求(大邱人委長)

玄相斌(巨濟島)

具仁會(釜山)

鄭俊植(鳥致院)

李會英(淸州)

李東燦(大田消防署長)

모두 5년여의 긴 싸움이 무혐의 처리되었으나 그 후로도 몇 번의 송사를 60년대 말까지 겪고, 더 이상 명분만으로는 정치 행위가 불가하다는 인식과 자신으로 인해 동지들이 희생당하는 상황을 피할 수 없어 남은여생을 국사 찾기에만 진력할 것을 결심하였다.

고구려가 폐한 이후 1300여년의 장구한 시간 동안 온갖 민족의 수난은 민족의 정체성을 상실하고 외세 추종의 그릇된 길을 밟아왔다는 것은 동몽시절 이미 가풍으로 전해지던 지론이고 정체성 회복이야말로 다시 독립 운동하듯 남은여생을 바칠 수밖에 없다는 생각 때문이었다.

한편으로 문중의 족보편찬 대소사와 사당의 중건 일을 돌보다가 5860년 은행동에 5평정도의 적산 가옥을 빌어 이주 후 전국의 뜻을 같이한 회원들과 그 해 11월에 마리산 참성단에서 선열들에게 제천서고하고 단학회를 단단학회로 개칭하였다.

녹동서원에서 교유하던 여러 인사가 참여하고 대종교인, 민족 종교인들과 뜻을 같이 하는 이들이 참여하여 자아 신앙의 태백교와 학술 단체 단단학회인으로 함께 활동을 시작하였다.

커발한 16호

　　1년에 3월 16일(음) 대영절과 10월 3일(음) 개천절에 강화도 마리산 참성단과 또
는 태백산 망경대에서 행사하고 기관지 커발한을 발행하여 전국 대학교와 도서관,
회원들에게 배포하였다.

생활은 부인과 야간 고등학교에 다니며 아르바이트를 하는 장녀가 지탱했으며 타인의 도움은 일절 받지 않고 시간을 정해 한학과 한문을 가르치고 학회인(學會人) 간흥균이 세운 고교에서 국사와 한문 교사로 받는 약간의 보수와 단촌의 지원비로 5873년까지 광개토성능비문역주, 천부경연해, 세계 문명 동원론, 커발한 문화사상사, 환단휘기 등을 차례로 책하였다.

출판비가 없는 대배달 민족사의 초고는 이미 이 때 초록되어 한암당에는 정산의 키 높이로 쌓여갔다.

강화도 마리산 단학동의 커발한 개천각이 5866년(을유) 단촌의 희사로 세워지고 광개토 대제의 비로 말미암아 일간지에 조명된 후 학회인과 일부 학자들 사이에만 알려졌던 정산의 이름이 좀 더 일반에까지 알려졌다.

「자유」지 발행인 박창암의 배려로 민족사론과 역사논문을 게재하며 본격 국사 찾기에 나섰다.

그리고 환단고기가 알려지고 영면직후 대배달 민족사가 고려가에서 출판되었다.

노년의 행적을 옆에서 빠짐없이 지켜본 나로서도 필설로는 형용키 어려운 초인의 모습이었다.

國史찾기協議會의 結成趣旨文

神市開天五千八百四十二年(乙酉)八月十五日의 光復은 祖國의 政治的自主獨立과 아울러 民族史的 自主獨立으로서 民族얼의 되찾기 中興契機여야 했다.

그런데 意識構造化된 慕華思想과 倭寇가 남긴 植民中毒으로 말미암은 事大的 遺産인 엄청난 捏造, 變造, 歪曲, 誤撰등 前世代까지의 남의 史觀 특히 植民地史觀 그대로 放置한채 얼은 따라 오지않은 허울만의 半쪽光復 三十年을 方向없이 慣性的으로 漂流하여 왔다.

方向없는 漂流란 前進을 닮은 墮落의 彷徨에 不過한 것이며 自主史觀없는 博覽强記란 學識을 닮은 誤學의 史禍라면 여기 史家들이 嚴히 自肅해야 할 그 使命上의 戒銘이 淵源하는 것이다.

民族史觀이란 두말할 것도 없이 國民倫理上 價値構造의 基調가 되는 基底哲學이어야하며 따라서 民族史觀의 올바른 定立없이 展開되는 온갖形態의 國家的 努力은 沙上樓閣에 不過한 것이다.

그것은 그 自由의 方向性과 그 脈絡의 一貫性을 잃은 國民性의 退化로 말미암아 그 永昌은 고사하고 그民族 그國家는 生存競爭圈에서 언젠가는 自然淘汰되어 形跡도 없이 永遠히 消滅된다는 人類의 史鑑이 우리에게 가르쳐준 法則이었기 때문이다.

一. 우리 國史찾기 協議會는

「桓檀=朝鮮은 實在의 上古時代로서 우리 國史의 上限으로 본다」

따라서 人類의 有史의 다른 文化圈과 比較審定도 없이 함부로 桓檀=朝鮮을 神話時代로 덮어버리는 盲斷이나 또한 開天建極의 太祖를 實在人物아닌 神話的 架空偶像說로 代置하는 惑世의 輕妄은 이를 斷乎히 용인하지 않는다.

二. 우리 國史찾기 協議會는

「桓檀=朝鮮以來 六千年의 歷史疆域은 현재의 馬韓半島에 跼縮된 版圖가 아니라 그강역의 東은 沿海州一圓, 北은 黑龍江을 지나 永洋까지이며 西는 內蒙古 及天海〈拜額勒湖〉南은 山東半島一圓및 黃河 淮水 揚子江에 걸친 中原大陸등을 東西南北으로 經緯삼아 一連하는 大疆域이었음을 밝힌다」

따라서 從來의 大同江中心의 漢四郡說따위 그릇된 事大的인 反國史的通念은 特定한 古今의 國內史家들의 誤撰에 起因된 必然 因果임을 確認해야 한다.

國史찾기운동 後援趣旨文

우리나라 古書 檀君世記에 "사람에게 있어서 魂과 같은 것이 나라의 역사이며 꼴과 魂은 내가 닦은 것이므로 나를 아는 것이 가장 먼저"라고 했습니다.

그런데 오늘의 우리나라(꼴)에는 中國, 日本, 美國 등 남의 魂이 가득차서 "나"자신의 혼은 잊혀져 있습니다. 過去 日本人으로부터 수많은 獄苦와 희생 등 끔찍한 탄압을 견디면서도 우리의 魂인 民族史를 찾는데 투신해 왔던 공로자들은 解放된지 40年이 지난 지금까지도 일부 皇國史觀에 젖은 학자들의 횡포로 마음놓고 硏究할 터전조차 없이 극심한 생활고로 민족사 연구의 맥이 끊어질 위기에 놓여 있습니다.

다행히 最近들어 民族史를 재조명해야 한다는 主張이 여기저기서 나오고 젊은이들 간에 우리의 뿌리를 찾자는데 對한 關心이 높아지고 있지만 朝鮮王朝의 사대사상과 日本의 史料 말살 정책 및 그간의 硏究 공백 때문에 무엇을 어떻게 해야 할지 具體的 方向조차 찾지 못하고 있으며 이를 알고 있는 거의 유일한 團體인 檀檀학회(회장:寒闇堂 李裕岦)는 大韓帝國말부터 丹齋 申菜浩를 거쳐 지금까지 민족사 연구의 系統을 이어 왔으나 이제는 쇠잔할 위기에 있습니다. 따라서 사심 없이 檀檀학회의 硏究를 後援하여 民族의 뿌리를 찾는 具體的 연구업적을 하루 빨리 출간하고 後學을 양성하여 조용한 내부 혁명을 이루도록 도모하고자 합니다.

이와 같이 "나"(民族魂)를 찾는 일이야말로 지금 우리나라가 가장 필요로 하는 민족적 團結과 실력 양성의 기본이 되는 민족 自矜心을 고양하고, 우리의 아들 딸 들만은 선진 외국으로부터 경시 당하지 않고 살 수 있게 하는 지름길이 될것이며 멀지 않은 장래에 民族史的 快擧로서 역사에 기록되어 길이 빛날 것입니다.

뜻을 같이 하는 분들의 많은 성원이 있기를 기다립니다.

신시개천 5882년 (서력 1985년) 10월 초
民族史觀의 정립을 고대하는 사람들 모임

몇 가지 알기 쉬운 民族史 變質內容

❁ **萬里長城을 쌓은 이유를 주체성없이 中國史料대로 使用**
 ▪中國史料 : 북쪽 오랑캐들의 침략을 막기 위해
 ▪여기서 오랑캐는 北夫餘(檀君朝鮮와 고구려 어간의 우리나라)라는 우리 민족
 ▪만리장성의 규모로 보아 우리 민족의 强大性 짐작
 ※자기가 자기 자신을 오랑캐라 표방하는 결과 초래

❁ **倍達國 歷史 삭제(사대사상 및 황국사관에 따라 건국 역사 왜곡)**
 ▪"배달의 민족"이라 노래(한글날 노래)하면서 국사에서는 삭제
 ▪배달국(18세 1565년)을 세운 桓雄天王과 檀君朝鮮(47세 2096년)을 세운 단군왕
검을 부자간으로 조작, 신화화
 ▪"弘益人間"은 倍達國의 정치이념
 ▪사마천의 史記에는 倍達國 14대 자오지환웅(임금)을 "치우천왕"이라며 그 용맹
과 철갑 투구 사용 기록
 ※역사 短縮(1565) 뿌리(배달겨레)없는 노래 낭송

❁ **일본 침략기를 "일제 36년간"이란 일본기록사용(황국사관)**
 ▪期間 : 34년 11개월
 ▪國体는 일본제국이 아닌 大韓民國 임시정부
 ▪國民은 압박을 받으면서도 대내외에서 끝없는 항일투쟁
 ※주체성, 생각없이 일본 기록을 그대로 사용

❁ **北間島를 大韓帝國 영토에서 삭제(半島 植民史觀)**
 ▪"북간도를 일본이 淸에 팔아먹었다"고 하면서도 대한제국 疆域에서는 제외
 ▪外國發行 書籍(15C 바디칸 선교지도 등)에는 포함

❁ **광개토대왕 비문조작 시비**
 ▪일본은 조작된 몇 개의 문구를 근거로 任那日本府설을 日本正史에 포함

• 선생님의 재남(在南) 생활, 특히 60년대 이후는 「國史찾기」실천으로 집약(集約)할 수 있다. 그리고 그것은 ≪自由≫지에의 연구발표뿐만 아니라 국회나 한미연합사, 제 단체들의 초청강연, 학회의 기획 강연, 국회에 상정된 국사찾기 활동 등, 모두가 「한암당사학총서」 같은 방대한 기록으로 남을 것들이며 한편 「한배달」, 「한암당기념사업회」 같은 후학들의 활동공간들이 시사하듯 많은 후학들이 지켜본 것들이기도 하다.

그 이면(裏面)의 초극(超克)의 일상(日常)을 어찌 필설(筆說)로 다할 것이며 또 한편 반대편의 폄훼(貶毁)와 음해(陰害), 무시(無視), 방해(妨害)로 점철(點綴)된 추루(醜陋)한 이야기를 어찌 활자로 남기겠는가?

그럼에도 불구하고 선생님의 모든 저술(著述)에는 그 시절 진실에 다가가려면 어떻게 신문을 읽어야하는지 학습(學習)한 것보다 훨씬 알기 쉽고 또는 노골적으로, 근엄하고 진지한 얼굴로 한껏 거만(倨慢)을 떨며 서로 추켜주고 화답하며 말살(抹殺)하려 했던 일부 관(官), 언(言), 학(學), 교(敎)의 군상(群像)들과 대적(對敵)한 이야기가 행간(行間)을 차지하고 있기도 하다.

• 시장과 구석기시대의 병존(幷存)이란 서양석학의 문명비판은 박제된 역사가 아니라 살아 움직이는 내셔널지오그래픽(National Geographic) 속의 현존하는 무수한 원시부족과 그들보다 더 나을 것 없는 우리와의 공존실상뿐 아니라 나아가 제어장치(制御裝置) 없는 무한경쟁(無限競爭)의 돌진(突進) 속에 잠재(潛在) 된 이제 우리에게는 맹장, 꼬리뼈와 같이 퇴화(退化)한 순박무위(淳朴無爲)한 원시성에 대한 향수, 그 삶의 조합(組合)을 강조한 것이리라.

선생님은 한편 구석기시대의 벌판에 벌거숭이로 서 있었다.

• 학창시절 모 작가의 「미래의 인간이 머리와 몸통은 작아지고 환락의 생식기만 거대해진다」는 요지의 잡기(雜記)를 읽은 기억이 난다.

어쩌면 우리는 진화로 인한 불필요한 신체 일부나 정신의 도태가 아니라 그때그때 편의에 따라 성급하게 재단해 버리고 불편함을 애써 외면한 채 살아가는 것은 아닐까?

• 내가 인용하는 「역사는 만드는 것이다」라는 표어(命題)는 보편적인 인간 의지의 한 표현을 말하는 것일 뿐이며(時代精神) 역사학자에게는 우선 탐구대상

시대의 눈과 가슴이 준칙(準則)이 되어야 함은 물론이다.

　씨족사회니 부족국가니 하는 분류(分類)는 현재의 시각일 뿐 당시의 집단에게
는 그 구성원(人民)과 활동무대(地境)가 그들의 기반(國土)이었다는 것을 유념
하고 그 시대의 사적(史蹟)과 정신을 궁구(窮究)해 기술(記述)하는 것이 원칙이
며 진정한 실증(實證)이다. (寒闇堂)

　•「高朝鮮多岐亡羊」은 선생님이 당신의 저술에서 쓴 옛조선(檀君朝鮮)에 대
한 촌평(寸評)이자 총평(總評)이다.

　금시대(今時代)가 그때와 무엇이 다른가?

　대배달민족사(大倍達民族史) 다섯권(五峽)으로 집약된 선생님의 필생(畢生)의
저술(著述)은 사상, 철학, 국학, 국사에 대한 논문(論文), 논설(論說)로 혼재(混
在)되어 지금의 서양식 글쓰기 시각(作法)으로 보면 다소 생경(生梗)하여 그것
마저도 반대편의 공격의 빌미가 되기도 하였다.

　그러나 별도의 지면(誌面)을 얻기가 만만찮고 이것 저것 형식을 따질만큼 한
가롭지도 않았다.「쓴다는 것은 살아있다는 표시이고…. (寒闇堂)」

　• 多岐亡羊(列子說符篇): 學文의 길이 여러 갈래여서(岐路之中有岐路) 그 본
길(本路-眞理)를 찾기 어려움에 비유한 故事成語. 선생님은 고조선의 갈래(族)가
많아 학설이 분분(脚註)한 것이라 하고 今西龍의 「檀君神話」를 일축하였다.

山上烈帝陵 (僞稱 將軍塚 高句麗 第10世 烈帝)

초인은 6000년 역사 속에 수 없이 왔을 것이다.

그러니 육사(陸史 李活)의 시대 그가 광야에서 목 놓아 부르던 초인도 왔을 것이다.

나는 초인을 기다리지 않는다.

우리가 정산 같은 이의 혈루로 이룬 정신과 학문을 이어 정체성을 찾고 그것을 바탕으로 세계 문화 강국이 되는 날 우리에게도 공자나 예수, 석가, 마호메트 같은 성현 이상으로 많은 선현들이 있었다는 사실을 발견하게 될 것이다.

초인은 자신의 세상을 바루고자 일생을 불사른 이를 정성스런 남은 자들이 만들고 받드는 우상이기 때문이다.

　우리가 國史와 國學에 대한 信實한 愛情과 熱情을 가지고 우리 自身을 돌아 볼 수 있다면 우리에게도 참으로 驚天動地할 만한 文化思想과 偉大한 民族的 偉 人이 많이 있다는 것을 發見하게 될 것이다.

　우리 民族文化와 歷史的 偉人을 世界에 紹介함으로써 民族의 生命力 있는 새

로운 文化活動을 創起하는 것이며 그리하여 世界가 우리의 참모습을 認定하고 나아가 敬慕할 때 眞正한 世界人이 되는 것이다. 이것이 새 歷史의 創造이며 우리의 國史찾기 理念이다.

土倭史學者들이 實證을 假裝해 스스로 先差鞭者的 하는 倭辯 때문에 혼란해하고 자신을 卑下할 만큼 우리는 劣等한 民族도 아니고 오히려 그 반대이다. 더욱이 南北이 兩斷된 現實에서 雙方이 서로 民族의 本源을 찾는 勞力이 時急하고 切實할 때이다. (寒闇堂)

年　譜

❖ **神市開天5804年 丁未(서력 1907년)**

陰曆 11月 14日 卯時에 平安北道 朔州郡 九曲面 安豐洞 仇寧浦 靑鶴嶺山 아래 靑鷄谷에서 독립운동가 檀海 李觀楫 先生의 四男으로 出生. 本貫은 鐵城으로 李嵒의 後孫. 字는 采英 또는 中正, 號는 寒闇堂, 또는 靜山樵人, 檀下山人, 湖上逋客, 檀鶴洞人.

❖ **神市開天5804年(서력 1913년, 6세)**

세살부터 母夫人泰仁白氏께 千字文을 배우고, 六歲에 ≪童蒙先習≫을 읽다가 「漢武帝討滅之하시고」라는 구절에 이르러 「衛滿朝鮮」이 우리나라라면서 우리나라를 토멸한 한무제는 분명 우리나라 원수인데 「하시고」라는 토씨를 붙혀 읽는 것은 나는 싫다하여 끝내 ≪동몽선습≫을 읽지 않았다. 그후 衛滿도 본래 燕나라 사람으로 우리나라를 빼앗은 사실을 알고 역사를 말할 때마다 그런 도적놈을 어떻게 우리나라 왕으로 삼을 수 있겠느냐고 하니 듣는 사람마다 특의하게 생각했다.

8,9세 때 松岩 吳東振 장군에게 노래와 조련실습을 배웠다. 그때 松岩 장군의 주도하에 靑水洞의 日新齋, 新豊洞의 求誠齋, 水龍洞의 興雲齋, 延浦洞의 攀龍齋, 松隅洞의 松鶴齋 등 五個書堂이 연합하여 해마다 春秋 두번씩 「講會」를 순번적으로 主催하게 되는데 이 때에는, 松岩 장군이 모든 학생을 夜間利用으로 모아서 行進實習을 지도하고 구한국 때의 국가를 함께 부르기도 했다. 僞警駐所의 新安洞에서 30리 떨어진 疊疊山中 交通不便한 산골이기 때문에 人心도 淳古한 동네라 이런 활동이 可能하였다.

❖ 神市開天5816年(서력 1919년, 13세)

4月7日 新安洞 示威운동이 일어나자 父兄의 틈에 끼어 참가했고, 노래도 지어부르며 때로는 5,6살 되는 동네 아이들에게 엿이나 오화당(알사탕)을 사주면서 태극기를 들고 만세를 부르면서 산과 골을 돌게 하였다. 그 머리는 六歲童孫彰群(孫榮麟의 아들)이었다. 10월. 先考 檀海 선생을 따라 小雅河 또는 紅石拉子로 따라서 약 3年半 있으면서 檀學會가 주관하는 倍達義塾에서 桂延壽, 崔時興, 吳東振 諸先烈들의 강의를 듣는 한편 朝鮮獨立少年團 조직활동에 참가 團長이 되었다. 그때 이름은 李釆英이요 열네 살 때였다. 따라서 義民社 天摩山隊의 少年通信員으로 뽑히어 全鳳天과 함께 국내의 通信連絡을 도왔다.

❖ 神市開天5819年(서력 1922년, 16세)

그 전해 9月에 統均社事件으로 先考 檀海 先生이 執猶로 在家中이었고 3月에 宗靜山下의 井谷으로 옮기고 絜矩齋라는 풀집을 두고 讀書와 硏究에 힘썼다. 한편 時中 夜學堂을 세워 靑少年들의 야간교육을 힘쓰기도 했다.

❖ 神市開天5821年(서력 1924년, 18세)

4月 朔州邑 普通學校 3年에 入學, 그해 2學期에 4學年으로 進級, 1927년 3月에 6年制 졸업했다. 그런데 在學中에 天摩山隊의 少年別動隊格으로 表面 三育會를 조직하고 會長이 되어 金炳善과 함께 매일 오후 放課 後 두 시간씩 歷史와 常識이라는 과목을 강의하는 한편 학생들의 輪番討論을 실시하며 매일요일과 休學期간의 勤勞作業 및 學校林의 定期 植樹, 또는 體育競技大會개최 「디딤돌」 등사발행이 있었다(이때 顧問 白潤漢訓導).

❖ 神市開天5824年(서력 1927년, 21세)

新幹會 朔州支部를 崔錫弘 金處元들과 함께 발기하였다가 結成大會의 解散을 당하였다.

❖ 神市開天5827年(서력 1930년, 24세)

「三育全材 國權恢復」이라는 海鶴 李沂 先生의 新敎育宗旨를 발휘하기 위하여 三育社를 조직, 委員長에 被任, 農村自力振興, 靑少年自由敎養, 國際動向의 批判, 讀書日制定, 市日 糧識 揭示(매 장날마다 新知識을 筆寫紹介)「回覽雜誌」≪三育≫동사 發行(此項은 辛未 3月 東亞日報 讀書週間欄 참조) 그때 回覽雜誌≪三育≫7월號 「廣開土聖陵碑文徵實考(全鳳天·朝鮮民族의 奮起를 促求함, 李釆英) 記事로 인하여 1931년 7월31일, 强制解散(編輯責 全鳳天〈號 黙居〉)는 滿洲로 逃避」이듬해 3월 起訴中止 되고 그해 10월에 「우리들의 노래」事件으로 한때 拘禁(作者는 李裕岦, 發行人 李正奎 등 사자 趙德順)된 일도 있다.

❖ **神市開天5836年(서력 1939년, 33세)**

李尙遊의 五萬圓喜捨로 선대로부터 경영해 오던 求誠齋財産을 合하여 新豊學院을 設立, 敎室 三棟을 增築하고(그때 滿鮮日報 參照) 그 學監 겸 敎師로 종사하였으나 1942年 12月에 이르러 僞富豊洞 金蒙吉・僞勳八等 金守郁등의 告發「學生들의 神社參拜를 기피한 故意的인 稱病缺席, 朝鮮敎育 創氏改名不應 無窮花栽植 등 十二項目을 이유로 들어 그때 僞郡守 獨孤燁의 강제 명령으로 新豊學院 폐쇄 내지 철거하였다.

❖ **神市開天5842年(서력 1945년, 39세)**

4月 建國同盟平北責 李祐弼氏의 권유로 朔州責을 맡게 되고, 그 해 8月初에 全鳳天의 「大同亞戰爭拒否論」撤市事件에 관련 그때 九寧浦僞憲兵隊에서 招問中 8・15解放을 만났다.

9月에 鴨江國民學校長 豊民組合長(三七制主張 自作農인정 등) 大韓勤勞國民會文化部長 등 職에 被任되었으나 곧 모두 사퇴하고 그해 10月3日, 天摩山 祭天大會에서 8・15解放 奉告祭를 거행함과 함께 李龍潭 先生의 주재하는 「檀學會」기관지 ≪太極≫主幹으로 被任, 1946年 1月1日 發行 新年號에 「信託統治反對論」筆禍事件으로 인하여 그해 正月 27日, 蘇聯特別警備司令部 朔州派遣隊에 拘禁과 廢刊(그때 金鑛淵〈후에 靑友黨政治部長〉・朱東洛〈郡內務署長〉 등의 告發에 의한 것)

❖ **神市開天5844年(서력 1947년, 41세)**

1月13日, 전기 金鑛淵 및 그 女婿 金某(內務署員)등의 허위 조작한 金一時死刑宣告에 대한 水豊橋壁報事件에 강제 관련시켜 그 당시 郡內 각처에서 일어나는 蘇聯軍搬出糧穀 制止와 收買穀不納 등을 구호로 내세운 群衆蹶起大會의 책동 혐의까지 덮어씌워져서, 그해 1月26日 朔州 內務署에서 朔州檢察所에 移管되었으나 全郡民들의 탄원에 의거 및 그 사실 무혐의로 그해 3月初9日 出監되었다. (이때 관련者 七十五人同時拘禁되었으나 모두 無嫌疑釋放됨)

❖ **神市開天5845年(서력 1948년, 42세)**

5月2日 밤 越南途中 海州소재의 內務局保安第七大隊情報課에 拘禁(劉長湍倉庫)되었다가 그해 9月4日 出監, 그해 음력 秋夕節 다음날 16日 밤 10時頃 暴雨 속에서 銃聲을 들으며 來城을 돌아 丹靑으로 넘는데 成功.

❖ **神市開天5860年(서력 1963년, 57세)**

5月16日에 이르러 檀學會의 三大綱領인 祭天報本, 敬祖興邦, 弘道益衆을 완전 계승하여 檀檀學會로 조직 확대하고 本部를 大田市 銀杏洞 자택에 두어 활동을 시작.

❖ 神市開天5862年(서력 1965년, 59세)
4月 기관지 「커발한」을 발행하기 시작함.

❖ 神市開天5866年(서력 1969년, 63세)
李錫映氏의 재정 후원으로 강화도 마리산 단학동에 커발한 開天閣을 세워 神市開天의 창시자 桓雄天王을 비롯하여 蚩尤天王, 檀君王儉을 奉安하고 매년 大迎節(음3월 16일), 開天節(음10월 3일) 두 차례 祭天儀式을 거행함.

❖ 神市開天5870年(서력 1973년, 67세)
3月10日 大東文化史에서 ≪廣開土聖陵碑文譯註≫ 펴냄.

❖ 神市開天5872年(서력 1975년, 69세)
5月8日 ≪世界文明東源論≫을 미국의 「하버드, 워싱턴, 콜롬비아, 하와이, 캘리포니아」 5개 大學校에서 注文해 감.
神市開天5873年(서력 1976년, 70세) 3月16日 ≪커발한 文化思想史 Ⅰ·Ⅱ≫를 발간. 그해 10月8日 朴蒼岩, 安浩相, 劉鳳榮, 文定昌, 朴時仁, 林承國 諸氏와 함께 國史찾기 協議會를 조직하고, 잡지 ≪自由≫에 옥고를 기고하기 시작함.

❖ 神市開天5878年(서력 1981년, 75세)
한미연합사에서 초청 강연.

❖ 神市開天5879年(서력 1982년, 76세)
민주정의당 초청 강연.

❖ 神市開天5880年(서력 1983년, 77세)
≪自由≫지에 게재된 글을 모아 ≪한암당이유립사학총서≫를 펴냄.

❖ 神市開天5881年(서력 1984년, 78세)
배달문화원 대상 수상.

❖ 神市開天5883年(서력 1986년, 79세)

4月18日 새벽 1시 자택에서 운명함.

　이태규 선생 및 한동환, 황화일씨 등이 선생이 영면할 장지를 선정하느라 여러 곳을 다니며 많은 노고를 하였다. 갖은 우여곡절과 노심초사 끝에 名堂자리를 찾아냈다. 선생의 묘소는 聖地 마리산을 향해 있고 앞이 훤히 트였으며 좌청룡 우백호의 형세로 좌우에 산이 둘러 쌓여 있는 양지바른 곳이다. 묘소는 경기도 고양군 송추면 운경공원내에 있다.

　○ 조문객 내방

　고인과 오랜 친분이 있는 前문예진흥원장 송지영님, 자유지 발행인 박창암님, 공연윤리위원장 이영희님, 한암당후원회 고문 박서량님, 주식회사 고려가 김낙천님, 뉴코아백화점 김의철님, 주식회사 성음사 이홍주님, 한서실업주식회사 이태형님, 서진금속주식회사 서영석님 등을 비롯, 수많은 조문객들이 내방하여 문상하고 생전의 고인의 인품과 학문적 업적을 기렸다. 또한 장례준비를 하느라 많은 회원들이 밤을 새우며 수고하였다.

　○ 장의의원

　고문 : 조영주, 박서량

　장의위원장 : 오형기

　부위원장 : 양종현, 전유선

　총무위원 : 윤진평, 전형배

　의전위원 : 이태규, 이만준

　섭외위원 : 한동환, 황화일

　서무위원 : 고성미, 소선희

　촬영위원 : 오선일, 최근식

　기록위원 : 한상륜, 박미숙

마음과 몸은 조용히 여유가 있고
체골 쫓아 극선이 되고자 했지만
멀리 지내온 일을 생각해 보면
이제사 모두가 헛된 것일세
천빈 올리는 존엄한 자리는
이 나라의 중흥한 후이지만
돌 쌓은 영기서린 참성단은
태고적 단군 때부터라네
눈앞에 바로
천리 강산이 환히 뵈지만
황홀한 이 몸은 구중천궐에 온 것만 같네
만약에 서로 부탁이 있다면
서울이 수복된 첫 해 임을 기억이나 해두자

心靜身閑骨欲仙
遙思人事正茫然
薦蘋秘席重興後
累石靈壇太古前
已得眼看千里地
怳疑身在九重天
此行無耦如相託
須値還都第一年
　　文敬公 平齊 李岡 先生 詩

이 時代의
다른 風光을
쓰면서

한암당(寒闇堂) 선생(先生)의 평전(評傳)을 쓰면서 세부분으로 나눴다.

선생님의 팔십년(八十年) 삶과 학문(學文)의 「백년(百年)의 여정(旅程)」과 「연보(年譜)」, 그리고 그 고단한 삶의 여정(旅程)에서 만나 학문적(學文的) 도움을 주고받았던 학자제위(學者諸位)와 지인(知人)을 포함한 주변의 이야기들인 「이 시대(時代)의 다른 풍광(風光)」을 덧붙임으로써 평전(評傳)의 미진한 부분을 덮으려고 시도하였다.

「백년(百年)의 여정(旅程)」은 선생님과의 만남에서 영면(永眠)으로 이별(移別)할 때까지 이십여년(二十餘年) 짧지 않은 세월동안 간간이 들려주었던 개인사(個人事)를 기억(記憶)에서 되살리며 자료(資料)를 들추고 남아 있는 지인(知人)을 만나고 북(北)에 혹 생존(生存)해 있을 친척(親戚)이나 그 자손(子孫)들과의 만남을 시도(試圖)하며 2년여의 노력을 하였지만 미치지 못하였다.

그런 연유(緣由)로 「이 시대(時代)의 다른 풍광(風光)」은 평전(評傳)의 도움을 위해 선생님과 교유(交遊)한, 그래서 나도 지켜 본 칠십여(七十餘)분과 나의 잡기중(雜記中)에서 몇 이야기를 골라 실었다.

모두 그리운 이들이다.

神市開天 五九〇四年 孟夏

檀石

개천 5863년 여름

국민학교(초등학교), 중학교, 고등학교 시절 담임선생들은 장래의 희망을 묻는 설문을 돌리곤 하였다.

국민학교 때 남학생들은 대통령, 장군이 많았고 중·고 때는 좀 더 구체적이어서 의사나 은행원, 교사, 세계적인 과학자, 훌륭한 정치가가 되겠다는 대답이 많았다.

황당하게 아버지나 깡패라는 대답이 있어서 학우들의 놀림을 받았지만 깡패라고 쓴 동무는 나와 단짝이었고 운동도 잘하고 똑똑하고 과묵하고 경우가 밝아서 나는 그가 써 낸 장래의 희망이 진심이라고 생각하였다.

시라소니니 김두한 같은 주먹패가 전설이어서 협객이란 단어가 아직 회자되지 않은 때라 그렇게 썼을 것이다.

지금은 어느 중도시의 산부인과 의사가 된 그는 어쩌다 만나 그런 이야기를 하며 「그 때 네가 협객이란 단어를 몰라 깡패라고 했을 것이다」라고 하면 「아마, 그랬을 걸」하고 껄껄 웃는다.

나는 그 때 농장주나 과학자로 썼지만 소설가나 서예가를 놓고 고민하던 기억이 난다.

국민학교 입학 전부터 선고가 천자문과 붓글씨를 익혀 주었는데 5학년 때 습자시간에 교생선생이 칭찬해 주어서 그랬고 소설가는 몇 번의 충격 때문이었다.

6학년 때 중학생형의 교과서를 바꿔 온 급우의 형 책에 실린 안톤슈냑의 「우리를 슬프게 하는 것들」과 그 며칠전 읽은 브론테의 「폭풍의 언덕」때문이었다.

제법 오랫동안 근원을 알 수 없는 그리움 같은 것이 문득문득 심연을 헤집었는데 벌써 변성기가 와서 말 수가 줄었고 사춘기가 왔기 때문이었을 것이다.

고 1 때 읽은 까뮈의 「이방인」은 또 다른 충격이었다.

내가 작가가 되어야겠다고 결심하고 닥치는 대로 국내외의 장·단편집과 고전을 읽어치우고 세계문학전집·국내단편집을 한 100여권 이상 모았을 때 운명처럼 선생님을 만났다.

송인수라는 한 살 위의 친구였는데 안타깝게 소시에 유명을 달리했지만 그가 선생님을 만나게 해주었다.

사립고교에서 한문과 역사를 가르치던 선생님은 단구의 온화한 모습으로 다가와 평생 나의 사표가 되었다.

선생님을 만나게 해주었던 송인수군은 제대 후 사진작가가 되어야 겠다고 말하곤 했는데 고교때 벌써 여러 대의 고급 카메라와 암실까지 갖추고 있었다.

역시 사진작가를 꿈꾸던 나의 의형이 경영하는 목동의 사진관에서 처음 만났다.

제대 후 외국여행 중 유명을 달리했는데 돌아오면 자신이 찍은 이국풍경의 아름다운 사진을 선물하겠다고 약속하였다.

내가 어쩌다 약속을 어기면 「미생의 신」을 들먹이며 비난했는데 놈은 영원히 나와의 약속을 저버렸다.

한암당寒闇堂, 그 춥고 어두운 방

내가 처음 만났을 때의 선생님 댁의 주소는 「대전시 은행동 107번지」였다.

목척시장과 대전중앙장로교회, 농공제재소가 인근의 표징이었는데 초행길 방문객이 근처까지 와서 주위의 점방이나 마을사람에게 한학자나 역사를 연구하는 이북노인을 찾는다고 하면 웬만하면 선생님 댁이 있는 골목 입구까지 안내해 주었다.

지금은 현대식으로 주위가 재정비되어 교회도 떠나고 제재소도 없어져 옛 자취를 찾을 수 없지만 선생님 댁은 목척시장 뒷골목에 늘어선 다섯 평 정도의 한 적산가옥이었다.

폭 세척(三尺)가량의 비좁은 골목을 끼고 벽을 잇댄 목조와 낡은 기와지붕의 그런 그런 집들이 일렬로 늘어섰는데 골목에서 곧바로 부엌문을 열고 들어가면 부엌에서 단칸방으로 이어졌다.

그 부엌문 오른 켠 방 쪽의 외벽기둥에 「단단학회」란 문패크기 남짓한 현판이 걸려 있었다.

부엌구석 안 쪽 한켠에 천정으로 올라가는 목제계단이 가파르게 있는데 사방 자가웃의 출입구에 불쑥 상체를 내밀면 다섯 평 모두의 서재가 나온다.

방과 부엌이 비좁아 챙긴 자주 사용하지 않는 몇 궤의 가재와 가지런히 밀쳐놓은 살림살이 외에 원고와 고서와 자료가 쌓여있었다.

그 한가운데에 낡은 교자상과 방석 한 장, 군용담요 한 장이 있고 천정에는 백열등 하나가 덩그러니 매달려 있었다.

서까래와 대들보가 드러난 천정은 단구의 선생님도 허리를 구부려 이동하지 않으면 안 되는 구조였다.

재건축을 기다리고 있는 옛 寒闇堂(224호)

담요와 백열등은 겨울에는 보온에 약간이나마 도움이 되었을 것이다.

춥고 어두운 방, 「한암당」이 그 곳이고 당호인 것을 안 것은 선생님을 만난지 몇 년이 지난 후였다.

여름, 겨울방학과 토요일 오후나 일요일에 선생님의 가르침을 받았는데 그것이 회일 강좌였고 초기에는 선생님이 나의 집을 찾는 빈도가 오히려 많아서 나는 그 점이 송구스러웠다.

선생님 댁에서는 좌정하면 4~5시간은 보통이고 7~8시간 정도가 대부분으로 장시간 좌정에 익숙하지 않은 나에게 뜬금없는 고문이었다.

그 때 우리의 정규과목에도 당연히 국사가 있었다.

그러나 선생님의 가르침은 파격이었는데 내가 학교에서 배우는 국사와는 딴판이었다.

그러니 호기심도 생겼다.

나 역시 실향민 1.5세대여서 부모님이 고향 말을 쓰기 때문에 그에 익숙한 편이지만 선생님의 삭주말씨는 자연스럽게 알아들을 수 있기까지 1년여가 걸렸다.

일상의 대화는 다감하고 자분자분하였지만 학문에 대한 말씀은 열정적이고 세세하였다.

어쨌거나 나는 혼란하였다.

중공이나 일본은 그렇다하더라도 미국에 대한 비판적인 시각이 당혹스러웠다.

미국은 우리의 은인이었다.

6.25 때 적화위기에서 구해주었고 지금도 우리를 원조해주고(국민학교 때 우리 학교만 해도 창고에 한 통이 우리 키 높이만한 미제 분유 종이드럼이 가득했다.) 지켜주고 있는데 링컨의 게티즈버그 연설의 핵심은 시험에 꼭 나왔고 케네디 대통령이 암살당한 날은 교장선생이 조회시간에 눈물을 글썽이며 비보를 전해서 모두가 숙연하고 슬퍼하였다.

미국은 분단책임의 일편이며 형태와 대상이 바뀌었지만 아직도 우리는 식민지시대를 살고 있으며 이런 것들을 자각하고 어떻게 해야 할지 고민하고 모색하는 것도 역사공부의 목적중 하나라는 것이다.

골목과 얇은 흙벽하나를 두고 새어나가는 선생님의 말씀을 누군가 듣고 신고라도 한다면 꼼짝없이 용공분자로 몰릴 것 같았다.

선생님이 간첩이 아닐까 하는 생각을 한 적도 있었다.

참으로 맹랑한 생각이었지만 엄혹한 시대 상황이었으므로 그 때는 나에게 그런 것으로 문제가 있으면 안 되었다.

오직 열심히 공부하여 입신해서 어머니를 편히 모시고 동생들을 거두라는 많찮은 친척들의 은근한 압력과 유학을 보내준다는 기독교사회관의 여관장의 격려와 작가가 되어야겠다는 기로에서 고민하는 나에게 선생님의 존재는 3중의 심적 압박으로 다가왔다.

더 세월이 흐른 후 안 사실이지만 선생님은 일제와 북으로부터 여러 번의 투옥생활을 했고 팔과 허벅지의 고문 후유증으로 온전히 자유롭지 못했으며 남쪽에서도 몇 번의 투옥생활을 견디었다.

물론 내가 선생님을 만난 후는 어느 정도 당국에서도 학자로서의 선생님을 인정하고 있어서 그런 일은 별반 없었으나 한 번 역사적 인물의 비판으로 유감을 가진 그 후손 인사의 무고로 20일 정도 대전 교도소 미결방에 영치되어 있었는데 두 번 찾아서 한 번의 면회로 선생님을 뵌 일도 있었고 적어도 70년대 중반까지의 대전생활에서 항시 정보과 형사의 감찰 대상이었다.

생각해보면 그 때 쯤엔 방황하던 내가 진로를 결심하기도 전에 어느새 선생님의 학도가 되어가고 있었다는 생각이다.

● 한암당은 고향의 혈구재(絜矩齋), 동암재(東岩齋), 철봉산초당(鐵峰山下之石門草堂), 계상우사(溪上寓舍 서울 상계동), 광거산 밑 유호재(廣居山下楡湖齊 청원 문의면) 등 평생 만주 남북한을 유랑하며 거처한 아직 여명이 오지 않아 어둡고 추운 그러나 당신이 목숨보다 짝사랑한 모든 곳이다.
내가 미숙하여 같잖은 미사여구나 늘어놓은 시문(時文)을 보고는 진취적이고 강건함을 주문하였고, 동지, 문하에게 단민(檀民), 단고(檀皐), 단우(檀宇), 단령(檀嶺), 단촌(檀村), 단주(檀洲,檀舟), 단봉(檀峯), 단전(檀田), 단하(檀河) 등의 호를 주고 당신도 단하(檀下)라 하였는데 우리는 선생님이 주문한 건민(建敏)함을 배반한 「한암당寒闇堂」을 가장 사랑하였다.

● 선생님을 만나기 전 나는 「노랑장다리 밭에 나비 호호 날고…」의 목가시인인 정훈 선생이 지도하는 「머들령 문학동인회」에서 글을 쓰고 책을 읽는 기쁨을 만끽하며 또 한편 일가들이 목사와 장로로 있는 세 있는 교회의 학생회 간부로 넝마주이 등 빈민 청소년들의 한글 교육과 교회의 봉사활동에도 적극적이었다.
기독사회관 여관장이 미국 등 후원자들에게 보내는 윷놀이판과 윷가락 등(背)과 노란 손수건에 풍속화를 그리느라 방학 한 달여를 꼬박 보낸 일도 드물지 않던 시절이다.

당시 유학에서 돌아와 후에 여목사가 된 당고모는 나를 사랑했으므로 당신의 주인에게 나의 성취와 안녕을 기구했을 것이다.

● 서기 1999년 언필칭 새천년을 2개월여 앞두고 선생님이 거처하던 은행동 107번지의 한암당을 찾아보았다.
교회가 이미 옮겼고 제재소, 공중변소, 공동수도가 없어지고 옛날 성시의 목척시장도 쇠락하여 여느 낙후된 한산한 점포골목으로 변했지만 30~40m 늘어선 적산가옥은 그대로였다. KBS 역사스페셜 「환단고기」편을 찍을 때 담당 PD를 안내하며 주변 환경이 변해 내가 주춤거리고 PD도 시간을 아껴 찾지 못하고 그 며칠 후 다시 들른 곳이다.

지금의 목척시장

그리고 5903년 다시 들렀을 때는 재건축지역으로 추진되어 곧 개발위원회가 들어 설 예정이고 5905년 후반에는 지역민들이 이주할 예정이라는 것이다.

선생님이 살던 연립가옥들의 전체 모습은 대강 변한 것이 없고 막상 골목을 들어서보니 10여년을 방문하던 곳이지만 모양이 같아 쉽게 찾을 수가 없었다.

문과 창과 외벽이 약간 다른 모습으로 개조되었고 마침 선생님을 기억하는 이가 있어 정확한 집을 찾았으나 재개발을 기다리는 주인이 부재중인 빈 집이었다.

선생님을 기억한다는 이는 사모님을 행상시키고 매일 책만 보던 노인이었으나 새마을 청소 같은 부역 때는 담배나 피우고 잡담만 하던 젊은 자기들보다 수긋이 청소하고 잡초 등을 제거하던 모습이 인상 깊었다고 말하였다.

돌아와 방문기를 초(草)하려니 5896년은 10.26이었고 5903년은 3.1절이었고 5904년은 식목일이었다.

배낭을 메고 진달래를 모자 깃에 꽂은 체 연신 서터를 눌러대는 여행자차림의 젊은이는 사라져가는 우리의 옛 풍광과 풍물을 찍는 아마츄어라고 자신을 소개하며 씨익 웃었다.

寒闇堂 回顧

전형배(全炯培)

• 7년전 민족정신의 化身을 처음 뵙다

    선생님을 처음 뵈었던 것이 지금으로부터 꼭 7년 전이 되는 神市開天 5876年 5月 중순경이었다. 세월은 흘러 선생님께선 이미 幽命을 달리한 故人이 되시었고, 못난 弟子는 아직 멍한 채 선생님을 생각하며 앞날을 개척해 나갈 방도를 찾기에 부심하고 있다. 생각해 보면 7년여란 세월이 그리 긴 것만은 아니지만, 그간 선생님과 함께 겪었던 일들이 결코 내용 없는 서드레가 아니었고 오히려  그 짧은 세월에 담기에는 過不容인 重大事들이 많았다. 民族과 國家의 狀況이 多事多難했던 것처럼, 主體的인 民族史探究 分野에 있어서의 격동이란 실로 엄청난 바라 하겠다. 그것이 보이지 않는다고 무시될 잔물결이 아니라, 고요 가운데에서 휘몰아오는 장대한 파도였으며, 어둠을 사르어 대지를 환히 하는 태양의 작열이었다. 선생님의 평생소원으로 빚어 놓으신 역사적 위업과, 그 속에 담겨 있는 문제제기는 정녕 태풍의 눈이었고 泰山의 脈이었으며 民族精神의 고갱이였음에 틀림없다. 하염없이 다가오는 아쉬운 마음이란 表現할 길이 없지만, 이제 영영 가신 선생님을 다시 떠올리며 몇 자 懷古의 글을 적어 선생님의 속 깊었던 情을 전해두고자 한다.

• 내면과의 싸움에서 승리하심

    선생님께선 늘 孤獨과 싸우셔야 했다. 선생님의 신념은 세상의 질시와 가난을 적으로 하여 힘겨운 싸움을 해야 했다. 내가 선생님을 한동안이나마 옆에서 보살펴 드리기로 작정한 것도 기실 학문적 업적에 대한 찬탄보다는, 영양실조로 시달리며 사랑하는 가족과도 헤어진 상태에서 오히려 세파에 온몸으로 맞서 나가시던 진실한 人間에 대한 畏敬心에서 비롯된 것이었다. 선생님은 칠순이 넘으시고도 내가 만난 뒤의 이태 동안도 홀로 생활하시며 영하 20도를 오르내리는 매운 겨울날에 연탄불조차 피우지 않은 그야말로 냉동방에서 지내셨다. 손은 곱아져 펴지질 않고 잉크는 얼어붙었으며, 휘몰아치는 광야의 성난 바람은 세상의 온갖 질서를 담아 방안을 기웃거렸고 차가움에 익숙지 않은 信念地帶의 異邦人들은 고통이란 단어를 깨달아야만 했다. 게다가 선생님은 眼力이 시원치 않은데다 시간과 경제를 두루 아낀다는 이유로 아침에 라면 서너개를 물을 넣어 한꺼번에 끓여서는 아침에 조금 들고 나머지는 솥채로 내어 두었다가, 점심 저녁때에 얼고 불은 그 라면을 다시 끓여 드시었다. 반찬이라 이름할 유일한 것이 간장한 종지였던가? 그러면서도 손님이 찾아오면 드시던 라면을 치워 두고, 쌀이 있으면 쌀을, 라면이 있으면 라면을 다시 내어 손수 음식을 지으려 하시었다. 선생님은 공부하러 온 사람을 먹는 일 같은 것으로 신경쓰게 할 수는 없으시다는 것이었다. 선생님께선 언제든지 먹는 것, 입는 것을 가지고 말하는 자와 일을 함께 도모할 수 없음은 물론 얘기조차 나누지 않겠다고 하시었다. 선생님께선 선생님의 운명, 곧 민족혼의 재생을 위해 스스로를 바쳐야 한다는 신조로 인간이 지닐 수 있는 온갖 욕망을 초극해내고 있었던 것이다.

나는 이제 와서 선생님의 생활의 비참했음을 말하고자 하는 것이 아니다. 한 인간이 다른 인간, 나아가 社會에 대한 어떤 책임을 지고자 결심할 때 그 결심에 따라 붙는 엄청난 고통을 외면한다면 그 결심은 하잘 것 없는 것임이 분명하다. 한 시대를 긋는 선생님의 위업은 이미 내면적인 자기와의 싸움에서 승리했을 때 달성한 것이 된다. 나는 선생님을 뵈오며 모든 싸움은 내면과의 투쟁이며, 그 싸움에서 이긴 자만이 역사적 심판을 담당할 수 있고, 그 사람이 곧 역사가로서의 1등 자질을 갖춘 이라는 점을 자각했다. 나는 才學識의 學問이전에 스스로의 삶을 주관적인 결단으로 이끌어가던 哲人이요 達觀者에게 반해 있었던 것이다.

• 국사찾기는 자신감에서 비롯

선생님은 늘 당신도 아는 것이 없노라고 하시었다. 있는 것은 뜻 뿐이며 그 뜻 하나로 이제까지 버텨 오는 것이라 하시었다. 그러면서 신진청년들은 모름지기 自信感을 갖고 도전해야 한다고 강조하시었다. 더욱이 우리나라엔 불행히 역사를 아는 사람이 없다고 하시었다. 아직 역사를 확실히 안다고 말할 사람은 없으므로 모름지기 확신을 지닌 뜻있는 사람은 누구든 원하는 바를 달성할 수 있다는 것이었다. 나아가 당신께선 先師들이 점찍어 놓았던 역사의 맥락을 조금 더 굵은 점으로 만들고, 때에 따라 드문드문 연결시켜 놓은 정도의 학문이라고 말씀하시고, 앞으로 이러한 상태에서 모든 점들을 다 연결하여 민족정신의 대들보로 만드는 것은 오로지 後學諸位의 노력여하에 달려 있다고 틈있을 때마다 强調하시었다.

- ## 寒闇堂이라 號한 뜻

선생님의 堂號는 寒闇堂이다. 차고 어둡다는 뜻을 내포한 이 호는 여러 가지를 생각나게 한다. 선생님께선 세상의 차고 어두운 측면을 너무도 잘 알고 계셨다.

방황하는 民族魂, 제한된 主權, 縮小된 영토, 이반된 同族意識…. 그러나 가장 차고 어두운 것은 자기를 정직하게 바라보지 못한다는 점이었다. 왜 본래 그대로의 자기모상을 팽개친 채, 진실을 외면하려 한단 말인가?

선생님은 차고 어두운 현실을 있는 그대로 받아 들였다.

선생님의 밝고 따뜻한 마음은 차고 어두운 현실에 직면하여, 결국 철저한 비타협의 외길인생을 개척하도록 만들어졌다. 역사의식의 붕괴는 거대한 둑에 구멍이 뚫린 것과 같으며, 그 구멍은 도구를 갖지 못하였을진댄 손으로, 발로, 그래도 안 되면 온 몸으로 막아야한다. 도울 자 없는 싸움에 스스로 욕망과 타협하고 후퇴하는 것은 그대로 自滅 · 他滅을 意味한다. 선생님은 타협도 후퇴도 하지 않으셨다. 오늘 우리는 선생님께서 행하신 그 힘겨운 싸움 덕분에 조금이나마 여유를 갖게 되었고, 조금은 용이하게 그 붕괴사태를 막을 수 있게 되었다.

歷史는 變轉한다. 그 변전의 와중에서 고루한 명분론이나, 原則없는 습一로 힘을 만들 수는 없다. 선생님께선 글자 하나를 두고 다투신 분이다. 글자 하나가 곧 世界意識의 集積임을 깨닫지 못하면, 진부한 歷史의 日常性은 打破되지 않는다. 타파해야 할 명확한 대상을 두고 나아가는 길에 이미 酷寒과 黑暗이 문제 아니다.

선생님은 당신의 호를 寒闇堂이라 하여 다가오는 도전을 회피하지 않았으며 이에 따라 더욱 맹렬히 대응할 수 있었다. 이미 춥고 어두운 데가 그의 집이거늘 그 어떤 고통이 선생님을 억압할 수 있었겠는가?

문득 정직하게 운명과 조우할 수 있는 고매한 인격을 지닌 분이 곁에 계시지 않음이 더욱 안타까워진다. 선생님의 춥고 어두움은 이제 幽宅으로 함께 갔을지 모르나 世上의 춥고 어두움은 아직껏 남아 있다.

• 후학에 대한 극진한 사랑

선생님께선 후학들을 지극히 아껴 주시었다. 때로 엉뚱한 질문을 하여 선생님께 혼줄이 날 경우도 있지만 평상시 조그마한 데까지 마음을 쓰시어 살펴주실 때는 절로 감읍하게 된다. 예컨대 누가 무릎을 꿇고 앉으면 편히 앉으라 권한다. 그래도 그대로 앉아 있으면 다른 말씀은 하지 않으시고 그 자세로 하루 종일 앉아 있을 수 있으면 그렇게 하고 언제든 바꿔야 되겠으면 지금 고쳐 앉으라 권하신다. 이쯤에 이르면 사람들은 선생님께 마음으로 고마워하며 자세를 고쳐 앉게 마련이다.

선생님께선 유달리 산을 잘 타셨다. 上溪洞 壽樂山 밑에 기거하실 때도 변함 없이 산을 타셨는데, 선생님께선 이 산을 오르내릴 때 뜀박질을 하시었다. 건강한 젊은 사람들보다 더 빨리 오르내리시어 주위에서 바라보는 사람들로 하여금 혀를 차게 했다. 眼力이 나빠 그토록 고생하시면서도 산길만은 그야말로 거침없이 달리어 실로 위태롭다는 느낌까지 받을 지경이었다.

나도 가끔 선생님과 함께 오르는 적이 있는데, 내가 웬만큼 건강하다는 자부심도 있는 젊은이였음에도 불구하고, 산에 오를 때 제일 반가운 말은 "전군, 힘드는가? 좀 쉬다 오를까?"라는 말이었다. 나는 멋쩍게 "선생님, 힘 안 드십니까?" 하고 물으면, "태어나 계속 산속을 누비며 살아왔기 때문에 산에 들어오면 정신이 맑아지고 힘이 생기지"라고 하시곤 했다. 그리고 함께 산마루에 앉으면, 압록강을 통해 만주를 넘나들 때 추운 겨울 낙엽 속에 묻혀 밤을 지새워 생명을 건진 얘기며 첩첩산중의 대삼림속에서 길을 잃고 헤매 다니다가 고생고생 끝에 소를 몰고 간 길을 찾아내어 목숨을 건질 수 있었다는 것 등 많은 이야기를 전해 주시곤 했다.

어렸을 때 깊은 산길을 갈 땐 두려움에 떨다, 나중에는 "一神降衷 性通光明 在世理化 弘益人間"이라는 念標文을 외우셨다고 하셨다. 그러면서 呪文이란 그 자체가 신통력을 지닌 것은 아니지만 그렇게 함으로써 집중력을 얻게 되어 때로 깨달음을 얻을 수 있다고 설명해 주시기도 했다.

이렇게 산을 뛰어 올라갔다 와선, 좁은 부엌칸에서 나는 주머니를 털어 소주한 두병과 간단한 먹을 것을 준비하여 선생님과 술자리를 펴곤 했다. 선생님께선 40이 넘어서야 술을 조금씩 드셨다 한다. 선생님의 선친께선 선생님이 술을 전혀 들지 않는다 해서 많은 걱정을 하셨다고 한다. 그래서 40이후에도 가끔 한두 잔씩 드신다 했는데 나는 선생님과 술자리를 만들 때마다 놀라게 되었다.

선생님께선 기분이 좋으면 술을 조금 더 든다고 하시면서 때에 따라 소주 두홉들이 1병을 넘게 드시기도 했다. 이 경우 선생님의 주량을 모르고 주시는 술을 함께 받아 들던 술 약한 젊은 사람들은 놀라고 만다. 도저히 70대 중반을 넘긴 분의 건강과 주량이 아니었기 때문이다. 하여간 선생님을 뵈올 때, 나는 주머니를 털고 선생님께선 마음을 터시고 언제나 꽉 차있던 소주병도 털어내었던 것이다.

선생님께선 소주보다 약한 술도 그보다 강한 술도 좋아하시지 않았다. 가장 서민적인 풍모를 띨 수밖에 없었던 분의 자연스런 기호가 아니었나 생각하게 된다. 선생님처럼 그 작은 몸집에 어떻게 저토록 거대한 역사의 짐을 챙겨넣을 수 있었던가를 생각해 볼 때 선생님은 지극히 큰 理想을 꿈꾸시어 人間의 하잘 것 없는 욕망을 잊었으면서도 끝없이 인간의 소탈한 삶을 사랑하셨기 때문이 아닌가 반문한다. 그것은 선생님께서 방문 입구에 늘 붙여두는 參佺戒經의 한 구절처럼 세상을 사셨던 것이라 여기게 된다.

處衆而逸衆逸衆而厚衆

(무리 가운데 있으면서도 무리를 벗어나고 무리를 벗어나 있으면서도 무리를 두터이 한다)

03 이 時代의 다른 風光을 쓰면서

단촌檀村 이석영李錫暎 선생

선생님을 만난 지 일 년 남짓 되었을 때 선생님이 회갑을 맞았다.

주위 몇 분의 집을 빌려 하연을 했는데 그 자리에서 단촌선생 부부를 만났다.

단촌선생은 살집이 많고 혈색이 좋았는데 온후하고 넉넉한 인상을 주었다.

부인 권여사는 4.19 때 시위에 앞장섰던 100인 교수의 선봉인 권오돈 교수의 따님이었다.

단촌선생은 선생님보다 며칠 뒤 두 살 난 딸을 업은 사모님과 함께 일행 두명을 더 대동하고 3.8선을 무사히 넘어 일가가 경영하는 청주의 한 방앗간에 머문 분인데 선생님과는 고손관계의 혈족으로 맨손의 실향민에다가 노동과 장사를 모르는 백면서생이어서 익힌 명리학으로 피난지인 청주에서 사주를 보기 시작하였다.

사변 후에는 경향에 소문이 나서 대한극장 뒤 필동에 정착해 그 방면의 저명한 인사가 되었다.

「사주첩경」을 집필하고 연말 TV에 출연해 오는 해의 국운과 고관 등의 사주를 봐줬다.

최초로 역리학원도 열었다.

대학입학시험 때 단촌선생 댁 2층에서 며칠을 기거했는데 통금이 있던 시절이라 6시부터 손님들이 몰려와 밤 11시경에 마쳤다.

제자 한 분이 단촌선생 곁에서 사주를 숫자로 풀어주면 그것을 받아 해석하고 유장한 필체로 해운(解運)하여 설명해 주는 식이었다.

진수식, 준공식, 혼인 등의 택일도 해 주었다.

신기하기도 했지만 며칠 동안 손님 모두 하나같이 좋은 사주인 것이 미심쩍어 하향했을 때 선생님께 그 말씀을 드렸더니 선생님이 빙긋이 웃었다.

모두 잘 나가는 사업가나 고관들의 사주여서 그럴 것이다는 것이다.

많은 복채를 모아 자제의 회사를 만들어 주고 강화도 마리산에 개천각을 지어 학회에 쾌척하고 해마다 두 차례 대영절과 개천절 행사비를 맡아주었으며「세계문명동원론」「커발한 문화사상사」「광개토성능비문역주」등의 출판비와「환단휘기」영인비를 도와주었다.

틈틈이「커발한」에 사론도 기고하였다.

5879년 단촌선생이 졸지에 돌아가셨을 때는 전국의 회원들이 애도하였다.

20세 때 겨울 선생님 편에 슬그머니 보내준 내 사주는 서체가 좋아 표구해두었는데 돌이켜보면 당시 20세 때 까지 지난 나의 생애와 가족사, 성품 등이 맞는 것이 신기했고 그 이후 다가올 생애의 학문으로 이름을 떨친다는 사주는 선생님과 단촌선생의 바램과 격려였을 것이다.

단촌선생의 타계를 드러내놓고 내색은 안했지만 선생님의 상심은 옆에서 지켜보기가 민망하였다.

개천 5875년 11월
단촌선생이 개천각 건립과 재정지원의 공로로 학회의 감사패를 받았다.
서북의 저명한 명리학자이자 독립운동가로 옥강한 상경 이양보(尙絅 李陽甫) 선생은 선생님과 고조부(淸庵 李碩律)가 같은 가형(家兄)이다.
그 손(孫) 단촌선생은 공석에도 선생님을 신풍동 할아버지라고 불렀다.
순박무위(淳朴無爲)한 분으로 한 번은 내 한 학기 분의 학비를 도와주려는 걸 극구 사양한 적이 있고, 부인 권여사는 내가 신고 다니는 단화로 개조한 낡은 군화가 안쓰러웠던지 (우리세대의 한 때 군화의 목을 잘라 신고 물들인 군복을 입고 다니던 풍조가 있었다.) 태백산행 때 목이 긴 탄탄한 운동화를 선물하였다.

- 초명(初名)은 평준(平準). 호(號)는 자강(自强), 단촌(檀村), 경신庚申(1920) 5월 8일 생, 배(配)는 안동(安東) 권희옥(權希玉)이고 부(父)는 포명 권오돈(抱冥 權五燉, 연세대 교수) 선생이다.

단촌(檀村)선생은 70년대 중반까지 재남(在南) 삭주군민회(朔州郡民會) 감사로 삭주 군민들의 친목, 복지증진과 군민회 발전에 기여하기도 하였다.

지사志士 이야기

5867(서기 1970)년 5월 2일 서경원군으로부터 이튿날 오전 6시까지 선생님 댁으로 모이자는 전갈을 받았다.

신단재선생[1]의 탄신지를 방문할 계획이라는 것이다.

서군에게 저녁을 대접하고 천변을 산책하며 잡담을 나눈 후 이튿날 일찍 선생님 댁에 도착하니 서군과 박군이 도착해 있었다.

전날 서군을 나의 집에 심부름을 보내고 나서 다른 일로 선생님을 찾은 박군에게 제안을 해서 네 사람이 동행하게 된 것이다.

그런데 뜻밖에도 우리가 알고 있는 충북 청원이 아니라 산내면 어남리이고 약도를 내보이며 탄신지를 찾았다고 하였다.

웬만한 초행길을 도보로 숙지하며 다니는 걸 알기에 우리는 선생님을 따랐다.

족히 50리 길이었다.

우리는 단재의 행적과 학문은 물론 꼿꼿이 서서 앞섶을 적시며 세수를 한 일화며 빨간 내복을 입고 있던 일화를 들으며 먼 길을 원족을 가듯이 탄신지를 향해 부지런히 발길을 옮겼다.

꼿꼿한 소세나 빨간 내의는 많은 사람들이 알고 있듯이 오직 조국의 광복만을 염원하고 도모했던 지사의 신화로 남아있다.

선생님의 사표는 운초와 단재선생이었다.

그 무렵 선생님이 필사한 책 중 단재의 「조선사연구초」를 내게 건내 준 적이 있었다.

다실에서 벗을 기다리고 있는데 웬 경관이 힐끗 나를 보더니 잠깐 따라오라는 것이다.

문을 나서면 바로 정동파출소였다.

그 경관은 다상 위의 책제목을 보고 검문한 모양인데 나는 어이가 없어서 북의 국명과 같은 제호의 신문도 빨갱이 신문이냐고 대들었다.

금방 오해는 풀렸지만 어이없는 해프닝이었다.

오랜 시간이 흐른 후 공주에 다녀오다가 다른 차와 실랑이가 있어서 교통과에 갔더니 계장이 그 경찰관이었다.

일을 마무리한 후에 아는 체를 하며 커피를 대접하였다.

단재의 탄신지는 보리밭이 되어 있었다.

안내하는 단재선생의 일가(외가)에게 후한 점심대접을 받고 그 분의 기억을 빌어 주변의 산과 마을, 집의 위치와 모양, 어린 시절 에피소드를 노트에 옮겼다.

그리고 귀가 후 기행문 형태를 빌어 탐방기를 정리하였다.

지금은 충청북도와 대전광역시에서 각각 고향과 탄신지를 복원하고 기념관을 열어 단재선생의 업적을 기리고 있다.

기념사업회와 학회도 설립되어 학문과 업적을 지속적으로 발굴하여 세미나도 열고 있다.

나도 기회가 있을 때 몇 번 참석하고 청원과 대전의 생가지를 방문해 오고 있다.

5890년 방문 때 한 해 전 잘 정비된 단재선생의 외가는 그 때 쓴 내 탐방기 느낌과는 너무 달라 당혹하였다.

동상 밑에서 두 시간 정도 앉아 있었다.

임정시대의 엄혹한 상황에서 생사를 넘나들던 투쟁이나 풍찬노숙의 삶과 학문이 읽고 들은대로 선생님 또한 많은 부분 단재와 닮았다는 생각을 하였다. 단재가 사표였으니 당연할 것이다.

선생님의 자세는 항상 꼿꼿하였다.

가부좌에다가 글이 잘 안보일 때는 책을 들어 안경 가까이 대었다.

처음 나는 가부좌가 고통이었다.

함부로 몸을 꼴 수가 없어 온 몸이 마치지 않은 곳이 없었다.

하지만 나도 어느덧 평생 그런 자세로 되어갔다.

선생님의 타계 며칠 전 만나 뵈러 상경하였다.

반갑게 잡아주는 손에 아무 힘이 느껴지지 않았다.

손을 잡은 것도 처음이려니와 다섯 시간 가량 만나 뵈었는데 내 쪽으로 바투 앉아서 숨소리까지 느껴졌다.

꼭 1년 전 을축(乙丑, 서기 1985)년 대영절 전날과 7월에 늦도록 말씀을 나눴는데 너무나 쇠잔한 선생님을 보는 순간 울컥 감정이 복받쳤으나 연세가 이미 8순이 가까웠다는 걸 까맣게 잊고 있었다.

곧 다시 찾아뵙겠다고 말씀드리고 일어서려다가 아쉬워하는 선생님 때문에 다시 앉기를 반복한 게 또 두 시간이었다.

막차시간이 가까워 한시를 한 수 지어주고 큰 길까지 배웅해 주었다.

육신으로 마주하는 미덥지 못한 후학과의 영원한 이별을 예감한 때문이었을까?

짧은 거리가 또 30분이 걸렸다.

가까스로 탄 막차 속에서 심한 두통과 멀미에 시달렸다.

선생님은 그 때 우리에게서 졸지에 떠났지만 죽음은 항상 곁에 있었을 것이다.

단재선생이 여순옥에서 56세의 일생을 마감할 때 당신의 일생을 어떻게 반추하였을까?

아직 오지 않는 광복과 끝나지 않은 학문을 회한하지 않았을까?

버려진 가족에 대한 애련은 어찌 또 없었겠는가?

지사의 삶은 남은 자들에게는 영원한 사표이다.

천비산(天飛山)이 맞바라보이는 단재선생의 탄신지. 단재선생의 일가가 안내해
주었다.
당시 뒤로 보리밭이 있었는데 좌측으로 30m쯤 산자락(지소산)에 바투 기대어
생가(生家)가 있었다고 한다. 단재선생의 일가 댁에서 대접받은 정갈한 음식과
특히 찹쌀가루를 입혀 말린 가죽나무 잎에 고추장 양념을 발라 튀겨낸 반찬의
맛을 지금도 잊을 수 없다.
사육신 자손이라고 뻐기던 박군은 후에 대전의 고교에서 미술교사로 재직하고
있다.

선생님이 작고하시기 1년 전 을축(乙丑) 사월(四月) 大迎節(陰三月十六日) 전
날 册과 詩와 (原職) 點承의 教帖을 받았다.

그리고 丙寅年의 잔인한 四月에 5864년 鐵城文庫를 나에게 건넨 이후 좀처럼
하지 않던 선생님의 개인사와 나에 대한 세 건의 禁忌와 세 건의 課題를 주었다.

이따금 스치는 말처럼 해서 무심하였지만 근원을 알 수 없는 조바심과 하향길
에서 심한 두통에 시달리고 귀가 후 이틀 동안 몸살과 亂夢으로 잠을 설친 一連
의 일들이 새벽 선생님의 訃音을 듣기 위한 豫證이었던 셈이다.

내가 중학교 3학년 때 최남단으로 피란 가 정착한 83세의 친척이 나의 집을
방문한 적이 있었다. 떠날 나이도 됐으니 後生의 사는 모습을 보려 오셨다면서
먼저 방문한 경향지방의 친척들의 근황을 들려주고 딴 곳에서 얻은 용돈을 나의
손에 들려주었다. 그리고 친척 할아버지가 귀가한 이틀 후 부고가 왔다. 장례식

에서 많은 문상객들이 호상이라면서 상주를 위로했는데 상주 재당숙은 이 세상을 뜨려고 둘러 본 모양이라고 나의 손을 쥐었다. 돌이켜 보면 더 오랫동안 나의 곁에 계실 줄 알았던 선생님 말년의 여러 예증을 나는 不惑之年 앞두고도 무심하였다.

乙丑 三月大迎節 前夜 講畢 書贈 梁宗鉉
積阻數年 眼忽明 佩蘭交密斷金情 史觀定立知吾事 國是不存有執評
唐書缺錄安市捷 魏志虛傳侯騶名 正統始箕今莫說 檀君附見罪何輕
寒闇堂 主人 李裕岦

續反正帝王韻記並序

歲乙丑七月에 與梁宗鉉吳宣日全炯培諸君으로 留一旬於摩利山下之檀鶴洞하니 近以檀學會體制爲新備故也라. 蓋摩璃爲山이 全以巖石으로 自成山體하야 斷崖峭壁이 絶有淸致하고 奇峰絶嶂이 靈異可觀이라. 絶頂에 有塹城壇하야 縹緲於雲霄間하니 仰峻穹蒼하고 望遠西南하야 無限灝氣를 自由吐納하고 晴眺溟滄에 杳邈無際하고 兩京山川이 瞭如指掌이오 楓樺秋色이 尤助勝踐이라. 薦蘋秘席累石靈壇之句는 平齊公·蘇塗祭天之追崇이오. 摩利之山檀君攸祀之文은 牧隱子 國典望秋之祝談이라. 東落爲文筆峰하니 俗稱南椒皮峰이라. 遠看則尖蠹孤立하야 如筆可愛하고 近看則險峻莊嚴하야 如巨人可畏라. 北通一窟하고 中有石門限하야 高可半丈이오. 蹟限則沈暗難狀이라. 西爲薦蹟峴하고 南爲興王宮이오, 正北은 卽上坊後麓이니 東曰檀鶴洞이라. 右通檀峴하고 左接鶴洞하니 亦一爽塏之勝也라. 中有大始殿하니 神市開天之太祖桓雄天王이 居中南向이시오. 東配則檀君王儉·高鄒牟聖帝 震太祖 金太祖시오. 西配則蚩尤天王 廣開平安好太帝 世宗仁聖大王이시니 核郎大會하야 春秋祭之라. 乃吾民之責이니 諸君은 其勉之哉어다. 日已半하야 手天符經하고 仍由溪上而回하야 仍登殿庭而環坐하니 三核英俊이 志懷感傷하야 心相傾倒하고 高文大論이 時與傾吐라. 要之諸論이 皆以司馬遷史記朝鮮列傳之爲誣妄하고 而又復通嘆吾邦之士ㅣ作史附庸之失하니 蓋指韻記通鑑綱目彊城考

等書而痛斥之也라. 余ㅣ深感其言之當理하고 又因玆會之鍊修하야 國史反正之擧가 可謂立種矣라. 余雖不文이나 而更復掇其諸論之微言并餘意하야 附諸拙稿反正帝王韻記之後而續寫之하야 以供他日講談之資云이라. 神市開天五千八百八十二年七月二十一日에 寒闍堂人은 書于摩璃山下之靜修觀이라.

대전시가 복원한 단재 선생의 탄신지

단재 신채호 선생 약전

❖서기 1880.11.7 충남 대덕군 산내면 어남리 도리미 마을(現 대전광역시 중구 어남동) 외가에서 출생. 父 신광식. 본관 高靈. 호 丹齋. 一片丹生. 丹生, 錦頰山人. 無涯生. 본가 충북 청원군 낭성면 귀래리(고드미 마을)

❖1887(8歲) 고향 낭성면 귀래리로 歸鄕. 조부 신성우의 서당에서 修學

❖1898(19歲) 목천의 신기선의 추천으로 성균관에 입교. 독립협회 가담

❖1901(22歲) 청원군 가덕면 인차리 출신 독립운동가 예관(睨觀) 신규식(申圭植)과 인차리의 문동학원에서 애국 계몽운동을 전개.

❖1904(25歲) 성균관에서 趙素昻과 함께 항일성토문을 작성. 일제를 규탄하고 申伯雨. 申圭植과 함께 향리 관정리에 山東學堂 설립

❖1905(26歲) 成均館 博士가 되고 張志淵의 皇城新聞 논설위원으로 날카로운 筆鋒을 휘두르다.

❖1907(28歲) 新民會조직 발기문 작성. 국채보상운동 참여. 「이태리 건국 삼걸전」발행. 대한매일신보 주필이 되다.

❖1908(29歲) 을지문덕전을 쓰다. 「가뎡잡지」발행. 대한매일신보에 「독사신론」 연재. 「을지문덕」발행

❖1909(30歲) 최도통전을 쓰다. 尹致昊, 安昌浩, 崔南善 등과 함께 靑年學友會

발기, 취지서를 쓰다.

❖ 1910(31歲) 망명길에 오르다. 러시아의 해삼위에서 靑丘新聞 발행

❖ 1911(32歲) 블라디보스톡에서 李東輝, 李甲, 尹世復과 함께 광복회를 결성하다.

❖ 1912(33歲) 「勸業新聞」창간 주필로 활약하다.

❖ 1914(35歲) 권업신문이 강제 폐간되고 남북만주로 가서 백두산을 등정하고 광개토대왕비를 참관하다.

❖ 1915(36歲) 上海로 가서 新韓靑年會조직에 참가하고, 趙素昻, 朴殷植, 文一平과 함께 博達學院을 설립하다. 「朝鮮上古史」를 집필하다.

❖ 1916(37歲) 질녀의 혼인으로 잠시 비밀리에 귀국하다. 나인영의 자결소식을 듣고 「도제사언문」을 짓다. 「꿈하늘」을 집필하다.

❖ 1918(39歲) 戊午 독립선언 39인 대표 중 한사람으로 참가 선언문을 작성하다.

❖ 1919(40歲) 이상용, 계연수, 홍범도, 여운형, 이탁, 이관집, 오동진, 이덕수, 주상옥 등 28인으로 「조선인 10보장」을 발표 후 상해 임시정부에 참가 의정원의원, 전원위원회 위원장을 역임하였으나 이승만과 대립하여 사퇴하고 그 후 비밀결사 大同靑年團 단장. 新大韓靑年同盟 부단주 피선. 「新大韓」주필이 되다.

❖ 1920(41歲) 박자혜 여사와 재혼. 보합단 조직에 적극 참여하고 독립군 자금모집 책임을 맡다.

❖ 1921(42歲) 「천고」를 창간하다. 통일책진회를 발기하고 취지서를 작성하다. 맏아들 범수가 태어나다.

❖ 1923(44歲) 임시정부 創造派의 주동적 역할을 하며 민중의 폭력혁명으로 독립쟁취를 부르짖고 임정과 대립하다가 북경으로 가서 한·중의 신문에 논설과 역사논문을 발표하다. 의열단의 「조선혁명선언」을 작성하다

❖ 1924(45歲) 「다물단」의 선언문을 작성하다.

❖ 1925(46歲) 무정부주의 운동시작. 「조선사연구초」연재(동아일보)

❖ 1927(48歲) 新幹會 발기인. 무정부주의 東方同盟에 가입

❖ 1928(49歲) 잡지 「탈환」발간. 혁명소설 「용과 용의 대격전」집필. 자금조달 차 대만으로 가던 중 基隆港에서 피체

❖ 1929(50歲) 대련 법정에서 공판 실시되다. 차남 출생

❖1930(51歲) 10년형을 선고받고 旅順 감옥에서 복역하며 「조선사연구초」를 집필하다

❖1931(52歲) 「조선사」를 신문에 연재하다.(조선일보)

❖1936(53歲) 2월 18일 뇌일혈로 쓰러지고 21일 오후 옥중에서 순국하다.

❖1962.3.1 건국훈장 대통령장 추서

단재(丹齋) 대종사(大宗師)의 묘소는 고향 청원군 낭성면 귀래리(고드미 마을)이며, 충청북도에서는 묘소와 영당과 기념관을 세우고 유품과 관련 자료를 모아 전시하고 있다.

또한 충청북도 단재 교육연수원(청원군 가덕면 상아리)에서도 2006년 단재교육자료관을 개관하여 단재관련 자료 전시 및 단재사상을 고취하고 있다.

(사)단재 신채호 선생 기념사업회가 지속적으로 세미나를 열어 단재의 사상과 학문을 탐구, 조명하고 있으며 단재 관련 사이트도 여럿 있어서 그 불굴의 독립정신과 불멸의 업적을 기리고 근래에는 단재문화 예술제도 열리고 서울은 물론 대전의 생가지와 청주의 예술의 전당 광장과 문의면에는 단재의 동상이 세워져 있다.

2006년에는 단재 연구가에 의해 「단재잠」이 새로 발굴되기도 하였으며 2000년 이후 단재의 역사서들과 시문, 평전, 전기 등이 새로운 장정과 평이한 번역으로 많은 출판사에서 다투어 출판되기도 하였다.

오직 천재성과 애국 애족의 열정만으로 일생을 바람과 이슬로 버티며 구토(舊土)와 이국(異國)을 떠돌며 후대에 편의대로 붙인 계몽운동가, 독립운동가, 언론인, 교육자, 사상가, 사학자, 문학가로 56년의 생을 불살랐다.

10여 년 전 귀래리의 단재사당을 방문했을 때 방명록에 유지를 있겠다고 쓰고 시설물을 다시 한 번 둘러보고 길로 나섰다.

각지의 내방객과 단체 참관의 학생들로 제법 북적였다.

「茂林脩竹 今何在 一段風流付夕陽」(茂林脩竹 훌륭한 성인들을 지칭함)

「독립은 주어지는 것이 아니라 쟁취하는 것이다」

임정시절 미국(米國)에 부용(附庸)하는 이승만과 노선대립을 한 단재의 학문은 묘청의 난의 재해석과 「을지문덕전」「최도통전」「이순신전」등과 「조선상고사」「

조선상고문화사」「조선사연구초」「조선사론」「동국거걸전」「이태리건국삼걸전」과 수많은 시, 문 등을 통해 아(我)와 비아(非我)의 투쟁의 결과물 (歷史)의 명제를 극명하게 부각시켰고 철저한 비타협 민족주의 사관의 수립으로 한국 근대 사학의 지평을 열고 초석을 쌓았다.

귀가 길에 지인(知人)과 지인의 동료들과 어울려 청주의 한 식점에서 저녁식사를 하였다.

"신단재 선생을 욕하는 사람도 많습니다."

이야기 끝에 지인의 동료가 전언(傳言)인양 말했지만 충북에서, 대전에서, 서울에서 더러 듣는 말이고 7,80년대 학자 중에 언론이나 논지(論誌)를 통해서도 듣던 말이다.

그때는 무정부주의자로서의 변신을 알듯 모를 듯 은근한 교필(巧筆)로 견강(牽強)하고 민족주의 역사학자로서의 단절처럼 부회(附會)하고 학문의 훼절로 문식(文飾) 했지만 무정부주의는 대종사의 투쟁의 방편이며 인간의 한 소망처럼 고대(古代)에도 있어온 이를테면 노자(老子)도 아나키스트이다.

수십 곳, 수십 개의 독립운동단체가 저마다 노선마다 편당을 만들어 지리멸렬의 위기에서 오직 홀로 성혜(成蹊)를 트고 외곬의 그 길을 따라 끝내 순국의 길로 떠난 것을 일본의 식민지 근대화 은총을 노래하는 자들에게 휩쓸려 부화뇌동하는 것은 지사를 추존하는 후인들의 자세는 아닐 것이다.

「역사는 아와 비아의 투쟁」이라는 단재의 명제처럼 인간은 태어나기 전 정자(精子)의 모상(貌像)일 때부터 적자생존(適者生存)이니 일면 수긍이 안 가는 것은 아니나, 그러나 인간사회는 어디에나 인간다운 생존을 위한 약속과 규범과 도리가 있고 나라와 민족이 있으니 존화(尊華), 부일(附日), 청양배(淸洋輩)들의 가면 속에서 퍼뜨리는 교언(巧言)이 결코 적자생존의 방편일 수도 정당화 될 수도 없을 것이다.

아직 초가가 있던 40년 전 귀래리로 단재 대종사의 고택을 찾아가는 길섶의 미풍에 한들한들 서로 어루며 수줍게 피어있던 코스모스는 러시아의 국화(國花)이니 해삼위에서 발길을 재촉하던 대종사의 눈길에도 들었을까?

낭성면 귀래리 고드미 마을에 있는 단재 영당 전경. 영당은 정면 3칸, 측면 1칸, 겹처마 맞배지붕의 목조기와집이고 출입문은 정기문(正氣門)이다.(지방 기념물 제90호)

새기는 글

대저 조선혁명가 단재 신채호 선생은 조선 상고사를 집필한 천재적 사가요 황성신문 등의 주필로 활약한 지사언론인이요 꿈하늘 등을 집필한 탁월한 문필가였다. 강도 왜노는 조선의 국호와 국권과 국토를 강탈하고 산업자본과 가렴잡세로 조선민중의 재산권을 박탈하였다. 그 뿐인가 조선의 청년을 저들의 총알받이로 내몰고 젊은 처자들을 군 위안부로 잡아갔다. 나라 잃은 백성들은 이국의 거친 광야를 바장이다 굶어죽고 광복전선의 애국열사는 저들의 모진 칼날아래 하나 둘 죽어가니 저들의 만행을 어찌 손가락으로 헤아리겠느냐, 살지도 죽지도 못하는 조선민중에게는 생존권자체가 의문이거늘 외교론이나 준비론이나 자치론을 부르는 자 누구냐. 아 강도 왜노의 압제아래서 조선민중이 해방되는 길은 오직 민중 직접 폭력혁명 뿐이다. 조선의 형제들아 조선

단재 대종사의 동상
(청주 예술의 전당)

낫이 되고 죽창이 되라. 총탄이 되고 폭탄이 되라. 적의 일체 시설물을 파괴하라. 조선 총독 및 각 관공리 왜왕 및 관공리 정탐노 왜국적을 살상하라. 그대들이 꽃잎처럼 떨어진 황토위에 고유한 조선 자유스런 조선민중 민중적 경제 민중적 사회 민중적 문화의 조선을 건설하라. 단재 신채호 선생은 동방무정부주의 동맹일원으로 맹약하였고 스스로 광복전선에 폭탄이 되어 옥중 순국하였다. 서릿발 장부 한을 이국하늘에 남긴 채 칠천만 겨레의 이름으로 민족 자주를 민족통일을 세계 속의 민족공영을 맹세하자. 가슴에 복받치는 불로써.

단기 4329년 병자 섣달 초여드레

신경득 삼가 짓고 김동연 쓰고 박성천 새기다.

단재 신채호 선생 동상건립 추진위원회

단재 신채호

신채호가 집필한 의열단의 「조선혁명선언」 초판 원문 일부 1923년 1월

반백년半百年의 여정旅程

86세의 신유경(매녀)여사님은 지금도 건강하시다.

내가 선생님을 만나기 전 사모님과 나의 모친은 이미 지인이었던 모양이다.

평생 선생님과 4남매의 살림을 책임진 사모님은 온갖 잡화와 아이들의 먹거리, 낱개피 담배 등을 손수레(리어커)에 싣고 이곳저곳 단속반에 쫓겨다니며 팔다가 회상사 앞 도로변이나 삼성초등학교 뒷골목의 담벽에 자리를 잡았다.

사모님이 피치못해 자리를 비울 경우 선생님이 대신하였다.

그런 줄 모르고 선생님 댁을 방문하면 자제가 기다리다가 선생님의 소재를 알려줄 때가 있는데 평소에는 좀처럼 마주칠 기회가 없는 사이었다.

선생님과 공부할 때 장시간 어디서 배회하거나 친구집에서 놀다오는 모양인데 방해하지 않기 위함인 걸 알고 자리가 불편할 때가 한 두 번이 아니었다.

전화가 귀한 시절이라 연락할 길이 없어 자제를 시켜 소재를 알려줘서 가보면 손수레 앞에 앉아 책을 보고 있었다.

아이들이 와락 손수레를 둘러싸면 쩔쩔매는 선생님을 보고 나도 식은땀을 흘렸다.

값을 모르는 나는 속수무책 바라 볼 수밖에 없었지만 손버릇이 나쁜 아이들의 감시자가 된 걸로 위안하였다.

가끔 불량기가 있는 소년들이 개피담배를 달라고 하면 선생님은 없다고 하였다.

사모님은 별로 말씀이 없었다.

어쩌다 노점이나 댁에서 만나 인사를 하면 집안은 무고하냐거나 혼잣말처럼 힘든 선생님과의 공부를 왜 하느냐는 식이었다.

훗날 내가 지인의 자식이란 걸 알고 말씀이 좀 더 많아졌지만 내가 그렇게 느꼈을 것이다.

선생님이 군산 일가병원에서 안과수술을 받고 상경해 가족이 다시 흩어졌을 때 사모님은 피난시절까지 합해 청주, 군산 등지에서 10여년을 가정부살이를 하였다.

지사의 삶이야 세속을 초월하겠지만 가족은 사는 게 사는 게 아니었다.

KBS 역사스페셜「환단고기」편에서 선생님을 회고하고 증언하는 사모님을 보며 그 긴 신산하고 곤고했던 삶의 여정에서 얼마만큼의 위안을 얻었을까?

과연 얻기는 했을까?

단학동檀鶴洞 단상斷想

선생님을 만난 이듬 해 강화도 마리산 참성단에서 50년대 후반부터 거행해 오던 학회의 개천행사에 참석하기로 약속하였다.

음력 10월 3일이라 날이 쌀쌀했고 학교에 결석계를 내고 통금이 풀리자마자 난생처음 강화행을 위해 역으로 나갔다.

선생님은 벌써 나와 있었는데 그간 선생님 댁에서 인사를 드렸던 오봉록 선생과 대전회원 두 분이 와 있었다.

제멋대로 연착하는 기차로 영등포까지 3시간 반 남짓 걸리고 차부로 이동해 강화행 버스를 탔다.

물론 그곳에서도 서울에 먼저 도착한 각지의 회원들이 기다리고 있었다.

거기서 배터까지 2시간 가까이 걸려서 강화를 바라보고 있자니 바지선이 버스 채

마리산 전경

신고 도강한 후 읍내 주차장에 내려주었다.

거기서 다시 버스를 갈아타고 또 한 시간쯤 걸려서 비로소 도착한 곳이 마리산 정상이 보이는 화도면 상방리이다.

제물을 준비한 이석영선생 내외분이 서울 회원들과 함께 기다리고 있었다.

대충 모두 70여분이었다.

거의가 노인이고 4,50대가 예닐곱 분이나 될까?

참성단까지 다시 한시간 정도 걸려서 1시간 여의 제를 마치니 오후 세시 가까이 되었다.

음복과 제물을 나누어 먹으며 환담이 시작되자 선생님이 여러분들에게 정식으로 나를 소개해 주었다.

회원들은 전국 각지에 있었는데 제주도의 고재동선생은 8순 가까운 노인으로 제천행사 닷새 전쯤에 선생님에게 참석치 못함을 세편의 한시와 함께 편지로 알려왔다.

모든 분들이 민망할 정도로 환대해 주었다.

거의가 연로한 한학자와 옛 대종교인이었는데 그래서 그 분들에게는 갓 젊음을 시작한 나의 존재가 소중했을 것이다.

「우리야 평생 유학이나 하고 그나마 정산을 만나서 뜻을 같이 하고 있지만 이제 뭘 하겠는가? 신학문을 하는 젊은이가 많아야지」

특히 부회장으로 영천의 한의사인 조영주선생이 나를 각별히 아껴주었다.

나는 하향해서 마리산 기행문을 썼다.

40년이 지난 지금 다시 보지 않아도 그 때의 마리산이 눈에 선하다.

태백산 망경대와 함께 남쪽의 소중한 제천유적지이고 고려와 한양 조선의 역대 임금들이 보수를 거듭하며 제천서고 하던 곳이라 상상하기는 높고 골이 깊은 산은 울창한 숲을 보듬고 있으려니 하였다.

산은 500m도 채 안되고(468m) 제법 우람한 암석과 편편한 암반이 곳곳에 눈길을 끌었지만 나무는 고작 나의 키와 엇비슷한 잡목과 진달래가 거의였다.

지금은 없어졌지만 참성단 옆, 산정에 한 동이를 퍼내면 한 동이 밖에 고이지 않는 샘(神井)이 신기하기는 했고 그나마 처음 보는 신단수 박달나무가 잡목 속에 숨어 있었다.

하긴 지금 개천각 뒤로 말바위까지 아직 어린 소나무군이 있기는 했었다.

참성단 오르는 길은 능선을 따라 자연스런 등산로가 있었는데 험지 곳곳은 체전 때 성화를 채화 봉송하는 곳이라 지방정부에서 돌계단을 놓았다.

지금은 군에서 제공하는 참성단의 역사, 제원, 칫수, 형체, 안내 등을 손쉽게 인터 넷으로도 검색할 수 있지만 그 때 나는 보폭과 뼘으로 치수를 재고 목산하고 형태, 방위, 역사 등은 선생님께 물었다.

그즈음 참성단은 어수선하였다.

단군계통의 유사종교와 신흥종교, 무속인들이 참성단에 비석이나 푯말을 세우기 일쑤였다.

개천각

이태 뒤 개천각이 세워질 즈음 그 길목에 교회의 기도원을 세우다가 방치해서 스산하기까지 하였다.

그러나 그런 것은 개천각과 정수관이 서고 난 후 개천절이나 대영절 때 참석회원이 몇 배나 모이고 처음 적대적이었다던 그 곳 기관장이나 유지들이 참석하고 하루 전 정수관에 당도해 강론과 토론을 하고 행사 후에도 편안하고 느긋하게 뒷수습을 할 수 있었으므로 모두가 날듯이 기뻐하였다.

보다 큰 의의는 해학이후 60여년 만에 본산이 생겼다는 것이다.

그러므로 나는 내심 기뻐하는 선생님을 보며 이제 세월이 쌓여가는 동안 선생님이 바라는 역사도 쌓여 갈 것이라고 덩달아 기뻐하였다.

문득 40년의 세월이 살같이 흐른 지금 단학동은 공원이 되어 길이 넓게 포장되고 곳곳에 쉼터와 화장실, 수도와 소각장이 들어서고 계곡은 물매가 완만하고 널찍한 곳엔 어김없이 소를 만들어 운치있게 다리를 놓기도 하고 잘 드러낸 암석과 자태가 수려한 소나무는 공들여 보살폈음을 여실히 보여주고 있다.

마니산(摩尼山)과 마리산(摩利山)[2]으로 통일되지 않은 안내판과 표지판이 곳곳에 설치되어 있고 으름, 팥배, 헛개, 음나무, 자작, 잣, 전나무, 소사, 산딸, 고로쇠, 생강나무, 아카시아, 때죽, 산벚, 단풍, 소나무, 밤나무, 상수리, 주목 등, 울창한 갖은 나무들이 어우러져 있다.

접근성이 용이하고 잘 정비된 편의시설이 명실공이 공원인 것이다.

공원 내의 개천각 뒤편에 도열한 전나무는 그만 자라도 충분한데 계속 자랄 기세로 간벌을 기다리고 있다.

뜰의 잔디가 정갈하고 향나무와, 주목, 춘양목, 목련, 진달래 등이 40년의 연륜을 뽐내고 있다.

우측 석물이 기울어가고 개천각 처마를 받드는 기둥하나가 부목을 대고 있는 것과 청기와로 교체한 것 외엔 대체로 옛 모습 그대로이다.

대시전 30평과 정수관 40평, 계각당 15평의 설계를 냈는데 단촌선생이 추천하고 맡긴 도목수가 개천각을 15평으로 줄이고 정수관도 줄어들었으며 계각당은 아예 빠져 선생님이 낙담하고 노한 모습을 그 때 처음 보았다.

나는 개천각을 짓기 위해 목수들과 석공들이 돌과 나무를 다듬고 기초를 닦을 때 며칠간 선생님과 같이 지냈었다.

밤이 오면 별무리가 찬 빛을 발할 뿐 온통 암흑 천지였다.

마침 옆 계곡에 커다란 너럭바위가 굽어진 계곡의 물이 옮겨 놓은 잔자갈 위를 지붕같이 덮고 있어 그 밑을 다듬어 자리를 깔고 기거하였다.

자리가 눅눅하고 어떤 해충의 해를 입을지 몰라 면소에서 가까스로 서경원군과 전화연락이 닿아서 텐트를 부탁했는데 먼저 단촌(이석영)선생댁에서 보내왔다.

그래도 마을 여관에서 자고 여명에 올라오는 일꾼들이 밤새 연장이 없어졌다고 투덜대었다.

나는 나흘째 귀향하였지만 선생님은 그 곳에서 보름이상을 밤경비를 섰다.

대신할 사람이 없어 밤 경비 겸 우리 측 감독으로 선생님이 가 있었지만 열악한 조건에서 때론 다독이며, 때론 어르는데 이골이 난 감독도 쉽잖은 일인데 30평을 15평으로 자르고 천년을 받쳐줄 대시전의 기초를 데면데면 닦는 데야 도저히 묵과할 수 없었을 것이다.

그 일로 선생님이 단촌선생과 다투는 걸 보았다.

다퉜다고는 하지만 단촌선생이 수습책을 내놓고 달래느라 쩔쩔매는 식이었다.

선생님은 개천각이 완성될 때까지 다신 가지 않았다.

지금 대시전에는 40년 전과 다름없이 열성조들이 모셔져 있다.

크게 변한 점은 대시전 한 켠에 「대시전 창시자」란 어정쩡한 명패가 붙은 선생님의 영정이 더해져 있는 것이다.

선생님의 영정을 보며 당신이 생전에 제단을 만들고 기리던 열성조 옆에서 당신도 역사가 되었다고 자위하며 착잡한 상념에 잠긴다.

오선일 그림
(서기 1974)

爐火聖 壇城壇

강화도
마리산
참성단

(서기 1967)

강화군수와 경찰서장일행

5867. 11

학회에서는 5847년대 말부터 전국의 회원이 모여 대영절과 개천절 두 차례에 걸쳐 마리산 정상의
참성단에서 행사를 가졌다. 5827년대 처음 마리산 개천행사를 준비했던 선생님은 해방이후에도
한참이 지나서야 정기적인 행사를 치를 수 있었다.

上同

식순에 맞춰 국기에 대한 배례를 하는 참석자들

풍물패들이 참석했는데 개천행사를 빛냈다. 선생님은 행사 중에 짬을 내어 옛 국중 행사의 놀이에 대해 강론하였는데 역사성이 더해지자 그들은 더욱 신명을 내었다.

(서력 2000년 대의 대시전 모습)

개천각 옆으로 흐르는 계곡물은 당시
에는 더욱 수량이 풍부하지 못했다.
산이 높지 않아 골이 깊지 못하고 수
목이 무성치 못했기 때문일 것이다.
그 곳에 있었던 너럭바위는 무속인들
에게는 더없는 기도처였다.
우리는 그들이 쌓은 제단을 함부로
범하는 무례를 범했다.
좌로부터 청년부원인 김희백, 필자,
오선일, 송진영.

開天閣記

辛　檍

維我東方은　古之靑丘也라　扶輿磅磚하야　而開倍達之域하고　人物始生하야　而
爲倍達之族하니　必有英睿神聖者하야　出於其間이오　而爲君爲師하야　使人類로　遂
其性而樂其生하야　以奠萬世太平之基也라　於是에　桓雄이　受天帝命하야　而開天設
敎하시며　弘益人間하실새　施五事하시고　戒五訓하시니　是爲神市開天也시니라　嗣
而神人王儉이　出하야　英睿而有神聖之德하시니　國人이　推爲天帝者하사　建國於阿
斯達하야　承神市之規하시고　敎民禮義하시니　無爲而化하야　熙々熙皥々如也러시
다　遂國號曰朝鮮이라　하시니　是爲檀君而卽我東國之祖야시니라　自羅以來로　木天
無人하야　載籍이　頗疎略하니　爲爲吾族者-知中國而昧靑丘하야　誦攝提太古를　狃
如巴里常音하고　告蘇塗神壇을　怪若刹羅國語하야　事大之習이　便成其性하야　使吾
六千年蹟으로　付之然疑有無之案이오　而遂失吾國之魂하니　嗚呼라　東國無史而吾
族이　皆瞀而聾也로다　國有體也며　史猶魂也니　體失其魂則可保其全乎아　自今以
往으로　吾國有地而吾族有史矣니　所以李裕岦이　窃慨于此하야　思欲尊東方之祖하
고　復吾國之魂하야　博古證今하야　數千年苦心之餘에　與同志로　創開天閣於江華摩
利山하야　以桓雄爲首하고　檀君王儉과　高朱蒙·大太祖·金太祖는　次於東하고　蚩
尤와　廣開土·李世宗은　次於西하야　歲以祭之하니　之閣이　不於大白山而必於玆山

者는 以檀君之嘗築塹城壇於此故也라 關之營始也에 李錫暎이 全擔其力而今旣告
成하고 介金大泳하야, 請余記之여늘 遂叙其槪하야 使吾族으로 知慕東方之祖하
고 而警吾國之魂焉하니 時는 神市開天五千八百六十七年庚戌之三月也라 鷲山後
人辛 憶은 謹記하노라

　解說 : 神市開天五천八백六년〈西紀一九〇九年〉三월十六일 한맞이(大迎節)
날을 기하여 海鶴李沂·雲樵桂延壽 두 선생이 참성단에서 단학강령(檀學綱領)
三장을 발표하면서 해마다 제천의식은 계속되어 왔다. 그러나 祭天大會(제천대
회)라는 모임을 갖고 전국적으로 초청장을 내기는 신시개천 五천八백四십六년
(己丑)三월십六일 부터인데 檀學會=檀檀學會는 한국말년에 나철(羅喆)선생과
같이 오적(五賊)을 죽이려 도모하다가 실패한 민주문화의 혁명 선구자 海鶴李沂
선생께서 神市開天의 大義에 입각하며 檀學會의 강령을 제정하고 太白續經(태
백속경)을 저술하였으며 雲樵桂延壽선생이 그 유지를 이어받아 桓檀古記를 편
간함과 함께 天符經과 三一神誥를 태백일사의 속에서 빼내어 단행본으로 세상
에 공개하고 따라서 묘향산석벽에 천부경 八십一자를 새기니 이것이 커발한의
復光이었다. 그러나 檀學會의 뜻길을 계승하여 국내의 활동이 부자유하게 되자
남만주 관전현 홍석라자(紅石拉子)에 본부를 두고「檀學會報」를 八호까지 발간
하다가 雲樵선생이 적정(賊偵)에게 피살되고 三대 회장에 石泉崔時興장군(獄死)
四대회장에 碧山李德秀선생(戰死) 五대회장에 直松軒李龍潭(十九年三個月間濫
獄中八一五釋放)선생이 八·一五 해방과 함께 檀學會를 다시 재기시켜 기관지
「太極」을 발행하다가 북한치하의 억압으로 主幹李裕岦이 두목(頭切木)되자 사
실상 단학회의 기능은 정지상태에 놓이게 되었던 것이다.

　그 후 남하에 성공한 李裕岦은 마리산 참성단을 중심으로 하여 祭天大會를
해마다 개최하고 다시 檀學會의 법통을 그대로 계승하여 大田市銀杏洞一〇七번
지에 檀檀學會를 조직하고 기관지「커발한」제 五三호까지 발행(開天五八六二年
乙巳四月創刊)하였는데 李裕岦主幹, 李錫暎님의 경제적 찬조로 되어 있으며, 지
금은 李錫暎 曺永周 梁宗鉉 吳宣日 여러핵량들의 공동 운영하고 있다.

　그리고 檀村李錫暎님은 강화군 화도면 상방리(上坊里檀學洞) 산五二번지 소재
의 임야六천五백七십평을 매수하여〈開天五八六四年〉 커발한 개천각을 짓고(開
天五八六六年) 신시개천五천八백六십七년(庚戌) 한맞이날에 大始殿봉안식전을

집행하였는데(委員長　劉鳳榮博士・參席代表　李應俊박사・呂運弘씨) 당일모인 인원은 전국 대표 및 개인 五백七십三명과 산하면동 남녀 一백六십五명이었다.

　물론 檀村李錫暎님의 성납(誠納)으로 된 대시전・정수관(大始殿・靜修觀) 계각당(啓覺堂=未建)을 포함한 커발한 개천각 및 그 대지=임야는 이제 檀檀學會의 소유이며 따라서 커발한 문화 연구활동하는데 공동으로 사용되는 것으로 되어 있다. (檀檀學會)

주 2

倍達의 聖域 摩利山〈塹城壇의 民族史的考察〉

摩利냐? 摩尼냐? 塹城이냐 衆星이냐?

　江華島摩利山 塹城壇은 우리 倍達겨레의 祭政一致思想이 깃든 由緖깊은 古蹟이다.

　「摩利」라고 함은 「머리」라는 뜻이니 摩利山의 한 이름은 頭岳山이라고 하며 高麗史, 國朝實錄(朝鮮實錄)世宗實錄 地理誌등에는 모두가 摩利山으로 기록되어

있으나 江都誌에만 摩尼山으로 기록되어 現 地理附圖에도 摩尼山으로 기록되어 있다. (다음 面 地圖參照)

高麗의 杏村李嵒 平齋李岡・陽村權近과 한양조의 順庵安鼎福같은 여러 先賢들이 모두 檀君王儉의 拜天所로 밝혔으며, 이것은 실로 우리 倍達民族의 자랑인 것이다. 塹城壇도 일부 道家에서 간혹 塹山爲城(山을 베어 성을 만들다)으로 된 塹城壇(檀君世紀 : 檀君王儉五一年條・太白逸史 : 頭岳山)을 醮星(北斗七星에 제사한다)의 신앙으로 부회하여 燊星壇이라 주장도 한다. 또한 佛家의 일부에서도 摩利山을 摩尼山 燊星壇이라 하여 江都誌에 기록되어 있음을 주장하지만, 그것은 모두 잘못된 기록들이다.

물론 일부 專門家층에서도 漢文이 언제부터 地名에 쓰여졌는가 하고 反問을 하며, 漢文 몇자의 解釋差가 우리에게 끼치는 영향이 그다지 클것없지 않느냐고 하는 사람도 있으니 탈이다. 이러한 편의인식에서 檀君以來의 祭天聖地를 도리어 摩尼敎徒의 遺跡으로 잘못 알고 있다. 하기야 大乘起信論義疏에도 「摩尼寶殿」이라는 말이 있는데 이것은 摩尼圓覺妙 또는 如意珠(飜譯名義集)이라 한다. 그리고 檀紀二五六五年(西紀二四二)쯤에 波斯(페르샤)사람 摩尼가 처음으로 불교・예수교 拜火敎의 要義를 종합하여 摩尼敎를 창설했고, 支那의 唐나라때, 回紇(휘글)人이 支那本土에 전파시킨 것이어늘 아무리 崇唐崇明의 事大文化에 살아 왔다고 해서 檀君祭天의 의식을 左道事君으로 착각할 수 있는가? 비록 오늘의 敎科書에까지 「마니산」으로 기록하였다고 하여서 「摩尼敎徒의 遺跡」(韓國學講義)으로 볼 수는 없다.

그러므로 우리들이 留意해야 할 점은 「高麗國有蘇志摩利 或曰廻庭樂」(고구려국에 수두머리가 있으니 혹 말하기를 「돌노래」라 한다)한 史的 考察이라 본다. 蘇志는 蘇 즉 오늘의 돌춤(環舞・繞天樂)으로 비교할 수 있다. 筆者는 이에 國史 찾기에서 그 뜻을 밝혀 기록한대로 摩利山 塹城壇으로 한다.

〈名號〉

東方諸山이 有馬耳摩利等山하니 俗人이 並以摩利呼之하고 曾不相別이나 盖馬耳摩利-並出於頭字之意也라 甲比古次之天處曰頭獄이니 此檀君祭天이 必隨頭名之山也니 乃檀君祭天處-必成頭名之山이라 世傳檀君이 築城於甲比古次하야 以備南巡하니 今以江華之三郎城이 是也며 摩利山에 又有塹城壇하니 此卽檀君의 設壇祭天之頭岳山也라 (寧齋家藏)

摩利의 地脈과 그 地理志

摩利山은 地圖 位置上 京畿道 江華郡 華道面 興旺里山四十二番地의 二에 있다. 海拔四四八메터로 山의 氣勢는 雄壯하여 암벽으로 구성되어 있으며 기암절벽 사이로 뻗어 오른 배달나무, 소나무와 각나무와 각종 수목들은 더욱 명산의 면목을 자랑하고 있다.

千古의 歷史를 말없이 간직하고 大自然의 의연한 자세로 未來를 관망하는 倍達 歷史의 한 基點 摩利山. 그 頂上에는 우리의 國祖이신 檀君이 親히 三神하느님께 祭를 奉行하는 塹城壇(史蹟 一三六號)이 있다.

〈位置〉

頭岳山은 在京畿道江華郡華道面興旺里山四十二番地하니 高는 海拔四百四十八 米突也라

頭岳山東南은 東幕里니 其對岸은 永宗列島가 海面에 橫在하였으며, 西方은 長花里니 舊長串鎭이오 其對岸은 長峰島가 大海中에 縹緲하니 卽舊長峰鎭이다.

〈山勢〉

頭岳山은 一名이 摩利山이니 舊時古加島로 海中에 特立하였더니 至近古하야 嘉陵·船頭兩浦에 築堤以後로 如成平陸하였으니 山體는 全以巖石構成하야 斷崖

峭壁과 奇峰絶嶂 과 洞天福地가 觸處成佳境하고 絶頂에 塹城壇·望京臺는 雲間에 縹緲하고 淨水寺涵虛洞海山亭興王宮諸處의 名境古蹟을 難以揩屈하여 山이 石多土少하야 大林巨藪는 無存이나 洞壑에 楓藍樺·鳥舅樹等이 甚多하야 每秋에 霜葉이 錦繡를 粧成함으로 舊時摩利丹楓이 選入江都八景中하니라. 山下有大始殿

〈來脈〉

水原光教山一脈이 西南而爲沙斤峴하야 至廣州四六里하야 爲五峰山하고 五峰一脈이 又西北而至修理山五丁山하야 爲始 始興安山界하고 西爲蘇來山 星峴 朱安山 元積 桂陽等山하야 爲富川郡界하고 又北走爲北城山하고 西走爲葛硏山(一云開蓮) 藥山하야 俱在元通津郡東南界하고 又西北而至碎巖津하야 爲浮嶼하고 潛勢的而渡廣城津하야 起大母山하니 是爲江都母山이니라.

大母山 正脈이 逶迤西走라가 至吉祥面北部地帶(今吉稷里 近境諸村)하야 爲月峰山하고 傍枝餘幹이 盤屈起伏하야 稷上稷下(舊稱稷山 十二曲)의 無數小岡巒을 撒布如螺線狀하니라

月峰山 一脈이 西北而回旋作鵲峴하고 一枝는 東北而回旋하야 作馬峰山하고 東南而爲排鰲頭芿城新峴等地衆岡麓하고 鵲峴一枝는 西爲德政山大幹하야 在佛恩面西南地帶하니라

德政山南東一脈는 南走至吉祥面西方하야 爲缶峴하고 又南至鼎足山하니 三峰이 奇峻하야 環立如鼎足形하고 峰巓洞口는 環以三郞城하고 山腹에 傳燈寺는 洞壑東開하야 鞏固한 金湯勢와 美麗한 畵圖觀이 爲一郡最古勝地라 此山一脈이 東走草芝長者坪하야 潛勢而渡內津하야 爲大黃山 小黃山島하고 一脈은 南走而起吉祥山하니 吉祥山은 豐姸秀鮮하야 岩石이 稀小하고 林藪葱蘢하야 如人美風神하며 一脈은 東南而渡擇 只浦하야 爲東檢島하니라

德政山 正南一脈은 崛起爲鎭江山하니 卽古鎭江縣의 主山이라 山이 奇壯鬱紆하야 往往巖壁이 峭立하고 雲霞往來不霽로 江都十景에 必稱鎭江歸雲하니라 一脈은 東南而旋轉作鷹峰峴하고 南走起伏하야 經造山坪하야 起文山하고 直走入摩利山하니라

〈去脈〉

頭嶽山一枝는 東南而落爲馬耳峰하니 峰西는 分五里峴이요 峰東南은 多石鑛하니라

一枝는 西落為檀峴自檀峴直起為松峰山三起頭而西為鶴洞舊有杏村先先生鶴洞草堂遺址北為檀鶴洞

又一枝는 西為鷹踰峴하고 峴北一枝는 落為內里塞洞附近諸岡麓하고 一枝는 隱隱北走為松岡하야 至鎭頭海東濱하니라

正北一枝는 自上坊後麓으로 隱隱北走하야 起高倉山하니 其北은 嘉陵堰이니라

東北一枝는 落為椒皮峰하니 俗稱南椒皮라 遠看則尖矗이 如筆可愛오 近看則如丈人可畏러라 北通一窟하니 大如數間室이오 中有門限하니 高可半丈이오 踰限이면 沈黑難狀이오 炬火以入이라도 其穴盡處는 難見이라 하니 俗稱蚪龍所居로 西通大海하니라

頭岳山南麓一枝는 走為彌串小岡하니 俗稱美樓地라 一脈이 駸駸然南渡于海하야 為大小末串嶼하고 西為長峰島上山하니 右一枝는 西走為鎭後山하고 左一枝는 亦西走為國師峰하니라

鎭後山一脈은 北落為馬嶼하고 西落為東西曼頭尼二嶼하야 與注文島水深嶼로 對峙하고 國師峰一脈은 西南入海하야 為蛇嶼臥牛嶼飛加嶼하니라

〈洞天〉

涵虛洞天은 自淨水寺北으로 踰一岡이면 洞府開豁하고 懸崖飛瀑이 奇壯可觀이오 舊時元僧涵虛得通의 鍊通處라 故로 洞口에 刻涵虛洞天四字하니라

〈窟窟〉

椒南石窟은 俗稱南椒皮石窟하니 在南椒皮峰北하야 廣可容五十餘人이오 中有石欄하니 躡其上俯視則其深을 不可測이라 燃炬而入하면 其穴이 稍直下하야 以石投之하면 轟轟然久而後에 失其聲하니 其深을 可知라 俗傳其穴이 與閣氏嶼로 相通云이러라

覆岩石窟은 在頭岳山北麓上坊里後岡하니 廣可容數十人이오 淸淨極秘하니라

〈川溪〉

三川은 有三源하야 皆出頭岳山北하니 一出井峴東谷하고 一出冶谷하고 一出椒皮峰西谷하야 東北流라가 至德橋上隅하야 合流東走藍浦하야 入船頭浦하니라

講址溪는 源出頭岳山天祭堂谷中하야 北流至文山里前坪하야 分為二派하니 一은 東出船頭浦하고 一은 西出嘉陵浦하니 延長各五里餘니라

龍池谷溪는 源出頭岳出北龍池谷하야 北流過高倉里하야 西折入嘉陵坪하니라

內里溪는 源出頭岳山西北·鷹踰峴하야 北流至裙岩하야 西折入于海하니라. 長花溪는 源出頭岳山西石灰谷하야 西流至長花前坪入海하니 泉原이 大旱不渴하니라

興旺西溪는 源出興旺里西北하야 南流入海하니 流城에 水石이 多佳境하니라

興旺東溪는 源出淨水嶺南谷하야 南流過興旺·東幕兩里界하니 流域에 多灌漑利하니라

東幕溪는 源出東幕里後谷하니 流域은 不甚長이나 沿溪上下에 多水石勝境하고 且大旱不渴하니라

涵虛川은 有二源하야 一出涵虛洞天하고 一出淨水洞口하니 二水至沙谷南鑿하야 合流東入于海하니 其上下南北에 磐石과 飛瀑의 奇觀이 甚多하니라

〈池沼〉

藍浦沼는 在德浦里三川下流하니 周는 約三里餘라

〈井泉〉

淨水寺井은 在佛殿西하니 井傍에 石壁削立하고 甘泉이 湧出하야 以此得寺名하니라

〈藥泉〉

仙水藥泉은 在內里西方仙水海濱하니 泉從石隙出하고 潮退後에 始可飮이오 飮必療滯라

石谷藥水는 在內里石灰谷하니 泉出石澗하야 源流는 雖不多나 沐浴에 能祛風疾이라

〈堤堰〉

船頭堰은 在頭岳·吉祥兩山間極浦北岸하니 肅宗丙戌에 留守閔鎭遠所築이라 堰兩頭에 曾設閘門이나 尙且狹隘하야 放水大遲하야 農被其害라 哲宗壬戌에 留守洪遠爕이 又設正中一閘하니 排水甚便하야 居民이 立卑頌之曰閔公舊堤이오 洪公新閘이라하다.

興旺堤는 在頭岳山南海岸하니 自松串墩로 至彌串墩에 延長이 六里오 亦私築이라

長花堤는 在舊長串鎭前南北浦하니 幷民築이라

〈物産〉

棗는 內里·上里上坊里等地에 多産이라

藥艾는 頭岳吉祥·海明等地에 最多하니 舊時進貢物이라

川椒은 頭岳山南北陌에 多産

石材는 頭岳·乾坪海岸一帶와 別立山·海明·迦洛等山一帶에 産出極多하니 艾石·花岡石·靑爛石이오 頭岳山에 磚礦이 多하니라

文蛤·竹蛤·大蛤·絡蹄(一名小八稍魚)蟶은 自長花里西浦로 至興旺·東幕·沙器里諸浦와 船頭里東檢島一帶海濱에 産出極多라

鯔魚一稱秀魚는 頭岳山西南海濱과 喬桐西北海濱에 多産하니라.

〈離宮〉

興王離宮은 高宗 四十六年己未二月에 創建者니 盖從校書郞景瑜言이라 其址-在興旺里北原하니 卽 舊興王寺近境이오 今山田中에 遺礎尙存이라

〈寺院〉

淨水寺는 在頭岳山東峰下하니 北距沙器里二里許라 洞壑幽逈하고 水石淸佳라 寺의 創建는 未詳何代나 相傳麗末에 元國道釋涵虛得通이 來往鍊追處라 寺中이 有金字經三卷하니 安平大君李瑢의 手書오 涵虛子의 浮屠塔은 在寺北岡畔하니라 (以上 寧齋家藏에서 引用)

神話로 돌려치우는 國祖否認輩들

塹城壇이라 함은 앞에서 言及했듯이 山을 베어서 城壇을 쌓았다는 이야기이다. 그러나 一般學界나 一般에서는 槧星 또는 塹星이라고 쓰고 있으며, 摩利山 入口 안내판에도 塹星이라고 記錄이 되어 있다. 摩利山 塹城壇은 檀君王儉五一年(紀元前 二二八二年) (戊午)에 雲師-倍達臣에 命하여 三郎城과 함께 築造하였다(倍達臣은 사람의 이름이며 雲師와 三郎은 벼슬을 말하니 이제 三郎城은 三神하느님의 祭壇을 호수하는 곳이라 할 수 있다). 壇높이, 열일곱자, 壇위는 사방 직경이 일곱자 여섯치 壇아래는 원형으로 築造되었는데, 직경은 열다섯자이다. 이 壇을 築造

하게 된 동기는 그때 당시의 政治-방법이 祭政教三法一致이므로 檀君께서 三神上帝에게 春秋祭祀를 올리는 壇이며, 醮星의 壇은 아니었다.

〈遺事〉

○塹城壇은 在穴口頭岳山하니 檀君王儉이 在位五十一年에 塹城爲壇하야 累石築之하니 高는 十七尺이오 壇上則上方而下圓하야 上徑이 六尺六寸이오 下徑은 十五尺이오 東西層塔은 二十一級이니 是爲檀君祭天處也라 或曰三郎者는 三神護守之官也니 一稱倍達臣也라 하고 一說에 云檀君之子라하니 未知孰是니라

○高麗元宗順幸王五年에 中郎將白勝賢이 奏하여 親醮塹城壇하다

○忠惠王後五年己丑에 遺贊成事李嵒하야 醮塹城壇하다

○恭愍王十二年癸卯三月에 遺密直副使李岡하야 醮塹城壇하다

○江陵王五年三月辛未에 遺大提學權近하야 使醮摩利山하다

(以上 寧齋家藏에서 引用)

檀君王儉때 쌓은 江華 摩利山塹城壇

우리 國史의 上限은 桓雄天王의 太白山(지금 白頭山)天降과 함께 神市開天의 歷史로부터 시작한다(神市開天一千五百六十五年이 檀紀 元年이다). 檀君朝鮮의 實存歷史는 王沉의 「魏書」에도 分明히 기록되어 있다. 王沉의 「魏書」에 「立都 阿斯達」이라 한 「阿斯達」과 「三國遺事古記」의 「都平壤」이라 한 「平壤」은 서로 같은 곳인데 지금의 完達山(不咸山) 곧 「할빈」임이 확실하다(申丹齋先生). 檀君朝鮮의 王朝는 四十七世 二千九百六年이다(檀君世紀). 檀君은 三韓의 大總領으로서 辰韓(신한辰王=辰國王)을 兼攝하였다. 辰韓은 행정구역을 遼東半島로부터 松花江·黑龍江 유역까지로 하여 그 首府는 오늘의 할빈(阿斯達)이다(申丹齋先生設). 불한(番韓=右賢王)은 행정구역을 高句麗河(九黎河=오늘의 大遼河)에서 白河(붉ᄂ루=百濟=지금 天津) 그리고 山西造陽(今廢勝州)까지로 하여 그

首府는 湯池堡(安市城=開平府東北七十里)이다. 馬韓(말한=左賢王)은 행정구역을 東鴨錄 전역으로 하여 그 수부가 대동강 평양(樂浪國古都)이다. 국사 교과서의 「三韓聯盟의 나라」는 檀君朝鮮의 三韓체제가 붕괴되면서 그 유민들이 漢江이남 으로 옮겨 놓은 사실상 쪼그러든 中三韓聯盟의 나라가 된 것이다. 三朝鮮은 辰・番・馬 三韓의 체제가 眞・番・莫 三朝鮮으로 체제가 고쳐진 뒤에 칭호이다. 古記에 云하되〈王儉의 父는 檀雄이오 母는 熊氏王女라. 辛卯 五月二日에 生하니 有神人之德하여 遠近畏服이요 年이 十四는 甲辰이니 熊氏王이 聞其神聖하시고 擧爲神王하야 攝行大邑國事하시고 戊辰은 唐堯時이니 來自檀國하야 至阿斯達檀木之墟하시니 國人이 推爲天帝子하사 混一九桓하시고 神化遠曁하시니 是謂檀君王儉也시니라. 在稗王位二十四年이오 在帝位九十三年이요 壽는 一百三十歲라〉한다. (寧齋家藏)

三郎城

摩利山 告祭하신 歷代의 帝王들

또한 摩利山 塹城壇은 築壇以來 수많은 사람들이 다녀 갔으며, 그중에는 帝王도 있고, 忠臣도 있고, 烈士도 있었다. 倍達의 後孫으로 어찌 國祖이신 檀君의 祭天處 塹城壇을 參拜하지 않을 것인가?

春風景物富年華 承命來遊道里賒
鞭駈朝辭丹鳳闕 楨舟暮趁白鴎波
半空蒼翠山浮色 滿壑氣氳草自花
借問蓬萊何處是 人言此地卽仙家
心靜身閑骨欲仙 遙思人事正茫然
薦蘋秘席重興後 累石靈檀太古前
己得眼看千里地 怳疑身在九重天
此行無耦如相託 須値還都第一年

이것은 高麗 恭愍王때 平齋李岡先生이 지으신 摩利山齋室韻이고 보면 당시 高麗國에서는 분명히 國典行事가 行하여졌음을 알 수 있으며, 그 이전 元宗五年에는 中郎將 白勝賢의 奏請으로 元宗이 親히 摩利山塹城壇에 祝祭를 올렸다 한다.

　또한 江陵王(禑王) 五年 三月 辛未에 使臣을 보내어 摩利山塹城壇에서 天祭를 올렸다는 기록도 있는데, 이보다 二年앞서 江陵王 三年(丁巳)에 將軍 崔瑩이 上言하여 〈喬桐·江華는 곧 外賊을 防守하는 곳이므로 이 두곳의 전곡세입은 오직 摩利山塹城壇祭田과 及官府祿俸外의 餘田은 皆以軍簿收之하소서〉하여 王은 그대로 行하였다.

　江陵王江三年에 將軍崔瑩이 上言曰喬桐江華는 乃外賊防守之地여늘 兩處土田之出이 皆入兼幷之門하니 私費何益이리요 摩利山塹城壇祭田과 及官府祿俸外의 餘田는 皆以軍簿收之하소서 上이 從之하다(寧齋家藏)

　江陵王五年(辛未) 三月의 天祭에 참여하였든 大提學 權近先生의 陽村先生文集의 塹城壇祝願文을 적어보면 「初獻」 海上山高하니 向隔人寰之 煩擾로다. 壇中天近하니 可激仙馭之臨降이로다. 薄奠斯陳하니 明神如在로다.

　「二獻」神聽不惑하니 庇貺斯人이로다. 天覆無私하니 昭臨下土로다. 事之以禮하니 感而遂通이로다. 窃念컨대 摩利山은 檀君攸祀로다. 自聖祖(太祖)로 爲民立極하야 俾纘舊而乘休하사 曁後王(高宗)으로 避狄遷都하야 亦賴玆而保本이로다. 故로 我家守之不墜오 而朕小子 承之益虔이로다. 天何外寇之狗偸로 以致民之魚爛이며 雖遠彊之受侮나 尙許表聞이온 況厥邑之被侵을 胡然忍視아 豈明威之不驗리오 實否德之無良이라. 實難求他오 惟在自責이로다. 然이나 人若不安其業이면 則神將無所於歸리니

摩利山塹城壇 重修碑

茲因舊典之遵하야 敢告當時之患이오니 卑忱疑이오 寶鑑明明이샷다. 致令海不揚波하야 丕享梯航之福湊하시고 天其申命하야 光膺社稷之 安磐하소서」하였다.

참으로 塹城壇은 檀君王儉이 親히 三神上帝님에게 제사를 지내시던 곳이며, 또한 高麗王朝에서도 중요히 여겼던 것임은 확실하다.

● 朝鮮太宗이 在潛邸時에 以代言으로 亦齋宿于此라

● 太宗朝에 春亭卞季良이 製醮靑詞하니 曰

〈初獻〉 暮春涓吉 恭展醮筵 行遼雖徹可 紆靈鑑 寔彈卑懇 以枉眞遊

〈亞獻〉 三淸道秘 冥杳難知 再獻誠深 感通斯速 庶垂欽顧 優錫保持

〈三獻〉 山浮海上 逈隔塵寰 壇峙雲間 合激仙馭 茲勤祈告 用丐提撕 念惟徹末之資 舊襲重艱之寄 明明赫赫 固知維命之靡常 業業競競 敢忽爲君之不易 寔克深於寅畏 恒佇仰乎高明奚潔仲料以資陰隲 冀諒由中之信曲 垂下佑之仁 致令患觸 箕範之咎 徵將安將樂 茂擁義經之介福 曰壽曰康 兵戢時和 年豊物阜

● 明宗이 祭塹城壇하실제 命玉堂李珥하사 製醮靑祠하시니 珥-上劄曰陛下-旣知爲左道하야 不敢强使諫官製進하시고 乃命小臣하시니 諫官은 不可以左道事君이오 而講官은 猶可以左道事君이라하고 乃製醮三獻靑詞하니 曰

〈初獻〉 神之格을 不可度이니 泯聲臭於上淸이로다 微之顯은 必以誠하니 昭靈이 應於下界로다 敢激高駕하야 以竭卑衷이로다

〈亞獻〉 率雲霓而儼臨하시니 洋洋如左로다 薦圭璧而敬迓하니 斷斷無他로다 淨醮旣陳하니 眞境孔通이로다

〈三獻〉 運自然之妙用하시니 天何言哉로다 施不測之陰功하시니 道莫尊矣로다 冀垂歆顧하니 曲察恭寅이로다 念惟丕基하니 屬于寡德이로다 惠鮮鰥寡하니 憂怨咎之惟艱이로다 惕慮淵氷하니 恐操存之或怠로다 茲擇吉日하야 用設精禋이로다 伏望컨대 俯諒穎悰하사 黙加玄佑샷다 景福川至하야 一人이 永孚於休로다 休徵日臻하야 萬姓이 咸得其所로다

仁祖十七年 己卯에 修築塹城壇하시고 建祠祭之하니 曰天祭堂이오 堂在天齋庵東이라 堂有齋直하고 菴有尼徒하야 曾有祭四十餘畝하야 使齋直耕食하고 祭日은 每孟春及春秋仲月上庚에 行之하되 祭需는 自官封上이러니 堂與菴이 俱廢己久라

● 肅宗四十三年丁酉五月에 江華府留守崔錫恒-改修築塹城壇하고 立碑爲記하니 曰

環東土數千里에 江都-爲保障之重地하고 環江都數百里에 摩利-爲望秩之名山이라 山之西, 最高處에 累石爲臺하니 卽所謂塹城壇也라 世傳檀君이 築而壇之하야

爲祭天之所云하니 顧年代-夐邈에 風磨雨囓하야 西北兩面에 太半頹圮하고 東偏
堦級이 亦多傾仄하니 州之父老-相與咨嗟歎咄者 久之라 不佞이 忝叨居留하야 來
守是邦일세 是年春에 因巡審之役하야 試登一覽하고 慨然有重修之意라 船頭浦別
將金德夏와 傳燈寺總攝-僧愼黙이 主其事하야 改築之하야 不二旬而工訖이라 噫라
與壞補缺하야 不廢舊觀은 有官守者之所宣勉이온 況君이 生檀並唐堯之世하야 實
爲我東生民之祖오 壇之設이 又其圜丘禋祀之地라 而歷數千年에 迄爲遺民之所瞻
敬인 則修完之擧를 烏可己乎아 愼黙이 請記始末하야 以胎後人일세 書比하야 以
識之하노라 上之踐祚四十三年丁酉端陽月留守崔錫恒記

●大韓高太宗皇帝光武十三年己酉三月十六日 質齋李沂-率同意하고 祭塹城壇하
야 以三神一體上帝로 爲主璧하시고 桓國始祖天帝桓因과 神市始祖檀雄天皇과 朝
鮮始祖檀君王儉으로 爲配하다 是日에 告天檀學綱領三章하다

五月五日에 奉告檀學會組織事하다(以上 寧齋家藏에서 引用)

摩利詠歌와 開天閣大始殿의 由來

六堂崔南善先生의 時調 摩尼利頌을 적어보면

멀리서 바라서나 가까이서 우르러나
언제나 우람하고 엄청하신 摩尼(利)山을
섞어진 비바람속에 더 든든히 뵈와라
聖檀君 祭天壇을 摩尼(利)山에 쌓으신 뜻
「여넓이」 바다에서 환이알아 뵈오리다
높으사 陸海를 겹처 거룩하도다

東岳李安訥試에 曰
千古浮屠殿 摩泥嶽麓東 山向人境隔 天谿海門通 蜀魄啼斜月梨花墮暗風 慚爲虎
竹累 一宿別仙翁
椒園李忠翊의 淨水洞詩에 曰
夜雨聲高木中 朝來後瀑化晴虹 石縫幽草坡靡盡 潭腹輕少蕩漾空 己落桃花隨翠
鳥 以尋僧詩入青楓 山間氣候殊人也 記雨風雷問野翁

〈詩詠〉

牧隱 李穡

茂陵何事苦求仙, 祇是蓬萊亦或然, 山與雲浮自無際, 風吹船去莫能前, 金人一滴盤中露, 青鳥高飛海上天, 何似塹城修望秩坐令人享太平年

梣村 李廷燮

亂峯中斷石臺峨, 雲海橫前可俯摩, 雪浪劵疑頹王嶂, 風檣渺欲犯銀河, 遙天霧吐三南島, 支浦潮呑十里沙, 目力有窮心不極, 玆遊奇絶一高歌

石州 權韠

捫蘿直上海山頭, 坐送江南里舟, 牧老舊題餘板在, 檀君遺跡古壇留, 分明日月臨玄圃, 造蕩風煙沒白鴟, 天地有窮人易老 此生能得幾回遊

弘巖 羅喆

塹城壇上拜吾天 天祖神靈赫赫然 廣開南北東西 地歷 遡四千三百年 倍達國光從古闡 大倧道脈至今傳鮮

湖石 姜㠭

天祖當時始發天 摩尼山色正蒼然 道士奉壇辛亥裡 神人建極戊辰年 感生大義千秋慕 報本遺風萬世傳 落日塹城無限恨 樵翁尙說古朝鮮

尙絅堂 李絅甫

塹城始拜對如仙 玄化至治史赫然 德滿江山辭有後 道該宙宇號無前 符應神市新開國 都尊平壤御繼天 誰將籌策倭寇 弘益揭旗聲萬年

石州 　權 韠

摩尼山高高抑天上有瑤臺遊羽仙. 溪花笑日知幾重澗松閱世皆千年. 各峰拔地氣勢雄絶頂四月多寒風. 西南軒豁眼力窮碧海萬里涵青空. 玉京去此不盈尺想聞仙風鳴玲瓏. 琳宮駕虛鐵鳳勝萬壑嵐氣連觚稜. 晩歸蒲團聞妙香客塵滅盡神魂凝. 山光雲影繞箱箔數聲啼鳥留歸客. 向來人事易變改浮世光陰幾明晦. 昨日飛綏佗玉者今日曾無一

人在. 萬古消息忽忽間吾生一粟浮滄海. 方丈閒名徒悅忽玄圃尋河費時節. 不如卜宅
近前峯依止老宿求法說. 出門一笑歸路遙水樹微茫綠如髮. 夜來陳跡已空虛簷祗對山
中日月

鶴樂　李　顗

何年疊石費神功 望裡光景領略中 騁目平沙惟白水 勞心極浦但長風 奇遊每陟螺鬟
翠 壯志尙豪酒面紅 此日登臨差愜意 夕陽相對兩三翁

西河　李　敏叙

訪海尋山路不窮 角聲寥亮滿山東 迎霜雜樹千般色 激石幽泉萬古通 杖鋏橫行秋
色裡 含笑杯傲夕陽中 明朝又是逢重九 衰鬢

摩利山·塹城壇聖域化에 對하여

〈國民教育의 道場(蘇塗)으로서의 理想과 祭天의 民族象徵으로서〉

檀檀學會

〈1〉

　배달민족의 역사가 살아있다면 반듯이 聖地太白山(오늘의 白頭山)의 숭호(崇
護)를 힘쓰지 않으면 이것은 배달민족의 역사가 없는 것과 다름이 없나니 옛사람
의 이른바 「먹기 위해서만 사는 것이 아니라」는 것은 물론 이런 까닭에서 한 말일
것입니다.

　서양사의 第一장을 빛내고 있는 그 고대 그리스의 문화유산이 딴나라로 흘러나
게 된 것은 六百년동안 터키 지배의 속에서 정신 못차린 그네들의 무능한 책임을
이제 면할 수 없는 것과 같이 오늘날 또한 성지 太白山의 역사적 문화적 그 유구
한 전통과 근본사상의 혈맥을 잇고 또 그 배달국가와 배달민족의 가장 먼저 발상
(發祥)하게 된 원시고향을 이제 아무 관심없는 태도와 처사로 대하고 보면 결국
숭호(崇護)를 게을리하여 임시정부때=위정(僞政)의 손에 황막처량하였던 모습 그
대로 처밖아둔다면 이것은 분명히 주권국가의 위신과 체면에 가장 수치스러운 일
이며, 자유민족의 양심과 명분에 어긋나는 것입니다.

　그러나 불행하게도 오늘의 성지 太白山은 우리의 정치판도 밖에 놓였나니 이것

이 통분한 일이긴 하지만 할 수 없이 그 다음가는 摩利山의 塹城壇으로 제二의 「문화적 민족의 상징」을 삼자는 조국의 소리는 이날 이땅의 방방곡곡 도처에서 일어나고 있는 실정입니다.

물론 혹자의 말 마따나 「서구의 사상과 체제 및 그 기술의 도입이 아직도 우리에게는 절실히 요구된다」는 한쪽의 의견도 잘 알고 있는 것이지만, 우리들은 그보다도 우리들의 조상이 소유했던 종교·철학·역사의 밑뿌리를 찾아 현대의 산업화(産業化)와 함께 민족의 주체성 확립이 간절히 요구된다는 것을 강조하려는 것입니다.

〈2〉

이제 철학화(哲學化)만 쫓아도 철학의 본질을 잃게 됨과 같이 과학화만 부르짖어도 과학의 본성(本性)을 잃게 되나니 그르므로 우리들은 현실사회의 이득(利得)에만 급급하여 스스로 인간본연의 해실(害失)을 잊어서는 않되겠다는 것 뿐입니다.

보라! 요(堯)는 순(舜)께 북면했고 또 순은 동후(東后=檀君朝鮮)께 조근(朝覲)하였나니 이것은 지나고대의 황하문명이 사실상 환웅천왕의 신시개천(神市開天)과 홍익인간의 祭·政·敎 三一哲學(제·정교·삼일철학)에서 뿌리했고, 또 그 진한(秦漢)이 한창 강성할때에는 부여(原始高句麗)를 감히 건드리지 못했지만 그후 따무르자 주의 통일된 高句麗건설의 전성시대에는 남북만주 요서·요동 산동·산서 강소·절강은 물론 북으로 시베리아 연해주 그리고 동으로 임나 외인에 이르기까지 三만리 강역을 회척(恢拓)하였나니 이것이 민족적인 주체의식이 잘나타난 역사의 영광이 아닙니까!

또 그 유한(劉漢)의 백분의 一도 못되는 영토를 갖고 가장 황한(荒寒)한 산업을 경영하던 흉노선우가 능히 차이나황제(支那·漢皇帝)로 하여금 무릎을 꿇게 하고 해마다 많은 세비(歲費=車馬財寶)를 받치게끔 하였나니 이것이 고유한 사상과 문화를 잘 지켜 왔다는 사실을 증명해 주는 것입니다.

그러니까! 나의 것을 버리고 남만 배우는 나라는 멸망하는 법이니 나의 장점을 잘 보존함과 함께 남의 장점을 겸(兼)하는 자는 일어나고 나의 장점은 모조리 버리고 남의 장점만 취하는 자는 약해지고 나의 장점도 버리고 남의 잘못된 것만 쫓는 자는 결국 망할 수밖에 없다는 것입니다.

〈3〉

또 혹자의 말「모든 종교의 구경이상(究竟理想)이 오직 하나 뿐이라」하지만 결국 알고 보면 불교는 佛(부처)을 가장 높은 목표로 하여 열반(不生不滅)의 세계로 들어가는 것이며, 유교는 공자를 가장 높은 목표로 하며 존화유일(尊華唯一)의 대동세계로 들어가는 것이며, 천주교·예수교는 이에스·그리스도를 가장 높은 목표로 하며 속죄구령(贖罪救靈)의 여호와 세계로 들어가는 것입니다. 물론 신앙은 자유입니다. 그러나 신앙의 자유만을 구실로 내세워서 내나라의 상징인「太極旗」에 대한 경의(敬意)를 저버릴 수 없으며, 내 민족의 법통인 환웅천왕의 신시개천(神市開天)정신과 홍익인간의 교육이념을 이날의 실익있는 준극(準極)이 되게 하자면 무엇보다 正統史學의 光復만이 먼저 실천되어야 할 것입니다.

그러므로 조상없는 민족은 문화의 발전이 있을 수 없고, 정통을 잃은 나라는 독립의 능력이 있을 수가 없나니 우리들이 이날 이땅의 실익있는 희망과 좌표를 가져오자면 무엇보다 교육법 제 一조「교육은 홍익인간의 이념아래 모든 국민으로 하여금 인격을 완성하고 자주적 생활능력과 공인으로서의 자질을 구유하며, 민족국가 발전에 봉사하며 인류공영의 발전에 기여한다」는 그 법조문을 서로 충분히 이해하며 서로 성실히 실천하며, 桓國고유의 홍익인간주의 커발한 정신을 통하여 우리 배달민족은 영원히 분렬될 수 없으며, 따라서 민족문화의 국가적 단결로 된 민주주의 완성이 시대유일의 가장 중대한 사명이 아니겠습니까.

그러나 이땅의 오늘에는 倍達國六千年역사의 계통을 끊어놓고 桓檀朝鮮의 기본문화를 잊어버린 사실상 중고이후의 부조리한 역사에서 시작하여 한쪽에 경주중심의 신라문화제가 있는가 하면 또 다른 한쪽에는 부여를 거점으로 하는 백제문화제가 있다고 듣는데 이것은 민족사상의 분렬을 나타내고 있는 징조에 지나지 못하는 느낌을 주는 것이며, 五백년의 당논인재(黨論人材)를 양성해온 서원(書院)의 재건 보완보다 서방정토(西方淨土)의 상징인 불상불탑의 공비(公費)보수 보다 또 그 어느 모임의 성대한 자선잔치보다 이 塹城壇聖域化 정신을 함양할 수 있는 기회를 많이 제공하므로써 민족의 역사적 통일된 그 커발한 정신의 조직력과 또 그 문화의 활동력을 강화하고 완성하고 확대할 수 있는 방향으로 이끄러가는 것이 앞으로 있을 오직 현실을 통한 남북의 평화통일에서 힘있는 전진의 민주승리를 전제(前提)하면서 桓·檀朝鮮 의래의 삼한구강(三韓舊疆) 회복에 이르기까지 오직 민족의 올바른 전통과 힘있는 번영을 가져오는데 뒷받침할 수 있는「지렛대」가 되는 것입니다.

우리들은 그렇게 생각하고 있나니 참으로 이나라 민족의 정통문화 중흥 목표가 어떤 지벌(地閥)문화의 축제기분으로 떨어져도 안되고 또 그 국민의 혈세로 된 국고금이 행장묘갈의 문원간비(文苑刊費)로 흘러나도 안되고, 오직 우리 배달민족 전체의 공통적인 구심점과 및 그 고전고적(古典古蹟)을 포함한 지상지하(地上地下)의 일체 문화유산을 현대의 사회생활과 함께 의식화하고 상식화하고 실천화할 수 있는 기회를 찾는데 많은 도움을 주어야 할 것입니다.

그것은 역사가 곧 국가요, 민족이오 정신이요, 생활이요, 진리와 정의이기 때문입니다.

〈4〉

이러한 이유에서 일찍 摩利山 국립공원화 추진에 관한 발기문을 발표한바 있었느나 서운하게도 그때 李翰林 건설부장관으로부터

(1) 마리산은 첫째 풍경이 우리나라를 대표할 수 있을만큼 수려하지 못하고,

(2) 토지의 91%가 사유림이므로 그 보호 및 관리에 난점이 많으며,

(3) 위치와 교통등으로 보아 전국민이 이용에 적합하지 못하다.

는 세가지 이유를 들어「국립공원 기정 기준에 비추어 부적합하기 때문에 이것을 지정할 수 없다」는 회신(一九六九,二, 三)이 檀檀學會長 앞으로 전해온 일이 있습니다.

물론 이것은 그전 檀紀四천二백五십九년十一월二십五일 李錫濟總務處長官을 통하여 제출한「마리산 국립공원화 지정에 대한 건의서」에 대하여 그해 십二월 십七일 全禮溶 건설부 장관으로부터「마리산 국립공원화는 충분 고려할 용의가 있다」한 약속(回信)을 전면적으로 뒤집어 놓은 것이어서 우리 檀檀學會와 또 그 우리 檀檀學會와 함께 뜻을 같이 하는 일반 국민대중의 대다수가 모두들 심각한 충격과 서운한 느낌마저 없지 않았던 것입니다.

아무튼 우리 檀檀學會가 바라는 마리산 국립공원화 지정목표는 다른 국립공원에 비례되는 이른바「일반국민 대중의 하나 노리터」로서의 동산을 만들자는데 그치는 것이 아니며 역사적 문화적 고찰을 통하여 우리 배달민족의 가장 높은 정신문화의 이상적 상징으로서의 정원(庭園)-뿔뿔이 홋터져 있는 살아있는 겨레의 마음을 총 집결하는 기본적 국민교육의 도장(道場=蘇塗)으로서의 이상과 광명 발전을 내다볼 수 있는 공공유원지(公共遊園地)를 겸한 소도제천(蘇塗祭天)의 상징=塹城壇聖域化를 지정해 두자는 것입니다.

춘하추동의 일년 사시를 두고 하루도 끊지 않고 산에 오르는 전국 남녀노소의 수가 해마다 늘어나는데 지금 무려 十여만을 넘을 것이며, 국가의 체육제전을 빛내는 성화(聖火)도 이 마리산(摩利山)에서 시작하는 것인데 이것을 단순하게 다른 여러 국립공원 지정기준만으로 생각할 수 없는 것이 아닙니까.

근대식 상업수판(商業數板)을 떠나서 오직 우리 배달민족의 향기로운 고적과 역사를 종합 정리하고 神市開天의 법통과 홍익인간의 인간헌장(人間憲章)을 천하 만세에 선포한 민족대의를 밝히는 것이 선결문제인 것입니다.

분명 마리산 참성단은 천왕의 삼한관경(三韓管境)을 굳게 지켜온 신앙의 집결체이며, 민족중흥의 정신적 등불입니다.

〈5〉

한때 거란(契丹)과의 대결에서 고구려의 따무르자(多勿=復舊土) 정통국시를 주장했으며 四억만의 지나 민족을 노예로 만든 세계의 정복자 몽고제국과의 항전에서 三십九년동안의 안보태세를 확립한 고려의 상무정신을 잘 발휘하고 있는 이 강도(江都)를 더 한층 높은 기준으로서의 민족의식의 귀일체(歸一體)로 만들자는 것입니다.

이제 참성단 성역화 지정이야말로

(1) 祭天報本 以求眞實=삼신하느님께 제사올리어 근본을 갚자.-이것이 진실에의 추구이며,

(2) 敬祖興邦 以求平和=조상 공경하여 나라를 흥하게 하자.-이것이 평화에의 추구이며

(3) 弘道益衆 以求統=뜻길을 넓히어 중생들을 보람있게 하자.-이것이 커발한의 강령정신이 성지태백산에 뿌리박고 이제 마리산으로 꽃피게된 것입니다.

〈6〉

• 고구려의 대막리지·연개소문(淵蓋蘇文)장군이 탄생한 고려산(高麗山 富近里). 일찍이 신라의 왕족 金春秋를 자기 집에 재우면서 "우리가 서로 사삿 웬수를 잊고 세 나라가 힘을 합하여 오랑캐 당(唐)을 쳐부수자"고 제안한 고구려의 대막리지. 우리나라의 일대위인, 구국지도자(救國指導者)를 도리혀 역적으로 맨들었던 그 흉악한 사대주의 세력을 송두리째 없애기 위하여 꼭 추모발양해야 할 고려산.

• 한 교파의 신앙·보호를 받기 위하여 양선(洋船)을 청해오려던 소위 백서(帛書)사건을 뒤이어 방아의뢰(防俄依賴)의 열락(連絡) 착오로 야기된 프랑스 격퇴의 아성(牙城)인 정족산(鼎足山)의 三郎城.

• 그리고 팔만대장경의 각판이 이루어진 傳燈寺.

• 또 그리고 세계제천사(世界祭天史) 제 一편을 장식하는 檀君王儉五一년에 쌓은 塹城壇.

• 고려 元宗順孝大王 五년에 친히 참성단에서 천제를 올리고 경효대왕(景孝大王=愍) 十二년에 文敬公 李岡선생이 어명으로 참성단에 제사하고 天齋庵(천재암)에 판각시(板刻詩)를 봉납하기를 다음과 같이 하였고,

마음과 몸은 조용히 여유가 있고
체골 쫓아 국선(國仙)이 되자했지만
멀리 지내온 일을 생각해 보면
이제사 모두가 헛된 일일까.

천빈(薦蘋)올리는 존엄한 자리는
이 나라의 중흥한 후이지만
돌 쌓은 영기설인 참성단은
태고적 단군때부터라네

눈 잎에 바로
천리강산이 환이 뵈지만
황홀한 이몸은
구중천궐에 온 것만 같네

이번 길에 짝 벗은 없지만
만약에 서로 부탁이 있다면
서울개성이 수복된
첫해임을 기억이나 해두자-.

(心靜身閑骨欲仙 遙思人事正茫然

薦蘋秘席重興後 累石靈壇太古前

己得眼看千里地 怳疑身在九重天

此行無耦如相託 循値還都第一年

(平齋 李岡)

• 江陵王(禑) 五年에 대제학 權近선생을 명하여 참성단 천제를 올리니 그 제문에 「摩利山 檀君攸妃 自聖祖 爲民立極 俾纉舊而垂休 曁後王避狄遷都 亦賴玆而保本」(마리산은 단군왕검께서 제사하신데라 태조로부터 백성을 위하여 황극을 세우고 옛법통을 잇게 하여 아름다움을 드리우며 고종임금에 미쳐 몽고를 피하여 도읍을 옮기고 또한 이곳을 힘입어 근본을 보존하였다)이라 하였으며,

• 太宗光孝夫王이 잠저(替邸)에 있을 때 代言(대언)으로 재숙(齋宿)하였으며

• 仁祖純孝夫王 一七년에 참성단을 수축하고 사당을 지어 제사하였는데 이르되 天祭堂이라 하였습니다.

〈7〉

물론 摩利山 一名 頭嶽山이니 마리는 머리라는 뜻인데, 고려사와 국조실록(國祖實錄)에는 摩利山으로 적고 강도지에는 摩尼山으로 되었으니 마니(摩尼)가 아니라 마리(摩利)로 발음하는 것이 옳겠으며, 참성단(塹城壇) 또한 塹山爲城壇(산을 베어 성단을 쌓았다)는 뜻으로 이름한 사실이나 후에 차차 민족의 주체성을 잃게 되면서부터 성스러운 제천의식은 어느 사이에 도사초성(道土醮星)의 모습으로 변해지고 따라서 塹城은 塹星(참성) 粲星(참성)이라는 별이름으로 바뀌고 摩利(마리)는 摩尼(마니의 외래신앙으로 거짓 풀이하게 된 것이며 또한 三郎(삼랑)도 실은 倍達臣(배달신)으로서 삼신호수(三神護守)의 벼슬인데 안순암 후에 단군왕검의 세 아들이라고 잘못 전한 것입니다.

〈8〉

우리들이 이제 마리산 참성단을 성역화 지정할 것을 바라는 이날에 있어서 물론 이름부터 통일해야 하지만 이와같이 역사적 유서 깊은 민족정서와 역사적 활동이 족히 성지태백산 다음되는 인문교화의 근거가 될 수 있고, 장차 앞으로 天王管境(천왕관경)의 삼만리전역에 확대할 수 있는 정신적 귀숙처(歸宿處)가 될 수

있나니 이것을 서로 입체적으로 연결하여 새로운 종합적 계획이 서 있은 뒤에라야 비로소 일반국민 전체의 머릿속에서 단결하는 주체세력을 생각하고 애국적인 신념에서 새로운 현실적인 과학방법을 찾아서 「민족의 주체사관과 가치의 정립」을 세우는데 충분한 교육의 사회화를 강력히 실천해볼 수 있는 기회를 만들어야 하겠다는 것입니다.

• 따르무자 운동의 창시자 東明王篇(동명왕편)을 지은 백운거사 李奎報 선생의 古宅.

• 최고유일(最古唯一)의 농서(農書)=농상집요(農桑輯要)·삼한관경의 역대와 기년을 밝힌 단군세기(檀君世紀)·그리고 천경신고(天經神誥)의 해설서=태백진훈(太白眞訓)이 「행촌삼서」의 저자 흥행촌수 李嵒선생의 別業(鶴洞草堂은 在鶴洞, 海雲堂은 在紅杏村)

• 정하곡(鄭霞谷·齊斗)으로 시작된 왕양명학의 연총(淵叢)인 사기리학풍(沙器里學風)을 빛내신 영재李建昌님의 유허.

어찌 이것뿐입니까. 강도=강화(江都=江華)에는 三多(삼다)가 있다니 돌이 많고 바람이 많고 말이 많다는 것이나 실은 글이 많고 사적이 많고 선비가 많다는 것이며, 또 오험(五險)이 있다니 이제 그 오험은 손돌목과 굴레목·망도악연혈(望島渥淵穴)·영만서(迎灣嶼) 난관탄(難串灘)이 이것인데 물결이 거세고 암초 때문에 뱃길이 매우 험하다는 것이나 한 번 배를 타고 바다를 한바퀴 돌아올 때의 그 기기묘묘한 바위와 물결은 스스로 천하의 절승을 이루고 삼산십주(三山十洲)의 신선사는 곳을 연상하게 되는 실로 비시인간별건곤(非是人間別乾坤)의 신선세계(地上仙境)를 형성하고 있는 것이며, 또한 강도십경(江都十景)의 하나로서 참성단원망(塹城壇遠望)은 무한한 대기속의 신선한 공기를 호흡과 함께 이성(理性)의 자연만족과 민족정서의 존엄성과 개인자유의 호탕불기(豪宕不羈)한 가장 한없는 전망을 스스로 느낄 수 있는 실로 이것이 선천진일(先天眞一)한 기운이 허무공(虛無空)속으로 좇아 나와 엉키어 참함을 이룬다〈先天眞一之氣 從虛無空中 來凝結 以成眞也〉는 그대로인 것입니다.

〈9〉

참으로 마리산은 성역이란 이름만으로도 고갈된 이민족의 정신을 흐뭇하게 해줄 것이며, 신라(慶州)대 백제(對百濟=扶餘)의 경쟁적인 지방축제의 분렬의식을 하루 저녁에 천왕관경(天王管境)의 천부(天符)주의로 돌아가게 할 수 있는 길이 트여질 것입니다. 참으로「민족을 서로 도울 수 있는 사상」은 신라문화 대 백제문화의 대립된 경쟁심리를 고취하는 것이 아니라 따무르자 주의의 단결된 통일국시를 찾자는 것뿐이니 오늘날 남인 대 노론·영남 대 기호=의 당논세력으로 분렬되는 것 같은 인상부터 일제히 불식하는 것이 또한 중요한 정신적자세로 생각되는 것입니다.

〈10〉

환웅천왕의 신시개천과 홍익인간의 인간선언은 이것이 오늘날 인본(人本)주의 선하(先河)가 되는 것이며 부여의 책화(責禍)정책은 이것이 국제안전 보장의 원천이 되는 것이며, 고구려의 따르무자(多勿)주의는 이것이 세계통일의 원동력이 되는 것이며, 世宗仁聖大王의 훈민정음 반포는 이것이 내조국의 주권과 주권의식의 회복입니다.

그러나 우리의 문화연구 활동이 그동안 一천三백년이나 오래도록 신라의 부조리한 반벽통일(半壁統一)에서 한 번 잘못을 범하자 이것이 고질적인 타성(墮性)으로 흘러서 고려때의 명분없는 구성환부(九城還附), 성급한 대요(對遼) 국교단절 그리고 신라 중심주의 편파적 사관이 마침내 대진국(大震國)의 역사를 끊어버렸으며 철없는 유림당(儒林黨)의 발효가 정명복요(征明復遼)의 웅대한 국책을 저해하고 한양조선의 지나친 소극정책이 마침내 대마도의 땅을 잃게 된 것입니다.

이것이 모두 그 원인이 나 아닌(非我) 종교·교육·문화활동의 제약속에서 나를 잊어버렸기 때문입니다.

高麗는 고구려의 구(舊=法統)를 이었노라 외치면서 실은 신라의 숭당(崇唐) 사관으로 탈바꿈하고 조선은 단군조선의 참(眞=主權)함을 찾겠노라 주장하면서 역시 숭명주의 일당독제 정치를 강요해 왔었습니다.

이런 것이 모두 확립된「민족의 주체사관과 가치의 정립」에서 사실상 지도이론과 실천방법이 마련되어 있지 못했던 것이니 우리로서는 용감스럽게 지난날을 뉘우치고 새로운「자아에의 귀환」을 깨달아야 하겠습니다. 우리들은 이제부터 우리 조국의 민주화(民主化)를 위하여는 성(姓)의 관념보다 국가민족을 더 소중히 여기는 이른바「단결될 수 있는 체계적 이념」이 내놓아져야 하는 것입니다. 올바른 전통을 부정하는 논리(論理)주의나 당위성(當爲性)을 저버린 권리행사는 결국 이민족으로 하여금 부정부패(不正腐敗)의 마굴로 떨어져 가게 되는 것뿐입니다. 참으

로 이것이 제 二경제와 함께 가장 중요한 오늘의 과제이고 보면 딴나라의 정책적
선견에서 보는 것과 같이 우리도 현실의 이해(利害)보다 원대하고 보다 고상한
생각에서 실익있는 계획이 서야 할 것인데 어디나 땅을 파면 물이 나오고 그 물은
가장 깊은 땅 밑뿌리로 모여 줄기를 이루듯이 이제 민족과 주체성 확립이라는
확고부동한 커발한의 신념을 갖고 참성단 성역화(塹城壇聖域化) 계획만 세운다면
그것이 바로 새로운 기풍을 일으키고 그 기풍은 언젠가 단결하는 민족의 주체세
력으로 나타날 것이 확실합니다.

07 이 時代의 다른 風光을 쓰면서
냉면의 추억

냉면하면 대표적인 평안도 지방의 토속음식이다.

그것도 한 겨울 이한치한으로 먹어야 제 맛이다.

우리 집도 칼국(칼국수)과 뜨더국(수제비), 범벅, 만두국, 냉면이 자주 식탁에 올랐는데 그래도 냉면은 한여름 식탁에 올려졌다.

어느 한 겨울 선생님 댁을 방문하였다.

마침 점심시간이어서 식당으로 인도하였는데 목척시장 초입의 조그만 식당으로 냉면을 먹어보자면서 시키는 것이다.

남쪽도 냉면집이 어디나 있었지만 여름이 올 때 쯤 「냉면개시」를 해서 한 겨울의 냉면이라 의외였다.

선생님 연배의 주인이 깍듯이 대하고 짙은 이북말씨를 쓰는 걸 보고 동향인걸 짐작하였다.

선생님은 맛있게 드셨지만 나는 맛있는 척 먹었다.

식사 후 한참동안 덜덜 떨리는 걸 숨기느라 온 몸에 힘을 준 기억이 난다.

훗날 선생님이 ≪자유≫지에 기고할 때 ≪자유≫사에 가끔 들렀다.

점심시간이 겹칠 때는 근처의 조기 매운탕집으로 안내하였다.

발행인 박창암 장군과 임운 편집장, 나 또는 오선일군이 함께하고 가끔 박창암 장군 손님이 한두 사람 더 있었다.

그 집 주 메뉴인 조기매운탕과 공기밥, 소주 두 병을 시키는데 선생님이 두 잔정도 마시고 거의 임운 편집장의 몫이었다.

그런 때 선생님께서 홀로 냉면을 시키실 때가 있는데 정말 맛있게 들었다.

선생님이 상경하기 전의 일이다.

모처럼 어머니가 집에 있을 때 나의 집을 방문한 적이 있는데 극구 저녁을 들고 가게 해서 냉면을 대접하였다.

식당보다 많은 양인데 따로 놓인 밥은 거들떠보지 않고 더 권하는 것도 마다하지 않았다.

술도 평소보다 더 들고 나를 문하로 삼은 걸 면구해 하였다.

평생 고단한 당신의 처지를 물림할 것을 염려한 때문이었을 것이다.

그래서 그 날 선생님이 냉면을 정말 맛있게 들었을까는 의문이다.

선생님이 체해서 이틀 동안 고생했기 때문이다.

어머니는 선생님이 맛있게 많이 든 것을 흡족해 하였는데 탈이 난 것을 알려주며 맛이 없는 걸 우정 맛있는 척 억지로 많이 들어서 그런 것이라고 놀려서 쩔쩔매던 모습이 눈에 선하다.

박대통령의 비서관이었던 외아들을 잃고 말이 없어진 임운 선생은 동아일보 편집부장 출신이었다.
그와 있으면 나도 덩달아 말이 없어졌다. 서너 시간 말이 없이 한 공간에 있었던 적도 있다.

당호堂號의 추억

사랑하는 자식에게 여행을 많이 시키라는 말이 있다.

견문을 넓히고 호연지기를 기르는데 여행만한 것이 있을까?

여행지의 산천을 보고 풍물과 역사를 배우고 거기 사는 사람들을 만나고, 그것이 산 지식과 지혜가 되고 추억이 되어 삶을 윤택하게 하는 것이다.

나는 중학교 2학년 여름 방학 때 제주도 방언을 채록하는 담임선생(음악-후에 공주대 교수)을 따라 일주일 동안 여행을 했는데 왕복 열여섯시간의 뱃멀미로 초주검이 되었는데도 그로부터 방학 때면 으레 여행이나 캠핑을 떠났다.

죽이 맞는 선배가 있었고 때로는 친구들과도 동행하였다.

그 때는 사전 여행지의 정보나 장비, 세부일정을 점검하는 등, 정작 여행의 기본을 무시했기 때문에 고생담이나 차츰 잊혀져가는 추억만 남아 있을 뿐이다.

그런데 30세 전에 전국을 여행하자는 중학시절의 계획이었으나 선생님을 만난 후부터 여행의 패턴이 조금 바뀌어 탐방에 가까워졌다.

신단재 선생을 비롯한 석주 선생고택, 이동녕, 김동삼 선생들의 생가지나 고택을 방문하고 해남의 신시고각, 중원 고구려비, 온달산성, 울주의 반구대, 가야 유적지, 화순의 고인돌, 전곡리 선사시대 유적지, 공주의 석장리와 무령왕릉과 성곽, 방치된 돌무덤, 부여의 백제 유적지와 개천각이 있는 마리산, 고려산, 이건창 생가지 등은 나의 생활 반경이라 원족삼아 다녔다.

고령의 가야 유적지를 돌아보고 함열에서 우연히 군동기를 만나 함께 이순신 장군의 해전지를 3일 동안 여행하고, 흥수아이 발굴터에서 그냥 돌아오고, 홍성의 고인돌은 아직 안내판이 설치되지 않은 때라 읍내에서 실히 40리 길의 산골에서 겨우 찾고 차가 고장 나서 그 곳의 신문지사 선배집에서 숙박하고 이튿날 찾으면서 터무니없는 바가지를 쓰기도 하였는데 그 때 기왕 들른 이순신장군이 만호로 주둔했던 해미 읍성과 홍주 아문과 읍성은 며칠 후 지진으로 큰 피해를 입었다.

백제의 고도 공주에서는 지리연구(풍수)와 백제사를 연구하는 대학생을 만나 친교를 맺고 당장수 소정방의 침공로를 규명한 논문을 나에게 보내주기도 했는데 지금은 서울의 모 고교에서 엉뚱하게 물리를 가르치고 있다.

때로 지인을 통해 귀중한 고서를 소장하고 있는 사람이 있다고 해서 먼 길을 가면 조잡하게 필경한 유림의 문집(대부분 활자화 된)등이어서 씁쓸하기도 하였다.

각처의 사람들과 좋은 인연을 맺기도 하여 방문지를 나름대로 꼼꼼히 기록하고 사신을 찍었으나 돌아와 정리할 때는 무언가 빠진 것 같아 항시 아쉽고 그래서 두세 번 다시 가본 곳도 한 두 곳이 아니다.

어느 날 계획 없이 훌쩍 여행을 떠날 때도 도착하는 곳마다 유적지나 유물, 전설, 마을 지명유래 등을 챙겨보는 게 버릇이 되었다.

나의 후기 여행의 빼놓을 수 없는 소중한 추억과 보람 중에는 세월을 뛰어넘어 선생님과 교유한 동시대인의 자손들이 학자가 되어 따뜻하게 맞아 줄 때와 선고의 유저나(비록 내가 소장하고 있어도) 본인의 저서를 증정해 주어 그것을 받는 즐거움이다.

나는 학생복을 벗고 10여년 간은 1년에 두 번 강화엘 가고 태백산 망경대 등 전국을 두루 다녔다.

그 때마다 거의 나만 검문을 받았다.

이상하게도 군경합동반은 통로까지 입추의 여지없이 찬 손님들을 살피며 헤집다가 나만 보면 신분증제시를 요구하였다.

망경대에 다녀올 때는 황지에서도 신분증 제시를 했는데 서울역에서 내려 지하도를 건너자마자 40대 초반의 단단한 남자가 자신의 경찰 신분증을 제시하며 잠깐 따라오라고 해서 엉문도 모른 채 역전파출소로 동행하였다.

경범죄 처벌기간이란 걸 두어 단속경관에게 할당량을 주면 그걸 채우기 위해 마구잡이로 잡아들이는 제도가 있다는 걸 그 후에 알았다.

만취자 등 남녀 수십 명이 갇혀있는 유치장에 밀어 넣어서 자정부터 그들이 본서로 이동될 때 송인수군의 기지로 야간통행증 도장을 손바닥에 받고 빠져나왔지만 우리는 선생님 일행을 놓쳐서 여관신세를 졌다.

필동에서 정동으로 이사한 단촌선생 댁은 전날 밤 처음으로 선생님을 따라 갔으므로 찾을 수가 없었기 때문이다.

밝은 아침에 찾을 요량으로 나오는데 조영주 선생 일행을 배웅하는 선생님과 단촌선생이 보였다.

「생긴 게 범죄형이라 그렇다」

벗들은 나를 그렇게 놀렸다.

그 때마다 선생님은 빙긋이 웃었다.

자다가 뜨거운 방구들에 복사뼈를 데어서 3개월여 고생을 하자 어떻게 데이는 줄도 모르고 잘 수 있느냐면서 좀비라고 놀려대었다.

다음 회일강좌 때 선생님은 여럿 앞에서 「뇌허당(雷虛堂)」이란 당호를 주었다.

참전계경의 출전과 뇌성벽력쳐도 동요하지 않는다는 뜻풀이를 해주었는데도 골빈당(뇌허당-腦虛堂)이란 별호가 하나 더 붙은 것은 당연한 일이다.

檀石

「石-無假飾, 不變, 非腐, 積城, 立柱, 石橋」

그러나 돌은 온정(사랑)이 없고 지혜가 없고 동작이 없다는 것은 적어주지 않았다. 무심하고, 미욱하고, 나태한 나의 품성과 돌의 이미지가 다름없어서 부끄러웠지만 선생님의 기석송(起石頌)은 1년 후(開天五八六七)에 보았으므로 그 때 나의 단점은 휘(諱)하고 망(望)의 장점을 적었을 것이다.

雷虛堂

「雷虛者, 誠心纏于耳聞 誠發之時以雷聲之大子. 自虛而不聞也」

   (우뢰의 헛됨이라 함은 정성스러운 마음이 귀로 들으매 얽히어 정성이 발동되는 때는 우렛소리가 요란스러워도 스스로 헛되게 되어 들어오지 않느니라.)

起石頌(일어세운 돌)

李靜山

흰구름 떠오르는 저 높은 산밑이
박달숲 우거진 커발한 동산
참성단을 한편으로 바라보며
단학동(檀鶴洞) 중턱에 우뚝선 대시전(大始殿)
아! 여기가 환웅대성존(桓雄大聖尊) 모신데라오

그 앞 돌밭을 빙 돌아 흐르는 단계천(檀溪川)
이리 저리 흩어져 있는 말없는 돌들
돌! 돌! 돌! 내 이제 일어서 세우노니
작은 돌 큰 돌 모두 366(三百六十六)
아! 여기가 우리 정신적 고향이라오

돌
그러나
돌은 온정(사랑)이 없다.
돌은 지혜가 없다.
돌은 동작이 없다.

돌!
그러나
돌은 거짓을 꾸미지 않는다.

돌은 태도를 변하지 않는다.
돌은 영원토록 썩지 않는다.

돌!
그래서
돌은 그대로 쌓으면 성탑이 된다.
돌은 곧추세우면 문주(門柱)가 된다.
돌은 건너 놓으면 다리가 된다.

돌!
그래서
돌의 굳은 의지와 자세를 통하여
흐려진 커발한 핵랑(核郞)들 마음을 바루려고
나는 오늘부터 오직 한 생각
말없는 돌들과 함께 일어나리로다.
(神市開天 五千八百六十七年 庚戌 大迎節 날)

선생님의 교수법은 간략하고 부연이 없는 대신 며칠, 몇 달 또는 몇 년 후에도
반복 이어서 어느새 슬그머니 우리의 머리와 가슴에 들어와 있었다. 가장 두드
러진 특징은 당신이 쓰거나 쓰고자하는 원고의 세세한 내용에 어떤 것은 강습
내용과 토씨까지도 같아서 선생님의 저술을 볼 때는 선생님이 같이 있다는 느낌
이 들 정도였다. 지금 생각해 보면 당신 원고의 검증을 일천한 우리와 함께 나눴
다는 느낌이 든다.

당시 삼인성호(三人成虎)를 빗댄 서로 멀리 떨어져 있는 모자(母子)의 우화는
이제야 그 말한 뜻을 알만큼 20년 후 을축 4월에 준 내가 지켜야 할 삼계삼실
(三戒三實)중에 있는 경계의 말이기도 했다.

심心과 지志

북애자(權悅)는 규원사화 만설에서 인생과 신과 만유에 대해 스스로 질문하고 답하며 결국 뿌리찾기에 나선 소회를 절절하게 피력하였다.

인류의 정신을 지배하는 종교의 본질을 기독교는 자연정복이며, 불교는 자연탐색, 유교는 자연순응이고, 우리의 면면한 정신은 인대천(人代天)이라고 규정하고 역사연구의 시발점으로 삼은 선생님이나 독립투쟁을 하면서도 국사연구에 천착한 벽산, 단재 모두 국란의 한 가운데서 유랑하던 요동(만주)이 우리 민족의 근기(根基)이며 천손사상의 뿌리라는 걸 목도하고 비로소 국사학의 출발이자 귀착지라고 생각하였다.

이렇듯 세 분이 목도한 만주의 인식은 왜 세분이 역사연구에 천착하였는가를 명징하고 있으며 불우의 시대를 삶으로써 불가피한 연구실적의 미진한 부분이나 정과 오를 막론하고 지나와 일본, 우리 스스로 왜곡한 우리의 역사를 바르게 복원하는 중요한 터닝포인트일 것이다.

「역사연구는 실증이라는 교언으로 포장된 과학이 아니다.

실증사학이라는 서양의 역사연구방법의 차용이 우리 역사를 말살 왜곡하려는 목적으로 설치된 위(偽)조선총독부 조선사편수회의 흉계라는 건 가히 밝혀진 사실이다.

정치, 경제, 법제, 언어, 관경, 과학, 문물, 풍습, 종교, 사상, 철학 등의 일체를 망라한 그 민족의 삶의 총체적 기록이 역사이다.

국가와 민족의 위난의 지경에서 상정(常情)으로 민족사관이 부각된다면 그것도 역사이고 실증사학으로 포장된 토왜사학의 폐악도 역사가 될 것이다.

국가와 민족이 망실되느냐, 존치 또는 흥기하느냐는 역사가 바로 서느냐, 실증,

오도되느냐에 따라 판가름 나는 것이다.」

입문의 문턱에 있던 나는 5천 년, 3천 년 전의 몇 월 며칠까지의 생생한 역사기록이나 연표를 가고하는 선생님을 도무지 이해할 수 없었다.

그것을 이해할 때까지 상당한 시간이 걸렸는데 선생님은 5864년 말 과제를 주었다.

「志」자를 써 주며 3년간 그 뜻을 생각해 보라는 것이다.

나는 '지'자를 휘호해 벽에 붙이고 3년이면 대단한 공부가 될 것 같은 느낌이 들고 만족할 만한 리포트도 나올 것이라고 생각했는데 1년도 체 되지 않아서 불쑥 그간 사유한 '지'의 답을 들어보고자 하였다.

그동안 틈틈이 노트한 자료를 보고 선생님은 흡족한 표정으로 행촌선생의 말씀을 적어 주었다.

「人雖飢使之食犬彘之食則必勃然怒矣此之謂志也(太白眞訓)」

(사람이 비록 굶주렸으나 개·돼지의 먹이를 먹으라하면 반드시 발끈 성을 낼 것이니 이를 일러 뜻이라 하느니라.)

사전과 제대로 이해하지도 못하면서 동서양의 철학서적을 뒤지고 공, 맹을 뒤졌던 나에게 우리의 고전이 우선의 자리에 드는 순간이었다.

선생님은 소시에 7년간 놓지 않았다면서 「心」[3]자를 주었는데 이번에는 머리만이 아닌 가슴으로도 '심'자를 더듬기 시작하였다.

• 5864년 9월 5일부터 10월 9일까지 5번의 회일강좌시간에 선생님은 1회 7~8시간에 걸쳐 '心'에 대하여 주로 우리의 경전(天符經, 三一神誥, 參佺戒經, 太白眞訓)을 텍스트로 설명하며 주희, 서화담, 이율곡, 기고봉, 송우암, 이습제, 이해학, 현대의 물리학, 수학, 핵이론까지 망라하여 설명하였다.

그러나 선생님은 16세에 이미 '志'와 '心'을 담았다고 하였지만 5세부터 오로지 한 우물만 판 (소년독립단일 때도) 선생님과 12과목 이상의 학교공부와 영화도 보고 놀이도 하고 여학생에게 기웃대느라 공사다망한 우리에게는 고봉이니 시습제니 행촌이니 하는 초문의 선현들과 선생님이 인용하는 이황의 「주자서절요기의」니 정명도, 장횡거, 정이천, 허령불매, 중리, 명덕, 기질, 이발기발, 이기호발, 사단칠정, 태극도설, 이기이원론, 기단발설이나 철인, 현자, 신귀, 중인, 부구 도학, 왕도탕탕, 도, 커발한, 인대천, 삼강사령 속의 강령, 연비어약, 일원양기, 성명정, 심기신 태극, 무극, 궁변통, 정반합, 등등등. 모두가 생경한 말로 그나마 선생님과의 인연의 연조가 약간 앞서 조금은 익숙한 나와 별도로 동문들은 잠깐 잠깐의 휴식시간에 우선 선생님의 빠른 사투리부터 난청임을 투덜대었다.

「여디망없이(여지없이) 윈멘저(맨먼저) 요황수(요행수) 서껀(함께) 옴한(열중한) 저냑, 점슴(저녁,점심) 젯가치(젓가락) 가드근하다(가뿐하다, 경쾌하다) 가따 가나(가뜩이나) 가이(개) 가티(개비) 고만때(고맘때) 고정고정(꼬장꼬장) 고채루(그대로) 길마리(길목) 까타나(때문에) 낀타불(끄나풀) 나삐(나쁘게) 켄(켠) 돌따 세다(도중에 방향을 바꾸다) 시금불(심부름) 시늑시늑(지겹다)…」선생님이 자주 쓰던 삭주방언인데 몇몇 예에 불과하다. 그러고 보니 「가이」는 구석기시대부터 인간 곁에 있어서 그 명칭이 지금까지 불리운다고 하였으니 우리집 암캐 「개순이」가 매달이면 어머니도 '저 가이!'하고 떨쳤지.

선생님은 '志'때와는 달리 '心'에 대한 나의 답을 들어보자고 한 적이 없었으나 세월의 덕지덕에 조금씩 심안이 트였다.

동서, 옛 명현들의 사유를 쉽게 접할 수 있는 넓은 세상과 안내한 큰 스승덕분이었으나 아직도 말할 수 없는 게 마음이다.

대배달 민족사 3권에 실린 우리의 경전 해설서에는 제자백가의 설과 유불선의 심구한 '心'에 대한 증빙과 방증의 논거가 알기 쉽게 실려있지만 그렇다고 지금 책 1500쪽 분량의 독파로 '心'의 정체가 순식간에 모두 드러나지는 않을 것이다.

「執一忘其餘」

후세에 文名을 얻고자 내 주위의 많은 지인들이 빌딩 숲의 심산유곡에서, 대학에서 컴퓨터 전자파에 몸을 맡기고 몇 잔의 茶로 목을 축이며 사유를 거듭하고 있다.

「微分析」이 만능이 아님을 잊지 말기를…

　　遼東 : 지금의 遼河以東이 아니라 지나의 先秦시대에서 말하는 요동은 오늘의 천진 지방인데 하북 옥전현(坐一太山)

• 어느 回日講座의 追憶(개순이의 추억)

꽤 오랜 선생님과의 회일강좌 당시 우리 집은 진돗개 한 마리를 길렀는데 어머니가 얻어오고 암캐라 내가 이름을 「개순」이라고 지었다.

유순한 놈이지만 자주 인근으로 사라져서 부르려면 난감했다.

개순아! 하고 크게 부를수도 없는 노릇이, 지인이 아니면 내 누이를 부르는 것으로 오인하고 '이름 한 번 희안하구나', 생각할 것이 아닌가?

선생님은 개를 몹시 꺼렸다.

타인 방문도 평생 선생님의 사업이었으므로 개로 인한 낭패를 많이 겪었기 때문일 것이다.

우리의 어린 시절 '만주'라 하면 이유도 모른 채 개장수를 떠올렸는데 한번은 성기석군이 선생님의 만주에 대한 강론 도중 뜬금없이 만주에는 정말 개장수가 많느냐고 질문을 하였다.

선생님은 잠시 빙긋이 웃다가 성군이 머쓱할 만큼 다음 강론으로 넘어갔는데 그러나 그것은 위정 당시 만주를 유랑한 사람들이라면 어느 곳을 가던지 그 풍속과 풍물에서 우리의 옛 모습을 엿볼 수 있고 아무 마을에서나 눈여겨보면 고구려, 대진 시대의 가옥구조가 온전한 것도 발견할 수 있다고 하며 그 시대의 건축법과 구조를 대강 설명해 주는 것으로 답을 우회한 것이다.

언제나 만주에 대한 얘기는 역사에 대한 학문적 설명이 있을 뿐 독립군 시절 무용담 등, 우리의 흥미로운 관심사는 아예 피했다.

아픈 기억은 피하는 것도 한 방책이었을 것이다.

젊은 날 뜻을 좇아 온갖 인연을 모두 희생하고 인간인지라 그 고통을 떨칠 수 없는 채 그런 희생이 도리어 일편에서의 미욱한 삶이란 조롱으로까지 전락한 세태에서 문하들에게도 함구일 수밖에 없을 것이니 선생님에게는 뜻을 오로지하고 멈추지 않는 것만이 그 분심(忿心)과 애석심(哀惜心)을 내연하는 길이었을 것이다.

일성도, 해학도, 매천도, 직송헌도, 월성도, 또 누구누구도 자결을 택하였지만 스스로 죽음으로서 삶과 정체성을 확인하기가 어디 만만한 일인가?

그러나 스스로 죽음을 택함으로서 뜻을 보존하는 것 못잖게 한 점 부끄럼 없는 삶 속에서 펴는 것 또한 쉬운 일이 아니다.

선생님의 자결시도 얘기는 이 글을 쓰면서 가족들에게 다시 확인한 바 약간의 차이가 있었다.

고기잡이배의 불빛을 보고 그 배에 구조되었다는 것과 불빛을 보고 연안으로 헤엄쳤다는 것이 다를 뿐 또 한편 청자들은 4`~50년의 간극으로 기억의 저편이 아득했을 수도 있다.

「독립을 위해 죽어간 수많은 스승, 가족, 일가, 동지들에게 민망했다. 그리고 그 분들의 죽음을 헛되이 않게 가는 길을 떠올렸다.」

불빛이 고기잡이배의 불빛이었는지, 마을의 불빛이었는지 또 다른 어떤 불빛-생의 갈구였는지는 중요치 않다.

선생님을 살린 그 불빛은 선생님의 일생에 점철된 불꽃이 되었다.

(梁君의 글은 개 얘긴지, 만주 얘긴지, 선생님의 자살 얘긴지 要領不得이라 -(吾民 은희만)

• 누구(祖上, 父母), 어디(國), 언제(時代) 낳았느냐(出生)는 제론(諸論)에 앞서 천부적(天符的)인 것이다.

그러므로 나를 낳고 기른 조상과 동포와 나라를 사랑하는 마음은 민족지심(民族之心)일 뿐 무슨 주의주장(主義主張)이 따로 있겠는가?

있다면 그렇게 하기 위한 제도와 교육에 의한 이상(理想)과 실천(實踐)이 있을 뿐이다.

인(仁), 애(愛), 박애(博愛), 충효(忠孝) 같은 수많은 표어(標語)는 범세(凡世)에서는 원수(怨讐)를 사랑하는 것이 아니라 제재(制裁)함으로서 원수를 낳지 않게 하는 것이고 또, 충을 실천하자니 효를 희생하고 효를 실천하자니 충을 희생하는 것이니 바로 적나라(赤裸裸)한 인간살이(住世)이다.

모든 종교와 신념(信念)은 보다 나은 이상향(理想鄉)을 건설하기 위한 방편(方便)으로써 그것이 교조(敎條)가 되면 이미 종교도 신념도 아닌-실질에서는 배타(排他)의 폐단(弊端)으로 나타나게 되는 것이다.

민족주의라는 것도 재세이화 홍익인간(在世理化 弘益人間)을 실천하기 위한 이상으로 상정(想定)한 이념이며 인, 애, 박애와 모두 같은 말이고 다만 홍익인간은 우리가 주창함으로써 우리의 이념이 된 것이고 무조건적 홍익인간, 사랑이 아니고 그 속에서 실천이론과 방법이 다르니 그것은 서로가 내가 아니기 때문이다.

작금 우리나라 어떤 종교들이 화해(和解)를 위해 인적교류부터 한다고 한다.

실천요강(實踐要綱)이 다르고 난(生) 배경이 다르고 그러므로 무엇보다 숭배(崇拜) 대상과 교리가 다른데 밥 같이 먹고 면식(面識) 하다보면 혹 어떤 이들은 피차 인간적인 매력(魅力)에 속정(俗情) 쯤은 생길지도 모르겠다.

조소(嘲笑)가 아니라 탐심(探心)의 직설(直說) 쯤이라 해두는 것이니 그 속에 박사(博士)가 얼마인데 서로 만나야 소득(所得)이 없을 것이라는 건 불문가지(不問可知), 스스로 알 일이요 다만 그것을 바라보는 다른 국민들은 짜증스런 쟁탈(爭奪)의 소란(騷亂)에서 해위(解圍)를 바랄뿐이다.

— 天下萬事先在之我(寒闇堂)

• 민족(民族), 겨레, 동포(同胞)와 종족(種族), 그리고 국민(國民)에 대한 개념 정의(槪念定議)를 어떻게 하였을까?

선생님의 일생은 민족의 자취를 찾아 떠난 고난(苦難)의 여정(旅程)이었으나 딱히 몇 마디로 정의하지 않았다.

국내외의 많은 학자들이 정의하고 기하(幾何)의 야맹(野氓)들도 한마디씩 할 만큼 물과 공기 같은 것이 민족, 겨레, 동포의 개념이고, 학문함에 있어서 그 개념 정의가 우선 중요함에도, 또 한편 어떤 정의에는 천착(穿鑿)했음에도 불구(不拘)하고 수식어(修飾語)가 언필칭(言必稱) 민족주의 사학자인 선생님이 간략(看略)한 것은, 선생님에게 우선 절실(切實)한 것은 국토의 회복과 구성원(國民)의 건강한 공동체의식(歷史意識)이었기 때문이다.

기인奇人

태백산[4] 망경대에서 개천행사를 할 때의 일이다.

전국에서 모인 50여인의 회원들과 더 많은 그 지방의 참석자들과 제물, 제기 등을 저저큼 나눴지만 거의 연로한 분들이라 3㎞ 가까운 산행이 만만치 않을 것 같았다.

다행히 초입을 좀 지나서 그 곳을 경계하던 군인들을 만나 도움을 받았다.

중대장인 박대위는 부하 20명을 차출해 망경대 정상까지 짐을 날라주었는데 그 일로 후일 1년여 커발한과 편지를 주고받았다.

우리의 영광스런 역사를 새삼 알고나니 일선에서 나라를 지키는 간성으로서 자부심으로 가슴이 뿌듯하다는 내용이었는데 나의 불찰로 나의 입대 즈음 답장을 못해서 그 후 소식이 두절되었다.

군인들 덕분에 우리 일행은 단출하게 산을 오를 수 있었다.

개천제 시각도 넉넉하여 다들 땀을 닦고 환담을 나누며 주변 경관도 구경하는 중에 제물을 점검하고 진설을 상의하던 선생님이 박노철 선생을 찾아오라고 말씀하였다.

생각난 듯, 한 분이 뒤쳐진 위치쯤을 말하자 선생님은 알고 있다는 듯 오를 때 마지막으로 쉬었던 가파른 곳으로 내려가서 찾아오라는 것이다.

알려준 곳에서 두리번거리다가 부르려는데 길섶아래 숲 속에서 힐끗 기척을 발견하였다.

처음엔 용변을 보는 줄 알고 잠시 기다리다가 기척을 하고 나를 알렸다.

박노철 선생은 다리를 뻗고 털썩 주저앉아 나에게 손짓을 하였다.

나도 움직이기 힘들 것 같은 바위를 비틀어 놓은 원래의 장소에 가늘고 긴 연약한 대공이가 바위 속에서 땅을 기다가 고개를 든 듯 두 개의 여린 떡잎을 달고 있었다.

박노철 선생은 이름 모를 어린 산초(山草)의 줄기가 다치지 않게 조심해서 바위를 원래대로 놓아달라는 것이다.

떡잎만으로 어떤 식물인지 알 리 없는 나는 시키는 대로 했지만 그만이 아는 희귀식물을 발견한 줄 알았다.

「바위를 비키고 보니 너무 어려서 그냥 둠만 못하구먼」

천진스런 아이같이 웃는 모습을 보며 나도 계면쩍게 웃었다.

마르고 단구여서 뒤태를 보면 중학생 같았는데 깝죽깝죽 걸어서 웃음을 자아내게 하는 분이었다.

나는 박노철 선생이 희귀식물이나 약초에 대한 관심으로 알고 행사를 마치고 돌아와 선생님에게 그 일에 대해 말씀드렸다.

선생님은 그런 행동은 그 분의 기벽이라서 그런 분들은 죽음조차 외로울 것이라는 것이다.

선생님은 나의 예상대로 그런 기행에 대해 부정적으로 말씀하였는데 그 분이 학교에서 받은 월급여의 돈을 혐오해서 학동을 시켜 신문지에 싸서 집에 전해주게 한다는 기벽도 들려주었다.

날짜를 기억할 수 없지만 정연모 선생(정인보 선생의 자제)과 동석한 박노철 선생을 본 얼마 후 외롭게 돌아가셨다는 말을 들었다.

선생님은 박노철 선생을 기인이라고 하였다.

그래서인지 내가 유일하게 목도한 기인으로 각인되어 있다.

天符經贊
神誌之篆見於古碑孤雲之筆移成書帖雲樵之勤抽印壁刻經世大訓首諸群聖 (朴魯澈)

태백산소고(太白山小考)

선생님은 단주(檀洲)선생을 비롯한 회원들과 5860년부터 해마다 마리산 참성단과 태백산 망경대의 제천단에서 번갈아 제천행사를 치루었는데 마리산 개천각이 준공된 이후로는 태백산 행사는 마감하였다.

나는 5864년과 5865년 두 차례의 행사에 동참하였다.

망경대에 오르는 길은 비교적 수월하였지만 어른들을 모시고 짜여진 시간에 따라 대전에서 서울을 거쳐 황지에 이르는 꼬박 하루의 노정이 고단하였다.

단주 선생이 주관하였고 그 곳 대종교, 단군교 회원들과의 행사진행에 대한 약간의 마찰이 있었으나 나는 전날 산사에 머물며 첩첩히 펼쳐진 고산준령과 아득한 그 끝 하늘인지 바다인지 구별이 가지 않는 대자연속에서 고즈넉이 저녁나절과 밤을 보냈다.

망경대 절집 처사는 태고를 지켜온 산이 신이요, 부처라고 말했는데 식상한 말이지만 낙조와 곧 어둠에 침잠하는 주위를 보며 필설로는 다 할 수 없는 자연의 엄숙함을 느꼈다.

특이한 것은 낮에 무심히 본 먼 동녘의 하늘 반은 동해였는데 밤에 명멸하는 수많은 불빛-오징어잡이 배의 집어등 불빛인 걸 보고 바다인 걸 알았다.

선생님 작고 후 몇 번 손쉽게 계절 따라 태백산에 올랐는데 동해가 산 능선을 따라 사라졌다가 다음 능선에서 나타나는 물색없는 포장도로로 이어져 가직하고, 같이 올랐던 선생님과의 누누한 추억을 뺀다면 이글거리는 듯 싸늘한 듯 빛덩어리의 일출도 어둠을 향해 침잠하는 낙조도, 장관의 주목군락도, 흐드러진 핏빛 철쭉, 진달래도 산재한 관광지도 여러 번의 등정 때문이어서인지 옛 감흥이 아니었다.

태백산에는 여느 곳과 마찬가지로 유서 깊은 사찰들과 제천단 문수봉, 검룡소, 단종비각, 주목군락, 석장승(강원도 민속자료 제4호), 용연동굴 등, 볼만한 곳과 눈썰매장, 눈꽃축제, 철쭉제, 태백제 등 관광행사가 열리며 80년대 말 도립공원으로 지정되었다.

황지에서 발원한 세류가 방박한 산과 계곡의 물을 더해 1천3백리를 줄달음쳐 낙동강이 되고 다시 영남의 들을 적시며 남해로 흘러들고 한편으로는 비슷한 거리를 검룡소에서 시작해 한강이 되고 끝내는 서해의 해수와 합류한다.

1000m넘는 많은 산정에는 고산식물이 자생하고 삼신하느님께 제를 올리는 제천단(천제단)이 중요 민속자료 제228호로 지정되었다.(둘레 27m, 폭 8m, 높이 3m)

태백산은 "한붉뫼"이고 주산 장군봉은 1568m로 그 300m 남쪽으로 이어진 정상의 평지는 후대로 이어가며 왕과 때로는 방백(관찰사), 수령들이 제천서고 하던 곳이다.

태백산 도립공원 역시 타지의 명산과 유적지와 마찬가지로 상업화하였는데 그래서 40년 전과는 격세지감으로 어디서나 접근성이 용이하고 편의시설과 위락시설이 많아졌지만 겨울 설국과 봄, 여름의 울창한 수목과 가을의 만산홍엽, 사시의 청정한 곡수는 상기 변함이 없다.

생사합 2000년을 버틴다는 주목과 어우러진 장엄한 일출과 소소한 낙조는 사진작가의 표적이 되고 그 프레임 속의 풍광이 제법 아름답지만 어찌 실경과 비견되겠는가?

훗날 풍광이 더욱 일그러졌을 때 지금을 증빙하는 정도가 될 것이다.

지금은 없어졌지만 마리산 산정의 신정과 같은 용정이 있어 용왕각을 짓고 용신에게 제사를 지내며 제천제의 제수로 사용하고 있는데 용정, 용추, 용소 등은 산과 계곡이 있는 웬만한 고장에는 흔해서 용이 심볼인 지나족에 비해 우리네는 천황을 수호하는 사신중의 하나로 벽화와 수많은 설화, 민담으로 남아 있다.(夷苗根族秦那(支那)華(化)族無根何華開乎)

개천절(음 10.3)의 태백산은 침엽수를 빼곤 벌써 겨울채비를 끝냈다. 산정이 그늘을 만든 만추의 하산 길은 입고 온 두툼한 입성 덕분에 더위를 느낄 정도였다.(단촌선생 내외와 송인수군과 필자)

太白山-黃池里山

○ 黃池里山在牛首州本悉直國婆娑尼師今二十三年來降三十年遍祭 山川遣官黃
池里山望太白山而祭之

○ 新羅逸聖尼師今五年冬十月 北巡 新祀太白山

○ 三陟太白山高麗 崔詵記天下之名山三韓爲多而(中)三韓之勝東南爲最東南之
巨者太白稱首焉山頂有泉湧出成大池曰黃池穆祖舊其一在池上名耆村云

○ 三陟太白山西至于水多·白屛之山又西至于馬兒串赤之山又西至小白之山爲
竹嶺之阤 又西南至于兜率鵲城之山黛眉鷄立之嶺 爲鳥嶺之阤 伊火曦湯南至于周峴
大耶山之佛日華山至于俗離之山

○ 安東太白山盤居三道之交中有黃池穿山而南流

　　우리겨레의 대시세계(大始世界)에서 뱀은 경계나 배척의 대상이기보다 수신(水
神)의 정령(精靈)으로 신명영각(神明靈覺)한 존재로 신앙의 대상인 시기도 있었
다.

　　수렵(狩獵)과 어렵(漁獵)시대에서 유축농경(有畜農耕)시대로 전환되고 삼신하
느님에게 가무제천(歌舞祭天) 경고새신(鏡鼓賽神)의 제(祭)를 올리면서 수두(蘇
塗)로 발전하고 풍작을 기원하는 수신제(水神祭)에 있어서 용왕용신(龍王龍神)을
함께 제사하였다.

　　지금도 그 흔적이 뱀을 터주대감(垈主大監)의 사령으로 믿고 제사하는 각(閣)
이나 서낭당이 남아 있고 천제자(天帝子)를 수호하는 고구려의 고분벽화 사신도
(四神圖) 북방의 현무는 수신의 한 이름으로 귀사합체(龜蛇合體)는 영악한 뱀의
머리와 무장의 갑옷을 두른 거북의 몸으로 묘사되어 있어 일찍이 천문탐구와 수
리(水利)를 강구하고 사해로 뻗어간 우리 겨레의 신앙과도 밀접한 관계에 있다.

　　나반과 아만의 성혼식에 나타난 미르(龍), 해모수가 웅심산(雄心山)에 내려올
때 용광검(龍光劍)을 차고 다섯용이 끄는 수레(五龍車)를 탔다는 이야기, 고주몽
의 어머니 유화부인은 사해(四海)의 용왕을 다스리는 용신 하백(河伯)의 딸이며
삼국사기의 박혁거세 사능(蛇陵), 고려사고종의 위도(葦島) 초동(樵童)설화, 용비
어천가의 배암의 노래, 습유기(拾遺記)의 우(禹)가 내몽고(內蒙古) 치수(治水)공

사시 용관산(龍關山)에서 팔괘의 그림을 보여 주었다는 사신인면(蛇神人面)의 신 이야기, 유방이 진(秦)의 공역(公役)에서 도망칠 때 뱀이 가로막자 베어 죽였다는 이야기와 일본서기의 소잔오가 팔기대사(八岐大蛇)를 베어 죽였다는 신화, 평등 사상을 제창한 석가모니를 나가(毒蛇)라고 배척한 파라문(婆羅門)과의 신앙적 대립, 뱀의 꼬임에 빠져 금단의 열매를 먹고 실낙원(失樂園)한 구약의 신화 모두 사해로 뻗은 환국(桓國)의 지류(支流)들과의 전쟁과 그 과정에서 파생한 상고대문 명충돌 이야기에 지나지 않는다.

11 이 時代의 다른 風光을 쓰면서

언론의 위력

군에 있다가 첫 휴가를 나와 먼저 선생님에게 인사를 드리러 갔는데 선생님은 반갑게 맞으며 다락방 서재로 올라가 이틀 전 경향신문을 펼쳐 보여 주었다.

거기에는 박석홍 기자가 쓴 선생님의 「광대토경 성능비문 역주」를 중심으로 한 기사가 실려 있었다.

그 무렵 한, 북, 일 3국의 학자가 재일사학자 이진희 선생이 제기한 일본 군부의 광개토대왕 비문 석회도부변조사실을 토론하기 위한 일본 학술회의 취재차 이기백, 김원룡 박사와 동행한 박기자는 귀국 후 손보기 교수의 소개로 선생님을 찾았다는 것이다.

선생님의 전언에 의하면 3국 학자들이 세미나를 취재한 박기자가 한국학자들의 행태에 실망하여 귀국 즉시 여러 관계 학자들을 찾아다니다가 그 방면의 권위자가 대전에 있다는 손보기 교수의 소개를 받아 한암당을 방문했는데 마침 선생님은 임시정부 시절과 광복후 다시 가 본, 선친 단해선생과 운초선생의 징실고 등의 광개토대왕비의 결자를 연구한 옥고를 지니고 있었다.

그 직후 박기자는 주간경향에 몇 페이지에 걸친 장문의 선생님에 대한 기사와 연구서들을 다시 실었는데 5892년 가을 나는 경향신문에 전화를 걸어 박기자의 소재를 물었다.

전화를 받는 아가씨가 주위에 문의하듯 뜸을 들이더니 그런 분을 모른다기에 더 알아 볼 수도 있었으나 그만 두었다.

실은 그보다 앞선 7~8년 전 박기자를 꼭 한번 만나봐야겠다고 생각한 적이 있었다.

선생님의 2주기쯤 조선일보 서희건 기자의 「잃어버린 역사를 찾아서」를 구해 보던 중 이진희 선생의 광개토대왕 비문에 대한 동경학술회 기사가 눈에 띄었는데 박기자의 증언과는 꽤 많은 차이가 있었다.

그 때 박석흥 기자를 만나야겠다는 생각을 했는데 차일피일 하다가 실기해버린 것이다.

큰 늦장마로 자하실 서고가 허리까지 잠겨서 그간 모은 자료나 서적들이 물먹이가 되어 하필 외지에 있던 나는 이튿날 부랴부랴 돌아와 그걸 보고 망연자실하였다.

어떻게 조치를 취해보았지만 역부족이었다.

물에 불은 책장끼리 붙어 떼어내기가 쉽지 않고 필경은 잉크나 먹이 번져 알아볼 수 없고 말릴 수 있으면 말려보자고 며칠 이리저리 처치해 보다가 놓아버렸다.

실은 이제는 거의 다시 구할 수 있는 자료이거나 책들이어서 시간이 갈수록 마음이 가라앉기는 하였으나 안붕언 선생과 선생님의 휘호나 최정수, 이동원, 한창봉 선생 등 수십 점의 휘호는 건질 수 없었으니 30년 가까이 쌓인 적잖은 암향은 다른 새것으로 채워도 어쩔 수 없이 헤먹을 것이다.

마침 폐기하기도 안타까워 덧장을 떼다가 훼손된 선생님의 기사가 실린 주간경향을 바라보자니 문득 다시 확인해보고 싶은 마음이 드는 것이었다.

선생님이 안 계신 그 때 나는 서기자 취재와 다른 박기자가 선생님에게 들려줬다는 우리 학자들의 그 때 행태를 직접 확인해보고 싶은 충동을 다시 느꼈기 때문이다.

박석흥 기자가 선생님의 기사를 내보내고 신문사에서 곤란을 당했다는 이야기도 당시 들었다.

아무튼 그 기사로 말미암아 학회에는 내방객이나 격려서신이 답지하였다.

내방객 중에는 역사학도, 중고교 역사교사가 대부분이고 고전을 연구하는 알만한 지방대학 교수도 있었다.

물론 학회 회원들이 고무된 건 말할 나위없다.

박석흥 기자가 중앙매체를 통해 선생님을 처음 세상에 알렸다면 송지영 선생은 선우휘 논설위원을 대담자로 조선일보 한 면을 할애하였다.

독립기념관의 자료를 취할 게 있어 검색하다가 박석흥 기자의 이름을 보고 옛일이 떠올라 몇 가지 단상을 적어 보았다.

12 이 時代의 다른 風光을 쓰면서

이름 없는 광복군

오봉록(吳鳳祿)[5] 선생은 선생님 댁에서 자주 봤고 강화도 마리산에도 몇 번 동행하였다.

인근 산동네에서 힘겹게 살고 있다는 얘기를 들었다.

대부분 이름 없는 독립투사들이 그렇듯 선생도 마찬가지였을 것이다.

선생은 독립유공자 지정에 필요한 소명자료나 서식을 선생님에게 부탁하여 몇 번이나 심사를 거쳤는데 박정권을 지지하는 조건을 내걸었다고 불만을 토로하곤 하였다.

결국 선생님과 같이 독립유공자에 대한 예우로 라디오 한 대와 「독립운동가의 집」이라는 명패를 받았다고 나를 보고 시니컬하게 웃었다. (오봉록 선생만 5887년에야 정식으로 지정되었다)

지정을 받기 위해 박정권을 지지했는지는 모르겠다.

좌정하여 항상 꽉 쥔 주먹을 고춤에 넣고 상체를 좌우로 흔드는 버릇이 있고 평시에도 주먹을 안 펴 그 분의 손가락을 보기가 힘들었다.

한 번은 내가 어린 손자가 주먹에 감춘 사탕을 빼듯 슬그머니 두 손으로 잡아 펴려고 하자 흠칫 놀라더니 쑥스런 표정으로 주먹을 더 꼭 쥐었다.

천마산대 대원으로 일경에 잡혀 성냥가치 같이 깎은 대나무 살로 손톱 밑을 찌르는 고문을 당했고 그 고문의 후유증으로 손톱이 없다는 선생님의 말씀을 듣고서였다.

선생님보다 손위지만 무골이어서 힘이 느껴졌다.

60년대 초까지 역전에서 손님들의 짐이나 화물을 나르는 마차(마루보시)를 끌어서 근근이 호구를 하다가 일거리가 없어지고 고문후유증이 심해져서 손을 놓은 후 선생님 댁에 들르는 게 낙이었다.

  동향에서 나고 소년시절 같이 유격대원으로, 통신원으로 적과 싸우고 광복 후에는
고향을 뒤로 월남하여 같은 이역에 살면서 평생을 함께 한 동지였다.

  선생님 앞서 5년 먼저 태어나고 5년 먼저 작고하였는데 독립유공자도 급수가 있
겠으나 그렇다면 국립묘지에 그 분에 걸맞은 급수의 한자리쯤은 있어야 되지 않겠는
가?

주 5

  • 천마산대(天摩山隊) 출신 오봉록(吳鳳祿) 지사(志士)
(1902.2.6~1981.7.20)는 1977년 4월, 지난날 생사를 같이하
여 삭주땅을 누비던 천마산대 대원들의 이름과 활동 등을 아
래와 같이 증언하였다. 오지사(吳志士)는 일찍이 보성학당(普成學堂)을 나와 초산
군 명신학교(明新學校) 교사로 재작하다가 3·1운동 직후 천마산대에 입대. 수 10
차에 걸쳐 왜군경 거점을 습격., 왜병 궁기(宮崎)를 생포하는 등 많은 전공을 세웠
다.(삭주군지)

  • 天摩山隊員吳鳳祿 謂金承學曰今統義府在南滿洲由來旣久地盤亦立精銳萊就獨
立熱高爲武裝獨立運動之總本營今自臨時政府投入說客別爲陸軍駐滿參議府者乃民
族分裂之端非有意於屠倭復讐之策也勸再罷事承學不聽於是脫軍服歸于農專力於檀
學會教育事業耳(遺事中)
  吳鳳祿=一名世昌 熙川人으로 4252년(1918년) 5월 天摩山隊三中隊에 入隊 李
昌珍과 같이 軍資金募集 4254년 金昌伍 指揮로 朴名煥 林成柱 陳明浩 禹昌浩 등
과 楚山郡 源面 牟德里에서 密偵林某를 生捕 同年 七月 渡滿次로 金昌伍 李昌珍
朴名煥 林成柱 陳明浩 王明錄 王德行 禹昌浩 金成弼 金士賢等 十一名이 小銃單
一挺을 가지고 楚山 鴨綠江邊에서 倭警과 交戰 朴名煥은 重傷을 입고 逃避 金昌
伍 金奎憲과 같이 三人이 헤엄쳐서 渡江하였고 後日에 同志들을 救出하였다.
4255년 9월 金龍澤의 指揮 밑에 軍資金 募集中 獨立團員 李永善(震台) 朴應伯
孟牲祿 等과 合勢하여 熙川郡 東面 明文倉 駐在所를 습격 長銃 15挺과 엽총2挺
軍刀 17柄 短刀9枝 彈丸 一千餘發을 鹵獲 4256年 桓仁縣 雙流河 文道陽溝에서
中國軍과 交戰 三時間에 中·韓女子 各一名이 戰死되고 崔志豊의 指揮로 全員 無

事히 脫出 翌年 八月 桓仁縣 단이溝 採木公司의 倭人이 我軍地를 偵探하고 있다는 情報를 받고 劉光屹의 指揮로 金元相 金相日 徐貞俊 等 4人을 現場에 急派하여 倭 宮崎를 生捕 4257年 3月에 天摩山隊를 解体코 延吉縣에서 小學校 敎員과 韓醫師로 지내다가 8·15光復으로 歸國하였다.(金承學 著.「韓國獨立史」664쪽)

• 海牙密使의 割腹과 함께 몰려들기 시작한 倭人들이 직접 內政干涉을 하게 되자 우리 커발한의 겨레들이 전면적인 抗倭復讐, 무장독립운동이 시작되면서 39년을 지나 비로소 日本天皇은 항복을 선언하고 8·15의 민족해방이 있기까지 萬枯骨의 유명무명한 殉國先烈과 鴨綠江, 豆滿江을 넘나들면서 배 건네주고 무기운반을 비롯하여 山間僻村의 貧農들의 독립군 식사 제공한 이유 때문에 一家族의 학살, 一村落의 焚掠, 그리고 祖國光復운동에 남이야 알건말건 가산을 탕진하고 생명까지 바쳤지만 그 누구 한사람 이름 없는 英魂을 위로해 줄 수 있는 길이 없으니 통탄할 일이 아닐 수 없다.

곧 이 이름 없는 不滅의 英魂을 위로하기 위해서라도 포창 무포장의 독립유가족들의 정신적 대우로서 먼저 正統國史의 光復을 위한 새로운 방법이 있어야 할 줄 안다(李裕崀)

• 삭주군지에는 14세의 천마산대 통신원 李裕崀의 이름을「李裕岩」으로 誤記하고「삭주군 출신, 나이가 어려 天摩山隊의 對滿通信員으로 활동했다.」고 행적을 밝혔다.

• 서력 1890년대 말 나의 증조부는 고향 고택에 찾아든 일인 스님을 보름간 사랑채 묵게 하였는데 30여년이 지난 후 일인들이 책한 조선의 민담·설화 중에 고향설화가 실려 있는 걸 보고 선고는 끝내 나라를 강탈한 일인들의 치밀함에 모골이 송연함을 느꼈다고 하였다.

15살 때 뒤란에서 선고의 유품과 책등을 태우는 할머니를 보며 할아버지를 잃을 때와는 또 다른 상실감을 느꼈는데 그 몇 년 뒤 선생님의 누언 속에서 패망 후 뿌리가 우리의 지류임을 감추느라 안간힘을 쓰는 그들의 고뇌를 읽을 수 있었다.

단주 조영주檀洲 曹永周 선생

조영주 선생은 호가 단주(檀洲)이며 경북 영천의 한의사로 지방의 한학자였다.

내가 선생님의 문하가 되었을 때 학회 부회장직을 맡고 있었는데 재정적으로도 단촌 선생과 같이 많은 역할을 하였다.

두 분은 60년대 초에 대종교 행사에서 만나 뜻을 모았는데 한 번도 학회의 행사에 빠진 적이 없었다.

학회지 부수를 가장 많이 요구하였고 그 부수 이상으로 유료화하였다.

행사 때는 가장 많은 분들을 모시고 참석하기도 하였다.

행사에 참석한 분들이 대부분 노인들이고 먼 길을 왔을 텐데 격조했다 만나는지라 밤새도록 담소나 난상토론을 하였다.

나는 어른들의 배려로 한 켠에서 잠을 청하곤 하였는데 소란스러워 도무지 깊은 잠을 이룰 수가 없었다.

대부분 평소 대화도 목성이 높은 조영주 선생이 좌중을 압도했는데 두서너 그룹으로 담소하던 분들이 차츰 조영주 선생 쪽으로 기우는 식이었다.

속담이나 비유나 경구를 인용하고 잡학에도 능하였다.

늘상 환자를 대하고 대인관계가 넓은 때문일 것이다.

그러나 공사(公私)가 분명하고 시소(時所)를 가렸다.

가끔 내가 듣기 민망한 얘기를 할 듯 좌중을 긴장시키는데 얘기도중 나를 힐끗 훔쳐보는 듯 말미를 돌려 젊은이가 저런 식으로 자면 폐가 아주 좋거나 반대로 기가 약하거나 한데 신장병을 항시 조심해야 한다는 등 평시에도 의사로서 나를 관찰한 모양이었다.

당시 반듯하게 누워 가슴에 손을 모으고 뒤척이지 않고 자는 게 내 잠버릇이었다.

나중에 폐가 망가져서 조영주 선생의 말이 맞는지는 의구심이 들었지만 환자를 문진하다보면 저절로 사주학이 는다면서 가끔 사주를 업으로 삼은 단촌선생에게 도발하기도 하였다.

물론 농이었다.

한시(漢詩)의 자구(字句) 선택이나 유학(儒學)이 몸에 배어 나오는 공맹(孔孟)의 인용구나 선생님의 쟁투적인 글쓰기라는 비판 등, 선생님이 질색(窒塞)하는 주제를 꺼내니 당연히 논쟁이 될 수밖에 없었다.

나중에 안 사실이지만 조영주 선생은 짐짓 선생님의 화를 돋궜던 것이다.

좀 타협적이 되라하고 학문에 무슨 타협이냐는 것이 두 분 논쟁의 핵심이었다.

정말 다투신 적도 있었다.

개천각이 건립된 후 단군계통의 신흥종교에도 개방하여 재정에 도움이 되게 하자는 조영주 선생과 많은 회원들의 건의에도 불구하고 선생님은 꿈적도 안했는데 후에 조영주 선생의 그런 건의와 상관없이 그런 일이 벌어지자 선생님은 동가식서가숙하던 어려운 때도 객같이 대영절과 개천절에만 참석해서 행사를 주재하고 개천각 정수관에는 계시지 않았다.

선생님의 인품과 학문을 사랑하고 곤고한 삶을 가장 안타까워하였던 조영주 선생은 선생님을 송추의 공원묘지에 모신 후 나와 장시간 대화를 나눴다.

단촌 선생이나 조영주 선생이 쓰던 행사진행표를 한창봉 선생이 참석하기 시작한 후로는 조영주 선생은 한가해졌다.

선생님이 안 계신 학회의 장래를 걱정하며 당부와 충고를 하였지만 나는 그 간절한 당부를 지키지 못하였다.

조영주 선생은 생전에 먼 길의 나의 집을 두 차례나 방문해 나의 무심과 태만을 질책하며 학회일을 부탁하고 선생님의 학문이 확장될 수 있도록 힘써 줄 것을 당부하였다.

弔　詞

슬프다. 靜山 先生님, 歲歲年年 一年春秋二次式 大始殿에 뵈올 때는 밤이 늦
도록 덕음에 밤을 세웠는데 昨日 청천벽력의 선생님의 他化의 비보를 듣고 작일
急作스리 뛰어 왔습니다만 影象은 依旧한데 아무 말씀이 없으니 이 무삼 大變입
니까! 그러나 이미 幽命이 다른 現實이니 所懷를 말씀하여 머리 숙여 告할 뿐입
니다.

嗚呼라, 靜山 先生님을 뵈온 지 回顧컨대 이미 21년이 되었습니다. 蒙昧 世上
은 無數한 主義 思想 學說이 모두가 外來學文과 史學으로 뒤덮이어 모든 問題에
있어 그의 本末始終眞否를 了解할 수 없어 洋毒・倭毒・中毒에 젖어 民族의 正
氣와 精神은 國籍없는 上下皆裂의 無理史와 事大主義思想에 陶醉되어 昏迷亡命
彷徨하고 있었습니다.

一. 그 때 超然한 李先生님의 主張은 「우리는 먼저 나를 알고 남을 알고 하라」
그리고 「自力을 알고 祖上을 알고 民族과 國家를 알고 우리 祖上님들의 가르치
신 바른 人類平和의 大原理의 바른 法統과 바른 國史를 알아야 한다」고 밝히셨
습니다.

그리고 倫理와 考證은 句句節節 體系가 整然하여 뜻있는 者는 누구나 한번
그 말씀과 글월을 보면 스스로 首肯共鳴하여 우리 錦繡江山에 太陽과 같이 照하
였으며 그 빛은 전국 방방곡곡에 찬연히 빛났습니다. 이제 오늘의 현실은 그 광
명이 우리 學界에 큰 波動을 치고 全世界로 光輝를 發하고 있습니다.

一. 그 一生을 살펴볼 때 不顧家事하고 오로지 民族과 救國熱情에 불타고 年
年歲歲 엄동설한 三伏炎署도 不問하고 오직 史料의 考究에만 熱中하시고 史論
을 바로잡기에 한 平生을 바쳤습니다.

오호라! 靜山 李先生님이시여, 先生은 眞實로 偉大한 愛國者요 民族의 大先覺
者이십니다. 그 학문은 문학과 道學과 史學 三學을 達通하시었으니 오늘 우리나
라에 唯一無二한 國寶的 存在임을 學界에서는 推尊하는 바 그 뿌리신 씨앗은 점
차 뿌리를 내리고 잎이 피고 꽃이 피기 시작했습니다. 未久에 充實한 結實을 보

게 되어 우리 民族과 國家에는 勿論 世界人類 平和的 進路에 大指針을 밝혔습니다. 그 功績은 千秋에 길이길이 永遠不滅을 期約합니다.

　대쪽같은 正義觀 鋼鐵같은 氣骨은 百壽大成을 믿었는데 이제는 다시 뵈올 수 없는 他化의 길일 줄이야….

　一. 幽命을 달리한 오늘 百言萬談이 無用이나 오직 바라옵건대 靜山 李先生님 九天에라도 檀學三聖國祖님들을 모시고 더불어 民族國家와 世界人類進運에 굽어 실피시고 下鑑하소서.

　千古永訣 이 마당에 數句蕪辭로써 삼가 靜山 李先生 靈前에 推尊 말씀드립니다.

　嗚呼 哀哉 哀哉.

　神市開天 5883年(陰曆) 3月 20日 慶北 永川 會員 曺永周 哭告

　靜山乘鶴向仙鄕　吊布花環飄掛下
　子女悲咽眼暗光　淚流沾席酒盈床
　南郊禾谷身心去　古事探揚憂國士
　北岳松秋體橫藏　可憐斯日實難忘
　(丙寅三月十二日　碧岩 李基文 挽哭)

山神祭
제수를 마련하여 산신께 묘소의 보호를 의뢰하는 조영주 선생.
선생님의 第里는 경기도 양주군 장흥면 율대리 산 8번지(송추) 운경공원묘원 2-992이다.

思師賦

하늘 끝 瀛洲는 가이 없고
暗暗裡 來襲하는 기척 없는 雲影이
窈窈墓界를 斑布로 감싸는데
아스라이 젖어오는 뱃고동 소리는
여기 어드메 큰 뱃길이 있었던가?

사람들이 저마다 꽂은 푯대 위에
하염없는 잠자리들 나부끼듯 맴돌고
점점이 박혀 선 땅 파는 기계들이
어느 때 멈췄는가 荒凉한 丘壑에는
작은 새떼가 바삐 날고 있어라.

예서 가직한 바닷길 지나면
소(牛)만 오르던 檀鶴洞이 咫尺인데
땅은 겨레의 터전이라
어느 한 곳 빠짐없이 발자국을 찍으며
英傑들을 노래하던 摩璃中麓은
수선한 人寰이 여느 盛市 같지만
저마다 제 가리기 바쁜 세상에
번거로운 등짐지고 山으로만 오르던
그러므로 한平生이 事倍功虛라.

그 옛날 말 타고 古土를 누비던
자랑스런 英傑들은 오는 날엔 없으리니
九曲의 나날에 赤手로 遊浪하던
高句麗 兵士들의 구유터도 더 없어
虛虛로운 永劫의 幽玄에서

멀찍이 市場을 지켜보고 있어라.

해는 하마 西山에 기울고
延引의 철새는 瀛域으로 나는가?
高速道路가 한달음에 있는데
每오는 날이야 쉬 저문들 어떠랴
먹이를 捕集하는 蜘蛛網에 오르면
하루 60리길 발이 부르터
반발치 뒤따르던 옛길은 없고.

秋節紅霞의 燦爛한 날에
隔世의 여덟해를 읊조리는 凄凉을
心弱타 꾸짖는 氷蘗寒室先師의
짐짓 꾸민 怒聲을 이제나 정겹게 들을 수 있을까
작은 碑 돌 어루만지며
生前에 하지 못한 투정을 부려보고저.

(瀛洲—신선이 사는 곳. 蜘蛛網—高速道路)

5891. 11
松湫 묘원에서 門人 檀石.

회상사 回想社

5862년부터 학회기관지 월간 「커발한」을 발행한 곳이 회상사이다.

당시 대전에는 인쇄골목이 형성될 만큼 대소형의 인쇄소들이 석판에서 차츰 옵셋 인쇄로 우후죽순처럼 생겨났으나 지면이 거의 한문이고 한 달에 한 번 16절 8면 정도의 판형이라 거들떠보지 않는데 사장 박홍구(春田 朴泓九) 선생은 피난 시절 회상사 뒤 이발소의 일가 집(中洞寓舍)에 얹혀 살 때부터 면이 있어 그분의 말을 빌자면 고명한 학자의 논지(論誌)라 실비와 최선으로 인쇄해 주었다.

내가 교복을 입은 채 교정을 볼 때 교정실이 있었음에도 불구하고 서너 시간씩 사무실의 자리를 따로 내주고 편의를 봐 주었다.

그나마 실비의 발행마저 어려워져 5869년부터 대전교도소 인쇄부에서 인쇄하다가 그것도 여의치 않아 서경원군이 필경하고 그의 선배가 근무하는 연합통신사 대전지사에서 등사하였다.

5843년 발행하여 그 해 강제 폐간된 「태극」도 3호까지 같이 발행했는데 두 학회지 모두 내가 편집자로 되어 있으나 나의 역할은 서군의 필경시 글자리 배치와 어쩌다하는 외부필자(會員外)의 원고 청탁도 선생님의 지시에 의한 심부름 정도였다.

지금은 지방마다 족보 겸업 출판사가 있지만 그 때의 회상사는 벽자(僻字) 고자(古字)를 두루 구비한 독보적인 족보전문 출판사였다.

70년대 우리 문중인사와 공무원인 백부(伯父)가 내전(來田)해서 대동보와 파보를 만들었는데 나의 중시조가 최초로 족보를 만들었다고 하여 개판식 때 모인 문중인사들의 환심을 샀지만 60년대 말과 70년대 초에 회상사 교정실에서 고노들의 끝없는 문중 자랑과 공맹타령, 문중인사들끼리의 다툼 풍경을 떠올리면 씁쓸한 소회가 앞선다.

60년대의 교정모습

• 당시 대전 교도소 인쇄창구였던 라(羅)부장은 인쇄를 맡은 분들이 미전향 장기수(사상범)들이라고 하였는데 선생님도 그런 사실을 알고 있어서 교정에 별 어려움이 없을 것이라고 말씀하였다. 2000년대에 출옥한 장기수를 만날 기회가 있었는데 고향이 남쪽이고 선생님을 통해 나도 아는 유명학자와 소시에 교유가 있어서 선생님을 알고 있을 것 같았으나 묻지 않았다.

대전에 있는 세계 최고는?

혜천대의 카리용, 한국타이어의 대전공장 타이어 생산량….

대전시는 대전에 있는 '세계 최고' 및 '국내 최고' 등의 유무형물을 조사한 결과 혜천대의 카리용 악기와 한국타이어의 타이어 생산량, 유한킴벌리 대전공장의 '제품생산성'이 '세계 최고'인 것으로 조사됐다고 18일 밝혔다.

78m 높이의 '혜천탑'에 설치돼 있는 카리용은 최고 10t에서 9kg까지 78개의 청동종으로 만들어진 악기로 2004년 세계 최대의 카리용으로 기네스북에 올랐다.

또 '국내 최고'는 국내에서 시간이 가장 정확한 한국표준과학연구원의 세슘원자시계, 조선왕조실록에 이름이 가장 많이(3000번 이상) 등장한 우암 송시열 선생 등 2개라고 밝혔다.

'국내 최초'는 이응노미술관에 있는 뮤제오 그래피와 백색콘크리트 건축물, 한국조폐공사의 화폐박물관, 한국천문연구원의 국제 위성위치확인시스템(GPS) 기준점, 대전 둔산경찰서의 자전거순찰대 등 4개로 조사됐다.

대전시는 대전에 있는 '최고', '최초', '유일', '최대' 등을 도시 브랜드로 육성하기 위해 최근까지 시민공모를 통해 접수한 유무형물에 대해 조사를 벌여왔다.

이 밖에도 대전동물원의 흰꼬리수리와 마운틴사파리, 성씨(姓氏) 테마공원인 뿌리공원(중구 사정동), 한국기계연구원의 자기부상열차 등 7개는 '국내 유일'로 꼽혔다.

'국내 최대'는 족보전문출판사인 회상사, 도심 속 공원인 한밭수목원, 메타세 쿼이아 숲인 장태산휴양림, 대전시민천문대의 굴절망원경 등 9개가 선정됐다.

대전시 관계자는 "이번에 조사된 유무형물을 도시브랜드로 집중 육성해 유성 온천 및 엑스포과학공원 등 주요 관광지와 연계한 관광자원으로 활용할 계획"이 라고 말했다. (2007년 6월 19일(음 5.5) 화요일 동아일보 이기진 기자)

회상사 전경

거유巨儒 육천育泉과 명곡明谷

육천 안붕언(育泉 安朋彦) 선생

육천 선생은 선생님이 존경하고 짬짬이 찾는 분이었다.

그 예도(藝道)와 학문이 중국(仲國-당시 우리사회에서는 장개석의 대만을 중국의 정통으로 인정하였다)까지 닿았으니 국내는 물론(대전의 유림사회에서는 한 성씨가 또 있었으나) 그 위명만으로도 대전 사회를 움직였다.

아직 무명의 타관받이 선생님이 곤경에 처했을 때 구명한 일이 있고 그로부터 차츰 선생님은 학문의 자유를 관으로부터는 구속받지 않았다.

선생님의 영면(永眠) 전 나에게 건넨 이남규(修堂 李南珪) 선생의 약전(略傳)을 보면 우리가 추존하는 신단재 대종사와 육천 선생의 스승 산강(山康 卞榮晚)에 닿아 선생은 그런 인연으로 우리 학회의 고문으로 연구부를 맡아 주기도 하고 선생님의 저서에 서문을 쓰기도 하였다.

아쉽게 당시 선생님과 육천 선생과의 교유에 대한 전말을 묻지 않아 쓸 수 없는 게 아쉽지만 5867년 9월 선생님을 따라 진잠의 댁에서 인사를 드렸는데 정직하고 맑은 눈을 지녔다고 덕담을 하였다.

육천 선생의 겸손하고 소탈한 모습은 회상사 교정실에서 유림들의 아집과 교만을 보았던 나에게는 신선한 충격이었다.

그 때의 첫 만남은 손님이 두 분 더 있었는데 제자 같았다.

돌아올 때 육천 선생은 나에게 「救國扶民」의 3절 휘호를 주었는데 선생님이 각별히 청했다는 걸 글제를 보고 알았다.

선생님은 나와 만난 지 얼마 안 된 즈음 같은 글을 써 주었는데 먹의 농담도 고르지 못하고 8절 쯤의 갱지에 주신 것이지만 더욱 애착이 가는 것은 문하 된 자의 상정일 것이다.

선생님이 연청보자기에 싸간 환단휘기(桓檀彙記)의 원고를 보이고 청한 서문은 5868(辛亥)년 발간 때 석판인쇄로 제책하였는데 단촌 선생의 지원으로 출간하여서 나는 선생님의 가형(家兄)이며 단촌선생의 조부인 독립운동가로 옥중 순국한 단산(壇山 또는 尙絅堂) 이양보(李陽甫) 선생의 약력에 대해 듣고 장황하게 썼는데 선생님이 다시 한문 투로 간략하게 적은 걸 그대로 실었다.

제책전 광개절(음 5월 5일) 때가 상경당 선생의 옥강(獄降) 1백주년이므로 기념제를 드릴 때 회원들에게 알리고 출간 후 육천선생에게는 필경에 능한 서군의 등사로 정오표를 붙여 다섯 질을 드리러 갔을 때 동행하였다.

당시 두 분 선사(先師)가 몹시 기뻐하였다.

육천 선생은 산강의 문하로 유불선에 능통한 거유(巨儒)였으며 한번은 비백체(飛白體)와 골서체(骨書體)에 능한 한물 선생이 내 당호를 써주러 왔다가「구국부민」의 휘호를 보고는 명성은 익히 들었지만 묵향을 처음 맡아본다면서 족자 앞에서 떠날 줄 몰랐다.

桓檀彙記 序

世之顯學 儒道與佛彼耶敎者 一人天小敎亦佛之支流耳然博大淵深而遠先於此諸家者實惟我桓檀之敎是己

桓檀之爲敎未始期於有後起之諸家而其流無所不包其後起之諸家未必皆稟於桓檀之敎而其源不能自外此其典尙有存可覆按而知也

然則自吾邦族而言之設惟知有桓檀之遺敎而不知有儒道與佛固無欲於爲道顧以其細目之有未傳而求之諸家之設以充之則可若其過是而不知有我桓檀而徒知彼後起之諸家而已焉則是爲捨我而 循人昧源而逐流也惡其可哉

恭惟神市開天自有人類以來未有其先焉者 檀君之作人文大闡神聖之統在全球之

上爲無其匹而世或有以其時與事之茫昧難究而遽欲歸之史前之神話是盖夫不察夫
吾邦上古史之早爲外族所夷滅而非其本如是也亦不可謂非一謬見也已

李君裕岦治學有本早已有悟於我桓檀之垂教實軼出於百王之上而後世諸家之爲
說無不包含其中歸命虔奉且數十年今編成桓檀彙記一書欲將問於世

余謂君深衷遠識可以抉幽微辨疑晦而今是書之出苟人人得而讀之以之起正信而
篤眞知焉則不惟今半璧山河之可朝夕見其統一其將吾族之大有所振發於宇內列彊
之中而導進平和之幸運於無窮亦在所可期也玆豈非大幸也歟玆豈非大幸也歟

神市開天五千八百六十七年 庚戌 十月 安朋彦序

명곡 유정기(明谷 柳正基) 선생

명곡선생은 충남대학교에서 동양철학을 강론하였는데 선생님과 자주 만났다.

그 무렵 문교당국에서는 한글전용정책을 발표했는데 한글전용학자들과 반대 학자
들 사이에 첨예한 논쟁과 대립이 있었다.

찬성측은 한글학자와 반대측은 동양학 학자와 유림들이었으며, 우리 학교에서는
한문시간이 별도로 없었으나 교과서에는 괄호 안에 한자를 병기하였다.

당시 나는 순수한 우리말은 물론 한자말, 고사 성어, 숙어, 외래어 등 눈에 띄는
대로 그 때 그 때 뜻풀이와 어원, 쓰임새(용례)를 적어오고 있었다.

어느 날 불쑥 선생님이 한글전용에 대해 어떻게 생각하느냐고 물었다.

실은 그 얼마 전 선생님은 회일강좌 중에 한글전용문제에 대하여 잠깐 언급한 적
이 있었는데 교과과정 중에 제2외국어로 독어, 프랑스어, 일어 등을 교육하고 있고
이미 우리말이 되어버린 한문 투의 언어를 바꾸기 어렵고 일거에 한글전용을 한다면
우리의 고전번역이 앞서야 된다는 요지의 강론을 했었다.

나는 선생님의 그런 강론을 조심스럽게 상기시키는 것으로 답을 드렸는데 일전의
강론 중 한글전용문제와 다시 질문하는 뜻이 그 즈음 명곡선생과의 한글전용 반대투
쟁에 있다는 걸 알았다.

선생님은 방금 전 읽었던 듯 무릎 옆에 치워 좋은 신문을 펼치고 소제목으로 쓴 「언밸런스의 극치 ○○○」을 가리키며 한글로 썼다고 한글전용이 아니라고 하였다.

지금은 소도시까지 상업 간판이 아예 영어로 써 붙기 다반사이고 우리말로 얼마든지 쓸 수 있는데도 관공서 기관 등의 외래어 남용은 보통이고 영어교육을 강화하고 심지어는 우리 국어를 영어로 대체하자는 논의가 자연스런 추세이니 1년이면 강산이 변한다는 초고속의 시대이지만 나에게는 건듯 지난 30여 년 전의 일이 격세지감으로 느껴진다.

여담이나 이대로라면 또 몇 세대 후 비영어권의 어떤 나라가 패권을 차지하지 말라는 법이 없으니 그 나라의 국어를 쓰자는 논의가 오늘날처럼 반복될 게 뻔한 노릇 같아 씁쓸하다.

명곡선생은 학회가 주관한 학술회의에도 참석했는데 조용히 경청하고 끝나면 선생님과 담소를 나눴다.

선생님 댁 근처의 음식점에서도 볼 수 있었다.

나에게는 「동양사상사전」과 「동양사상체계」를 주었는데 명곡선생이 남긴 저서는 4~500페이지의 방대한 분량의 수십 권에 이른다.

나는 이따금 명곡선생이 감수한 사서삼경과 장도빈 선생의 사서오경을 들여다보는데 90년대 후반에 후배를 통해 부음을 들었다.

지금도 그분의 자제기사가 가끔 신문지상에 오르는데 그 때면 명곡선생이 떠오른다.

언젠가 충남대학교 심령학회(국내 대학교에서 처음 설치했다고 들었는데 공식적인 학회인지는 잘 모르겠다)에서 전시하는 영의 신체유탈 사진이라든가 하는 수십 점의 기묘한 사진 전시회에서 명곡선생을 만난 적이 있는데 명곡 선생은 나의 인사를 받고는 찬찬히 사진들을 둘러보고 있었다.

그 진지한 시선이 생경하여 영에 대한 질문을 하고 싶은 충동이 생겼지만 동행한 벗의 채근으로 곧 목적지로 향하였다.

단단학회에서는 역사개정사안(歷史改正私案:5870. 5. 26)과 역사수호선언(歷史守護宣言:歷史侵略의 共同防衛에 대한 호소문 5870. 7. 1)을 계속 커발한을 통하여 발포했다. 따라서 민관식(閔寬植) 문교부장관이 취임하면서 국사교과서가 개편되고 한문 교과서가 복활되었지만 국사의 상한은 떼도적의 두목 연(燕)사람 위만이었고, 桓因(하느님)의 아들인 환웅이 곰의 변신인 여인(女人)과 결혼하여 단군왕검을 낳았다는 신화인지 만화인지 얼빠진 문화세작(文化細作)들의 잠꼬대 같은 이야기들을 벌려놓았으며, 한문교과서 또한 우리나라의 그림글자, 곧 남해도의 신시고각(神市古刻), 평양 법수교(法首橋)의 각문, 그리고 자부선생의 삼황내문(三皇內文), 태자 부루의 오행치수법(五行治水法), 왕문(王文)의 예서 같은 오랜 옛날부터 전해 오는 글씨가 있고, 석유환국(昔有桓國)·삭의천하(數意天下)·탐구인세(貪求人世)·홍익인간(弘益人間)·천부인(天符印)·태백산(太白山)·신단수(神檀樹)·원화위인(願化爲人)·웅득여신(熊得女身)·주원유잉(呪願有孕)·신시개천(神市開天)·삼한관경(三韓管境)·구서오계(九誓五戒)·삼륜구덕(三倫九德)·다물흥방(多勿興邦)·화백책화(和白責禍)·일적십거(一積十鉅)·삼신일체(三神一體) 같은 명사들이 얼마든지 있는데 무엇 때문에 한자어 성어(成語)에서 새옹지마(塞翁之馬)·삼강오륜(三綱五倫)·사면초가(四面楚歌)·삼고초려(三顧草廬)·연목구어(緣木求魚)·모수자천(毛遂自薦) 따위만 골라 적으며, 한문의 명사(名詞)에 있어서 '설총(薛聰) 신라인야(新羅人也)'라 하는 것보다 '을지문덕(乙支文德) 고구려인야(高句麗人也)'라 함이 오히려 나을 것이다. 그 이유는 고담선학(高談善謔)의 화왕계(花王戒)를 지은이의 기상보다는

「余(내)가 고구려 대신 을지문덕의 역사를 讀(읽)하다가 기왕왕(氣旺旺) 담약약(膽躍躍)하여, 즉 앙천규왈(仰天叫曰) 연여연여(然歟然歟) 우리(我)의 민족 성질이 내여시여(乃如是歟)아 여시위대(如是偉大)의 인물과 위대의 공업을 어고(於古)에도 무비(無比)며 어금(於今)에도 무비(無比)니 우리(我) 민족 성질의 강용(强勇)이 내여시여(乃如是歟)아 석야(昔也)에 강여시(强如是)하며 석야(昔也)에 용여시(勇如是)러니 삭방건아호신수(朔方健兒好身手)야 석하용예금하우(昔何勇銳今何愚)오 희희(噫噫)라 용종(龍鐘)이 추변(鰍變. 鰍:미꾸라지)하고 호자

(虎子)가 견생(犬生)하여 신성묘예(神聖苗裔)가 지옥에 타락하니 시과하마(是果何魔)의 소희(笑戲)며 하겁(何劫)의 소조(所造)인가」≪乙支文德傳≫

읽을 때 참으로 乙支文德장군으로서의 의백(毅魄)·웅략(雄略)·용변호화(龍變虎化)의 위대한 모습을 배울 수 있으며 한문의 대명사(代名詞)에 있어서 '담자의 무리, 그들의 어짊이 공자에 미치지 못한다(剡子之徒其賢不及孔子)'보다는 차라리 '乙巴素之智勝於諸葛亮也(을파소의 지혜는 제갈량보다 낫다)' '廣開土·阿骨打之聖武勝於李世民趙匡胤朱元璋之屬也(광개토·아골타의 성무는 리세민·조광윤·주원장의 붙이보다 낫다)'라는 자주독립의 기상을 배우게 하는 것이 좋을 것이다.

한문교육이라 해서 공자춘추나 숭명사대의 우상화(偶像化)하는데 집착시킬 하등의 이유가 없다. 우리는 우리의 국사를 배우고 우리 국사를 보는 눈을 보다 높여야 하는 것이다. 우리(생활·지식·경제·도덕)의 힘있는 생명력을 저버릴 수 없는 우리 국사를 아닌 나(非我)의 모습으로 탈바꿈 할 수는 없다.

그런데 문교부는 단군조선(BC 2333년) 이후의 오랜 역사적 공백기를 보완하기 위해 고조선의 성장발전에 관한 기록으로 기자조선(箕子朝鮮)에 관한 기록과 이를 부정하는 학설을 각주로 소개했다는 중·고 국사교과서가 올해 새학기부터 사용한다는 것이나 두 학설(學說)을 싣는 수수께끼 국사교과서는 동서고금을 통하여 일찍이 그 전례가 없는 일종의 사학괴변이 아닐 수 없다. 물론 1천3백년 동안 양성해 놓은 사대주의 인맥(人脈)과 70년간 방임해 버린 식민주의 학벌의 서로 간 지추학제(地醜學齊)의 무국사(無國史) 세력권 속에 교차식 쌍무 협정에 의한 편찬의 비합법 방법으로 이번 중·고 국사교과서를 만들어 놓았다는 의혹을 벗을 수 없을 것이다.

실존한 단군조선(檀君朝鮮)을 지나의 외기(外紀)로 동질화(同質視)하는 서거정의 ≪동국통감≫이나 환상의 기자(箕子), 환작된 기자조선(箕子朝鮮)을 구태여 단군조선(檀君朝鮮)의 윗자리에 올려놓은 안정복의 ≪동사강목≫, 이 모두가 우리나라 역사 연대의 상한을 스스로 애매불명의 단갱(斷坑)으로 떨어뜨린 허물을 용서할 수 없을 것이다. 무엇보다 ≪동사강목≫의 범례(凡例)와 부권(附卷)에는 반민족적 극악의 망설(妄說)이 허다하다. 정통을 箕子와 馬韓으로 보고 '北夫

餘의 부당열(不當列)과 渤海의 대진국은 우리 역사에 기록하는 것은 부당하다 (不當錄於我史)' 하고, 도리어 '단군이 기자를 피하다(檀君避箕子)', '기자가 성을 쌓았다(後朝鮮 箕子築城)'는 ≪대동강가(大同江歌)≫, ≪기자조주(箕子朝周)≫ 같은 잡전위록(雜傳僞錄) 뿐이니 안정복(安鼎福)은 위사율(僞史律) 제일조에 해당되지 않을 수 없다.

따무르자(多勿) 조국통일을 완성한 고구려(高句麗)는 무통(無統)으로 내버리고 오늘의 휴전선을 방불케 하는 반벽통일의 사대신라(事大新羅)를 높여 주기위한 대진비아사(大震非我史)를 보다 강조한 것 또한 올바른 학자의 양심에서 하는 말이라고 볼 수 없다. 高麗의 국세가 크게 떨치지 못한 것은 대진국사를 엮지 못한 까닭임을 본래부터 알지 못하였으니 오늘의 민족 비극은 그 원인이 여기에서 시작된 것임을 새삼 강조하지 않을 수 없다.

두만강 하류의 녹둔도(鹿屯島)가 지금 소련 차지가 되고, 고구려하(遼河)의 하류 연산관(連山關)은 명로(明虜)에게 뺏기고, 송화강(松花江)가의 공험성(公險城)은 금(金)때에 뺏기고, 압록강 하류의 신도(新島)는 중공과의 시갈이가 되고, 동해바다의 독도(獨島)는 일본과의 말썽이 있는데, 이것이 모두 高句麗의 역사를 無統으로 봄과 아울러 大震國史를 편찬하지 못한 까닭이 아닐 수 없다. 이렇게 허다한 풍상을 겪으면서도 속 못 차리고 있으니 또 다시 뺨맞을 운명이 오지 않을까 항상 두려움이 앞서는 것이다.

문서역사의 전면적 재검증(再檢證)의 과정을 거치지 않고 한때 저들이 살아온 환경, 인순고식의 습성에 악차구긴 되어 국회소정의 법조문에서 항상 이탈되고 있는 문교부 독단이 너무 지나친 국사교과서 편찬으로 끝나기 때문에 말이 많게 되는 것이다.

교육법 제1조 교육이념, 즉 弘益人間은 규정되어 있지만 문교부에서 펴낸 국사교과서에는 환웅천왕의 太白山 천강(天降)과 배달국의 開天 법통을 서술하지 못했으며, 10월 3일 단군조선의 건국일을 국회에서는 법으로 국경절로 제정했지만 문교부에서 펴내는 국사교과서에는 단군신화의 국사교육(閔長官때부터) 우금 20년이 지난 오늘에 이르러 겨우 각주 신화로 바꾸어 놓은 셈인데, 언제나 국회에서 제정한 법조문과는 반대에 선 자리를 고수하고 있다고 보지 않을 수 없다. (李裕岦)

• 환단휘기(桓檀彙記—弘益四書 5868, 辛亥刊)는 옛 우리 민족의 정신세계사(哲學, 宗敎)인 네 편의 경전으로 이루어졌으며 편집내용은 육천선생이 서문을 쓰고(5867, 庚戌) 한암당선생이 자서를 썼으며(5853, 丙申), 1편은 천부경 연해(天符經衍解, 5850 癸巳), 2편 삼일신고 집해(三一神誥集解, 5841, 甲申)와 3편 참전계경 상·하(參佺戒經 上·下. 乙巳素 撰), 4편 태백진훈 상·중·하(太白眞訓 上·中·下. 紅杏村叟 著)와 광무 2년(5795, 戊戌) 계연수 선생의 발문을 인용하였다.

서경원 군과 필자의 발문은 한암당 선생이 임정시대(僞朝鮮總督府時期)에 탈고한 원고를 보정(補正)을 거치면서 지니고 있다가 단촌 선생의 도움으로 출간하게 된 경위를 소개한 정도이다.

환단고기(桓檀古記)가 우리의 역사서라면 환단휘기는 4대 경전을 모아(彙) 주석(注釋)을 붙인 경전해설서(經典解說書)이다.

16 이 時代의 다른 風光을 쓰면서
떠도는 구름浮雲 송지영宋志英 선생

선생님이 송지영 선생을 말할 때 하나를 말하면 열을 안 후배라고 말하였다.

송지영 선생은 위조선총독부 시절부터 선생님과 교유하였다. 해방된 조국의 언론계에서 이 곳 저 곳 활동하다가 나중에는 정계에까지 나갔으나 그의 정체성은 시, 소설, 수필 등을 쓴 문학인과 언론인이었다.

5871년 선생님의 심부름으로 조선일보 사옥에서 처음 만났을 때 말미에 신학문 했으니 선생님께 열심히 배워 선생님을 능가하는 학문으로 선생님을 빛내라고 격려해 주었고 당신도 선생님을 도우려고 많은 노력을 하였다. 선우휘 논설위원을 통해 조선일보 지면을 할애하여 선생님의 학문을 조명한 이도 송지영 선생이었다. 학계, 언론계, 정부 등에 토왜사학자들이 길러낸 후학들이 세포같이 포진해 있어서 민족사학 쪽은 잃어버린 국사 찾기라는 명분 밖에 없었다.

신문의 한 지면을 통째로 할애해서 선우휘 논설위원을 내세운 것도 대담의 권위 재고의 뜻도 포함했을 것이지만 자사내의 문화부에는 토왜사학자들의 후학들이 진을 치고 있었기 때문이었을 것이다. 하긴 후의 일이지만 「잃어버린 역사를 찾아서」의 서희건 기자 같은 이도 있었다.

한 번은 문예진흥원장직에 있을 때 선생을 조선일보 논설위원실에서 만났는데 선생님이 미리 약속을 잡아놓은 심부름이었다. 서류 같았고 송지영 선생은 즉석에서 읽어본 후 따로 챙기고 곧 자리에서 일어섰는데 ≪자유≫지의 문예진흥기금 신청건이 아니었나 짐작될 뿐이다. 바로 문예진흥기금의 수혜가 거론되자 여기저기서 반발이 일고 언론을 통해 진흥원과 송지영 선생의 성토가 시작되었기 때문이다.

당시 대전에서 향토 학술지의 편집일을 돕고 있을 때 송지영 선생과의 알량한 인연을 알고 있는 발행인이 문예진흥기금의 신청을 나에게 부탁하였다. 그때는 언론통폐합으로 정기간행물 등록이 거의 불가능한 때였기 때문에 중앙일간지 정치부장으로 해직기자 출신의 안선배의 자문을 받기도 했는데 비매품이라는 단서와 도의 배려로 우여곡절 끝에 발행할 수 있었고 송지영 선생은 문예진흥기금이 지방까지 혜택을 받을 수 있도록 모금제도의 개선과 향토문화 진흥에 기여하였다.

선생님과 상의할 계제도 아니어서 막상 만나니 용기가 나지 않아 상경할 일이 있어 인사드릴 겸 찾아뵈었다고 얼버무리고 사무실을 나와 하향 후 도에 계통을 밟아 신청하였으나 여의치 않았다.

송지영 선생은 민정당 입법위원을 거쳐 전국구 의원이 되었는데 나는 우후죽순같이 생긴 관변 단체의 일을 하나쯤 맡아야 되지 않겠느냐는 지역 유지와 정보과 민형사의 제의를 받아 한 단체에 이름을 올렸는데 선생님도 뵐 겸 지역대표 몇과 서울의 중앙회의에 참석하여 인사말을 하는 송지영 선생을 만났다.

그리고 선생님의 영정 앞에서 향을 올리고 고개를 숙인 송지영 선생을 지켜보았다. 혁명 재판소 소장이었던 박창암 장군과 혁신계로 몰려 사형언도를 받았던 송지영 선생의 악연은 선생님을 통해 ≪자유≫지의 문예진흥기금 수혜문제 때 알았는데 송지영 선생의 수필집에는 선생님과의 교유에 대한 소회가 실려 있다.

略　傳

- 서기 1916년 - 12월 3일 평안북도 박천 출생
- 1928년 - 경북 풍기면 이주
- 1937년 - 동아일보 입사
- 1940년 - 남경의 중앙대학에서 중국 문학 전공
  「韓族同盟」 비밀 결사대 조직 왜군동태 탐사 등 비밀공작
- 1944년 - 일본 영사관 경찰에 의해 체포, 징역 2년의 실형을 받은 후 長崎 형무소에서 옥고를 치르다 광복을 맞아 출소

- 1946년 - 한성일보 편집부장
- 1948년 - 국제신문, 태양신문 주필겸 편집국장
- 1958년 - 조선일보 편집국장
- 1961년 - 4.19 후 한국통신공사 취임 후 민족일보사건으로 혁신계로 몰려 혁명재판소에서 사형언도를 받고 복역
- 1971년 - 조선일보 논설위원 역임
- 1979년 - 한국 문화 예술 진흥원장 취임
- 1980년 - 입법 회의 의원
- 1981년 - 제 11대 민정당 국회의원
- 1983년 - 민정당 집행위원
- 1984년 - 한국방송공사 이사장과 광복회 부회장
- 1989년 - 4월 24일 73세로 영면

賞 勳

1982년 - 건국포장

1990년 - 건국훈장 애국장 추서

기타 은관문화훈장, 프랑스 문화예술공로훈장, 중화민국 대수영성훈장

著述作品

젊은 날의 노래(시) 風塵帖 (수필) 天風, 靑燈夜話, 浮雲, 野草記, 落陽의 꽃밭 (소설), 하 그리 많은 낮과 밤을, 憂愁의 세월(수필집), 중국 5.4운동의 의의(평론집) 등

有天高句麗國罡上 廣開土境平安好太帝聖陵碑歌次王表 候韻以正記誤 　(中略)
臏韻旣成意自欲達文多不工事有未盡玆呈

宋志英 崔正秀兩先生 叱正兼以詩獻之曰

名邦今有兩先生 學究天人備三長 擧世爭趨識莉願 縣河析理掃粃

糠 玆將碑歌獻高揚 敢求叱正範核郎 倭漢奸細善欺筆 其奈國華入火將

戊午 廣開節寒闇堂 主人 李裕岦

만주滿洲 박창암朴蒼岩 장군

서경원군과 강화도 마리산 개천절 행사에 하루 전에
참석하였다. 정수관에 각자 짐을 정리하고 대시전을 참
배한 후 젊은이는 서군과 박창암 장군을 수행한 두 명과
나 밖에 없었음으로 땀이 식기 전에 아예 참성단까지 올
라가 볼까 의견을 나누며 참성단과 개천각이 갈리는 계
곡(檀溪川)의 바위에 앉아 참았던 담배를 피워 물었다.

서군이 내 뒤쪽으로 시선을 주며 담배를 슬그머니 끄
기에 돌아봤더니 박창암 장군이 정수관 쪽에서 내려오고 있었다. 박장군은 우리보다
두어 시간 전에 왔다고 하면서 좀 전에 인사를 나눈 후였다. 얼른 담배를 끄고 일어서
자 싱긋이 웃으며 아래쪽으로 겅중겅중 내려가는 것이다.

훤칠한 미남자로 목이 긴 운동화에 베이지색 계통의 올이 굵은 골덴 바지와 반소
매의 셔츠를 입고 있었다. 땀이 식자 참성단 등정을 미루고 그날은 우리가 참견할
일이 별로 없었으므로 30~40 분을 그대로 노닥거리는데 박장군이 올라와 우리 곁에
앉았다. 이마와 콧등에 땀이 송글송글 맺혀 있었다. 손에 불룩한 비닐봉지가 들려있
는 걸로 보아 살 물건이 있어 입구의 가게까지 내려 갔다가 온 모양이었다.

우리한테 시키지 그랬냐고 하자 전화할 일이 있었다면서 수건을 꺼내 땀을 닦고는
주머니에서 담배 파이프 두 개를 꺼내 넌지시 하나씩 건넸다. 입구 가게에서 파는
기념품 향나무 파이프로 뜻밖이어서 엉겁결에 받을 수밖에 없었다.

박창암 장군은 특이한 이력의 군인이었다. 함경북도 북청이 고향으로 만주 연길에
서 학교를 나오고 학생들을 가르쳤으며 만주에서의 체험이 훗날 역사인식의 토대가

되고 만주(滿洲)라는 호로 기억되길 바랐다.

박장군은 한국전쟁 당시 심리전과 게릴라전의 대가로 최소의 희생으로 최대의 전과를 올린 군인으로 기억되고 있으며 5.16 쿠데타의 주역이면서 반혁명세력으로 몰려 옥고를 치루기도 하였다. 5.16 당시 혁명검찰 부장으로 장도빈 선생을 만나 민족사학에 입문하였고 반혁명 사건 이후 야인으로 돌아와서는 ≪자유≫지를 창간하여 군사전문지로 발행하다가 선생님을 만나 역사전문지로 탈바꿈한 후 국사 찾기 활동 등, 국사광복운동을 전개하였다.

처음 ≪자유≫지는 사면 후 박대통령에게 얻은 돈의 일부로 발간하기 시작했으며 육영수 여사를 형수라고 부르고 청와대에 불쑥 나타나 아침밥을 청할 정도로 기탄이 없었다고 하였다.

사실 만군시절 항일파인 박장군은 친일파인 박대통령을 경원하였다고 한다. 5만부 발행의 ≪자유≫지를 동료이며 당시 2인자에게 약점을 잡아 몽땅 떠맡기기도 하였다 한다.

그 외에도 많은 비사를 이야기 하면서도 6.25 때의 자세한 얘기는 하지 않았지만 해방정국의 북한정권 밑에서 자신을 회유하기 위해 김책이 행한 일이며, 그대로 따랐다면 지금쯤 부장동지는 되어 있지 않았겠느냐며 껄껄 웃던 일이며 — 박장군은 소설을 쓰라며 김책과의 관계, 김책의 명으로 세 번에 걸쳐 수행한 일들, 죽음을 예감했던 수감생활, 조건 없는 석방, 그리고 전격 월남 등, 공산주의자들의 고도의 책략과 정치력(?) 회유책에 대해 두 시간 넘게 얘기해 주었다. 제주 공비토벌에 대한 이야기 등은 지나치듯 언뜻 해 주었는데 나는 그 얘기를 들으며 내 군 생활이 떠올랐다.

후보생 때 우리 중대장은 월남에서 갓 돌아온 신참 중위였는데 월남전에 두 번 참전해 무공훈장을 두 개 탔다고 하였다. 20개월간 많은 베트콩을 사살하고 각종 무기를 노획했는데 부하는 딱 한 사람 부상만 입었다는 것이다.

매복 중에 베트콩 숫자가 아군보다 적고 지형지물이 유리하더라도 아군의 피해가 예상되면 절대 기습을 하지 않았다고 했다. 동료들은 두 번의 참전에 한 명의 전사자도 안냈다는 게 믿기지 않으며, 우리의 입대 전에도, 복무 중에도 하루에 몇 명씩 전사자를 내는 치열한 전투가 지상(誌上)에 보도되는데 약세의 베트콩을 눈앞에 두고도 완벽한 상황이 아니면 제압하지 않은 게 전투중인 군인으로서 비겁한 행동이지 않느냐고 했지만 남의 전쟁에서 부하의 목숨을 지켜준 그가 존경스러웠다.

박창암 장군도 부하는 물론 공비의 목숨까지도 살려내었다. 6.25동란 때 장교로 복무하며 육군 특수부대 창설에 관여하여 전 지역에서 생사를 넘나드는 전투를 수행하고 전라, 경상, 제주도에서 공비를 토벌하였다.

그 때마다 피아를 막론하고 목숨을 먼저 구하려고 애썼다고 한다. 마리산에서 그런 동족상잔의 시대상황, 극한 상황 속에 떠밀린 인간의 굴레에 대해 토론한 적이 있으나 지금 생각하면 풍전수전 공중전까지 다 겪은 도사 앞에서 문자를 쓴 겪이어서 얼굴이 화끈거리는 치기였다.

어쨌든 그는 한 순간도 놓지 않은 구체적 삶을 자랑스럽게 생각하였다. 군인답게 직설적이고 과격한 언행도 서슴지 않았는데 나에게 잘 대해 주었던 것은 선생님의 제자이고 자식 같은 연령차 때문이었을 것이다.

박장군은 고대사연구와 토왜사학자에 대항해 지대한 공을 세운 분이다. 선생님의 사론을 ≪자유≫지에 실어 지속적으로 알렸고 국사 찾기협의회에 동참했으며 「환단고기」를 세상에 내놓는데 기여하였다.

5895년 지금은 모군의 군수가 된 이북5도청 사무국장인 벗을 만나러 그의 사무실에 들렀다가 벽에 붙어있는 5도 지사 중 박장군을 보았다.

발행인 박창암 장군의 월간≪자유≫ 1976년 3월호와 그 10년 후 서희건 기자의 「잃어버린 역사를 찾아서」(1986년 9~12월 전 3권)에는 임정시기 위조선총독부 조선사편수회(僞朝鮮總督府 朝鮮史編修會)의 정체와 그에 부용한 조선명령자(朝鮮螟蛉子)들의 행적이 세세히 기록되어 있다.

• 螟蛉 - 蝶蛾類의 幼蟲. 빛이 푸른 것(배추벌레)으로 나나니벌(蜾蠃)이 데려다 기른다는 傳說에 따라 養子를 뜻함(螟蛉子)

한암당은 일본과 지나가 고이 업어 기른 한국사학자의 설을 나나니사관(螟蛉史觀)이라 불렀다.

朴蒼岩 장군이 學會의 史論을 실어준 공로로 선생님에게 공로패를 받고 있다.(서기 1978년 11월 개천각 앞에서)

행사가 끝난 후 안보교육을 하는 朴蒼岩 장군.
안보학은 당시 「自由」지를 계속할 수 있었던 그의 생존학이었다. 또는 그의 진정이었다.

[自由] 人之思想 不縛於宗敎 不牽於俗尙 而一以良心爲準 此眞自由也。

좌로부터 필자, 吳宣日君, 선생님, 朴蒼岩 장군, 금산의 鄭贊植君, 월남전 참전으로 한쪽 눈을 실명하여 색안경을 쓴 鄭鎭成君

5871. 11
서경원군은 영어 회화가 능했는데 중학생 시절부터 미국의 여학생과 펜팔을 주고받았다. 대전대학(현 한남대학교) 내의 헬몬 수양관의 서양 선교사들과도 친했는데 酒邪가 영어라 상대를 당황시켰다. 중학교 영어교사로 재직하다 요절했는데 대구가 고향인 큰 키의 미남자였다. 가수 위키리(이한필)를 닮고 노래를 잘 불러 우리는 가끔 위키서라고 불렀다.

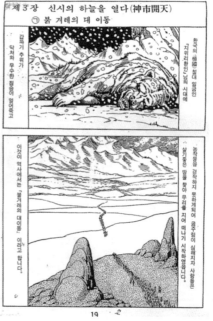

원전대조그림국사

桓雄天王의 神市開天

桓雄族의 移動圖

단 단 학 회
국사찾기협의회 감수   吳 宣 日

吳檀宇宣日(筆名 오일용)先生은 平壤 태생으로 九十老父母를 至誠으로 모시는—옛 같으면 孝子碑를 세워야 할 만큼 드문 효자이며 노부모님은 이산가족 상봉 때 북에 남겨둔 初老의 長男을 만나 선물로 받은 양복감을 고이 넣어둔 농에서 꺼내 나에게 보여주어 그 애틋한 모정이 눈시울을 뜨겁게 하였다.

순박하고 정겨운 분들을 닮은 단우 선생도 열심히 주위를 돌보며 만능스포츠맨답게 축구와 야구 이야기로 紙價를 올린, 이젠 元老 漫畵家이다.

서기 1970년대 중, 후반 寒闇堂 先生이 「自由」誌에 史論을 寄稿할 때 「소년조선」「새소년」 등에 작품을 連載하며 至近에서 도왔다. 徐敬源君과 함께 寒闇堂先生이 至極히 아낀 門人이기도 하다. (上, 自由誌에 連載했던 原稿 中)

(中略) 開天 五八五十~七十年代 威名을 떨치던 士倭, 淸洋史學者들은 그들의 著述, 論文, 放談을 통해 桓雄의 神市開天의 歷史를—우리의 上古史를 抹殺하려 했던 倭人史學者들의 說을 좇아 所謂 「檀君神話」라 하고 「곰의 토템 信仰, 傳說 等은 시베리아 等地에 널리 퍼져있어…」라 貶斥하며 三國時代 以後부터 歷史로 記述하였다.

寒闇堂 先生은 「井中之蝸의 斜觀放言」이라고 一蹴하였는데 우리의 根基의 땅이 韓半島가 아니고 겨레의 일어남과 뻗어감(興起와 恢拓)이 반도뿐만 아니라 西白利亞(시베리아) 遼東(滿洲), 또 지금의 支那大陸이이었으니 우리 겨레가 사는 그곳에 상기 그 原形이 남아있는 것은 當然할 밖에.

우리의 古代史를 과거의 仲色, 倭色 뿐 아니라 아직도 指向하는 附庸思想, 政策으로 潤飾한다면 迂餘曲折로 이룬 世界經濟上位圈의 地位도 한갓 一瞬의 彩虹일 뿐이며 分斷의 안타까운 現實도 彼此 武力의 解決策이 아니면 또다시 이미 역사 속에서 뿔뿔이 흩어진 各夷들 꼴이 되지 말란 법이 없을 것이다.

우리에게 切實한 것은 잘 먹고 잘 사는 것 못잖게 뜻이 있어야 할 것이니 愛民爲國의 뜻이 있음으로 비로소 猝富貴不祥을 免할 수 있으며 그 뜻을 얻기 위해 우선 時務中의 하나가 바로 우리 本源의 역사를 復元하는 일이다. (下略) (筆者의 『原典對照 그림 國史』 머리말 中에서)

18 이 時代의 다른 風光을 쓰면서

한단고기桓檀古記의 역자譯者
임승국林承國 선생

70년대 중반 – 선생님이 아직 은행동의 한암당살이 때 임승국 선생과 인사를 나눴다. 라이카 예식장을 대관하여 두 번째 연 학술회의 때 서울에서 내려와 참석한 선생을 소개하여 주었기 때문이다.

선생은 본인이 후배이므로 잘 부탁한다는 계면쩍은 인사를 건네고 그 후로는 별 교류가 없었다. 선생님의 전언으로는 사변 때 통역장교로 복무했고 영어학원을 운영하다 학회 회원을 통해 만나 학회의 연구부에 동참하게 되었다고 말씀하였지만 이미 높은 수준의 학문적 실력을 갖추었음으로 나는 선생님과 곧 동지 관계로 발전할 것이라고 예상하였다.

그 분의 열정과 집념이 대단했기 때문이기도 했지만 그런 뉘앙스를 풍겼다. 내가 사회를 본 다른 학술회의 때 발제자 중 한사람이었는데 선생의 주제는 선생님이 지도한 「漢四郡考」였다.

각지의 중, 고교 역사 교사가 주로 참석했는데 선생은 청중을 압도하는 카리스마가 있었다.

강화도 개천절 행사에 빠짐없이 참석하고 선생님과 함께 하며 안호상 박사, 문정창 선생, 박시인 교수, 박창암 장군, 최동 박사, 유봉영 선생들과 더불어 국사찾기협의회를 이끌 때는 선생님과 동지적 관계로 국정교과서 개정 관련 행정소송을 하는 한편 80년대에는 안호상, 박시인 교수와 함께 국회 청문회에서 이기백 교수 등을 불러내 그들과 첨예한 논쟁을 벌이기도 하였다.

나중에 강단으로 옮겨 백제사에 천착했지만 한사군 문제를 빼놓지 않았다. 어떤 강의도 평이하고 적절한 언어사용과 주제에 걸맞은 예시와 비유, 영문학자다운 영어의 적절한 인용 등으로 청중을 압도하는 강의 솜씨가 남달랐다.

선생님은 그 때 국회 강연이나, 미 8군, 대학 강연, 출판을 위한 원고정리 등으로 짬이 없어 차츰 협의회에 소원하였지만 기실 이유는 딴 데도 있었다.

협의회 내부에서도 기자조선이라든가 한사군 문제 등에서 학설이 달랐다. 회원 중에 환작(幻作)된 기자조선과 중화주의(春秋筆法)의 공구(孔丘)를 동이(東夷)로 강조하고 모화사상을 답습하며 신라 중심주의로 몰아가는 데는 선생님으로서는 용납할 수 없었기 때문이다.

더욱이 그런 것들이 반대편 학자들에게 빌미로 작용하는 게 답답한 노릇이었다. 그 점에 있어서 임승국 선생은 선생님의 추종자였다.

선생이 평역한 한단고기는 스테디셀러가 되고 환단고기 열풍이 90년대 말 KBS 역사스페셜 방영으로 이어졌다. 나는 그때 PD의 요청으로 「환단고기」 편의 선생님 부분을 증언하고 도왔으나 방영되지 못하였다.

환단고기 제작이 알려지자 강단사학계가 압력과 반론을 펴 처음 제작의도와는 달리 찬, 반의 양측 주장을 반반씩 수렴하는 선에서 마무리되었기 때문이다. 아쉬운 점은 그것만이 아니었다.

환단고기를 지지하는(인정하는) 재야 사학자들조차 선생님과의 은근한 단절을 꾀하며 자신들의 입지 강화로 활용하는 인상을 준 점이다. 그들과 선생님의 관계를 잘 아는 나로서는 씁쓸한 마음이 드는 것은 인지상정이었다.

돌이켜보면 여러 명의 후학들이 대학 강단에 선 후로는 모두 연원을 숨기고 있으니 선사(先師)들의 「70년 후 공개」 또는 「60세 이후 출사」 같은 주문(注文)이 사실이라면 무슨 신비주의 포장이 아니라 살벌한 우리네 학통의 연원을 꿰뚫은 경계(警戒)라는 생각이다.

지방대학의 중견 교수이고, 독립운동가인 선친의 유고를 이어 완성한 후배의 역사소설 출판을 위해 함께 합정동의 모 출판사에 들렀다가 대표로부터 임승국 선생의 원고를 받으려다가 실패한 이야기를 들었다.

선생이 작고한 몇 달 후의 일이다. 선생이 평역한 환단고기는 「한단고기」[6]이다. 언젠가 여백이 있다면 환단고기에 대한 분분한 제 문제에 대해 따로 언급이 있을 것이다.

주 6

「한」은 「환」의 음전(音轉)이고 「환(桓)하다」 하는 것을 「붉(단-백)다」는 것이다. (李裕岦)

「한」은 「환」과 같은 말이긴 하나「환단고기(桓檀古記)」를 책한 계자의 고유한 책명(固有名詞)이며 일자일구(一字一句)를 다퉈야 하는 국사 학문에 있어서 무명노초(無名老樵)의 손가락 가리키는 곳에서 나온 기자묘, 신사 육신(新死六臣), 사칠신(死七臣) 논쟁 같은 평지풍파이다.

「自天光明謂之桓也 自地光明謂之檀也 所謂 桓卽九皇之謂也 韓亦卽大也」(桓檀古記)

임승국 선생은 서력 1970년대부터 선생님의 무릎 앞에서 또는 장소가 없으면 소매 곁에서도 함장(函丈)의 예를 갖추고 공부한 문인(門人)이고 국사 찾기 국회 공청회 때 청원인 피 청원이 모두 못마땅한 선생님을 대신해 선생님의 국사 찾기 당위성을 목청 높여 대변한 분이기도 하다. 그래서 논리전개 방식과 심지어 어투 까지 닮아가던 임승국 선생의 ―예를 들어 「…그러나 각성을 촉구하는 선생의 표현이 지나친 부분은 편집과정에서 … 아쉽지만 삭제하였다」는 것 등의 한단고 기의 편집자 후기는 대부분 주석으로 비춰볼 때 대강 어떤 내용을 삭했는지 짐작 할 수 있을 만큼 익숙한 것들이다. 국조실록을 이조실록, 조선왕조실록으로 바꾼 현대 지성의 얄팍한 현시욕이 국사개념조차 어떻게 환진혼가 하였는지 보여주는 또 하나의 사례이므로 「桓檀古記」는 본래대로 「환단고기」로 해야 할 것이다.

필자가 따라주는 제주를 올리고 묵상하는 임승국 선생. 국사찾기 회원으로 활약하고 있었다.

제례복을 입고 학회기를 앞세우고 대시전을 돌기 위해 정렬하였다.
(좌로부터 단우군, 한 사람 건너 임승국 선생, 임운 ≪자유≫지 편집장)

• 附　記

(중략) 한암당 이유립 선생이 서기 1986(개천 5883)년 4월에 세상을 떠났으니 이 시간을 거슬러 올라가면 18년 전이다. 무릇 아래서 숨을 섞고 눈빛을 나눈 해가 20년이고 어느덧 다시 20년이 쌓여가는 이 시간까지도 나는 게으르게 배우는 불민한 학도이니 선생님의 후학이라 말하기 부끄러울 뿐이다.

오늘 주제가 「한암당 李裕岦 선생의 역사관-환단고기를 중심으로」인데 「환단고기를 중심으로」는 뱀발(蛇足)에 불과하고 그 역사관이란 10분 이내에도 요약할 수 있고 또는 며칠 몇 달 그 이상도 걸릴 수 있는 주제이나 주어진 시간이 두 시간이니 그 안에 요약해 보겠다.

근자 우리의 역사학문이 학자뿐만 아니라 세인의 관심의 대상이 되고 그런 류의 책들이 무수히 출간되고 인터넷이 들끓고 무수한 학회와 동아리가 생기는 일련의 창조적 담론이 선생님의 공이라고 전제해도 무색치 않다는 생각이니 모두 자신을 철저히 희생하고 치열하게 참 지식인으로 살다간 선생님의 목소리를 담음으로써 「들어가는 말」에 많은 시간을 할애하고자 하는데 특히 국사 찾기운동 때의 「국회의 국사공청회에 보내는 의견서」에 육성으로 기록된 선생님의 역사관과 국사찾기투쟁사가 그대로 녹아 있어 주로 인용하겠다.

이 책 「환단고기를 중심으로」의 섹시한 부제는 「2. 선조들의 역사 인식」중에 「대배달민족사」와 이 책 배달의숙편 「환단고기」를 중심으로 선생님의 사론이 어떻게 전개되었나를 분석한 정도이니 세인들의 환단고기에 대한 학문외적 관심에 대한 논지가 아니다. (중략)

선생님의 시대는 우리의 시대이기도 하였다. 아마추어니 비전문가의 공해니 하며 한껏 교만과 무시로 일관할 때 독립운동하듯 온 몸으로 국사찾기 혈고를 썼다.

지금 그 혼신의 노력이 결실을 맺고 있어 여러분같이 뜻만 있으면 참된 조국의 상을 찾을 수 있는 길을 열어 놓았다.

선생님의 시대, 부일, 토왜, 부용, 청양이라든가 아마츄어, 비전문가, 국수주의 등의 상투(相鬪)의 용어들이 요즘은 순화되어 재야사학이니 강단사학이니 하는 신조어로 굳어졌으나 학술용어로 적합한 것은 아니다. 선생님도 국사정공자(國史正攻者)와 한국사전공자(韓國史專攻者)로 말한 적이 있고 강단사학자 스스로도 한국사전공자라 말하고 있으니 당분간 나는 그렇게 쓰겠다.

2차 세계대전 중 다급한 구 소련의 지도자가 슬라브 민족의 단결을 호소하고, 미국이 달을 밟고는 인류의 쾌거라며 성조기를 꽂는 것 등을 보면 세계주의라는 것은 기실(其實) 강대국의 구두선(口頭禪)에 지나지 않는다.

우리가 강대한 국력을 지녔다면 당연히 우리도 세계주의를 부르짖어 약소국을 아우를 것이니 세계문명을 처음 열 때 세계주의를 처음 쓴 민족이 우리 아닌가?

- 재세이화(在世理化) 홍익인간(弘益人間), 곧 시쳇말로 인본주의 -민주주의- 세계주의인 것이다.

하지만 지금 세계주의는 실천할 힘도 없는 우리가 할 말이 아니다. 지나가 예부터 동방예의지국(東方禮義之國), 군자국(君子國)이라며 스스로 힘을 뺀 동몽(童蒙)인 우리의 머리를 쓰다듬으며 사탕을 빼앗아 먹었듯, 어떤 내용의 세계주의든 세계주의는 강대국만이 실천할 수 있는 주의인 것이다. (중략)

한때 민족주의=국수주의, 라는 등식을 만들어 부용학자들이 경계를 당부하는 국수주의의 사전적 의미는 「나라나 겨레의 고유한 정신이나 물질상의 장점을 지키는 일정한 방침, 뜻」을 이른다.

신라 이후 사라졌고 외세추종이 능사(能事)이고 매양(每樣) 얻어맞고만 살아온 우리가 할 말이 아니며 주우론(做偶論)의 국풍(國風) 운동 때 순수학문의 세계에서는 어떻고 하며 날을 세워 비판한 예(例)의 패전국 일본, 독일은 라인강의 기적을 이루고 경제대국이 되어 우리 경제의 롤모델이 되었으며 그들이 내세우는 진정한 학문적 탐구와 고민은 그런 부활의 저력(底力)이 어디서 비롯되었나부터 고민하고 탐구해야 할 것이다.

작금(昨今) 영어의 국어화나 다문화, 다민족의 포용정책은 먹고 사는 문제해결과 선진국 키에 맞추려는 정책과는 괴리(乖離)가 있어 의심이 많을 수밖에 없는 국수주의자(?)에게는 설득력이 없는 게 사실이다.

다문화·다민족의 수용이 대세라 하지만 영어마을, 학원 먹여 살리기와 농촌총각 장가보내기 운동쯤으로 마감하는 것이 어떨지?

영어를 국어로 쓰는 나라 중에 우리 보다 경쟁력 높은 나라는 미국 하나 정도일 것이다. 영국은 영어가 모국어이니 당연히 제외 하였다. (중략)

선생님이 자주 인용하는 글 중에는 석주 이상용 선생의 「나라에 역사가 있는 것은 지나간 일만 기록하는데 그치는 것이 아니라 써(以-用)하여 국가의 체통을 높이며 국민정신을 가다듬는 것이니 그렇지 못하면 역사가 있어도 없는 것과 같다(國之有史 不正記述 往事而己 以之而 尊國家之體統 勵國民之精神 不然有史 與無史 等耳)」가 있다.

시간이 제한되어 대배달민족사 권5 41쪽 이하 「국내외 소간(所刊) 문헌학에 대한 재검증의 필요성」을 모두 논할 수는 없으니 아쉽지만 소제목만 열거하고 다음 말을 잇겠다.

1. 고고학편중 사학의 미로 (考古學偏重 史學의 迷路)
2. 민족정신 유신과 「비아」의 사관 (民族精神 維新과 「非我」의 史觀)
3. 「국적있는 교육」과 「국사광복의 함수」
   · 제리(帝魖)의 글을 믿으면서 「환단고기」를 왜 못 믿나?
   · 강유위(康有爲)는 「공자가어(孔子家語)」도 위작(僞作)이라 했다.
   · 조의선인(皂衣仙人) 사상을 빼어버린 김부식 저 「삼국사기」
   · 단군 역년을 착란(錯亂)한 승 일연 저 「삼국유사」
   · 한사군 자리를 이치(移置)한 서거정 저 「동국통감」
   · 단군조선을 기자 밑에 놓은 안정복 저 「동사강목」
   · 위만을 후계왕국으로 만든 한치윤(韓致奫) 술 「해동역사」
   · 1894권으로 된 「국조실록」
   · 임정시대 위정지역의 취조국 구관(舊慣) 조사를 위해 펴낸 「조선사」
   · 위조유물로 꾸며놓은 「조선고적도보」
   · 그릇된 한국으로 만재(滿載)된 「일본교과서」
   · 열전 속 「조선」은 곧 위노전(衛虜傳)인 「사기」
   · 「조선」을 소략하게 다룬 반고선(撰) 「한서」
   · 단조(檀祖)를 원상대로 남긴 왕침의 「위서」
   · 동이열전에 난전지필(亂箭之筆)을 투입시킨 「삼국지」
   · 일종의 지리서로 알려진 백익가탁(伯益假託)의 「산해경」
   · 우리에게 참고할 점이 많은 「흠정만주원류고」
   · 그 밖의 삼통서(三通書) 통전(通典) 문헌통고(文獻通考)
   · (원전고서의 탐방과 정사의 재정리) 기오(記誤) 증위(證僞)가 범람하는 군론(群論) 활거의 화(禍)
   · 무위(無僞)한 원상을 회복하는 검사(檢史) 작업 긴급
   (중략)

「이병도는 우리 상고사를 완전 해체하여 국내에서는 소중히 여기지 않고 위조

선사 편수회 수석보좌관의 경력을 가졌으니 일본에서야 대석학으로 대단히 알아주는 인물이다. 그 외 이기백 등 많은 사학자들이 우리 국사 정공(正攻)은 아니나 민족사학 헐뜯기 좋아하는 그 아류에 속하는 인물이다.」 (중략)

「명(明)이 1644년 망했지만 이 땅에는 망명복벽(亡明復辟)을 척사위정(斥邪衛正)이라 하여 춘추사관(春秋史觀)을 고집하는 가명군상(노예)들이 땅 밑에 대기해 있으며 8.15 그 날 일본 천황의 무조건 항복과 함께 일본인들의 위칭관서(僞稱官署)는 완전히 철거되었지만 아직 얼굴 없는 길전(吉田東伍), 지내(池內宏), 도엽(稻葉岩吉), 진전(津田左右吉), 금서(今西龍)의 정신적인 2세들이 계속 남아 있다.」 (중략)

멀게는 60년 전, 짧게는 20년 전 한암당 李裕岦 선생이 줄 곳 한 말씀이다.
선생님의 그 40년 동안 얻은 것이 외적으로 미미하듯 다시 20년이 흐른 오늘날에도 그 때와 별반 달라진 것이 없으니 변변한 통사(通史) 하나 쓰여지지 못했기 때문이다. (중략)

근래에 밀리언셀러의 유명작가 소설들이 불살라지고 있다는 애기를 듣던 중 민족단체를 통해 우호협력 증진의 징표로 수만 권의 잉여도서가 재만주동포에게 전해졌는데 그들 손에 임하야담(林下野談)류의 한국사 관련 서적들이 폐기되었다는 소식을 들었다. 현대판 분서(焚書) 사건이라 할 만한 일이 벌어졌는데 이런 반문명사건(?)은 옛 일들이 아니고 몽매한 자들의 만행만이 아닌 모양이다.

「역사를 가고(可考) 하는 것은 실증(實證)이지만 역사를 기록하는 것은 혼(魂)이다」(寒闇堂)

근래 역사학이 대학에서 처음 독립학문으로 학구(學究)되기 시작했지만 우리의 현 저작사서들이 그 독일이나 유럽, 특히 프랑스에서 냉대를 받고 심지어 쓰레기 취급 받는 이유는 무엇이며 별도의 우리 국사 서적의 코너가 생길만큼 역사관련서의 대중화가 국품과 그 아까운 인쇄물자를 생각하면 소비가 미덕으로 품승한 현대 소비경제가 낙양의 지가를 올린다고 마냥 기뻐할 일이 아니다.
사학도의 자세어야 할 「한국의 실증사학 - 한국사」가 토왜사학으로 폄훼되는 것은 전적으로 그들의 책임이다.

학문하는 목적이 식재(殖財)를 위함도 아니고 이름을 얻고자 함도 아니고 자기 만족도 아니라면 그 본령은 진리를 탐구하고 인간을 널리 이롭게 하기 위함이라 하니(在世理化 弘益人間 - 實事求是). 과거의 폐허를 극복하고 발전 진화를 위해 나온(溫故知新) 의(義), 관(觀), 론(論) 등 제설(諸說)이 모두 정반합(正反合)의 순환이며 범위를 역사학으로 좁히면 결국 민족주의 사학이고 민족주의는 보편이고 여타주의는 방편(方便)일 수밖에 없는 것이다.

「주의 주장은 일시적이고 민족과 역사는 영원한 것이니 이것이 나(我)를 중심으로 하는 민족주의 사학이다. 남만 알고 나를 모르는 자는 힘을 낼 수 없고 나만 알고 남을 모르는 자는 힘을 기를 수 없고 나를 알고 남도 알아야 비로소 힘을 낼 수 있으니 이것이 스스로 이기는 것이다.」(寒闇堂)

과거가 현재를 만들고 현재가 미래를 설계하는 것이니 역사학이란 단순히 과거를 궁구(窮究)하는 학문이 아니며 세(勢) 있는 학자들의 전가의 보도 실증사학이라는 것도 사학의 방법론이므로 중세 이후까지도 문학이나 철학의 방계학문으로 운위되던 것을 18세기 말 대학들이 생겨 독립학문으로 연구됨으로써 랑케가 새로운 학문적 접근방법(보편성 - 객관적 사료의 채택과 기술(記述) 방법)과 교수법(학술의 토론 - 세미나 방식)으로 객관성을 확보하였고 그 객관성이 실증사학의 요체(要體)이며 19세기, 20세기의 역사학의 사조(思潮)를 형성하였다.

우리나라에서도 임정시기(臨政時期)에 흉모(凶謨)가 있는 왜인학자들에 의해 들어온 실증사학(失證斜學)은 많은 내국인 사학자를 길러냈는데 그들과 그 후학 2, 3세까지 합쳐 연원(沿源)을 이루고 학계는 물론 정부, 언론, 문화계를 독점하다시피하며 한 시대를 풍미(風靡)하였다.

그 실증사학(失證斜學)이 우리의 숭당명(崇唐明) 사대주의와 부일(附日)도 실증(實證)이라고 강변하고 답습하지만 왜의 학관(學官)이 협잡하여 광개토성릉비를 석회도부(石灰塗附)하고 위(僞) 낙랑고적도보를 만들고 우리의 고서들을 수압(收押) 폐기하고 고대사의 절삭(絶削)과 무혹(誣惑)과 왜곡 투성이의 조선사(嘲鮮史)를 만들었으니 그 실증사학(失證斜學)의 무문농필(舞文弄筆)이 언제까지 통하며 과연 그것을 실증사학(實證史學)이라고 말할 수는 없을 것이다.

「학문의 세계는 국경이 없지만 학자와 학도에게는 조국이 있다.」(寒闇堂)

「종래 척사위정파(斥邪衛正波)들이 주장해 온 망한 명(明)의 유령황제를 다시 복벽(復辟) 해야겠다는 소위 공주송(孔朱宋)의 유일중화사관(唯一中華史觀), 부일위정(附日僞政)의 잔재, 근대화(近代化)의 은총을 노래한 식민당위사관(植民當爲史觀) 그 자체를 실증사학(實證史學)으로 보아야 한다는 시대적 풍조이긴 하지만 우리가 이제 국회를 통하여 사관정립(史觀定立)을 위한 접근방법을 강구하자는데 있어서는 민족의 본원(本源)을 정주(程朱)의 성리학에서 찾는 것이 아니라 신시(神市)의 개천사상(開天思想) 홍익인간(弘益人間)이란 교육이념에서 찾아야 할 것이며 물리적 사대를 타도하기 위해 심리적 사대를 고취해야겠다는 소위 춘추존화(春秋尊華) 교육이 인정될 수 없는 것입니다.

종래의 우리 국회에서는 분명 교육법을 제정하여 교육이념 홍익인간의 기본정신을 제시했고 또 그 삼한관경제(三韓管境制)의 주인공이신 단군왕검의 건국날짜인 十月三日을 법률로써 국경절을 제정 공표한 역사적 사실임에도 불구하고 초대 문교부장관으로부터 오늘에 이르기까지 국사와 국사교육을 다루는데 전혀 교육이념은 부재로 돌리고 단군왕검의 역사는 신화로 조작하고 있으니 이미 국민교육의 현실에 처하여 아무리 일 년 365일 불 꺼지는 날이 없이 독서구리(讀書究理)의 교육세계에서는 도저히 애국, 구국, 치국할 수 있는 유능진취의 청년 인재를 길러내지 못할 것입니다.

다만 한 때 대학재단을 위하여 장사밑천의 기회만 터주는 이외의 소득은 없는 것입니다. 물론 정치와 정책의 수단방법에 있어서 때와 환경에 따라서는 사대외교의 방편도 있을 것이고 근대화의 활용도 없지 않겠지만 국사와 국사교육의 대원칙에서는 언제나 나(我)와 아닌 나(非我)의 판가름을 소홀히 할 수 없기 때문에 무엇보다 사관정립을 위한 접근방법부터 세심히 강구하여 될 수 있는 한 10만선량(十萬選良)으로서의 전심전력을 다하고 모든 슬기와 역량을 짜내어 국사개정(國史改正) 건의안으로만 끝내지 말고 국사교육의 그릇 교도한 책임과 식민사학의 범죄사항을 낱낱이 지적하여 만천하의 국민 대중에게 알려주어 다시는 국사를 저술하는 그 사람들의 붓에 의한 「혹」과 무욕(誣辱)이 첨가 안 되게끔 입법화되기를 이 기회에 어리석은 소온(所蘊)의 충정을 말씀 드리는바 이것뿐입니다.」

(李裕岦 서기1982년 민주정의당 문교공보위원회 초청강연 「史觀定立을 위한 접근방법 중에서) (중략)

(전략) 「우리 東夷族인 太皥를 우리 종족사의 시조로 삼음이 옳을 것이다.」하는데 東夷라함은 어디까지나 他稱으로 된 것이지 스스로 自稱하고 나설 이유가

없고 우리 배달민족과 배달역사를 말하자면 구석기 때에는 波奈留山(오늘의 시베리아〈숲, 벌〉중앙고원)과 붉카을물(天海 = 수拜額勒湖) 중심으로 일어난 桓國十二 부락연맹(三聖紀全)을 말할 수 있고 그 다음 桓雄天王의 신시의 하늘 트신 법통, 檀君의 三韓管境 같은 중요문제부터 서술하는 것이 원칙이겠거늘 느닷없이 太皞를 우리 종족사의 시조로 삼음이 옳다는 것부터 첫머리에 붙이겠다는 것 또한 妄發이다.

우리가 요구하는 「국사 교과서의 고칠 점들」은 그런 것이 급무가 아니다. 물론 東夷族이란 호칭이 비록 他稱이긴 하나 우리의 종족임에 틀림없으며 太皞 또한 神市本紀에 들어있지만 그것부터 내세우는 것은 本末이 바뀐 것이 아닐 수 없다.

또 「단군한배검」이라함도 「三神上帝 - 檀君」과 함께 大倧敎의 신앙용어로 우리 배달민족과 배달역사에서 쓰는 공통된 공동의 사학용어는 아니다. 大倧敎의 신단실기, 神檀民史의 머리에 나오는 一神이나 天神이라는 신앙용어는 우리 「국사 찾기 운동」에 있어서 일찍이 듣고 보도 못한 安浩相傳士 대인 용어에 지나지 않는다.

지금 상대방 측(강단 사학자)에서 「도취적 史觀, 또 미신적 해석」이라는 말을 듣게 하는 것이 당연하다. (李裕岦, 國會의 國史公聽會에 보내는 意見書 中)

「僞 降熙 元年 八月八日 法部大臣 趙重應이 秦 …該犯 李相卨 李瑋鍾 李儁 等을 依該院所擬律處辦하야 待現提執刑케 ㅎ옵이 何如 允之」라 하였으니 그래서 三密使의 凶性陰謀恣行眩惑이라 한 죄목, 이것을 빗나간 植民史書가 아니라 학자로서의 良心的으로 내세우는 객관적 사실이며 소위 實證的 판단이라 하는가?」

「국회의 國史 공청회 첫날의 청원인 측의 태도는 사대주의 사료를 근거로 하고 대종교의 신화적 해석방법으로 구수(舊讐) 식민주의 사관에 의한 국사와 국사교육을 개정하겠다는 듯한 인상을 풍기지만 피청원인 측의 논조는 조금도 스스로의 반성 없는 구수 식민주의 사관의 사실상 연장을 당연시하는 변호로 일관하면서 핵심 되는 일체의 책임을 회피하는데 시종 편중하고 있다는 느낌인즉 최후의 심사와 앞으로 있을 예정인 국회의 건의는 사전심사에 있어서 가장 자유롭고 또 정당한 중립적 유지 방법을 충분 활용하여 반드시 이 나라의 역사에 당계림주(唐鷄林州) 사대 신라주의(事大新羅主義)적 자학사관이 근절되기를 기대한다.

청원인 측에 대한 批議

1. 청원인 측의 제안은 교육법에 제시된 교육이념 홍익인간(敎育理念 弘益人間)에 대한 역사적인 의의(意義)와 유래를 밝히는데 소홀이 했으며 (註一)

2. 법률로서 제정된 국경절로서의 開天節에 대해 구체적인 典訓에 의해 명시하지 못한 까닭에 그 대상 인물로서의 실존한 檀君王儉과 단군의 삼한관경제(三韓管境制) 실시 및 그 三韓 강역의 역사적 근거 내지 전세대통(傳世大統)의 원칙을 밝혀야할 紀年 계산법의 제시 같은 것이 모두 충분한 사료로 결여되어 있다는 것이며 (註二)

3. 역사적으로 실존의 근거가 전혀 없는 箕·奇 의 윤통(閏統) 및 그 箕·奇·儉 三字一身의 헛갑이 협호(挾號) 따위의 그림과 정부를 조작하여 가지고 요·순·우(堯·舜·禹)의 적통(嫡統)이 기자의 동래(箕子東來)와 함께 韓·中 형제의 나라 문화사상으로 발전하였다는 사대주의 유교인들에게서 언필칭 유일중화(唯一中華)사관으로서의 케케묵은 소중화(小中華)의 긍지를 세계 속의 한국 근대화로 되살려 보겠다는 자유당 때 一民主義 군상들의 음모가 남모르게 숨어있다는 인상을 벗을 수 없다는 것이며 (註三)

4. 한사군(漢四郡)이 역사상 전혀 근거 없는 허구위작(虛構僞作)된 기록이라 함은 이제 거듭 말할 것 없으나 樂浪과 樂浪朝鮮이란 호칭에 대하여 國과 郡의 서로간 엄격한 구분 있음을 사실대로 분석해야 할 출전고증을 순서 있게 자상히 제시 못하고 있으며 (註四)

5. 우리 배달민족과 배달역사의 체계 있는 존위(存位)에 대해서 무엇보다 高句麗의 역사가 가장 중요한 부분인데 그 가운데서도 국강상광개토경평안호태성제 성능비(國罡上廣開土境平安好太聖帝 聖陵碑)는 금속문자의 사료로서 보다 차원 높은 비중을 차지하고 있나니 이것이 족히 다물주의(多勿主義) 고구려 大永樂統 一시대를 드높이 세계만방에 자호(自豪)할 수 있음에도 불구하고 전혀 한마디 언급이 없다는 것이며(註五)

6. 신라의 경덕왕 십六년에 설치한 九州속의 全州와 금장종영호왕제 承安 二년

에 설립한 북경로(北京路) 소속의 全州는 서로간의 시간적 격차가 사백삼십구년이나 되며 또한 그 지리적 거리가 사실상 삼천리 좀 넘을 정도로까지 서로 멀리 떨어져 있다. 그러한 이름을 가지고 땅이 다른 신라의 全州가 金나라의 北京路에 속해있었다는 그 소위 가흑선풍도귀(假黑旋風搗鬼) 같은 만주사관을 조작 유포함으로써 국사 찾기 서로간의 공연한 물의를 빚어내는 것을 염려하는 것은 물론 더군다나 장차 앞으로 오는 천하만세의 耳目을 현혹하게 될 원인이 되어서는 절대로 안 되겠다는 다짐이 없을 수 없는 것이다.(註六)

피청원인 측에 대한 批議

7. 피청원인 측의 논조를 종합해보건대 「고고학 인류학 등 인접(隣接) 학문의 도움을 받지 않고 몇 가지의 문헌사료로만 가지고 역사사실을 결정하는 오류를 범하고 있다는 것이나 그네들은 항상 구수(舊讐) 식민사관의 연장방법으로만 편중적으로 적용할 뿐 그 식민사관의 범위밖에 있는 국사 바로 잡기 地平線을 그대로 보고 하는 말이 아니라는 것이며 (註七)

8. 가장 민족적 판단을 한다고 하면서도 삼국사기, 삼국유사 등에 나오는 분명한 기록은 외면하고 중국의 사료 가운데 나오는 불분명한 몇 가지 어구로 사실을 결정하고 있다는 것이나 이것 또한 비유하자면 XX놈 허적대는 식의 자기당착에 해당하는 말투인 것이며(註八)

9. 「무조건 영토가 넓으면 영광이라고 판단하는 전근대적(前近代的) 의식구조를 가지고 있다」 또는 「고려조 이후 우리 영토는 한반도였다」는 것 이것 또한 우물 안 개구리가 하늘 쳐다보는 격이 아닌가 한다.

그네들은 고구려 국시, 고려사의 내용조차도 모르고 항상 식민지 체제 속에서 무난히 살아왔음을 스스로 한평생 영광인양 서슴없이 자열(自列)하는데 지나지 않는다는 것이며 (註九)

10. 「우리와 시간적 관련이 너무나 멀리 떨어져 있는 고대사에 집착하면 오늘날 우리의 현실에 직접적인 영향을 끼치고 있는 근대사의 이해를 등한히 하게 된다」는 것이나 그네들은 정치와 정책적 입장에서 부득이한 방편적 현실대비, 이것이 민족과 민족역사의 영원한 이상인양 글을 꾸미고 있다.

또한 일본을 비롯한 영·미·불·독의 역사가 세계의 전부인 듯 착각하고 그

이상의 기록 연대가 있어서는 안 된다는 모순을 범하고 있다는 것이며 (註十)

11. 「저학년에서 학문이전의 것이 필요하다면 교육전문가의 의견을 들어볼 일이다」 하는 말은 너무나 거만한 태도로써 지금 독립된 민족 - 국민교육의 이념이 홍익인간(弘益人間)인데 민족사학의 진의(眞義)를 식민잔재로서의 교육전문가에게 묻는다는 것은 마치 고양이에게 반찬가게를 맡기는 것과 다른 것이 없다는 것이며 (註十一)

12. 「낭만적 민족주의로 인해 국수주의적 편견에 사로잡혀 역사사실을 그릇되게 해석한다」는 것이나 소중화(小中華)의 긍지로 통하는 근대화(近代化)의 은총(恩寵) 이것이 곧 숭명사대(崇明事大)의 데릴사위 - 부일식민(附日植民)의 머슴활동인데 그것이 참된 조국의 상(像)이 아니라 가달난(妄) 조국의 상이라는 결론이 내려질 수밖에 없다는 것이다.」(李裕岦)

선생님은 50년대 중반 이후 남한의 유적지를 거의 답사하였다. 반구대, 신시고각, 석장리, 중원 등, 남한의 전 지역과 30년대와 해방직후까지 광개토대왕비, 왕릉 등의 사적지를 두루 답사하고 탁본을 구하고 기록·실사하여 고증의 전거로 활용하였다. 활용이라 함은 1차 사료인 문헌학을 뒷받침하기 위한 방계학문으로써 이며 사학계의 고고학 만능의 그 본말이 전도됨을 경계하였다.(경, 사자집 모두 1차 사료로 중요시 하였다.)

서기 1970년대 중반 개천절 행사 전날 강론을 마치고 미진했든지 사석에서 학문적 「논쟁」의 중요성을 강조했는데 조영주 선생이 「토론」이 맞다고 해서 논쟁과 토론의 개념에 대해 격론이 벌어졌다. 박창암 장군과 강상모 선생이 선생님 편에 서고 임승국 선생과 나와 일동은 참관하였다.

「논쟁도 전쟁이다. 쟁이 들어가지 않나? 역사의 정의가 이미 나와 아닌 나의 투쟁인데 이성과 우상은 같은 바탕이 될 수 없고 범죄와 사법권은 동반이 될 수 없고 식민사관과 민족사관은 서로 화해할 수 없다. 그것은 '비아'의 우상의 탈을 벗고 진실한 '아'로서의 이성을 찾게 되는 날 비로소 이해와 동정이 생기고 따라서 협력이 있게 되는 것이다.」 결국 논쟁으로 끝났는데, 토론은 논을 논으로써 토벌한다는 뜻으로 요즘은 논을 결하기 위해 끝장토론이 유행이다.

작금 지나의 동북공정에 대항해 고구려재단이 설립되고 학자들 간에는 3국의 역사적 이해와 건전한 학문의 진작을 위해 학술교류를 추진하고 있다하나 30년 전에도 추진된 바 있는 아직 근대화의 은총에 감읍하는 식민사관이 온전하고 은대 종속의 사대사관이 온고지신으로 포장, 활개중이고 서양을 업은 청양사관이 기승하니 모두 공력과 시간과 자금의 낭비인 부질없는 공사일 뿐이다. (이 문제는 뒤에 다시 언급하겠다.)

근래 선사들의 혈루로 얻은 우리 고유 조선을 찾자는 열풍이 있으나 이리저리 휘둘려 쇠파리를 쫓는 우미愚迷이고 아직 사학계의 우위를 잡고 있는 것은 그들이다.

※「세미나장이나 (고대에도 한류가 있었다 등) 지상보도를 보면 (코리아루트 10,000km의 대장정 등)」선생님 생전과 얼핏 격세지감인 듯하나 그들도 아직 아웃사이더이고 이너들의 원죄가 정체가 탈로 난 부일학관이라 짐짓 소강인 듯하나 그들의 스승들이 자연의 법칙에 따라 육신은 진토 되었지만 정, 재, 학, 언의 튼실한 뿌리는 철옹성이다.

한편 그들에게는 다행으로 아직 대중에게는 먹고사니즘이나 대형 아파트나 가급적 큰 평수의 땅이 인생의 목표이고 명품 브랜드가 선망이고 같은 값이면 고액의 고래힘줄 같은 잡(Job)이 소망이라 역사 같은 고리타분한 옛이야기는 공무원 시험과 사시·행시 같은 과거시험에서도 빠져버렸다.

나의 고교시절 직업이 2만개라 하여 동무들과 100여개도 못 세고 포기했는데 90년대에는 20만개가 넘고 요즘에는 34만개라 하니 백수가 많은 것이 이해부득이고 역사를 다루는 교수나 연계기관의 취업용 학과로 전락해버렸다. 역사가 업을 제공하니 그마나 다행이다. 그리고「무조건 땅이 넓으면 영광이라고 판단하는 전근대적 의식구조를 가지고 있다」라고 뜬금없는 교언을 들이대는데 답할 가치도 없는 말이지만 지금 "그들만의 천국"에서 한 평의 땅이라도 더 취하기 위해 지휘고하를 막론하고 어떤 짓도 불사 않는 풍조는 어떻게 설명할 것인가?

「마리산 開天節大會때 행사에 어떤 면의 면장이 면직원을 보내 경찰관 면직원 합동조사라 하여 (이미 경찰 당국에 집회 내용을 계출했고 행사가 끝난 후) 개천절 행사의 목적이 무엇이냐는 것이다.

참으로 통곡할 일이다. 신간은 八·一五의 전과 후의 구분은 있어야할 것인데 없는 것만 같은 기분이니 마음이 상하지 않을 수 없다」 (寒闇堂)

나의 선고도 일본인은 경우가 밝다고 했는데 선생님은 일경에 피체 후 취조과정에서 사상범은 취조인이 그 전문분야를 아는 자가 맡았다고 하며 겉은(복장이나 편재 등) 일본을 답습하면서도 해방 30년이나 지난 오늘날에도 실행의 도가 그들에 미치지 못한다면서 답답한 마음을 사관의 부재로 돌렸다.

1. 李丙燾(文博 學術院 會長)

단군이 실재 인물인가 또는 그가 과연 開國始祖인가 하는 점은 알 수 없다. 그러나 서낭당(城隍堂)의 유적으로서 서낭당 뒤의 나무는 檀君神話에 나오는 신단수며 나무 밑의 돌무더기는 神壇, 또한 이들 중심으로 발달한 부락이 神市로 제사지내는 무당이 바로 檀君이다.(조선일보 1966.2.10 木曜日)

2. 鄭昞祖(淑大 교수. 英文學)

八·一五 이후부터 써오던 檀紀를 五·一六 혁명 후(六二. 一. 一) 안 쓰기로 되었다. 그것은 단기와 서기의 병용으로 불편하다는 이유에서 뿐 아니라 檀紀의 기원 자체가 역사적으로 확실치 않다는 것이 더 문제되는 점으로 안다. (上同)

3. 金元龍(서울大교수. 考古學)

단군은 실재했던 인물이 아니다. 설화 중의 인물이다. 실재했던 인물로 가장하여 동상을 세운다면 신석기 시대의 벌거숭이로 만들어야 할 것이다.(上同)

4. 高永後(淑大교수. 社會學)

우리 역사상 단군 신화는 다분히 신화적인 존재다. 조국 근대화 선진 대열에 뒤떨어지지 않으려고 애쓰고 노력하는 우리나라에서 갑자기 復古調의 우상숭배의 기운이 싹트는 것은 아무리 생각해도 이해가 안 간다.

그러니 신화적 存在를 파헤쳐 아무 준비도 없는 국민들 마음에 갑자기 민족애가 생길 리 없다.

5. 尹亨重(카톨릭 신부)

몇 해 전까지 써오던 檀記를 폐기한 것은 단군은 역사적 존재이기 보다는 神話的 존재이기 때문이다. 단기를 쓰는 것은 비과학적이라는 이유로 생각된다. 그때 문교부 당국도 이런 성명을 발표하였다고 기억된다. 그 후부터는 역사교과서에도 이 단군신화는 자취를 감추기 시작하였다. 신앙의 눈이 있는 신자들에게는 〈우상숭배〉 보다는 차라리 죽음이 절실히 요구될 것이다. (京鄕新聞 1966.2.5)

모든 지성인들은 檀君神話의 내용을 잘 알고 있다. 그러므로 정부가 무슨 수단을 쓰든지 이들에게 단군을 神化시키지 못한다. 따라서 國民精神에 아무런 영향을 끼치지 못할 것이다. … 백보를 양보하여 단군을 역사적 실체였다고 하자. 그 육신은 이미 썩어졌고 그 영혼은 어디 있기는 하겠지만 우리에게 복을 주고 화를 물리쳐주고 할 권능이 없음은 명백하다.(中央日報 1966.2.22)

6. 鄭瓚喜(韓國日報 記者)

과학의 눈에 비춰진 단군의 본체는 「곰에 집약된 농업신」 청천강 시베리아 일대에 남아 … 云云(한국일보. 1964.10.4)

7. 池元溶(루터러 아워 責任者)

새삼스러이 단군을 들고 나와 겨레의 정신을 깨우쳐보려는 시도는 현실이나 시대에 비추어 유치한 사고방식이 아닐 수 없다. 신화 없는 민족은 없다. 그리고 신화는 아름답다.

8. 金貞培(高麗大 교수)

단군신화는 한국적인 특유한 신화와는 관계가 없는 것으로 〈곰〉 숭배사상은 〈시베리아〉에 폭넓게 퍼져서 내려오다 삼국유사와 제왕운기 등에 건국신화로 기록된 것이라고 주장했다.(한국일보 1973.4.24)

9. 李龍範(東國大 교수)

단군은 인도, 라오스에도 있으니… (경향신문 1978.10.18. 이것이 한국사(二)

10. 「定立 안 된 학설 채택할 수 없다」(崔永禧) (중략)

「몽니」하면 금방 떠오르는 동시대의 영원한 2인자가 있다.
「국가는 유한하나 민족은 영원하다」는 어록 등, 독특한 말투로서도 한 시대를 풍미하였다.
학자와 지도자의 몽니는 비도(飛刀, 匕首) 같아서 후학이나 솔도뿐아니라 불특

정다수에게도 치명상을 줄 수 있으니 다만 세상이 겉만 보는 선편자라는 위상 때문이다.

위의 제복 입은 선생, 목사, 신부의 논리(몽니)는 토왜학관에서의 학습과 객교의 정중(井中)시각일뿐 일담류(逸談類)나 시중잡배(市中雜輩)의 논리도 그 보다 정연(整然)할 것이다.

모르면 함구하면 될 것이고 시베리아…곰 토템 운운은 그들만 모르는 우리의 내력이라 당연한 것이고 서기(西紀)는 무슨 과학이며 육신은 육신이 있는 모든 것이 숙멸(宿滅)하는 것이고 머릿골 속이나 마음속에 있는 믿음(宗敎)은 각자의 것이니 각자의 자리에서 할 말이고, 선생님은 윤신부 같은 특정교파야 자신들의 신앙을 지키기 위해 순교하는 것을 가장 영광으로 알고 황사영의 청양백서와 같이 조국을 배신하는 일도 서슴지 않는 믿음에 매몰된 신자이고 그들과는 달리 조국의 독립을 위해 헌신한 많은 신도가 있었고 단군의 신격화는 윤신부와 뜻은 달라도 선생님도 질색하는 문제라 논외로 하고, 그러나 6,70년대의 학자들의 회보나 옐로페이퍼도 아닌 정통 신문(?)지상에 불쑥불쑥 대담인지 방담인지 칼럼인지가 실린 그런류의 글들에 대한 반박 글을 ≪커발한≫, ≪자유≫지에 실었다.

이 글들은 「국회 국사공청회에 보내는 의견서」를 쓸 때 모아지고 다듬어져 「한암당 사학론총 天권에 실렸다가 다시 대배달민족사 四권 110p~212p까지에 실린 장문에서 발췌한 것이다.

「脚注神話 달린 단군조선의 실재도 슬픈 일이지만 箕子朝鮮(安浩相. 재야사학)은 더욱 腹痛할 일이다」(寒闇堂)

(雖殄滅此邦亦無害於聖敎之表樣 - 비록 이 나라를 진멸해도(죽여 없애도) 또한 천주교의 표양하는데 해될 것 없다.) 황사영의 帛書淸洋

(若有來侵 吾國者 雖孔子爲將 顔淵爲先鋒 吾將絞以殺之 是儒敎也 - 만약 우리나라로 침략해 오는 자가 있어 비록 그 장수가 공자이고 선봉이 안연이라 하더라도 나는 그 장수의 목을 매달아 죽일 것이니 이가 유교라.) 일본국 유학자 山崎闇齋

이상 서론에서 특히 「국회의 국사공청회에 보내는 의견」을 중심으로 한 것은 여러분도 알고 있듯 당시 당신도 속한 청원인 측도 공격할 수밖에 없는 선생님의 학문적 환경과(국회의 국회 공청회의 질의와 진술의 兩失을 斷함-대배달민족사

권4 153P) 그리하여 어떤 자세로 어떻게 국사 찾기에 임했나를 잘 보여주고 있기도 하려니와 본론의 선생님의 역사관에 대한 이해를 돕기 위한 뜻으로 장황하였다. (중략)

(국사 찾기 협의회의 활동에 대한 선생님의 평이 있어서 같이 활동한 임승국 선생 편에 싣는다. 5901년 9월 필자의 모학회 (동아리)초청 강연 원고 「한암당 李裕岦 선생의 역사관 - 환단고기를 중심으로」의 「들어가는 말」 중 글에 필요한 부분을 발췌했는데 ※표 부분의 서기 2007년 언급은 이 글을 쓰면서 첨언한 것이다.)

※ 단군은 신화 아닌 우리국조 - 조선일보 1986년 10월 9일자 인용

『國史 編纂委員會에 보내는 公開狀』

民族의 異質化를 克復하자매, 同一性에의 回復을 强調하자매 正統史學의 光復이 언제나 要求되는 것이다.

序·國史의 定義와 正統史學의 光復運動

우리의 國史의 定義는 이렇다.

한 나라와 한 민족의 創生된 원인= 곧 동기(起原) 및 그 성격(理念), 체제(文章制度), 목적, 내지 문화사상의 활동을 그 나라 국민으로서 체득 비장하고 한걸음 나아가서는 나라가 세워지게 된 본래의 민족적 존엄성과 진면목을 보다 높은 차원의 지표와 희망으로써 충분히 인격화하기 위하여 自我人間 스스로의 인생관, 세계관(社會觀) 우주관위에서 시간적으로는 나라와 민족의 존재를 긍정하고 공간적으로는 세계인류애(愛) 보급 및 그 세계인류의 문화발전에 노력하는 가장 높은 목표를 달성하고 인간적으로는 三育全材, 返眞一神의 참다운 佺의 思想=곧 하늘 사상=大圓一의 최구경에 도달하는데 時·空을 통하여 人間=특히 민족으로서 끝까지 노력하는 문화 활동의 기록을 말하는 것이다.

丹齋 申采浩선생의 朝鮮上古史에서

「역사라 함은 무엇이뇨? 인류사회의 아(我)와 비아(非我)의 투쟁이 시간부터 발전하며 공간부터 확대하는 심적 활동의 기록이니 세계사라하면 세계 인류의 그리되어 온 상태의 기록이며 조선사라면 조선민족의 그리되어 온 상태의 기록이니라. 그밖에 무엇이던지 반드시 본위(本位)인 아(我)가 있으면 따라서 아(我·나)와 대치한 비아(非我)가 있고 我의 중에 我와 非我가 있으며 非我의 중에도 또 我와 非我가 있어 그리하며 我에 대한 非我의 접촉이 번극(煩劇)할수록 비아에 대한 我의 분투가 더욱 맹렬하여 인류사회의 활동이 휴식될 사이가 없으며 역사의 전도가 완결될 날이 없나니 그러므로 역사는 我와 非我의 투쟁의 기록이니라」하였다.

우리나라 역사가 新羅의 부조리한 半半島 통일에서 잘못 풀이되고 事大주의

사관을 그 근본내용으로 한 屬國史觀이 마침내 桓檀=朝鮮의 上古史는 어느 특정국의 外記로 다루워지고 金春秋 이후 우금 一千三百餘年에 이르는 사이에 事宋尊明·從淸附日의 그 참혹한 非我意識이 착잡한 가시덤불의 史觀속에서 그래도 한 줄기 의연불굴한 민족적 하늘 사상과 我의 非我와의 역사가 역사의식이 판가름되었던 것이다.

정통사학의 광복운동에서 말하는 正統은 桓雄天王·神市의 開天法統의 계승이다.

神市開天經=[三國遺事 所引 古記]에 의하면 옛적부터 桓國이 있었는데 「자식들의 마을」(庶子=地名)에서 桓雄님을 머리로 한 무리 三千명이 새로운 인간 세상 찾기에 났으니(數意天下 貧求人世) 그의 목적이 「널리 인간을 보람있게 한다」(下視三危太白 可以弘益人間)는데 있었고 여기에서 환국의 아바지(安巴堅=遼의 阿保機=世宗때 金浩然所稱天父)께서도 하늘의 符印을 신임장으로 대신주어서 天帝와 동등한 자격을 인정해서 가서 다스리게 한 것이다(遣往而理之).

桓雄님은 군대 三千을 이끌고 太白山 꼭대기 神檀樹 밑으로 내려오셔서 도읍을 정하니 이것이 神市요. 이로부터 倍達이라는 겨레의 이름을 갖게 되고 桓雄天王님과 함께 天降한 群靈諸哲 가운데 神誌赫德=곧 神誌仙人=이라는 史官(主命)이 있어 기록을 맡게 되었다. 그 저술을 神誌秘詞라 하는데 고려 肅宗때 金謂磾가 천도상소문에서도 이 「신지비사」를 인용한바 있다.

조선 선조 十六년(癸未)에 오늘의 평양 法首橋밑에서 발굴된 세 조각의 碑石속에서 글자가 나왔는데(平壤志) 이것이 神市 때의 神誌文字로, 또 그리고 지금 경상남도 남해군 이동면 양하리의 계곡 암석에 새긴 神市古刻이 전해오고 있다. 天符經, 三一神誥 또한 神誌의 저술이다. 抱朴子에 보면 軒轅氏가 동으로 靑邱에 이르러 風山(붉뫼)을 지나다가 紫府先生을 보고 三皇內文을 받아갔다 하고, 吳越春秋에는 蒼水使者=곧 太子扶婁께서 神市黃部의 中徑인 五行治水의 法文을 塗山=오늘의 會稽山에서 열리는 九黎會議에 전해준 사실이 보인다.

이것이 모두 桓雄의 神市開天, 檀君의 三韓管境 그리고 그 이후 高句麗의 따무르자주의 皀依仙人운동이 전개됨으로부터 國史의 기록은 더욱더 중요한 관심을 가져오기에 이르렀다.

※ 嬰陽烈帝 十一年 春正月에 詔大學博士 李文眞하야 約古史하야 爲新集五券하나 國初에 始用文字하니 時에 有人記事一百券하야 名曰留記러니 至是刪修하니

라.

고구려 국초부터 古史=留記(記事一百券)가 분명히 있었다는 것을 입증해주며 다시 李文眞博士의 高句麗留記를 어명으로 편찬한 것─ 또한 분명한 사실이다.

다시 말해서 神市開天 四千五百六十五年=곧 檀紀三千一年=高句麗의 皇城 大平壤이 新羅의 金春秋와 및 그 唐奴의 괴수 李治의 침략군에 의하여 함락되기 이전까지는 우리의 正統史學은 국가적 정책으로 다루어왔다는 확실한 사실이다. 신라의 文武王 八年 이후로는 事大主義 國史敎育이 도리어 국가의 정책으로 채택되고 正統史學의 보존은 민간인의 林下私藏으로 겨우 命脈을 유지하게 되어온 것이다.

다시 말하자면 국가적 공인된 소위 正史는 例컨대 李完用賣韓(例如張弘範滅宋)을 주장하는데 민간인 스스로의 自負해온 이른바 野史는 韓人 李完用賣韓(例如宋人張弘範滅宋)으로 光復해야겠다는 주장이 계속 전개되어 오고 있는 것이다.

金富軾의 三國史記가 있기 이전에 이미 三國古史가 있었고 三國史記 있은 이후에도 또한 李奎報님의 東明王篇이 있었다는 것─ 그것이 바로 事大主義史學과의 간접 투쟁이었다고 볼 수 있다. 그리고 경효왕(烈) 때 보각국사 釋一然이 三國遺事를 지어 桓雄天王의 太白山天降과 檀君王儉이 도읍을 阿斯達에 세우고 開國하여 朝鮮이라 이름했다고 古史의 원형대로 환원한 것은 또한 儒敎主義 春秋史觀에 정면대립한 것임을 알 수 있다. 다만 金富軾은 事大主義 유교인이라 支那爲主의 노예사관이요, 釋一然은 西方淨土의 신앙자라 佛敎國是의 제일주의에 편중되고 肅宗이래의 事宋外交 정책에 가담하여 아무런 出典의 근거가 없는 箕子朝鮮을 한갓 檀君朝鮮의 후계왕국으로 조작한 잘못은 면할 수 없다. 그리고 그의 후계자들은 天帝의 桓國을 어느 사이에 帝釋의 환국으로 새치기했는가 하면 이번에는 유교인들은 평양의 사당에 주벽으로 모신 檀君王儉의 위패를 서향지좌 箕子위패로 바꾸어 놓았던 것이다.

이것이 모두 우리의 正統史學의 광복운동에 대한 정면적인 反亂이 아닐 수가 없다.

※ 昔有桓國이라 註曰謂帝釋也라.(三國遺事)
※ 謹按本朝諸祀儀式컨대 享 檀君陳設圖云호대 神位는 堂中南向이여늘 臣이 曩曩時所見 西向之唑니 不合於此圖오 臣이 有聞箕子는 有祭田하고 而檀君은 無之故로 箕子는 每奠於朔望하고 而檀君은 祭於春秋하니 似亦未安이라.(國朝實銀

世宗 鄭陟上疏)

황해도 九月山(一名弓忽山)에 三聖祠가 있다. 桓因天帝(北) 桓雄天王(東) 檀君
王儉(西)의 위패(고려 때는 木像)를 奉安하였더니 光武 十一년 丙辰 八月七日 弘
岩 羅喆님이 위판을 고쳐 쓸 때 檀君王儉을 「桓儉人宗」으로 바꾸었다. 이것 또한
出典의 考證에 의거한 것이 아니요. 神檀民史(金敎獻 著)에는 昔有桓國과 桓雄의
太白山 天降한 역사를 착란해 놓았으며 檀君의 壽 一千九百八年을 전하기까지의
白岳山 阿斯達時代를 제거했고(檀君開天으로 조작) 그리고 또 朔州府使權倪의 著
「揆園史話」를 대종교인들이 尹德榮의 사랑방에 모여 歷代 檀君의 在位 數를 모조
리 줄이고, 또 역대의 檀君을 壬儉으로 바꾸어서 一人檀君의 주장을 하였던 것이
다.

삼국유사 王曆에도 高朱蒙聖帝가 檀君의 子로 되어 있다. 檀君은 곧 天王의 이
두식 표기임으로 一人視할 수 없다. 그리고 檀君王儉의 史名을 어느 敎派의 三神
신앙에 결부시키기 위한 「桓儉人宗」으로 바꾸겠다는 것도 또한 용인할 수 없다.

우리나라의 신성막중한 배달역사는 참된 本來의 面目을 잃어가고 사대주의 부
조리한 反對現象의 체제 속에서 이리저리 착란변질되고 있는 것이 사실이다.

이것이 도리혀 爾來 一千三百年이란 긴 세월을 두고 지내오면서 肥大할대로
肥大해진 崇唐事宋·尊明附日의 實證主義 史觀 및 그 道德主體의 儒敎大一統의
史觀 속에서 「참된 祖國의 像」을 拘置시켜 놓고 大聲一喝하여 曰「東洋文化圈에
서 「正統」이란 用語는 大一統을 강조하는 仲國春秋史觀의 산물이었다」는 것이니
참말 시대의 盲執·盲信이 이쯤 되면 너무나 어처구니없는 일이다.

그래도 고려의 末期까지만 해도 우리의 正統(我속의 我=體制), 우리 道統(我속
의 我=敎學), 우리의 傳統(非我속의 我)이 한줄기 올바른 역사의 전승으로서의
潛在勢力을 보존해 왔었다. 그런데 漢陽朝鮮의 현실은 東藩再造·恩大從屬의 왕
법이 엄했고 本源은 程朱의 性理學이니 이것이 또한 神市開天의 法統에서 크게
잘못되어 있는 奴隷의식과 노예사관이 아닐 수 없었다. 왜냐하면 따무르자 유신
통일운동이 원시고구려로부터 시작인데 원시고구려는 북부여가 되고 본고구려는
졸본부여의 후계인 고씨 고구려가 되고 중고구려는 대진국, 후고구려는 왕씨 고
려이기 때문에 아무리 金富軾의 大震國을 빼고 신라중심의 역사를 만들고 稱帝建
元의 자주세력을 탄압하고 鄭文같은 事大儒臣의 손에 箕子의 墓祠가 虛橫되고 鄭
夢周, 鄭道傳 등 九功臣의 주장이 능히 征明論者 崔瑩將軍을 제거하는데 성공하

였지만 우리의 배달민족의 정통적 잠재세력은 隻手撑天 一絲扶鼎의 정신적태세를 갖추고 있었다.

古朝鮮秘詞(神誌秘詞)·檀君世紀·大辯說·朝代記·誌公記·震域留記·表訓天詞·三聖密記·安含老 元董仲 三聖記·北夫餘記·道證記·太白眞訓·動天錄·地華錄같은 많은 문서가 군데군데 남아있었다는 확증이 있고, 이것이 世祖, 睿宗, 成宗의 유교전성기를 당하여 위로부터 私藏處斬의 령을 내렸으니 이것이 또한 그네들의 주장하는 道德의 主體性 실천에서 빚어진 일종의 문화비극이 아닐 수 없었다.

그러니 이런 따위 實證主義史學을 오늘의 일반사회화 하는데 무조건 묵묵할 수 있겠는가 그 말이다.

我 속(復讐)의 非我(崇明)-서로의 對決

○宋時烈=先生曰 朱子는 後聖也라 堯舜以下·群聖之道가 至朱子而大明이어늘 鑴也一敢肆 其訾하야 以立其說하니 則此乃詖滛邪遁之甚이니 斯文世道之亂賊也라하야 嚴辭以斥之하다. (尤庵先生事實記)

○尹鑴=公이 幼少時에 長於三山外宅이러니 宋時烈이 聞公聲譽하고 躬造請交하야 歸語其徒曰 吾見尹某하니 其英睿之資와 特達之才와 卓越之識과 宏傳之文이 古今儒家에 罕有其比하야 吾輩 三十年 讀書가 盡歸於虛地云이라하니 蓋其猜忮之心이 己萠於定交之日矣라」己巳에 伸雪公寃하야 放還諸子하고 誅時烈·熹恒·師命·及誣告諸賊하고 籍沒錫冑家産이나 獨鼎重이 以椒房之戚으로 竟不誅하고 贈公領議政하야 遺承致祭하고 錄用子枝라.

大槩矣父死禍 由於時烈畜憾 而承時烈之旨 橫成罪案者 鼎重敏叙也 再由於壽恒之羅織 而助壽恒之志 攘臂擔當者 錫冑及坮也 至於尙眞 怵於恐喝之言 反生立功之計 潛受鼎重之指揮 竟售時烈之陰計 架虛鑿空 都是白地之語 文致橫捏 無非孟浪之言 佗人無辜 尙不可枉殺 況聖上禮遇之臣 竟死於非辜貽累聖明 鬼域之輩 終不能逃其情狀於聖鑑之下矣. (上同書)

이것은 右朱北伐論者 宋時烈과 反朱北伐論者 尹鑴와의 對決이다.

丹齊先生은 「古人의 成規를 지키지 않고 門路를 따라 세우려 하던 尹白湖는 斯文亂賊으로 몰며」 운운하기까지 했다. 이것은 非我 속의 我를 찾아 한 것이기 때문인지도 모르겠다.

〈我속의 非我〉

○宋時烈=盖先生이 以許衡이 以儒名世而失身하니 胡元이 乃以帝堯大統으로 接之女眞하고 且於遼金이 稱大而以列國待宋하니 正猶入絢하야 肆而不聞其臭하니 旣得罪於春秋之義오 而當此天壞易位하고 義理晦塞之日하야 又爲頑頓無恥者之口實故로 必欲黜聖廟之祀라. (尤庵先生事實記)

〈我속의 我〉

○海鶴李沂先生曰若事明爲可오 而事淸爲不可하면 則亦近於俗所云호대 與其被打頰으론 寧遭於銀指環手者矣이니 人이 當求不被打頰이오 不當求銀指環手也니라. (一斧劈破論)

이것은 亡明復璧論者 宋時烈과 自主獨立論者 李沂의 爭點이다. 우리들은 어디까지나 배달민족이며 배달민족이기에 배달역사의 속에서 우리의 正統·우리의 道通·우리의 傳統을 찾아 역사적으로 민족의 이념체계를 세우고 사회적으로 도의체계를 세우려는 것이다. 孔丘氏의 春秋大義가 우리의 正統이 될 수 없으며 任卓宣氏의 「孔孟說底眞相和辨正」에서 말하는 개념이 우리의 道統이 될 수 없으며 蔡茂松氏의 「尤庵이 倡尊明反淸하고 主張修政事·以壤夷狄하야 提倡春秋義理하니 其精神이 則又高出我炎黃子孫之不能禦寇而國亡者一千百倍矣」라한 주장이 우리의 傳統이 될 수 없다.

○己丑封事中之 「修政事而壞夷狄」이 卽是融和個體性―與普遍性하야 而盡其民族自己之性하고 爲神州復明하니 實是 「與滅國·繼絶世」之大仁大勇之擧이오 此應是爲盡天地之性이라 如果以此而說尤庵이면 是事大主義者나 事大主義之定義應有定義오 而自古東韓이 禮事中國이여늘 何尤庵獨然이리오 如果說政權無主體則可하니 此在中國에 亦然이라 但治權有主體오 更有道德之主體하니 尤庵之主修政事壞夷狄은 是道德主體가 使之然하니 尤庵此擧가 則創造了當時李朝歷史·與國家哲學이라. (蔡茂松 尤庵哲學思想研究)

支那의 古今 역사는 文學만 있고 政治의 주권이 없는 민족이기에 傳統만 있고

道統은 없지만 진정한 의미에서 正統을 말할 자격이 없으며, 遼·金·滿·淸이 모두 정치적으로 승리하였지만 민족 사학의 正統을 등한히 하고 異質的인「道德의 主體性」=곧 東洋文化의 道統=계승을 自任하려다가 마침내 말을 잃고 민족까지 잃어버린채 지금 第二의 인디언 신세가 되고 말았다. 그래도 인디언은 지금 國際會議의 모임이라도 있지만 遼·金·滿·淸은 五族共和의 支那역사 속에 동화되고 만 것이 아닌가.

비록 뜻깊은「滿洲源流考」가 남아있기에 우리들과의 同祖一源임을 알게끔 한 것까지는 위대하지 않을 수 없지만 康熙字典과 四庫全書라는 四夷五胡合衆의 나라 中國文化의 大系를 완성한 그날이 바로 滿淸民族의 정통이 지구위에서 사라지게 될 싹이 트인 것임을 깊이 우리는 인식해야 한다.

本論의 緖說

이제 본론으로 들어가 말하기로 하자.

丹齋申采浩선생의 朝鮮上古史는 新羅의 半半島 통일이래 一千三百年 동안 누적해온 事大主義사관 일체에 대한 挑戰이었으며 爲堂鄭寅普선생의 漢四郡「正誣論」은 僞朝鮮總督府朝鮮史編修會에 대한 정면 저항이었다. 그리고 檀檀學會의「李丙燾史觀을 총비판한다」(月刊「自由」揭載)는 분명 震檀學會의 附日사관을 분석비판한 것이었다.

그런데 지금「주간한국」(西曆 一九七七年十月二日刊)을 통하여 國史編纂委員會의 반격화살이 우리「國史찾기 協議會」를 겨냥하여 날아들었다.(本誌十一月號 參照)

반격의 화살이니 그대로 내버려두면 國史찾기의 大動脈인「국민정신혁명의 기본인 민족사관확립의 지침」이 무너질 것이고, 또 배달민족과 배달역사의 존엄성과 진면목의 亡失直前에 놓일 절박한 사정이니 할 수 없이「국사편찬위원회」에 대하여 공개장을 기초하는 바이다.

주간한국의 보도에 의하면「국사편찬위원회」측은「국사찾기 협의회」의 주장 (①百濟가 仲國中南部와 日本을 통치했다. ②欽定滿洲源流考에서 새 사실이 밝혀졌다.)을 시대착오적인 처사라고 일축하면서 역사는 감정적으로 기록되는 것이 아니라 과학적이고 합리적인 근거에 따라 기록되는 것이라고 주장했다.

大同江 유역을 樂浪群으로 국사책에서 가르치고 있는 것도 大同江 유역에서만

樂浪의 유물이 발견되었기 때문이라고 했다.

역사편찬위원회의 한 연구관은 역사는 근세사를 중심으로 해서 미래 지향적으로 쓰여야 한다고 주장하고 우리의 역사를 씀에 있어 우리의 역사서를 근거로 하지 않고 어디에 근거를 두어야 하느냐고 반문했다.

중국역사서가 기록하고 있는 朝鮮이 古朝鮮인지 近世朝鮮인지도 분명치 않은 상황에서 더욱이 영토개념이 뚜렷하지 못한 上古史的 영토를 다시 살핀다해서 별다른 의의가 있을 수 없고 그것이 결코 민족의 자부심을 북돋는다고 만은 볼 수 없다는 주장이다.

우리들의 알기로는「국사편찬위원회」는 독립된 당당한 민주공화국으로서의 이 나라 헌법에 의한 文敎部 직속 밑에 있는 것이라고 믿었는데 이제 그네의 내세우는 주장은 어느 모로 보든지 꼭 僞朝鮮總督府朝鮮史編修會의 취지와 주장을 방불케 하고 있으니 도대체 그 까닭은 무엇인가.

강도일본 제국주의의 침략정책의 일환으로 먼저 廣開土聖陵碑文을 마멸하고 그 다음 樂浪群 출토유물을 거짓조작하기에 여념이 없었을 때 우리의 爲堂鄭寅普 선생은 正誣論을 발표, 정면으로 일본의 침략정책으로 이루어진 朝鮮古蹟圓譜=곧 기타 소위 樂浪의 出土遺物에 대한 보고서가 모두 조작된 것임을 이미 滿天下에 공개한 것이어늘 이제「국사편찬위원회」에서는 漢四郡正誣論의 주장을 배척하고 도리어 위조선통독부 取調局의 정책적 조작의 文書를 實證하고자 이론적으로 合理化시키겠다는 이유는 무엇인가.

우리의 역사를 씀에 있어 우리의 역사서를 근거로 해야 한다면서 이것 또 무슨 妄發인가. 正誣論이 우리의 역사서가 아니라는 말인가.

丹齋先生의 朝鮮史硏究草를 보지 않았는가. 보았으면 어느 문제가 비과학적이며 어느 문제가 불합리한 것인가. 爲堂선생의 正誣論은 보지 않았는가. 보았으면 어느 조항이 비과학적이며 어느 조항이 불합리한 것인가.

또 그리고 檀檀學會측의「李丙燾史觀을 총비판한다」「국사교과서는 통곡한다」의 내용은 검토해본 적이 있는가. 있다면 어느 이론이 비과학적이며 어느 이론이 불합리한 것인가를 하나하나 出典의 고증을 가장 과학적이고 합리적인 근거에 따라 분석 해명할 의무가 다른 사람보다 가중되고 있는 위치에 앉아있는 줄 알고 있다. 그런데 덮어놓고「역사는 감정적으로 기록되는 것이 아니라」고 방약무인의 언사로 대하는 태도가 과연 과학적이고 합리적인 근거에서 인가. 내 일찍 들으니 崔永禧국사편찬위원장이 국사찾기협의회에서 보내는 月刊「自由」를 쓰레기통에 넣으라고 부하직원에게 명령했다는 말을 들었는데 이것이 사실이라면 이것이 感情이오 이러한 感情은 다른 사람이 아닌 소위 이 나라의 「국사편찬위원장」의 자격으로 할 수 있는 감정은 못된다. 한때 俛宇先生文集이 발표되었는데 某先生후손들이 이 文集은 果園에나 가져다가 封紙로밖에 쓸데가 없다한 故事가 전하더니 이제 月刊 「自由」를 쓰레기통에 넣으라고, 참! 괴상한 세태이지만 내 나라의 역사를 올바로 찾자는 협의있는 對話에서 「역사는 감정적으로 기록되는 것이 아니라」니 도대체 어느 문제가 감정으로 기록된 것인가 밝혀야 할 의무가 있다. 왜냐하면 국사편찬위원회는 우리나라 문교부에 소속된 국사를 펴내는 기관이요, 僞朝鮮總督府 조선사편수회의 연장이 아니기 때문에 우리는 말을 참을 수가 없다. 이제 「感情」이라 했으니 三一神誥에는 感은 곧 喜 怒 哀懼 貪 厭이라 했다. 그렇다면 感於物而動於情=사물에 느끼어 정이 움직인다. 物之最却有所感=물의 가장(最=第一)함에는 문득 느끼는 바가 있다. 離情即是離心也=정을 떠나면 곧 이것에 마음을 떠나는 것이다. 이렇게 생각할 때 感情(德育)은 理知(知育) 意志(體育)와 함께 三育全材의 人格을 구현하는데 절대 필요·불가결의 교육강령이었다.

그래서 海鶴李沂선생은 특히 新教育 宗旨를 제창하게 되었는데 그의 주장은 이러하다.

대개 사람이 영위(營爲)함이 있으면 반듯이 기망(期望)이 있는 것인데 오히려 이르되 「내가 장래에 이러이러하고 싶다하는 것이니 이것이 마루뜻(宗旨)의 말미암아 일어나게 되는 것」이며 이르되 「내가 오늘날 반드시 어떻게 할 것인가 그리한 후에 이러이러하게 이루는 것이니 이것이 마루뜻이 서게 되는 것」이다. 무릇 일이 모두 그렇지만 하물며 교육일까 보냐. 그 마루뜻(宗旨=이념)이 정부의 시책(施爲)에 나오는 것이 있고 또한 인민의 사상에서 나오는 것이 있나니 만약에 정부에서 나오는 것이 혹 용렬한 임금과 용렬한 재상을 만나게 되면 지취(趣=旨趣)를 발현(發)시킬 수가 없지만 그 인민들에게서 나오게 됨에 이르러는 비록 필부에 있을지라도 뜻을 빼앗을 수 없는 것이다. 그러니 우리들이 오늘날에 정부의 시책(施爲)없음을 근심할 것 없고 인민의 사상없음을 근심할 것이다. 내 일찍 들건대 영(英)인 교육은 자치독립으로 그 교육의 마루뜻을 삼고 덕(德·獨)인 교육은 조국발휘(發揮祖國)함으로써 그 교육의 마루뜻을 삼고 일(日)인 교육은 존왕상무(尊王尙武)로 그 교육의 마루뜻을 삼는다 하니 지금에 이 세 나라의 성취하는 바를 보건대 가히 기망(期望)하는 (목적)지에 이르렀다 할 것이다.

그러면 우리나라 五백년 교육의 마루뜻(宗旨)을 또한 가히 들어보겠는가. 이르되 팥(豆)을 심으면 팥나고 외(瓜)를 심으면 외가 나나니 이것은 사리의 반듯이 그렇게 되는(必然) 것이다. 이로써 이루어보면 우리나라의 교육은 부득불 과명환록(科名宦祿)으로써 그 마루뜻을 삼아왔다고 하지 않을 수 없다. 부모의 자녀교육이나 정부(朝廷)의 사람 취하는 것이 모두 이에서 나왔기 때문에 이욕의 마음이 존재한 바에 간하고 거짓된 것이 점차 불어나고 그 말류의 폐단에 이르러서는 비록 임금을 속이고 위를 기망해서라도 진실로 가히 과환(과거·벼슬)을 얻을 수만 있으면 하게 되고 비록 아버지를 바꾸고 할배를 바꾸어서라도 진실로 과한을 얻을 수만 있으면 하게 되나니 염치는 날로 상해가고 풍속은 날로 무너지게 되어 국가의 오늘날 비극(悲境)을 갖어온 것인즉 교육의 잘못된 결과(果報)가 아닐 수 없다. 다시 누구를 원망할 것인가. 만일 이제부터 고쳐 그 마루뜻을 정하자면 마땅히 무엇으로 취택할 것인가. 이르되 정부의 시책(施爲)은 아직 또한 논할 것 없고 인민의 사상이 또한 응당 스스로 있을 것이니 제공들은 시험하여, 스스로 그 가슴속을 살펴어 가장 원고(寃苦)스럽고 가장 분개한 이것이 과연 무슨 일이겠는가.

의식이 불비하면 곧 마땅히 경상(耕桑)을 힘쓸 것이며 기용이 불부(器用不敷)하면 곧 마땅히 제조를 급히 해야 할 것이며 여행(行走)에 불편하면 곧 마땅히 주거(舟車)를 구해야 할 것이다. 만약에 경상(耕桑)하는 것이 나의 소유가 아니며 제조하는 것이 나의 소유가 아니며 주거(舟車)가 나의 소유가 아니면 곧 이것이 이미 조국을 잃어버린 것이다. 이제 비록 고쳐 마루뜻을 정한다 해도 영인(英人)의 자치독립에는 때가 아직 이르지 못했고 일인(日人)의 존왕상무에는 힘이 또한 미치지 못하나니 곧 할 수 없이 덕인(德人)의 발휘조국(發揮朝國)으로써 할 밖에 없으니 그 명목을 모방하여 이르되 회복국권(恢復國權)이라 하노니 이「네 글자」로써 그 표식(標識)을 세운 연후에 이에 가히 교육을 말할 것이다. 그렇지 않으면 곧 비록 집마다 모두 대학교요 사람마다 모두 대학생이라 해도 허명(虛名)에 불과할 것이니 무엇이 유익할 것인가. 지금에 부형들이 자제를 가르침에 장래를(위하여) 학자가 되게 하고 농(農)이 되고 상(商)이 되고 공(工)이 되게 하자면 반듯이 그 지향하는 바를 정한 연후에 과서(과목=계통)로써 줄 것(授=선택지정)이니 이것은 개인교육의 마루뜻이다. 개인교육도 오히려 마루뜻이 있거늘 하물며 한나라의 교육의 마루뜻임에서랴. 그러나 한나라 교육의 마루뜻이 이미 과서(科書)의 가수할 바-없으면(旣無科書可授)곧 인민사상으로 스스로 깨달아서 스스로 해야 할 것이다. 이것이 내가 제공에게 바라는 것이다.(海鶴遺書-頒布處國史編纂委員會內韓國史學會·檀紀四二八八年十一月一日 發行)

東洋의 性理學에 있어 소위 理發이라는 것은 오늘의 중학생도 다 아는 「知覺」을 말한 것. 氣發이라 하는 것은 오늘의 중학생들도 다 아는 「感覺」을 말한 것인데 안(內心)으로 발하거나 밖(外氣)으로 발하거나 發하는 것은 感於物而動於情＝곧 感情이니 感이 없으면 이것이 本偶요 感이 없으면 이것이 糞土인 것이다. 또 그리고 情이 없으면 이것이 꺼풀사람이며 情이 없으면 이것이 豺狼과 같은 惡人이다.

「國史교과서는 통곡한다」「李丙燾사관을 總批判한다」 이러한 國史찾기 論文이 月刊 「自由」를 통하여 만천하 有憂의 士에게 알려지자 비로소 國會에까지 國史찾기 문제가 등장된 것인데 이것이 또한 오늘의 「국사편찬위원회」의 기능이 올바로 발휘하지 못한 까닭이라고 생각해본 적은 없는가?

「현행 국사교과서는 개편되어야 한다」(朴議員)「檀紀使用 안 된다는 규제없다」(崔國務總理)「國史교과서 개편은 전적으로 동감이다」(上同人)한 신문보도는 본 일이 있는가.

崔永禧 국사편찬위원장에게 묻노니 저번 國史교과서 개편 논란의 國會! 또한 감정으로 된 기록을 문제 삼은 것으로 밖에 안 보는가. 그렇지 않으면 보는 것인가.

물론— 一國敎育之宗旨가 旣無科書可授면 則只可以人民思想으로 自覺而自爲之也라— 곧 국사편찬위원회측이 이른바 旣無科書可授인 경우를 대비해서 우리 國史찾기協議會 스스로의 자발적인 굳은 각오와 決意로써 단행할 것이다. 斷而行之면 鬼神도 避之라는 말이 있듯이 내 國土·내 歷史를 찾자는데 어느 누가 감히 입을 열어 「시대착오」적이니 「감정적 기록」이니 할 反論이 있을 것인가. 오늘의 이 땅은 僞朝鮮總督府 取調局의 주관하는 僞朝鮮史第一編部修史官補의 자리는 아니다.

日人對吾族之文明擧動하야 加以極野蠻하며 極殘虐之殺戮하니 此世界各人이 目擊眞相하고 激發公憤하야 爲我·灑同情之淚者하니 彼雖多方巧諱나 而庸得揜乎아 吾輩之爲其親屬者―若不能繼續其血하고 而貫徹我我獨立目的者는 將何以謝我兄弟姉妹之忠魂耶아 餘每念及此에 五內如割하고 欲語而淚先零하고 欲書而手已

顯者—屢矣라 然而我二千萬之心血이 爲莫强之武力하고 世界之新文化가 爲莫大之 應援하니 而彼之軍國主義는 已追崦嵫矣로다.(韓國獨立運動之血史)

이렇게 읽어볼 때 스스로도 모르게 치솟는 民族의 분노·민족의 감정·민족의 자각이 있게 되는 것인데 「중국역사서가 기록하고 있는 朝鮮이 古朝鮮인지 近世 朝鮮인지도 분명찮은 상황에서……」 운운하는 연구관—아니 당당한 우리나라 문교부직속인 소위 국사편찬위원회의 한사람이라면서 이 무슨 잠꼬대 같은 소리를 하고 있는 것인가. 그래 檀君王儉의 朝鮮建國을 기념하는 날이 開天節이며 桓雄天王의 神市開天 사상에서 시작되는 弘益人間이 이 나라 敎育의 理念이 되어있다는 것까지 까마득하게 잊었다는 말이 너무나 무책임한 것 아닌가.

아무리 「학문의 세계는 국경이 없다」지만 그래 학자와 학생들에게는 나라도 없어야 한다는 말인가. 大學은 개인 자유만 있고 국가와 민족문화의 활동에는 공헌(貢獻)해서 안 된다는 주장인가. 공자의 春秋史觀이 우리의 正統이 아니며 程朱의 性理學이 우리의 道統이 아니며 海外의 人權이 우리의 傳統이 아니다. 다만
—五千萬의 心血이 莫强한 武力이 되고 世界의 新文化가 莫大한 應援이 되는 것뿐이다—

[檀君世紀序]= 爲國之道가 幕先於士氣하고 莫急於史學은 何也오 史學不明則士氣不振하고 士氣不振則國本이 搖矣오 政法이 岐矣니라. 盖史學之法 이 可貶者貶하고 可褒者褒하야 衡量人物하고 論診時像하니 莫非標準百世者也라 斯民之生이 厥惟久矣오 創世條序가 亦加訂證하야 國與史가 並存하고 人與政이 俱擧하니 皆自我所先所重者也라. 嗚呼라 政猶器하고 人猶道하니 器可離道而存乎며 國猶形하고 史猶魂하니 形可失魂而保乎아. 并修道器者—我也며 俱衍形魂者—亦我也니 故로 天下萬事가 先在知我也니라. 然則其欲知我면 自何而始乎아. 夫三神一體之道는 在大圓一之義하니 造化之神은 降爲我性하고 敎化之神은 降爲我命하고 治化之神은 降爲我精하니 故로 惟人이 爲最貴最尊於萬物者也니라. 夫性者는 神之根也니 神本於而性始神也오 氣之炯炯不昧者—乃眞性也라 是以로 神不離氣하고 氣不離神하나니 吾身之神이 與氣合而後에 吾身之性與命을 可見矣오. 性不離命하고 命不離性하나니 吾身之性이 與命合而後에 吾身—未始神之性과 未始氣之命을 可見矣니라. 故로 其性之靈覺也—與天神·同其源하고 其命之現生也—與山川·同其氣하고 其精之永續也—與蒼生·同其業이라. 乃執一而舍三하고 會三而歸一者—是也니라.

故로 定心不變을 謂之眞我오 神通萬變을 謂之一神이니 眞我는 一神攸居之宮也라 知此眞源하고 依法修行하면 吉祥自臻하고 光明恒照하나니 此乃天人相與之際에 緣執三神形盟而始能歸于一者也니라. 故로 性命精之無機는 三神一體之上帝也시니 與宇宙萬物로 混然同體하시며 與心氣身으로 無跡而長存하시고 感息觸之無機는 桓因主祖也시니 與世界萬邦으로 一施而同樂하야 與天地人으로 無爲而自化也시니라. 是故로 其欲立教者ー須先立自我하고 革刑者ー須先革無形하나니 此乃知求我求獨之一道也니라 嗚呼痛矣라 夫餘에 無夫餘之道然後에 漢人이 入夫餘也며 高麗에 無高麗之道然後에 蒙古ー入高麗也어니와 若其時之制先하야 而夫餘에 有夫餘之道則漢人이 歸其漢也며 高麗에 有高麗之道則蒙古는 歸其蒙古也니라 嗚呼痛矣라 向年潛・淸輩之邪論이 陰與百鬼夜行하야 以男生・發岐之逆心으로 相應而合勢하니 爲國者ー抑何自安於道器兩喪・形魂全滅之時乎아 今外人干涉之政이 去益滋甚하야 讓位重祚를 任渠弄擅하니 如我大臣者ー徒束手而無策은 何也오 國無史而形失魂之故也니라 一大臣之能이 姑無可救之爲言이나 而乃擧國之人이 皆救國自期오 而求其所以爲有益於救國然後에 方可得以言救國也니라 然則救國이 何在哉아 向所謂國有史而形有魂也니라 神市開天이 自有有其統하야 國因統而立하고 民因統而興하나니 史學이 豈不重歟아 書此樂爲檀君世紀序하노라(上之十二年癸卯十月三日에 紅杏村叟는 書于江都之海雲堂하노라)

　우리는 檀君世紀의 서문에서 얼마나 國史교육의 실로 국가와 민족에게 미치는 영향력이 큰 것인가를 짐작할 수 있지만 나라에 국사가 없는 것은 마치 내 몸에 혼이 없는 것과 한가지이니 국사가 없는 나라가 능히 독립할 힘이 날 수 없으며 魂이 없는 내 몸이 능히 知感이 생길 수 있는 것인가.

　海鶴大宗師의 말씀에 「뜻 없는 것을 患하고 才力 없는 것을 患할 것 없다. 뜻만 한글 같으면 힘이 생기고 힘만 오로지(專)하면 才가 생기나니 이것이 하느님의 그렇게 하는 원리이다」 하였다.

　그러면 뜻은 무엇인가. 太白眞訓의 「사람이 비록 끼니가 없다 해도 개・돼지의 밥을 먹게 하면 곧 반듯이 발끈 성내나니 이것을 일러 「뜻(志)이라 한다」면 「뜻」 (志)은 감정에서 오는 것이다. 감정이 없으면 뜻이 셀 수 없나니 義理ー또한 감정의 정당한 것이다」.

　陳恒이 그 임금을 弑하였으니 청컨대 討하소서ー하는 말은 孔子의 감정이며, 독사 같은 바리새교인들아ー목청 높여 외친 것은 예수의 감정이며, 내가 고려 사람인데 어째서 너의 신하가 되겠느냐 하는 말은 康兆의 감정이다. 올바른 감정은 능히 조국과 민족을 수호하는 원동력이다. 割地與敵은 萬世之恥也라 하여 끝까지 割地朝貢을 반대한 것은 이것이 徐熙장군의 감정(恥)이며 「是日也放聲大哭」이란 社說을 쓴 것은 이것이 張志淵선생의 감정이며 「韓國痛史」를 펴낸 것은 이것이 朴殷植대통령의 감정(痛)이며 속담에 초가三間이 불타서도 빈대가 없어졌으니 시원하다듯이 대동아 평화야 있건 말건 日本이 망하기만 하면 우리 朝鮮民族이 속이 시원할 뿐이라고 일본정부에 호통을 친 것은 夢陽呂運亨의 감정(快)이다. 감정이란 크면 클수록 위대한 역사를 창조하는 것이다.

아! 사랑할지어다 한국을. 슬퍼할지어다 한민(韓民)들아!

피로 맺힌 역사 5천년에 예의제도가 전비(全備)하고 기름지고 여민 땅 三千里는 식물·동물·광물의 출산이 넉넉하며 우리 조상들의 뇌혈(腦血)이 흐르고 있고 우리 자손들의 명맥이 걸려있는 바이니 이러한 밀접한 관계를 생각할 때 방어(防禦)를 소홀히 생각할 것인가? 뼈와 몸을 갈아도 우리는 양보할 수 없는 것이니 이마를 만지며 발꿈치를 놓아 그대로 여러분은 가만히 있을 것인가. 그 몇 백 년의 취면(醉眠)의 농(濃)이 때마침 오양풍조(五洋風潮)가 팽창할 때를 당하여 포뢰(砲雷) 환우(丸雨)가 날로 집모퉁이를 씻고 있으나 우리는 듣지 않았고 철함(鐵艦) 전차(電車)가 문밖을 교치(交馳)하고 있으나 우리는 보지 않아 필경은 창졸간에 맹호의 이빨에 물린 후가 되고 굶주린 매(鷹)의 춤추는 앞에 서 있나니라. 문명을 따른다고 하여 바꾸어 허명정부(虛名政府)를 변치(變置)하고 시세를 거슬리기 어려운 자가 혼 없는 학당(無魂學堂)을 창설하고 가사 일종의 간류(奸類)가 불작(不作) 창귀(倀鬼)하나 그 많은 완당(頑黨)을 움직여 마(魔)로 놀고 야부(野婦)가 비단옷을 입고 부질없이 그 추태를 더하여 난을 일으켜 궁궐을 기울어지게 하는 것을 재촉하는 도다.

평등·자유가 도리어 잔인(殘忍)의 독약을 만들고 상무(商務) 공예(工藝)가 도리어 집을 파괴하는 선봉(先鋒)이 되었도다. 이에 이르러 내혈(內血)이 잠소(潛消)하고 객화(客火)가 미성(彌盛)하며 자주(自主)의 이름은 꿈과 같이 잠시 왔도다. 외교권을 빼앗고 위협으로 정약(定約)하고 주권(主權)을 늑탈하는 것이 어린 아이를 농(弄)하는 것과 같도다. 군부(軍部)가 무너지니 남은 것은 빈 껍질이라. 마지막에는 앉아서 두 손을 내어 맡길 것이니 금구(金甌)를 단송(斷送)하도다.

아―슬프다. 한민(韓民)이어! 한국을 사랑할지어다. 땅이 없으면 어떻게 먹을 것이며 나라가 없으면 어떻게 살 것인가. 나의 몸이 죽으면 어느 산에 묻힐 것인가.

애급(埃及) 백성을 보지 않았는가. 입 가운데 넣을 밥을 억제할지라도 빚을 갚기 어려우리라. 월남사(越南史)를 읽지 않았는가. 머리위의 하늘을 팔고도 살지 못하리라. 나는 모른다. 나의 公産을 잊었다고, 말하지 말라. 그들이 어찌 빼앗지 않겠는가. 나는 죄가 없다. 나는 나의 天職을 버렸다 하지 말라. 그들이 어찌 엿보지 않겠는가.

모름지기 칼을 끌어 자재(自裁)하라. 도리어 몸을 죽이는 것을 싫어하면 적(敵)을 기쁘게 하는도다. 끼니를 끊고 굶어죽을지언정 나라를 팔고 이름을 파는 것은 참지 못할 일이도다. 그것은 장차 눈물을 흘리고 궁천(窮天)의 치욕을 받지 않겠는가? 대체로 다시 힘을 축적하고 종국(終局)의 결과를 보아야 한다. 마지막에 만사가 어떻게 할 수 없을 지경에서도 백절불회(百折不回)의 뜻으로 가다듬어라. 밤중의 종소리가 홀연히 베개 위에 들리고 한줄기의 핏줄은 면전(面前)을 돌고 있다. 부여(夫餘) 옛땅은 눈강(嫩江)에 달하였으니 이 땅은 남의 땅이 아니니라. 고구려 유족은 발해땅에 모였던 것이니 모든 사람은 동포이다. 서기 十六세기의 화란(和蘭)은 스파나에 종속되었으나 복흥한 옛 사례가 있다. 十九세기의 희랍은 토이기의 지배를 받았으나 자립하였도다. 그들의 역량(力量)이 무엇인가. 뜻있는 곳에 마음도 있으니 귀신도 따를 것이다. 영웅의 소매자락은 상제님도 채워주나니 산하(山河)를 향하면 슬픈 노래요, 또 탄식이요, 울음이라. 장강(長江)에 임하여는 맹서를 하여 깨끗하지 않으면 돌아오지 않으리라. 언어가 다르고 동족이 역시 나를 환영하지 아니하니 사정을 이루 다 말할 수 없도다. 동병(同病)은 흔히 서로 민망히 여기지 않나니 희망을 양식으로 삼아라. 스스로 배불러 먹지 않는 음식은 곤란의 초석이 된다(同病或不相憐 希望爲糧 自飽不食之食 困難爲礎). 이에 집이 없는 곳에 집을 짓고 여기 남만주에서 보(堡)를 생각하고 길러 중인(衆人)이 열심으로 응향하여 일부단체를 조직하고 이름을 경학사(耕學社)라 하노라. 경(耕)은 인명을 보활(保活)할 뿐 아니라 민지(民智)를 개발함으로써 공상(工商)이 비록 다르나 모두 실업계에 속한다. 체덕(體德)이 겸비하고 스스로 교부(教部)의 과조가 있으니 정도(程途)의 아득하고 더딘 것은 원래 일보(一步)가 만리에 달하는 것이니 규묘의 초창(草創)에 슬퍼하지 말지어다. 하나를 쌓아 모아야 태산이 되느니라.―고 한 耕學社 창시자 石州李相龍先生! 또한 渡江하는 날부터 血誓가 있으니「周公孔子는 權置架上하고 只以復讐二字로 爲主義하였다」한 그 復讐主義가 바로 感情인데 이 한줄기의 感情이 능히 隻手孤軍으로 三千里강토를 담당하여 三千만 민족을 깨우친 것이다. 감정이란 크면 클수록 經天緯地의 才力을 발휘하여 救國扶民의 大業을 성취할 수 있나니 이것이 孟子에서 말하는 소위 一怒而安天下之民이라 한 것이다. 감(感)이 없으면 이것이 木偶요, 感이 없으면 이것이 糞土인 것이다. 또 그리고 情이 없으면 이것이 꺼풀사람이며 情이 없으면 이것이 豺狼과 같은 惡人인 것이다.

그러므로

①민족감정이 있으니

如是而猶不足信乎아 血瀝飛墜而身己倒矣라 衆이 大驚하야 目相顧嘖嘖하야 稱曰天下烈士矣로다 日本은 盡無狀哉인저 (梅泉野錄李儁烈士傳)

이래도 오히려 족히 믿을 수 없겠는가.

피가 줄줄 흘러 말라 떨어지자 몸은 이미 쓰러져있었다. 여럿이 크게 놀래여 눈짓하며 서로 돌아보고 꾹꾹꾸르륵 하면서 이르되 천하 열사로다. 일본은 그대로 형상 없었다.

②민족의 감정이 있으니

外托維持之名하고 內懷吸收之計하야 使其自滅하고 徐起而收之는 固其平生長策이오 而今日之出이 亦不過是好其言辭하야 行其陰謀而已耳라 我韓奸細輩가 出入宮禁하야 擁蔽宸聽者一亦自不少오 又以閣下 操縱於兩間하니 其位則友邦之侯爵也오 其名則近世之政家也라 而其聲音笑貌一有足以傾人也니 則吾知閣下之計一必獲施矣리라 然이나 孟子曰作俑者一其無後라하니 蓋惡其象人而從於死耳라 今我韓雖小나 顧其人口一亦不下二千萬이오 而皆肉血肉性命하니 決非芻偶之比也나 而擧不免於閣下之手니 則其流離凍餒하야 呼號疾痛之狀이 果何如哉아 吾恐閣下一不有人禍면 其必有天殃也니라 殺一不辜而得天下라도 古人이 猶有不爲者여늘 閣下一未知此義로다 然이나 殺二千萬人하야 而得一彈丸地면 其利害顯然耳라 奈何奈何오一(海鶴遺書與伊藤博文一光武九年十一月二日)

한 경고장을 이등박문에 보냈다. 과연 이등박문은 이 경고문을 외면하다가 마침내 남의 나라를 허수아비로 만들어서 죽음의 길로 이끌고 가려한 죄로 海鶴先

生의 豫言대로 人禍를 면할 수 없었다.

③민족의 감정이 있으니

「光武十三年十二月二十六日 九時에 抵哈爾濱驛하니 俄兵警衛者一數千名이라」
持拳鎗하고 立俄軍之背而伺之하니 相距直十步라 突入擧鎗하야 一發에 中伊藤胸
하고 花砲亂射之하니 各軍이 不覺이오 再發에 中肋하니 軍警及歡迎團이 始覺而
㥘走하고 三發에 中腹하야 伊藤化地라 更向日人總領事川上一秘書官森鐵道總裁田
中三人하야 而射之皆倒오 拳鎗之六發連中하니 世所未有此重根之膽勇이오 射藝
는 天下無雙者也라 (韓國痛史)

한 그대로의 國讐伊藤博文은 우리나라의 安重根烈士의 저격을 당한 것 또한
당연한 것이다.
그러나 이와는 반대의 처지에서

①민족의 감정이 없으니

「順據友邦指導하야 以進文明하며 維持獨立이 可也라」我黨은 一心同氣하야 以
信義로 交友邦하며 以誠意對同盟하야 依其指導하며 據其保護하야 以維持國家獨
立하며 安寧亨福이 永遠無窮云云

한 宋秉畯·李容九가 있게 되었다. 이것을 李丙燾는 實證이라고 하는 것이다.

②민족의 감정이 없으니

「始에 伊藤이 引完用一秉畯하야 爲瓜牙러니 而兩人이 自相爭權하야 求媚伊藤
하고 賣與國權하야 各盡伎倆故로 伊藤이 獲之尤易라 旣又完用이 與重應으로 合
而秉畯이 失職하고 在東京에 常怏怏하야 指完用有怨言이러니 至是寺內가 決計合
倂하고 促完用하야 屢以東電하야 揚言曰秉畯來하라 秉畯來하니 完用이 聞之에
恐其代己也라 遂汲汲 自行締約하니 彼之利用韓人이 亦可謂巧矣라 (韓國痛史)

③민족의 감정이 없으니 民族史學의 泰斗 丹齋申采浩先生의 旅順倭獄에서 순
절하고 檀學會(太白敎)의 大承正 雲樵桂延壽先生이 敵偵에게 학살되고(紅石拉子)
많은 史料의 불태움을 말할 그 때 今西龍의 원흉 僞촉탁 僞史편수의 수석보조원

李丙燾가 蚚不爲恥而無恙할 수 있을 듯하다.

그러나 이제 俛宇集을 果園에 가져다가 封紙를 하건 또 그 月刊「自由」를 쓰레기통에 넣는 것도 자유인권이라면 그만이겠지만(崔永禧의 경우에 限해서) 이것은 민족을 떠난 私的인 感情일 것이 분명하지만 우리 國史찾기協議會의 감정(彼所謂云云)은 이것이 公的인 感情이리라. 그러나 그네들이 동첩감정=혹 그 감정적 민족주의 사학=이라 하자. 그렇다해서 崔永禧국사편찬위원장 식의 무비판적 감정으로 된 기록을 쓴 예는 한 번도 없다. 가장 과학적이고 합리적인 객관적 사실에는 근거해서 발표한 것만은 自信있는 사실이다. 그렇다면 앞서 말한 바와 같이 우리 國史찾기協議會가 내놓은 여러 史學論文을 이제부터는 쓰레기통에 넣을 생각 말고 史學하는 순서를 알아서 十分 숙독하고 十分 玩味해본 다음에 만약 비과학적이고 불합리한 문제들이 발견될 때 이것이 前人未發이거나 前人有誤의 모든 사실을 거론함에 있어 하나하나 出典의 考證을 보여야 할 것이다.

우리 國史찾기協議會의 소속된 회원들의 일찍 남의 論文에서 서로 어긋나는 문제에 대해서 일부러 편벽된 마음을 갖고 고의적으로 다르게 주장하는 것이 아니고 書而復思하고 思而復削하고 削而復書하고 書而復思하는데 혹은 스스로의 自得에서 고치고 혹은 동지들의 질문에서 고치고 혹은 새로운 史料의 입수와 함께 나날이 향상되는 새로운 식견과 도량에서 고쳐 쓰기에 七十평생을 지내왔건만 이제 崔永禧국사편찬위원장의 주장과 처사는 疑晦未盡한 바가 없지 않다고 본다.

도대체 국사편찬위원회―란 무엇 하는 곳인가. 國史의 뜻이 무엇인가. 나라사기=곧 나라역사=어느 나라 역사라는 말인가. 물론 내 나라의 역사이겠지만 그네들의 주장「영토개념이 뚜렷하지 못한 上古史적 영토를 다시 살핀다 해서 별다른 의미가 있을 수 없고 그것이 결코 민족의 자부심을 북돋는다고 만은 볼 수 없다」는 이유에서 오늘의 국사교과서에 우리 고대의 고구려의 地名을 풀이하는데 왜 何必이면「푸순」「랴오뚱」같은 외국발음대로 적어야 한다는 논법인가. 이것이 또 소위「近世史의 근거」로 삼겠다는 그들 논거의 전부라는 말인가.

한국일보의 地平線(一九七七年十月八日字)에서 우연히 우리 國史찾기協議會 회원들 간에 지난날 주고받고 하던 의견과 대체로 방불하기에 여기에 적어본다.

「현재 中共의 지도에는 두만강 건너로부터 간도에 걸쳐서「長白朝鮮民族自治縣」이라고 기록되어 있다고 한다. 우리 동포들은 한국음식 특히 김치를 상식하는 고로 민족의식이 강하고 언제나 한국을 고국으로 아는 사람들이다. 시베리아에 있는 동포들도 고국을 잊지 아니하고 우리나라 사람이 모스크바에 가면 찾아와서 자기가 한국 사람임을 밝히고 조상이 이주한 사연을 얘기하는 것으로 보아 민족감정이 강한 것을 알 수 있다. 이와 같이 민족감정이 강한 在外同胞들과 함께 현재로는 접촉이 없지만 그들의 문화업적을 기록해두면 결국은 근본을 잊지 않는 우리민족의 특징을 발휘하여 이번 추석에 在日同胞가 선조의 墓所와 고국을 찾았듯이 그들도 고국을 찾고 선조를 찾을 것이다.

어떤 정치가의 말에 文化의 업적으로 우리의 民族적 단결과 실력을 양성하자고 했듯이 그런 민족의식을 길이 지니도록 문화건설에 힘써야 한다.」

이글을 읽었을 때 우리들의 모르는 그 많은 유명무명의 有憂之士 중에 우리들의 의견과 같은 생각을 가진 분이 있다는 것을 발견할 때 우리의 용기는 백배나 더 용솟음치게 된다. 스스로 감사함을 느끼게 된다.

우리 배달동포가 만주에는 二百三十만이 있고 시베리아에는 六十만, 그리고 남북 美州에 四十만, 일본에는 六十五만이 있다하니 우리는 언제나 그들의 장한 文化업적을 기록하고 전하고 싶은 마음 간절하다.

우리國史찾기協議會 회원들도 이러한 근본 잊지 않는 강한 민족의식을 권장하는 의미에서 「역사로 본 우리의 國土」를 가장 과학적이고 합리적인 학문방법으로 出典의 考證을 캐내는 것인데 도리어 오늘의 「국사편찬위원회」측의 말과 같은 「시대착오적」인 멍청이 놀음은 아닐 것이며 古代史의 영토를 다시 살핀다는 것이 앞으로 오는 민족 만대의 自負心을 길러주는 한 방편이기도 한다. 혹자의 말과 같이 地理 歷史學 등의 과학으로 발전하였으니 그것도 역시 救國安民에 실용적 가치는 없는 것이다. 우리의 地理나 역사에만 통달한다고 해서 그것이 바로 國利民福이 될 理는 만무하다(東洋思想事典). 또 이제 國史편찬위원회의 한 연구관이 「上古史의 강토를 다시 살핀다 해서 별다른 의의가 있을 수 없고 그것이 결코 민족의 자부심을 북돋운다고만은 볼 수 없다」하지만 이것은 國史편찬위원의 자격으로 할 말이 못된다.

태백일사에 보면 「桓雄天王은 天下萬世로써 土=國土를 삼았다 했다」하였으니 土=國土가 없으면 곧 나라가 없는 것인데 나라가 없는 역사는 망국의 역사이며 역사와 역사의식이 없는 곳에 무슨 철학적 이상을 실현할 수 있으며 국토와 국토관념이 없는 사람에 무슨 민족적 의식을 찾을 수 있겠는가.

「東爲土門·西爲鴨綠」의 여덟 글자가 한조각 빗돌에 새긴 地理이지만 이것이 오늘의 中共지도에 「長白朝鮮民族自治縣」이란 포식이 있게 되었다는 사실, 이제 뼈아프면서도 한줄기 민족의 자부심이 내 가슴 속에 용솟음치게 되는 것임을 나 자신만 알지만 이러한 秘藏의 민족의식을 자기개인의 私感으로 건방지게 무시하자는 건 李完用의 나라 파는 못된 마음과 견주어서 다르다고 自信하는가? 반문하고 싶다.

高麗 不修渤海史하니 知高麗之不振也(渤海考序)=고구려의 정통국시를 내세우면서 고려가 金富軾 같은 事大主義史觀 때문에 大震國 역사를 펴내지 못했으니 이것이 高麗의 국세가 不振하게 된 원인이 된 것이 아닌가.

「當時에 有渤海人人當一虎之語오 至建五京十五府六十二州하야 文物制度一燦然有備하고 傳世二百五十餘年하니 考其疆域컨대 北跨黑龍江하고 南有咸鏡平安二道하고 東抵東海하고 西踰遼水而達於科爾沁하니 幅員이 九千里라 爲東方最大之國하니 蓋其秉義之堅確하고 創業之正大는 求之中外歷史에 尠有其比라 乃我國史家가 只知新羅而不知渤海하야 遂使三千年祖國後身으로 擯居域外蠻酋之列하고 竟無一字一遺傳於內國史乘하니 是豈得爲秉公義之信筆乎아 愚獨以爲高句麗之王統은 當以渤海로 爲正嫡이오 而羅濟與駕洛은 系[中]三韓之緖하야 自爲一派然後에 東國之史一乃歸於正也라」(李相龍·西徙錄)

오늘날 李丙燾의 附日史觀의 난동치는 판에 半半島의 片土에서 일어날 수가 있는 것이다. 여기에서 우리國史찾기協議會는 失地회복의 정부시책과 국사교육의 일치된 민족적 이식을 발굴하자는 것인데 무엇이 시대착오적인 처사란 말인가. 오늘날 日本人 중에서도 우리의 國史찾기운동에 讚意를 표해오고 文化公報部의 주관 「美術五千年展」이 또한 일본황실로부터 일본 전국이 모두 大환영이란 신문 보도도 있었는데 이제 이렇게도 국가편찬위원회측 인사들은 까맣게 잊어먹었단 말인가.

걸핏하면 감정적 민주주의니 또 혹은 국수주의니 하여 빈둥빈둥 깔보는 태도로 대하지만 국사 지리는 자유와 공산 할 것 없이 모두 밝히고 있는 오늘의 세계에서 우리만이 졸고 있어야 한다는 것인가. 正統史學의 광복은 없어도 李丙燾史觀만은 살펴야하겠다는 것인가. 아니면 무엇인가. 崔圭夏국무총리의 國會答辯은 외면해도 좋다는 것인가.

지리하지만 睿宗때의 工曹判書梁誠之님의 三害論을 들어보자. 그 國土관념에 대한 益嚴自治―이것이 또한 보다 강한 민족의식과 보다 깊은 민족감정을 가슴속에 길러야 한다는 말이다.

「本國表裡의 山河幅員이 幾於萬里요 戶數百萬兵一百萬이니 堯與並立하고 周不爲臣하고 元魏通好하고 馮燕納款하고 隋六師一大敗하고 唐은 賓之遼而隻輪不返이로대 而宋은 事之하고 金稱父母之鄕하고 元爲甥舅之國하고 明太祖가 以遼東之東百八十里로 連山爲界하니 誠以東郊之地는 三韓世守하니 兩國疆域은 不可相混也니라 今에 聞仲國이 將築墻于東八站之路하야 以至碧潼之境하니 此實國家安危所係하야 不可不深慮也니다. 平安之民이 逃賦役者一流入於彼여늘 若築墻則還爲內地하야 直樂土也니 其流亡이 豈不益多哉아 害一也오 若中國이 第列置烟臺하야 廣行屯由則兩國之間이 特一江之限하야 名曰海外라 實內服이나 彼豈千萬年에 不窺我邊鄙哉아 其害二也오 長墻이 雖自遼河로 至于鴨綠하야 猶有可慮者요 至于碧潼之境・山羊湖之間則東韓之地가 在彼封域之中하야 一此一彼에 任彼主張이리니 其害三也라 今若恬不爲意則彼以我爲無能하야 益加凌辱이리니 須急馳使하야 告以連山把截이니 高皇所定이니 國疆을 不可相紊이오 使得自遼河至鴨綠築之면 豈不幸哉아 若不准請則當益嚴自活而已」(梁誠之上疏文)

二千年동안 이스라엘 땅에는 한사람도 살지 않았으며 다만 신화적으로 전하는 이스라엘이 二千年 후에 다시 건국한다는 옛이야기의 외에는 아무런 문서의 역사가 없다. 그러니 한쪽으로 아랍의 등 뒤에서 이것이 二천년동안 너의 영토인데 아무런 조건 없이 그저 고스란히 빼앗겨서 안 되지―전쟁물자라도 필요하면 우리가 후원해주마―하는 훈수꾼이 없지 않았다. 그 또한 있을 수 있다. 그러나 사실 말이지 第二次 세계대전 때, 어느 영국장교의 도움을 받아 변복하고 입국한 이스라엘人이 무려 二十五만이나 되고 이것이 오늘의 신생국으로서의 이스라엘이요, 신화적 전설이 마침내 역사의 出典考證으로써 이스라엘의 국토임이 확증되고 국제연합의 승인까지 받았으니 기록이 중하지 않다는 말은 못난 놈들이 걸핏하면 역사나 조상을 헌신짝같이 내버리게 되는 것이다.

「夫餘 옛 땅은 눈강에 달했으니 이 땅은 남의 땅이 아니리라. 고구려 유족은 발해 땅에 모였던 것이니 모든 사람은 동포이다」한 石州先生의 주장이 옳다하면 우리 국사찾기의 주장에 대하여 터무니없는 「시대착오적인 처사」라는 妄言이 있을 수 없다. 또 그리고 아이들끼리의 팔뚝싸움도 아닌데 좀 더 가면을 벗고 복면을 집어치우고 떳떳하게 우리 國史찾기協議會에 대해 착오가 있거나 불만이 있다면 정정당당하게 出典의 고증을 들어 하나하나 순서있게 이론을 펴고 또 아울러 姓名과 직위를 왜 밝히지 못하는 것인가. 이것은 국사편찬위원회측의 너무나 경솔한 처사가 아닌가.

天馬塚의 「달걀」—『그러니 「알」이 출토되자 곧 「달걀」이란 신문보도는 신중한 학문적 입장에서 보면 경솔한 일이다.』(서울신문 一九七七年十月四日字) 말하는 崔永禧국사편찬위원장은 이제 우리國史찾기協議會의 주장은 시대착오적인 처사라 한 것은 신중한 학문적인 입장에서 보아 경솔하지 않다고 보는가.

첫째, 崔圭夏국무총리의 國會答辯 「檀紀使用 안 된다는 規制없다」 및 그 「國史교과서 개편은 전적 同感」이라 한 데 대한 앞으로의 國史편찬위원회측 태도와 대책은 무엇인가.

둘째, 國史찾기協議會의 主張은 시대착오적인 처사라고 한 輕斷과 誤判의 정체 일체를 밝혀야 한다.

셋째, 假面(가면)이나 복면을 쓰고 장물 흥정하는 태도를 벗고 萬民共同大會를 열고 정정당당하게 論戰을 펴는데 동의하기 바란다.

「國史바로찾기」를 하는 理由

민족의 主體史觀과 價値의 正立=이것이 民族과 민외식의 異質化문제를 역사학적 입장에서 해결하기 위하여 먼저 古代史의 部族=곧 민족적 강토 및 그 文化의 모든 부문에 대하여 하나하나 체계적 학문으로서의 종합검토 정리통일할 수 있는 방향으로 이끌어 가며, 특히 民族의 受難을 겪으면서 살아온 역사의 경험이 있으니 언제나 安不忘危하고 治不忘亂하는 精神 물질 체제의 일체의 자주 확립만이 이것이 有備無患의 사회적 處世의 개념이 된다는 것이다.

그렇기 때문에 민족적인 각성위에서 인간을 이해하고 민족적인 단결위에서 인간을 동정하고 민족적인 決意위에서 인간을 구제하는 것이다. 「五千萬 腦血을 막강한 武力으로 삼는다」(朴白庵) 하기에 「나의 權利 잃지 말라」(李石洲)는 것이며, 「世界의 新文化를 莫大한 응원으로 삼는다」(朴白庵) 하기에 「남의 權利 빼앗지 말라」(李石洲)는 것이니 여기에서 우리國史찾기協議會의 주장하는 민족주의 정통사학의 광복운동을 제창하게 된 동기이다. 民族의 異質化를 해결하는 지도이론과 실천방법이 있어야 하는데 때에 따라 지역에 따라 또는 사람들의 주장에 따라 다소의 편중적인 차의가 없지 못할 것이나 그 중에도 민족주의 史學이 가장 근본 개념으로 거론되지 않을 수 없다. 조상이 배달민족이기에 우리나라 사람이 모스크바에 가게 되면 소련 속의 동포들이 찾아오는 것이며, 조상이 배달민족이기에 우리나라 사람이 闊橋에 가게 되면 일본 속의 동포들이 찾아오나니 찾아주지 않는 동포는 민족감정이 약한 자이며 찾아주는 동포는 민족감정이 강한 이이다. 血濃於水(피는 물보다 진하다)함은 夢陽이 일찍 日本歸化 속의 우리 同胞에게 써준 기념액자이지만 인간이면 누구나 느낄 수 있는 血濃於水(피는 물보다 진한 것)임을 알아야 한다.

요사이 해외에 유학갔다 온 젊은 아이들의 생각으로는 隔靴의 위치와 같은 역사로 본 땅에 사는 동포들이 搔痒(소량·가려움을 긁는다)과 다름없는 고국방문이 실감 안 날는지 모르겠지만 사람의 良心으로서 생각할 때 마땅히 민족감정은 그 핏줄이 저절로 샘솟게끔 되어 있는 것이 원칙이리라. 사람의 양심이 있다면 千里他鄉의 客愁에서 수三十年 外地생활을 하다가 혹시나 父母의 고향을 지나갈 때 조상의 분묘나 옛집터를 보게 되면 自然(無自而然)히 우러나는 감정=감개=가 무량무진할 것이다. 이것이 人之常情이며 사람은 다 같은 사람이지만 千里他鄉逢故人=人間四喜의 하나인 것이 또한 人之常情이라면 錦衣還鄉이야말로 보다 더 보람에 찬 감격의 情이 없지 않으리라. 胡馬依北風=물가(靮鞲)의 말은 북녘바람에 의지한다, 狐死首丘=여우는 죽을 때 언덕으로 머리둔다=하니 우리가 분명 배달민족이라 하기에 오늘의 교육법은 「자식들의 마을」(庶子=地名) 桓雄님이 새로운 인간 세상 가장 높은 理念인 「널리 인간을 보람있게 한다」=弘益人間으로 教育의 理念을 삼는 것인데, 이제 이 나라의 국사편찬위원회측에서는 이것이 시대착오적인 처사라니 강한 민족의 감정은 없는 상 싶으며, 오늘의 開天節은 남의 國會가 아니고 분명 우리 國會에서 만장일치로 결정된 朝鮮始祖 檀君王儉님의 건국하신 국경절이 되는 것이어늘 오늘의 國史교과서에서는 檀君朝鮮을 일본사람들의 배워준 그대로 신화라니 아마 우리 國史편찬위원회측에서는 이것이 역사는 감정으로 기록되는 것이 아니라는 고집불통이란 말인가. 오늘의 塔洞공원에 가면 「朝鮮建國四千二百五十二年三月一日」을 밝힌 朝鮮獨立宣言書碑가 세워져 있는데 독립운동사의 기사고증을 西曆으로 하는 것도 옳다고 볼 수 없다.

塔洞公園은 무엇보다 오늘날 獨立紀念의 場으로 알고 있는데 韓龍雲선생의 기적비 또한 선생의 생년을 西曆으로 썼으니 그때는 西曆조차 알지 못하고 있었으며 마땅히 檀紀가 아니면 開國의 紀年을 머리에 썼어야 先生의 獨立精神을 추모하는 예의라고 본다. 또 그리고 독립선언찬양비에 있어도 이것이 다른 碑의 찬양이 아니라 내 나라의 獨立宣言書碑의 정신=특히 민족독립의 精神을 찬양하는 壁碑에 西暦年月日을 새겨놓았으니 「檀紀使用 規制않는다」는 취지에 거리가 멀고 무엇보다 학생들에게 민족과 민족의식을 알려주자는 정신으로 볼 때 아무래도 좀 모자라는 감이 없지 않다.

五千萬腦血이 莫强한 武力이 되고 世界의 新文化가 莫大한 應援이 된다.

五千萬 腦血이 막강한 武力이기에 나의 권리·잃지 말자는 것이며 나의 權利 잃지 말자매 전통사학의 광복이 있는 것이다.

世界의 新文化과 막대한 應援이기에 남의 權利 빼앗지 말자는 것이며 남의 權利 빼앗지 말자매 民族과 人道正義의 일치된 世界史의 공통된 法則이 새로 나와야 하는 것이다.

金龜氏가 처음 孫文을 만나 韓國獨立의 지원을 청한 일이 있었는데 그 즉석에서 「한국은 어떤 나라인가요? 韓國의 역사나 말해보시오.」하니 金龜氏는 檀君千年 箕子千年 그리고 衛滿 등 三朝鮮을 비롯하여 이야기하자 孫文은 머리를 흔들면서 그것은 남의 역사지 어디 한국역산가요? 제나라 역사도 모르고 무슨 獨立운동이요 하고는 다시 아무 말이 없었다(張建相·尹河鎭·吳相宣 三氏談) 한다. 韓國독립운동에 있어 총칼이 제일이지 한 옛적 쾌쾌묵은 古代史가 무슨 獨立운동에 힘이 되기에 韓國古代史가 첫 질문의 대상이 되었던 것일까.

오늘의 물질과학의 세계에서 가로 보게 되면(橫觀) 제가끔 뿔뿔이 흩어져 있는 그 많고 많은 多色多樣의 反對現象으로 나타나지만 역사와 역사의식의 위에서 세로 보게 되면(竪觀) 五千六百萬동포의 腦血은 한줄기의 일관된 공동조선(共同祖先) 곧 三神一體의 화현으로 된 三眞一像인 自我人間으로 나타나게 된 원리를 찾아 알 수 있는 것이다. 오늘의 南北은 날이 갈수록 더욱 심각한 異質化의 경향으로 기울어지고 있는 이유가 모두 민족의 主體史觀과 價値의 正立의 자세를 갖추지 못했다는 증거임을 알아야 한다.

우리들이 이제 독립을 말하자면 마땅히 自我人間 제각기 스스로의 獨立할 수 있는 主體史觀이 확립된 연후에 비로소 國民전체의 독립할 수 있는 정치토대가 확정될 것이다. 다시 말해서 神市의 開天法統을 이어온 독립된 道德의 主體性이 발견과 함께 물질 및 사회를 포함한 體制의 독립을 확립하게 된다는 것이다. 이제 그의 원인과 순서를 알자매 무엇보다 민족의 主體史觀과 價値의 正立이 우선되는 것 뿐이다. 민족적 각성, 민족적 단결, 민족적 決心이 모두 國史찾기에서 시작되고 또 되어야 하는 이유가 있다한 것이다.

유구한 五千年 역사를 찬양하면서 국사의 제一기를 신라의 통일로 보는 崔昌圭(서울대교수)의 민족사적 正統性연구방법론은 있을 수 없다.

국가와 世界의 관계를 구분 못하는 民族史觀은 있을 수 없고, 국가와 정부의 관계를 구분 못하는 주권관(主權觀)이 있을 수 없고, 국가와 국민의 관계를 구분 못하는 국가관이 있을 수 없고, 사회와 개인의 관계를 구분 못하는 人生관은 있을 수 없다. 個人權利의 자유는 존중되지만 규율속의 自信力은 갖추어야 하고, 재산(世業)의 私有는 인정되지만 勞力은 나만을 위하는 것이 아니며, 財利의 편중적인 독점은 제한되지 않을 수 없지만 오직 민족주의 교육, 민주주의 정치, 골고루 살수 있는 주의, 경제, 그리고 문화주의 사회를 기본이념으로 하는 과학체제가 있을 뿐이다.

무엇이 되었든 간에 언제나 五千萬腦血이 막강한 武力이 되고 世界의 新文化가 막대한 應援이 되나니, 이것이 또한 역사와 역사의식의 바탕에서 시작되는 것이기 때문에 무엇보다 소중한 것은 國史찾기운동이 아닐 수 없다.

그러므로 民族의 異質化를 극복하고 同一性에의 회복을 강조하자매 正統史學의 광복이 언제나 요구되는 것이다. 우리나라 역사에서 보면 환웅천왕님의 弘益人間의 인간선언이 능히 그때의 단결된 주체세력을 형성하였기 때문에 능히 女權위주의 熊氏族(검겨레)과 함께 男系편중의 虎氏族(불겨레)들의 異質化를 극복시킴으로써 一神降衷의 同一性과 在世理化의 同一理念에의 회복을 역사적으로 성공한 것이다.

그러나 고구려제국의 大莫離支 淵蓋蘇文장군은 우리 三韓=곧 三國=이 스스로의 私仇를 잊고 힘을 합하여 世界침략의 魔王·李世民의 군대를 쳐부수자는 민족의 연합전선 결성을 제안했으나 그때 신라의 왕족 金春秋는 이것을 거부하였다. 그 이유는 大耶城 도독 金品釋이 그 아내와 함께 백제의 군사에게 패사하였는데 김품석의 아내는 金春秋의 딸이다. 그는 三國聯合보다 백제에 대한 복수 일념에만 급급하여 고구려에까지 請兵을 갔던 것인데, 도리어 민족의 동질성에의 회복 같은 것은 생각도 없었으니 천재의 한 기회를 놓치고 말았다.

김품석이 비록 사위이기는 하나 이미 신라의 군법을 어긴 자라, 마땅히 군법으로 시행해서야 할 것인데 도리어 민족의 千年大計보다 일가의 사삿 원수갚기에 여념이 없었다는 것은 이해가 되지 않는다.

근대에 이르러 淸의 高宗純皇帝는 먼저 『欽定滿洲源流考』를 저술하여 桓檀=朝

鮮의 三韓管境과 高句麗·百濟·新羅와 大震 및 遼·金·苗滿의 여러 겨레들의 異質化를 극복하고 역사적으로 數千年을 소급하여 모두 함께 한 핏줄과 한 문화의 정통인 同一性임을 오직 과학적이고 합리적인 史學체계로써 세우고 있었다. 이것이 또한 민족의 동질성회복에 그 底意가 있었던 것 같다. 그리고 또 다른 한편 聖祖仁皇帝의 康熙字典』과 함께 高宗純皇帝의 四庫全書라는 천하희유의 百家全書를 제작하여 스스로의 四夷五胡·合衆의 나라 支那文化의 直系임을 과시한 나머지에 결과적으로는 사실상 실질적인 異質化로 바뀌고 관념상으로만 同一性이 남아있는 셈이다.

萬里長城이 曲折延亘하야 若弓字疊連狀하니 當日秦皇之築此城이 所拒者一爲誰오 非夫餘之族乎아 彼以蠶食虎視之雄으로 竭國財·疲民力而起此鉅大之役하니 其心이 必以爲中州萬代에 無復東顧之憂러니 而曾未幾何에 高句麗之勢一延及北平하며 百濟之威一寖入浙東하며 渤海之兵이 蹂躙登萊하고 末乃金淸이 迭起하야 統一區字하니 是之偉大民氣가 如海溢山壓하니 城郭之固는 猶不足恃也라 噫라 今日吾人이 爲何族後承이며 今日吾國이 處何等地位며 今日吾行이 營何事業也오 思之에 不覺背汗膽裂이로다—(李相龍·燕薊族遊記)

噫라 淸太祖가 以金源後裔로 英勇盖世하고 驅遼瀋之子弟하야 蹂元明之城邑하고 奄有中原하야 光復舊業하니 德繼功繩하야 垂三百年이라 及宣統帝一卽位하야 年紀幼沖하고 主權微弱일새 於是에 列强이 窺伺於外하고 人心이 反動於下하야 而革命이 起矣라 當是時하야 使愛親氏之族으로 苟有精神則當自結大團하야 興師對敵이오 如其不利則退保滿洲하야 與吾靑丘同族으로 握手協力하야 共建政府라도 亦足爲東方一大帝國이어늘 顧不此之爲하고 而縮首蛹蟄이라가 終墮老猾誘弄之術中하야 廿四幅錦繡山河가 共手以讓別人이로다 乾淸宮裡에 寂寞孤坐하야 追思厥祖創業之艱하고 列朝守城之勤하니 寧不寒心哉아 余以種族·同情地로 目見易主하고 都城宮殿이 空虛하니 自不禁慨然興感也로다.(上同書)

支那本土의 학자들 간에서도 자연 반성의 사상건설에 의견을 모으게 된 것이 있으니 그것은 말할 것 없이 공허무실한 程朱의 性理學만으로는 조직된 만주족의 八旗兵을 당해 낼 수 없다는 것을 깨닫자 곧 實事求是의 考據學(고거학)을 일제히 전공하게 된 것이다.

우리나라에서도 壬辰·丙子의 두 큰 민족의 受難을 당하자 역시 空理空論으로 치우친 程朱의 性理學은 도저히 자주국방 안보태세를 성취하는데 유익한 것이 못

되니 자연적으로 뜻있는 사람으로서 당연히 實事求是의 방법에 의한 朝鮮 我의 實像을 찾아보자는 學風이 일어나게 된 것이나 역시 六千年이상의 神市의 開天法統과 檀君의 三韓管境에까지 소급하여 정통적인 민족사학과 민족적인 道統을 학문적으로 체계세우지 못하고 겨우 儒敎經典속의 文學古典에서만 그 원인과 방법을 찾으려 한 것뿐이다. 그러나 그때의 상황에서 가장 우수한 淸의 文化를 배우자는 洪太容님의 北學議를 비롯하여 茶山 丁若鏞님의 東胡論・牧民心書, 燕岩 朴趾源님의 熱河日記같은 많은 時務의 學이 일어나고 특히 今人多疑箕子朝鮮=지금 사람들이 대다수가 기자조선을 부정한다=(丁若鏞)・妄把漢四郡地盡局之於鴨綠江內=부질없이 한사군 땅을 가져다가 압록강안으로 국한시킨다=(朴趾源), 朝鮮舊彊不戰自縮=조선 옛땅이 싸움해본 적 없이 줄어들었다(上同), 人無貴賤 依賴自財=사람은 귀천이 없고 의뢰할 것은 자본이다=(朴燕岩), 鶴樂李顗님의 田制奏議(비슷한 사회주의이론) 모두 世界의 新文化가 막대한 응원이 된다는 이론에 준할 수 있으나 五千萬腦血이 막강한 武力이 된다는 이론에 준할 수는 없다. 다만 惠風 柳得恭선생의 渤海考와 渤海考序가 있어 우리의 관심을 끄는 것뿐이다. 아무튼 實事求是의 학풍이 비록 조직된 정치적 단결력으로 나타나지 못했지만 그 의의와 및 그 문화발전에 貢獻한바 적다 볼 수 없다. 그런데 이와는 근본적으로 그 추향(趨向)을 다르게 하고 있는 정치활동도 볼 수 있다는 것이다. 곧 말하자면 尤庵 宋時烈①과 白湖 尹鑴의 北伐論, 또 그리고 正祖의 兩賢傳心錄! 그것이다.

朝鮮朝・正祖의 兩賢傳心錄序①가 도저히 康熙字典과 四庫全書의 支那 고대문학을 집대성한 저술과는 비중이 될 수 없지만 정신면에서 살필 때 지나 고대의 文化=곧 피소위「道德의 主體性」을 계승하는 것으로 自任하는 것은 서로 공통된 점이 있다는 것을 말할 수 있다.

① 序以爲本朝之有先正尤庵이 猶宋之有朱子也라 盖其學術之純正과 規模之磊落과 大義之炳日星・聖道之闢于宪蕪가 大抵不同이니 而以其不同者로 揆之컨대 先正은 幸而生於寧陵之世而知無不言하고 官無不拜하고 設施注措를 無不展布故로 群小之憾이 蓄而未洩이라가 卒被楚山之禍가 朱子一不幸而生於阜陵之世하야 言多見黜하고 設施注措가 多見沮敗故로 群小之憾이 洩而不蓄이라가 卒安考亭之簀하니 此其不同之同이오 而實則同與不同이 無一之不同者는 心法故也니라.(御製兩賢傳心錄序)

大淸皇帝는 明을 정복하였으니 明의 遺民들과 함께 周・漢・蜀・晋・唐・宋의

歷代王統을 이은 明의 文化와 함께 그 이상 고대 지나의 문화 총유산을 계통적으로 인계받았노라는 自列書이며 朝鮮王朝는 大淸皇帝에게 패했으니 廢王光海의 중립외교정책을 지양하고 오랑캐 滿淸의 신자되는 것보다 亡明復辟(망해 없어진 명의 임금을 복위시킨다)의 大義를 내세우고 소위 崇明北伐論을 제창한 것이다. 같은 北伐論者이면서도 宋時烈은 朱子學적인 입장을 고수하고 있는데 반하여 尹鑴(윤휴)는 反朱子學적인 태도를 취한 것이 서로 다른 것이다.②

② 欽惟我太祖高皇帝―與我康獻大王으로 同時創業하고 定君臣之義하니 字小之恩과 忠貞之節이 殆三百年 不替矣라 頃者・醜虜・肆兇하고 擧國論陷하야 堂堂禮義之邦이 盡汙腥羶하니 彼時之事를 尙忍言哉아 繼値甲申之變하야 皇京이 蕩覆하고 天下無主하니 是則雖曰非此虜之所爲나 然이나 乘時聘醜하야 凌夷我・寢廟하며 殲汙我皇族하니 己爲痛疾이오 至於弘光皇帝하야는 建號南方하야 大統有在하니 我朝・雖末有聘享之나 旣是我神宗皇帝之骨肉이니 則君臣大義를 豈以天外而有間哉아.(尤庵先生事實記)

盖先生이 以許衡이 以儒名世而失身하니 胡元이 乃以帝堯大統으로 接之女眞하고 且於遼金稱大而以列國待宋하니 正猶入絢하야 肆而不聞其臭하니 旣得罪於春秋之義오 而當此天壤易位하고 義理晦塞肆日하야 又爲頑鈍無恥者之口實故로 必欲黜聖廟之祀하야 以爲明天理・正人心之根本이나 而上이 難之라

初에 賊臣尹鑴는 廢朝奸人孝全之子也라 戾氣所鍾에 巧黠文辭하야 始瞞一世하니 自以爲知道오 當世名公이 皆稱大儒일새 先生이 始亦親愛러니 鑴-忽著設辨하야 論理氣할새 斥退溪・栗谷二先生之說而牛溪成先生則 不數焉이라 先生이 駭然而責之則仰天而笑하니 謂渠何足以知之라 自是益肆胸의(月+意)하야 並攻朱子經書註解하니 皆以己意로 去取하고 至於中庸則掃去章句하고 全以其意로 易之라 其徒爭相傳誦하야 以爲其學이 勝於朱子라하야 將至擧世風靡라 先生曰 朱子는 後聖也라 堯舜以下・群聖之道가 至朱子而大明이여늘 鑴也-敢肆其訾하야 以立其說하니 則止乃詖遙邪遁之甚이니 斯文世道之亂賊也라하야 嚴辭以斥之하다.(上同)

正祖는 그때의 정치는 나날이 부패해지고 人心은 갈수록 동요되고 사회는 더욱 불안해가니 이것이 임금으로서의 가장 중대한 국가문제가 아닐수 없었다. 고질적인 붕당싸움은 개국초기로부터 우금까지 근절되지 않고 유림들의 驕氣와 양반들

의 노름판속에 싫증을 느끼는 한쪽 人脈에서는 反朱子學的인 학파가 생길뿐 아니라 西學=곧 천주교가 밖으로 들어오고 또한편 감결(鑑訣)사상이 대두하여 새나라의 탄생을 꿈꾸는 세력이 늘어나는 것을 보게되자 여기에서 尊明反淸의 정치세력을 보호하고 朱子學의 정당성을 내세워 정책적으로 混沌開闢(혼돈개벽)四色蕩平(사색탕평)이라는 정책구호를 제창했지만 그사람(탕평파)이 그 사람들(崇明主義 聯色論)인데 새로운 문화사상의 風土를 못이루었으니 정조(正祖)이전에는 사도세자가 두주속에 갇히어 죽게됨을 면하지 못했으며 정조이후에는 세도정치가 싹트기 시작하게 된 것이다.

正祖宣皇帝丁未十一年春에 原州賊金東翼等이 以妖言으로 煽動王府하니 鞠之에 多請逮捕라 上曰愚民이 惑於訛오 非叛也라 尋에 命送諸囚于本地方하야 令察理使李時秀로 勘斷하니 時秀-按覈狀聞이라 上이 議大臣하야 分輕重할새 使時秀로 誅竄有差라 時에 星州에 又有以鄭鑑錄之 說하야 誑惑衆民者라 嶺伯-抵書大臣하고 大臣筵奏한대 上曰汝立戊申獄에 皆有此說하니 不必驚動이오 命大臣하야 與嶺伯으로 相議處決이라 하다.

吳光運은 南人也라 疏略에 曰殿下-誠得諸色目中自好者하야 感以誠意하고 責以忠義하야 布滿朝列하고 使之融化於蕩平之爐冶然後에 其效可見이어늘 今但取腹下之蟊・背上之毛하야 責以高飛之大嗣하니 雖多나 亦奚爲哉아 彼其心에 以爲小論獨爲오 而老論得之則必禍矣라하야 乃飾蕩平之名하야 以欺殿下하고 而又乞憐於一邊하야 使一邊之人으로 氣豪意健하니 臣은 願朝廷이 做得眞蕩平하고 無爲假蕩平焉이니다.

靈城君朴文秀-亦告上曰殿下-終不能使李光佐閔鎭遠으로 聚頭共事면 此假蕩平也니다.

어떻든 肅宗의 大報壇③ 설치와 함께 正祖의 兩賢傳心錄序는 한갓 亡明復辟의 기본이론에 불과하니 이것이 五千萬 腦血이 아니기에 막강한 武力이 될 수 없고 西學의 전래와 함께 東學운동이 또한 민족의 主體史觀과 價値의 正立이 없었으며 이것이 世界의 新文化가 아니기에 막대한 응원이 될 수 없었다.

③大報壇이 在昌慶宮・北垣之外하니 蓋肅廟-當甲申回甲하야 痛皇朝-以是歲・亡하고 設壇기神皇하니 自後三歲로 以三月祭하야 著爲式하니 義起也라 聖上二十六年에 正史頒東할새 有曰崇禎丙子에 帝-聞建奴搶我하고 命將袁崇煥하야 率舟師以救러니 未及發에 以東國이 己下城으로 聞이라 帝曰屬國이 被圍로대 天子가 不

能救하니 弱力이 何以支오 上이 覽之하고 大感歎하야 召諸大臣·六卿·三司하고 教曰卿等이 見正史乎아 其恩之昊天無極하야 與萬暫奚間이리오 余欲於皇壇에 並享毅皇하고 又欲上及高皇帝하노니 卿等이 盍各言其情고 諸臣이 稽首離席하야 或曰可라하고 或曰禮則有限이라 하더니 獨左趙顯命이 持不可甚力일새 上이 命退俟閣外라가 夜召展示라 肅廟가 大感恩詩하고 上이 涕泣하니 趙公이 不復言이라 遂命增築壇하고 用三月 某甲하야 上이 齋沐親祭할새 黃幄褰開하고 有儼其序라 第一位는 太祖高皇帝요 第二位는 神宗顯皇帝요 第三位는 毅宗烈皇帝라 然이나 我朝之慕皇朝가 猶孝子之慕父母也라 人若以人으로 必有一生一死하니 於其父母之亡에 不爲之皇皇恤恤하야 永慕終身子道云呼哉아 (蔡濟恭·樊岩集 卷三十五·大報壇陪祭記)

참으로 세계의 新文化가 아니라기보다 전래해오는 사람들이 민족의 주체성이 부족하였으니 世界의 新文化임을 똑똑히 보여주지 못하고 그때의 집권층에서도 민족의 주체성이 없으니 들어오는 世界의 新文化로 하여금 응원이 될 수 있게끔 조절하지 못하였으니 世界의 新文化가 될 기회가 없게 만들고 말았다.

그러나 一世의 호걸 홍선대원군이 안동 金氏 六十年세도를 한손에 꺾고 첫째 萬東廟를 비롯하여 書院·鄕祠 六百五十餘개소를 철폐하여 양반귀족들의 횡포를 엄금하고 千河張安이라는 탐정기무(探偵機務)를 두는 한편 貪官汚吏를 숙청하고 또 그리고 문벌과 당색을 완전 타파하여 인재등용을 단행하였다. 軍制와 稅制까지 개혁하여 양반에게 과세하고 軍·政兩權을 분립하며 의관복식의 간소화와 풍속·생활등 여러 가지의 개혁을 단행하여 물질의 낭비 및 사치·허식의 폐풍을 완전 제거하며 수백년동안 고루 침체되었던 국민생활에 새로운 좌표와 희망을 안겨다준 感이 없지 않았다. 그러나 밀물같이 밀려닥치는 世界의 新文化를 거슬리어 나의 應援이 될 수 없게 만들다가 그러는 중에 丙寅·辛未의 두 洋擾가 일어남에 있어 초전에 쳐부수고는 이것이 자신만만의 오기를 북돋아주게 되자 더욱 主和賣國(화친을 주장함은 나라파는 것이다)이라하여 더욱 鎖國政策을 강화한 것이다. 그러다가 老論의 儒生 崔益鉉의 상소한장에 홍선대원군은 하야되고 閔妃를 중심으로한 外戚의 勢道政治를 새로 열어주고 민족의 주체史觀과 價値의 定立이 없었으니 모처럼 이루워진 丙子修好조약이 우리의 국권회복에 도움이 되지 못하고 결국에는 망하면서도 제일 추잡하게 망하고 말았다. 崔益鉉이 홍선대원군을 배척하는 상소에 「만동묘 철폐」가 그 죄목의 하나가 되었었다.

그러나 우리 國史찾기協議會의 주장하는 正統史學의 광복은 그러한 非正統(非我)인 正統(我)은 아니다.

헐버어트(H.B.Hulbert)氏는 그의 저서에 「愛蘭이 망했으나 정신적으로 自由를 지켜왔다고 하면 한국은 暴力에 의해 日本의 품에 들어갔으나 정신적으로는 中華를 지켜왔다」고 했다.

참으로 이렇게 핀잔을 받으면서도 버젓이 오늘에 萬東廟 화양동을 재건한다느니 참으로 假明群像들의 발호도 이만하면 후안무치할 수 있으리라.

이와같이 단절된 新(我)舊(非我)代의 傳統的 異質化를 극복하고 우리 正統속의 同一性을 회복해야하며 南·北韓의 체제적 異質化를 融化하고 우리 正統속의 同一性을 회복하자매 우리 國史찾기協議會는 이제 「國民精神革命의 기본인 민족사관 확립의 指針」부터 밝혀내자는 것이다.

朝鮮日報에 의하면

南北韓관계의 三十年 단절속에서 빚어진 정치, 경제, 사회 및 민족관 역사, 언어, 문화예술 그리고 교육 종교 의식구조, 가치관, 개인생활등 전분야에 걸친 南北한의 이질화가 날이갈수록 심각한 상황에 빠지고 있어, 정치적 단일체의 형성에 앞서 민족의 異質化를 극복하고 同一性을 회복하기 위한 노력이 무엇보다 시급한 문제로부각되고 있음이 국토통일원이 발포한 「南·北韓異質化현상」보고에서 밝혀졌다.

통일원은 「민족의 평화와 조국의 통일문제해결은 강대국의 관여보다는 우리민족적 자주성의 비중이 한층더 높아져가고 있고 이른바 四强중심에서 점차 南·北韓당사자 중심으로 전환될 것으로 예측하고 있다고 전망하고 우리는 南·北韓의 동포가 같은 민족이라는 전제에서 통일을 추구하고 있지만, 만일 민족 의질화의 현상태가 장기간 방치된다면 통일에 대한 희망을 포기하게 될지도 모른다는 危機에 놓이게 될것」이라고 경고했다.

통일원은 「따라서 이같은 통일의 內在的제약 요소인 南·北 異質化의 실상을 하루빨리 규명하고 이를 극복하는 방안을 안출하는 노력이 새로운 문제의식으로 등장하고 있는 것」이라고 지적하고 「통일문제는 일시적 정치적 통합으로 해결되는 것이 불가능하기 때문에 통일의 한 過程으로서의 南·北韓의 이같은 이질화 문제를 우선 해결할 필요를 더욱 느끼게 된다」고 덧붙였다.(西紀 一九七七年 十月 十八日자)

물론 통일을 하자면 민족의 異質化를 그대로 두고는 속소위「兩虎相鬪·勢不兩立」(두 호랑이가 서로 싸우게 되면 형세가 둘이 설수 없다)는 격으로 한쪽이 다른 한쪽을 누른다는 결과가 나타나게 될 것은 당연하니 이것을 미리 막자매 무엇보다 민족의 異質化속에서 새로운 同一性을 회복하는 것이지만 역시 南·北韓을 통하여 단결된 주체史觀의 주도적 세력부터 형성하는 것이니 여기에서 민족의 정통사관을 광복하는 길이 우선되어야 하는 것이다. 이것이 통일원이 말하는 「누가 더 민족사에 기여할 수 있는 통일을 가져 오느냐가 중요한 문제」라 한 것이다.

그러면 여기에서 말하는 민족의 異質化는 무엇이며 또 그 민족의 同一性은 무엇인가.

사람은 나면서부터 性(아는힘=精神力) 命(사는힘=生存力) 精(나는 힘= 活動力)의 셋 참함이 한 모상(三眞一像)으로 나타난」自我人間이여늘 辨證法的唯物論에만 편중되어야 한다는 이것이 민족의 異質化인 것이며 사람은 나면서부터 먹어야 사는 것인데 한갓 하늘의 텅비인 空에 앉아 不生不滅의 열반만을 생각하는 이것이 민족의 異質化인 것이며 사람은 나면서부터 인간의 목적과 使命이 있는데 하나님의 榮光으로만 생각하는 被造物적 아닌 민족, 이것이 民族의 異質化인 것이며 사람은 나면서부터 역사와 역사의식이 있어야 하는데 우리 神市의 開天法統에서 보다 엉뚱한 支那의 春秋史觀에서 正統을 찾자는 이것이 민족의 異質化인 것이다.

또 그밖의 민족의 異質化가 무엇인가 하면 사람은 역사에서 살고 역사를 창조하는 것인데 아직껏 支那史記에서 기록된 그「朝鮮이 古朝鮮인지 근대朝鮮인지도 분명찮은 상황」을 탈피못한 국사편찬위원회의 苟位冒祿인듯한 태도-이것이 민족의 異質化라는 말이며 환웅천왕님은 天下萬世로 土=國土를 삼았다는데 아직껏 「영토개념이 뚜렷하지 못한 上古史의 영토를 다시 살핀다해서 별다른 의의가 있을 수 없다」는 國史編纂委員會의 주책없는 妄言-이것이 민족의 異質化인 것이며 우리나라 敎育法第一條 敎育은 「弘益人間의 理念아래 모든 국민으로 하여금 人格을 완성하고 자주적 生活能力과 公民으로서의 資質을 具有하며 민주국가 발전에 봉사하여 人類共榮의 이상 실현에 기여한다」하였는데 국사편찬위원회측의 「역사는 근세사를 중심으로 해서 미래지향적으로 쓰여야한다」니 교육법과 교육의 理念을 무시하는 이것이 민족의 異質化인 것이다.

다시 말하지만 국토통일원은 분명 이렇게 말했다.

「누가 더 민족사에 기여할 수 있는 통일을 가져오느냐가 중요한 문제」라고.

그런데 이나라 文敎部의 직속인 국사편찬위원회측 한 연구관이 교육법과 교육이념을 역사적으로 민족의 중대한 意義와 目的을 갖고 있는 敎育法과 敎育理念을 이제 實踐不在의 상황에 놓이게 만드는 발언을 하였다.

그렇기 때문에 우리 國史찾기協議會는 六千年민족의 腦血이 막강한 武力이 되기 위하여 民族의 主體史觀을 찾는 것이며 五千萬단결의 人和가 막대한 應援이 되기 위하여 敎育의 實踐理念을 강조하는 것이다. 弘益人間으로서의 未來志向이 근세사의 근거에 있는 것이 아니며 開天節祝典으로서의 檀君建國이 근세사의 근거에 있는 것이 아니다.

「역사는 근세사를 중심으로 해서 미래지향적으로 쓰여야 한다」는 경솔한 판단의 영향을 받아 지금 예비고사에까지 그러한 잘못된 흐름이 번져가고 있다는 사실 가장 중요하다. 국사고사의 한전문가의 말을 들어보자.

근세조선후기의 「병자 수호조약」은 그 역사적 사실도 중요하지만 조약이 갖는 의의와 딴 조약과의 비교에서 비중도 중요하지 않을까. 조약의 성격으로 그 조약을 게기로 역사의 새로운 흐름과 다양하게 전개되는 사실을 연결하여 알아야 할 것이다.

이제까지 예비고사에 출제된 문제는 전체적으로 분석하여보면 2원분류방식으로 종적인면은 고대사 중세사 근세사 현대사로 구분하고 횡적인 면은 정치·경제·사회·문화 및 역사 시사 문제 등으로 분류되는데 昨年까지의 추세로 보아 종적인 면에서 중세이전보다 근세사 중에서도 현대사(개항이후)에 더 많은 관심을 둔 것으로 생각되며 횡적인 면에서 文化사회면에 많은 배당이 가 있으며 경제면도 상당한 강세를 나타내고 있는 점을 들 수 있다. 특히 사회 경제 문화면을 살펴야 할 것으로 생각된다.

각왕조마다 외적침입에 대처한 민족의 슬기와 대처에도 관심을 보이고 역사 시사문제등도 등한히 해서는 안된다.(朝鮮日報)

하는 내용이었다. 여기에도 할말이 없는 것은 아니나 너무 지루하니 약해두고 다만 중세사이전보다 근세사 중에서도 현대사(개항이후)에 더 많은 관심을 둔다는 것도 일리가 없는 것이 아니지만 유구한 六千年의 찬란한 偉大와 榮光을 보다 더 중점적으로 다루어야 할 것이다.

지나의 선진(先秦=周秦)시대에서 말하는 貊(붉·Koma·濊音은 集韻에 呼外反이오 濊는 一作濊이니 濊亦稱桓也)은 대체로 夫餘(원시부여=檀君朝鮮)이며 後

秦(漢魏晋以後)시대에서 말하는 貊은 高句麗(고구려·Korea)를 전칭한 것임을 알 수 있으며 또 오늘의 세계에서 우리나라를 또한 코리아(高句麗)라 불러주고 우리나라 사람들이 또 해외에 나가면 또한 자칭 코리아(高句麗)라 부르고 있을 뿐 아니라 우리나라의 역사가 桓·檀=朝鮮으로부터 高句麗(檀紀二0九七年-三七二五年)의 역사이니 北夫餘(원시고구려=二0九五-二二七五) 高氏高句麗(本高句麗=二二七六-三00一) 大震(渤海=中高句麗=三00一-三二六八) 王氏高句麗(후고구려=三二五一-三七二五)는 모두 고구려(二0九五-三七二五)의 역사에 포함된다함은 앞서도 말한 것이지만 이제 국사편찬위원회측의 소위「지나 역사서가 기록하고 있는 朝鮮이 古朝鮮인지 근세 朝鮮인지도 분명찮은 상황에서 더욱이 영토개념이 뚜렷하지 못한 上古史적 영토를 다시 살핀다 해서 별다른 의의가 있을 수 없고 그것이 결코 민족의 자부심을 북돋는다고 만은 볼 수 없다」는 부식은 사고방식에서 (세종실록지리지조차 읽지 못한 자들이 動輒)「역사는 근세사를 중심으로 해서 미래지향적으로 쓰여야한다」고 주장한다는 것은 역사의 自滅을 선언하는 것이지 그밖에 또 무엇이라고 할 것인가.(류적위만을 고조선의 창시자로 밝힌 이유는 무엇인가)

우리의 歷史는 우리 歷史書를 근거로만 쓰나?

國史편찬위원회측은 이제「주간한국」을 통하여「우리의 역사를 씀에 있어 우리의 역사서를 근거로 하지 않고 어디에 근거를 두어야 하는가」반문하였다.

우리 國史찾기協議會로서는 우선 그 意見을 받아드리기로 하고 다음과 같은 문제의 역사조항을 우리 역사의 서를 근거하여 질문한다.

국사편찬위원회측은 책임있는 答辯이 있어야 할 것이다.

첫째 三國遺事의 所引 古記에 기록된「昔有桓國」이 분명한데 日人內藤虎太郞이라는 악질적인 國史변조의 원흉이·「昔有桓因」으로 새치기한 사실을 어떻게 보는가. 그리고 金昌洙란자가 그 內藤虎太郞의 변조한「桓因」을 그대로 옳다고 보고 이를 풀이하기를「桓因은 불경에서 쓰는 印度의 하느님 또는 佛法을 수호하는 神이라」하였다. 그러나 黃義敦교수의 소장본(현재서울대박물관보관) 또 국립중앙도서관 소장 영인본에는 모두「昔有桓國」으로 되어있는데도 불구하고 초등학교 四學年生부터 古典읽기 권장이란 명목으로 이 김○○가 지은「三國遺事이야기」를 약 六년전부터 강매해온 사실-지금까지 아무말이 없는 이유는 무엇인가.

둘째 「王沉魏書에 「曰乃往二千載에 有檀君王儉하야 立都阿斯達하고 開國號朝鮮이라」한 것은 지나의 역사서이니 姑且勿論하고 三國遺事의 所引 古記에 「檀君 王儉의 都平壤城하고 始稱朝鮮하고 又移都於曰岳山阿斯達이러니 檀君이 乃移於 藏唐京하고 後還隱於阿斯達하야 爲山神하니 壽는 一千九百八歲」라한 우리의 古 記를 인정하는가. 인정하지 않는가. 그렇다면 그 이유도 우리의 역사서를 근거로 답변해야 한다.

셋째 三國史記에는 北夫餘의 역사가 없고 廣開土聖陵碑文에는 「惟昔始祖鄒牟 王之 創基也에 出自北夫餘하시니 天帝之子라」하였는데 이것이 三國史記에 기록 안된 역사라하여 부정하는 것인가 아니면 인정하는 것인가.

넷째 三國史記에 「高句麗東川王 二十一年春二月에 王이 以丸都城이 經亂不可 復都라하야 築平壤城하고 移民及廟社라」고 분명 기록되어 있는데 오늘의 國史교 과서는 왜 기록하지 않는가.

이것 또한 강도일본의 침략정책에 의해 조작된 「大同江 유역에서만 樂浪郡의 유물이 발견되었다」는 식민사관 그대로 답습하겠다는 것은 그 이유가 무엇인가.

다섯째 「安藏王十一年 春三月에 王이 畋於「黃城」之東이라」한 기록과 大東輿 地圖書(金正浩著)「木覓山이 在府東十里에 有黃城古址하니 一名綱城이라」(平安道 觀察使營山川條)한 두기록을 인정하는가. 않는것인가. 可否間에 그 이유는 무엇 인가.

여섯째 「美川王三年九月에 王이 率兵三萬하야 侵玄菟郡하고 虜獲八千人하야 移之平壤」이라하고 그후 二年 곧 美川王五年은 百濟汾西王七年이니 「汾西王七年 春二月에 潛師襲樂浪西縣이라」고 기록되어있는 즉 이제 「潛師襲平壤西縣」이 아 니고 분명 「潛師襲樂浪西縣이라」한 것은 이 樂浪西縣이 遼西의 땅임이 확실한 증거이다. 異議가 있거던 우리의 역사서를 근거로한 答辯이 있어야 한다.

일곱째 三國志의 「桓靈之末에 韓濊彊盛하야 郡縣이 不能制하니 民多流入韓國」 또는 「吳林이 以樂浪으로 本統韓國이라」한 「韓」이 모두 百濟를 지칭한것이나 이 것이 支那역사서임으로 姑且勿論하드라도 三國史記의 「高句麗太祖六十九年十二 月에 王이 率馬韓穢貊一萬하야 進圍玄菟城」이라 함과 同七十年에 「王이 與馬韓 穢貊으로 侵遼東」이라한 「馬韓」은 百濟를 가르친 것, 또 그 穢貊은 靺鞨을 가르 친 것이니 百濟는 馬韓之舊이기 때문이다.

여덟째 三國史記의 崔致遠傳 「高麗・百濟・全盛之時에 强兵百萬으로 南侵吳越 하고 北撓幽燕齊魯라」했는데 이것은 역사의 사실이 될수 있지 않은가.

아홉째 金富軾의 執筆자세와 그 心法에 있어 「我驕傲不恭하야 帝將討之」한것과 또 그 高句麗를 비판하기를 「值隋唐之一統하야 而猶拒詔命以不順하며 囚王人於土室하니 其頑宴不畏-如此라」 等等의 서술이 정당한 것인가. 漢書王莽傳의 「更名高句麗爲下句麗」는 또 제멋대로 「更名吾王爲下句麗侯」로 변조한 逆史의 원흉임이 분명하다. 金富軾은 과연 高麗人이었는가 아니면 隋唐의 史學간첩 화신이었는가. 열째 丹齋 申采浩선생의 「金富軾의 三國史記를 보는자가 매양 三國文獻이 富軾의 때에는 傳한 것이 없는고로 삼국사기가 고증할 자료가 없어 이같이 疎略함이라 하였으니 실은 그것도 아니다. 三國史記는 원래 지나인이 부르는 海東三國이 羅 麗 濟 三國이란 말에 표준하여 지은고로 駕洛國도 또 신라와 대치하던 盛國이요 山間僧侶가 지은 三國遺事에 駕洛國記를 실었은즉 朝廷의 交衡이 되어 天下의 遺文을 수집할 능력이 있는 김부식이 어찌 「駕洛國記」를 모르리오 고로 三國이란 이름을 맞추기 위하여 駕洛國을 빼며 夫餘는 檀君의 종파요 高句麗·百濟의 父國일뿐더러 수백년 이후 權擘의 應製詩에도 오히려 夫餘의 略史를 말하고 외국의 陳壽·范曄·등도 오히려 「夫餘傳」을 지었거늘 어찌 當時의 人이리오 또 부식이 발해사실을 몰라서 渤海史를 빼었다고함도 妄說이며 妖說이라. 唐人으로도 渤海行年記 十卷과 渤海國記 三卷을 지어서 宋人의 宋祈도 이를 의거하여 「渤海傳」을 지었거늘 본국에 비록 渤海史가 절두하였다 하더라도 부식이 出使하는 길에 購集하기도 가능할지며 하물며 발해가 망한뒤에 그 유족과 儒生들이 고려에 귀화할때니 그때가 곧 김부식의 前百數十年이 될 뿐이며 大延琳이 발해를 중흥하여 使命이 고려와 빈빈하던때니 곧 부식의 七, 八十年전이 될 뿐이며 高永昌이 渤海를 三興하던 때는 곧 부식의 同時라 발해의 일을 많이 듣고 많이 볼 때니 어찌 전연 不知하였으리요. 고로 발해사를 뺌은 東鴨綠 以東에 偏安한 小國을 만들 작정이며 云云」한 것을 어떻게 생각하는가.

열하나째 惠風柳得恭선생의 渤海考序 「高麗-不修高麗史하니 知高麗之不振也」라 하고 石洲李相龍선생은 「三千年祖國後身으로 擯居域外蠻酋之列하고 無一字遺傳於內國史乘하니 是豈得爲秉公義之信筆乎아 愚獨以高句麗之王統이 當以渤海로 爲正嫡이오 而羅濟與駕洛이 系三韓之緖니 然後에 東國之史가 乃歸於正也라」한 大震國正統說에 대하여는 어떻게 생각하는가.

열두째 我那彊域考의 「今人이 多疑箕子朝鮮」은 이제 旣定사실이니 말할 것 없고 다만 熱河日記의 「後世에 不詳地界하야 則妄把漢四郡地하야 盡局之於鴨綠江內하고 牽合事實하야 區區分排하니 是朝鮮舊彊이 不戰自蹙矣라」하고 正誣論에

는 「最近內外之學者-皆謂平壤이 嘗入於漢하야 爲樂浪郡이오 而以出土諸物로 爲之證하고 其物을 寫其影하야 作譜錄하니 則有所謂朝鮮古蹟圖譜者라 於圖譜中에 取其關於樂浪者하야 而附以說하고 且用英吉利文하야 迻譯하니 則有所謂樂浪者라 若其博採而收之하고 類分而陳之하니 則又有所謂樂浪博物館者라 治史者-震於視聽하야 以爲果然이나 不知其實皆誣也라」했다. 이는 실상 徵實正誣의 書가 아닐 수 없는데 어떻게 생각하는가.

(李裕岦. 國史編集委員會에 보내는 公開狀 中에서)

19 이 時代의 다른 風光을 쓰면서

백당 문정창栢堂 文正昌 선생

대한민국 정부가 수립되기 전인 5844년 위조선 총독부 치하 36년간 자행된 친일파의 반민족행위를 처벌하기 위해 과도 입법의원은 민족 반역자, 부일협력자, 전범, 간상모리배에 대한 특별법을 제정하였으나 미군정은 친일경찰, 관료, 정치인등, 그들의 협력세력을 보호하기 위해 인준을 거부하였다.

이 후 5845년 남한의 단독정부가 수립되고 반민특위가 구성됨으로써 반민법(반민족 행위 처벌법)이 통과되고 곧 공표되었으나 제대로 활동을 못한 체 국회프락치 사건과 경찰의 특위 습격사건을 겪으면서 와해되기 시작하다가 반민특위법이 폐기 됨으로써 민족 반역자에 대한 처벌을 불가능하게 되었다.

미군정은 친일파를 대거 등용함으로써 위조선 총독부의 통치 구조를 부활시키고 이승만 정권은 친일세력들의 한국사회 지배세력으로 군림하는 길을 열어주었다.

－20세기 신생한국의 자화상은 피지배대상이 일본에서 미국으로 바뀌었을 뿐 여전히 식민지이다.

－한국을 지배하는 세력은 여전히 부일세력의 연장선상에 있다.

이런 화두는 역사 왜곡과 민족자존의 좌절과 역사체험의 새로운 세기를 맞아 반성과 청산의 대상으로 떠올라 60여 년 전 좌절을 맞본 친일파 청산 담론의 물꼬를 텄다.

본격적으로 화두를 제공하고 담론을 이끈 이는 고 임종국 선생이었다.

그는 「친일파 인명사전」이라는 50년 전 반민특위와 다른, 그러나 어쩌면 더욱 강력한 수단으로 조사와 편찬사업을 시작하였다.

작금에는 정치권에서도 만만찮은 담론으로 부각되었지만 과거 청산문제, 친일파 청산 문제는 해방이후 선생님을 비롯한 민족진영에서는 지속적으로 제기한 문제였다.

–한편으로 식민지살이는 머슴살이로 비교할 수 있을 것이다.

머슴이 세경을 모으고 준비를 한다면 언젠가 자립하겠지만 술이나 마시고 노름으로 만족한다면 머슴으로 죽을 것이다.

사대와 사대주의의 차이이다.

전자와 후자는 정신의 문제로 토왜 사학자의 패악은 자기를 부정하는 정신적 사대, 사대주의에 있는 것이다.

선생님은 친일파 문제에 대해 단호하고 명료한 기준을 가지고 있었다.

프랑스나 북쪽 방법, 반민특위의 좌절을 겪은 지금 누군가 간난을 무릎 쓰고 친일파 연구를 한 분야로 상정해 사회운동으로 승화시키고 열심히 조사하고 연구해서 기록으로 영구히 남겨 반면교사로 삼아야 한다는 것이다.

지금 돌이켜보면 그런 일이 실지 같은 공간에서 임종국 선생에 의해 이루어지고 있었음으로 임종국 선생을 만났거나 소문을 듣거나 해서 알고 있었을지도 모를 일이었다.

일가인 신구문화사와 신구전문학교를 설립한 우촌선생의 출판사를 자주 방문했던 선생님인지라 시인으로서 역시 그 곳에 들른 임종국 선생을 만났을 지도 모를 일이기 때문이다.

친일파 문제에 있어서 선생님의 논리에 단서(但書)같은 분이 있었다.

백당 문정창 선생이다.

문정창 선생은 임시 정부시절 일제의 황해도 은율군수를 지냈다.

나에게 「한국사의 연장-고대 일본사」와 「고조선사」를 증정하기도 하였다.

국권 회복 후 총독부에 부역했다 하여 스스로 어떤 공직도 마다하고 총독부 폐기 문서를 빼돌려 고대사 연구에 심혈을 기울였다.

선생님과는 70년대에 자주 만났다.

선생님보다 연상이었으며 국사 찾기 협의회를 결성하여 국사 바로 잡기 운동을 전개하였다.

해방 후 남북 각기의 정권이 수립되면서 남쪽에서의 36년 僞朝鮮總督府의 식민지 유산-특히 인적청산이 되지 못하고 그들 청산대상이 오히려 국가의 사회 각 분야의 우이를 잡고 좌지우지하는 것을 안타깝게 생각하였다.

수천년 조국의 흥망성쇠 속에서 그 시대마다 주체들의 역할과 행동양식과 의식이 어떻게 민족과 국가의 융성과 몰락을 가져왔나 역사 속에서 그 교훈을 찾고자 한 선생님인지라 부용학자들이 쇠귀를 잡고 오도하는 상황에서 문정창 선생같이 스스로 부역을 인정하고 해방된 조국에서 일개 야인으로 속죄하는 점을 평가하고 처량시대의 귀감의 한 사례로 우리들에게 예를 들어 주었다.(5877. 3. 15 단학동 회일강좌 등)

박병배 의원

한밭 중학교 운동장을 빌려 박병배 의원팀과 야구시합을 한 적이 있는데 우리가 두 번 모두 졌다.

게임에 건 돈이 5만원이었는데 우리는 절대 인원이 모자라 사전에 양해를 구하고 3명의 생짜(인쇄소직원)로 채웠으나 그 쪽은 15명쯤의 충분한 인원인데도 불구하고 서너 명 정도가 초면인 걸로 보아 좀 한다는 친구들을 데려와 끼워 넣었을 것이다.

그 시합을 시발로 시합을 정례화하고 동이나 직장 단위로 팀을 만들어 보자는 제의가 있었으나 거절하였다.

대전 갑구에서 7,8,9대 내리 야당인 신민당 국회의원으로 당선된 박병배 의원은 7대 때 목척교 밑 천변에서 선거 유세를 할 때 지켜보았는데 걸걸한 톤으로 정권의 실정을 거침없이, 그것도 육두문자를 써가며 비판하였다.

야도 대전의 유권자들의 카타르시스를 시원하게 풀어주었을 것이다.

국회의원이 된 이후 기행을 일삼은 게 회자되었다.

한복차림으로 등원했으며 선생님의 글이 실린 《자유》지를 500부씩 주문해 지역민이나 지인들에게 돌렸다.

충남도경 총수 출신으로 한학에 밝았다.

스승 2제와 소나무

1. 일상이 정성스런 노인

오래전 신춘문예 수필에 당선된 ㅊ市의 아무개 씨가 쓴 스승 2제란 글을 요약하면 1제는 필자가 일용직 노동자로 ㅊ시청 근처의 용역회사에서 일을 얻어 생계를 유지하며 습작을 하고 있었는데 어느 날 ㅂ읍의 한적한 농촌마을의 빈집을 소개받아 이사를 하게 되었단다.

초행이라 그 마을의 처음 대면함이 서먹하고 두려운 마음도 없지 않아 미적거리다가 해질녘에 차부에 내렸는데 마침 그 마을의 노인을 만나 동행하며 마을의 인심을 물었단다.

'당신이 좋은 사람이면 마을 사람들도 좋을 것이요. 그 반대면 마을 사람들도 그렇겠지'

부끄러운 마음으로 해가 뉘엿뉘엿 지는 마을로 향하는 길을 따라 가던 중 마을 근처의 야산에 다다르자 노인이 갑자기 멈춰 서서 두루마기 깃과 섶을 여민 후 산자락을 향해 재배하는 걸 보고 의아해 노인에게 물었단다.

'내 선친의 묘소가 제 있는데 보고도 그냥 지나칠 수 없지요'

2. 뒤태가 아름다운 청년

ㅊ시에서 공치는 날이나 일거리를 기다릴 때 근처 다방에서 노닥거리기 일쑤였는데 그곳의 주방에서 일하는 갓 제대한 젊은 친구가 자신이 개발한 여러 방법으로 커피를 끓여 맛을 보이며 품평을 부탁하더란다.

새파란 친구가 다방의 주방에서 커피나 끓이며 싱글대서 그 열정까지도 마뜩찮았는데 얼마 후 볼 수 없게 되었단다.

그 후 멀리 남쪽의 대도시 ㅂ시의 아파트 공사 일을 얻어 그곳에 머물며 커피숍을 들락거렸는데 시내의 규모가 크고 근사한 그곳의 주인이 뜻밖에 예의 청년인지라 적이 놀랄밖에 ….

ㅊ시 시절의 열정과 쾌활함을 그대로 지닌 그는 현재 몇 개의 지점을 운영하고 있는데 앞으로 전국에 설치할 계획이란다.

3. 소나무 단상

한 달에 한 번씩 유명인사를 초청해 강연을 듣든 자리에 약속된 인사의 갑작스런 불참통보로 대타로 시간을 때우기 위해 초를 잡았던 「겨레를 닮은 소나무」—지인의 컴퓨터 가게에서 소나무의 역사(탄생), 세계의 분포지역, 지역별 특성, 생태, 종류, 용도, 식생법, 우리나라의 분포지역, 소나무에 관한 시, 노래, 기타 글 등을 조사하고 출력하여 다시 손바닥만한 메모지에 깨알같이 정리하고 정작 내가 하고 싶은 소나무에 대한 얘기를 다른 두 장에 요약하였다.

소나무에 얽힌 다른 이야기—나는 15년여 어린 소나무와 제법 큰 소나무 한그루를 가꾸었는데 큰 소나무는 원래 그 위에 봉분만의 무덤이 있어 주인이 햇볕이 잘 들게 할 요량으로 큰 가지 세 개 중 무덤을 가린 한 가지를 잘라 버렸다.

내 요청으로 묘를 이장한 후 관찰해 보니 비탈 밭에 기우뚱 선 소나무가 아래쪽으로 쏠려 자칫 비바람에 쓰러질 것 같았는데 시간이 갈수록 스스로 균형을 잡고 가늘던 여벌의 가지가 나머지 두 가지 만큼이나 굵어져 그 모양새가 안정되고 보기에 더욱 좋았다.

궁궐, 한옥, 사찰 등의 기둥, 대들보, 서까래 등, 건축새료, 또 씨앗, 새순, 복령은 약재로 이용되며 어린 시절 소나무 속껍질로 기근을 넘고, 일삼아 갈퀴를 긁어모은 가래로 불을 지핀 민초들이 태반이었는데 예로부터 구황식물로도 전해졌다.

바위벼랑(斷崖)에 의지한 소나무의 자태는 역경 속의 삶이라 할지라도 그 고고함을 웅변하고 그런 형상의 소나무 분재가 고액에 거래된다던가?

우리 소나무는 잘린 곳 주위에 새가지가 돋지 않고 자라면서 지면 쪽에 볕이 잘 들도록 밑가지는 버린다.

그 밑에 명과, 억새 등, 잡초, 잡목들이 얽히고설키어 잘도 자란다.

더불어 사는 겨레의 심성을 닮은 나무가 아닌가 싶다.

소나무가 더디고 마디게 자란다는 얘기는 잘못 알려진 것 같다.

내가 돌보다가 폭설이 심했던 해, 눈 무게를 견디지 못해 가지가 부러지고 그래서 고사한 그 소나무는 10여 년 동안 가지에 그네를 달만큼 훌쩍 커버리고 옛날 허리에 가까스로 미쳤던 개천각의 몇 그루 소나무도 네댓 그루는 고운 여인처럼 다소곳이 자랐다.

고상하고 당당한 기품의 소나무가 충해와 산불, 도벌로 몸살을 앓고 있어 걱정이라고 한다.

강, 내, 저수지, 댐, 방죽, 둠벙, 늪지들을 불루길, 베스, 황소개구리, 청거북들이 점령해 가고 우리 산야에 지천인 망초는 서양의 원목 속에 묻어 온 씨앗으로 퍼졌다는—개망초에 비유해 심지 없이 무분별하게 받아들인 이역의 문화, 종교, 사상, 문물의 폐해를 아파하고 분개하는 재미교포 작가의 글을 읽은 기억이 있는데 망초의 번식처럼 앞선 문명이라서 점령하고 분탕질하는 선악의 경계를—경계자체와 가치를 도통 모르겠다.

어떤 이들은 아메리카 인디언의 땅을 유럽인들이 침략했다고 못마땅해 하고 안타깝게 생각하는데 그것이 침략이건 개척이건 보편적인 인간의 역사라고 생각한다.

기억의 땅, 역사의 땅 만주에 지나가 쇠퇴할 즈음 이번엔 어느 다른 민족이나 인종이 도래해도 그것은 엄혹한 역사의 전개일 뿐이다.

혹자가 말하는 우리의 주도로 통일을 이루고 동북아의 맹주가 되고 세계평화를 선도하게 될 것이라는 희망의 말들이 허망이라는 걸 눈치 챘는지 가끔 선동자 외에는 말하는 이 없다.

　나에게도 ㅂ읍의 일상이 정성스런 촌로와 뒤태가 아름다운 청년 같은 삶을 꿈꾸던 시절이 있었다.

　선생님은 은근히 그런 내 말을 외면했지만 한편 선생님이야말로 그런 분들이었다는 생각이다.

　소나무와 매화를 잘 치는 호산선생의 소나무 소품을 얻었는데 회식 때 내가 일절이나마 끝까지 부를 수 있는 노래가 '선구자' 뿐이어서 흥겨운 주석에서 가곡을 부르자니 민망하였다.

　더구나 때로 까칠한 내 품성을 잘 안다는 여행사 벗이 친일자들이 왜곡한 노래를 부른다면서 놀렸는데 노래가 무슨 죄가 있느냐며 다른 벗이 여행사 벗과 말다툼도 벌였다.

　어느 해 선생님과 동문들과 회일강좌 겸 흑석리 개울가로 원족을 간 일이 있는데 놀이시간에 반잔에도 취하는 소주를 두 잔이나 자청해 마시고 전전날부터 익힌 유행가를 호기롭게 불러 재꼈다.

　우연찮게 소나무가 주제인 유행가였다.

　어쨌거나 내 콤플렉스는 가창도 한 몫인데 춤과 노래는 겨레의 전통이라던 선생님의 전언뿐이겠는가?

　인간 본원의 제1예술 가무상열은 다른 나라 역사서에 기록될 만큼 유별나다.

　(조선족 작가 류연산 선생의 『만주아리랑(2003년 7월 4일 돌베개)』에는 「선구자'는 없다」 꼭지(쪽의 뜻)에 작사, 작곡자, 원 노래 「용정의 노래」부터 「선구자」로 불리기까지의 소사가 상세히 기록되어 있다)

22 이 時代의 다른 風光을 쓰면서

신도안 산채 두령
심천 이강오心泉 李康五 선생

신도안 두령은 동문들과 학회의 회일강좌 때 계룡산에서 신흥종교를 연구하던 심천 이강오 전북대학교 교수에게 붙였던 별명이다.

선생은 신도안에 들를 때 가끔 선생님 댁에도 들렀는데 방문 일을 편지로 알리곤 하였다.

대전에서 공주로 향해 가다보면 공주 공암교를 2.3km 앞두고 박정자 삼거리를 만나는데 청정한 계곡과 중생대의 깎아지른 암벽과 기암, 노송과 느티나무, 단풍, 산벚 등, 수목과 맥문동, 원추리, 금관초, 산바랭이, 취 등, 특산종과 노루, 고라니,

계룡산

너구리, 청설모, 산톳, 꿩, 황조롱이, 독수리 등 천여 종의 동식물을 품은 우뚝 선 봉우리들이 첩첩이 이어져 백제의 고도 공주군과 육군 훈련소가 있는 논산군, 온천 지구의 대명사 유성읍(지금은 공주시, 논산시, 대전광역시 유성구로 행정구역이 개편되었고 산속에 인구 3만 정도의 신도시, 계룡시가 자리 잡고 있다)이 두루 걸쳐 있는--예로부터 5악 중의 서악으로 불리는 명산 계룡산이 비티고 있다.

심심유곡을 둘러 싼 주봉인 천왕봉과 연천봉, 삼불봉, 관음봉, 형제봉, 문필봉 등 20여개의 봉우리는 5~800m 남짓이고 마치 닭 벼슬을 쓴 용과 같다고 하여 백제시대부터 이미 계룡산으로 불렸다.

계룡산은 유성에 약 7㎢, 논산 13㎢, 약 40㎢ 대부분이 공주에 속해있다.

계곡마다 소와 폭포가 절경을 자랑하고 그 절경 속에는 어김없이 1500년도 전에 창건된 마곡사, 동학사, 갑사, 신원사 등, 수많은 절과 암자들이 일곱 개의 계곡과 다섯 개의 동굴, 은선, 용문, 구곡폭포와 함께 자연의 한 부분으로 어우러져 있다.

폭포의 그 청정한 물은 함성과 함께 떨어져 포말로 부서지고 소에서 숨을 고르고 협곡에서 재촉하며 평지에 이르러 노성천이라든가 구곡천, 갑천, 용수천에서 여유를 찾고 그 천들보다 오래고 그래서 더 많은 역사를 간직한 금강으로 흘러든다.

나는 중학교 3학년 여름방학 때 처음으로 계룡산에 올랐다.

그 때는 국립공원도 아니고 물론 길도 신작로였다.

하루 세 번 왕래하는 앞이 튀어나온 버스에 행락객들과 절의 참배객들과 함께 짐짝같이 실려 갔는데 아무리 여름이지만 깊은 산속은 일찍 해가 설핏하고 먹거리가 부실해 돌아올 때는 버스를 타면 오히려 힘이 더 들것 같아(갈 때 토할 뻔 하였다) 동행한 동무들을 꼬드겨 과자나 빵을 사먹으며 유성까지 걸어 나왔다.

아무 안내판도 없을 때였으며 사람들을 따라 주변 산경을 구경하고 적당한 곳에서 쉬어가다가 동학사까지 간 것이 다였고 은선 폭포를 멀찍이서 보고 남매탑을 돌아 나와 계곡에서 가재가 숨는 돌을 들치는 게 고작이었다.

얼마 후 계룡산은 급속히 접근성이 용이해졌다.

서기 1968년 국립공원으로 지정되었기 때문이다.

두루 다니기 시작한 건 삼은각의 위패문제 때문에 동학사를 방문한 것과 후에 동학사를 거쳐 갑사로. 갑사에서 동학사로 내려오는 등산 코스를 더듬는 관변 친목회의 단체 행사 때도 여러 번 동행하였다.

그 때마다 금잔디 고개도 지나고 남매탑도 보고 포말로 부서지며 물안개를 일으키는 은선 폭포 밑에서 잠깐이지만 자연 앞에서 숨을 고르기도 하고 발목 굵기의 낭창이는 나무에 올라 머루와 으름을 따기도 하고, 희귀 동물 같은 물도룡뇽을 건지기도 하였다.

중태기(버들치)는 가재와 함께 상류의 자작자작한 웅덩이까지 넓게 분포되어 있었다. 남매탑은 달이 걸치는 야경이 제격이라던가?

오뉘의 애절한 불사이야기가 에로스로 연상되는 건 불심이 없는 나 같은 중생에게는 당연한 일일 것이다.

한번은 한참이나 뻗은 가을 갑사의 진입로가 인상 깊었다.

단풍과 느티나무 등. 우람한 수목이 양쪽 길섶에 도열해 있었다.

나뭇잎 사이로 비집고 들어오는 눈부신 가을 햇살은 그 투명한 만큼 반비례해 나무그림자를 짙게 드리워야 맞지만 그 속을 걸으면 홍엽은 스스로 빛을 발하는 듯, 길이 밝았다.

들은풍월인데 숲속에 들어가면 인체에 이로운 무슨 피톤치드 향과 테르핀이 발산된다고 한다.

인자요산(仁者樂山)이라는데 덕이 없는 나는 한 번도 산이 좋아 산을 찾은 적이 없다.

신원사나 마곡사도 여러 번 방문하였다.

물론 행랑객 속에 있었다.

얼마 전 초겨울 다른 목적으로 들렀는데 엄밀히 마곡사 방문이 아니었다.

마곡사가 위치한 공주시 사곡면 운암리는 선생님이 6.25 동란 때 월남하여 그곳의 일가 집에서 잠깐 몸을 의탁하던 곳 중의 하나라 그 때의 행적을 좇기 위해서였는데 잠깐 머물렀으니 행장기가 있다면 계룡우사(鷄龍寓舍)라든가 무슨 우사라고 했을 것이다.

사곡 출신으로 공주에서 사업을 하는 후배와 마곡사에서 만나 근처에서 식사를 하고 선생님의 행적을 찾아보자고 약속이 되어 있었는데 휴대전화가 왔다.

아침에 먹은 게 곽란(癨亂)이 나서 꼼짝 할 수가 없다는 것이다.

100kg이 넘는 후배는 소갈병을 앓아 75kg 정도의 체중을 유지하며 보합세의 건강상태에 있는 중이었다.

나는 가까스로 타지에 이사한 선생님의 문중 일가에 대한 정보를 듣고 돌아왔다. 그 때 산은 본격적인 겨울 채비를 하고 있었다.

발치에서 보니 낙엽과목의 잎이 거의 떨어진 산은 험준한 산세와 기암의 봉우리를 드러내고 있어 강하고 험한 인상을 주고 있었다.

을씨년스러운 산을 바라보고 있노라니 문득 전에 똑같은 자리에서 바라본 똑같은 산이었다는 생각이 들었다.

그런 적이 없는데도 말이다.

한 반도 가보지 않은 생경한 길, 마을 어귀, 옹기종기 모여 있는 안온한 마을, 마을을 둘러싼 산과 개울이 전에도 본 것 같은 생각이 들어 당혹스런 적이 한두 번이 아니었다.

우리의 산천이 어디나 비슷해서 그런가도 생각하였고 어릴 때는 전생이 있어 전생에 본 풍광인가 생각한 적도 있었지만 나와 똑같은 경험을 가진 사람을 더러 보았는데 뇌의 어느 부분이 부실해서 일어나는 병증 같은 것이라는 기사를 본적이 있다.

데자뷰 현상이라던가?

계룡산은 갑사지구니 동학사지구니 하는 구역만 있는 것이 아니다.

북서와 동북쪽으로 높은 능선이 등줄기를 이루고 남쪽은 금암산, 동쪽은 관악산, 서쪽은 향적산이 사면으로 둘러싼 신도안을 빼 놓을 수 없다.

논산군 두마면에 속했다가 지금은 육군본부가 들어서 있다.

이성계가 쿠데타를 성공시킨 후 나라를 세우려고 그 도읍지를 물색한 곳이 신도안이다.

도참설과 풍수지리에서 말하는 십승지지(十勝之地)의 이상적 지형으로 보고 공역을 시작했다가 결국 한양으로 옮겼다.

80년대 초 나는 육군본부 건설 공사가 한창 진행되고 있을 때 도 문화재과 직원과 함께 각 기관원들이 엄격히 통제하는 관리소 출입구를 거쳐 이성계의 궁궐터를 답사한 적이 있었다. 궁궐 주춧돌이 어지럽게 쌓여 있었는데 나는 60년대 말과 70년대 초에 들렀던 신도안의 모습을 기억해내려고 애썼다.

6.25 동란 때 도참설을 믿고 피난한 사람들이 부지기수였고 선생님도 그때 안영리 쪽에 잠깐 피난하였는데 육본이 들어서기 전까지만 해도 고유 신앙, 무속, 신흥종교, 유사종교가 300개가 넘었다.

어떤 전란에도 몸을 보전할 만한 곳이라는 감결이 널리 퍼져 있었고 정씨의 건국을 믿고 미륵세계를 꿈꾸는 유사종교와 단군교, 전도관, 통일교를 벤치마킹하려는 신흥종교도 많았다.

대전의 주류사회에도 정감록, 단군 계통의 신흥종교가 광범위하게 퍼져 그때 대전의 유수(有數) 신문사주인 선생님의 일가는 정부의 대청댐 건설 논의 때 신탄진 댐 건설의 감결이 정감록에 있다면서 선생님에게 그 부분을 파자하는 해프닝도 벌였다.

선생님은 정감록에 대해 질색을 했는데 감결 말만 나와도 돌아앉아버렸다.

기독교 목사직을 버리고 「세계일가 공회」라는 신흥종교 교주가 자주 시내로 나와 선생님에게 교리 책자나 행사안내 팜플렛을 전하면서 이런 저런 대화를 나누는 걸 옆에서 지켜본 적이 몇 번 있고, 단군계통의 신흥종교인들이 이재(利財)로 다투고 철천지원수(徹天之怨讎)처럼 등을 돌리는 것도 지켜보았다.

그때 젊은 나는 아무 고민도 없이 그들을 혹세무민하는 사이비들이라고 단정하였다. 심천 선생을 만나기 전의 일이다.

심천 선생은 60년대 초부터 독특하게 신흥종교 연구소를 설립하여 주로 신도안의 제 종교들을 연구하였다.

신도안 두령이 된 것은 내가 문하들 사이에 심천 선생에 대해 이름이 빨리 떠오르지 않아 그렇게 부른 것이 별명이 되어 버렸는데 두마천 계곡밖에 출입구가 없는 산채 같은 신도안을 자주 찾아 많은 종교 단체들과 교류하며 연구하는 걸 보았기 때문이다.

심천 선생은 전북대학교와 대학원을 마치고 그곳에서 철학교수로 재직하며 주역 연구를 비롯한 동양철학에 관한 많은 저술을 남겼는데 신흥종교 30여 편의 연구논문은 독보적인 업적일 것이다.

우리의 어린 시절 「미국놈 믿지 말고 소련놈에게 속지 말고 일본은 일어선다」는 주술 같은 말이 널리 유포되었는데 그곳에서 뜻밖에 어떤 신흥종교 교주가 같은 말을 하는 걸 듣고 깜짝 놀랐다.

까맣게 잊고 있었던 어린 시절 추억의 일편이었기 때문일 것이다.

그 교주가 신도안에서 맞은 해방과 동란 때의 얘기 도중에 한 말이었는데 심천선생과 헤어질 때까지 그 말이 머릿속에 맴돌았다.

신도안 사진

나는 헤어지기 전 비결 같은 말이 신도안에서 나온 게 아닌가 하고 심천선생에게 얘기하자 잠깐 궁리하던 심천선생은 물러가던 일인들이 퍼뜨렸을 수도 있다고 얘기하였다.

심천선생의 본관은 전주이다.

선생님의 지인 중에 성씨가 이씨이면 고성이씨가 아닐까 생각할 때가 있었다.

선생님은 그런 씨족문화에 대해 탐탁찮게 생각하였지만 본관을 물을 때는 조심하기 위해서이다.

역사를 공부하다 보면 불가피하게 역사적인 인물들의 공과를 논할 때가 있는데 그 자손이나 추종자들에게 종종 명분 없는 입씨름에 말릴 때가 있다.

얼마 전까지 가끔 TV에 비추이는 내 연배의 학자가 있는데 당시 전각을 하고 있었다.

무엇 때문에 갔는지 기억이 나지 않지만 그가 쓰다 치워 놓은 듯한 원고를 선생님이 보다가 사실관계가 틀렸다고 혼잣말처럼 지적하자 대뜸 화를 내며 선생님을 닦달하였다.

선생님이나 나나 당황하여 주춤하는 사이 서경원군이 대걸이를 해서 소란으로 번져 결국 인근 파출소까지 갔다.

그 곳의 명사였던지 소장도 알아보고 그를 진정시켜서 그 정도로 끝났는데 20여일 후쯤에 선생님에게 두루마기 한 벌을 사과의 뜻으로 가져왔다는 얘기를 들었다.

제철에 맞지 않는 낡은 두루마기를 입고 고무신을 신은 초라한 노인으로 보고 마구 대한 수치심 때문이었을 것이다.

심천선생을 방문한 자리에서 그런 선생님과의 에피소드를 이야기하다가 심천선생의 지인이었음을 알고 사과했으리라.

하긴 그 무렵 심천선생도 쌀가마를 보낸 적이 있었다. 선생님의 곤궁함과 대가를 절대 받지 않는다는 걸 아는지라 조심스럽게 보낸 것인데 부재중에 사모님이 받아 두었다가 부부 싸움으로 번진 적도 있었다.

심천선생은 지나의 고전이나 그들 것으로 규정된 동양학에 매몰되지 않고 주체적으로 우리의 역사, 종교, 사상을 발굴하는 선생님을 존중하였다.

후에 내가 편집을 돕던 향토지의 원고 청탁을 하러 갔을 때 굳이 다른 소장학자들을 소개시켜줘서 대체하였지만 오래잖아 폐간되어서 오히려 마음이 홀가분했던 기억이다.

심천선생과 신도안을 회고하자니 산천은 의구하되 인걸은 간데없다는 시구도 무색하다. 10년이면 강산도 변한다는 반대말이 있기는 하다. 그러나 지금은 1년이면 강산이 변하는 세상이다.

이만준李萬峻 선배와 환단고기桓檀古記

5873년이던가.

마리산 개천각에서 이만준 선배를 처음 만났는데 기자출신(東亞日報)이어서인지 부지런하여 게으른 나의 부러움의 대상이었다.

소심하고 체면치레만 하는 나의 약점을 은근히 질타하였는데 선생님 작고 후 내전(來田)해서 앞장설 것을 종용하였다.

나는 누구 앞에 나서는 주제가 못 되고 미욱하여 생애가 학도일 수밖에 없다는 생각이었고 선생님 작고 3년 전에는 피치 못할 사정으로 선생님의 허락을 구해 행사 때 외에는 일 년에 두세 번 뵐 정도였다가 졸지에 선생님을 잃었다.

그 3~4년 사이에 학회내에 분란이 있어서 마음고생이 심하였으나 순간순간 목숨을 담보한 험난한 일생에서 만사가 인간관계로 좌우되는 이치를 체득하였고 형극(荊棘)속에서도 지켜야 할 가치를 체화(體化)한 선생님을 지켜볼 수 밖에 없었다.

선생님의 월남(越南) 생활은 군중(群衆)속에서도, 심지어 동지들 속에서도 홀로 있었다.

생전 나에 대해 두 번의 질타(叱咤)가 있었는데 한 번은 핵랑시(核郎詩)에 대한 것이고 한 번은 나의 선고(先考)가 전쟁 직후 이 정권에 협력한 전력을 자랑하다가 호된 꾸지람을 들었다.(그 때는 이튿날 내 선조의 사론(史論)을 요약해 주었다. 나는 대배달민족사에 실린 내 선조의 사론이 나에 대한 배려라고 생각하였지만 정말 그럴까?)

「志士不忘在溝壑」

선생님의 일관된 삶이다.

우리에 대한 잠언(箴言)은 「處衆而逸衆 逸衆而厚衆 」이고 나에 대한 소망은 「雷虛,

檀石」이었다.

이만준 선배는 선생님의 유지(遺志)가 퇴색하였다고 단학동(檀鶴洞)을 매우 안타까워하며 나를 채근하지만 고향을 닮아 빠르고 질박(質樸)한 성품의 선생님의 말씀을 빌리지면 때로는 우보(牛步)가 주마(走馬)보다 빠르고 또 세상사 옳게 보면 모두 옳고 그르게 보면 모두 그르니 주관과 행동의 목적에 따라 서로의 선악포폄(善惡褒貶)이 다른 것이며 또 그 사람의 단점이 장점이 될 수 있고 반대로 장점이 단점이 될 수 있으니 만전만능(萬全萬能)이 있을 수 없고 또 세상사 됨이 때가 있는 법이라고 말씀하였다.

사반공배(事半功倍)의 말씀도 자주하였는데 선생님 세대의 곤고(困苦)한 사배공반(事倍功半)의 시대를 딛고 나는 사반공배의 혜택을 누리는 셈이다.

이 평전을 쓰는 중에도 이만준 선배는 기자 출신답게 내 기억에 희미한 학회의 대소사 관련 인물들에 대한 새로운 정보를 주는데 따로 검증해 보면 대부분 정확하다. 얼마 전 도일(渡日)때 가지마(鹿島昇)를 만나서 여섯 시간 동안 논쟁을 하였다기에 다시 그를 만날 기회가 있으면 몇 가지 확인해 줄 것을 부탁하려는데 벌써 일본을 다녀왔고 이번엔 중국에 가 있다는 것이다.

그 한 달 전 마침 5893년 분실한 환단고기 광해이오사판을 소장하고 있다고 해서 복사본을 부탁했는데 금방 마련해 주었다.

내가 지니고 있는 배달의숙 영인본은 송지영 선생이 숙명여자대학교에 기증한 것과 동일본이다.

송지영 선생은 선생님의 증정본 중 1부를 숙대에 기증했는데 송지영 선생이나 선생님 모두 숙대와 각별한 인연이 있기 때문이다.

나는 5865년에도 선생님외의 내 주위에서 삼일신고나 천부경을 접했기 때문에 환단고기도 널리 알려져 있는 줄 알았다.

5871년 11월 국역한 환단고기를 참고한 「원전대조 그림국사」의 콘티를 짜다가 중단한 일이 있는데 5873년 동문 단우(檀宇)군이 14부 중 1부를 2회에 걸쳐 ≪자유

≫지에 연재하다가 중단하게 되었다.

당시에는 환단고기의 내용이 파격이어서 나 자신도 혼란을 겪고 있었다.

예를 들면 계통도 방계(傍系)에 넣은 요(遼) 금(金) 원(元) 청(淸)은 말할 나위 없고, 배달국(倍達國)과 단군조선(檀君朝鮮)의 세계도(世系図)와 사적(史蹟), 해와 달(年日月)의 명기(明記)같은 것이다.

지금 각종 인터넷 사이트에 나와 같이 40년 전 겪었던 혼란과 당혹의 글이 올라오는데 나는 그때 얼음(氷)을 보지 못한 여름 벌레(夏蟲不可以語氷)와 바다에도 해가 뜨는 줄 모르는 산 아이와 같았다.

얼마 전 이만준 선배는 고 박영석 국사편찬 위원장의 선친과 선생님의 일월시보(日月時報) 편집장 때의 일화와 그로 인한 박위원장과 선생님과의 인연을 소개해 자세한 검증을 위해 여러분을 만나던 중, 그 중 한 분은 사모님도 모르게 10년 가까이 개천각을 방문해 오던 중 정수관에서 만났는데 박위원장의 조카와 벗이라 하여 후에도 소중한 만남을 지속하고 있다.

(나 역시 선생님으로부터 녹동시절의 문경선생님과의 일화를 들어 대강 알고 있어서 선생님의 작고 후 선생님의 본향 곰실을 방문하기 위해 행장을 꾸리고(5885. 12. 24) 문득 기왕 나선 길에 중도의 청도에 들러 문경선생의 고택을 둘러 볼 겸 예정을 바꾸었으나 늦은 시간인데다 세부 주소를 몰라 몇군데 문의한 결과 아는 이가 없어 차를 돌린적이 있었다.)

또 한 분은 계자에게 관심이 많은 독립 운동가의 후손이었다.

5866년 강화도 마리산 개천각에 열성조의 영정을 모실 때, 근대 분 중에서도 마땅한 사진이나 영정이 없는 백포(白甫 徐一), 단재, 계자(雲樵 桂延壽) 등, 몇 분의 영정을 어림없는 필력으로 그렸는데 잘잘못 그리는 건 문제가 아니고 효시가 되니 주저할 것 없다고 용기를 주고 계자를 그릴 때는 선생님 댁 사랑채에 머물 때와 배달의숙(倍達義塾)에서 배우던 기억을 되살려 연필로 본을 뜰 때, 턱 선이며 눈매, 수염 등에 대해 말씀해 주어서 몇 번 수정하며 그렸다.

완성되었을 때 선생님은 한동안 그윽이 바라보았는데 그런 모습을 보고 제대로 그렸을 리 없다고 조바심을 하면서도 선사와 당시를 회고한다고 자위하였다.

해학(이기), 석주(이상용), 송암(오동진), 여천(홍범도), 석천(최시흥) 장군 등 근세 분들은 당시 학교에서 배우기는 백범(김구), 우남(이승만), 백야(김좌진), 철기(이범석) 등이 주류여서 학회 분들이라 모신 줄 알았으나 그 분들이야말로 독립운동가의 주류이고 해학선생이나 운초선생은 우리 상고사를 밝히는 중요한 1차 사료 중의 하나인 환단고기를 편수한 분이라고 말씀하였다.

어제 구기동의 이북 5도청을 방문하는 기회에 이 선배의 사무실도 방문할 계획이었으나 짬을 내지 못했다.

현재 모(某) 학술단체의 상근 부회장직을 수행하고 있는데 환단고기에 대한 제설(諸說)에 대해 알고 있는 만큼 소명하라지만 그것이 가당키나 한 일인가?

이청준의 「소문의 벽」은 진실이 어떻게 왜곡되는가를 잘 보여준다.

그 때는 무심하였지만 선생님 생전에 백당(栢堂)선생과의 대화 중에 운초의 관전 현본이 어떤 이의 수중에 틀림없이 있을 것이라는 이야기를 들은 적도 있으나 5883년 4월 내 어깨를 두드리며 위로해 주던 동복(同福 吳炯基-한암당 장의위원장)선생의 발문(跋文)과 계자의 범례(凡例) 이상도 이하도 아니다.

> 「우리 환단고기(桓檀古記)에 있어서도 한갓 사대주의 눈으로 보아서 이것이 무굴(蕪詘)하다, 또는 사적이 빠져 있다. 또는 이유를 알 수 없다고만 내버려 둘 것이 아니라 좀 더 충분한 구진정신(求眞精神)과 과학적 방법을 활용하여 그 무굴 속에서 체계를 찾고 빠진 사적에 있었던 것을 캐내고 알 수 없는 이유에서 원시적 순박무위(淳朴無爲)한 원상(原像)을 회복하는 검사(檢史) 작업이 가장 긴요하지 않을 수 없다.」 (李裕岦)

선생님의 史論은 많은 부분 「桓檀古記」의 내용을 위와 같이 書而復思하고 思而復削하고 削而復書하여 檢査하고 확장하는데 있었다고 해도 과언이 아니다.

나는 요즘 떠도는 桂子의 70년 후 공개라는 얘기를 선생님에게 들은 일은 없다. 開天5876년부터 5881년 까지 또는 그 후 지금까지 환단고기가 국내와 일본에서 출간 소개되고 큰 反響을 일으킨 사실을 일일이 지켜본 나로서는 환단고기에 대한 제반 논쟁이 求眞精神에 있는 것이 아니라 결국 자주와 부용세력의 勢의 優劣에 있다는 걸 깨닫게 되었다.

선생님의 일생에서 도약기를 꼽는다면 아마 서기 1930년 초반의 청년기에 입경(入京)하여 입회한 안순환이 세운 명교학원 시절이었을 것이다.

가전(家傳)한 많은 서책의 섭렵과 운초, 벽산, 단재의 사관을 기초로 비로소 경향 각지의 학자들을 만나 폭넓게 교류하며 민족주의 사관 정립과 바른 국사 찾기에 대한 자신감을 얻을 수 있었다.

석주의 대동광의(大同廣義), 해학의 유서(遺書), 양계초의 음빙실전집(飮氷室全集)을 학구(學究)하는 한편 조선유학회 기관지 일월시보(日月時報) 주필로 활동하며 대종교와 단군교의 조직과 활동을 주시하고 장차 단학회의 재건을 모색하였다.

선생님을 처음 만났을 때 선생님은 그 시절의 추억담을 가끔 떠올렸는데 얼마 전 선생님이 당시 만나 교류하던 문경(文卿) 박장현(朴章鉉) 선생의 손(孫) 박환 교수에게 귀한 책을 받고(中山 全書 上,下 1983년 박장현, 도서출판 보경문화사), 그 책 「사우명고(師友名考)」에서 선생님의 함자를 찾을 수 있었다.

그 속에 대략 650여 명의 전국 사우명이 기록되어 있었는데 그 중 여러분들을 60년대 단단학회 방명록에서도 만나 볼 수 있었다.

이렇듯 인연의 끈이 후학들에 이어지는 것이 기뻤다.

왕도王都의 비밀과 컴퓨터 신神

최인호 작가가 때로 목숨까지 담보하며 장장 4년여 동안 광개토대왕 당시의 광활한 옛 영토와 그 신하의 나라 신라 땅의 역사의 흔적을 뒤지며 발로 쓴 「왕도의 비밀」이 출간되자 일반 독자보다 학계가 소스라쳤다.

아니나 다를까?

모 신문에 중견 사학자라는 교수의 글이 실렸는데 최인호 같은 소설가도 치열하게 역사를 연구하는데 게으른 학계는 분발하지 않으면 안 된다고 일갈 했던가?

아무튼 그런 류의 성찰을 가장한 넋두리인지 너스레인지를 신문지상에서 본 기억이 난다. 어쩌면 그리 2~30년 그들의 선생과 선배들과 똑같은 너스레나 일갈을 하는지 신기할 따름이다.

이진희 선생의 광개토대왕비가 이슈화 될 때는 이병도 박사가 생뚱맞게 최남선의 제자 수원의 이모 교장과 정인보 선생을 끌어들여 "위당 선생은 역사를 전공한 분이 아니니 …" 하며 스승이라는 일인(위 조선총독부 조선사 편수관)과 같이 찍은 사진을 자랑스럽게(?) 중앙일간지에 실어 너스레를 떨고 사육신 논쟁 때는 김○○ 교수가 육신전을 쓴 추강을 끌어들여 당시 세 살 박이 추강이 뭘 알겠느냐고 일갈하는 따위 말이다.(그렇다면 까마득한 후세에 태어난 김 교수야말로 무얼 안다는 건지 지금 노량진 사육신묘에는 김문기 묘가 더해져 사칠신이란 코미디를 사육신의 후손들도 수용하고 있다.)

대표적인 씨족사회의 역사바꾸기 형태라 할 만한 해프닝이 20세기말에 벌어졌다.

「과연 컴퓨터가 신이다.」

3년 전 교수실로 찾아갔을 때 외국의 유명학술지를 검색해가며 논문의 뼈대를 만들고 있던 후배에게 반농으로 한 말이다.

내가 원하면 역사 연구서나 논문 등, 당장 실시간의 것까지 순식간에 검색해 볼 수 있으니 말이다.

「역사는 가설이 없다지만 예를 들어 광주항쟁 때 컴퓨터가 요즘처럼 활성화 되었다면 전두환 정권은 없지 않았을까?」

「정말 눈부시게 진화하는 새로운 아기신이 탄생한 거네요.」

나는 20년 전 쯤 워드만 한 120타 정도 치다가 포기한 적이 있다.

치는 것이 숙달되어 육필보다 빠르더라도 컴퓨터가 말썽을 일으킨다든가 한 손에 커피 잔이나 담배를 들고 써 내려가는 여유는 없을 것 같았다.

더욱이 나는 30년을 운전을 했으면서도 라디에이터나 배터리 정도 밖에 모르는 치명적인 기계치이다.

요즘 지식인이 사라지고 전문가만 있다고 사회가 한숨이다.

관점의 차이가 있겠으나 자기희생과 선착편의 지식인은 서양의 신이 죽기 훨씬 전에 우리나라에서는 거의 없었다면 과언일가?

그리고 지식이 대중화된 시대가 아닌가?

자연스런 진보이다.

역사분야도 전공자나 정공자가 아닌 어린 친구들까지도 손가락 하나로 무한 용량의 컴퓨터를 도배질하고 있으니 말이다.

20여 년 전 만 하더라도 재야 사학자들이 신문 같은 매체를 이용하기란 하늘의 별 따기였다. 재야 사학자들의 같은 논증도 강단사학자들이 무슨 하늘아래 없던 새로운 것을 발견한 것처럼 호들갑을 떠는 식이었다.

「고조선은 한반도와 동북부를 지배한 강대국이었다.」

30~40년 전 광고 카피로 오해할 만한 컬러 광고가 서기 2006년 12월 12일에 실린 걸 보았다.

내외의 도전으로 역사인식을 새롭게 하려는, 또는 먹고 살 만큼의 국부가 온 길을 되돌아보게 하는 시대의 요청과 시류가 팽배한 요즘이지만 모든 학문 분야가 개방되어 생경한 단어를 남용하고 모호한 문장으로 논지를 장식하고 끼리끼리 인용하고 추어주는 그런 시대가 계속되고 있다.

소위 일본제국주의시대의 한국사 전공 세대들은 거의 작고하였다.

어느 세미나 장에서 나를 포용한 1.5세대의 카리스마 선생이 아직 이병도를 업고 있고 최인호 소설을 보고 어떤 뜻의 일갈을 했는지도 모르겠으나 재야 사학 1세대들의 국사 찾기는 계속 유용하다.

• 知識人-「앎」과 「삶」이 일치하는(知生雙修) 사람

• 한국사, 조선왕조실록이니 하는 신개념 따위가 끊임없이 새로운 것을 좇는 대중들에게는 그럴듯하게 어필할지 모르나 학관에서 꼭 써야할 개념은 아니다.

객관성을 들고 있으나 우리의 국사는 우리가 쓰는 것이지 미국이나 중국, 일본이 써 주는 것이 아니기 때문이고 그들은 우리의 국사를 당연히 한국사라고 하고 있으니 말이다.

선생님의 그들에 대한 비칭-소중화사학, 토왜사학, 청양사학 같은 용어는 박제된 우리의 사학-국사를 생동하는 역사로 이끈 각성제이기도 하다.

흔한 말이지만 인문학에 있어서 고등식자들의 평화니 희생이니 보편, 세계, 타당, 객관 이타 등등의 현란한 교언이나 문식은 한편 전쟁, 보신, 특별, 민족, 부당, 주관, 이기 등과 또 다른 한 말(同語)이다.

신단재 선생은 눌변이었으나 그 글이 명문이 아닌 것이 없고 선생님은 지독한 변방 방언을 썼으나 그 글 또한 명문이니 명문이라 함은 진실하고 꾸밈이 없어 듣고 읽는 이의 마음을 움직이는 글이라는 뜻이다. 혹자 감정을 앞세운 선동문이라고 폄칭하나 마음과 지적 욕구를 충족 못하는 글은 이미 사문이다. (감정이 어떻게 勃起의 역사를 嚮導했나―임승국 선생 편의 附記末「국사편찬위원회에 보내는 공개장」참조)

― 學者(名詞) : 1. 學文을 연구하거나 통달한 사람. scholar.

2. 학문에 능란한 사람. 선비, 학사(學士), 학장(學匠)

literary man(李崇寧의 국어대사전)

1. 萬有의 理致를 窮究하는 道德的 先鞭者

2. 知智德을 갖춘 行動하는 知識人(寒闇堂)

― 因循姑息

守舊 꼴통, 沿源派, 附庸, 事大主義者

國産(土種) freemason

• 現 某 國立大學校 韓國史 敎材 卷頭

「初期國家의 形成 : 古朝鮮~衛氏朝鮮~漢四郡支配에 대한 저항」等

「韓國史를 이해하고 한국사가 지니고 있는 의미를 추구할 때 어느 각도에서 인식하느냐에 따라 해석과 방법과 결과가 다를 수 있다.」

한국사의 기본이해 당면 과제 중

1. 식민사관의 극복

2. 인간의 발견과 이해

3. 한국사에 적용한 역사발전의 법칙 탐구

4. 비판정신의 강화

末. 한국사의 대중화

― 論理가 整然한듯 하나 要領不得이고 다섯 항 모두 民族史學과 社會經濟史學을 言及하고 그러나 警戒하자는 당부를 잊지 않았다.

言語의 盛饌, 脚注 달린 말의 饗宴, 一千餘年 동안 出世의 길이 學官에 서는 것만이 最高善이고 大國을 섬기는 것이 能事였으니 그러므로 極髓의 附庸 노하우도 據得했을 것이고 家門 沿源의 전통이 되었을 것이다.

脚注二例

-. 死(죽음) : 晏駕, 崩, 崩御, 永眠, 逝去, 死去, 就世, 卽世, 死亡, 作故, 幽明(幽顯)을 달리 하다, 命이 다하다(命줄 놓다), 저승가다(저승사자가 데려가다), 幽冥界로 가다(떠나다), 黃泉行, 卒하다, 이승을 뜨다(등지다), 돌아가다, 이 세상 사람이 아니다, 숟가락 놓다, 飮食을 廢하다, 땅 한평 차지, 꼬꾸라지다, 숨넘

어가다(숨지다), 하늘나라로 가다(昇天, 陞天, 登天), 골로 가다(지옥, 천당 가다), 먼 길을 떠나다, 호적에 ×표하다, 뒈지다 등등 …

-. 靑(푸른색) : 푸르다, 파랗다, 새파랗다, 푸르스름, 푸르죽죽, 푸르딩딩, 포로스럼, 포로족족…

顯微鏡, 望遠鏡을 發明하지 못하고도 微分析(?)의 懸河口辯이 놀랍지 않은가?

• 판가름(寒闇堂의 國史學硏究-國史찾기, 我와 非我)과 兩非(言論의 常套論과 韓國史專攻者의 交合～回互主義). 또 한편 兩是論도 있다.

• 「滿洲는 大陸이다.(無主空處의 義)」滿洲를 流浪할 때의 所懷를 披瀝하는 선생님의 餘談 중에 한 말씀이 그 後 유명 作家의 「역사소설」序文에서 「중국은 대륙이다」라는 표현으로 쓰인 걸 보았다.

觀光의 走馬看山으로 보는 大陸과 歷史의 눈으로 보는 大陸의 차이는 天地之間의 間隙이다.

• 요즘 논문(論文) 쓰기는 논술(論述)이라는 과목으로 선정되어 최고액의 과외 과목이 될 만큼 논리의 개발을 규격화하고 있지만 그렇다고 우리 사회가 논리적이 되었다고 보기 어렵고 동류(同類)와 울타리를 보호하자니 견강부회(牽强附會)가 능사(能事)이고 그런 것들이 악순환이 되어 스스로 논리적 모순에 빠지는 다반사(茶飯事)를 쉽게 볼 수 있기 때문이다.

과유불급(過猶不及), 촌철살인(寸鐵殺人), 사공이 많으면 배가 산으로 간다 같은 많은 격언(格言)이 있고 반대로 말로써 천냥 빚을 갚는다는 말에 대한 수많은 속담(俗談)도 있고 열사(熱沙)에서 열기구(熱器具)를 팔고 동토(凍土)에서 냉장고(冷藏庫)를 파는 언어의 달인(達人)들이 얼마나 많은 나라인데 오히려 분분(紛紛) 하기만 했지 진척(進陟)이 안 되는 인성교육(人性敎育)이 절실(切實)하다는 생각이다.

TV의 정기적인 시사토론(時事討論), 무수한 지상방담(紙上放談), 디-워, 막장 드라마 같은 오락물에 몰리는 논객(論客)들의 논쟁을 듣다보면 스트레스로 더워지는 것은 무수한 말의 성찬(盛饌)이 속빈 강정이라 청자(聽者)와 논자(論者)도 모두 허기질 지경이다.

그래서 더더욱 논술교육이 필요할지 모르겠으나 논술 같은 교육정책을 보면 왠지 세계화(世界化), 신자유주의(新自由主義), 무한경쟁(無限競爭) 같은 정치구호에 편승하여 60년대 초 혁명공약, 민생고(民生苦) 해결이 오늘날까지 계승(繼承)되고, 그래서 먹어야 산다가 먹고 보자 쯤으로 발전한 것 같고 온갖 동물을 죽이고, 다듬고, 맛을 내는 것을 여과 없이 보여주는 몬도가네식의 맛집들이 하루도 빠짐없이 긴 시간 매체를 타고 의(依), 주(住)와 함께 시대를 풍미(風靡)하는 세태가 되었다.

말로써 말 많으니 말 많을까 하노라 하던 침묵이 금이라던 시절, 청산유수로 말 잘하는 아이가 최다관객을 모으고(미워도 다시 한 번) 그 절절(節節)한 애소(哀訴)에서 애어른을 보았는데 말 잘하기로 치면 옛날처럼 아이라고 한 수도 접을 수 없는 현실이다.

말로써 진(秦)나라 재상이 된 장의(張儀)의 시오설(視吾說), 오늘날 황석영, 도올 같은 이들의 문장과 논리를 자극하는 악담(惡談), 욕쟁이 할매의 욕설(辱說)이 무논리(無論理)라면 각자의 영역(領域)에서 태두(泰斗)가 됐을 리 없고, 또 우리 시기이기도 했던 선생님의 시대, 내편이면 논리고 뭐고 서로 철옹성(鐵甕城)으로 감싸던 사학영재(史學俊才)들을 조롱(操弄)하던 선생님의 촌철살인 「書亦可 不書亦可 是故惡夫俊者 - 써도 그만, 안 써도 그만인 것을, 〈교언(巧言)하고 영색(令色)하는〉- 그러므로 꾸며 말하는 자를 미워한다.」가 있다.

● 전기(前記)대로 나는 컴맹이므로 기기(器機)에 대한 제반(諸般) 정보(情報)는 기기 속에 내재(內在)되어 있으니 대신하고, 한자(一字) 한구(一句)를 갱지(更紙: 지금은 문방구에서도 구하기 쉽지 않다) 위에 메워가던 선생님이 컴퓨터를 대했더라면 경천동지(驚天動地)였을 것이고, 익혔더라면 더 많은 원고를 남겼을 것이다.

컴퓨터가 신(神)일 수는 없다.

미구(未久)에 SF영화나 소설처럼 우주를 정복하고 인류를 지배한다 하더라도 인간은 무형의 신에게도 경배(敬拜)하는데 그것들이 결국 누구를 숭배(崇拜)하겠는가?

의학자, 사회학자의 말을 빌면 인류문명에 의해 정복된 수많은 질병(疾病)이 있는가 하면 오히려 그 문명으로 인(因)하여 발생한 병들이 많다하고, 그 중에는 현대의 복잡다단(複雜多端)한 사회와 환경으로 인한 스트레스로부터 발생하는 정신질환(精神疾患)이 대부분이라는데 인류역사상 가장 획기적인 발명품 컴퓨터로 하여금 생기는 질병도 신체적, 정신적 질환 발생 소지가 다대(多大)하다고 한다.

글쎄, 어디 개개인의 발병 정도가 끝이겠는가?

인터넷으로 사이코패스(psychopathy: 반사회적 인격 장애의 하나로 전두엽 이상에 의한 정신병의 일종)를 검색(檢索)해 보면 서력 1960년대 희대(稀代)의 연쇄살인마(連鎖殺人魔) 테디 번즈 이후 사회 병리학적 측면에서 그런 불특정인(不特定人)에 대한 끊임없는 살인욕구와 공격행위가 일종의 정신병증행각(精神病症行脚)이라는 연구가 본격적으로 이루어지고 그것을 사이코패스란 용어(用語)로 명명(命名)하였다 한다.(19세기 프랑스 정신과의사 필리프 파넬이 사이코패스 증상에 대해 저술하였고 1920년대 독일의 심리학자 슈나이더가 사이코패스 개념을 설명)

그 병의 특징 중 하나가 병자는 일상(日常)에서는 오히려 도덕적인 평범한 시민연(市民然)한다던가?

사이코드라마의 독특한 경지(장르)를 개척한 알프레드 히치콕의 동명(同名) 영화나 평범한 모상(貌像)의 글렌크로스를 일약(一躍) 스타덤에 올린 「위험한 정사」, 케시 베이츠의 「미저리」, 안소리 홉킨스의 「양들의 침묵」, 케빈 스페이시의 「세븐」, 크리스챤 베일의 「아메리칸 사이코」 등등, 일 년에 몇 편씩 수입되는 A, B급의 사이코 드라마들의 사이코패스들은 반사회적 정신질환자들이라 하니 제반 정신병과 암과 같은 병증은 대개 진행기수(進行期數)가 있어 초중기(初中期)에는 치료가 가(可)하나 말기(末期)에 이르면 고질(痼疾)이란다. 더욱이 그런 유(類)의 병은 초기에는 자각(自覺)이 어려워 본인도 주위 사람도 무심하다니….

고질적인 연원(沿源), 학연(學緣), 지연(地緣)이나 신종(新種) 지역이기주의, 콘크리트 격조(隔阻)와 소통장애(疏通障碍), 바보상자·지상언론(誌上言論)의 집단최면(集團催眠), 일등에 대한 무조건적 갈채(喝采)와 2등~꼴지에 대한 무관심(最高至上主義), 컴퓨터 속에 스스로를 격리(隔離)한 군상(群像)들, 그리고 수위(水位)없는 배설(排泄), 언어의 폭력, 사이버 살인⋯. 만유(萬有)는 선악포폄(善惡褒貶)이 공존(共存)하니 문명의 성과(成果) 컴퓨터도 순역(順逆)의 양날의 칼인데, 물질로 치환(置換)된 정신의 몰가치(沒價値), 무책임(放縱), 집일미분(執一微分) 등, 그러므로 몰각(沒覺) 속의 우리는 누구도 자가진단(自家診斷)을 소홀히 할 수밖에 없는 사이코패스의 초기 증상에서 안전하다고 장담(壯談)할 수 없을 것이다.

서양과 우리의 어느 왕들, 이미 우리를 경악케 한 아무개 같은 여러 명의 엽기적(獵奇的) 연쇄살인자들, 수시로 발생하는 집단살상의 미국인들, 그들은 사이코 병증 말기 환자들일까?

컴퓨터는 신이 아니다.
그러나 또 한편 신이기도 하다.

병영의 추억追憶

지금도 종종 비슷한 일이 일어나지만 장욱재, 태현실, 박주아, 김달중 등이 출연한 「여로」라는 연속극이 방영되는 시간에는 흑백 TV 시절이었는데 거리나, 사업장, 식당 등이 한가해 질 정도로 대 히트였다.

나의 군 시절이었다.

여산의 하사관 학교에서 복무했는데 BOQ살이 하는 장교, 기간병, 거의가 식당의 TV 앞에 진을 쳤다.

장욱재의 반편 연기가 압권이어서 사회에서는 신드롬이 되어 어른 아이 할 것 없이 그 흉내 잘 내는 이는 갈채를 받으며 재미를 재생산한다는 소식도 TV에 나왔다. 우리 부대에도 한참 후에나 등장한 심형래 닮은 서산 출신 병사가 장욱재 흉내를 똑같이 내서 인기를 독차지 하였다.

교무과에서 3,000명의 교육 예정표를 짜는 보직을 맡아서 정식 휴가는 고사하고 3일밤을 꼬박 샌 날도 있을 정도로 짬이 없었는데 나도 「여로」 방영시간에는 악착같이 시간을 내어 TV앞에 앉았다.

一日不視聽 旅路 口中生荊棘

하루라도 건너뛰면 입안에 가시가 돋을 지경이었다.

그 바쁜 와중에도 지리한 마음을 달래주는 것이 「여로」였다.

지금도 개운치 않는 추억의 일편은 짧은 특별 휴가를 내어서 멀지 않은 집에 다니러 가면 선생님 댁에 들렀는데 「여로」방영시간에 맞추려고 약속이 있는 것처럼 둘러대고 더 같이 있고 싶어 하는 선생님을 떨치고 집으로 갔던 일이다. 선생님 댁엔 TV가 없고 연속극을 보러가야 된다고 일어설 수는 없는 일이 아닌가.

자대에 배치된 후에는 선생님의 간략한 안부 편지를 몇 번 받았는데 나는 딱 한번 답장을 드렸다.

부대 내에서 보는 사회의 신문에 일본의 패망 후 필리핀 정글에서 낙오된 일본의 패잔병이 20년 넘게 군복을 입은 채 정글 생활을 하다가 구출되어 일본의 하네다 공항에 영웅처럼 귀환한 기사가 실렸다.

「군인은 조국의 가슴위로 떨어져 내리는 한 떨기 꽃잎인 것이다」

공항에 내려 그 늙은 패잔병이 한 말이라고 한다.

나는 편지의 서두에 옮겨 쓰고 어제 이런 기사를 보았으며 일본인은 참으로 아름답고도 무서운 자들이고 아직 18개월의 복무 기간이 남아있는 군인이지만 씁쓸하고 답답하다. 적이 동족이 아닌 어떤 외국이라면 나도 그 패잔병 같은 마음이 될 수 있을까? 라는 요지였다.

학부시절 내 의지와 상관없이 약간의 소요전력이 있어 동료 70명과 예정에 없던 입대를 하고 기록 카드에 요주의 인물이라고 기록되어 있었지만 편지는 검열을 피하였다.

그 시절 광주 보병학교에서 6개월 훈련 후 장교가 될 수 있다고 교육 장교가 회유하던 때였다.

샌님 같은 모습이었지만 장교측정에서 등외가 된 적이 없었으며 사열 때 열병지휘를 하면 연병장 밖까지 그 목소리가 쩌렁쩌렁 울렸다.

월남 주둔시절에 위문 간 쉰 소리의 유명가수와 의남매를 맺었다는데 그네를 나에게 소개시켜 주겠다면서 같이 찍은 사진 여러 장을 보여주기도 하였다.

나는 그 일본 패잔병의 말을 써서 2층 계백관에 걸어 놓았는데 제대 후 1년 쯤 지나서 다시 가 보았을 때도 그대로 있었다.

세계화를 부르짖고 민족을 해체하자는 담론이 분분한 작금 꼴통소리 듣기 좋은 말일 것이다.

나의 군 시절 동료들과 함께 찍은 사진이다.

초등교사 두 명과 주산 7단의 은행원이 있었는데 좌로부터 뒷줄 3번째 선우근 하사는
한양대 재학 중 입대했단다.

배속 받자마자 장교들과 어울려 그들에게 테니스를 가르쳤는데 그래서 선임병들의
눈에 났다. 선우휘선생과의 인연으로 그를 보호했는데 모두 그리운 얼굴들이다.

26 이 時代의 다른 風光을 쓰면서

특질고 特質考

　　70년대 말 「갯마을」의 작가 오영수 선생이 「특질고」라는 8도 사람들의 특질을 그 지방의 사람들 특성에 따라 고찰한다는 글을 썼다가 그 글이 특정지역 사람들을 비하할 목적으로 쓰여 졌다 하여 그 지방뿐 아니라 타지방 사람까지도 집중포화를 퍼부어 그 충격으로 병을 앓고 있던 중 마음의 고생까지 덮쳐 그 해 5월 작고하였다.

　　문제가 된 부분은 호남인들은 「표리부동하다」라는 요지였다.

　　고구려, 백제, 신라는 각기 다른 왕조라 그렇다 하더라도 신라의 반반도 통일 이후에도 왕건의 훈요십조(고려사 태조 26년 癸卯), 김부식의 신라중심주의, 정감록, 국조실록(성종 을축조, 계묘조, 신사조, 연산일기 병인조, 명종 신사조, 선조 임오조, 광해일기 경술조, 영조 갑진조) 등에는 왕과 대신, 학자들의 수많은 호남 비하 발언이 수록되어 있는데 이런 편견, 심지어 한말의 격변기를 살았던 호남의 대표적인 유생 매천도 호남 인심을 지극히 부정적으로 보았으며 작금의 사회까지 이어져 호남인들의 품성을 논하는 지표가 되어 버렸다.

　　암울한 79년 봄 돌출한 「특질고」 사건은 「우리가 남이가?」라는 식의 정치인들의 음습한 선동에 부화뇌동하던 지방색을 용감하게 글로 옮긴 필화사건이다.

1979. 10. 26

서기 1979년 10월 27일 이른 아침 딴 곳에서 자고 온 아우가 새벽까지 있다가 잠든 나를 깨워 박정희 대통령의 유고 소식을 알려 주었다.

그 때는 신문이 거의 석간이었는데 마당에 뿌려진 호외를 들고 있었다.

동생이 켜주는 TV의 아나운서 멘트나 호외가 머리가 하얘져 잘 들리지도 않고 금방 밀려드는 잠 때문에 쓰러져서 오후 3시경에 일어났다.

세상이 온통 난리였다.

그 난리가 몇 년 지속되었다.

박대통령 서거 직전 금산군 문화공보실장의 배려로 「700의총」완공식에 참석해 축사를 하는 모습을 말석에 앉아 지켜보았다.

그 때는 축사를 들으면서 현충사를 성역화 할 때부터 친일파와 변절자로 낙인찍힌 자신의 정체성을 희석시키기 위해, 그렇지만 누구도 반대 못할 쇼를 한다는 생각도 하였다.

한편으로는 깡마르고 현저히 힘이 빠진 연설에서 자신의 눈앞에서 일어난 자신과 육영수 여사 저격 사건의 충격과 유신 정권에 대한 격렬한 저항에 무력으로 대응하는 지친 기색을 보고 연민을 느끼기도 하였다.

그는 비명에 갔지만 대한민국사에 자취를 남겼다.

뜻이 없는 민족, 들쥐 같은 민족.

그의 자화상이 우리의 자화상이었다.

그 시절 선생님은 소온(所蘊)하였기 때문에 언제나 다름없이 ≪자유≫지에 사론을 기고하며 국사 찾기에만 몰두하였다.

그 시절 나는 젊었기 때문에 선생님이 몹시 경원하는 「오글」을 지지하였고 동아의 백지광고사태에 비분(悲憤)했는데 이제 선생님이 옳았다는 걸 깨달았으니 어찌 배움의 길이 책상앞(案頭)에만 있다하겠는가? (오글- 아국에서 아국의 민주화 운동을 하던 서양의 목사)

선생님은 현대사에서 최초의 쿠데타로 반민특위를 와해시킨 경찰의 특위 습격사건을 이승만 정권의 친위 쿠데타 사건으로 명명하였다.

양반의 고장

관선 도지사 시절 지인이 내 고장 도백으로 부임하였다.

내 기억으로는 3년여 도백을 지냈는데 역대 최장수일 것이다.

밑의 작은 아저씨가 형을 볼 겸 내전(來田)해서 몇 번 우리 집에 들러 나의 사는 모습을 보고 갔는데 큰 아저씨는 3년 동안 한 번도 못 보다가 다른 중앙부처로 옮겨 가기 한 달 전 불러서 10분 정도 인사하였다.

그러나 나의 모친을 종종 만나서 국밥을 나눴단다.

청렴하고 권위를 버려서 장수 도지사를 했다고 하지만 토호들의 비위를 잘 맞추었을 것이다.

부임한지 1년도 못 되어 타지로 옮기는 일이 다반사였는데 내가 자랄 당시 도백이나 시장, 서장 같은 기관장들이 부임인사를 하러 가는 곳이 그들이었다.

역사책에 왕들도 신하를 불러내기 위해, 또는 한수 배우기 위해 몸소 신하의 거소를 찾는 일이 있었다고 기록되어 있으니 흉이나 흠결이 될 것은 없다.

내 고장 관공서 출입을 할 때는 신분증을 수위실에 맡기고 출입처를 신고한 후 일을 보던 권위주의시대였다.

다소 과장된 소문일지 모르겠으나 어쨌든 밉보인 수장들은 오래 못 버티는 그런 시절이 한 동안이었다.

지금은 본토민이 20%도 안 남고 양반세상이 아니어서 다 옛 이야기가 되어 버렸다.

삼은각, 70년대의 에피소드

충남 명산 계룡산에는 비구니의 도량인 명찰 동학사가 있는데 그 경내에는 목은 이색, 포은 정몽주, 야은 길재를 모신 삼은각(三隱閣)이 있다. 삼은각에는 이들의 위패를 모시고 해마다 충남도지사가 제주가 되어 세 분을 제향하고 있었다.

5873년 4월 초에 선생님의 지시로 위패의 위치가 옳지 않으니 바로 잡아 달라고 대통령에게 탄원서를 써서 청와대로 보냈다. 말씀을 따랐는데 답이 없었다. 이번엔 다시 학회 명의로 보냈다. 그때야 답이 왔다. 학회의 건의를 도를 통해 잘 처리하게 했다는 요지였다.

얼마 후 도 문화재과에서 방문해 달라는 공문이 왔다. 내가 갔는데 과장은 의자도 권하지 않은 채 계통을 거치지 않고 바로 청와대로 진정했다고 화를 내며 위압적으

로 대하였다. 나는 어이가 없었지만 선생님의 초(抄)를 대강 숙지한 후였기 때문에 세분의 관계, 행적, 모신 과정 등을 설명하며 목은 선생을 중앙에 모셔야 함을 설명하였다.

힘 있는 후손들이 버티고 있어 부질없는 일이 되었지만, 같은 해 충열사의 대명충신 임경업이나 춘추필법으로 고려사를 썼다는 따위를 수정한 일이며, 문중의 씨족사 왜곡 등은 애교이고 학회가 격렬히 비판한 노량진 사칠신묘[7]는 토왜사학자들이 왜곡하는 국사에 비하면 역사코미디일 것이다.

그 70년대 이진희 씨가 제기한 왜의 광개토대왕비 변조문제로 남·북·일 학자들이 동경의 학술세미나장에서 논쟁 중일 때, 왜에 동조하는 제자들을 응원하기 위해 에둘러 정인보 선생을 끌어들여 교필하는 세칭 사학계의 거두의 글을 보고 왜 선생님의 글쓰기가 격한지 다시 생각하였다.

주 7

• 70년대 短想 二題
  — 은혜가 있으면 갚으면 되고 仲國이, 日本이 어떻고는 우리의 일이 아니다.
大明天子가 맡은 바는 이 나라의 治外法權이다. (忠州 忠烈祠 에피소드)

— 華陽 : 大明의 하늘땅은 이 강산 벽에 다다르고 洪武의 해와 달은 이 벽壁을 지나간다.
東藩倫理로 무장한 한양조선에 홍무일월이 四時長春 비춘들 사화와 전란이 끊이지 않고 나라는 결국 왜적의 수중에 떨어졌다. (做偶哲學, 奴史敎育 -寒闇堂) (回想社 에피소드)
(宋子가 서쪽 亡한 明을 향해 俯伏한 佳景 華陽溪谷은 지금 만인의 휴식공간이 되었다.)

• 支那民族과 歷史는 劉漢以來 存立되고 그 以前의 歷史는 檀君朝鮮(所謂東夷系)의 한 부분에 속한 역사였다.

仲國民族史라는 것이 대부분 千篇一律的으로 朝鮮國號를 말하지 않고 東夷, 東胡, 肅愼의 셋으로 갈라놓았으니 이것이 孔孟以來 역대 漢儒들의 斷爛朝報같은 滿輻挾雜의 春秋史觀이 아닐 수 없다. (寒闇堂)

• 지나의 사관들은 공맹이래 역대 한아들의 교만한 버릇이 되고 따라서 남의 역사를 침탈하고 남의 자리를 중간에서 새치기하고 있는 舞文弄筆이다. ― 漢兒 驕傲之㿜(石州)

"어디다 사육신을 비유하나"
후손들 발끈 靑 비서관 성토(경향 2007. 6. 5)

사육신 후손들의 모임인 '사육신 현창회'는 자신을 사육신에 비유한 양정철 청와대 홍보기획비서관을 강력 비판했다. 현창회 김의제 이사장은 "현직 대통령을 앞장서서 옹호한 사람이 불의에 항거하고자 목숨을 끊은 사육신에 자신을 빗대는 것을 용납할 수 없다"고 밝혔다. 기자실 통·폐합을 주도하고 있는 양비서관은 지난달 31일 한 라디오 방송에 출연해 "나는 정부와 언론관계를 선진화된 방향으로 가게 하기 위한 사육신이 됐으면 됐지 간신이 아니다"라고 말한 바 있다. 현창회는 2일 사육신 7인의 제사를 모시는 봉사손들과 이사진들을 소집해 양비서관의 발언에 대한 대처 방안을 논의했다.

5874년 7월 전설 따라 삼천리인지 전설의 고향인지, 그 대본을 쓰는 극작가 구석봉(具錫逢)씨가 뜬금없이 육신전에 오류가 있다고 비판함으로써 평지풍파를 일으켰다.

덕분에 당시 나는 학창 때 이름만 외웠던 사육신 사건의 전모를 대충이나마 배울 수 있는 망외의 기회를 얻었고, 주(主)는 숨고 하수인 불쏘시개(문제 제기자)가 불을 댕기고 언론이 이해를 좇아 장작을 얹고(이슈화하고) 관변학자와 함께 활활 태우다가 불길이 사위어 가면 조종자(주)가 슬그머니 자신들의 입맛(뜻)에 맞게 수습하는 생생한 역사왜곡 현장을 직접 목격하게 되었다.

사육신 묘

　아래, 참국사 찾기 원고정리와 거대 담론 통사(通史)의 뼈대를 잡던 초고를 잠시 시령에 얹고 4근의 고기 덩어리 같이 던져진 신 사육신 논쟁에 대하여 잔뜩 찌푸린 선생님이 분기를 누르며 기록한 장문의 『露梁津 六臣墓 是非判正 報告書』(대배달 민족사 4권 997~1,035 P)와 『具錫逢씨의 新 六臣論을 읽고』(대배달 민족사 4권 1,036~1,042 P)중 後稿와 『東鶴寺 三隱閣 位次 紛爭 辨白』을 揭載한다.

● 具錫逢씨의 「新死六臣論」을 읽고

　「欺暗不然奈欺暘 秋陽江漢不能傷 難將劇作一俳手 掩沒人間俱眼郎」(檀檀學會)

　序論

　檀檀學會에서 이미 月刊『自由』一月號를 통하여 「露梁津六臣墓是非判正報告書」가 世上에 공포되었으니 이것이 本事件의 一段落을 매듭지은 것으로 알고 있었다. 그런데 이제 또다시 최초의 發說者이던 劇作家 具錫逢씨의 劇作인 新死六臣 演劇을 「경향신문」이라는 중앙 一流신문에서 거듭 꾸미고 있다. 몇날 전 午前五時五十分 「文化放送」을 듣고 있노라니 師大 교수 李泫熙씨의 「餘皆服招 惟文起不服」이란 九字實錄의 기발한 해설을 들을 기회가 있었다. 모두들 「肉四斤」밖에 값어치가 없는 「曜者님들 擧手機」덕분에 饅獐一嘆(만장일치)로 통과된 소위 國史編纂委員會의 난장판 노름의 연속극이 아니라 하겠는가.

서울특별시에는 郭○○라는 유명한 第二副市長같은 不正의 名手가 鷺梁津 六臣墓정리공사를 지휘하였음직한 시절이오 申○鎬같은 親日巨物級, 斜學家도 끼어있었으며 死六臣 論爭에 소고기四斤의 强贈者 法曹人도 등장할 수 있었다. 참으로 自神市開天以來 일직 未可聞 未可比의 饅獐一嘆(만장일치)는 이것이 결국 穿蝦粧燦(천하장관)이 않일 수 없었다. 다만 외국사람들이 알까 두렵기만 할뿐이다. 아 참말 가련하구나! 우리나라 國史編纂委員會의 落厠之花들? 측간에 떨어진 꽃은 씻어도 다시 향기롭지 않으니… 이것이 오늘날 골치 아픈 일이 아니겠는가.

本論

첫째, 이미 月刊 『自由』에 공개된 것이지만 文化적인 「文化放送」에 재론된 것이니 釜山千里와 慶遠·義州千里 모두 합하여 三千里! 이 三千里坊坊曲曲에서 老少男女할 것 없이 누구나 다 들었을 것이다. 그러니 다시 「餘皆服招 惟文起不服」이란 九字實錄부터 해설해보기로 하자.

당초 六臣義擧사건의 동기가 兪應孚 等 三雲劍을 前頭로 내세워 世祖一堂을 一擧 屠戮하고 舊主端宗의 復位를 모의한 것이나 이 사건이 中間에 同謀者 金礩의 密告에 의하여 一網打盡된 것이다.

①金礩의 밀고 ②成三問의 杖訊 ③朴彭年의 杖訊 ④李塏의 杖訊 ⑤乙巳條 義禁府의 啓-以上의 사실에서 兪應孚의 名記는 있고 金文起는 빠져 있다. 丙午條 思政殿에서 곤장질을 하면서 黨與를 신문할 때 金文起의 名記가 처음 보이는데 金文起! 역시 이 사건의 重鎭임은 확실하나 死六臣의 한 사람으로 현창하기에는 퍽 困難한 사실이 아닐 수 없다.

餘=남어지 사람=招=곧 문초(問招)에 服=승복(承服=服從也)했다. 다시 말해서 朴彭年 己服招 死於獄中(박팽년은 이미 문초에 승복하고 옥중에서 죽었다)하였으니 朴彭年은 벌써 문초사실을 승복(승인)하였고 나머지 成三問·河緯地·李塏·兪應孚·權自愼 등 나머지 곧 모든 의사들이 모두 服招=곧 문초사실을 승복했는데 오직 文起만은 不服=곧 승복(승인·복종)하지 않았다는 내용 사실인데 오늘날 漢字의 讀解力이 부족한 學者 敎授들이 멋대로 제각기 엉뚱한 過剩推理로 비약날조하고 있으니 더욱 寒心하기 이를 데 없다. 이제 여기에 나타난 「餘皆服招 惟文

起不服」의 服字를 李泫熙교수의 論法대로 「굴복」의 服字로 풀이하게 되면 오직 金文起만은 屈服하지 않았는데 朴彭年以下 여러 義士들은 모두 굴복한 것같이 도매금으로 獨斷自态한 해설은 있을 수 없다. 李泫熙교수와 함께 文化放送의 한때 失手가 誤蒼生할 위험을 지니고 있다는 이 知識의 公害… 또한 우리는 각별히 경계하지 않을 수 없다.

둘째, 具錫逢씨는 端宗復位운동 과정에서 儒臣들(金文起・朴彭年・成三問・李塏・河緯地・柳誠源 등)이 將臣들(成勝・兪應孚・朴崝 등)을 羽翼으로 삼았다고 주장하고 있으나 그 原典의 出處가 또한 右議政 李思哲의 率百官 上箋인데 箋文자체가 金文起・朴彭年 등이 主가 아니라 主는 安平大君 李瑢으로 되어 있고, 李塏는 餘黨으로 되어 있고, ①成三問 ②朴彭年 ③河緯地 ④柳誠源 ⑤朴仲林 ⑥金文起 ⑦沈愼 ⑧朴耆年 ⑨許造 ⑩朴大年 등은 其徒=곧 李瑢 또는 李塏의 卒徒(徒黨)로 되고 ①成勝 ②兪應孚 ③朴崝 ④宋石同 ⑤崔得地 ⑥崔致地 ⑦李裕基 ⑧李義英 ⑨成三顧 등은 李瑢 또는 李塏의 羽翼으로 되어 있다. 이것이 實錄인데 무엇이 儒臣들(金文起・朴彭年・成三問・李塏・河緯地・柳誠源 등)이 將臣들(成勝・兪應孚・朴崝 등)을 羽翼으로 삼았다고 氣高萬丈의 妖焰을 뿜낼 수 있다는 것인가. 實錄을 똑똑히 읽고 一言一字의 해석을 劇作家의 思考方式으로 하지 말고 學問한 선비의 考據方法으로 터득해야 할 것이다.

實錄의 記事가 그렇고 南孝溫의 六臣傳이 그러하고 儒林學者들의 上疏內容이 그렇고 또 이제 歷代帝王들의 追服史實들이 모두 그러하거늘 한갓 去頭折尾의 斷章摘句 몇 마디를 갖고 南孝溫의 六臣傳이 六臣概念을 흐렸느니? 또는 實錄은 世祖의 六臣概念에 이루워졌느니? 하지만 모두 그 原典의 出處란누구 한사람 立證해 내놓지 못하고 결국 「소고기 四斤」이 天地最後의 最大惡先例를 만들게 되었기 때문에 文教部의 國定教科書 不正事件이 있은 뒤를 이어서 이번에는 서울特別市의 아파트不正分讓事件과 連環非連環의 속에 거창한 說明 必要없이 결국은 國史編纂委員會의 속에는 아무 感情없는 소고기四斤짜리 史學者 擧手機를 생산해 내는데 結末짓고만 셈이 된 것뿐이다. 그런데 이제 또 이런 문제가 再三 論議될 必要性조차 느끼지 않는다.

※ 신문기사 : 白村 金文起 假墓

白村 金文起 假墓

死六臣 墓域에 만들기로

「讀書新聞」報道

사육신묘 주변정화 계획도

鄭求福씨(77년 12월 18일자 讀書新聞)가 마무리짓는 데는 「死六臣」이란 말은 그대로 서울시에서만은 이난 것이 같았다.

그런데 서울特別市는 白村 金文起의 가묘(墓域、假墓)를 사육신 묘역(墓域、서울 冠岳區 鷺梁津소재)에 만들기로 했다는 것이다. 이같은 조算委員會(위원장 崔永禧, 위원―國史編纂委員會)의 문의를 받은 國史編纂委員會 崔永禧, 金道淵, 위원―高柄翊, 金元龍, 金哲埈, 柳洪烈, 申奭鎬, 李光麟, 白樂濬, 李基白, 李瑄根, 李丙燾, 趙璣濬, 全海宗, 韓沽劤―가 회의를 열고 위와 같이 결정, 서울시에 통보함으로써 이루어진 것이다. 문교부(국사편찬위원회)는 또 兪應孚의 묘소 論그대로 두어도 좋고 金원회)는 또 兪應孚의 묘소

文起의 묘는 만들되,「死六臣」이란 말은 그대로 쓰는 것이 좋겠다는 의견도 이에 따라 서울시는 兪應孚의 묘도 그대로 두고「사육신」이란 말도 그대로 쓰기로 했는데、일부 보도에는 端宗復位運動 당시 처형된 一七명에 대해서도「충신단」을 만들어 위패를 모시는 것이 좋다는 결정을 서울에 통보를 했으나 이「一七명(혹은二八명)」으로 수정되어야 옳다고 국사편찬위원회 한 관계자는 말했다.

의 문중 싸움으로까지 번졌었다.「死六臣」이란 개념은 생육신의 한사람이었던 南孝溫의 秋江集 안에 있는「六臣傳」에서 유래된 것인데 具錫逢(傳記作家)씨가 77년 7월 27일, 이「六臣傳」에 오류가 있다고 비판함으로써 논란이 일기 시작했었다. 이 논란은 金聲均씨가 77·9·29일자 東亞日報, 李家源씨(77년 10월 23일자 中央日報) 李戴浩씨(77년 9월 28일자 釜山日報、77년 10월 23일자 讀書新聞) 등이 참여했고 其씨(讀書新聞) 77년 11월 6일, 12월 4일)와 李戴浩씨(77년 11월 20일자 讀書新聞)의 논전으로 압축되었다. 여기에 全北大의 논쟁은 金寧金氏와 川寧兪氏

白村 金文起를 사육신으로 현창(顯暢)해야 정당한가 사육신(死六臣)중의 한 분으로 兪應孚를 그대로 두어야 하느냐 하는 논쟁은 金寧金氏와 川寧兪氏

世祖 二년 六월에 義禁府에서 이 사건을 마무리지어 올린 장계(狀啓)에 사육신, 金文起등 外에 28명의 이름이 보인다는 첫

셋째, 끝으로「兪應孚는 宰相아닌 武官二品·慶源節制使와 咸吉道節制使 엄연히 다른 官職」운운하는 것은 이 또 무슨 畫出魍魎의 戲談인가. 死六臣문제 해결에 아무런 影響이 있을 수 없다.

俞應孚는 宰相아닌 武官二品이라 하자-이것이 俞應孚가 死六臣됨에 무슨 欠이되며 六臣傳의 咸吉道節制使가 잘못되었다 하자! 그렇다 해서 곧 이것이 金文起의 職啣으로 斷定해야 하겠다는 억지는 무엇 때문인가. 잘못되었으면 잘못된 것뿐으로 끝나는 것이 옳지 않겠는가. 어떻든 간에

「爲咸吉道節制使存詩(六臣傳)

이 九字記事의 한글 풀이에 있어서 구태여「咸吉道節制使」가 되어 詩가 있었다」(지를 지었다)(存在也一)로 할 것이 아니라

「咸吉道節制使를 위하여 詩가 있었다」(詩를 지었다)로 볼 수도 있지 않은 것인가. 그렇다면 그 이른바「咸吉道節制使」는 과연 누구를 지칭한 것인가. 金文起의 職啣을 南孝溫이 잘못하여 바꾸어 놓은 것인가. 모두 아니다. 그것은 분명 金允壽를 말한 것이 틀림없다고 본다. 具錫逢씨의 劇作家의 입장에서 과잉 추리로 하는 말이 아니라 역사적 고찰에서 확실한 出典이 있음을 거듭 강조하고 싶다.

[國朝實錄] 世宗仁聖大王三十一年 己巳五月壬午 俞應孚 慶源都護府使

三十一年己巳六月丁卯 示咸吉道都節制使 金允壽와 慶源節制使 俞應孚하야 令起復赴任하다 然이나 野人相接之際에 不宜淡腹이요 許令權著吉服하다

한 文證으로 볼 때 慶源節制使 俞應孚는 同年同月同日에 咸吉道都節制使 金允壽와 함께 喪服 中에 起用되어 赴任하도록 명을 내린 사실이 분명하니 그때의 咸吉道都節制使를 위하여 詩 한 首쯤을 지었을 것이 想像하고도 남음이 있다 하겠다.

부절(符節=奉命持節)을 갖인 金允壽장군이
야인의 변두리땅(夷邊)을 진정했거니
티끌없는 일선전방(紫塞)에는
한가한 사병들 졸고만 있대요.
五千도 넘는 준걸스러운 전마들
늘어진 수양버들 밑에서 울거니
三百마리 날 센 보라매들
수자리다락 앞에 앉아만 있구려.

爲咸吉道都節制使 存詩

將軍持節鎭夷邊 紫塞無塵士卒眠 峻馬五千嘶柳下 良鷹三百坐樓前

＊ 紫塞＝[風俗通] 秦築長城 土皆紫色 謂之長城 南徼土色丹 謂之丹徼

또 그 儒臣만은 主謀가 될 수 있고 兪應孚는 將臣이니 六臣義擧에 主謀가 될
수 없다는 얄팍한 생각! 그런 주책없는 賤武意識은 하루 빨리 씻어버려야만 한다.
宣武中興의 第一等勳을 세운 것이 白衣從軍 李舜臣이었고 고려 때의 割地與敵을
주장한 것은 儒臣高官이었으나 이것을 반대하고 江東六城을 無血收復한 것은 中
軍使門下侍郎 徐熙였으며 六臣以下 滿朝百官이 모두들 무관심한 속에 오직 士兵
安龍福만은 揮杖으로 撞其釜하여 日人을 쫓아내고 울릉도·독도를 혼자 收復하지
않았는가. 秦始皇의 號令一下에 六國君侯들이 모두 敗亡한 나머지에 오직 抗秦第
一聲을 높이 呼唱한 것! 또한 한사람 田氓인 陳勝이 아니었던가. 또 그리고 兪應
孚는 武官二品이니 主謀者가 될 수 없다는 엉터리 억지! 이 말을 바꾸어보면「劇
作家 具錫逢씨는 國史를 批論할 자격이 아니다」는 식의 萬愚節 戲談이란 말인가.

「第汝等 在內成事」―「汝等＝너희들」이란 무슨 命令이나 指示를 할 때 쓰이는
말 따위 까지 擧論할 것이 없이 取調官(檢問官) 調書 특례用語라 볼 수도 있고
또 朴彭年과의 친척이고 또 密交한 사이니 혹 너희들(汝等)이라 할 수 있을 것이
어늘 털을 불고 흠집을 만들어서까지 南孝溫의 六臣傳을 극구 악평하여 한 푼의
값어치가 없는 것같이 얄팍한 新聞들을 통하여 갖은 虛僞날조의 잔꾀를 다 쓰고
있지만 이것이 桂似枯形力有餘의 힘 있는 史筆! 이것이 六臣傳의 지니고 있는 千
秋의 正氣이다. 어찌 한갓 웃기기의 연극 속에 매몰될 수야 있겠는가.

在內成事! 또한 明使 請宴하는 날 兪應孚 등 三雲劍의 一尺劍으로 世祖一黨을
도륙할 計劃을 세운 것! 이것이 六臣擧義를 성사시키는 기정의 방침인데 金文起
는「이러한 六臣義擧를 성사시키는 기정의 方針에 전적으로 찬성의사를 표시하는
자리에서 예비적으로 성사한 다음에 있어서 혹이나!... 비록 偉拒하는 자 〈不意의
사태〉가 있다 해도 그때에는 我在外 領兵＝내가 밖에서 군사를 領率하고 있으니
制之何難＝제거하는데 무엇이 어려울 것 있겠는가 하는 후차적인 문제를 자진 담
당할 것을 언약했거나 그러지 않으면 餘皆服招 惟文起 不服이란 義禁府 啓의 文
意上으로 보아 덧거리 고문(오늘의 유도신문)에서 있게 된 추가사항으로도 볼 수
있다(六臣墓是非判正報告書 참조). 新死六臣論이라는 새로 조작한 그 학술용어

자체가 南孝溫의 六臣傳을 포즐한 사실일 뿐이 아니라 어찌 南孝溫의 六臣傳을 한갓 亡倭之續=申○○들과 같은 소고기 四斤에 강매된 소위 死學者 十二委員類에 견줄 수 있다는 것인가.

「欺暗不然奈欺暘 秋陽江漢不能傷 難將劇作一俳手 掩沒人間俱眼郎」인 것을?…

어―허 千秋立節 兪應孚의 千秋不死精氣魂이 빛나는 노여움이 三神하나님의 大罰則을 대행하여 오늘날 서울특별시의 山積한 不正穢行을 靑天白日下에 暴露하게되고 신성한 民主司法權이 또한 秋霜같은 法의 제재가 단행되고 있나니 소고기 四斤짜리의 史學界 擧手機들의 운명도 이제 秋風落葉의 신세가 될 날이 멀지 않을 것으로 본다.

어떻든 요사이 흔히 볼 수 있는 一部新聞의 低俗 최저속의 論調! 이런 것들이 결국 百害無益한 言論發表의 自由原則의 그늘 속에 市道小人爭一錢 一擧手時 肉四斤! 참으로 저속·저속·又低俗의 이러한 原則없는 言論發表의 自由原則은 제발 謙讓해 주었으면 할 뿐 우리에게는 또 다른 할 말이 없다.

題新造假墓

檀下山人

一擧手時肉四斤　十二委員飾艶粉
假墓費金知血稅　眞碑刻字反僞文
生而必直兪應孚　義不沒名南孝溫
不幸今因簧舌作　傷心世道世皆云

又

林檀耘

直筆其何畏斧斤　學有所立骨可粉
身名若屈强贈肉　天地機無堅守文
報效不難蹈刃白　追復曾聞降詔溫
未必六臣假墓作　當年孰敢說紛云

又

鄭檀軒

史界醜聞肉機斤　意使六臣幻混粉
假墓不偕維新法　復官難奪奈古文
飾非厥智徒喋喋　惟德之基在溫溫
責歸上首具朴崔　天鑑昭昭吾欲云

又

吳檀樵

執競明察自斤斤　不在粉本心勝粉
秋江百古傳眞義　牛肉一封徒飾文
猶其獨善排群信　寧若新論貴古溫
假墓終歸喩泡幻　亂麻市政有人云

又

李檀村

莫擧六臣換肉斤　粉本未必異胡粉
虛墳一事古無例　彰節春秋上有文
言多巧飾人多惑　心不孝存冬不溫
久慣新聞未聞道　亡秦之續何足云

六臣은 언제나 六臣이라오

中正子

쇠고기 네 근이 힘이겠지만
만장일치 노름판이 우습기만 해
제아모리 가짜 묘를 만든다하자
六臣은 언제나 六臣이라오

어찌타 세상은 가짜만인가
가짜육신에 가짜무덤 가짜사학가

그리고 또 문교부엔 가짜스승님
六臣은 언제가 六臣이라오

강냉이 서울도 참서울인가
新六臣도 死七臣도 모두가 가짜
가짜는 무조건 진짜 아니야
六臣은 언제나 六臣이라오

死六臣 묘지엔 死七臣묘패
이것두 가짜구 모두 가짜야
교수님도 박사님도 가까는 가짜
六臣은 언제나 六臣이라오

● 東鶴寺 三隱閣 位次紛爭 辨白

다시 고쳐보는 牧 · 圃隱의 月旦評

李靜山

新羅의 中祀五岳의 하나로 일컬어 온 오늘의 鷄龍山 (海拔八一六m)一 이 山 기슭에는 壬辰倭亂 때의 義兵將 朴靈圭 騎虛大師를 낳은 甲寺와 함께 靑鶴 歸葉 形으로 絶景을 이룬 東鶴寺가 있다.

＊中祀五岳 = 東曰土含山 西曰鷄龍山 北曰太白山 南曰智異山 中曰父岳 卽八公 山是라.

그리고 이 東鶴寺 境內에는 肅慕殿과 三隱閣이 있고 三隱閣의 동쪽에 신라의 忠臣 朴堤上을 제사하는 東鶴祠가 있다. 肅慕殿은 端宗大王과 定順王后 · 礪山宋 氏를 주벽으로 하고 六臣을 포함한 殉節五十八人을 배향하고 있으며 朝鮮高宗太 皇帝 光武八年에 魂閣을 朝家의 命으로 肅慕殿이라 易號하였다.

三隱閣의 起源 … 들쭉날쭉한 首次位

그런데 지금 말하려는 三隱閣은 그 起源이 명확하지 않다. 東鶴誌에 보면,「太祖三年(開國三年) 甲戌에 冶隱吉再가 東鶴寺에 와서 影月·雲禪 두 僧侶와 함께 그 故主를 제사하고 또 그 절 옆에 따로 設壇하고 圃隱鄭夢周를 招魂行祭하였는데 定宗元年(開國八年己卯)에 琴軒柳方澤이 東鶴寺에 와서 故主를 제사하고 또 圃隱鄭夢周·牧隱李穡·冶隱吉再 三先生을 招魂行祭하였다. 그리고 그 이듬해 定宗二年(開國九年庚辰)에 知州 李貞幹(全義人孝靖公)이 壇자리에 閣을 세워 제사하니 世稱 三隱閣이라 하였다」고 적혀있다.

그러나 吉再는 恭愍敬孝王二年(癸巳)에 생하여 世宗元年(己亥)에 졸하니 柳方澤이 吉再를 招魂行祀하였다는 故事는 참된 사실이 아니며 定宗二年에 知州李貞幹이 분명 三隱閣을 지었다하면 그것은 牧隱李穡·圃隱鄭夢周·陶隱李崇仁 三隱을 지칭했을 법하다. 그렇지 않으면 생존해있는 冶隱吉再의 招魂閣을 세운 것이라고 주장할 수 있겠는가. 忠南年鑑(編輯兼發行人權重大一西紀一九六六年版)에는「西紀一四三五年에 琴軒柳公이 設壇하고 李牧隱·鄭圃隱·吉冶隱 三先生을 祭享하였는데」云云으로 改正하였으나 西曆一四三五年=은 곧 世宗十七年(開國四十四年乙卯)이니 이때는 冶隱의 卒後十六年이 되지만 같은 忠南年鑑의「二年後인 庚

辰年에 公州牧使李公貞幹이 壇을 없애고 그 자리에 閣을 건축하여 지금에 이른 것이다」한 그 소위 「二年後인 庚辰年」은 이것이 東鶴誌의 「定宗元年(己卯)으로부터 그 이듬해 庚辰年」을 그대로 답습한 것에 불과하고 西紀一四三五年은 아무 出典의 考證을 거치지 않은 卽興的인 편의한 생각에서 끼어 넣은 것이 아닐 수 없다. 무엇보다 世宗十七年乙卯의 다음해는 丙辰年이지, 庚辰年이 아닐 뿐만 아니라. 西州成百賢(三隱閣位次紛爭調査委員會議長一西紀一九七二年四月二十四日) 報告書에 의하면 「琴軒이 冶隱보다 十八年 먼저 卒逝하였다」고 考證했으니 이것이 사실이라면 忠南研鑑(觀光資源)의 기록은 可信할 수 없다고 할 밖에 없다.

東鶴誌에

「窃伏念 本院은 卽前朝忠臣 李穡·鄭夢周·吉再 及我朝端廟節臣 皇甫仁 金宗瑞 鄭苯·朴彭年·成三問 李塏 河緯地 柳誠源 兪應孚 妥侑之所」云云(請賜院額上言一 純組庚寅)

位次則依東峰金先生已定之規하야 牧隱李先生으로 爲首하고 圃隱鄭先生으로 爲次오 而冶隱吉再先生 暨三相六臣 諸先生은 計其爵品年代하야 爲配享事라 (營建條約=純祖庚寅 禮曹下付)

恭惟牧隱·圃隱·冶隱 三先生은 以文章道學으로 相傳授오 而及其革命也에 貞忠太節이 炳朗前史라 (設享告由文)

一心秉義不移所守 麗季位望屹如山斗一文靖公牧隱李先生
學能繼開節難招麾 揭虔尊慕百世之師一文忠公圃隱鄭先生
黃花晚節孤竹餘風 君師一體祭祀攸同一文節公冶隱吉先生 (以上三隱壇春秋享文)

云云의 기록으로 보면 분명 牧隱이 首位로 되어 있었음을 확인할 수 있다.

물론 東鶴誌의 「世祖十二年(開國七十六年丁亥)에 金時習(梅月堂·東峰·雨岑) 曺尙治(靜齊·丹皐) 等 七臣이 僧侶數人과 함께 상의하여 三月十五日로 定日하고 이로부터 春冬享祀하였다」하고 또 그 다음 東鶴祠 請享上疎의 全文을 收錄하고 本祠重建이 되어 位次 및 設享節目을 규정할 때 東峰이 이미 결정한 規例에 의하여 牧隱首位 圃隱次位로 하여 冶隱 및 三相六臣은 爵位年代로 配享하고 鶴林伯朴先生 (堤上)은 曲禮로 하였다」한 것 모두가 牧隱首位임을 밝힌 것이다.

省雲金大泳(成均館典學)의 詩

史蹟分明牧隱先　東峰己定百年前
儒官莫襲王庭禮　年代爲順古例傳
生死縱云有後先　貞忠大義顯微前
敢論優劣還爲罪　段有三仁聖訓傳

그러나 이와는 반대로 國故以後의 私藏新刊에는 圃隱先書로 된 곳도 간혹 볼
수 있다.

完璧國史大事典(李弘植博士編)

「三隱은 고려 말기의 대학자인 圃隱鄭夢周 · 牧隱李穡 · 陶隱李崇仁을 말한다.
陶隱 대신에 冶隱吉再를 三隱 중에 넣는 이도 있다.」

四千年文獻通考(著作者李定求=大韓民國八年 初版發行)의 招魂閣에는

李瑢 字淸之 號琅玗居士 世宗第三子 封安平大君諡 · 李瑜 字印之 世宗第六子
封錦城大君 諡 · 貞愍 · 皇甫仁 · 金宗瑞 · 鄭苯坉見上 · 李塏 字淸甫 號白玉軒韓山
人官直提學 贈吏曹判書諡忠簡 · 河緯地 字天章 號丹溪晋州人官禮曹參判贈吏曹判
書諡忠烈 · 朴彭年 字仁叟 號醉琴軒順天人官刑曹參判贈吏曹判書諡忠正 · 成三問
字謹甫 號梅竹堂昌寧人官右承旨贈吏曹判書諡忠文 · 兪應孚 字信之 號碧梁川寧人
官都摠管贈兵曹判書諡忠穆 · 柳誠遠 字太初號琅玗居士文化人管司藝贈吏曹判書諡
忠景 · 鄭夢周見文廟 · 李穡 字潁叔牧隱韓山人官門下侍中李朝封韓山伯諡文靖 · 吉
再 字號再父號冶隱海平人高麗官門下注書李朝贈左諫議大夫諡忠節

이 밖의 畿湖文字에는 간혹 圃牧 栗退라한 글귀를 볼 수 있다. 그러나 이것은
원칙으로 생각해서 안 될 것이다.

位次紛爭의 發端 … 儒林社會의 斷面

어떻든 간에 三隱閣 位次의 紛爭이 언제부터 일어났는가 하는 문제인데 李定求의 文獻通考에 圃隱을 牧隱보다 먼저 쓴 것이 바로 그때의 三隱閣位次에 관계가 있는 지의 여부는 알 수 없고 民國二十二年庚辰에 李裕붕이 大田市貞洞 소재의 以文社에 들렀더니 友松李仁榘 변호사 李祖遠 等 四五人에 東鶴寺三隱閣으로 모여 位次를 牧隱首位로 바로잡고 또 都有司改選도 하게 된다는 말을 직접 傍聽해 들었는데 이것이 庚戌國恥 이후부터 牧隱이 首位에서 次位로 바꾸어지거나 그렇지 않으면 庚辰年春享이 끝나고 곧 都有司改選직전의 시기를 노려서 鄭某常務有司가 位次를 變改해 놓았는지는 알 수 없다. 前後사실은 알 수 없지만 庚辰年부터 位次紛爭이 시작되어 온 것만은 말할 수 있을 듯하다.

成百賢(三隱閣位次紛爭調査委員會議長)의 報告書에는

「檀紀四二九一年(民國四十年戊戌) 三月十五日 春享에 圃隱을 수위로 변경하였다」
고 하였으니 이것이 圃隱首位 第一次確認으로 볼 수 있으나 李定求의 文獻通考 等 圃隱先書한 것은 한갓 畿湖文字의 慣例로 밖에 볼 수 없는 것인가.

文敎部長官으로부터 忠淸南道知事에게 대한 示達文에는

「貴道 公州郡소재 東鶴寺 三隱閣 향사위차는 본래 李牧隱·鄭圃隱·吉冶隱의 순차로 되어있던 것을 檀紀四二七三年(庚辰)에 三隱閣을 수리하였을 때 常務有司 鄭載世가 순차를 바꾸어 圃隱·牧隱의 순으로 하여 현재에 이르렀으니 그가 獨斷的으로 바꾼 자체가 부당한 처사일 뿐 아니라 史記를 조사하고 史學家들의 證言을 들은 바에 의하면 牧隱은 圃隱보다 九年 위가 되고 벼슬로 보아도 牧隱이 成均館大司成(현 학장)으로 있을 때 圃隱은 一敎官으로 있었고 또 牧隱은 首相까지 갔으나 圃隱은 그 밑에 守侍中(大臣)까지 밖에 못간 것이라 하니 그 位次는 당연히 그전대로 還元되어야 할 것임에 留意하여 本件紛糾를 해결하도록 努力하시고 그 결과를 지체없이 報告하시길 바란다」(文化第五六五四號=檀紀四二九一年(戊戌)十二月十日)

고 하였으나 그 후 忠南知事의 묵살한 관계인지는 잘 알 수 없으나 아직까지 解決의 실마리를 얻지 못했으니 이것이 이른바 令不下施 情不上徹의 都不知事之 黑幕이 아닌가.

어떻든 韓山李氏本孫들이 牧隱位牌를 淸州소재의 牧隱靈堂으로 私奉退位하였다는 것도 우리로서는 찬성할 수 없지만 三隱閣측의 「牧隱을 次位로 紙榜行祀한」다는 것은 더욱 이해할 수 없는 일이다.

이것은 儒林社會의 羞恥이며, 이것이 忠武精神을 기본으로 하는 忠南敎育의 損失이며 民族史學光復의 障碍이며 새마을 운동·忠孝思想을 바탕으로 하는 국민총화의 離間策이다. 忠南道當局과 二百萬 충남도민은 하루 빨리 이 三隱閣位次紛爭을 해결하여야 한다.

累百年 黨爭의 餘波…… 兩家紛爭이 先賢 공격으로

생각하면 아무것도 아닌 尋常한 位次一事로 시작된 兩家 분쟁이 마침내 先賢의 공격으로 점차 번져가고 있음을 느끼게 되는데 이것이 累百年 黨爭의 餘波에서 물려받은 弊習 중의 가장 위험한 폐습이 아닐 수 없다.

첫째 師弟의 관계에 대한 是非이다. 비단 鄭圃隱이 牧隱의 門徒이냐 아니냐는 문제뿐 아니라 聾岩 李賢輔가 李退溪의 師門이다 아니다 하는 문제, 退溪 李滉이 李栗谷의 函丈이다 아니다 하는 문제가 있었으며 한 때 天道敎에서는 水月執義春이란 글귀를 갖고 春庵을 선생으로 섬겨야 한다 안한다 하여 모두 세상 사람들을 시끄럽게 하였지만 이제 三隱閣位次紛爭을 둘러싸고 牧隱을 존숭하는 측과 圃隱을 옹호하는 측의 사이에 서로 師弟관계의 문제를 갖고 말이 많게 되었다.

물론 鄭圃隱이 牧隱에게 전적으로 弟子禮를 갖추어 執贄하였다고 단언할 수 없으나, 圃隱集에 보면 鄭圃隱이 牧隱에 대하여 師弟의 分으로 자처한 것 같은 느낌이 다분히 있다.

次牧隱先生詩韻 七夕遊安和寺

　其一

牧隱先生禮數寬　臨溪觴詠幅巾寒

　其二

函丈曾窺學海寬　只今吾道豈盟寒

再遊昔日安和道　又先朝喚教授官

書院荒涼多茂草　閟宮岑寂瀉哀湍

　물론 先生 호칭만으로는 꼭 師弟의 分으로 자처했다고 볼 수는 없다. 孟子가 宋牼다려 先生은 將何之오 했던 故事로 보아 年高德邵한 尊丈을 일컬은 경우도 있기는 하지만 函丈이라 하면 蘇軾의 詩「老守厭簿書 先生罷函丈」이라 한 것=곧 禮記典禮上의「席間函丈」=곧 스승의 자리와 나의 자리와의 사이에 一丈=곧 八尺의 여지를 남겨 놓는다는 뜻이니 이것은 분명 鄭圃隱이 牧隱을 師事한 것으로 볼 수 있다.

　그리고 牧隱의 長子(種德, 官密直司事)輓句에「孔聖猶曾哭伯魚」라 하였으니 이 것은 牧隱을 孔子에 種德을 伯魚에 각각 견주어 높이 본 것이니 鄭夢周는 牧隱門人이라 할 수 있을 듯하다. 江陵王=또한 師傅로 삼았으니「禑以師傅 敬重之 親執手引入 欲對楊坐禑「親牽內廐馬 賜之」한 것이 이를 立證하고 있다. 그때 한 世上 德望이 높은 大儒者임에는 누구나 異議가 없으니 各家의 文集이 이것을 말해주고 있다. 鄭夢周가 牧隱門人이라 해서 妄發은 아닐 것이다.

　「往歲之夏에 吾友周監簿雲章이 出使三韓이라가 其還也에 嘗爲餘言호대 東方之國이 久被聲敎하야 而文學才藝之士가 前後相望하니 若牧隱李氏 圃隱鄭氏 陶隱李氏 皆其巨擘이로대 而牧隱이 尤爲先達也라 亡何에 圃隱이 以獻駵京師하야 邂逅于侯館할새 出示其紀行詩하니 餘固信雲章之言이 不我欺矣라.」〈高遜誌 陶隱集跋〉

　牧隱先生이 蚤承家庭之訓하고 北學中原하야 得師友淵源之正하고 窮性命道德之說이라 旣東還에 延引諸生하니 其見而興起者-烏川鄭公達可와 京山李公子安과 晋陽河公大臨과 潘陽朴公誠夫와 永嘉金公敬之와 密陽朴公子虛와 永嘉權公可達과 茂松尹公紹宗이니 雖以子之不肖로도 亦獲廁於數君子之列이라〈鄭道傳 三峰集·陶隱集序〉

吾座主牧隱先生이 蚤承家訓하고 得齒辟雍하야 以極正大精微之學이라 皆還에 儒生이 皆宗之하니 若圃隱鄭公과 陶隱李公과 三峰鄭公과 瀋陽朴公과 茂松尹公이 皆其陞堂者也라 〈權近・陽村集〉

一時文人才士가 翕然宗之하고 薰然浸郁하니 雄俊如鄭圃隱과 簡潔如李陶隱과 豪邁如鄭三峰과 典雅如權陽村이 皆不出先生範圍之內라 豈非魁然傑然間世而卓立者乎아 況先生功名道德之盛은 冠冕一時하니 獨文章乎哉아 〈徐居正 四佳亭集〉

人性이 雖曰本善이나 非敎則不能成就라 前朝恭愍時에 李穡이 聚士敎之故로 多有忠臣義士라 穡이 少時에 入中原擢制科하야 仕于元하니 博學高才오 敎誨之事甚有功力하니 鄭夢周-非全學於李穡이나 而亦以獎勵興而成이라 〈高峰奇大升 論思錄〉

牧隱先生은 文章이 蚤成하고 北學於中土하야 得聞淵源大旨하니 歸而講習에 乃使圃冶로 一脈傳述이라 〈朴世采 玄石集 東陽書院記〉

高麗恭愍時에 成均掌敎人이 六이니 文靖公李穡과 圃隱鄭夢周(係李文靖門) 朴尙衷(亦係李文靖門) 金九容(亦係李文靖門) 李崇仁(亦係李文靖門) 朴宜中(亦係李文靖門)이 恭愍敬孝王十六年에 重營成均舘하고 以開成府事 李穡으로 兼成均大司成하고 增置生員하니 經術之士金九容・鄭夢周・朴尙衷・朴宜中・李崇仁이 以他官으로 兼敎官하다 先是에 舘生이 不過數十이러니 穡이 更定學式하고 每日坐明倫堂하야 分經授業하며 講畢에 相與論難 念倦하니 於是學者坌集하야 相與觀感하니 程朱性理之學이 始興하다.

따져본 兩隱의 去就행동의 同異得失

둘째 牧隱李穡과 圃隱鄭夢周의 去就행동에 있어서 먼저 그 同異得失을 알 필요가 있다. 무엇보다 牧隱의 사상은 보수주의적인 持論을 고수했고 李太祖는 改革主義적인 행동을 세웠는데 도리여 圃隱은 中間主義적인 태도를 취한 것 같다. 田制改革문제로 보나 王位存廢문제로 보나 모든 정책면에서 볼 때 圃隱鄭夢周는 高

麗勤王黨의 非主流측 대표격이 되고 牧隱李穡은 高麗勤王黨의 主流측 總師格인 감이 없지 않다.

이제 그것을 순서대로 찾아보기로 하자.

당초 고려말기에 耘谷元天錫이 雉岳山에 들어가 농사를 지으며 부모 봉양하는데 한편 牧隱李穡을 추종하면서 이태조의 부름에 응하지 않고 野史六卷을 저술하였으나 지금은 詩史 몇편이 남아 있어 세상에 전한다.

伏聞主上殿下 遷于江華 元子卽位有感
聖賢相遇適當時 天運循環自此知
畎畝豈無憂國意 更彈忠懇念安危
新主臨朝舊主遷 蕭條海郡但風煙
天關正路誰開闢 要見明明鑑在前

聞都統使崔公 被刑寓歎
水鏡埋光柱石頹 四方民物盡悲哀
赫然功業終歸朽 確爾忠誠死不灰
紀事靑篇曾滿帙 可憐黃壤已成堆
想應杳杳重泉下 抉眼東門憤未開
獨立朝端無敢干 直將忠義試諸難
爲從六道黔黎望 能致三韓杜稷安
同列英雄顔更厚 未亡邪佞骨猶寒
更逢亂日誰爲計 可笑時人用事姦
我今聞訃作哀詩 不爲公悲爲國悲
天運難能知否泰 邦基未可定安危
銛鋒已折嗟何及 忠膽常孤恨不支
獨對山河歌此曲 白雲流水摠噫嘻

聞今月十五日 國家以定昌君 立王位
前王父子以辛旽子孫 廢爲庶人
前王父子各分離 萬里東西天一涯
可使一身爲庶類 正名千秋不遷移
祖王信誓應乎天 餘澤流傳數百年
分揀假眞何不早 彼蒼之鑑照明然

우리 後人으로서 이제 耘谷詩史를 읽고 나면 江陵王 王禑의 父子가 辛氏가 아님을 확실히 알 수 있는데 牧隱李穡은 李琳·曺敏修 등과 함께 當立前王之子를 주창했고 圃隱鄭夢周는 李太祖·鄭道傳 등과 함께 江陵王 王昌의 父子가 辛氏임을 조작하고 功蓋一世의 崔瑩將軍을 罪萬天下의 大逆으로 규정하는 소위 興國寺會議·九功臣의 列에 同參했으니 여기에서 圃隱之死 頗可疑니 頗可笑니 하는 貶言이 있게 된 것은 事理의 自明한 것이다.

恭愍敬孝王二十五日癸酉 命監春秋館事李仁復·知春秋館事李穡等 增修本朝金鏡錄
太祖·欲擇立王氏後러니 曺敏修 念李仁任 薦拔之恩하야 欲立昌이나 恐諸將違己하야 以李穡으로 爲時名儒라 欲藉其言하야 密問之한데 穡曰當立前王之子라 辛亥敏修以定妃敎로 立昌하니 年九歲라… 命李穡·李琳 及我太祖로 劍履上殿하고 贊拜不名하며 賜銀五十兩·彩段十匹·馬一匹하니 從鄭夢周請也라 〈高麗史〉

門下舍人趙璞이 上疏曰云云

穡之回自京師也에 與李崇仁·金士安等으로 相期謁禑於驪興이오 而穡이 先期獨見하니 其獨見之際에 所言이 公歟아 私歟아 未可知也라 及天子有命曰雖假王氏하야 以異姓爲之면 非三韓世守之良謀라 하니 忠臣義士 議復立王氏하야 以遵天子之命이여늘 而賊臣邊安烈이 欲立奇功하야 以要富貴라 與穡과 及禑舅·李琳과 及金佇·鄭得厚等하야 謀迎辛禑하야 以沮復立王氏之謀라 若以爲旣己十五年委質爲臣이오 而不可復有他心이면 卽何負於五百年之王氏 而忠於十五年之辛氏哉아 穡이 世仕王氏하야 受恭愍罔極之恩이나 附仁任하야 則立辛禑而絶王氏하고 諸將이 議立王氏則附敏修하야 黜禑而立昌하며 忠臣義士가 議復王氏則附安烈하야 黜昌而迎禑하니 其在禑昌에 亦爲反側之臣矣라 云云
昌元年十一月丁丑에 大護軍金佇 與禑로 謀作亂이라가 事覺에 下佇獄하고 戊寅에 遷禑于江陵하고 我太祖 與判三司事沈德符·贊成事沈湧奇·鄭夢周政堂文學偰長壽·評理成石璘·知門下府事趙浚·判慈惠府事朴葳·密直副使鄭道傳으로 會興國寺하야 大陳兵衛하고 議曰禑昌이 本非王氏니 不可以奉宗祀오 又有天子之命하니 當廢假立眞이오 定昌君瑤는 神宗七代孫이니 其族屬最近當立이라… 翼日質明

에 我太祖・與德符等八人으로 詣恭愍王定妃宮할새 衛以兵仗하야 百官從之하니 奉妃敎하야 放昌于江華하고 迎立王하니 王이 驚懼而辭라 妃-手授以印하다.

己巳元年十一月己卯에 王이 卽位于壽昌宮하고 降禑昌하야 爲庶人하고 流李琳・及子貴生 女壻柳琰・崔濂 外孫女壻盧龜山・姪李懃于遠地하다 〈以上高麗史〉

十二月乙未朔에 罷李穡・及子種學職하고 廢曹敏爲庶人하고… 戊申에 遣政堂文學徐鈞衡于江陵하야 誅禑하고 藝文館大提學柳珣于江華하야 誅昌하다

賜九功臣錄券… 鄭夢周 偰長壽等七人 竝忠義君各田一百結 奴婢十口 其錄券 依開國功臣裵玄慶例稱中興功臣 父母妻封爵 子孫蔭職 直子超三等 無直子 甥姪女壻超二等 子孫政案 皆稱中興功臣某之幾世孫 宥及永世 丘史七名 眞拜把領十名 許初入仕甲子 九功臣上箋 謝恩하다.

二年 五月癸巳朔 王昉趙胖等 還自京師云云

戊戌… 又囚李穡 李琳 禹仁烈 李仁敏 鄭地 李崇仁 權近 李種學 李貴生 等于淸州獄 〈上同書〉

嘗聞原州人元先生의 字는 天錫이니 在麗末하야 隱居著書할새 言禑昌父子・非辛出事甚悉하니 牧隱이 首曰當立前王之子라하고 及昌之廢也하야 始曰禑昌父子가 乃旽之子孫이라하니 蓋不如是則昌無可廢之道하야 特爲此藉之耳라 彼修史輩가 亦食王氏之祿者여니 旣不能一死하고 又以禑父子로 冒之辛할새 此猶不足하야 至記恭愍이 從屛後하야 觀洪倫等褻行事라하니 至今觀者가 莫不醜唾라 據一禑一事가 不足知其誣하니 微公一言이면 千百載下에 必將襲謬不已리라 可謂東國有史乎아 若是乎忠臣義士之有益於人國也라 〈江原觀察使朴東亮의 元耘谷詩史序・宣祖癸卯〉

寒岡鄭述・問於退溪 李滉曰曹南冥이 嘗以圃隱出處爲疑하니 鄙意도 圃隱一死는 頗可笑라 爲恭愍朝大臣十三年하니 於不可則止之義에 己爲可恠요 又事辛禑父子하야 謂以禑爲王出歟則他日放出에 亦預焉은 何也오 十年服事라가 一朝放殺이 是可忍乎아 如非王出則呂政之立에 嬴氏己亡이여늘 則乃尙無恙하고 又從而食其祿하니 如是而有後日之死는 深所未曉라 〈燃藜室記述〉

退溪先生有云 國家萬世後 當從耘谷議 申象村欽云 禑昌之事 當以元天錫 爲信史

〈鵝城雜說〉

張維 谿谷漫筆曰我東에 有二大儒하야 皆有重名於斯文而有大可疑處하니 圃隱이 能以死殉國而禑昌之廢戮에 不能有所樹立하고 至列於九功臣하니 此一可疑也오 佔畢齋委質光廟而吊義帝之作하야 大犯春秋諱尊之義하니 蓋有是心則不當立於其朝오 旣立於其朝則不當作此文也라 心事矛盾에 義分俱虧하니 此二可疑也라 自文忠從享文廟에 後學이 不敢復議其得失하고 而戊午史禍之後에 人亦不欲論其事하니 未知千載尙論이 以爲如何也라 〈嵩陽山人張志淵의 儒敎淵源〉

問栗谷이 嘗以圃隱으로 爲忠臣而無儒者氣像하고 尤庵이 作神道碑曰禑昌之際에 史多闕文일새 或有以問於退溪한대 退溪曰當於有過中에 求無過오 不當於無過中에 求有過라하니 斯爲至論也云云하니 願聞其曲折이라하야늘 先生曰其時에 云云

太祖 未至遼東하고 思以爲當立王氏라하야 乃回軍還入할새 卽招崔瑩하고 因廢辛禑하며 迎立恭讓王하얀 遂錄其勳而圃隱이 亦參其勳矣라 蓋圃隱이 旣以昌爲王氏而身事之則何以不扶而參廢立勳乎아

若以太祖之言으로 爲是而以昌爲辛氏則當初에 何以爲立而事之乎아 栗谷이 以爲國無不亡國이나 身無可失之時니 則圃隱之死는 當在廢昌之時오 而不當參廢主之勳也라 故로 只許其忠이오 不許其儒者氣像也 而尤庵之說이 所以善稱停也니 孟子·枉尺直尋之戒가 眞可謂萬世之法也라 한대 先生〈遂庵〉曰然矣라 〈韓弘祚의 朝野問答〉

셋째 牧隱의 晩節에 대한 貶論이다. 그것은 고려사 李穡傳에도 詔主佞佛의 譏를 말하고 있으나 高麗建國의 訓要에서 「我國家大業이 必自諸佛護衛之力」을 말하고 있으니 이미 佛敎國是의 조정에 벼슬하는 大臣으로서 王命과 國是를 거역할 수 있다 하겠는가. 滿淸의 朝貢國=儒敎國是의 정부에서 亡明復辟을 강조하는 假明群像 노름만이 救國大義가 될 수 없다는 것을 우선 알아둘 필요가 있다.

我太祖「創業垂統하사 弘揚佛敎하야 以保子孫者非前世帝王之所可及이오 先王이 能體太祖之心하야 歸崇三寶하고 今殿下가 修塔如此하니 殿下之心이 上合太祖를 又可知矣라 嗚乎라 周雖舊邦이나 其命維新이라하니 將不在於今日乎아 〈十三

年 禍修西普通塔命作記〉

물론 이 글이 사실상 諂君佞佛의 嫌이 없지 않으나 그 문장의 속에는 오히려 戀君善國의 誠念을 찾아볼 수 있다. 이것이

欽惟我太祖高皇帝가 與我康獻大王으로 同時創業하야 卽定君臣之義하니 字小之恩과 貞忠之節이 殆三百年不替矣라 至於弘光皇帝建號南方하야 大統有在하니 在我朝하야 雖未有聘享之禮나 旣是我神宗皇帝之骨肉則君臣大義를 豈以天外而有間哉아 況我國이 實賴神宗之恩하야 壬辰之變에 宗社已墟而復存하고 生民幾盡而復蘇하니 我邦之一草一木과 生民之一毛一髮이 莫非皇恩之所及也라 〈尤庵事實記〉

하고 강조하는 비민족적인 持論은 어떻게 생각할 것인가. 大讀大學하는 假明幽像의 高喊소리에 도망쳐 물러갈 오랑캐들은 아니니 어찌할 것인가.

朱元璋이 일어나자 鄭夢周는 首先歸附할 것을 강력히 주장하고 나섰다. 이보다 먼저 공민경효왕은 排元정책을 정하고 왕의 五年에는 征東行省을 폐쇄하고 나라 안의 親元세력을 몰아내면서 印瑞·崔瑩 등을 보내어 鴨江以北八站과 鴨綠江을 건너가 婆娑府三站을 공파하고 柳仁雨·貢天甫·金元鳳 등을 보내어 雙城 등지를 수복하였다. 十年에는 鄭世雲·安祐·李芳實·金得培·李珦(後改名希必) 崔瑩·李太祖 등이 紅巾賊의 난리를 물리쳤으나 이로부터 국력 이 줄어들고 崔瑩을 중심으로 한 征明派들을 억압하는 세력으로서의 鄭夢周와 李太祖의 간에는 또 다른 하나의 同床異夢格인 崇明주의 세력이 서로 분열의 조짐을 들어내게 되었다. 마침내 崔瑩의 征明 계획이 실패되자 當立前王之子를 강력히 들고 나선 牧恩李穡은 李琳·曹敏修·邊安烈·李崇仁 등과 함께 興國寺會議派에 대하여 저항하다가 최후에는 물에 빠진 자가 갈대[葦]도 붙든 다는 식으로 구구스러운 請親朝까지 내세워 보았으나 결국 정책적 성공을 가져오지 못하고 말았다. 그런데 홍국사회의파 자체에는 李太祖·심덕부·지용기·설장수·성석린·조준·박위·정도전 등은 혁명세력으로 완전 결합이 되었으나 鄭夢周는 소위 廢假立眞의 大義名分을 표방하는데 동조하고 宥及永世의 中興功臣으로서 恭讓王을 세우긴 하였지만 이미 崔瑩과 李穡=국가의 두 큰 文武支柱를 저버린 高麗의 半千年 사직을 旣倒將亡의 危機一髮에서 만회할 수 있는 勝算은 거의 절망적이었다.

圃隱이 비록 華制를 습용하고 新定律을 進하고 五罪를 성하여 彈駁을 억세하며

金震陽 등 舊人들을 불러 쓰게 하였으나 恭讓王은 유약하여 能決할 능력이 없을 분 아니라 革命新黨의 羽翼은 벌써 굳게 이뤄졌으니 情勢에 가장 민첩한 李芳遠이 太祖문병의 길에 나선 鄭夢周를 善竹橋 歸路에서 저격하고 말았다.

물론 鄭夢周의 저격당하게 됨과 함께 高麗의 國號도 따라서 없어지게 되었으니 이것이 국민 전체의 동정을 받게 된 원인이 되었지만 李穡은 이미 高麗가 망한지 五년 후이라 비록 燕子灘의 船上에서 毒酒를 마시게끔 하여 殉節하고 보니 세상에 널리 알려지지 않게 되었던 것뿐이다.

악독하고 흉험한 일본관헌들이 島山安昌浩의 병문안을 일반인에게 허용하고 한때의 名士宋鎭禹의 문병을 마치고 나온 후 十五분 만에 독주사를 놓아서 자연 병사한 것 같이 위장한 것과 다름이 없다. 그래서 세상 사람들이 잘 알지 못하고 있는 것과 같다할 것이다.

申象村欽曰王氏之亡也에 人이 但知圃隱冶隱이 能成大節이오 而不知牧隱하니 可惜이라 當太祖 受命之後하야 前朝臣庶가 靡然屈膝하니 太祖 所畏彈者는 獨李穡·權近二人也라 召穡할새 穡이 至하야 引見하니 穡이 長揖不拜라 太祖 降御榻하사 接以賓禮라가 俄而侍讀官이 以次列進하고 太祖는 還陞御榻하니 穡이 昂然而起曰老夫는 無座라 世傳以爲公之死가 黯黑炎 難明하야 不愧圃隱이라

松窩雜記에 曰我太祖 屢以手書召之한대 先生이 不得己하야 乘轎入覲일새 太祖下榻相對하야 待以故舊之禮하고 願承敎하니 勿以寡昧而棄之라하야늘 先生曰亡國之大夫는 不可以圖存이오 但將骸骨하야 歸葬故山而己라 太祖知不可留하고 步出中門하야 相揖而別하다

先生이 丙子五月初三日에 自碧瀾渡로 乘自溯江할새 有護送使하야 亦來하고 初七日에 至淸心樓下 燕子灘하야 沒於舟中하니 人多疑之라

아! 슬프다. 관직을 삭탈당하고 감옥과 배소에서 전전 流離하면서도 壁立千仞의 기개를 잃지 않고 당대 易姓革命의 太祖李旦을 故舊의 禮로 서로 만난 자리에서 갑자기 太祖가 용상에 오르자 牧隱도 곧 자리에서 일어나 老夫無座處=늙은 내가 앉을 자리가 없다=하고는 역시 궁문 밖으로 나가 버렸다. 이 얼마나 膽大하고 질서 있는 無言의 抵抗인가. 현대의 간디氏를 능가할만한 기풍을 百世에 보여주고 있다.

讀高麗史 至牧隱李穡首唱當立前王之子有感 白頭山屹獨齊天 自主高麗五百年 乃高句麗之舊也 作天帝子孰爭先 聖神其德侔天地 仁義用兵動八挺 壯矣尹瓘吳延寵 立旗春嶺設地權

己有徐熙抗分庭 完邦宣統共天靑 龜州人捷姜邯贊 頭揷八枝金花馨 崔瑩鍊甲赫 專征 征明大義廣公聽 首先歸屬抑何劣 春秋義是不稱停

※春秋史觀 與我高麗大義 何關乎故曰力請于朝 首先歸屬者是一可唾罵也

功高一世 德無邊 名竝日月傳千年 妖陰盡伏太陽下
群怔難逃明鏡前 崔瑩去時國仍去 滿地春秋非我權 打頰何論銀環手 無被打頰是 所先

※海鶴師 曰若事明爲可 而事淸爲不可 則亦近於俗所云與其被打頰 寧遭於銀指 環手者矣 人當求不被打頰 不當求銀指環手也
適有强臣抗命宣 厦傾柱折主卽遷 廢王誅帥無法地 先生膽氣獨任天 整襟當立前 王子 此言足可史書傳 謁禍驪江迎將欲 刻心忠義復舊權
時當革除多隱微 屛後觀褻語乃飛 箕子難免朝周誣秦皇亦同借呂非 冒辛然後王可 廢 詩史爲先眞有歸 禍如王出放未可 冒若辛姓不當依
達可請爲三大臣 劍履上殿降綸辰 贊拜不名名益重 協扶機衡國計均 識貫今古尋 淵奧 學通天人備席珍 特然自立元明間 立昌謁禍王正春

※三大臣 謂李琳 李穡 李太祖也
勢有所歸爭逐追 公乃特然獨保持 直心能語未敢語 大節能支不可支 捨身全義功 莫大 亡國罪人名不卑 有詩言志知所守 我膝所屈惟漁磯

※牧隱集有詩 靑山隱隱水鏡淨 我膝所屈惟漁磯
亡國大夫圖何存 自稱罪人異俗倫 別有權變請親朝 親朝非是意中言 窮極常情欲 依儒 偶未必眞所自尊 一念只在殉社稷 順受其正喚淸魂
出山乘轎入宮門 葛巾野服混俗倫 大臣當與同休戚 至信終得孚魚豚 俄起老夫無 坐處 之志之節等乾坤 完璧無疵健者像 所學來郞異沐猿
憶昔丙子初七天 有使護送乘同船 燕子樓下燕子灘沒於棹頭擬謫仙 人多疑處疑其

解 何似島山殉國傳 烈矣眇然軀七尺 終始志節自確然 若此雖欲無死得 況其抗禮直
王前

壁立萬仞鳳高翔 今人仰若夜得光 乃是文人兼膽氣 五百年來題一章 今我捿屑還
相似 才行未必足三長 讀史至此發三嘆 良心所激任主張

  *我謂國史光復之旗手也

수壽가 백년百年은 되어야 할까?

선생님은 신시 개천 5883년 잔인한 4월에 가족들과 후학들이 안타깝게 지켜보는 가운데 영면하였다. 정미생이니 79세를 사신 셈이다. 믿기지 않을 만큼 장수하였다. 사모님은 지금 86세인데 건강하시다. 더더욱 믿기지 않는 건강이다. 요즘 내 주위에도 90세를 넘기는 사람들이 꽤 있고 평균 수명 80에 가까우니 무슨 소리냐고 할 것이다.

건강이 화두가 된 세상이고 불의의 사고나 치명적인 병이 없다면 건강이 수명이니. 100세 수명은 먼 장래의 일이 아닐 것이다.

건강은 선천적이라거나, 탐욕을 버린다거나 규칙적인 생활, 적당한 운동, 섭생, 스트레스 없애기, 1년에 한두 번의 건강 체크, 전원생활, 안식 등등, 건강에 대한 워낙 많은 정보가 범람하여 오히려 그로 인한 스트레스로 건강을 해칠 판이다.

외모 고치기가 유행하여 잘만 고치면 외모 콤플렉스의 스트레스를 줄이고, 활력을 얻고, 결혼, 직장도 잘 얻어 건강하고 행복한 생활을 누린다니 수술도 잘해야겠다.

내 지인의 부인이 돌팔이에게 수술을 잘못 받아 모상을 망치고 스트레스 정도가 아니라 병까지 얻어 지인까지 마음고생이란다.

선생님 내외분의 건강과 장수는 천부적이라고 밖에 설명할 길이 없다. 그 신산했던 삶을 고회하면 말이다. 굶기가 다반사였다. 단식도 건강학의 한 분야가 되었으니 자연스런 단식요법인가? 스트레스로 말하자면 선생님은 스트레스의 화신이어야 맞다. 무고나 폄훼에 이골이 났고 하나하나 이루어지는 작은 성취를 기뻐하고 훈육이 아닌 근학 자세를 일관하며 초연하였다.

사대 학자나 식민 사학자를 공격함으로써 활력을 얻었으나 활력을 얻고자 공격한

게 아니었다.

음식은 다 잘 드셨으나 소식이고 영양을 따져 드실 형편이 아니었다. 좋아하는 냉면이나 술도 2잔이면 족하고 없으면 안 마셨다. 담배는 전혀 하지 않았다. 일산에 계실 때는 산책 중 간첩으로 몰려 곤욕을 치렀다고 후학들 사이에 소극이 되었으나 어디 한두 번 이겠는가?

나 같은 사람도 두세 번 간첩으로 오인 받은 적이 있으니 선생님의 일생에는 소극도 아닐 것이다. 다만 나의 경우를 듣고 병사가 실수라도 하면 낭패이니 각별히 조심하라는 당부를 하였다.

틈틈이 산책을 하고 평소에는 10시에 잠자리에 드셔서 4시에 기침하는 부지런하고 긴장된 일상을 지켰다.

산을 젊은 우리보다 잘 타고 웬만한 거리는 걸었다. 한 번도 골초인 나에게 담배에 대해 말씀하지 않았지만, 몇 가지 옛 부터 가부좌로 공부하던 옛 선비들의 체조 방법을 시범을 보이며 권하였다.

관자놀이와 눈두덩을 자극하고 마사지를 한다든지, 목덜미를 눌러 머리를 맑게 하고, 어깨와 팔다리를 반복적으로 문지른다거나, 조식, 물구나무서기 등이었는데 지키지 않아 잊어버렸지만 초등학교 때 텀블링 선수 경험이 있던 나는 베개를 정수리에 받치고 하는 물구나무서기는 지속하였다.

머리가 맑아지고 더부룩하던 위가 개선되었다. 금속 루어에 뒤 어깻죽지 급소를 맞아 심각한 증상을 보이고 의사들도 1년여 진단해 내지 못하던 병증이 씻은 듯이 나았으나 선생님의 물구나무서기를 상상하면 절로 웃음이 나온다. 선생님이나 사대부들이 정말 물구나무서기를 했을까? 말년에 제자들이 지어드린 혈압안정제를 드시는 걸 보았다. 보양제는 그대로 있었다. 선생님은 지식에 대한 욕구나 만족으로 학문을 한 게 아니었다. 호구지책으로 한 것은 더더욱 아니었다. 젊은 시절 빼앗긴 나라 되찾기와 스산한 신생조국에서 학문의 연장, 정치활동의 좌절을 겪고 그나마 당신이 할 수 있는 일이 그 뿐이어서 국사 찾기에 나섰다고 겸양하였으나 어디 그렇겠는가?

호구지책이었다면 하다못해 몇몇 출판사가 제안한 고전 번역 일을 했을 것이다.

10년만 더 살아 계셨어도 하고 후학들이 쉽고 편하게 말하였다. 그립고 안타까운 마음의 발로일 것이다.

선생님은 화두를 던지고 연구의 단초를 만들었다. 역사, 철학, 종교 등등, 각자 소질이나 관심에 따라 그 나머지는 남은 자의 몫이다.

선생님은 세계의 종교에 대해 부러워하였다. 2,000년, 2,500년 하는 긴 역사성을 부러워 한 것이다. 장을 마련하면 초인은 오게 마련이다. 십년 후, 백년 후, 천년 후에 올지 모를 일이다. 왜 능률적이고 효율적이고 실사구시적인 많은 학문을 두고 시대에 뒤떨어진(?) 역사학을 공부하는지 시작하기 전에 와중에라도 숙고해 볼 일이다.

「살기 위해 먹는 것이지 먹기 위해 사는 것이 아니다.」

의식주(衣食住), 인간의 기본 생존 요건과 욕계삼욕(欲界三欲)을 초월한 삶의 여정이 선생님의 일생이다.

나는 공산당이 싫어요

「기자들의 반은 사기꾼이다.」

60년대인지 그 전 후인지 기억이 흐려졌지만, 역시 잭 런던인지 헉슬리인지 또 다른 누구인지 희미하지만 '기자들 반은 사기꾼'이라고 했다가 언론의 집중 포화를 받고 '기자들의 반은 사기꾼이 아니다'라는 정정 기사를 게재하고 사태가 수습되었다는 하이 코미디가 우리 사회에도 회자된 적이 있었다.

「울진 삼척지구에 침투한 공비 120명 중, 군·경·예비군에게 쫓기던 5명의 굶주린 공비가 강원도 평창군 진부면 노동리 계방산 중턱의 당시 9세의 초등학교 2학년 이승복 어린이 집에 침투하여 공산주의를 선전하며 동조해 줄 것을 요구하는 공비들에게 '나는 공산주의가 싫어요'라고 항거한 때문에 가족과 함께 살해된 사건이 발생하였다.」

서기 1968년 10월 30일 일어난 울진·삼척지구 공비침투사건 언론 보도의 요지이다. 가족과 함께 공비에게 무참히 살해당한 이승복 어린이의 '나는 공산당이 싫어요'란 죽음의 항거가 1992년 작문기사 논란으로 비화되고 급기야는 1998년 11월 언론과 언론인끼리 명예훼손에 따른 민·형사상의 책임을 묻는 소송으로 번졌다.

정작 '공산주의 김일성 괴뢰 도당'의 '4천만인 공노할 만행'이 24년 뒤에 '나는 공산당이 싫어요' 진위 논쟁으로 변질되어 버린 것이다.

소송 당사자들을 빼고 20수년을 꾸준히 분노를 이어가는 쪽과 작문이라고 의구심을 증폭시키는 쪽 외의 망각으로 무심해진 다수의 제 3자들에게는 24년이 지나 공분이 사그러든 자리에 진실이 무엇인가 하는 호기심이 작용하는 희한한 사건이 되어버린 것이다.

언론의 사실 보도냐 아니냐는 물론 중요한 문제다. 사실이라 해도 이 사건의 진실은 따로 있는 게 아닐까? 공산당이 무엇인지도 모를 9살의 어린아이가 그런 행위로 무참히 살해당했다면 공산주의자들의 세뇌를 비판하는 자들도 어린 생명을 무참히 살해당하게 한 책임의 일편임을 통감해야 할 것이다.

지금도 이승복 어린이의 기념관이다, 동상이다 하는 일련의 소란을 보며, 걸핏하면 이역의 제 무덤에 있어야 할 메카시의 망령이 왜 이 땅에까지 와서 배회하는지 굿이라도 해야 할 판이다.

이승복 사건이 나던 9개월 전에는 김신조 일당의 청와대 기습 미수사건까지 있던 터라 사회가 연일 '북괴 규탄 대회'로 달구어져 있었는데, 그 사건들과 상관없이 나·당의 백제 고구려 공함이 신라의 삼국통일 전쟁이라고 한다면 6·25 전쟁도 통일전쟁이라고 하는 선생님의 말씀을 숨죽여 들었다.

헌정사상 처음으로 정상적인 정권 교체가 이루어지고 새천년을 맞은 덕인지 깜짝 남북 정상이 만나고, 그래서 대북정책이 획기적으로 화해 무드로 바뀌었지만 남남 트러블 메이커 강정구 교수가 6·25 전쟁을 통일 전쟁이라고 했다가 곤욕을 치루고 있다.

강정구 교수 사건을 놓고 검찰은 검찰대로 치우지 못한 국가보안법과 달라진 세태 사이에서 이러지도 저러지도 못하는 딜레마에 빠져버린 것이다.

서기 1948년 12월 1일 이승만 대통령이 친일파들에게 공산주의를 쳐부수고 나아가 반대파의 수족을 채우라고 만든 국가보안법은 1961년 7월 3일 박정권 때, 반공법으로 바뀌었다가 1980년 12월 31일 재개정되어 똥인지 된장인지도 구분 못하는 추종자들과 공산주의자들과는 태생적으로 상종 못하는 일부 집단에 의해 아직도 건재하다.

극과 극은 통한다는 이치대로 그들은 서로를 필요로 하며 강력한 통치 수단으로 두 세대 정도를 무소불위로 살았으니 그 향수가 오죽할까?

역사적 시각으로 보면 한국의 프리메이슨들은 신라의 반반도 할반(牛牛島 割牛) 이래 더도 말고 덜도 말고 그들이 손쉽게 통치할 수 있는 압록강(鴨綠江) 이남(以南)의 땅으로 세세연년(世世年年), 지나(支那)가 성승(盛昇)하면 지나로, 왜(倭)가 성하면 왜로, 미국(米國)이 승하면 미국으로 부용(附庸)하자는 사대주의자(事大主義者) 이상도 이하도 아니다.

그들이 민족주의를 폄훼하고 주창하는 세계주의는 일고(一考)의 가치도 없는, 사실상 사대(事大)와 자주(自主)로 대치한 현 상황을 그럴듯하게 환치(換置)한 슬로건일 뿐이다.

우금 주종환(朱宗桓) 선생 같은 이가 노구(老軀)를 이끌고 고군분투하는 단체 외, 200개가 넘는 제 민족단체들이 혼몽(昏懜)한 광야(廣野)에서 목청 높여 외치는 것은 사배공반(事倍功半)과 다름 아니니, 우리 고유사상과 철학과 역사의 부재 때문이라고 밖에 생각할 수 없다.

• 주종환 박사
서기 1929년 만경 생. 일본 동경대 경제학부 졸. 한국 사회경제학회장, 동국대 명예교수.
저서 :『경제학 개론』『한국 자본주의사론』『한국 현실경제와 이론』『재벌 경제학』등
논단 :
·민족주의 과잉을 걱정할 때가 아니다.(한겨레신문 2007년 5월 17일)
·한국 자본주의 발전과 경제학의 위치 : 식민지 근대화론 비판(1998년 한국사회경제학회 학술대회 기조 강연)
·중진 자본주의론의 근대 개념과 신식민사관(역사비평 1994 겨울호)
·민족과 사회개혁 그리고 평화운동 (시민과 세계 2002년 여름호)
·주종환 선집 중 '권두언'「이완용의 부활을 경계한다」「근대화론의 반 민족성」
(선생님의 토왜 사학자 비판 글에도 많이 등장하는 '일본의 근대화 은총을 노래하는 사대 식민주의자'라는 말이 있듯, 당시 무장독립지사들의 경제관은 자주경제론, 중도사회주의이었던 만큼, 주종환 선생의 글은 경제사학에 별도의 관심을 가졌던 선생님의 학문적 탐구와 맥이 닿아 있어 언급한다.)

분사憤死와 자결自決

「땅이 크고 사람이 많은 나라가 큰 나라가 아니고 위대한 사람이 많은 나라가 위대한 나라가 되는 것이다.」
(이준)

분사 – 분에 못 이겨 죽음
자결 – 의분을 참지 못하거나 지조를 지키기 위해 스스로 목숨을 끊음

- 함경북도 북경 출신(1859~1907)
- 1887년, 초시에 급제
- 1895년, 법관양성소 졸업
- 1896년, 한성재판소 검사보
- 1899년, 와세다대 법과 졸
- 1904년, 특별법원 검사
- 1906년, 보광학교 설립
- 1907년, 국채보상연합회 소장. 고종의 비밀특사로 만국평화회의가 열리는 헤이그 방문, 자결
- 1962년, 건국훈장 대한민국장 추서
- 1963년, 서울 수유리국립묘지 안장

간략한 이준 열사의 연보이다. 고종황제가 일제의 조선 침탈 야욕을 만방에 알려 이를 저지하기 위해 만국평화회의가 열리는 화란의 해아에 밀사를 밀파하였다. 헤이

그 3인의 밀사―이상설, 이준, 이위종 중 이상설이 정사이고, 이준은 부사, 러시아에서 합류한 22세의 이위종은 러시아 공사로서 이들 세 밀사는 헤이그에서 일제의 방해로 회의 참석 자체가 좌절되고 언론 접촉을 통해서 '한국을 위해서 호소한다.'는 성명서조차 성과를 거두지 못하자 그 중 이준은 의분을 참지 못하고 분사하였다.

분사냐, 자결이냐 의견이 분분하지만, 어느새 정설로 굳어져 내려오는 헤이그 밀사 사건의 요지이고 이준 열사의 마지막 행장기이다.

당시 내외신문에 대한매일신보 호외는(1907.7.18.) '자결하여 만국 사신 앞에 피를 뿌려서 한국을 경동케 하였다.'라고 열사의 자결로 실었고, 황성신문은 동년 7월 19일 자에 '전문(電聞)한 즉 세 사람 중 이준 씨가 격분을 이기지 못하여 자기의 복부를 베어 자결하였다는 전보가 동우회 중에 도착하였다는 설이 있더라.'라고 한 발 비켜 실었고, 당시 네덜란드 현지 신문들도 수일동안 병중에 있다가 호텔에서 사망했다는 병사로 기록하였다고 한다.

서력 1960년대 이후 지금까지 열사의 자취를 찾는 사람, 언론인들이 한 둘이 아니지만 최후의 모습을 시원히 밝힌 이나 매체는 없다. 이런 일은 열사를 추서하고 과거사를 밝히는 부서까지 두었으니 더욱 확대하여 국가가 나설 일이다.

일제가 참석을 방해하고 자결 사실을 은폐하기 위해 거액을 들여 각국 언론을 매수하였다는 많은 루머들이 선생님의 젊은 시절 회자되었다고 한다. 또한 정사도 아닌 변방의 이준 열사가 자결했다는 사실을 못마땅해 하는 수구들과 일제 부용자들의 분위기가 있었고 경성에 유학하는 아들에게 전해 달라는 과부의 마필을 팔아 입경하는 경비를 마련했다면서 가태가 자못 가증하다고 조소하는 무리도 있었다고 한다.

기독교 감리교회에서 신자였던 이준 열사를 기린다고 한다. 서거 백 주년이 되는 올해 기념 사업회도 손을 놓고 있지 않을 것이다. '자결이 아닌 분사라고 그 분의 애국심이 절차(切次)되는 일은 결코 없을 것이다.'라는 의례적이고 알량한 수사로 덮을 일이 아니다.

이준 열사와 함께한 두 분, 이상설, 이위종 열사는 간략한 연보를 싣고 펜을 놓았는데 마침 도올 선생이 참괴(慙愧)의 념(念)으로 고함(孤喊)하며 쓴 글이 있어 무단 전재하였다. 海量하시길 ….

도올고함(孤喊)
이상설·이위종에도 깊은 경의를

중앙일보가 주최한 헤이그특사 100주년 국제학술회의의 주인공이 되고 있는 이준(李儁, 1859~1907) 열사의 숭고한 행적에 관해서는 내가 부언할 말이 별로 없다. 이역에서의 그분의 자결은 이미 한말 구국의사들의 강령이 된 제천 유인석 자양서사(紫陽書社)의 처변삼사(處變三事) 중 일사인 자정치명(自靖致命)의 준엄한 결행이었다. 그러나 우리는 부사 이준 열사의 행적과 함께 우리 역사에 더 다양한 족적을 남긴 정사(正使) 이상설(李相卨, 1870~1917)과 정·부사를 수행했던 실무외교관 이위종(李瑋鍾, 1885~1920?), 이 두 사람에 관하여 보다 깊은 경의를 표해야 마땅하다.

1899년의 제1차 헤이그 컨벤션을 계승한 1907년의 제2차 헤이그 만국평화회의는, 세계대전의 전운을 감지하던 강대국들이 국제전쟁에 관한 최소한의 규약의 필요성을 느껴 소집된 국제회의로서, 훗날의 국제연맹(League of Nations)의 효시가 된 모임이었다. 이 만국평화회의의 정보를 처음 획득한 사람은 대한매일신보 주필 운강 양기탁(梁起鐸)이었다. 운강은 이 사실을 우당 이회영(李會榮)에게 알렸고, 우당이야말로 밀사파견 계획을 수립하여 광무황제(고종)를 움직인 장본인이었다. 수석대표로 절친한 친구 이상설을 주청한 것도 우당이었다. 그런데 이상설은 이미 1906년에 북간도 용정(龍井)에 가서 애국지사들의 활동 거점인 서전서숙(瑞甸書塾)을 개설하는 데 헌신하고 있었다.

이상설은 충북 진천 사람으로 대과에 급제하여 정2품 의정부참찬에까지 오른 사람으로 을사늑약 직후에도 광화문 앞에서 자결을 각오하고 땅에 머리를 찧으며 민족항쟁을 호소하는 대중연설을 한 치열한 성격의 소유자였다.

러시아 우수리스크 수이푼강 앞에 서 있는 이상설 선생 유허지 비석. 그의 유골은 이 강물에 뿌려졌는데, 그는 이 강물을 따라서라도 조국에 가고 싶다는 유언을 남겼다. 2005. 4. 16. 촬영.

이준과 이상설은 러시아의 페테르부르크로 가서 이위종을 만난다. 이위종은 누구인가? 이위종은 구한말의 가장 탁월한 외교관이며, 1897년에 워싱턴 주미공사를 지냈고, 1900년에 주러시아공사로 전임되어 프랑스, 독일, 오스트리아공사를 겸임한 서울 출신의 문신 이범진(李範晉, 1852~1910)의 아들이었다. 이범진은 20세기 우리나라 독립운동사에서 가장 혁혁한 무장투쟁으로 일관한 지사이며 고종의 특명으로 대한제국의 간도관리사(間島管理使)를 지내기도 했던 이범윤(李範允, 1863~?)의 친형이었다. 안중근 의사도 이범윤 휘하 의병조직의 한 부대장이었다. 이범진은 국제적 안목이 탁월했던 인물로서 러시아 황제의 신임이 두터웠으며, 을사늑약으로 외교권이 박탈되어 공사관이 폐쇄되었는데도 불응하고 국권회복을 위한 외교활동을 계속하고 있었다. 그 아들 이위종은 프랑스의 생시르 군사학교 출신으로 러시아어·영어·불어를 완벽하게 구사했던 보기 드문 지식인이었다. 이준과 이상설은 실제로 서양언어를 구사할 능력이 없었다. 따라서 만국평화회의의 실제적 활동은 모두 22세의 청년 이위종의 활약에 힘입은 것이다.

이위종은 일·영 대표의 방해로 회의에 참석지도 못하게 되자, 일제의 만행과 을사늑약의 무효를 선언하는 공고사(控告詞)를 불어·영어로 번역하여 언론에 배포하였고, 7월 9일에는 각국 신문기자단의 국제협회에서 유창한 불어로 명연설을 하여 감동을 주었고, 그의 연설은 당지의 가장 영향력이 컸던 헤이그신보에 보도되어 국제여론을 환기시켰다. 이위종은 이후에도 삼촌 이범윤과 의병을 조직하여 싸웠고 1차 세계대전 때는 러시아군 장교로 투쟁하였다.

헤이그의 3밀사. 좌로부터 이준 이상설 이위종

10월혁명 이후에는 적군(赤軍)의 장교(중위)로서 혁혁한 공을 세웠으나 끝내 백군에게 암살당하고 만다. 그의 아버지 이범진은 평생 모은 거액의 재산을 러시아의 한인의병조직과 한인학교에 모두 기부하였고, 경술국치를 당하자 통분을 못 이기고 휴대한 권총으로 한 많은 자신의 두뇌에 방아쇠를 당겼다. 이 많은 이야기를 내 어찌 이 좁은 지면에 담을 수 있으리오!

33 이 時代의 다른 風光을 쓰면서

나의 상고사

나는 첫 피란지 지리산 근처에서 취학 전까지 살았는데 전쟁이 끝난 지가 훨씬 지난 그 때까지도 공비의 출몰을 두려워하였다. 마을 출신 경찰관 두 명이 M1 소총으로 마을 어구 느티나무에 사격연습을 하거나 사냥을 하고 밤에는 탄환을 빼고 탄피를 종이로 막아 공포탄을 쏘았는데, 우리가 있으니 오지 말라는 엄포나 시위였을 것이다.

산열매를 따러 다닌 산골에서, 심지어 마을 근처에서도 인골과 총기류와 수류탄 등을 보는 건 다반사였다. 그걸 주워 놀이를 하다가 불구가 되고 심지어 목숨까지 잃은 동무도 있었다. 하긴 이태의『남부군』이나 관련 자료를 보면, 지리산의 마지막 공비 정순덕이 서기 1963년에 잡혔으니 내 추억은 과장이 아닐 것이다. 그 때는 몰랐지만 그 시절 전쟁의 후유증으로 죽음은 항상 곁에 있었다.

대전 형무소는 당시 두 번째 정착한 대전의 목동에 자리 잡고 있었는데 적벽의 아치정문위에 그 선을 따라 우로부터 좌로 각각의 자판을 붙여 우리는 '소무형전대'로 읽고 은어로 사용하였다.

「대전 형무소에는 군법회의 대상자 300명이 수용되어 있었고 전쟁 발발 당시에는 제주 4 · 3 사건, 여수 반란사건 관련 정치사상범과 일반죄수 4,000 여명이 수감되어 있었다. 이들은 예외 없이 7월 첫 주에 3일에 걸쳐 한 사람도 빠짐없이 충남 대덕군 산내면 낭월리 골령골(현 대전광역시 동구 낭월동)에서 집단 사살 당했다.

영국 런던의 〈옵서버〉지 종군기자 필립 딘이 쓴 증언록『나는 한국에서 포로였다』(1953)에는 그가 북한군 포로로 잡혔을 때 만난 프랑스 신부 카다르와 〈데일리 워크〉지 워닝턴이 진술한 대전 학살 내용을 담고 있는데, 카다르 신부는 1,700명의 총살

현장을 목격했다 하고 총살 직후 방문했는데 6개의 구덩이에 7,000명 이상의 남녀 시체가 묻혀 있었으며 그 학살은 7월 4~6일에 있었다고 증언하였다.」

서기 1949년과 6 · 25 전쟁이 발발한지 10일 쯤에 일어닌 사건이다.

국민학교 때 보문산으로 소풍을 가면 우리들이 꺼리는 동굴이 있었는데 그 입구가 친친 감긴 녹슨 철조망으로 안쪽 한참까지 차 있고 그 속에는 6 · 25때 몰살당한 사람들과 각종 무기가 들어있다고 하여 접근을 막았다.

중학교 2학년 때 우리 학교는 양동이만한 고무 두레박을 도르래로 끌어 올리는 데도 한참 걸리는 깊은 우물을 펌프로 교체 했는데 그 속에서 인골과 수류탄, 기관단총 등, 무기류 한 트럭분이 넘게 나왔다. 도대체 본래는 얼마나 깊었기에 그렇게 많이 나왔는지 모르겠지만 그 물을 마시고 있었던 우리는 원효의 득도 이야기로 무마하는 선생님의 말씀으로 위안을 삼을 수밖에 없었다.

실은 나는 별 느낌이 없었다. 나뿐이었을까? 지금은 목회를 하다 이민 간 급우가 목동 산날맹이 공동묘지에서 주은 손가락 어느 뼈로 목걸이를 하고 다녀 추장이란 별명을 붙이고 괴짜 취급을 하는 정도였다. 어린 나이지만 방망이 수류탄과 총기류들이 북쪽 것이라는 걸 구별할 수 있었고 더욱 흘깃 본 몇 점의 바랜 입성이 인민군복이어서 우리 추측으로는 산채로 밀어 넣었다고 쑥덕거렸다. 그때 학교 풍경도 중 · 고로 나뉜 교정의 끝 고등학교 쪽에 미군의 우리 교사만큼한 여러 채의 콘세트에 수송부대가 들어서 있었는데 러닝셔츠 바람으로 농구를 즐기는 미군 병사와 가끔 내려앉는 헬기가 이채로웠다.

우리 학교는 야구와 농구가 강팀이었는데 시합 날 단체로 응원가서 이겼을 때 부르던 경쾌한 교가와, 졌을 때 슬프고 장중하게 들리던 교가는 같은 곡인데도 그 느낌이 천양지차였다. 그나마 3학년 때 작곡자가 월북했다 하여 다시 작곡 했지만 지금도 내가 기억하고 있는 건 개작전의 곡이다.

「태평양 품안에 따사로운 곳 이 나라의 새벽 별…」
청운의 꿈을 키우던 시절이었던 것 같다.

제주 4·3사건 진상 보고서(제주 4·3사건 진상 규명 및 희생자 명예회복위원회 간, 2003년)외에도 역사의 진실(민간인 학살 만행 진상 규명 전 민족 특별조사위원회 간, 2003년), 대한민국史(한홍구, 2003년, 한겨레신문사), 노근리는 살아있다(정구도 지음, 백산서당, 2003년) 등에는 전쟁 전후 전국에 걸쳐 미군과 아군에 의해 저질러진 양민 학살 참상이 처절히 기록되어 있다.

인간의 본질을 동물(사회적)이라고 규정하지만 인간 외의 어떤 동물도 증오, 이념, 종교, 탐욕 등으로 동류를, 인간이 상상할 수 있는 온갖 방법으로 잔혹하게 학살하지 않는다.

檀紀 4288년(쌍팔년도) 피난 두 번째 3년 간에 정착한 지리산 자락이다. 어느 날 선고가 반동개 삼촌과 상경하여 이승만에게 토지 보상금을 받아 왔다는데 낡은 더블백으로 꾹꾹 눌러 세 자루였다.

키가 작아 반동개(가리) 박서방이라고 부르던 선고의 집사였는데 나는 큰 삼촌이라고 불렀다.

선고는 사진 속의 자리에 10여 가구의 초막을 짓고 산판을 시작했는데 30년이 지난 5886년 방문했을 때는 같은 위치에 150여개의 토종 벌통이 놓여 있을 뿐 무주공산이었다. 3학년 1학기까지 다니던 읍내의 국민학교는 개구멍치기 하던 탱자나무 울타리가 모양새 좋은 벽돌 담장으로 바뀌고 초가의 교사도 현대식으로 바뀌어 있었다.

우리 피난민 일행을 반갑게 맞아준 외딴집 노인이 아직 아랫마을에 생존해 있어서 조촐한 선물을 사들고 방문했다. 아랫마을의 창포가 울울한 개울가의 태질하던 몇 아름드리 버들 옆엔 대장간이 있었는데 버들도 대장간도 없어진 자리에 빨간 지붕의 뺄쭘한 팔각정이 세워져 있었다. 그대로 있으리라고 기대하지 않았지만 나의 추억 속에 각인된 한 폭의 아름다운 풍경이 싹둑 잘려나가는 아린 순간이었다.

선생님은 전라도로 피난 간 사람은 2등 국민 밖에 못 되었다고 했는데 나는 아직도 그 뜻을 모르겠다.

그 곳에는 아직도 중년이 된 동무가 고향을 지키고 있었다.

시오리 학교 길은 아랫마을부터 읍내까지 시멘트로 포장되었지만 길을 따라 흐르던 청청한 개울과 명주실 한 타래를 풀어도 바닥에 닿지 않다던 집 아래 용소는 이어령 선생의 『저 바람 흙바람 속에』의 고향 방문기 소감과 한 치도 다르지 않았다.

군용 GMC와 쓰리쿼터가 우리 산판의 말구를 싣고 흙먼지를 날리며 달리던 신작로가 거의 옛 그대로이고 깡(TNT)을 터뜨리면 메기와 뱀장어들이 몇 포대나 뜨던 용소는 동네 목욕탕 정도 크기 밖에 안 되었다니 …. 그 때 팔뚝만한 메기도 실은 뱀치 정도였을까?

나는 2학년에 곧바로 입학했는데 담임선생과 교장선생은 나를 끔찍이 아껴주고 'ㄹ'을 '5'로 쓰던 나를 2학기 때에는 반장을 시켜주었다. 할아버지가 한겨울 난로용 땔감을 몽땅 대주었으니 그럴 밖에 …. 할아버지를 '한아범'으로 부르던 나는 돌아가신 중학생 때까지 고치지 못해 동무들의 놀림을 당하지 않으려고 무던히 애썼다. 산열매를 따던 산과 메뚜기를 잡던 들과 멱 감고 고기를 움키던 시내를 좇느라 그때 통신부에는 출석일수가 200일도 채 되지 않았다.

그때의 아련한 만상(萬象)과 일사(逸事)와 운전수가 꿈이었던 어린 나의 포의(布意)와 달리 오히려 생생한 봉만(峰巒)에서 굴러 산집(散集)하던 도깨비불과 동무의 갓 난 아우를 물어간 늑대, 하필 초분가에 주저리주저리 열려 따지 못하던 소담한 산딸기, 어린 아이의 간을 빼먹는다는 문둥이, 서서히 깔리는 어둠이 무서워 서로 가운데로 들어가려고 다투던 2부제의 늦은 하교 길, 잰걸음, 황토를 뿌리던 호랑이, 잔망스러운 여우, 낙엽 위에 질펀히 누워 목각 같은 새끼들에게 젖을 내놓은 멧돼지, 고라니, 노루, 꿩, 산토끼, 산비둘기, 창공에 까맣게 높이 멈춘 독수리, 새매, 종달새, 할미새, 박새, 명새, 삼(麻)밭에 어지럽게 날던 제비들, 휘두르는 대나무 윙윙소리에 달려들다 맞아 떨어지던 박쥐, 그 뱀 같이 섬뜩하던 몰골, 스산한 까마귀, 저수지와 맨 들에 떼로 앉던 철새, 덴찌로 비춰 처마속에서 움키던 참새, 그 지붕에 쪄서 말린 꼬들꼬들한 이삭 고구마, 떡갈잎을 누벼 만든 모자와 그 싱그러운 풀내음, 갈기를 세우던 장닭, 어린 나를 만만히 보던 쌈닭 샤모, 가는 쑥 뿌리를 하얗게 손톱으로 실오라기 같이 훑어 올가미를 짓고 낭창이는 개버들 끝에 묶어 낚아채던 종개, 붕망치, 중태기, 가물치, 징거미, 참게, 가재, 남생이, 송사리, 잉어, 뱀장어, 붕어, 메기, 미꾸라지, 빠가사리, 보리새우, 잽싸게 파문을 만들던 소금쟁이, 기척에 자맥질하던 물방개, 갖은 물고기…. 뒷다리를 훑쳐 구워먹던 참개구리, 영롱한 이슬, 거미줄 채집망으로 잡던 잠자리, 매미, 싸늘한 반딧불, 가직할 수 없는 무지개, 만화의 구름, 아득한 별무리와 명멸하던 별똥별, 철쭉, 민들레, 진달래, 도라지, 더덕, 원추리, 억새, 창포, 자운영, 그 밭에 닝닝대던 벌, 새 순을 까 씹던 찔레, 삘기, 고무 딸기, 뱀딸기, 개암, 고욤, 다래, 머루, 아그배, 밤, 상수리, 도토리, 산감, 으름, 오돌개, 동구의 느티나무, 소소한 대나무 부딪는 소리, 움칫하던 옻나무… 온갖 나무들, 교정에 철따라 피던 붓꽃, 맨드라미, 코스모스, 나팔꽃, 탱자꽃, 칸나, 다알리아, 국화, 사진관 집 고숙희의 얼굴을 닮은 박꽃, 성할 날이 없이 튼 손등에 바르던 맨수리다마, 아까징기, 갱기랍, 아미다마, 비과, 유과, 튀밥, 가이생, 진또리, 좆박기, 장깨뽀, 자치기, 재기차기, 다마치기, 비석치기, 삼촌이 광솔로 깎아 만들어 준 무적의 팽이, 굴렁쇠, 빳지치기, 신우대와 휜 삼대로 만든 장난감 화살, 에리, 쓰봉, 난닝구, 엠병, 땜병, 가슴앓이 속병, 소매에 번들거리는 콧물 자국, 미리꾸, 간즈메, 퀘퀘한 쓰루메, 이빨이 빠지던 갱엿, 알싸한 홍어, 뱃가시가 드러난 자반 고등어, 조기, 갈치, 아! 떼죽음을 몰고 오던 복…. 산판의 도라꾸, 호야, 제무시, 쓰리코타, 영자, 금자, 은자, 명자, 숙자, 순자, 미자, 언년이, 갓난이, 곱단이, 예분이, 익명의 첫째, 둘째, 길에서 낳은 길남이, 길례, 딸은 그만하자는 딸고만이, 말숙, 말자, 끝순이, 맥아더, 쌕쌕이, 삐시꾸(B-29), 삼촌의 손에 이끌려 시내에서 본 동춘 서커스, 그 별 임춘앵, '생명의 신비'에 경이롭게 피던 꽃(고속촬영의 활동사진), 빨치산, 원족 벤또, 통신부, 셈본, 도화, 크레용껌, 송진껌, 쥐불놀이, 연날리기, 썰매지치기, 꽹매기 소리, 기마전, 깽깽이, 딱총, 동동구리무, 박가분, 포마드, 사립문 기둥을 휘휘 감아 기함하던 작은 할아버지네 업능구렁이, 족제비, 두꺼비….

칠흑의 늦은 밤 더 멀리 남쪽으로 피난했던 친정에 다녀오던 어머니는 도깨비불에 쫓겨 고무신 한 짝을 잃고 사립문을 밀치고 토방에서 실신하고, 그 때문에 노년까지 가슴앓이를 할 때마다 양귀비대 달인 물로 진정하곤 했는데, 다섯 살

난 나도 일주일 이상 식음을 전폐하고 않다가 아스라이 들려오는 '이제 버린 아이다' 라는 가래 끓는 할아버지의 말씀과 어머니의 애끓는 흐느낌소리가 왠지 서럽다고 생각 했는데 동리 노파가 내 이마에 쌀 한 줌을 넣은 삼베 주머니를 얹고 경을 읊어 언제 그랬냐는 듯 깨성하였다.

어디 그 뿐인가? 감나무에 올랐다가 'V'자 가지 사이에 발이 끼어 옴쭉달싹 못하던 내 동무도 경을 읊고 발을 빼라는 노파의 주문으로 탈 없이 감나무에서 내려 왔다. 이런 류의 이야기는 내 기억만으로도 책 몇 권이 될 터, 건듯 어제 일 같은 이런 반백 년 전의 나의 추억의 일편이 나의 상고사이다.

「神話란 自我人間의 주체의식을 高格化한 것이다.」(李裕岦)

선생님은 해방 후 국화(國花)와 태극기(太極旗), 애국가(愛國歌)에 대한 의견을 냈다가 당국에 의해 곤혹을 치뤘다. 우리 시대에 심심찮게 돌출하던 쟁점이기도 하다.

국화 무궁화(無窮花)는 진달래(震達來)로, 태극기는 그 형상의 뜻이 심오하고 설명이 장황하니 『대배달 민족사 권5, 태극과 국기편』을 참고함이 좋을 듯하고 애국가는 '동해물과 백두산이 마르고 닳도록'의 마멸(磨滅)과 '남산위의 저 소나무'의 궁상(窮狀), 빈티(貧態)를 쌓이고 쌓이는 것을 담을 수 있는 가사와 조종(肇宗) 백두산이 있는 데 하필 남산은 뭐고, 말이 사물을 규정하고 의식을 지배하고 속말(俗言)에도 말이 씨가 된다는 말이 있는데 동가홍상(同價紅裳)이라, 광활하고 웅위한 것을 지향하는 게 국가를 표상하고 기상을 진작하는 데 적합하다는 것이다.

(桓花는 一名天指花니 俗稱震達來라. 檀君尉那戊戌 二八年에 會九桓諸汗于寧古塔하야 祭三神上帝하실새 配桓因·桓雄·蚩尤及檀君王儉而享之하고 五日大宴할새 與衆으로 明燈守夜하며 唱經踏庭하며 一邊列炬하며 一邊桓舞하야 齊唱愛桓歌하니 愛桓은 古神歌之類也라. 先人이 指桓花而不名하고 直曰花라. 愛桓之歌에 有云호대 山有花여 山有花야 去年種萬樹하고 今年種萬樹라 春來不咸花萬紅하니 有事天神樂太平이로다. 〈桓檀古記 正解 檀君世記〉)

팍스 아메리카나(USA)에 대한
부러운 시선

「미국은 인간학살과 학대의 역사로 이루어진 국가이다. 1620년 메이플라워호에 승선한 35명의 필그림스와 67명의 농민, 부랑자가 미국을 세웠다. 그들은 나중에 미국인들에 의해 성자(聖者)로 받들어졌다.」

「총은 그들의 성경이며 성경은 악을 쳐부수는 그들의 총이다. 미국 총기협회는 홍해를 가르고 젖과 꿀이 흐르는 가나안으로 가 〈십계〉를 얻은 모세와 메세라에게 전차경기에서 승리한 〈벤허〉가 회장이며 그는 거물답게 〈혹성탈출〉에서는 바다 속에 잠긴 자유의 여신상을 보고 인류가 스스로 문명으로 쫄딱 망했다고 자못 절규한다. 그러고 보니 털복숭이인 그는 〈엘시드〉와 〈싸베지〉의 풍모도 지녔다.」

지구상에서 미국같이 부도덕하나 최강국인 제국은 유사 이래 없었다. 로마제국을 벤치마킹한다니 로마가 필적할까?

미국의 성립과 역사에 대하여는 정작 미국인보다 우리가 더 잘 알고 있고 한말(韓末)부터 지금까지 미국과 우리의 관계사도 무수한 저술과 논문이 있으니 차치하고, 아무튼 우리 국민이 요즘-70년대 이후 부쩍 미국으로부터 받는 스트레스는 친미론자든, 용미론자든, 반미론자든 그 격렬한 갈등으로 인해 서로 크나큰 내상을 입히며 지금도 진행형이다.

　그 저근에는 미루나무 사건이며 푸에블로호 납치사건 등으로 굴욕을 주고 무슨 협상 때마다 벼랑 끝 전술로 밀어붙이고 우리에게도 미국은 몇십수 접어야 하는 우리의 분통을 터뜨리게 한 김신조 일당의 청와대 습격 사건, 울진 삼척 지구 공비 침투사건, 문세광, 김현희, 아웅산 폭파사건, 핵 개발 등등등의 북쪽이 있는 건 물론이며 자신들이 기준한 악의 축으로 고립시키고 주변국과 남북관계를 고리로 동북아 전략을 관철시키고 있다.

　미국의 요청으로 군현대화와 경제부흥의 기회로 월남에 파병했고(우리의 여 판서 한 분이 '용병'이라고 했다가 된통 곤욕을 치른 적이 있다), 새 세기를 맞아 언제 깨질지 모르는 박빙 위의 남북 화해 무드를 인질로 이라크와 아프가니스탄 등 우리 병사들이 파병되어 있으며, 70% 이상 우리 엘리트군(群)이 미국에 유학했고, 하고 있는데 나는 그 흔한 미국여행조차 한 번도 한 적이 없다.

　우리의 한 대통령이 왕년에 미국에 간적이 없다 해서 논란이 된 적이 있을 정도로 우리의 의식을 지배하고 있는 미국이 이것저것 부럽기도 하고 밉기도 하다. 부럽다는 것은 남의 주권도 쥐락펴락하는 강대한 국력이요, 밉다는 것은 약자의 질시이니 접는 게 좋겠다.

　징크스란 어디에나 있다. 특히 스포츠에서는 중요한 시합을 앞두고 손톱, 발톱, 머리, 수염을 안 깎거나 내의를 갈아입지 않는다거나 목욕조차 기피하는 선수가 있단다. 팀 간에도 징크스란 게 있어 어느 팀은 객관적 전력에 비해 어느 팀에게 유독 약하다든가 강하다든가 하는, 서로 물고 물리는 상황을 연출하는데 그런 경기외적인 요소가 흥미를 더욱 유발시키기도 한다.

나는 야구를 무척 좋아하는데 프랜차이즈 정신에도 맞춰 대체로 내 고장 팀 한화 이글스를 응원하고 그들의 코리안 시리즈 제패를 바란다.

초창기 우리고장 연고팀은 OB베어스였는데 당시 막강한 전력을 지닌 삼성라이온스는 슬러거 이만수, 안타 제조기 장효조, 역사적인 원년 프로야구 개막전에서 MBC 청룡의 이종도에게 만루 홈런을 맞은 비운의 에이스 이선희 등의 최강의 검투사를 보유하고도 OB에게 기념비적인 첫 한국시리즈 패권을 넘겨줘야 했다. 물론 OB에게도 깨지지 않는 22연승의 검투사 박철순, 김우열, 김유동, 김경문, 신경식 등이 있었다.

서기 1985년에는 곰을 피하기 위해 최동원만 있는 멀대(거인)를 선택했다가 3대4로 지는 아픔을 겪었는데 이듬해 창단한 독수리는 신생팀이 그렇듯 약세를 면치 못했고 특히 사자에게 약했다. 사자가 유독 독수리를 승리의 제물로 삼았는데 곰에 대한 구원(?)도 작용했을 것이다. 그런 연유로 독수리는 90년대까지도 사자 징크스에 시달렸는데 카리스마 김응룡이 이끄는 막강한 호랑이나 여우 김재박의 기형 말(유니콘스)에게도 패수가 많았으니 꼭 사자 징크스에만 시달렸다고 볼 수도 없겠다.

독수리가 코리언시리즈 제패를 원한다면 페넌트레이스에서 굳이 사자를 이기려고 전력을 소진하며 애쓸 필요는 없다. 어차피 대 사자 승률이 높지 않은 바에야 사자와는 3, 4, 5선발을 쓰는 게 좋다. 다만 우승하려면 우선 4강 안에 들어야 하므로 믿을 만한 1, 2 선발은 만만한 팀을 골라(있는지 모르겠지만) 그들을 확실한 제물로 삼아 승수를 쌓아야 한다. 요행이 1위를 하면 준 플레이오프를 통과해 천신만고 끝에 올라오는 팀을 맞이하므로 우승 확률이 높다.

그러나 독수리는 중·하위권 실력의 팀이므로 페넌트레이스 1위는 난망이고 우선 4강에 들기 위해 최선을 다해야한다. 그러면서도 모든 역량을 사자 경계에 쏟아야 한다. 84년 사자가 곰을 피하기 위해 거인을 택했던 방법 말이다. 예를 들어 4, 5위 언저리서 사자가 분투하고 있다면 사자와 4, 5위를 다투는 팀을 응원하고 그 팀의 승률을 높여 4강에 들 수 있게 그 팀에게 져주는 수도 택해야한다는 말이다.

물론 사자처럼 매끄럽지 못하게 관중이나 관계자가 눈치 채게 하면 안 되고 또한 독수리가 4강에 들 수 있는 승률을 유지하고 있어야 가능하다.

만약 둘 다 불행히 플레이오프나 코리언시리즈에서 맞붙는 불상사가 생긴다면 혼신의 힘을 다 쏟고 승패는 하늘에 맡기는 수밖에 없다. 용한 무당에게 독수리의 승리를 기원하는 굿을 청하거나 하늘에 기도하는 방법도 있겠다. 사실 그래봤자 당시 대 사자와의 승률이 단기전에서는 2~30%이니 독수리의 사자 징크스는 참으로 답답한 노릇이다.

징크스도 과학적으로 분석해보면 그 원인을 찾을 수 있겠으나 그 원인을 못 찾아 계속 시달리는 것은 아니다. 어쨌거나 수단방법을 가리지 말고 사자를 이길 수 있는 방법을 찾아 한두 번 이겨가는 게 징크스에서 해방되는 길이기도 하다.

사람들 대부분이 얄팍한 전술은 진정한 패자의 대도가 아니라고 할지 모르나 진정한 패도(覇道)니 스포츠 정신이니 하는 것은 정도의 문제요 레토릭에 불과하다. 코리언시리즈의 역사는 강팀을 우승수로 가름하고 기록하기 때문이다.

야구를 잘하는 나라가 미국이고 우리나라도 아직까지 야구를 하는 나라가 많지 않은 덕분에 상위권인데 미국야구를 선이 굵은 공격야구라고 한다. 제1회 월드 베이스볼 클래식에서 이런 미국의 이미지는 여지없이 무너졌지만 그들의 작전은 당장은 야비하더라도 승리를 담보하는 내 이론이 맞았음을 여실히 보여주었다. 물론 미국은 심판까지 노골적으로 편파적인 추태를 부렸어도 우승을 못하고 국제 망신을 당했지만 좀 지나면 대중은 잊을 것이고 1회 우승국 일본만 기억할 것이다. 동양을 대표하는 일본야구는 세밀하고 작전이 많은 수비야구라고 하는데 우리는 물론 일본 쪽에 가깝다.

야구는 아주 미국적인 스포츠다. 루를 훔치고 외야의 선(담) 밖으로 쳐 내면 아웃이나 파울이 되는 게 아니라 벼락출세나 일확천금 같은 야구의 꽃인 홈런이 되고 신사의 스포츠라고 짐짓 모자를 쓴다(물론 껌을 질겅질겅 씹지만).

규칙, 작전, 경우의 수가 무수하고 변화무쌍해서 곧잘 인생과 비교되기도 하지만 모든 게임의 전개가 상대를 기만하는 은밀한 작전으로 이루어지며 상대의 작전을 간파하면 반은 이기고 들어가는 셈이다.

　미국을 대표하는 스포츠 중의 하나가 야구여서인지 야구가 활성화된 나라를 미국의 동맹이거나 미국의 식민지라고 말하는 사람이 있다. 쿠바는 미국의 적대국으로 야구가 국기이고 강국이며 노회한 영국은 미국과 형제(또는 푸들)인데 야구를 안 하니 다 맞는 말은 아닐 것이다.

　로마제국을 벤치마킹한다는 미국답게 검투사로 국민을 정치에서 유리시키고 야구, 농구, 미식축구의 검투사들은 천문학적인 몸값을 받고 일약 영웅이 된다.

　상공업, 우주산업, 군수산업, 문화산업을 장려하여 그들과 유착하고 햄버거나 코카콜라, 허리우드, IT산업, 유통, 금융, 교육, 다국적 기업, 제도 등이 경제, 문화식민지를 개척하며 세계를 누비고 있다.

　우월성, 다다익선, 편리성, 유행을 좇게 만들고 FTA 같은 국가 간의 통상은 압력으로 301조 같은 무소불위의 칼을 빼들고 관철시킨다. 여차하면 악의 축으로 몰아 침공도 불사한다. 세계를 커버하는 야비하고(?) 치밀한 공작은 나의 독수리의 사자 피하는 법의 조언(?)이 좀된 궤변으로 치부될지언정 오히려 도덕적이지 않은가?

　나는 한국의 주인이므로 내 나라를 미국의 51번째 주로 헌납 못해 안달인 자들은 미워하나 반미주의자도 아니요 오히려 미국이 실로 부럽다.

　우리는 미국을 거의 알지 못하면서도 잘 알고 있는 것 같은 착각에 빠진다. 미화된 미국의 역사를 국사보다 잘 안다고 생각한다. 워싱턴, 제퍼슨, 링컨, 케네디를 모르는 사람이 있을까? 각 분야의 스포츠 스타, 배우 등 연예인, 음악가, 연극, 영화, 뮤지컬, 극장, 명절, 지방색, 전쟁사, 풍습, 철학자, 소설가, 종교인, 노벨상 수상자, 디자이너, 은행, 기업가, 과학자, 정치가, 장군, 인종, 도시, 빌딩, 거리, 공원, 기업, 산업, 자원, 강과 바다, 댐, 기후, 자연, 유행, 우주인과 우주선, 국가 시스템, 무기, 사건, 사고, 범죄자, 각종 수치…. 미국의 시시콜콜한 모든 것─만약 각기 자기 분야별로 쓰라고 해 합하면 수백만 건은 될 것이다.

전기 계통 국영기업체 지방 간부를 지내다 명퇴한 수구 꼴통 벗이 있는데 가장 존경하는 인물이 백범과 링컨이어서 우리 대통령 중 한 분이 존경하는 인물이 링컨이라고 하니까 그런 좌파가 링컨을 존경한다니 기분나쁘다는 것이다.

내가 민족 지도자라는 백범이 우리 역사를 몰라 미스터 손분에게 망신당하고, 8·15 정국에서 의연치 못하게 수많은 추종자를 버리고 개인 자격으로 미국이 내준 비행기로 귀국한 것은 지도자다운 처신이 아니라고 하자 절교할 듯 길길이 뛰었는데 깨벗고 놀던 동무니 어쩌겠는가?

백범의 처신이야 그분의 독립운동에 헌신한 일생과 업적에 비하면 옥중 티에 불과하고 나또한 추존하나 면전의 동무를 약올리자매 하룻강아지 범털 건드리는 게 상책일 밖에….

하긴 「사나다태평기」란 일본 소설의 문체를 흉내 내 정조의 좌절을 그린 소설로 일약 문명(文名)을 얻은 젊은 교수가 박정희 향수는 부차이고 신으로 추앙한다는 기사를 읽고 실소한 적인 있으니 내 동무 같은 장삼이사의 행태는 일반이겠다.

지금은 전 세계로 다변화하고 있지만 여전히 미국 유학은 대세이다. 내 주위에도 이중국적자가 더러 있으니 고위공직 심사 때 이중국적으로 물의를 일으키는 고위층이 있는 것은 당연한 일이고 아이를 낳기 위해 속지주의 미국으로 떠나는 임산부가 끊이질 않는다. 이제는 유학도 초등학교 학생까지 연수니 뭐니 하며 미국으로 향한다. 미국이 이들을 잘 관리하고 특히 여론을 주도하는 제 4부의 언론을 자신들의 목적에 부합하도록 관리하여 한국의 언론이 미국보다 더 미국적인 언론이 되도록 하는 공작이 공공연한 비밀이었는데 그 비밀문서가 공개되어 그것이 또 언론끼리의 갈등으로 번진 게 엊그제이다.

우리 국어를 영어로 대체하자는 논란이 꽤 되었고 대학들의 강의가 영어로 바뀌고 영어마을이 도시마다 우후죽순처럼 선다. 대학의 어느 학과의 그 방법이 국가 경쟁력 재고를 위해 최선이라면 한 방법이 될 수도 있으나 국어를 영어로 대체하자는 주장이 TV토론으로까지 방영된 적이 있었다.

환부역조니 세상이 미쳤느니 한탄하는 사람이 있는데 걱정할 일이 아니다. 이 나라에는 애국파도 있고, 친중 친일파도 있고, 친미파도 있으니 쉽지 않을 것이다. 또한 지금 속도로 과학이 발전한다면 머지않아 각국어로 의사소통을 하는 기기가 휴대전화 같이 일반화 되지 말란 법도 없다.

민족이 없는─뒤섞인 시민사회의 미국이 가장 두려운 적인 「민족」을 해체하기 위해 하다못해 우리 족보까지 연구해 리더들의 의식구조를 연구한다든가, 북과 6·25 때 전사한 미군 유해를 고액의 달러를 지불하고 발굴해가서 국립묘지에 묻고 애국심을 고취한다든가 하는 따위는 고전이다.

그들의 역사 이래 본토가 공격당한 9·11테러 이후에는 그것을 빌미로 노골적이고 대대적인 침략전쟁을 벌인 게 미국이다. 그걸 보고 자국의 석학들도 미국이 중흥기를 지나 쇠퇴기에 있다고 하니 반미론자들에게는 복음일 것이다.

그러나 그것은 착각과 오해일 뿐이다. 역사상 천년왕국은 없었으니 미국도 언젠가는 사라질 제국이지만 문화와 문명은 항상 자기 복제를 해서 진보하므로 국가 이데올로기가 덧 씌워진 미국은 이미 명실 공히 미국 민족이 지배하는 민족국가이다.

우리 시대에도 하나님이 직할하는 1000년 왕국이 곧 이루어져 그들 신을 믿는 인간들만이 구원을 얻어 맹수와도 한 공간에서 조화롭게 하나님이 주는 양식을 배불리 먹으며 죽음이 없이 살아간다는 감결이 사회를 시끄럽게 한 적이 있는데 혹 한두 달, 1년은 몰라도 주색잡기와 고스톱과 컴퓨터의 놀이터가 없는 삭막한 그 평화가 어찌 가능하겠는가? 굶주려 꿀꿀이죽을 뒤지다가도 이팝이 생겨 배부르면 배설을 생각하고 요행히 무한경쟁에서 살아남아 문득 뒤돌아보면 잃은 것이 많다는 생각, 또는 아직 부족하다는 생각으로 갈 때까지 가는 게 인간의 속성이다. 생명의 본질은 경쟁이기 때문이고 세상에 태어나 존재한다는 것 자체가 적자생존이다.

안전하고 효율적으로 경쟁하자니 조국이 필요하고 선각자, 리더 그룹, 역사가 필요한 것이다. 그런 전차로 우리에게는 아득한 옛적부터 지금까지 이어져 내려오는 역사가 가장 큰 경쟁력이다. 역사학도로서의 편벽한 주장이 아니라 인간은 또 한편 역사 속에서 역사를 창조하는 역사적 존재라는 조건이 있기 때문이다.

유행가 우리말 가사가 버터 발린 혀 꼬부라진 소리로 변질된 건 벌써 오래 전 일이지만 생리적인 감탄사도 「오!」에서 「와우!」로 바뀌는 세태이다.

의상, 컬러머리, 서양형 외모 등은 한 때 유행어라 해도 언어는 의식이고 정체성이다.

다양화시대는 그에 비례해 지켜야 할 가치도 그만큼 많아져야 되지 않을까?

부산 아시안 게임
- 북한의 스포츠 용어 -

"곱침에 이은 호쾌한 꽂아넣기." 아마 아나운서가 이런 식으로 중계방송을 한다면, 무슨 말인지 모르는 사람들이 많을 것이다. '곱침'은 북한에서 '드리블'을 가리키는 농구 용어이고, '꽂아넣기'는 '덩크 슛'을 이르는 말이다.

농구 용어를 살펴보자. '자유투'는 '벌넣기'라고 하고, '골밑 슛'은 '륜밑넣기', '워킹 반칙'은 '걸음어김'이라고 한다.

야구 용어도 알아듣기 힘들다. '투수'는 '넣는 사람'이라 하고 '내야수'는 '안마당지기', '타자'는 '치기수'라고 한다.

> 배구의 '살짝공(페인트)', '그물다치기(네트 터치)', 수영의 '나비헤엄(접영)', '짝배기(배영)', 체조의 '댕기운동(리본 체조)', '조마(뜀틀)', 그 밖에 '산들판달리기(크로스컨트리)', '밟아달리기(도움닫기)' 등도 우리에게 생소한 말들이다.

서기 2003년 3월 1일 초판 발행후 현재 쓰고 있는 「중학교 생활국어 3학년 1학기」 132쪽의 내용이다. (저작권자/ 교육과학기술부, 편찬자/ 고려대학교·한국교원대학교 국정도서편찬위원회), 발행 및 인쇄인/ (주)두산)

지금은 우리말을 익히기도 전에 영어로 배우는 세태가 되어 그런 이들에게는 우리말이 생소할지 모르겠으나 우리가 영어를 배우던 시절(중학교)에는 영어 단어들이 그러하였다.

지금은 웬만한 외래어에 너무나 익숙해져 상응한 우리말이 오히려 생소하여 찾아쓰기가 번거로울 지경인데, 국어학자 최현배 선생이 비행기를 「날틀」이라 해서 서먹해 하다가 잊은지 오래 되었다.

지나친 말짓기도, 또 외래어를 우리말로 환원하는 노력보다 그 남용이 우월의 포장지가 되어서는 안되겠다.

지은이들은 앞장에서도 외래어를 우리말로 바꿔쓰는데 시간이 많이 걸린다는 단점을 들고 있으나 단점을 수용하고 개선하는 노력도 배움의 한 과정이다.

아무튼 어휘가 풍부해지는 것은 한편 장점에 들 것이다.

• 참고로 읽어본 문헌과 매체

세계와 미국 (이삼성. 2001. 한길사)

미국의 역사 (백과사전 Naver)

오만한 제국 (하워드진. 이아정 옮김. 2001. 당대)

촘스키 세상의 권력을 말하다1,2 (노암촘스키. 강주현 역, 2004. 시대의 창)

대한민국사1,2,3 (한홍구. 2003. 한겨레신문사)

전쟁과 학살, 부끄러운 미국 (홍원서. 2003. 월간 말)

현대 국제정치론 1~3 (프란츠셔먼. 장을병 역. 1987. 일월서각)

미래의 역사에서 미국은 희망인가 (이삼성. 1995. 당대)

9.11테러 이후 부시행정부의 「한반도 정책」 (리처드 한스 外. 장성민 편집. 2002. 김영사)

광주학살 미국, 신군부의 협조와 공모 (이삼성. 1996. 역사문제연구소 가을호)

해방 전후사의 인식 (한길사)

아시아와 미국 (신상호. 한양. 1965 6월호)

분단조국과 미국(말 1980 6월 24호)

대국굴기 (동영상. 중국TV 제작)

미국, 한국 내 친미언론 육성했다 (한겨레. 2003.12.12)

한국 언론의 빅브라더 미국 (KBS미디어 포커스. 2003.12.26)

국내 프로야구 에피소드는 글의 원만한 결과를 도출하기 위함이니 모두가 사실에만 근거한 것이 아니다. 이를테면 왜곡도 하고 부회도 했다는 말이다. 역시 꾸미는 말이 쓰기가 쉽고 재미있다는 걸 깨닫게 된다.

• 야구(野球 Baseball)는 우주로 향하는 초정밀의 과학적인 경기이다. 0.04초 내외의 찰나에 둥근 배트로 주먹보다 작은 둥근 공을 아웃 되지 않는 곳으로 쳐내야 하고 그러기 위해서는 부단한 훈련과 동물적인 감각으로 직구와 마구의 변화무쌍한 구질을 구사하거나 그것을 파악하거나 예측을 통해 서로의 타이밍 쟁탈을 위해 치열한 심리전을 펼친다.

모든 것이 기록으로 관리되며 쌍방 각각 9번 이상의 공방을 통해 감독과 각 포지션별 관리자들은 과학 이상의 육감을 동원해 예감과 직감으로 승리를 담보하기 위해 수시로 작전의 변경과 선수기용을 하고 권위가 하느님과 진배없는 심판들에게는 배로 튕기는 정도가 가장 강렬한 어필이다.

9회 말 투아웃의 기적이 얼마든지 가능하다는 신념과 투지와, 실제로 일어나는 경기가 야구이며 토막토막 나누어 진행됨으로써 그런 기적이 더욱 극적이다. 홈런과 비견되는 희생타, 특히 번트는 실은 홈런이나 안타보다 값진, 자기희생으로 타인-공동체를 구원하는 야구경기의 숨은 꽃이다.

• 미국의 또 다른 국기(國技) 럭비(Rugby. American football)는 뼈와 살이 튀는 원초적 단체경기로 절제된 폭력으로 지역을 질풍노도와 같이 점령하며 농구(籠球 Basketball)는 고대 피라밋이나 현대의 마천루 같은 구조물에 비견되는 인간의 높이로 승패가 결정된다.

나는 축구를 좋아하고 한때 축구에 관한 책을 쓰려고 했을 만큼 축구를 사랑한다. 요즘'숫돌이'만할 때 돼지 오줌보로 불어 만든 공으로 자운영 밭에서 축구를 했을 만큼 나에게도 오랜 역사가 있고 만국기(萬國技)이고 그래서 별 볼일 없는 나라도 우승할 수 있으니 축구가 그나마 희망일까?

• 미국 영화 수입 쿼터제 심의 때면 우리 배우들이 거리행진이나 삭발같은 반대시위를 하나, 무슨무슨 국내 영화제 때는 여배우들이 하나같이 서양 여우

(女優)들 보다 맨살 드러내기를 다툰다. 수상소감 또한 오스카상 수상자들을 거의 모방한다.

옛날 우리 영화나 극들 속에는 아이 낳는 장면이 빠진 적이 없고 서양 영화는 말이나 자동차 추격 신(scene)이 빠진 적이 없는데 우리 영화도 어줍긴 하지만 이를 따라 볼거리를 제공하고 있는 게 대세이다.

지나를 좇아 토실지민(土實之民)이던 것이 서양을 좇아 본래 인궁지민(人弓之民)이 되는 것인가? '우리는 유목민이다.'라는 최신 기기의 선전이 TV 등 매체를 타고 있는 작금이다.

● 미국은 우리 족속들 일부에게는 어느 사이 친정 같은 존재가 되었나 보다. 그러게 애 낳으러 친정 가는 건 당연지사요 궁상맞은 시집이 삐딱하게 굴기라도 하면 고주알미주알 일러바치고 몇 달, 몇 년 친정에서 죽치고 시위하는 게 보통인데 그 친정이 좀 빵빵한가?

매일·파티속의 북적대는 손님들에게 시집의 치부를 모두 까발리는 꼴이어서 망신도 그런 개망신이 없겠다.

하긴 우리 조상, 조부모, 증조부모, 부모들도 사돈들의 보살핌(?)으로 근근이라도 살았으니 천형의 유전은 어쩔 수 없나보다.

아무튼 망신은 망신이고 나는 불량하나 눈에 띄지 않는 시집떨거지니 뭐, 재물이나 왕창 뜯어 오길 바라지만 윗대(代)의 사례로 비춰 봐도 그게 어디 가당키나 한 일인가? (舅甥의 나라)

붉은 악마의 계절季節

「2002년 한·일 FIFA월드컵」은 그해 5월 31일을 시작으로 세계적으로 숱한 화제와 새로운 기록을 남기며 6월 31일 막을 내렸다.

브라질이 우리를 준결승에서 이긴 독일을 물리치고 5번째 우승으로 세계 최장, 최다 우승국으로 축구황제의 나라로 등극했고, 디펜딩 챔피언 프랑스가 1회전에서 탈락하는 수모를 당하고 우승후보국으로 분류되었던 포르투갈, 스페인, 이탈리아가 우리에게 줄줄이 패해 우승이 좌절되었다.

한·일 월드컵은 17회를 이어온 월드컵 사상 개최국이 한국과 일본으로, 두 나라가 동시에 개최하였고 IMF에서 가까스로 회생한 우리에게 '꿈은 이루어진다.'는 자신감, 희망, 열정을 주었다.

월드컵 경기장 관중석 태극기와 붉은악마 응원

그때까지 모두 5회 진출하였으나 16강에 들어본 적이 없는 우리의 월드컵 출전 역사에 4강의 신화를 만들었고 최대 이변이라고 세계가 놀라고 다음 대회로 이어진 질서 있고 다이내믹한 새로운 응원문화가 탄생하였다.

네덜란드 출신 히딩크 감독의 골 세레머니라든가, 한국식 이름, 명예 시민권, 리더쉽, 애인, 고향마을, 어록 등, 일거수일투족이 화제를 넘어 신드롬이 되고 대표선수 이름이 온 국민에게 형제나 친근한 이웃 같이 각인되고 한마음이 되어 그들의 투혼, 체력, 부상에 매 경기마다 갈채와 탄성과 탄식, 환호로 열광했고 붉은 악마[8]가 질서 있고 열광적이고 창의적인 응원으로 한류의 모태가 되었다.

한국의 위상이 축구라는 스포츠 경기 하나로 국제사회에 단박에 업그레이드되었다. 세계에서 유래가 없는 몇 십, 몇 백만의 질서있고 열정적인 거리응원을 이해할 수 없는 외국들이 경외심을 가졌지만 얼마 후 언제 그랬냐는 듯 일상으로 돌아온 무질서에 다시 놀랐다.

히딩크를 귀화시켜 대통령을 만들자는 농이나 모 대기업의 히딩크 리더쉽 연구는 초기 오대영이란 놀림에도 흔들리지 않고 대표팀을 조련하고 지휘했던 그에게 주는 최대의 찬사였다.

한편으로는 태극기가 패션으로 등장하고 서해교전에 대한 국민들의 무관심과 붉은악마라든지 붉은색 물결에 레드컴플렉스에 젖은 어른들의 걱정을 끼쳐 그것을 주제로 TV토론까지 이어지기도 하였다.

3·1 만세운동과 해방과 건국초 등의 고비마다 손에 손에 잡힌 태극기와 월드컵 때 국가를 상징하고 외경과 존엄과 애국심의 표상인 국기를 남녀노소 가릴 것 없이 땀이 밴 머리와 몸에 두르고 홀대한 모습을 보라.

지척에 적을 두고 애국애민의 일념으로 살아온 우국지사(右國之士)들에게 월드컵에 묻어온 일련의 경천동지의 변화가 망령되고 두려웠을 것이다.

오심논란과 이탈리아의 끈질긴 어필이 옥에 티 정도였지만 세계가 그들을 강짜로 취급했고 거리응원을 한국민의 내셔널리즘의 한 형태라고 폄하하였지만 몇 천 년 전부터 영고나 무천, 동맹의 국중대회 때 술과 노래와 춤을 추며 남녀노소가 어울려 며칠씩 즐겼다는 후한서 동이진, 삼국지 고구려전의 기록과 흥과 신명으로 대표되는 한국 문화의 원류가 우리의 DNA로 면면히 이어져 한류 문화의 메타포인 것을 간과하고 있다.

월드컵응원. 시청 앞 광장

오히려 국내에서 월드컵의 열기를 광기로 호도하거나 정치에 대한 불만, 불신을 희석시키기 위한 이벤트란 냉소, 용광로와 냄비근성의 논쟁 등이 있었으나 4강 신화에 묻혀 버렸다.

누구나 아쉽게 생각하는 점은 아름답고 상징적인 경기장이 경기를 치르는 시마다 만들어 졌는데 엄청나게 업그레이드 된 줄 알았던 대표팀이 이후 한 발자국도 전진하지 못한 일일 것이다.

아무튼 지나로 대표되는 만만디와 매일 혁명을 꿈꾸며 용광로 같은 추동력을 감추고 있는 우리 중 어느 민족성이 낮다고 평가할 수는 없을 것이다.

90년대 IMF 때 보여준 놀라운 극복력과 2002년 여름의 폭풍 같은 응원만큼은 장점이 더 많은 우리의 기질을 전 세계에 보여준 일대 쾌거일 것이다.

나는 그때 주로 여럿이 모여 보는 식당이나 맥주집의 TV를 통해서 우리의 경기를 응원했는데 시청앞 광장의 응원 때는 중앙부처의 간부였던 심선배와 강군과 프레지던트호텔에 외국손님을 만나러 갔다가 응원단에 휩쓸리고 말았다.

서너 시간 응원군중 속에서 갇혀 있었는데 태극기 패션과 갖가지 구호, 젊고 건강한 우리의 청소년이 그렇게 아름다울 수가 없었다.

대~한민국 구호와 환성, 락으로 편곡된 애국가, 오 필승코리아의 윤도현밴드에 나도 모르게 동화되는 속에서 문득 문득 이런 현상과 활화산 같은 에너지를 분석해 보려는 관성에 실소해 버렸다.

돌아오는 길에 붉은색 일색과 폭발적인 에너지에 질린 선배가 빨갱이 사주 운운하는 얘기를 듣고 어떤 사안이든 순발력 있게 핵심을 잘 짚고 토론을 즐기는 강군도 무언이었다.

태극기 패션

이 시대의 무수한 담론 중에 통일 논의는 엄연한 상대가 있는데 그 상대는 일찍이 단군릉을 복원하고 우리민족끼리라는 어찌 보면 구시대의 것으로 치부할 수 있는 아젠다를 던져 놓았다.

NLL 문제로 불거진 서해교전은 교전대로 피를 뿌리고 월드컵 4강 진입은 4강 진입대로 축하의 전언으로 냉정히 구분하는 저들과 민족 화해를 천명하고도 서해 도발은 뭐고 축하는 뭐냐는 우리의 두루뭉수리 인식은 아직도 이 시대의 남북문제의 인식차이를 명징하고 있다.

「其在釜下燃 豆在釜中泣 本是同根生 相煎何太急?」

월드컵 향연의 일등 공신인 붉은악마에 대해 부정적인 시각이 없는 것은 아니다. 한국기독교 총연합회-한국기독교 교회협의회-2002 월드컵 선교단은 2002년 4월 22일 '붉은악마 응원단 명칭 사용 중단을 위한 가처분신청'을 추진키로 결의하기도 했다. 김기수 목사는 "붉은 색은 잔인성과 파괴성을 의미한다." 고 했고 이광훈 목사는 "가처분 신청을 기독교인만의 투쟁이 아닌 범국가적인 운동으로 확산시켜 나가겠다." 고 밝혀 붉은 악마가 투쟁 대상임을 명백히 했다.(붉은 함성! 세계를 뒤덮다 한국 언론인 협회 2002. 7. 25)

• 치우와 붉은악마

2002 월드컵 이전에는 누구도 「붉은악마」에 대해 잘 알지 못했었다. 한국팀을 4강까지 가도록 한 엄청난 그들의 응원 에너지를 보고 그 힘의 뿌리인 상징「치우」에도 관심을 갖게 되었다.

「치우천황」은 고조선 이전 배달나라의 14대 임금인 자오지 환웅을 세상 사람들이 불렀던 이름으로서, 처음으로 금속병기를 만들었고, 권법 등 각종 무술과 기무(氣武)를 포함한 각종 전략과 전술을 구사하여 청구(지금의 산동성 지방)를 개척한 민족의 영웅이었다고 『규원사화』와 『환단고기』에 기록되어 있으며 『성호사설』과 『난중일기』에는 이순신도 큰 전쟁 직전에 치우사당에 제사 지냈다는 기록이 나온다.

중국의 『사기』를 비롯한 수많은 책에서 서기전 26~27세기 한족의 시조인 황제 헌원에 대항하여 난을 일으켰으며 끝까지 굴복시키기 어려웠던 난폭한 말썽꾸러기로 기술하면서도, 처음으로 철을 캐어 금속병기를 만들었으며 엄청나게 강했음은 물론, 죽은 뒤에 치우기라는 별이 되어 전쟁을 알려주고 승패를 조정하는 군신(軍神)으로 추앙받았는데 특히 한고조 유방이 마지막 풍패 전투에 나갈 때 치우사당에 제사를 지냈다고 기록하고 있다.

중국 기록과 우리나라 기록의 차이는 '마지막 전투에서 황제에게 죽었다.'(중국)와 '황제를 굴복 시켜 부하로 삼았다.'(우리나라)는 것인데, 사후 그가 군신으로서만이 아니라 장승, 치미, 부적, 귀면와, 팥죽 등 양국민속에서 잡귀나 병마를 물리치거나 막아내는 역할을 하는 상징으로 남아 있으며, 현재 중국 남부 지방에 살고 있는 많은 묘족 지파의 공동 시조가 치우라는 데서도 그가 일찍 죽었다기보다는 더 남쪽으로 진출했음을 짐작할 수 있다.

그는 당시로서는 엄청난 군사력으로 중원 지방을 완전 장악한 첫 북방민족 이었으며, 따라서 지금도 승리의 상징으로서 붉은 악마의 마스코트가 되어 있는 역사 속의 인물이다. 이런 역사가 바로 잡힐 때 우리 겨레도 세계 속에서 더 큰 힘을 발휘할 수 있을 것이다. (박정학 저. 겨레의 얼을 찾아서 70쪽)

- 蚩尤恢拓

十四世曰慈烏支桓雄이시니 世稱蚩尤天王이라 徙都靑邱國이오 在位一百九年이오 壽는 一百十八歲라 (元董仲 「三聖記全」 神市歷代記)

諸侯-咸來賓從이로대 而蚩尤-最爲暴하야 莫能伐이라 史記正義에 帝王世紀云호대 「神農氏는 姜性也오 母曰任姒오 有娀氏女니 登爲少典妃하야 遊華陽이라가 有神龍首하야 感生炎帝하니 人神牛首오 長於姜水하야 有聖德하야 以火德王故로 號炎帝라 初都陳하고 又徙魯라 又魁隗氏오 又曰連山氏오 又列山氏라 括地志云厲山은 在隨州隨縣北百里니 山東에 有石穴이오 神農氏-生於厲鄕하니 所謂列山氏也오 春秋時에 爲厲國이라 集解에 應劭曰蚩尤는 古天子라 瓚曰孔子三朝記曰蚩尤는 庶人之貪者라 素隱에 案 此紀云諸侯相侵伐할새 蚩尤-最爲暴라하니 則蚩尤-非爲天子也라하고 又管子에 曰蚩尤-受廬山之金하야 而作五兵하니 明非庶人이오 盖諸侯號也라 向別錄云호대 孔子-見魯哀公問政으로 比三朝하야 退而爲此記故로 曰三朝니 凡七篇이오 並入大戴記하고 今此注는 見用兵篇也라 正義에 龍魚河圖云호대 黃帝攝政에 有蚩尤兄弟八十一人하야 並獸身人語하며 銅頭鐵額하며 食沙石子하고 造立兵仗 刀戟大弩하야 威振天下할새 誅殺無道하야 不慈仁하니 萬民이 欲令黃帝로 行天子事로대 黃帝-以仁義하야 不能禁止蚩尤하고 乃仰天而嘆하니 天이 遣玄女下하야 受黃帝 兵信神符하야 制伏蚩尤하고 帝因使之主兵하야 以制八方이라 蚩尤-沒後에 天下-復擾亂이여늘 黃帝-遂畵蚩尤形像하야 以威天下하니 天下咸謂蚩尤不死라하야 八方萬邦이 皆爲弭服하다 山海經에 云 黃帝 令應龍하야 攻蚩尤한대 蚩尤-請風伯 雨師以從하야 大風雨라 黃帝-乃下天女하야 曰魃하야 以止雨라한대 雨止하야 遂殺蚩尤라 孔安國이 曰九黎君號-蚩尤가 是也라

集解에 皇覽曰蚩尤冢이 在東平郡壽張縣闞鄕城中하니 高七丈이오 民常以十月祀之하니 有赤氣出하야 如疋絳帛하니 民名爲蚩尤旗라

黃覽은 書名也니 記先代冢墓之處하야 宜皇王之省覽故로 曰黃覽이니 是魏人王

象 繆襲等所撰也라

後四歲에 天下己定일새...... 令祝官하야 立蚩尤祠於長安하다 (史記封禪書)

高祖-乃立에 爲沛公하야 祠黃帝하고 祭蚩尤-亦古天子라 好五兵故로 祭之하야 求福祥也라 管仲曰割廬山하야 發而出水하고 金從之出하니 蚩尤受之하야 以作劍戟也라 (漢書)

臨濟에 有蚩尤祠라(晋書)

李德秀-曰史記以爲軒轅이 遂擒殺蚩尤라하고 括地志에 云蚩尤陵이 在東平郡闞鄕城中이라하니 果蚩尤天王이 被弑於涿鹿之野則其陵園이 不當在闞鄕城中矣이라 今若曰軒轅이 擒殺涿鹿이라하고 又斬之於中翼이라하니 則此其矛盾之尤者也라 黃覽所謂身首異處 別葬之爲證者乎아 盖文飾之語也오 且其山陽郡鉅野縣重聚所在 肩髀冢이 大小與闞陵으로 等이라하야 亦以是證之爲蚩尤陵이면 則又可一笑者也라 孔子三朝記에 曰蚩尤爲古天子하니 孔子之言도 今不可信也은 況其出於孔子以下者乎아 竊想컨대 當時軒轅之威德이 不能服四境之民하고 必畵蚩尤天王形像하야 以示信之然後에 始得招安이오 漢主劉邦이 得國後에 建蚩尤祠於長安云하니 則蚩尤爲古天子하야 遺恩澤於八方萬邦者-尤可證也니라

盖當時에 西土之人이 徒憑矢石之力하고 不解鎧甲之用이라가 又値蚩尤天王之法力高强하야 心警膽寒하니 每戰輒敗라 雲笈 軒轅記之所謂蚩尤-始作鎧甲兜鍪로대 時人이 不知以爲銅頭鐵額者라하니 亦可想見其狼狽之甚矣라 蚩尤天王이 益整軍容하야 四面進擊하니 十年之間에 與軒轅으로 戰七十餘回로대 將無疲色하고 兵不退後하니 軒轅이 戰旣屢敗나 又益大興士馬하야 効我神市而廣造兵甲하고 又製指南之車하야 敢出百戰한대 天王이 赫然斯怒하사 兄弟宗黨으로 務要大戰 而立威라 敵이 竟不敢生意追襲하고 復與軒轅으로 大戰하야 混殺一陣然後에 方熄하니 此時我將蚩尤飛가 不幸有急功陣歿者하니 史記所謂遂擒殺蚩尤者-盖謂此也라 天王이 赫怒動師하사 乃新造飛石迫擊之機하야 成陣聯進하니 賊이 不能抗也라 於是에 天王이 分遣精銳하야 兩守芮(山西省 芮城縣) 涿(卽涿鹿也今山 西省造陽縣)之地하고 束取淮岱하야 爲城邑하야 而當軒轅東侵之路오 及至崩逝數千載로대 而猶有萬丈烈光이 能起感於後人者也라 今據漢書地理志컨대 其皇陵이 在東平郡壽張縣闞鄕城中하야 考七丈이오 秦漢之際에 住民이 猶常以十月祭之하니 必有赤氣하야 出如疋絳하니 謂之蚩尤旗라 其英魂雄魄이 自與凡人逈異하야 歷千歲而猶不泯者歟아 軒轅이 自是索然이오 楡岡이 亦從以永墜矣라 (太白逸史神市本紀第三)

동아시아 고대사의 열쇠 '치우천왕' 논쟁

"치우를 잃으면 고조선 역사도 사라진다"

- '붉은악마'와 함께 부활한 군신 치우는 역사인가 신화인가
- 동아시아판 트로이 전쟁 '탁록대전'
- 염·황·치의 자손임을 강조하는 중국의 속내
- 치우는 동아시아 공동의 조상이다

　중국이 지난해부터 5년에 걸쳐 200억위안(약 3조원)을 투입해 고구려를 그들의 역사 속으로 편입시키는 '동북공정(東北工程)' 프로젝트를 추진중이라고 한다. 중국 공산당을 대변하는 '광명일보'는 아예 '고구려는 중국 역사의 일부분'이라고 못박았다(자세한 내용은 '신동아' 2003년 9월호 '중국은 왜 고구려사를 삼키려 하는가' 참조). 이 소식을 접한 한국인들은 왜 갑자기 중국이 남의 나라 역사를 훔쳐가려 하는지 이해하기 어렵다는 반응이다.

　그러나 이 프로젝트는 어느 날 갑자기 시작된 것이 아니다. 단순히 중국의 국경문제나 동북지역 소수민족의 동요를 차단하기 위한 목적이 아니며, 따라서 고구려사 왜곡에 그치지 않을 것이다. 그 속에는 중화사상이라고 하는 오래된 중국의 패권주의 역사가 자리잡고 있다.

　고구려를 중국의 역사로 편입한 동북공정의 다음 목표는 치우천왕(蚩尤天王)이 될 것이다. 치우를 중국 역사로 편입함으로써 기자조선, 위만조선, 한사군(이 부분은 이미 그들의 역사가 됐다)을 포함한 고조선 전체의 역사를 가져갈 수 있기 때문이다.

　한국에서 치우천왕의 존재는 2002년 월드컵 대회를 통해 널리 알려졌다. '붉은악마'의 상징물로 활용된 귀면(鬼面)의 주인공이 바로 치우천왕이다. 기원전 28～26세기에 존재했던 치우는 금속을 제련하여 무기를 만들고 이를 바탕으로 각종 전투에서 엄청난 위력을 발휘해 황제 헌원을 위협했다. 그래서 훗날 사람들은 그를 전쟁신·군신·수호신으로 받들었다.

치우천왕은 누구인가

치우에 대한 기록은 '사기'를 비롯해 40여 종의 중국 사서에 등장하지만 불행하게도 한국의 정사에는 남아 있지 않다. 다만 '환단고기'나 '규원사화'처럼 위서(僞書)로 치부되는 책에 자세히 기록돼 있을 뿐이다. 먼저 '사기'를 비롯한 중국 역사서에 나오는 치우 관련 기록을 살펴보면 다음과 같다.

2002 월드컵 축구대회에서 치우의 모습으로 분장한 응원단

▲ 치우는 구려의 임금이었으며, 고대 천자의 이름이다.

▲ 구리 머리에 철 이마(銅頭鐵額)를 하고 모래를 먹었으며, 금속을 제련해서 다섯 가지 병기를 만들었다(청동기 유적 발굴로 입증되고 있음).

▲ 난을 일으키기 좋아하고 난폭하여 황제에 굽히지 않다가 잡혀 죽었다.

▲ 그의 묘는 산동성 수장현에 있고, 매년 10월에 제사를 올리는데 붉은 연기가 솟아올랐다.

▲ 군(軍)의 우두머리는 모두 그에게 제사를 올렸는데, 특히 유방은 통일을 위한 마지막 풍패전투에 나가기 전에 치우사당에 참배하고 승리한 후 서안에 그의 사당을 짓고 높이 받들었다.

한국의 사서에 나오는 치우에 대한 기록으로는 '삼국사기'와 '동사강목'에 '치우기'라는 혜성이 나타났다는 내용이 유일하며, '연려실기술' '대동야승' '청장관전서' 등에서는 중국의 기록을 인용해놓았을 뿐이다. '성호사설'에는 우리의 민속을 설명하면서 치우를 수호신으로 모시고 제사(이순신의 '난중일기'에도 치우사당에 제사를 지냈다는 기록이 세 차례 나온다)를 지냈다는 내용이 언급돼 있다.

그러나 '환단고기'와 '규원사화'에는 치우천왕이 배달나라 14대 임금(재위 109년, 기원전 2707~2599)이며 황제와 치우가 패권다툼을 벌이게 된 경위, 치우가 만들었다는 무기의 종류와 전투방법, 10년간 73회나 치렀다는 주요전투의 내용, 염제 휘하의 한 군장이었다가 난을 평정하는 과정에서 염제로 등극하는 과정, 쇠를 캐 제련하는 과정 등이 상세히 기술되어 있다.

지금까지의 기록을 종합해보면 치우는 바로 '고구려'의 전신인 '구려(九黎=九麗·九夷·句麗)의 임금이었으며, 치우가 수도를 청구로 옮겼다고 했으니 구려의 영역은 태백산 신단수가 있던 만주지역에서 청구가 있는 산동반도까지 이어졌던 것 같다. 기마족의 이동폭이 넓었음을 인정하면 이해할 수 있다.

오늘날 중국의 역사학자들은 상고시대 동북아시아에는 화하족(華夏族 또는 漢族), 동이족(東夷族), 묘만족(苗蠻) 등 3개의 부족집단이 있었다고 본다. 분포지역을 보면 화하족은 섬서(陝西)성 황토고원을 발상지로 황하 양안을 따라 중국의 서방과 중부 일부지역을 포함했고, 황제가 대표적 인물이었다.

동이족은 산동(山東)성 남부를 기점으로 산동성 북부와 하북(河北)성, 만주지역, 한반도, 일본까지 이르고, 서쪽으로는 하남(河南)성 동부, 남쪽으로는 안휘(安徽)성 중부에 이르며, 동으로는 바다에 이르는 광범위한 지역에 거주했다. 동이족을 대표하는 인물로는 소호·태호·염제·치우 등이 있다. 묘만족은 호북(湖北)성과 호남(湖南)성을 중심으로 거주했고, 삼묘·구려·형만·요족 등 30여 개의 지파가 있으며 치우는 그들의 공통 조상이다. 여기서 치우는 동이의 대표적 인물이면서 묘족의 조상이기도 하니, 구려가 동이의 부락이었다가 남쪽으로 이동하여 묘족연맹을 만들었다고 볼 수 있다.

트로이전쟁 못지않은 탁록대전

치우 시기에 이르러 동이연맹(고을사회로 볼 때)을 다스리던 염제(왕호, 사람이름이 아니라 여러 명의 염제가 있음) 유망이 제대로 다스리지 못하여 기강이 문란해지면서, 같은 동이연맹 군장의 아들이던 황제 등이 제위를 탐하므로 이를 바로잡기 위해 구려족 임금인 치우가 일어났다. 그러나 어리석은 염제 유망이 제위를 찬탈하려는 줄 알고 황제와 손을 잡고 치우와 대적한다(이에 앞서 염제는 황제와의 싸움에서 졌다). 하지만 황염동맹은 치우에게 대패하고 치우는 공상에서 동이족연맹의 임금인 염제가 되니 마지막 염제였다.

같은 동이족 연맹의 일원이던 치우와 황제 헌원은 10년간 73회나 싸웠으나 황제는 늘 패했고, 그러면 여성들에게 쫓아가 도움을 청하여 그 군대를 이끌고 다시 도전했다가 또 패하곤 했다. 여기서 여성의 도움을 받았다는 기록에 대해 '여성들이 황제를 좋아했다'고 해석하는 사람도 있지만, 당시는 모권사회였으므로 각 부락의 실질 지도자가 여성이었음을 나타내는 표현으로 보아야 한다. 치우가 당시로서는 획기적인 무기인 금속무기를 만들어 사용했으며, 안개를 일으키고 비와 바람을 부르는 등의 도술을 행했다고 하니 승리는 당연했을 것이다.

그 후 그들의 마지막 싸움이자 동양 역사기록상 첫 대전인 '탁록대전'이 현재의 베이징 서북쪽에 있는 탁록(涿鹿)에서 벌어진다. 이 대전은 기마족이 내려와 농경족과 섞인 농이족 가운데서, 부계사회를 지향하는 기마족 문화의 치우와 모계사회 지향의 농경문화의 황제 간의 충돌이었다. 한신대 김상일 교수는 동쪽의 정신문화와 서쪽의 물질문화의 충돌이라고 설명한다.

이 전쟁으로 중국에서는 치우가 죽었다 하고, 우리쪽 기록에 따르면 치우군의 부장인 치우비가 죽었다고 한다. 그러나 전투 후 치우는 묘족의 시조가 됐고, 무덤이 산동반도 서남쪽에 있으며 군신으로 추앙받았다는 기록이 있는 것으로 보아 탁록에서 죽지 않았다는 이야기도 상당한 설득력을 갖는다.

최근 중국의 탁록중화삼조문화연구회(涿鹿中華三祖文化硏究會)는 탁록지역에서 4개의 치우 무덤을 찾아내고, 그 중 1개가 진짜 치우 무덤이라고 주장하고 있다. 치우가 탁록에서 죽었다는 기록을 뒷받침하려는 의도다. 그러나 산동성에서는 '한서'의 기록을 인정하여 지역 내에 있는 3개의 무덤 중 문상현 남왕진의 무덤을 진짜 무덤으로 보고 작년부터 복원작업을 진행하고 있다.

어쨌든 탁록전투로 인해 동북아시아에서 동·서 문명의 특성이 구분되어 뚜렷하게 다른 문화집단이 형성되었으며, 그 두 문화집단(모권·물질 대 부권·정신)의 갈등은 지금까지도 이어지고 있다. 순임금이 부권사회를 지향하다가 자기 딸들에게 독살당한다는 금문학자들의 주장을 보더라도 역사적으로 모권과 부권의 경쟁이 얼마나 치열했는지 알 수 있다.

치우에 집착하는 중국

이렇듯 의미가 깊은 치우천왕의 역사지만, 그의 활동영역이 대부분 현재의 중국 땅인 데다 국내 문헌사료의 부족 등을 이유로 국내 학계는 치우 연구를 소홀히 했고, 아예 중국 고대의 신화인물로 치부하고 있다. 반면 중국측은 몇 년 전부터 "치우는 묘족의 선조일 뿐 아니라 황제, 염제와 더불어 중화민족 역사의 3대 인문시조(人文始祖)"라고 주장하고 치우 복원에 박차를 가하고 있다. 치우가 중국의 조상이라면 그가 다스린 '구려'와 그 후신인 고구려는 자연스럽게 중국 역사에 편입되고, 치우의 영역과 법통을 이어받은 고조선 역사마저 중국에 귀속될 것이다.

전통적으로 중국인들은 삼황오제(三皇五帝)를 신화적 존재로 보았고, 하우(夏禹)부터 실존 역사로 취급했다. 황제의 자손인 하우를 그들의 조상으로 받들면서 스스로를 화하족이라 불렀다. 그 외에 염제의 후손인 동이족과 치우의 후손인 묘만족은 오랑캐라며 야만족 취급을 했다.

1997년 4월 호남성 이안링(炎陵縣)현에 있는 염제 신농의 무덤을 찾아갔다가 높은 산 위에 '염황지자손(炎黃之子孫)'이라는 큰 간판이 세워져 있는 것을 보았다. 중국인들이 황제의 자손(子孫)일 뿐 아니라 염제의 자손이기도 하다는 것을 강조한 문구였다. 그동안 중국에서는 유적유물의 발굴작업이 진행될수록 황하문명을 비롯해 선진(先秦) 문명의 주인공이 그동안 오랑캐라 비하하던 동이족임이 드러나고 있었다. 한자를 비롯해 우수하다고 알려진 많은 중국문화가 한족의 문화가 아니라는 연구도 속속 나옴에 따라 황제의 자손인 것만 강조해서는 더 이상 정통성을 인정받기 어려운 상태가 된 것이다.

한국과 중국의 치우 연구자들은 세 차례에 걸쳐 치우 국제 학술대회를 열었다.

여기에 1988년 덩샤오핑(鄧小平)이 '염황자손(炎黃子孫)'이라는 휘호를 앞세워 '소수민족 끌어안기'를 강조함에 따라, 중국 내에서는 동이족의 시조 염제(炎帝 神農)를 자기들의 시조에 포함시키려는 운동이 벌어졌다. 정치적 목적의 '동화정책'에 따라 한 민족이 두 조상을 갖게 된 것이다.

1999년 6월 필자는 '한배달' 치우학회 회원들과 함께 동이족의 역사현장을 답사하기 위해 산동반도와 탁록지역을 찾았다. 베이징의 서북쪽에 있는 탁록에는 탁록중화삼조문화연구회가 주축이 되어 1995년에 세운 귀근원(歸根苑)이라는 사원이 있고, 그 가운데 '삼조당(三祖堂)'에 염제·황제·치우제 세 사람의 좌상을 안치하고 참배를 하고 있었다. 이미 치우가 중국의 역사에 편입되었음을 실감할 수 있는 부분이었다.

치우를 '난폭하고 난을 일으키기 좋아하는' 야만족으로 취급하고, 염제와 황제의 가장 큰 업적이 치우의 정벌이라 자랑하던 중국인들이 이제는 치우를 황제·염제와 같은 반열에 올려 스스로 '염·황·치(炎·黃·蚩)의 자손'이라 주장하는 것이다. 그리고 조상이 셋이 된 이상 황제의 자손이라는 화하족만으로는 이를 설명할 수 없으므로 화하족(황제의 후손)과 동이족(염제의 후손) 및 묘족(치우의 후손)을 합쳐 '중화족'이라는 새로운 민족 명칭을 만들어냈다. '중국은 한족(漢族)과 55개 소수민족으로 구성된 다민족 국가'라는 말은 이제 옛말이 되었고, 이로써 중국은 동이의 역사, 묘족의 역사를 모두 '중화족'의 역사에 포함시킬 수 있는 근거를 갖게 됐다.

1990년대에 들어서면서 중국에서는 '염·황·치' 삼조를 모시려는 움직임이 본격화되기 시작하여, 1993년 10월 탁록중화삼조문화연구회 런창허(任昌和) 회장이 '염·황·치 삼조문화의 관점'이라는 논문을 발표하면서 공식화되기에 이른다. 이어 탁록삼황삼조문화학술토론회가 열리고, 1995년에 귀근원을 만들면서 삼조문화가 전국적으로 퍼져나갔으며, 후속 연구도 활발했다. 한마디로 정부의 지원 아래 대대적인 치우 끌어안기 사업이 진행된 것이다.

2001년 산동반도의 치우무덤을 찾았을 때 주민들 대부분이 그 위치조차 알지 못했으나, 2002년 봄 명지대학 진태하 교수 일행이 그곳을 다시 찾았을 때는 산동성의 치우 무덤을 복원 중이었다. 또 호남성에 치우의 동상을 세우고 1993년부터 '간추절(赶秋節)' 행사를 개시하여 묘족의 독특한 문화전통을 살리면서 경제발전의 중요한 창구로 사용하기도 하고, 세계 치우학술대회를 열어 치우에 대한 연구범위를 세계로 확대하고 있다. 이는 치우와 관련한 문화의 흔적이 미국 오대호지방과 남아메리카, 북유럽까지 연결되어 있다는 중국학자 왕대유의 주장에 따른 것이다. 이처럼 중국인들은 1980년대까지 자신들의 조상인 황제에 대항했다 해서 미워하던 치우를 공동조상으로 받들면서 세계적인 공인을 얻으려 하고 있다.

치우 무덤과 유적복원 활발

2001년 옌볜대학에서 열린 치우학술대회에서 중국측으로는 유일하게 치우에 대해 발표한 짜오위다(趙育大)씨는 "치우의 문화가 한족의 문화에도 깊은 영향을 미쳤다" "황제와 치우 중 누가 정통이고 누가 비정통이라는 차별을 두어서는 안된다"는 점에서 우리측과 비슷한 주장을 하기도 했으나, "중화민족은 황염동맹을 핵심으로 한다" "치우는 묘족의 시조"라고만 하고 동이의 수장이었음은 간과했다.

또 "중화문명사에서 전환적인 의미를 띄는 인문시조"라고 하여 당시 동서문명충돌론이 아니라 중화문화라고 하는 문화집단만을 강조했다. 한편 "치우가 탁록에서 죽었으므로 그 무덤도 당연히 탁록에 있어야 한다"면서 산동성에 있다는 '한서'의 기록을 무시하는 등 치우라는 걸출한 인물을 인정하면서도 중화문화라고 하는 카테고리 속에서만 보려고 해 '동서 문화충돌론'을 주장한 한신대 김상일 교수와 상당한 논쟁을 벌이기도 했다.

김교수는 "두 문화집단이 있어 충돌이 생기는 것이므로 중화문화 하나만 강조해서는 안 된다"는 중화주의를 강하게 비판했다. 그리고 필자가 "공동시조로서 함께 연구하자"고 제안해 앞으로 연구 교류하기로 합의했다. 이 학술대회를 통해 옌볜대학 교수들에게 '치우는 우리 조상'이라는 점을 알려줌으로써 "우리도 연구를 시작하겠다"는 반응을 얻어내기도 했다. 그러나 중국정부가 과연 조선족에게 그런 연구를 허락할지 미지수다.

이렇게 중국이 치우에 집착하는 이유에 대해 단순하게 소수민족을 끌어안는 동화정책의 일환이며, 한반도의 남북통일시 생길 수 있는 국경문제에 대비하고, 문화유적의 관광자원화를 통한 경제발전을 추구하는 실리적 목적이라고 짐작할 수도 있다. 그러나 좀더 깊이 들여다보면 고구려는 물론 고조선을 포함하는 동이·묘족과 관련된 모든 역사를 하나의 중국사로 끌어가려는 논리로서, 패권주의인 중화사상의 부활을 예고하는 것이라 하겠다.

삶 깊숙이 자리잡은 치우의 흔적

이처럼 중국이 일방적으로 치우 연구를 진행하면서 모든 치우의 후예들을 '중국인화'하는 것을 경계하려면 국내에서도 치우에 대한 연구가 이루어져야 한다. 사실 치우를 한(漢)족의 시조라고 하기는 어렵지만 이미 '중화족' 속에 포함된 동이와 묘족의 조상인 것은 분명하다. 즉 치우는 우리의 조상이기도 하지만 그들의 조상이기도 한 것이다. 결국 누가 더 많은 연구를 하고 어느 지역에 그 흔적이 원형대로 많이 남아 있느냐, 또 그 유산을 누가 더 현대화하느냐에 따라 치우의 역사가 중국의 것이 되거나 우리의 것이 될 수 있고, 또는 둘 다의 것이 될 수도 있다.

현재 한국사회에서 치우에 대한 정서와 평가는 일반 대중과 학계에서 큰 차이를 보이고 있다. 지난 월드컵 이후 국민들은 치우를 당연히 우리 역사로 인식하고 있는 반면, 학계는 '치우가 우리의 조상이라는 것을 뒷받침할 실증적 자료가 없다'며 여전히 '중국 고대의 신화적 인물'로 보고 있다. 앞서 밝혔듯이 그나마 치우에 대한 기록이 있는 책들은 모두 위서(僞書)로 취급되고 있는 실정이다.

산동성 문상현에 있는 치우총과 비석

그러나 일상생활 곳곳에서 치우의 흔적을 어렵지 않게 발견할 수 있다. 장승의 모습으로, 혹은 주요 건물 입구에 서 있는 해치(또는 해태, 사천왕)의 모습으로 치우는 우리 생활 깊숙이 들어와 있다. 착한 마음을 가진 사람에게는 친밀한 홍소로, 나쁜 마음을 품은 사람에게는 무서운 포효로 보이는 표정을 통해 악귀로부터 마을의 재액을 막아주고 있는 것이다. 또 기와집 치미나 막새기와(귀면와)에 위치하여 집을 화재와 재액으로부터 보호해주고, 동짓날에는 붉은 팥죽이 되어 병마와 액운을 막아준다. 또한 단오절 적령부(赤靈符)라는 붉은 부적을 통해 개인과 집안을 보호해주기도 하고, 군사들의 방패와 무기와 군기(軍旗), 투구 등에 새겨져 승리를 일궈내는 군신으로 작용을 하며, 잡귀를 막아주고 어려운 사람을 도와주는 붉은 도깨비로 항상 우리 곁에 머물렀다.

도깨비 연구가인 조자용 박사나 윤열규씨에 의하면 도깨비는 중국과 일본에도 있지만 한국의 도깨비만이 소뿔이나 자신감에 넘치는 홍소 같은 치우의 특징을 잘 보여준다고 한다. 중국에서는 소뿔 투구를 쓰고 경기를 하는 치우희, 고구려 벽화에서는 각저희라고 했던 씨름은 현재 우리 민속의 대표적인 놀이가 되어 있으며, 소뿔 대신 황소를 상으로 준다.

상고사 연구는 어디로

사실 한국 상고사 연구자들은 정사로 인정할 만한 단군 이전의 민족사 기술이 거의 없어 발을 구른다. 단군도 신화적 인물로밖에는 취급할 수 없는 상황이니 그 이전의 역사는 말할 필요도 없다. 그러나 재미있는 것은 우리가 흔히 사용하고 있는 한민족, 배달민족이라는 말의 출처가 바로 '환단고기'라는 것이다. 책 자체는 위서로 의심받고 있지만 이 책에서만 볼 수 있는 한민족, 배달민족이라는 말이 널리 쓰이고 있는 것은 아이러니컬한 일이 아닐 수 없다.

인류학의 보편적인 이론에 따르면 인간은 1만년 전후 중석기 내지 신석기 시대가 되면서 떠돌이 생활을 마감하고 정착생활을 시작하는데, 이때 작은 부락 단위로 생활했기 때문에 부락사회 또는 마을사회(단국대 윤내현 교수의 주장) 시대라 한다. 그러다 약 6000년을 전후하여 인구가 급격히 늘면서 식량이 부족해지자 전쟁이 일어나고 자기 보호를 위해 서로 연맹을 시도한 부락연맹사회 또는 고을사회(윤내현)가 형성된다. 그 후 청동기가 사용되기 시작한 4500년 전후 고대국가가 탄생했다. 기록이 있는 것은 바로 국가사회부터다. 그 이전의 역사는 창세신화를 비롯한 다양한 신화와 전설의 형태로 전해졌다.

그렇다면 우리 역사에도 고조선이라는 국가 이전에 마을이나 고을사회 단계가 있었을 것이며, 이와 관련한 신화나 전설이 구전이나 무가(巫歌) 형태, 또는 야사로 남아 전해졌을 것이다. 그러나 우리나라 학계는 단군 이전 시대를 역사화하는 데 관심이 없었으며 아예 역사에서 지워버림으로써 그 속에 포함된 치우의 역사도 당연히 함께 사라지고 말았다.

화재와 재액으로부터 집을 보호하기 위해 기와집 치미와 막새기와에 새기는 도깨비의 모습은 바로 치우의 흔적이다.

중국 역사책에 '치우가 동이족이며, 구려의 임금'이라고 적혀 있는 만큼, 만약 그 때를 우리의 고을사회 역사로 해석해 '환단고기'나 '규원사화'의 내용으로 이를 보완한다면 훌륭한 단군 이전사가 만들어질 수도 있을 것이다. 하지만 시도도 해보지 않고 우리 스스로 한민족의 역사를 한반도 안으로 가져왔다.

예를 들어 만주지역에 있던 요·금·원·청은 고조선과 고구려의 영토에서 일어났으며, 중국 고대사에서 동이로 분류되던 민족이 세운 나라들이다. 따라서 우리 겨레의 역사에 포함시킬 수도 있으나 우리는 말갈, 여진, 만주족이라며 오랑캐로 몰았고 우리의 역사에서 제외시켰다. 대신 중국은 "지배를 받았지만 문화로 흡수했다"는 논리로 자국 역사에 포함시키고 있다.

대조영이 세운 나라 또한 처음에는 '진'이었으나 당나라가 멋대로 '발해국왕'에 봉하자 나라 이름도 발해로 바꾸었고, 지금도 우리가 스스로 부른 이름 '진'보다는 '발해'라고 부르고 있으니, 중국은 이를 근거로 '발해가 당의 지방정권'이라고 주장하기에 이르렀다.

현재 우리나라 중·고등학교 국사 교과서에 실린 지도를 보면 난하 동쪽, 청천강 이북까지만 고조선 영역으로 표시하고, 그 남쪽을 삼한이라고 해놓았다. 그리고 많은 국내 학자들이 한민족의 형성을 신라통일이나 고려의 재통일 이후로 보고 있다. 바로 '광명일보'의 주장처럼 '고씨 고려(고구려)와 왕씨 고려는 다르므로 고구려는 중국, 고려는 삼한의 후예인 한민족'이라는 주장이 나올 수 있는 빌미를 우리 스스로 제공하고 있는 것이다. 따라서 고조선이 중국의 역사라고 주장할 날도 멀지 않은 것으로 보여진다.

또 국내 학자들은 한반도 밖의 한민족 청동기 문화를 인정하지 않는다. 신용하 교수 등 일부 학자들이 고조선 영토로 거론하기도 하는 산동반도와 만주 요녕성의 경우 기원전 25세기까지의 청동기 유물이 나오고 있으나 우리의 문화로 인정받지 못했다. 북한이 주장하는 대동강 유역의 기원전 30세기 청동기 유물이나, 양수리에서 출토된 기원전 24세기 청동기 시대 유물들도 인정하려 하지 않는다. 이렇듯 민족의 형성기라고도 볼 수 있는 우리의 청동기 시기가 기원전 10세기 설에 묶여 있으니, 그 이전 인물인 치우는 물론 단군조차 역사적 인물로 인정받지 못하고 있는 것이다. 한 중국 학자가 "한자는 한(漢)족의 언어체계와 맞지 않으므로 한족이 만든 글자가 아니라 동이족의 글자다"라고 주장해도 동이족의 핵심이라는 우리는 한자가 우리 겨레의 글자일 가능성조차 무시해버린다.

이처럼 우리 사학계가 만주를 포기하는 동안 국민들은 의분에 젖어 백두산 관광길에 올라 '만주는 우리땅!'이라는 현수막을 걸어놓고 애국가를 부르는 등 대책 없이 중국측을 자극하는 행위를 서슴지 않고 있다. 이로 인해 중국정부가 한국의 국무총리에게 항의서신을 보내는 등의 해프닝이 발생하는 것도, 알고 보면 한국 고대사에 대한 논리적, 학문적 연구가 부족하기 때문이다.

중국 '중화삼조당'에 모신 치우상.

그나마 치우에 대한 연구는 재야에서 진행되고 있다. 겨레얼 바로찾기 운동단체인 사단법인 한배달은 1999년부터 중국의 치우연구 현황을 파악하는 한편, 그 해 12월말 치우학회를 설립해 국내외의 치우 관련 사료를 모으기 시작했다. 2000년과 2001년에는 한국과 중국(옌볜대학)에서 각각 치우학술대회를 열고, 치우자료집과 학회지를 발간하기도 했다. 경기대 법정대 고준환 교수가 '치우천황'이라는 책을, 소설가 이우혁이 '치우천왕기'라는 소설을 발표했지만, 학계의 반응은 냉담하기만 했다.

우리 스스로 포기한 역사

2001년 옌볜대학에서 열린 제2회 치우학술대회(주제 '고대동아시아 종족과 한민족')에서 확인한 바는 옌볜대학을 비롯한 중국내 조선족들에게 고구려 이전 역사연구가 금기시되어 있다는 것이다. 중국은 동이족, 묘만족, 화하족을 합쳐 '중화족'이라고 하면서도 우리 민족이 세운 나라임이 분명하고 선후를 이은 관계인 고구려, 발해에 대해서도 고구려족, 발해족 등 나라마다 민족의 이름을 붙여 같은 민족임을 부정하려는 의도가 엿보였다. 소수민족을 우대한다고 하지만 결국 소수민족을 더욱 작은 단위로 나누어 자체연대나 단결의 가능성을 차단하려는 의도로 보였다. 이런 큰 그림 속에서 고구려사를 중국 역사에 포함시키는 '동북공정'이 계획되고 진행되는 것이다.

2003년 봄 동북아 경제포럼이 열린 블라디보스토크에서 흥미로운 사실을 깨달았다. 이 지역은 본래 아시아인들이 살던 곳이지만 지금은 백인들이 주인이다. 1860년대 러시아가 부동항을 얻기 위해 극동함대를 앞세워 백인들을 이곳에 이주시키고 대신 아시아인(특히 고려인들)들을 중앙아시아로 강제 이주시킨 결과다. 블라디보스토크 역사관은 1860년 이전의 역사를 거의 찾아볼 수 없었다. 불과 150년 만에 인구의 구성과 역사의 주도세력이 완전히 달라질 수 있음을 보여주는 것이다. 미국 역시 200여 년 만에 원주민인 인디언의 역사는 사라졌다.

이렇게 지역의 역사와 종족의 역사는 시대적 상황에 따라, 서술자의 관점에 따라 얼마든지 달라질 수 있다. 만약 '만주지역과 산동반도 지역은 수천 년 전에도 중국 땅이었고, 한족이 거주하고 있었다'는 오랜 고정관념을 버리면 우리 고대사는 다시 쓰여져야 할 것이다.

현재 거주하고 있는 사람의 시각에서 쓰면 처음부터 자신들의 영역이었던 것처럼 쓰거나, 그 이전의 역사는 빼버릴 가능성이 높다. 마치 미국과 블라디보스토크의 역사에서 원주민들의 역사가 지워진 것과 같다. 반대로 과거 거주했던 종족(원주민)의 시각에서 쓰면 미국은 인디언의 역사, 블라디보스토크는 발해인들의 역사가 될 것이다.

주도권 싸움 대신 공동연구를

현실적으로 보면 둘 다 옳다. 그리고 둘 다 사실이다. 그러나 이 둘이 조화돼야 완전해진다. 양국의 공통 조상인 치우 문화라는 공통점이 한국과 중국의 연대를 쉽고 강하게 하는 계기가 될 수 있다. 치우의 역사가 종족간 다툼의 빌미가 아니라 협력과 화합의 근거가 돼야 한다. 치우의 종족적인 계보로 따지면 중국의 만주-산동반도-남서지역, 한반도, 일본, 대만, 동남아 지역까지 동이와 묘족의 거주영역이 모두 해당한다. 그들이 각자의 관점에서 치우를 연구하고 발전시키며, 상호교류를 통해 문화의 공통점을 찾아낸다면 아시아 공동체를 만드는 데 큰 힘이 될 수 있다.

고구려도 마찬가지다. 만주지역은 배달나라 시대를 빼더라도 고조선-고구려-진(발해)까지 약 3300년 동안 한민족이 나라를 세우고 거주했던 지역이다. 그러니 여기서 '지배층은 고구려족, 피지배층은 말갈족'이었다고 이해하는 것은 옳지 않다. 어떻게 3300여 년 동안 하나의 집단을 이루고 살면서 민족이 다를 수 있겠는

가. 말갈, 여진, 몽골, 만주족은 한민족 내지 배달민족(중국에서는 동이족)의 지류라고 보는 것이 합리적이다.

우리와 일본의 조상이기도 하고 중국 동이족이나 묘족의 조상이기도 한 치우천왕. 각자가 자기 민족의 선조로 기록하고 있고, 양쪽이 다 옳다면 결론은 이렇다. 당시 동아시아에 큰 문화집단이 있었고, 그 지도자가 치우와 황제였으며, 그들 간에 충돌이 있어 각자의 문화 독창성이 더 강화되거나 상호교류를 통해 새로운 문화가 싹트기도 했을 것이다. 김상일 교수는 이를 동서문화의 충돌로 보았다. 종족의 이동과 문화의 이동도 있었을 것이다. 그 과정을 추적하여 동아시아의 상고사를 재정립하는 것이 오늘날 동아시아 국가들에게 남겨진 과제다.

중국이나 중화만이 중심이어서도 안 되며, 한민족만이 중심이라고 해서도 안 된다. 각국이 보유한 역사기록과 전설, 신화, 민속자료들을 최대한 수집하여, 너와 나를 버리고 양쪽의 공동 조상, '우리'의 조상인 치우를 연구하는 열린 자세가 필요하다. (끝)

글 : 박정학朴政學 (박서량)

● 1947년 울산 출생

● 부산고, 육군사관학교(예비역장성), 서울대 경제학과 졸업

● 연세대 행정학 석사, 강원대 대학원에서 한국 고대사 전공(문학박사)

● 현 사단법인 한배달 회장, 치우학회 회장

桓檀古記 속의 蚩尤天王 怏拓

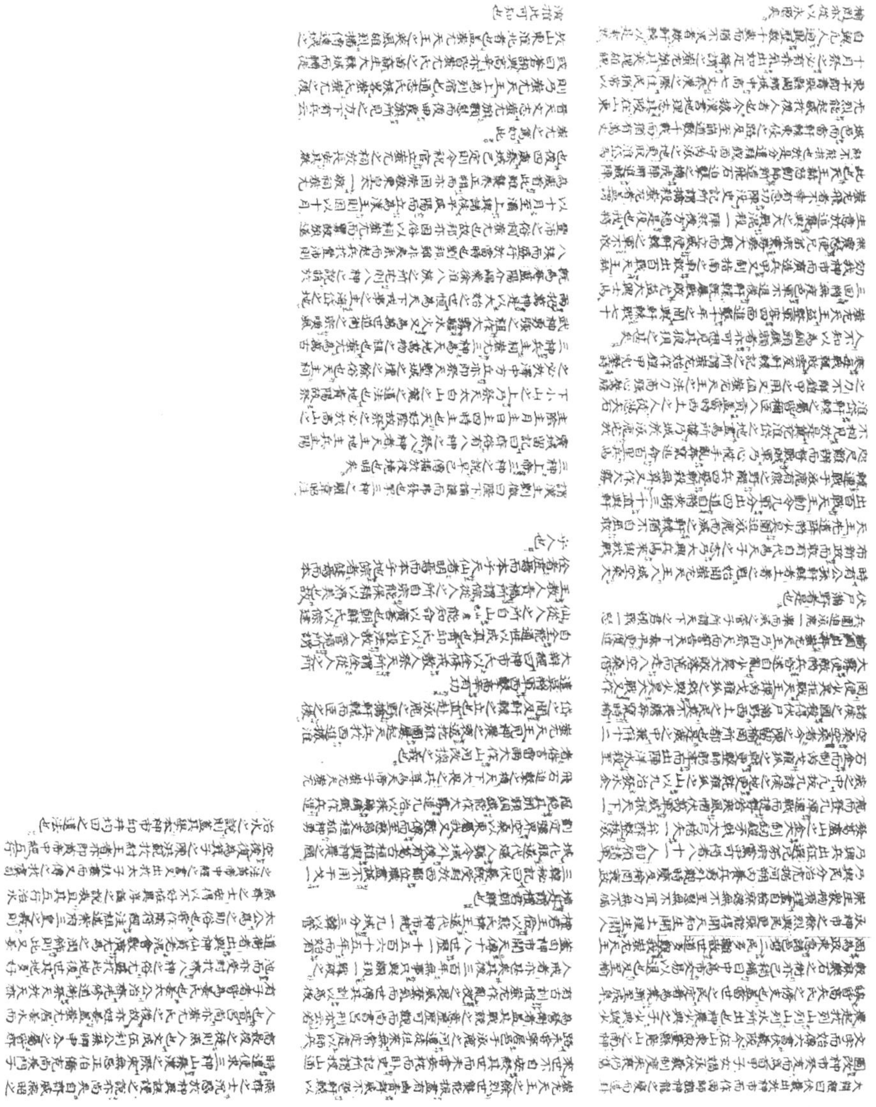

추적追積

백산 선생이 정신문화 연구원 학예실장으로 있을 때 선생님은 뜻밖에 나의 정문연 입원을 권유하여 서류를 갖추고 기다렸는데 두 달쯤 후에 별 설명 없이 서류를 돌려주었다.

자격미달이었는지 마침 원장이 두계여서 그랬는지는 알지 못하겠다. 나는 후 자라고 자위하고 내손이 닿지 않는 포도는 신 포도라고 단정하였다. 얼마 전 만나 인사드렸다.

윤내현(尹乃鉉) 교수는 얼마 전 한 세미나장에서 만나 인사하였다.

고려원 김낙천 사장의 차를 타고 보안사 대위가 운전하여 광화문이었는지는 잘 기억나지 않지만 비상 사이렌을 울리며 출발하여 한달음에 단학동에 도착하 였다. 한 시간도 채 걸리지 않은 것 같았다.

자매사 「고려가」에서 박정학 선배의 배려로 선생님의 「대배달민족사 전 5권」 을 펴냈는데 전에 선생님을 통해 원전대조 그림국사의 출판제의를 받고 그림을 그리는 단우군에게 논의하였으나 실현되지 못했다.

소탈하지만 자신만만하고 거침없는 분으로 뉴코아의 김의철 회장과도 함께 선생님을 도왔다.

선생님이 안 계신 지금 가장 고마운 분이 박선배 부부와 김낙천 사장이다.

고려가가 펴낸 대배달민족사 전 5권은 1,000여년 왜곡된 우리 국사와 특히 6.25 전쟁이후 더욱 심화된 왜곡의 실상과 그래서 잃어버린 역사가 무엇인지 어떻게 바루어야 하는지를 세세히 규명한 혈루의 역필로 그 논지는 또 하나의 역사기록으로 남아있다.

유봉영 선생과 오형기 선생, 신익 선생은 단단학회인이고 고문이었으며 대전의 서예가 최정수 선생, 이웅렬 중도일보 사장과 정수관에 걸렸던 지두서체 "홍익인간"의 주인공 서경보 스님, 양도천 목사 등은 선생님의 재대전(在大田)시절 가까이 있던 분들이다.

손보기 교수는 석장리 선사유적 발굴 때 선생님과 함께 인사하고 홍이섭 선생이 마련해준 「고려사」를 전해 받을 때 만났다.

우리나라 고고학의 선구이며 출토 유물의 용어를 쉬운 우리말로 고쳐서 내가 초등학교 때 구만이라는 갑천변으로 소풍갔다가 주운 뼘치의 돌칼, 마제석기는 간석기였다.

안호상 박사와 박시인 교수 등은 ≪자유≫사에서 덕담을 들었다.

「뭉치면 살고 헤어지면 죽는다」는, 나의 유소년 시절 풍미하던 일민주의의 원조를 만나 서글펐다.

선생님은 국사찾기 운동에서 단주(檀洲) 선생의 말을 빌어 "그런 위명이 필요한 것이 아니라 그렇다면 차라리 쪽수가 필요한 것이다"라고 하였다.

선생님이 「참된 조국의 상」 정립을 국사 찾기로 상정하였다면 안 박사는 부일사학자들에게 빼앗긴 자리를 소중화주의자들이 다시 찾자는 것이 아니었을는지….

벽암 이기문 선생은 일가이자 학회인이고 이태식 선생과 선생님 곁에 있었다.

또 다른 이기문 선생은 『환단휘기』 등을 필경(筆耕)하였다.

삭주 출신 문중의 이공빈(35世) 공안과 원장은 군산에 정착했는데 선생님의 두 번의 눈 수술을 집도하였고 사모님을 도왔다.

신도안의 오 교주는 단학동을 꾸준히 들렀는데 사직공원에서 현정회 여주인과 단군전을 참배하기 위해 들르는 두계를 망신준 일이 세상에 회자되어 선생님께 호된 질책을 받고 발걸음이 뜸하였다.

　　선생님의 질타 뒤엔 그 며칠 내로 장점을 찾아 위로하는 원려의 따뜻한 배려가 있다는 걸 간과했거나 그러므로 노여움을 이어간 때문이었을까?

　　박정학, 전유선「한암당기념사업회」회장 부부는 선생님의 힘겨운 말년 경학(耕學)을 후배 전형배 군과 함께 지켜주었다.

　　문예인 이영희 선생, 실업가 서영석, 이태형, 이홍주 선생 후학 소선희, 한상원, 고성미, 박미숙, 최근식… 정연모, 여운홍, 신구문화사의 이종익, 임훈 선생과 문일평, 정인보, 여운형, 송기숙, 김창숙, 박장현, 박문식, 박현구 선생들은 선생님의 추억 속에 있던 분들이다.

　　그 외 지부장 등 5,000명이 넘는 학회인들은 어찌 다 쓸 것인가?
　　선생님의 여타 행장기와 학회 회원록에는 사진 등 제반사항이 기록되어 있다.

村塾 別曲

李 公 彬

　　내가 태어나서 자라난 곳은 외남면 송남동. 대관서 남서면 쪽으로 15리쯤 떨어져 있는 산간 농촌이다. 주민이 160호 가량으로 비교적 큰 동네인데, 주로 밭농사를 지었고 논은 귀한 편이었다. 그리고 금광이 있어서, 타곳 금전꾼들도 심심찮게 찾아들곤 하였다.
　　우리 조부님이 동네 구장을 오래 지내셨다. 집앞에 2천평 가량 논도 풀고 하여 땅마지기나 좋이 지녔으므로 시골 농가치고는 형편이 꾀 넉넉한 축에 들었다. 그래서 내가 객지에서 하숙하며 학교 다닐 때에도 학자에 군

색함은 별로 몰랐던 것인데, 그럼에도 고향집에서는 요즘의 우리들처럼 끼니마다 하얀 니팝(쌀밥)을 대하는 일은 없었다.

우선 동네 주민들의 소득 수준이 아주 낮은 때여서였기도 했겠으나 논이 석어 쌀이 귀하고 조·강냉이 등 잡곡만 많이 나는 고장이라, 주민들의 대부분이 강냉이·조밥을 주식으로 하는 지역의 식생활 풍습에서 더욱 그러했음직하다.

사실, 우리 고향에서는 큰 부자들도 이팝상반, 즉 쌀에 조를 섞어 지은 밥을 선호하며, 순쌀밥은 싱겁다고 덜 좋아한다. 삼남에서 쌀밥보다도 쌀에 보리를 알맞게 섞은 밥을 선호하는 것과 상통한다. 삭주서는 보리는 없고 이에 대응하는 곡식으로는 조를 많이 심어 좁쌀이 흔하며, 따라서 조밥, 조찻떡 등 좁쌀로 만드는 음식이 발달되어 있다. 나는 근 50년 실향민으로서 생애의 반 이상을, 보리가 선호받는 삼남에서 지내왔으면서도 아직껏 고향의 이팝상반 맛에 매려된 식성은 변함이 없다. 정말이지, 쌀에 좁쌀과 팥을 넣어 지은 밥보다 더 맛좋은 밥이 어디 있으랴싶다.

또, 고향의 풋강냉이 맛은 어떤가. 이남서는 강원도에 가야 강냉이다운 강냉이를 먹어보는데 송남동 강냉이는 더 굵고 더 달다. 하지강냉이 알이 여물어들기 시작할 무렵이면 첫물로 큰 이삭을 골라 따서 천신부터 지내는데, 이 무렵은 온동네가 강냉이 삶는 감미롭고도 아늑한 향기로 꽃그늘 선경을 이룬다. 이 강냉이 삶는 냄새는 집집이 큰 솥에 풋강냉이를 일제히 익힐 때라야 풍겨오는 것인지 고향 떠나서는 어디서도 그 풋풋하고도 달짝지근한 향기를 만나보지 못했다.

각설하고, 나는 5살 때 마을 서당에 다니기 시작하여 13살 때까지 내리 한문만을 배우다가 뒤늦게 대관보통학교 4학년에 편입했다. 그래서 초등학교 과정은 3역밖에 배우지 못했다. 그 반면, 서당서 한문은 〈대학〉〈논어〉〈중용〉 등 사서삼경(四書三經)을 거의 모두 섭렵했으며, 훈장님한테 글씨체 받아서 장지도 많이 썼다.

실로 8년여에 걸쳐 거의 매일같이 서당에 다니면서 배운 것인데, 그 후에 받은 교육에 비하여, 구식 서당은 우직스럽달 만큼 효율낮은 학습으로 일관했음이 지금 돌이켜봐도 매우 아쉬운 일이었다. 서당서는 나도 또한 우직스럽기만 했던 듯, 책 바치던 날의 일이 지금도 기억에 생생하다.

즉, 배우던 책을 마치면 훈장 앞에서 그 책의 내용을 줄줄이 외어 점검을 받아야 하며, 이 책 바치기에 낙제하면 종전의 책을 다시 배워야 하는 것인데, 그날은 명절 전날이라 15명가량 되는 생도 전원이 책을 바쳤는데, 다들 대강 요약해서 쉽게 마치고 나오는 것을 보면서도 나는 혹시라도 낙제하는 일이 없도록 내가 배운 효경(孝經)을 1시간여에 걸쳐 끝까지 내리 외이고 뜻풀이도 빠짐없이 한 것이었다.

그랬더니 훈장님은 나를 내세워 착하고 총명한 모범생이라 칭찬하고는 그 후로는 잇달아 어려운 과정의 책을 안겨, 여느 아이들의 두세 배나 과중한 공부로 고생하게 만들었다. 10대 초의 어린이가 논어니 중용이니 하는 유교 경전을 읽고 외이는 것이니 그 무슨 뜻이나 알았겠으며 또 무슨 재미가 있었겠는가.

다행히도 아버님이 보통학교에 보내주셔서 서당 한문공부 고생을 면하고 대관학교에 다녔다. 이때는 보통학교 졸업생한테 3개월간 특별지도를 통해 일어·산술 등을 배우고 가서 편입시험을 본 것이었는데 쉽게 합격했다. 서당서의 공부에 비하면 아주 쉽고 재미있었다.

시골출신의 진학

보통학교를 졸업하고는 의주 농업학교에 진학했다. 그런데 이 무렵에도 내가 사뭇 우직스러웠고, 또 막무가내로 당기도 했던 기억이 있다.

우선, 의주농업 입학시험 보러 가는 길에 자동차편을 이용하지 않고 자전거를 타고 나선 것이 그 첫째다. 당시 우리 집에는 '아지'라는 상표의 썩 좋은 자전거가 있어 친구들의 부러움을 샀었는데, 이 자전거로 3월초에 의주 가서 농업학교 시험을 치르고는, 신의주 가서 자전거를 기차에 싣고 정주로 가서는 다시 자전거를 타고 오산고보로 가서 입학시험을 봤다.

당시 대관학교서는 의주농업을 일류로 꼽아 이 학교에 진학하는 졸업생이 많기를 원하여 권장했다. 그러나 나는 오산고보 다니는 숙부를 통해 오산 다니고 싶은 생각이 더 강해져 있었다. 그리하여 느긋한 심정으로 요즘 후기시험격인 오산학교 입학시험을 보고 고향 송남동으로 돌아오는 길이었는데, 대관학교 앞에서 담임선생님을 만난 데서 시골학교 학생의 비애같은 것을 경험했던 것이다.

즉, 이발관에서 머리를 깎다 말고 급히 나온 담임선생님은 나를 끌고 대관학교 교장실로 가서, '의주농업 안 가겠다면 어느 학교에도 진학하지 못하게 합격을 취소시키겠다'고 호통을 쳐, 나한테서 의주농업으로 가겠다는 다짐을 받아내는 것이었는데, 나중에 알고 보니 그때 이미 학교에 나의 합격통지서가 와 있어 졸업생 진학률을 지키려 그 법석을 떤 모양이었다. 요즘 같으면 벽지의 학교에서도 이런 억지스런 진학방해는 보기 드물지 않을까 한다.

그리하여 적성에 맞지 않는 농업학교에서 5년간이나 실업교육을 받았으나 결국 졸업하는 길로 그 분야에서 멀리 떠나고 말았으며, 후에 원하는 부문의 공부를 새 채비로 시작하여 무던히 애쓴 끝에 비로소 뜻에 맞는 분야에서 일하는 신분을 얻은 셈인데, 말하자면 그러한 고생도, 우리가 도시화의 풍진을 모르고 천혜의 자연 그대로 순박하고 따뜻한 참 좋은 고향을 가졌는데도 그 반대급부격으로 교육환경면에서는 다소 불리한 경우도 만나기 마련이 아니었느냐 하는 생각도 든다.

생각나는 일들

고향에서 지낸 일들 가운데 아직도 세월에 덜 풍화되어 짜릿한 파장으로 고개를 드는 기억들이 여럿이다.

— 서당서는 봄에 화전(花煎)놀이, 여름이면 천렵놀이를 가졌다. 다 같이 학부형들까지 모두 참여하여 동네 축제와도 같은 성황을 이루곤 했다. 화전놀이는 진달래꽃이 많이 핀 경관 좋은 곳에 모여, 음식과 술을 푸짐하게 나누면서 봄날 하루를 즐기는 것이고, 천렵은 강물에서 물고기를 잡아 어죽을 쑤어 나눠먹으면서 강바람에 더위를 식히며 즐기는 것인데, 천렵 장소로는 남서면 송평 쪽에 있는 구령이라는 곳이 단골격이었다.

― 대령강 물이 깊은데 나가 놀면 어른들이 보고 '너들 박천갈래?'하였다. 여름이면 뗏목이 대령강에 떠서 박천으로 흘러가곤 했는데, 물에 빠져 죽으면 뗏목처럼 박천까지 떠내려간다고 익사를 경고하여 이르는 말이었다.

― 의주농업 다니는 동안, 여름방학이면 걸어서 송남동 집까지 당일에 돌아오곤 하였다. 의주서 옥강까지 50리, 중태골을 거쳐 송고개까지가 50리, 성고개서 송남동까지 30리로 모두 130리였다. 동향 동창인 최근석(지금 울산서 내과전문의로 병원 경영)형과 둘이서 아침 일찍 떠나 여름 더위에도 쉬지 않고 부지런히 걸음을 재촉하여 걷고는 했다. 신작로 따라 삭주 고을로 해서 가면 270리 길이었다.

― 정월보름 명절에는 대관에서 동줄다리기가 성황을 이루곤 했다. 나도 몇 번 참가해 봤는데, 대관 장터 길을 경계로 그 남쪽 지역의 주민과 북쪽 주민으로 편이 갈려서 동줄을 당기며 열광하여 때로는 집이 무너지거나 사람이 다치기도 했다.

― 8.15광복 당시 나는 서울에 있었다. 곧 38선을 넘어 고향으로 돌아갔었는데 얼마 못 견디고 다시 월남하고 말았다. 직접적인 까닭인즉, 농민동맹이니 뭐니 하는 패거리들이 60세가 넘은 우리 할아버지를 매일같이 불러내길래 내가 조부 대신에 농민조합에 참여했다가 그들의 조잡스런 처사를 지적하여 몇 마디 비난한 것이 탈이 되어 그들의 손에 감방 신세가 되었다. 다행히도 최석제 노인께서 말해 주셔서 간신히 석방되었는데, 할아버지 앞으로 가차없는 핍박이 본격적으로 닥칠 것을 미리 짚어 나를 지체없이 월남하게 하셨다. 46년 전의 일이다.

李公彬 선생은 義州農業출신으로 醫師國家考試에 합격. 1947년 인천에서 춘강의원 개원, 1961년 群山道立病院 眼科科場, 1962년 군산에서 공안의원 개원해 지금에 이르고 있다.

居發桓과 自由誌에 史論도 寄稿하고 학회의 중요행사 때는 참석하였다.

글을 맺고 보니 만감(萬感)이 교차한다.

아직도 스승의 슬하(膝下)라는 나의 생각은 간절한 바램 일 뿐, 여쭐 이 없다는 걸 다시 깨닫게 된다.

선생님은 후학들의 청출어람(靑出於藍)을 기대했으나 어느덧 하릴없이 문하되었을 때의 선생님의 연륜이니 어찌 가당키나 하겠는가?

이미 많은 소장학자들이 고토(故土)의 수월한 탐방과 사료의 축적 등 선생님과 같은 루트를 확장하고 있다.

오백 년, 일천 년 사직(社稷)도 영욕의 역사가 있으니 40년의 일천(日淺)한 단학동(檀鶴洞) 성지(聖地) 역사에 어찌 부침이 없을까?

선생님이 일국장(一掬掌)의 안빈(安貧)과 바꾼 단학동의 성전이 풍상에 방치되어 있다.

유족 신유경(申裕卿) 여사님마저 없었더라면 벌써 퇴락하였을 것이다.

나는 선생님의 생전에 많은 학자들과 학도들을 만날 수 있었다.

그분들의 국사 찾기 논의나 필설(筆舌)로는 할 수 없는 노변담(爐邊談-소위 비하인드 스토리, 또는 루머)을 듣고 있노라면 사학계를 대표할 만큼 위명을 떨치는 일부사학자들의 정체와 행태에서, 그리고 그들의 추루(醜陋)한 가면(假面)의 삶에서 분기(憤氣)보다 참괴(慙愧)함이 앞섰다.

그런 때는 침묵하던 선생님만이 사필을 들어 실명(實名)을 거론하는 걸 보고 대부분 통쾌해 하였지만 선생님의 비판은 몸에 밴 나 아닌 나(非我)에 대한 통찰(洞察)이고 일획일구(一畫一句)도 증산부회(增刪附會)의 훼철(毀撤)이 있어서는 안 될 우리 국사를 지키기 위한 사투였다.

회상사(回想社)에서 공구씨나 주희씨의 비판에 고노(故老)의 장죽(長竹)세례를 내가 대신 받은 일도 있었으나 천하일을 주자 혼자 아느냐(天下事朱子獨知)고 일갈(一喝)했다가 사문난적(斯文亂賊)으로 죽은 윤백호(尹白湖)에 비하면 고노의 말마따나 좋은 세월을 살고 있는 셈이니—고노왈 '옛 같으면 삼족을 멸할 망발'이라니 선생님의 독창적 사론(史論)이라고 오해가 있는 역사 인식이 방편(傍便)학문의 암흑기 한양 조선에서도 면면히 이어져 머잖아 온전한 국사 광복시대가 도래할 것이다.

인사가 모두 두뇌만으로 되는 것이 아니니 애국의 열정과 애민의 따스한 가슴 없이 어찌 내 민족사를 제대로 가고할 수 있을까?

역사란 무엇인가라는 물음은 철학과 역사학의 화두로써 동서고금의 수많은 석학들이 정의하고 있으니 재론의 여지가 없겠으나 홍행촌 노인(李嵒) 일십당주인(李陌), 해학(李沂), 석주(石州), 운초(桂延壽), 벽산(李德秀), 단재(申采浩), 위당(鄭寅普), 제 선생들의 역사인식과 선사의 전(先師의 傳)을 세고광확(細考廣擴)한 선생님 모두 그런 물음에는 초월지경(超越之境)에 있던 분들이다.

선생님의 일생과 학문을 몇 십 분지 일도 쓰지 못하였다.

그것이 오히려 다행이라는 생각이 들어 그간 모은, 쓴 것보다 몇 배나 많은 자료를 멀거니 바라보며 부연지사(敷衍之事)로 멈칫거리던 붓을 놓았다.

박문졸필(薄文拙筆)로도 선생님의 뜻을 찾는 이었다면 보다 더 큰 기쁨은 없을 것이다.

「無我求童蒙」

아이가 나를 찾은 일은 있어도 내가 아이를 찾은 일은 없었다.

국사찾기(國史光復 本源生回復) 운동이 요원(遼遠)의 불길처럼 타올라 다시 그 날이 오기를….

神市開天 五九0五. 7. 檀鶴洞에서

檀石 記

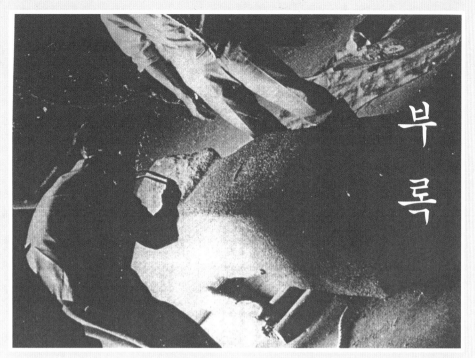

용전리 고구려 척경비를 살피는 한암당

한암당의 활동과 역사관 이해의 도움을 위해

三一運動과 大韓民國臨時政府 鬪爭實記

李裕岦 抄

1. 鬪爭의 草創期

奸狡野蠻한 倭國의 大陸侵略政策의 始初로서 半萬年歷史에 빛나는 大韓民國이 所謂 倂合條約의 締結로 詐欺와 壓迫의 갖은 侮辱을 받게 되자 혀를 깨물고 피를 토하는 憂國 之士가 많았으나 날로 기우러지는 國運을 바로 잡을 아무 道理조차 없고 鴨綠江과 豆滿 江을 건너 中國으로 西伯里亞로 또는 멀리 바다 건너 자유의 나라 美國으로 靑雲의 뜻을 안고 亡命하려는 義士烈士는 나날이 늘어갈 뿐이다. 이러한 雰圍氣 속에서 國土를 찾으 려면 于先 實力부터 養成하여야 하고 實力養成의 捷徑은 軍事敎育에 있다는 것을 외치고 1910년 滿洲에 步官學校를 設立한 분이 우리의 先覺者 李始榮氏며 同校에서 光復軍의 優秀한 幹部를 多數 輩出한 것은 너무나 유명한 사실이다. 그러다가 歐洲의 侵略者 獨逸 의 野慾으로 1914년에 第1次世界大戰이 勃發하니 急角度로 世界情勢는 變遷하니 거기에 對處하여 李始榮氏는 武官學校를 李相龍氏에게 引繼하고 上海로 가게 되었다. 이때에 上海에는 李始榮, 曹成煥, 李東寧, 申圭植, 滿洲에 있는 李相龍, 金東三, 美洲에 있는 李 承晩, 安昌浩, 諸氏 等 錚錚한 先輩鬪士가 血鬪를 始作하고 있었다.

2. 弱小民族解放에 奮起

1918년에 第1次大戰이 侵略獨逸의 敗北으로 끝나자 美大統領윌손氏의 弱小民族解放 이라는 부르짖음에 잠자고 있던 弱小國家의 움직임야말로 世界歷史에서 그 例를 볼 수 없는 것이다. 우리들의 志士들도 好機라 蹶起하여 祖國再興을 期하고 國內國外로 上海에 모였던 것이 1918년 11월말 大戰直後의 일이었다. 美大統領 윌손氏의 使者 「그레인」氏 가 中國에 오자 멀지 않아 巴里에서 講和會議가 開催됨을 알고 1919년 金奎植氏는 新韓 靑年黨代表로써 講話會議에 運動코자 上海를 出發하였다. 其後에 上海로 돌아오는 길에 國內에서는 때마침 萬歲事件이 惹起하였던 것이다.

3. 己未年 3·1運動

1919년(己未年) 우리가 잊을래야 잊을 수 없는 3월 1일 아침 10시 서울 한복판 파고 다 公園에 모인 靑年學徒 삼천 명 앞에서 우리 民族 自由解放의 獨立宣言이 큰소리로 全世界를 향하여 朗朗하게 宣言되었다. 국민의 鬱憤은 드디어 暴發하여 朝鮮獨立萬歲의 喊聲은 漢城으로부터 遼原의 火焰처럼 平壤, 宣川, 新義州, 大邱, 咸興 等 大都市는 물론 坊坊曲曲에 이르러 天地를 振動하고 두 달 동안 基督敎를 筆頭로 각 宗敎團體와 피 끓는 젊은 學徒靑年들이 이 運動에 參席하기 百萬을 넘었으니 倭人의 發惡은 絶頂에 達하여 水原을 爲始한 各地의 虐殺事件이 無數하고 延人員 십여만 명이 被檢되었으며 더욱이 거룩한 피를 뿌려 護國의 靈이 되신 분이 523명이라는 것은 우리의 解放에 永遠히 새로울 것이다. 이 噴火山 같은 運動의 불길은 迫害를 받을수록 굳게 힘있게 延燒하여 東京으로 上海로 海蔘威로 할빈 間島 各地와 美洲各地까지 우리민족이 뿌리박고 사는 곳에는 다 같이 전하여서 나라 잃은 百姓의 心臟에 點火하였다. 이 運動에서 美國을 위시한 宣敎師諸公들이 몸소 보여준 獨立에의 熱意는 오늘의 「칼일」회담과 「포츠담」宣言에 一脈相通되는 것이며 獨立의 宣言을 總督 앞에 提示하고 獨立의 請願文을 美國 윌손大統領에게 보낸 것도 因緣이다.

4. 大韓民國臨時政府의 誕生

이리하여 同志들이 獨立을 期하고 上海로 雲集할 때 國內로부터 玄楯 崔昌植 申翼熙, 美國으로부터 呂運弘, 東京으로부터 李光洙의 諸氏가 모여 國內運動과 呼應하여 活潑한 運動이 展開되었고 1919년 4월 10일 경에 獨立運動中心團體를 組織하기로 되어 呂運亨 玄楯 崔昌植 申翼熙 申錫雨 趙東祐 金澈 李始榮 李東寧 申奎植 尹顯振 李光洙 曺成煥 趙鏞殷 等 諸氏가 相議하여 4월17일 上海佛租界霞飛路 460號에서 大韓民國臨時政府를 세웠다 이 臨時政府의 年號를 大韓民國 元年으로 하고 政府의 豫算決算法律案 等을 審議하기 위하여 臨時議政院을 制定하고 暫定的인 大韓民國臨時憲章을 作成하여 外交部 內務部 財務部를 나누어 委員長에 呂運亨(外) 趙琬九(內) 金澈(財) 諸氏가 擔當하였다. 그러다가 同 5월 美國으로부터 安昌浩氏가 오자 大韓民國臨時憲法의 基本綱領을 決定發表하였는데 頒布된 宣言文은 다음과 같다.

「본정부는 전국민의 위임을 받고 조직된 고로 전국민과 함께 일층 전심 협력하여 임시헌법과 국제도덕의 명하는 바를 이행할 것을 선언함과 흘리는 한 방울의 피가 자손만대의 자유와 복락에 값이 되고 건설의 기초가 될 것이다. 우리의 인도는 곧, 일본의 야만을 교화하고 우리의 힘· 정의는 일본의 폭력에 승리할 것이다. 동포여 최후의 한사람까지 싸우라.」

5. 臨時政府의 陣容과 憲法基本綱領

組閣

大統領 李承晩, 國務總理 李東寧, 外務部總長 朴容萬, 內務部總長 安昌浩, 財務部總長 崔圭馨, 軍務部總長 盧伯麟, 法務部總長 申奎植, 學校部總長 金圭植, 交通部總長 文昌範.

組織當時의 議政院員氏名은 다음과 같다.

臨時議政院 院長 李東寧, 國務總理 李承晩, 內務總長 安昌浩, 外務總長 金奎植, 法務總長 李始榮, 財務總長 崔在亨, 軍務總長 李東輝, 交通總長 文昌範. 이 뒤로 安承源, 宋秉祚, 張德櫓, 李元益, 趙尙燮, 金九, 梁濬明, 李祐弼 等 錚錚한 先輩들이 上海로 들어오시었다. 그리고 臨時憲法의 基本綱領으로 7個條를 다음과 같이 定하였다.

제1조 大韓民國은 大韓人으로써 조직함.

제2조 大韓民國의 主權은 大韓人民 全體에 있음

제3조 大韓民國의 彊土는 舊韓帝國의 版圖로 定함

제4조 大韓民國의 人民은 一切平等으로 함.

제5조 大韓民國의 立法權은 議政院이, 行政權은 國務院이, 司法權은 法院이 이를 行使함.

제6조 大韓民國의 主權行使는 憲法에 限한 範圍 內에서 下記各項을 享有할 수 있음.

 (가) 信敎의 自由

 (나) 財産의 保有와 營業의 自由

 (다) 言論著作出版集會結社의 自由

 (라) 居住移轉의 自由

제7조 大韓民國은 舊皇室을 優待함.

6. 合倂無效主張과 武力革命

이러한 臨時政府는 國內에 主力을 加하고자 京城府內 和泉町 5番地 大同藥房 閔橧氏家와 安東縣市內 北崗子貿易商 怡隆洋行 2層에 連絡機關을 設置하여 8월 29일을 國恥記念日로 하고 京城府內 商店에 閉店運動을 始作하였다. 한편으로는 일찍이 저 유명한 海外密使派遣을 위하여 萬國會黨大會와 25개의 弱小民族會議에 代表를 보내 우리 主張을 세우기에 努力하고 뒤를 받아 巴里會議에는 金奎植代表의 名義로 合倂條約의 無效를 主張한 堂堂한 請願書가 提出되어 世界의 注目을 끌었고 1921년 春夏 間에 열린 太平洋會議에서 安昌浩, 李承晚씨의 눈물겨운 活躍은 아직도 우리 記憶에 새롭다. 이 外交的 活動과 相呼하여 한편 武力에 의한 革命을 企圖하고 1919년 9월 2일 姜宇奎에 의한 齋藤總督 暗殺計劃, 1920년 1월 4일 龍井15萬圓事件, 6월 10일 平北昌城郡 大倉面長 射殺事件, 7월 8일 金元鳳 李成宇에 의한 大官 暗殺事件, 8월 20일 日美國議員團事件 等 其他 新義州爆破, 鐘路爆破事件, 殖銀東拓에 爆彈의 洗禮를 주었던 것과 上海에서 田中義一大將을 狙擊한 일로 日本爲政者들의 肝膽을 서늘하게 하였으니 이 일들이 모두 積怨의 爆發이었다. 또 政府는 우리 民族의 進展은 敎育과 産業의 復興發達에 있는 것을 指令宣傳하여 向學熱은 海內海外를 통하여 一大運動이 展開되고 아는 것이 힘, 배워야 산다는 부르짖음이 民族의 標語가 되었고 우리 사람 내 것으로 하는 主唱 아래 物産獎勵運動이 活潑하게 展開되었다.

臨時政府의 外交運動

「樹立」― 1919년 3월 1일 朝鮮에서 萬歲運動이 일어나자 美國의 呂運弘, 露國의 李東寧, 趙琬九, 滿洲의 李始榮, 日本의 李光洙, 國內 孫貞道, 玄楯 等 많은 志士가 새로이 上海로 參集하여 佛蘭西租界 飛霞路에 事務所를 設置하였다. 時時刻刻으로 들어오는 各地運動의 眞相은 巴里의 金奎植, 하와이의 李承晚과 各國新聞通信社에게 間斷없이 傳達되어 不眠不休의 宣傳活動을 보였다.

이와 同時에 海外國內에 續出하였다는 모든 단체를 통솔할 만한 獨立運動의 中心機關을 上海에 組織할 것을 論議하여 4월 10일로부터 약10일 동안 20여명의 議員을 選出하여 會議를 거듭하였다. 당시에 최초의 議政院 會議의 模樣을 後에 呂運亨이 日本官憲의 訊問에 對答한 바는 다음과 같다.

「臨時政府」란 名稱을 決定한 것은 會議開催한지 1주일만이고 會議議長은 忠淸道 出身 李東寧이란 당시 60세가량 人物이었다. 會議는 極秘였고 議長은 一段 높은 자리에 座定하고 議員들이 列席하였다.

黨을 組織할 것인가 臨時政府를 組織할 것인가를 여러 날 議論하였는데 나(呂運亨)는 黨組織을 主張하였다. 이유는 정부라고 하면 주권 국토 인민을 요한다는 점에 있었다. 그러나 臨時政府組織을 主張하는 便의 理由는 政府가 있어야 民心이 集中된다 朝鮮은 政府를 잃고 民心이 離散된 지 10년, 먼저 民心을 잡는 것이 喫緊事라 하는 것이었다. 이 두 가지 主張을 擧手表示의 多數로 결정했는데 臨時政府說이 大多數였다. 名稱이 決定되자 곧 佛蘭西領事館에 알렸는데 公式發表에는 反對이나마, 私的으로는 援助하리라는 約束이 있었다. 이리하여 臨時政府가 決定되자 當分間 委員制로 外交部에 呂運亨, 內務部에 趙琬九, 財務部에 金澈을 各各 委員長에 任命하고 趙素昻의 起草로 民主共和階級打破「人權尊重」의 基本原則을 宣明한 大韓民國臨時憲章10條를 制定하여 國務總理 李承晩 以下 安昌浩 金奎植 李始榮 崔在亨 李東輝 文昌範 等을 暫定的으로 各總長에 推戴하고 海外國內의 同志와 連絡하여 그 組織을 世界各國과 全國民間에 알리기로 하다

「巴里平和會議」—요 먼저 上海를 出發한 金奎植은 3月에 巴里에 到着하였다. 그와 前後하여 이곳으로 參集한 歐洲在留의 朝鮮留生 李瑾鎔(佛蘭西), 黃紀煥(英國)과 露領同胞의 代表者 尹海와 힘을 合하여 中美兩國代表와 「기라-드」「심프슨」韓美國人新聞記者의 援助下에 各國代表와 政治團體에게 朝鮮의 事情을 呼訴하고 合邦條約의 無效와 民衆의 眞心으로 熱望하는 朝鮮獨立承認을 平和會議에 請願하였다. 이와 한 가지로 李承晩 鄭翰景 等 美國在住의 同志는 基督敎會와 世界弱小國同盟會를 배경으로 美國政治家를 訪問하고 開會席上에서 朝鮮獨立援助를 政府에 要請케 하는 同時 新聞紙上에 聲明書를 發表하여 美國國民의 聲援을 請하였다. 當時 美英佛 三大國의 一部 名士는 자발적으로 韓國友愛團을 組織하고 各地에 支部를 設置하여 「韓國評論」을 發行하고 一時非常한 活動을 보였다.

「靑年外交團과 大同團」— 上海에서 臨時政府가 樹立되자 그를 指導하고저 5월25일 安昌浩는 美國으로부터 上海에 건너와서 6월에 이르러 政府의 本組織을 마치며 大統領 李承晩 以下 各部總長 次長 等 各各部署를 決定하고 申翼熙의 起草로 臨時憲法을 作成하

여 그 形式을 갖추는 同時 李光洙를 主筆로 獨立新聞을 發行하였다. 鮮于赫은 交通次長으로써 安東縣英人「지-엣-쇼」經營의 怡隆洋行에 便宜를 付託하여 國內外의 連絡을 擔當하였다. 李始榮은 財務總長에 任하여 獨立公債를 發行하고 運動資金을 國民 間에 募集코자 하였다.

이리하여 臨時政府의 密令을 띤 靑年鬪士는 運動指令書 獨立公債證券宣傳文書 等을 洋襪의 창만과 旅行用 트렁크의 가죽껍질에 封해 놓고 혹은 隱顯잉크를 使用하여 暗號를 認定하고 뒤에 뒤를 이어 國內로 들어갔다.

때마침 國內는 萬歲運動直後의 險惡한 情勢下였다. 總督府는 國境警備를 嚴重히 하는 一方으로 各地에 訓令하여 臨時政府派遣員의 逮捕를 嚴命하였다.

果然 8月 29日 所謂 韓日合邦記念日 京城鐘路通에 多數한 國恥記念警告文이란 抗日文書가 퍼지고 얼마 안 돼 9月 2日 또다시 鐘路通에 外交時報라는 秘密出版物이 撒布되었다

總督府는 八方에 密偵을 救出하고 極力 搜探하던 中 偶然히 鐘路6街目에 居住하는 安祐璿이란 한 靑年이 上海臨時政府와 連絡하여 秘密裡에 中國紙幣를 印刷 中이란 풍문을 듣고 가택을 搜索하자 뜻밖에도 國恥記念警告文外交時報 靑年外交團支部長信認狀 等을 大量으로 감추고 있는 것을 發見하였다.

그 結果 一大秘密結社가 直接 上海와 連絡하고 活動中이라는 것을 알게 되어 大檢擧는 全國에 擴大되었다.

多數關係者들을 取調함에 따라 李秉澈 安在鴻 宋在浩 등의 靑年鬪士가 金瑪利亞 等 女流鬪士와 提携하고 大韓民國靑年外交團 大韓民國愛國婦人會 在上海赤十字會總支部 等 3개의 秘密結社를 京城에 組織하여 上海로부터 潛入한 通信員 李鐘郁 李秉澈 等과 連絡하고 運動資金을 臨時政府에 送金하는 一方 全國에 支部를 擴大하여 秘密印刷物을 出版하고 排日宣傳에 活動한 事實이 發覺되었다.

이와 같은 大檢擧에도 不拘하고 臨時政府의 國內連絡은 끊어지지 않았다. 요 먼저 總督府는 萬歲運動直後의 4月 中旬 京城市內에 排日文書를 撒布한 犯人을 搜索하여 6月

初旬 崔益煥이란 한 靑年을 逮捕한 結果 그 同志全協 金燦奎 等과 함께 大同團이란 秘密結社를 組織하고 侯爵 朴泳孝 前大韓協會領袖男爵 金嘉鎭 等의 貴族에 대하여 獨立運動의 參加를 勸告한 事實이 들어나게 되었다. 總督府는 大同團首領全協의 行方을 捜索하였으나 漠然하게 알 수 없고 도리어 그 無能을 비웃다시피 出處도 모르는 大同新聞이 各處에 出現하였다. 이러는 동안 10월에 金嘉鎭은 엄중한 감시망을 突破하고 上海로 탈출하여 臨時政府에 몸을 던졌다. 金嘉鎭脱出의 裡面엔 반드시 엄청난 陰謀가 숨어있으리라 짐작하여 總督府는 일찍부터 孫秉熙 金嘉鎭 等과 往來하여 平素 殊常한 行動이 많은 太皇帝의 第2子 義親王 李堈氏에게 注目의 視線을 기울였다.

10월 23일 日皇의 天長節을 期하여 第2萬歲運動의 陰謀가 發覺되었다. 그 首謨者인 尹錫泰 姜邁 外 數名의 志士가 孫秉熙의 뒤를 이어 李堈氏를 推戴하려 하였던 것이 判明되었다. 이리하여 多數의 刑事는 王의 邸宅附近에 配置되어 晝夜없이 臨視하였다.

11월 9일 深夜 總督府警務局의 警備電話는 突然히 靜寂을 깨트리고 李堈氏의 京城脱出을 急報하였다. 飛電은 各地로 날아 警察은 非常警戒網을 쳤다. 11월11일 오전 11시에 드디어 大同團首領全協 以下 9명까지도 捕縛하였다. 全協은 安昌浩의 使命을 띠고 入國하였던 李鐘郁 姜錫龍과 連結하여 暗中飛躍하였다. 李堈氏를 擁立하고 李王職 醫師 看護婦를 上海에 誘出하여 王의 諭告를 全世界에 公表하게 하였던 것이다.

諭 告
痛哭하야 我三千萬民衆에게 告하노라.
嗚呼次行은 何行이뇨 我窮天極地之深讐를 報하려 하며 我徹骨裂腔之大恥를 雪하려함에 不外하도다.
先年 先帝陛下의 密旨를 奉承하고 直起하리로되 我荊筵棘壁之製刺를 願하야 此를 掩하고 未遂하였드니 稀世의 大兇漢은 先帝를 그 毒手로 弑하였는지라.
嗚 生을 保한들 何事가 有하리요 오즉 自死치못함을 恨할뿐이로다. 此時를 當하야 闔世隆運이 無私하게 我三千萬民族生死의 一機를 照함에 會하야 前穿後鞭도 不顧하고 蹶然히 我는 起하였도다. 惟我民衆은 一意我와 共히 蹶起하야 奮發前進하고 三千里의 瞀基를 克復하야 三千萬의 恥辱을 雪하고 共通的 世運의 到來를 迎함에 勿後할지어다.
建國4252년 11월 9일 義親王 李堈

이리하여 總督府를 驚倒시킨 大小無數의 陰謀事件은 뒤를 이어 일어났다. 日本政府는 佛蘭西領事館에 臨時政府의 閉鎖를 交涉하는 일면 獨立運動者의 買收를 劃策하여 首相 原敬은 身體의 自由를 保證하고 呂運亨에게 會見을 要請하였다. 11월 呂運亨은 張德秀와 同伴하여 東京에 건너가서 原敬과 會見하였으나 모든 懷柔條件을 물리칠뿐더러 도리어 日本朝野에 朝鮮獨立論을 敎育하고 上海로 돌아왔다.

「워싱턴 會談」―巴里平和會議 終了 후에도 臨時政府는 여전히 歐美各地에서 運動을 계속하였다. 즉 金奎植은 필라델피아에서 歐美外交委員部를 開設하고 後에 金鉉九가 主宰하여 워싱턴에 옮겨가서 山東省利權問題 캘리포니아 排日法案問題 等을 이용하여 美國人心을 排日에 動員시키고자 努力하였으며 趙素昻은 瑞西에서 國際聯盟 혹은 萬國社會黨大會에 朝鮮獨立을 繼續 運動하였다.

이 歐美外交委員部의 活動과 아울러 上海에서는 孫文의 贊同을 얻어 中國革命同志와 朝鮮志士의 사이에 「中韓互助社」가 組織되고 또 安昌浩 李東寧 呂運亨 等은 서로 議論하여 1920년 1월 韓馨權을 露西亞勞動政府에 보내어 獨立運動援助資金 20萬圓을 받고 同年 8월 [포-라-]氏 等 美國議員團이 韓中日 各地를 視察함에 당해서는 國內諸團體와 및 東京留學生과 聲息을 通하고 通過沿路各地에서 或은 太極旗를 휘둘러 萬歲를 高唱하고 或은 安昌浩 呂運亨을 代表者로서 그를 맞이하여 獨立援助를 請하였다.

이리하여 1921년 11월 美國首都 워싱턴에 美國의 首唱으로 巴里平和會議에서 決定되지 못하였던 모든 懸案을 一時에 解決코자 所謂 「워싱턴회의」 혹은 「태평양회의」가 열리자 臨時政府에서는 이에 對應하여 各團代表를 加入시켜서 「外交研究會」를 만들어 會長 洪震 以下 22명의 連署로 獨立請願書를 會議에 提出하고 李承晩을 特派使節로 워싱턴에 파견하는 一面滿洲各地에 檄을 날려 大大的 示威運動을 일으키고 東京에서는 留學生의 同盟休校를 實施케하였다.

11월 11일 會議가 開催되자 果然 日本은 參加各國의 總攻擊을 받아 드디어 山東省還付 西伯里亞 撤兵을 確約하는 外 海軍大擴張案의 中止와 日英同盟의 破棄를 甘受하게 되었다.

「國民代表」―巴里平和會議로부터 워싱턴會議에 이르러 3년 동안 臨時政府에서 大統

領 李承晚의 뜻을 따라 安昌浩 金奎植 申奎植 李東寧 南亨祐 等에 의하여 美國中心의 外交運動에 主力을 傾注하였다. 그것은 不斷한 努力이었으나 畢竟 不可能한 것이었다. 그리하여 國內의 一部에는 自治運動論이 發生하고 在美同胞의 一部에는 委任統治論이 일어나서 萬歲運動에 比較할 때 오히려 一步의 退却을 보였다. 이와 같은 美國中心方針을 露西亞中心으로 돌리고자 李東輝는 朴容萬 盧伯麟 金嘉鎭 等으로 더불어 政府의 新構成을 主張하였는데 이것이 소위 「文治」 「武斷」 兩派의 對立이었다. 이 까닭으로 워싱턴 회의에 前後하여 國務會는 몇 번이나 衝突을 거듭하고 文武兩派의 對立은 드디어 左右兩翼의 鬪爭으로 化하여 1922년 1월 李東輝의 秘書 金立은 上海에서 內部的 다툼의 犧牲이 되어 暗殺을 당하였다.

이러한 難局에 다달아 安昌浩는 널리 各黨 各級의 意見을 綜合하여 獨立運動의 方向을 歸一할 目的으로 먼저 韓馨權이 露西亞로부터 入手한 20萬圓中 나머지 6萬圓을 던져 海外國內의 모든 國體의 代表者 一百餘名을 招請하고 1923년 1월 上海에서 國民代表會議를 開催하였다. 果然 이 會議는 臨時政府의 存廢를 決定하는 가장 重大한 모임으로 되었다.

安昌浩는 臨時政府改造에 의한 各派의 妥協을 要請하였으나 露領國民議會代表 尹海元世動 等은 臨時政府 廢止와 新機關創造를 主張하였다. 이로 因하여 6월 7일 會議는 드디어 決裂하고 創造派 各代表는 一齊히 總退場하여 上海를 떠나가서 滿洲武力團體의 統合運動을 開始하였다.

이 情勢에 對應하고자 翌 1924년 3월 3일 臨時政府가 新憲法을 發布하여 大統領制를 廢하고 國務領에 滿洲正義府領袖 李相龍을 任命하자 李承晚은 美國에서 하와이僑民團 歐美委員部를 掌握하고 上海에 대한 資金供給을 一切 遮斷하였다.

이로 因하여 極度에 達했던 財政難과 아울러 所謂 畿湖 嶺南 西北 三派의 派閥을 淸算치못하고 臨時政府의 運動力은 점점 低下하여 1926년 12월에 이르러서는 洪震以下의 國務員이 總辭職하고 議政院議員 51名은 12名으로 激減하였다. 國際情勢가 朝鮮獨立에 대하여 今時에 好轉하기를 期待할 수 없는 以上 이러한 일도 不得已한 것이어니와 最後의 一人까지 싸우자는 한마음만큼은 一時라도 끊어지지 않았던 것이다.(鐵城文庫卷二)

독립단 天摩山隊

詩人 李文浩 先生 提供 朔州郡誌拔萃

■ 조직 · 출범

1919년 3월 전국에서 일제히 일어난 우리의 독립만세 시위운동은 일제의 야만적인 무력탄압으로 많은 인명피해를 입은 끝에 2개월 만에 국내에서는 거의 진압 당했고, 이후로는 주로 만주와 중국, 상해, 러시아의 연해주 등 해외에 거점을 마련한 독립지사들의 무장 항일투쟁으로 우리 독립운동의 불길은 그 모습을 바꾸어 불꽃을 튀기 시작했다. 다만, 이 무렵 국내에서는 거의 독보적으로 평북 삭주와 의주에서 대규모의 무장 독립단이 조직되어 3년여에 걸쳐 일제 군경과의 교전을 거듭하면서 신화적인 활동을 벌였으니 그 가운데서도 최대, 최강의 대표적인 독립단 부대가 천마산대이다.

천마산대라는 이름은, 이 독립단이 천마산에 거점을 둔 데서 유래한다. 천마산은 삭주 · 의주 · 구성 3군의 경계에 위치한 고산(해발 1,169m)으로 산세가 험준하고 산림이 울창하여 의주군 쪽은 깎아지른 듯한 절벽이고 구성군 쪽으로는 험한 바위와 돌이 기슭까지 깔려 있어 삭주군 남서면 쪽으로만 오르내릴 수 있는 천연의 요새이다.

천마산대의 조직은, 처음 의주출신으로 삭주 구곡면 신흥동에 살던 최시흥(崔時興)과 삭주출신의 박응백(朴應伯)을 비롯하여 최지풍(崔志豊) · 최천주(崔天柱) · 김세진(金世鎭) 등 독립지사 수십 인에 의하여 3 · 1운동 직후부터 발기, 추진되었다. 이들은 무장 독립투쟁에 나서려는 동지를 사방에서 규합하고 군자금을 모아, 우선 구식 화승총 23정을 마련해서 무장했으며, 이어서 자금 4백 원으로 단원의 제복 등을 갖추고 부대편성을 하였다. 그리하여 천마산대로서 정식으로 발족한 것이 1919년 4월 15일이며, 한달 후인 5월 16일에는 천마산대 전원이 초지령(草芝嶺) 숲속에서 일제히 오른손 인지의 둘째마디를 칼로 베고 혈서로써 조국독립 쟁취에 목숨 바칠 것을 서약하였다.

이때의 부대 조직은 3개 소대로서 단장 겸 대대장에 최시흥이 취임하고, 제1소대는 소대장에 허기호(許基浩), 그 휘하에 정교(正校) · 부교(副校) · 참교(參校)의 하사관 각 1명과 병사 12명이 딸렸으며, 제2소대는 소대장에 최지풍, 그 아래에 정교 · 부교 · 참교 각 1명과 병사 9명이 딸렸으며, 제3소대는 소대장에 김덕명(金德明), 그 휘하에 역시

정·부·참교 1명씩과 병사 11명이 딸렸다.

천마산대는 발족 당초부터 일제 군경부대에 맞서 치열한 교전을 벌여야 했다. 그런데 일제 군경의 38식 보총에 비하여 천마산대의 화승총은 너무나도 느리고 부정확하였다. 이러한 장비면의 열세를 대원들의 강도 높은 군사훈련으로 극복하면서, 천마산대는 일제 군경의 무기를 빼앗는 활동과 신식 무기의 조달을 통한 전력 증강에 힘썼다.

천마산대원들은 거의 매일같이 낮에는 특무조장(特務曹長) 김창하(金昌夏)·김옥선 (金玉善)의 지휘로 사격훈련과 곤봉사용·전투 훈련 등을 받고 밤에는 출동하여 군자금 모금과 일제 주요기관에 대한 습격, 악질 친일분자 징벌 등의 활동을 전개하였다. 이들의 활동은 천마산을 중심으로 초산·창성·희천·의주군 각지를 주된 무대로 삼았으며, 때로는 위원·후창 등 멀리까지도 가서 독립운동 군자금을 모금하고, 또 만주 등지의 독립 운동 조직에 군자금을 전달하는 임무도 수행하였다. 이들은 장비·인원의 열세 때문에 한 곳에 오래 머물러서 싸우거나 낮에 정면으로 일제 군경을 공격하는 대규모 작전은 펴지 못하고 소규모 병력으로써 주로 야간에 기습하는 유격전을 벌였다.

천마산대는, 1920년에 만주에서 조직된 광복군사령부의 제3영(營)으로 편입되었다가, 1921년 오동진(吳東振)장군의 주도하에 개편된 광복군총영(光復軍總營)에 편입되어 천 마별영(天摩別營)으로 이름이 바뀌었다. 그러나 천마산대 당초의 조직은 그대로 유지되 었고 활동의 형태·내용 또한 별로 바뀌지 않았다.

왜경의 경비·전력의 강화로 무장 항일운동에의 압박이 점차 더해지는 한편, 새로 들 어온 대원들로 부대의 인원이 크게 증가했으므로 1921년에 영장 최시홍은 병력의 대부 분을 최지풍 지휘하에 만주로 이동시키고 국내에는 영장 직속으로 30여 명의 소병력만 머물게 하였다.

그러나 그해 가을 최시홍이 일제 경찰의 손에 포박되었으므로 그 뒤를 이어 최지풍이 천마별영의 단원을 도맡아 지휘하였으며, 뒤에 만주 각지의 우리 독립운동 단체들을 통 합하여 통의부(統義府)가 조직되니, 천마별영은 그 제3중대로 편입되고 최지풍이 중대장 으로 임명되었다.

그리고 1923년 상해임시정부의 직속으로 만주지역의 독립운동 세력이 규합, 개편되 어 육군주만참의부(陸軍駐滿參議府)가 발족함에 따라 이에 편입되었으며, 박응백·양봉 제(梁鳳濟)·심용준(沈龍俊)이 차례로 중대장에 임명되어 병력 500여 명을 지휘했다. 이 부대는 천마산대의 후신답게 압록강을 번개같이 넘나들며 줄기찬 항일 무장투쟁을 계속 하여, 당시 만주에 거점을 둔 5개 독립군 부대 가운데서도 출중한 업적을 남겼다.

■ 활동 · 실적

민족문화협회가 발행한 민족운동총서 제4집 「독립군의 전투」는 천마산대의 활동 실적을 다음과 같이 기록하고 있다.

○ 1919년 6월 10일. 창성군 대창면장(大倉面長) 강창헌(姜昌憲)을 총살하였다. 강면장은 삭주경찰서 순사로 근무하는 그의 조카 강화희(姜化熙)에게 독립군의 활동을 일일이 알림으로써 많은 애국지사를 체포당하게 한 악질 친일분자이었다.

○ 6월 19일. 단원 5명이 수풍면 덕유동에서 강창헌 사살자를 추적하는 8명의 일경 수사대와 맞닥뜨려 교전하였고, 21일 안풍동에서 다시 일경 수사대와 교전하다가 단원 2명이 전사하였다.

○ 6월 28일 오전 4시. 단원 28명은 삭주군 양산면 수흥동에서 일경 수사대와 맞닥뜨려 약 40분간 치열한 사격전을 벌여 일경에게 많은 손해를 입혔다. 그러나 아군도 제1소대장 허기호 이하 5명의 단원이 전사하는 인명손실을 입었다.

○ 7월 2일 밤 12시경. 최시흥은 평소 독립단의 활동을 일경에게 밀고해온 홍응렴(洪應㾾) · 홍유성(洪維成) 부자를 응징하기 위하여, 단원 15명을 이끌고 의주군 고녕삭면으로 출동하여 홍응렴을 밖으로 끌어내어 총살하고 그 집을 불살라버렸다.

○ 7월 3일 오전 3시경. 천마산대 단원들은 구성군 사기면 신시 시장의 일경 주재소를 포위하고 맹렬한 사격을 가하였다.

○ 7월 8일. 단원들은 구성군 월화면 화하동에 살면서 독립운동을 방해하는 일제 앞잡이 최학정(崔學貞)을 총살하였다.

○ 8월 13일. 최시흥이 지휘하는 단원 30명은 권총, 장총, 화승총으로 무장하고 의주군 옥상면에 출동하여, 밤 2시에 면사무소와 일경 주재소, 우편소(우체국)를 포위하고 총격을 가하여 일본인 순사 와타나베(渡邊)를 사살하고 면사무소를 불살랐다.

○ 8월 18일. 단원 27명이 의주군 서삼면 원풍동에서 일경과 교전하여 원풍주재소의 일본인 순사부장 나가까와(長川)와 순사 후지하라(藤原)에게 중상을 입혔다.

○ 12월 8일. 의주군 고녕삭면에서 황동하던 단원들은 귀로에 의주경찰서 일경들의 기습을 받아 치열한 전투를 벌였다.

○ 1920년 1월 7일. 단원들이 의주군 고녕삭면에서 영산주재소의 일경 5명으로 편성된 수사대를 만나 교전했다.

ㅇ 2월 7일 오전 2시. 단원들이 천마산에서 일경 수사대와 교전을 벌였다.

ㅇ 2월 18일. 김봉한(金鳳漢)을 비롯한 단원 수명은 강계군 화경면의 친일파 면장 최시범(崔時範)을 총살했으며, 3월 5일 최시범 살해자를 찾아 출동한 일경 수사대 6명의 기습을 받아 약 30분간 교전하던 중 단원 김봉한이 전사하였다.

ㅇ 9월 15일. 최명도(崔明道)를 비롯한 단원 4명은 고성천(古城川) 대안에서 북진경찰서의 일경 5명과 교전하여 일본인 순사 다카무라(高村)를 사살하고 수명에게 중상을 입혔으며, 단원 최명도가 전사하였다.

ㅇ 1919년과 1920년에 일제 군경에게 붙잡혀서 순국·고통을 당한 단원들의 명단은 다음과 같다.

사　　형 : 김효준(金孝俊), 이한익(李漢翼)

무기 징역 : 이정서(李貞瑞)

15년 징역 : 김치현(金致鉉)

13년 징역 : 김성호(金成浩), 김응수(金應洙), 서달선(徐達善)

10년 징역 : 김국선(金國善), 김옥선(金玉善), 김국윤(金國允), 최지청(崔志淸), 최의신(崔義信), 한성호(韓成浩)

1년 이하 징역 : 장명진(張明珍), 정도현(鄭道賢), 김명찬(金明贊), 이길석(李吉碩), 최준범(崔俊範), 조용운(趙龍雲)

ㅇ 1921년 봄. 소대장 김상옥(金商沃)은 김승려(金承麗) 등 수명의 단원을 이끌고 국내로 들어와 영변군 오봉산(五峰山)의 백학사(白鶴寺)를 거점으로 삼고 태평면·남송면에서 군자금 모금활동을 전개했으며, 6월 19일에는 일경의 무기를 빼앗을 목적으로 운산군 위연면에서 우편소를 주재소로 오인하고 공격하여 일본인 우편소장과 사무원 등을 사살했다.

ㅇ 9월 7일 오후 9시. 폭탄과 소총, 권총으로 무장한 단원 20명은 삭주군 외남면의 일경 주재소를 습격하였다. 이때 주재소에는 일경 4명이 있었으나 당황하여 응전조차 못하고 2명은 도주하고 2명은 중상을 입었다. 단원들은 주재소내의 무개를 압수하고 주재소를 불사른 뒤 압록강을 건너 귀영하였다.

그러자 일경은 삭주·창성 두 경찰서의 서원 25명을 동원, 천마산대를 추격하여 만주로 들어왔으며, 호자구(蒿子溝)에서 천마산대원 20명을 급습하였다. 불리한 지형에서 기선을 빼앗긴 천마산대는 3시간에 걸쳐 용전분투했으나 최시풍(崔時豊)을 비롯한 단원 4명이 순국하는 인명피해와 외남면주재소에서 압수한 무기 다수를 도로 빼앗기는 손실을 입었다.

○ 9월 21일 밤. 최지풍 지휘하에 압록강을 건넌 단원들은 희천군의 창참주재소를 습격하여 일경 1명을 사살하고 주재소와 면사무소를 불살라버렸다.

○ 1921년 겨울. 최시홍은 그동안 모금된 독립운동 자금 4천여원을 가지고 압록강을 건너 본부로 가던 도중 집안현(輯安縣)에서 중국 관헌에게 체포당했다. 일제 경찰은 중국 당국에게 최시홍 대장의 인도를 요청하여 거절되자, 신의주의 고등계 형사 김덕기(金德基)로 하여금 최시홍 석방운동을 벌이게 하고는, 이에 속은 중국측이 최시홍을 석방하자 옥문밖에서 여럿이 달려들어 포박했다. 이리하여 최시홍 대장은 일경의 갖은 악형을 몸으로 겪은 끝에 1924년 12월 평양감옥에서 순국했다.

○ 1922년 6월. 김성범(金成範)은 최인석(崔仁碩)·문성옥(文成玉)·김사현(金士賢)·왕명록(王明錄)·김윤언(金允彦)·조원방(曺元邦)·김차순(金次順) 등과 함께 국내로 들어와서 1924년까지 무려 45차례나 출동하여 일경 3명을 사살하는 등의 독립투쟁을 벌였다.

또 韓國獨立史는 천마산대의 활동실적을 다음과 같이 적고 있다.

○ 1919년 7월. 구성군 천마면사무소를 습격하여 악질 친일파인 면장 박모를 사살하였다.

○ 8월 9일. 대장 최시홍은 부하 30여 명을 이끌고 창성군 대동경찰서와 미국인 금광 사무소 및 영림창을 습격, 장총 11정, 군도 4자루와 현금 다량을 압수하였다.

○ 9월 4일. 의주군 옥상면사무소를 습격하여 이를 소각했다.

○ 12월 초순. 창성 대유동경찰서를 습격하여 이를 소각했다.

○ 1920년 1월. 구곡면주재소를 습격, 일경 2명을 사살했다.

○ 2월. 구성군 관서면주재소를 습격, 무기 다수를 노획했다.

○ 4월. 삭주군 외남면주재소와 면사무소를 습격하였다.

▶ **天摩山隊 관계 史料①** 大韓民國 5년(1923년) 3월 14일자 독립신문 158호

天摩山隊 略歷

천마산대는 그 근거를 천마산에 두었다하여 그렇게 명명하고 이래 5년간 가장 맹렬한 모험행동을 취하여 적에게 다대한 타격을 주어 일찍 명성이 세상에 쟁쟁하던바 여기 그

약력을 추리면 다음과 같다.

崔時興은 의주인으로 어려서 부모를 잃어 학업을 다하지 못하였으나 원대한 뜻과 강개한 의기를 지녀, 국가와 민족을 위하여 헌신코자 하더니 기미년 3·1운동이 일어나자 군중을 지휘하여 의주군 고령삭시장에서 독립을 선언하고 만세를 고창하면서 적의 헌병주재소로 조수같이 쇄도하였다. 잔학무도한 적은 총을 쏘며 창으로 찔러 사상자를 수많이 냈다. 최시홍은 시세 불리함을 슬퍼하며 재기를 도모코자 처연히 만주로 향발했다.

그해 3월에 중국 유하현 三源浦서 동지 수명과 동반하여 하루빈에 이르러 대사를 도모코자 勞農兵에 참가하여 만추리(滿洲里)로 갔다가 해사의 비운을 당하고 국내로 들어오고자 임강현 八道江에 도달했다.

그해 12월에 압록강을 건너 구성군에 이르러 崔志豊과 더불어 동지를 모집하며 무기를 준비하였는데 회중이 1천명에 달하고 화승총이 20여 자루 마련되었다. 이에 천마산으로 들어가 근거를 잡고 인원을 파송하여 동지를 모으며 군자금을 모집하였다.

민국 2년 3월에 왜병 100여 명에 포위되어 진일 격전을 벌였으나 사상은 없었다. 그 이튿날 산에 불을 지르고 삭주군 두룡산으로 이둔하였다.

그해 5월초 朴貞煥은 부하 5인을 인솔하고 삭주군 수풍면에서 기관을 조직하며 군자금을 모집하고 적에게 포위되어 교전 끝에 朴貞煥, 崔允玉이 전사하고 3인은 체포되었다.

그해 6월에 적병 수백 명이 사방길로 침입하여 두룡산의 우리 본대를 습격하였다. 맹렬한 교전 끝에 적병 3명이 죽고 우리 측도 許基浩, 獨孤武, 李昌根, 柳泰純, 吳元文 5인이 전사하고 3인이 피랍되었다.

중과부적하여 부대는 다시 천마산으로 이둔했다. 金尙玉 이하 5인은 두룡산에서 이산한 동지를 소집하여 적의 주구인 면장을 총살하고 면사무소를 소각하였다.

동 16일에 軍制를 정하여 사방에서 모여드는 지사 130여 명을 맞았다. 회중의 공천으로 崔時興이 司令長으로, 崔志豊이 부관으로, 朴應伯, 朴泳燦, 崔允熙는 참모로, 金世鎭이 경리로, 崔義楫이 중대장으로 선입되었다.

동 28일 부관 최지풍은 부하 19명을 영솔하고 의주군 옥상면에 있는 왜경찰주재소와 면사무소를 습격하여 소각하고 적 1명을 총살했다.

동 7월 26일 우리 본대는 적 100여명의 습격을 받고 초산으로 이둔하는 길에 벽동군 가별면사무소를 소각하고 초산군 판면 부숭동에서 적의 산림감수 2명을 격살하여 엽총

1정, 탄알 20발, 망원경 1개, 군도 3자루, 기타 물품을 노획했으며, 9월 1일에는 위원군한 장에서 적병에게 포위되어 약간의 휴대품을 잃고 초산군 ○○로 이둔했다.

9월 10일에 부관 최지풍은 부하 7인을 영솔하고 초산군 사기동에서 왜경 1명을 총살했다.

10월 10일에 사령장 최시홍은 만주로 건너가 광복군 總營과 연락을 맺었고 부관 최지풍은 민국 3년 2월에 부하 8인을 인솔하여 희천군 북면 膾洞에 출장했다가 적의 습격을 받아 金鳳煥이 전사했으며, 참모 박응백은 부하 3인을 이끌고 벽동군 가벌면 대상동에서 적병 5명을 총살하였다.

다음해 8월 중대장 최의집과 참모 최윤희는 구성군에 출장했다가 적에게 피살되었고, 후임 중대장으로는 沈龍俊이 선임되었다. 그 다음 다음해 3월 강계군 하경면 帝龍峴에 영채를 세우고 주둔했다.

동 3월 하순경에 심 중대장은 부하 11인을 영솔하고 희천군 서면에 출장하였다가 귀로에 초산군 도원면에서 왜경과 충돌하여 金明俊이 전사하였다.

동 5월 4일 왜경 6명이 침입하였다가 보초에게 격퇴 당했다.

동 15일 박 참모는 12명을 영솔하고 영변군 고면에 출장했다가 왜경 1명을 총살했다.

동 7월 19일 심 중대장 및 박 참모는 부하 19인을 영솔하고 창성군 대유동 왜경주재소를 습격하여 연발총 16정과 탄알 3백발, 군도 10자루, 기타 물품을 다수 노획하였다.

9월 7일에 소대장 金尙玉과 경리 박영찬은 부하 16인을 영솔하고 초산군 도원면 왜경주재소를 습격하여 왜경 4명을 총살하고 현금 1백 엔과 연발총 3정, 탄알 3백 발, 군도·군복 등 물품을 노획하였다.

동 9월 하순에 부대는 월동을 위하여 강계군 안도리 산중에 영채를 세우고 군량을 준비했다가 적부대의 습격을 받아 군량을 포기하고 ○○지방에 이둔하여 월동했다.

민국 4년 3월 초순에 부대는 일제히 무장을 재정비하고 대를 나누어 출동, 소대장 김상옥은 부하 3인을 영솔하고 초산군 온정주재소를 습격했으며, 중대장 심용준은 부하 5명을 영솔하고 희천에서 적과 충돌하야 약 2시간 격전을 벌였으며, 副士 金俊源은 부하 7명과 더불어 초산에서 적과 교전했고 그 후 희천군 동창주재소를 습격했다가 許信浩가 전사하였으며, 참모 박응백은 4인을 영솔하고 영변군 고면 성곡에서 왜경과 교전하여 5명을 총살하고 7명에게 부상을 입었다.

8월 초순, 소대장 김상옥은 부하 5인을 영솔하고 운산군 온정 부근에서 왜경 1백여 명과 종일토록 교전하였다.

부사 崔在京은 부하 4인을 영솔하고 위원군 한 장에서 적 1명을 총살하고 단총 1정과 탄알, 기타 물품을 노획하였다.

참모 박응백은 부하 4명을 영솔하고 강계 지방에서 군자금을 모집하다가 왜경과 약 2시간 교전하였다.

8월 하순 전부대는 강계 지방으로 집중하여 ○○장의 귀환을 기다리던 중, 대한광복 군 총영에서 특파한 李漢俊으로부터 ○○장 봉변의 급보를 듣고 즉시 후원을 계획할 새 소대장 김준원 이하 1소대는 本營에 주둔케 하고 중대장 이하 2소대는 ○○현에 이르러 왜경 35명과 약 1시간 교전하여 이를 격퇴하고 마침내 統義府에 연락했다.

패주병을 추격하다가 아군 본대는 귀환하고 民國自衛隊軍 60명만이 30리를 더 추격 하여 무기 1백여 정을 노획하였다. 이 전투를 끝으로 다시는 적의 습격이 없었다.

▶ **天摩山隊 관계 史料②** 독립신문 記事抄 제86호(1920년 6월 24일자) 제2면

[삭주발 특별통신] 삭주군 구곡면 신안동에는 오래전부터 금광이 시작되야 현재 광부 수가 3백여 명이요 신축된 가옥이 3백여 호에 달하야 왜주재소가 있다. 작년 3월 이래 주재 왜경이 동포를 학대함이 심하고 적견(敵犬) 고병근(高秉根)·김태영(金泰永)은 그 난폭한 행동이 날로 심하야 동포는 모두 이들의 제거되기를 갈망하더니 지난 6월 1일에 우리 독립군은 과연 이러한 동포의 소망에 부응하기 위하야 내외의 주구배를 전율케 하 는 일대 쾌사를 결행하였다.

1일 밤에 ○○단원 6인은 계책을 세워 3파로 나뉘어서 1파는 주점으로, 1파는 고의 집으로, 1파는 주재소로 향했다.

적 고병근은 동류 김태영과 함께 주점에서 음주하다가 문밖에서 부르는 소리를 듣고 일어나서 문을 여는 찰나에 연발하는 총성과 함께 김이 먼저 땅에 쓰러져 죽고, 고는 다락방에 숨었다가 도주, 연발하는 탄알의 하나를 다리에 맞고 포복하야 광산 갱구로 도피했다.

주점의 총성과 함께 고의 집에서도 총성이 잇달아 나더니 고의 처와 첩, 여아 2명, 합 4인이 절명하였다. 이리하야 고의 가족 5인은 마침내 장렬한 독립군의 심판에 복했다.

주점과 고의 집에서 나온 4인은 다시 왜경 주소로 향한 2인과 합하야 주재소를 포위 하고 습격하려 하는데 왜경은 이미 도주한지라, 일단은 이에 광부 3백여 명과 함께 대한 독립 만세, 대한 ○○단 만세를 약 반시간 이어 부르고 즉시 강을 건너 모처로 향하였다.

-1921년 12월 6일자

지난달 21일 오전 1시경에 우리 단원 6인이 평북 삭주군 양산면 원풍동 산중에서 삭주의 왜경수색대와 충돌하여 교전하다가 역시 중과부적으로 단원 3인이 적탄에 맞아 죽고 국기 1개, 약 5개, 뇌관 10개, 도화선 약간을 빼앗기었더라.

-118호(1921년 12월 26일자)

우리 대한광복군 총영 소속 장○○, 심○○, 한○○ 3인은 총영의 중요 임무를 띠고 영변 진주(秦州)지방에 출장하였다가 귀로에서 지난 10월 6일 삭주 동창(東倉) 허병두(許丙斗)의 집에서 휴게하더니 그 집 주인 허의 밀고로 왜경 11명이 내습하는 것을 아측에서 영전(迎戰)하야 5~6시간을 싸운 결과 피차에 사상자는 없이 우리 대원은 귀대하였는데 추후에 조사한 즉 작년 7월경에도 동창에 사는 모씨의 밀고로 우리 천마독립군 8명이 적에게 전멸 당하였더라.

-118호(1921년 12월 26일자)

우리 광복군총영 대원이 삭주군 동창에서 왜 밀정 허병두의 밀고로 말미암아 왜경으로 더불어 5~6시간을 교전한 일은 이미 본보에 게재되었거니와, 그 후 이 급보를 접한 우리 총영에서는 즉시 모험대원 2인을 파송하야 밀고자 허병두를 토벌하려 한즉 허가는 그 후환을 두려워하야 가족은 분산시키고 자기는 삭주군 대관경찰서 겻집에 은신하였던 바 이를 탐지한 우리 대원은 곧 대담히 그 집에 돌입하야 일장 토죄한 후 즉석 총살시키고 다시 그 허가의 가족을 찾아내여 토벌한 결과 그의 모는 즉사하고 그의 자부는 중상하였더라.

-142호(1922년 10월 12일자)

우리 대한통군부 의용군 11인이 무장하고 지난 7일 하오 7시경 평북 삭주군 외남면 대관리에 이르러, 그곳에 있는 왜경 주재소를 습격하였는데 먼저 폭탄을 던져 건물의 일부를 폭파하고 이어서 사격을 가하여 왜경 3명을 사살하고 동 3명은 부상케 한 후 신식 5연발총 7정, 육혈포 1정, 엽총 2정, 군도 1자루, 단도 4개, 탄대 10개 및 탄알 325발을 노획하고 자전거 5대, 총포대 및 엽총 10여 정과 우편함 등은 파쇄하고 각종 문서 및 장부는 이를 실내에 쌓고 석유를 붓고 불을 붙여 그 주재소의 전부를 잿더미로 만들었더라.

우리 대원 중 더러는 왜인 상점에서 금 30원을, 한국인 부호의 집에서 금 110여 원을 거두어 가지고 다시 대오를 갖추어 전 시가를 순회하며 독립군가를 부르면서 독립신문과 경종보(警鍾報)를 시민에게 공급하고, 시민 중으로부터 짚신, 양말, 권연, 과자, 주류를 받아 가지고 동 10시경 환호리에 그곳을 나서서 모방면으로 향하였더라.

이 대관리로 말하면, 작년 3월에 독립만세를 부르다가 954인이 적에게 참살을 당하였는데, 지난 4월 22일 밤에 우리 모기관 인원 3인이 그곳의 왜인금융조합을 습격하야 현금 3백여 원과 권총 1정 및 탄알 95발을 압수한 일이 있었고, 이번에 다시 대규모의 습격을 하여 성공하였더라.

-195호(1925년 4월 13일자)

음 1월 24일에 이용담(李龍淡)씨 외 5명이 삭주방면에 출장하야 기관을 조직하며 금전을 모연(모금)할새 동군 신안동주재소 왜경과 충돌되어 3시간을 교전하야 적 2명을 중상시키고 아군은 무사하였으나 사방에서 모여드는 적 후원병에 포위를 당하야 산간 광갱에 은신하여 3일 동안 식음을 얻지 못하다가 겨우 적 경계선을 벗어나 의주방면서 계속 활동하였다.

… 음 3월에 주하범(朱河範)외 4인이 의주, 삭주, 구성, 태천 등지에 출장하야 거액의 금전을 모금하고 귀로에 삭주 대관주재소를 습격했다가 기밀이 드러나서 적과 1시간 교전하고 무사히 귀대하였다.

2월 말경에 명희선(明熙宣)외 5인이 영변에 출장하던 도중 삭주군 수풍면에서 주인의 밀고로 정오에 적에게 포위되어 일몰 때까지 맹렬한 교전을 계속한바 아군 1명이 경상을 입고 적 2명이 중상되고 마침내 적 부대가 퇴각한지라, 아군은 행군하야 목적지까지 무사히 도착하야 적과 2차 교전이 있었는데 적 2명을 총살하고 많은 활동을 하다가 음 9월 말경에 귀대하던 길에 다시 수풍면에 들려 그곳 구장 및 동장을 소집하야 전기 밀고자의 죄상을 선포하고 현장에…(이하 불명)

▶ **天摩山隊 관계 史料③** 朝鮮總督府警務局 高等警察日誌抄

○ 大正 9(1920)년

6월 4일 : 6명의 부령선인(不逞鮮人 : 우리 독립지사를 가리키는 일제의 지칭)이 삭주군 신안동주재소를 습격하여 순사 1명을 사살하고 1명에게 중상을 입힌 다음 주민 2명을 저격, 중상을 입히고 도주.

6월 10일 : 5명의 부령선인은 집무 중이던 창성군 대창면장을 권총으로 사살하고, 다시 동월 19일 삭주군 수풍면에 나타나 민가에 침입하여 자금강요 중 체포코자 출동한 경관과 교전 끝에 2명은 사살, 3명은 체포되었고, 화승총 1정 압수.

6월 28일 : 삭주경찰서 수사대는 삭주군 양산면 서흥동에 30명의 부령선인이 숙영하고 있음을 탐지하고 이를 포위 중, 적의 발포에 반격하여 3명을 사살하고 1명을 체포, 화승총 6정과 화약류 다수를 압수.

6월 29일 : 북진경찰서 수사대는 삭주 양산면에서 부령선인 3명을 체포하고 계속해서 이튿날인 30일 수명과 교전하여 2명을 사살.

7월 1일 : 북진경찰서 수사대는 삭주군 양산면의 산중에서 부령선인 1명을 발견하였는데 저항하므로 사살.

7월 3일 : 북진경찰서 수사대는 삭주군 양산면 서흥동의 산중에서 돌연 6명의 부령선인으로부터 저격을 받고 이에 응사하여 1명을 사살하고 총기 1정, 잡품 등을 압수.

창성경찰서 수사대도 양산면 원풍령 산중에서 같은 피격을 받고 1명을 사살, 화승총 1정을 압수.

7월 4일 : 창성경찰서 수사대는 삭주군 양산면에서 총기를 휴대한 부령선인 2명과 충돌, 1명을 사살.

7월 29일 : 3명의 부령선인이 삭주군 외남면사무소를 습격하여 서류 부책을 소각하고 다시 만석동의 구장을 사살.

8월 18일 : 삭주경찰서 수사대는 양산면 요대동에서 27명의 부령선인단과 교전하여 1명을 사살하고 수명에 부상을 입혔으나 아측 川原순사 사망, 藤原순사 부상.

8월 28일 : 삭주경찰서 수사대는 구곡면 연풍포에서 부령선인 3명과 충돌하여 1명을 사살.

○ 大正 10년

9월 24일 : 총기 휴대의 부령자가 삭주군 외남면 수룡동에 침입하여 … 주민의 친일행위를 힐난하다가 3명을 사살, 3명에 부상을 입히고 도주.

10월 12일 : 삭주경찰서 永田경부보 이하 5명이 양산면 허병두 집에 침입한 3명의 적을 체포하려고 하자 적은 발포하며 밀림 속으로 도주.

11월 21일 : 삭주경찰서 수사대 6명은 오전 1시경 삭주군 양산면 원풍동에서 6명의

적과 충돌, 3명을 사살하고 다이나마이트 도화선, 뇌관, 한국기 등을 압수.

○ 大正 11년

1월 23일 : 삭주경찰서원은 남서면에서 비적 6명과 충돌하여 2명을 사살하고 장총, 기타를 압수.

4월 12일 : 삭주군 외남면 대관동 금융조합에 비적 2명이 침입하여 현금 341원과 기타 물품 30여원어치를 강탈.

9월 7일 : 비적 20여명이 삭주군 외남면주재소를 습격. 사무실에 폭탄을 투척하여 순사 2명을 부상케 하고 내소중인 토목공사 감독 長岡을 사살한 다음, 총기 5정을 빼앗고 방화하여 800원의 손해를 입히는 한편, 주민으로부터도 금품 762원을 강탈.

10월 27일 : 태천경찰서 水野 수사대는 삭주군 수통면에서 비적 5명과 충돌, 1명을 사살.

○ 大正 12년

2월 14일 : 삭주경찰서원 12명은 11일 구곡면에 침입한 6명의 비적과 대안에서 충돌하여 2명을 사살하고 장총 1정, 권총 1정, 탄환, 잡품 등을 압수.

○ 大正 13년

9월 8일 : 비적 6명이 삭주군 수풍면 최용준 집에 침입, 관헌에 밀고했다 하여 동인 및 구장 김영규를 구타한 끝에 사살하고 도주.

○ 大正 14년

8월 28일 : 비적 5명이 삭주군 양산면에 침입하여 주민 1명을 사살, 2명에게 중상을 입히고 민가 2호에 방화.

8월 29일 : 삭주군 양산주재소에 비적 5명이 내습하였으므로 재소중인 1명(정원 7명 중 6명은 범죄수사차 출동하여 부재)의 순사는 피신하여 본서로 보고하러 달리던 도중 본서에서 출동한 後藤 경부보 이하 5명을 만나 같이 귀소하였으나 그동안 권총과 엽총으로 응전하던 나까무라 순사의 처와 몬죠오 순사의 처가 사살되고 유아가 소사했다. 고또오 경부보 이하 6명은 즉각 교전하여 1명을 사살 격퇴하였으나 지형의 불리로 전투중 순사 2명이 중상을 입었음.

▶ 天摩山隊 관계 史料④

天摩山隊員名單

天摩山隊 출신 吳鳳祿志士(1902. 2. 6~1981. 7. 20)는 1977년 4월, 지난날 생사를 같이하여 삭주땅을 누비던 천마산대 대원들의 이름과 활동 등을 아래와 같이 증언하였다. 吳志士는 일찍이 普成學堂을 나와 초산군 明新學校 교사로 재직하다가 3·1운동 직후 천마산대에 입대, 수 10차에 걸쳐 왜군경 거점을 습격, 왜병 宮崎를 생포하는 등 많은 전공을 세웠다.

崔時興　의주 출신. 후에 삭주 구곡면 신풍리로 이주. 檀學會 3대 회장. 3·1독립선언 직후 朴應伯 등과 함께 동지를 규합하여 天摩山隊를 조직, 그 사령장에 취임. 1924년 12월 평양감옥에서 옥사했다.

朴應伯　天摩山隊 창설 간부. 1925년 參議府 司令長이 되고, 1927년 국내 파주에서 전사.

崔時贊　최시흥 사령장의 아우. 무계급 대원으로 종군하며 檀學會의 재정보조에 주력.

崔志豊　天摩山隊의 副將. 후에 統義府·正義府의 제3중대장. 參議府 총사령 병사.

李基白　희천군 출신.

趙基松

李正伯　李靑山 형제로, 함께 입대.

文奉雲　황해도 출신.

金元相　일명 用潭. 부친이 天摩山隊 대원으로 전사하자 그 뒤를 이어 입대하여 활동.

宋貞奉　전공 많다. 奉天감옥에서 3년 복형.

張永煥　正士. 중대의 추천으로 雲南士官學校 입교.

金細柱　15세에 입대. 전사.

金炳浩　위원군 출신. 전사

李龍伯

金基浩　희천군 출신.

王參士　중국인으로 본명 미상. 전사했다.

金得成　제4소대장. 전사

金炳泰　위원군 출신. 전사.

朴名煥   초산군 출신. 왜경과의 교전중 부상하여 제대.

金澤活   15세에 입대.

崔宗山   소대장.

文成珏   參士.

韓泰浩   소대장.

沈龍俊   대대장. 朴應伯과 함께 參議府 조직에 참여. 제2사령장으로 활동.

金尙沃   제1소대장. 봉천감옥에서 3년 복형.

金細凡   희천 출신.

金碧山   희천 출신.

金朝日   희천 출신.

金龍澤   제2소대장. 신의주감옥에서 7년 복형.

金永華   신의주감옥에서 7년 복형

禹昌浩   초산군 출신. 전사.

劉光屹   天摩山隊의 書記長.

李昌珍   왜경의 보조원으로 일하다가 입대하여 特務正士로서 많은 전공 세웠다.

金昌珍   희천군 출신. 전사.

吳炳麓   봉천감옥에서 3년 복형.

金炳模   영변군 출신.

姜甲得   일명 喜. 희천군 출신.

孟性錄   함경도 출신. 소대장.

高在峰(奉)   전사했다.

嚴達元   일명 達成. 定州에서 전사. 또는 체포되어 3년 복형했다고도.

林基弘   參士

林猪岩   성격이 과격하여 '돼지바우'라고 불렸으며, 본명은 미상.

金用彦   15세에 입대.

金三龍   함경도 출신.

金士賢   초산군 출신.

金奎成(혹은 成奎)   희천군 출신. 왜경의 밀정으로 있다가 귀순 입대하여 맹활약.

趙基峰   전사했다.

金得聖 金聖奎   초산군 출신. 형제간.

王德行 王明錄　초산군 출신. 형제간.

梁鳳濟　군자 모금과 왜경주재소 습격 등으로 공로 많다.

金昌伍　초산군 출신. 56세 고령에 입대하여 남못지않게 활약했다.

金泰涉　전사.

金仁炯　전사.

崔在京　天摩山隊 參士, 參議府에서는 중대장.

陳明浩　초산 출신.

李學憲　초산군 출신.

咸益淳　희천군 출신. 參議府 때는 正士.

吳大領　일명 昌海. 강계군 출신.

林成柱　일명 恒濟. 초산군 출신. 天摩山隊 參士. 후에 변절했다.

金奎意　후에 변절하여 동지까지 살해했다.

朴昌化　함경도 출신. 天摩山隊 교관.

張興國　강계군 출신. 參議府에서는 正士.

白柱彦　의주군 출신. 후에 統義府에 가담하여 활동. 大連감옥에서 4년 복형.

李裕岊　삭주군 출신. 나이가 어려 天摩山隊의 對滿通信員으로 활동했다.

▶ **朔州출신 獨立團將兵들**

삭주사람으로서 무장독립운동에 투신하여 신화적인 활약으로 민족정기를 빛낸 이로서 다음과 같은 이름이 돋보인다.

金仁澤　1919년 독립군에 가담하여 활약하다가 구령포에서 그의 아우와 함께 왜적에게 피살.

金澤信　平北督辦府 朔州警護員으로 1920년 8월 국내에 출장했다가 귀로에 적의 추격으로 徐靑山과 함께 전사.

金泰淵　3·1운동 후 만주로 건너가 독립군에 가담하여 1923년 삭주군 대관주재소를 습격, 1925년부터 正義府軍 新民府 등에 소속되어 활약하다가 1929년 穆蘭縣에서 왜적에게 체포되어 평양감옥에서 15년 수형.

朴應伯　1919년 天摩山隊를 조직, 의주·구성·삭주 등지를 무대로 독립군 활동을 전개하다가 陸軍駐滿參議府訓練隊 제3중대장이 되어 1927년 국내에 출장중 파주군에서 적과 교전 끝에 전사.

朴應龍 西路軍政署義勇軍 제1중대 參士로 1920년 寬甸縣 南大麻溝에서 적경 10여명에게 피습, 단신 교전하다가 전사.

李德秀 3·1운동에 참가하고 만주로 망명하여 義民社 사장에 취임. 韓族會民事部長으로 활약. 新興武官學校通化分校長을 역임. 1920년 碧山隊를 조직하여 鳳梧洞戰鬪에서 洪範圖와 함께 분전. 1921년 西路軍政署를 조직하여 총지휘. 1922년 統軍府를 조직하여 중앙위원겸 군사부차장으로 時事策進會에 참석. 1923년 正義府를 조직, 平北督辦에 임명되고, 만주 四道溝快大廟子에서 농장을 경영하며 屯兵하다가 밀정의 밀고로 왜적에게 체포되어 옥사.

李東奎 1921년 西路軍政署 正士로서 국내에 들어와 崔時興 部隊와 합게, 왜관서를 습격, 교전하다가 전사.

李奉偶 영포동에서 3·1만세시위에 참가하고 朔州郡監에 취임하여 활약하다가 압록강을 건너 망명하던 길에서 왜적에게 피살.

李尙禧 독립군으로 활약하다가 1920년 7월 16일 韓德周와 함께 삭주면 동부동에서 왜경과 교전 중 전사.

李陽燁 大韓獨立團에 입단하여 활약하다가 寬甸縣 小久財溝에서 밀정 金貞奎에게 피살.

李龍潭 1920년 만주의 光復軍司令部 第1營 군인으로서 국내에 들어와 昌城주재소를 습격, 왜경 4명을 사살. 1923년 參議府 군인으로서 의주군 영산에서 왜적과 교전. 1926년 초산에 출장 중 왜경에게 체포되어 수형.

李俊禧 1919년 독립단에 협력하다가 압록강변에서 왜적에게 피살.

崔錫淳 1919년 만주로 건너가 대한독립단에 가입. 1924년 임시정부 휘하의 參議府에 들어가 제2중대장, 참의장을 역임. 1925년 일본군에 대한 공격을 준비하다가 일제 경찰부대의 기습을 받아 전사하였다.

崔錫瀋 1919년 3·1운동으로 삭주·창성 등지에서 만세시위를 선도하고 만주로 건너가 독립군을 조직, 統義府·光復軍 등에서 활약했으며 1921년 안동에서 왜경에게 체포되어 11월 14일 의주에서 독립군의 李浩榮과 함께 총살당했다.

洪錫浩 3·1운동 후 만주에서 독립군에 입대. 1922년 陸軍駐滿參議府 제4중대장으로 국내에 들어와 활약하다가 1927년 제1중대원에게 피살. (삭주군지)

滿洲獨立運動團體의 武力鬪爭

檀石抄

한말(韓末), 나라의 운명이 백척간두(百尺竿頭)의 바람 앞에 등불이 되자 을미(乙未) 의병의 항일전을 기점으로 을사조약(乙巳條約)과 정미(丁未) 군대해산을 거치면서 이인 영(李麟榮) 등의 의병항쟁이 전국적으로 전개되었으나 월등한 일제의 무력(武力)앞에 무 력화(無力化)되어 1910년 경술국치(庚戌國恥) 이후에는 국내의 항전은 일단락되었다.

통분과 의분의 열혈지사들이 다투어 일제에 대항한 뜻이 하늘에 닿고 땅을 움직인들 왜구의 강권과 우리 민도(民度)의 미숙이 역사를 되돌리기는 역부족이었으니 수많은 지 사들과 나라 잃은 민초들이 국외로, 특히 만주(滿洲)로 유랑의 길을 떠났다.

만주는 본시 우리 국토로써 경술국치 전까지 일백만~일백오십만 명, 연해주 일대에 약 삼십만 명 정도의 동포가 살고 있는 것으로 추산되던 것이 이후 피폐한 농민과 의병과 애국지사들의 이주가 급증, 대일 항전의 전초기지는 물론 무장투쟁의 본거지가 되었다.

단순 망명 이주에 그친 것이 아니라 투철한 민족의식으로 무장하여 청인(淸人)과 풍토 병, 궁핍, 비적(匪賊)들과 싸우면서 집단 이주 지역을 각처에 개척하고 이회영 일문(李會 榮一門, 三源堡~北京)과 이상용, 김동삼 솔가(李相龍, 金東三 率家, 柳河峴~通化縣~孤山 子) 등의 계획에 의한 독립군 양성과 민족교육기관의 설치로 대일항전의 태세를 갖추고 이미 지나에 망명한 신규식, 이시영, 조성환, 이동녕 등 1,000여 명의 지사들과 연계하여 본격적인 투쟁에 나섰다.

그러나 이후 1931년 간교한 일제의 자작(自作) 만철(滿鐵) 폭파로 야기된 만주사변으 로 진공(進攻)에 성공한 일제는 이듬해 그들이 세운 부의(溥儀)의 만주국 설치 이후 투쟁 의 근거지를 잃은 애국지사들의 피체. 죽음 등으로 그 투쟁이 와해되어 산병전(散兵戰) 형태로 유지되었으나 그들의 신념은 왜적을 몰아내는데 일심전력 독립투쟁을 계속하는 것이었다.

이 시기 만주 무장독립운동단체의 투쟁을 지역별 시기별로 요약하면 다음과 같다.

(참고문헌. 韓國獨立史 金承學 編著. 1965년 9월 25일 독립문화사 발행

독립운동사, 독립운동사 편찬위원회. 1975년 4월 30일 고려도서 무역 출판부

李裕岦 抄 「滿洲革命團體의 武力運動」 1960년 5월 25일)

북로 군정서군
김좌진·이범석
서 일

서로 군정서군
이상룡·지청천
김동삼

대한 독립단
1919
대한 독립 청년단
1919

광복군 사령부
조병준·조맹선
박장호

대한 독립군
홍범도·최진동
안 무

하얼빈

연암

왕청

봉오동

블라디보스토크

연길

장춘
(창춘)

흥경

유하
집안

안동
(단둥)

베이징

산하이관

대련
(다렌)

평양

한성

울릉도

독도

조 선

황 해

동 해

일 본

제주도

● 주요 독립군 근거지

1920년대의 무장 독립 단체

● 북간도(北間島) : 7개 무장 독립운동 단체 할거.

• 北路軍政署 - 汪淸縣 春明鄕
총   재 : 徐一
부총재 : 玄天黙
사령관 : 金佐鎭
군사부분 담당 : 李章寧, 金圭植, 李範錫
十里坪에 무관학교를 설립하고 군 병력은 1700여 명으로 체
코병이 해산할 때 남긴 기관총과 소총을 입수하여 무장하였다.

서일

• 義軍府 - 一名 光復團
전 한국 북간도 관리관 李範允(헤이그 3밀사 중 이위종의 숙
부)이 지휘하고 왕정복고를 부르짖었다. 본부와 중부가 있고, 중
부는 高平이 지휘. 1920년 7월 연길현 일대에서 맹위를 떨쳤다.
병력 약 400명.

백야 김좌진

• 國民會 - 汪淸縣 志仁鄕
동포자치기관으로 자임, 각지에 지부를 두고 임시정부와도
밀접한 관계였다. 무장인원 약 500명.

고평

• 大韓獨立軍 - 延吉縣 明月滿
洪範圖가 지휘, 국민회와 손을 잡고 타 단체를 압도하였다.
국민회와 공동으로 무관학교를 설립하고 총기도 많았다. 독립
전사대일항전에 빛나는 청산리, 봉오동 전투의 혁혁한 전과를
남겼다.

• 軍務都督府 - 汪淸縣 春華鄕
崔振東이 지휘. 국내 진공을 주창하여 1920년 3월 6일부터
두 차례 국경을 돌파하고 鳳羽洞에서 왜군과 교전 1개 대대를
분쇄하고 기관총, 소총으로 무장한 병력 약 700명.

홍범도

• 義民團 - 汪淸縣

단장 : 方雨龍. 역시 국내 진공을 감행하였고 소총, 권총, 수류탄으로 무장한 병력.
약 200명.

• 新民府 - 汪淸縣 春華鄉

단장 : 金準根. 단원 200여명. 상당한 무기 소지.

이 외에도 대소 무수한 독립단이 분포하여 학교를 세우고 인쇄물을 발간하여 독립의
식을 고취하고 자금조달, 무기구입, 병원(兵員)모집에 전력하였다.

1920년 6월 임시정부대표 李鏞, 서간도 대표 王三德, 러시아령대표 安定根이 각각
특파되어 각 기관의 연락을 긴밀히 하는 한편 전력을 다해 합동작전을 알선(斡旋)하였다.

이 합동은 우선 북로군정서를 제(除)한 6개 단체 간에 성립되어 대한북로군사령부를
설치하여 홍범도를 총사령관으로 추대하였으나 곧 다시 분열, 각 단이 난립하였다.

● 서간도(西間島)

북간도에서 북로군정서가 성립할 즈음 서간도에서도 서로군정서가 조직되었다(1919
년 6월). 이상용(李相龍)을 총재로 추대하고 해내(海內), 해외(海外)로부터 운집한 지사
를 교관으로 맞아 통화, 유화현에 신흥무관학교(新興武官學校)를 증설하여 1년 2기(二
期)의 속성교육으로 8기간에 1,600여명의 졸업생을 배출하였다.

또한 서로군정서의 활동과 아울러 이탁(李沰)은 한족회(韓族會)를 조직하여 정치부문
을 담당하고 군사후원회를 조직하였으며, 홍남표(洪南杓)는 기관지 한족공보(韓族公報)
를 발행하고 군사후원회를 조직하였다.

또 한족회 내의 평안도파인 현정향(玄正鄉), 현익철(玄益哲), 이호원(李浩源)은 광복
단(光復團)을, 이벽산(李德香)은 의민단(義民團)을, 오동진(吳東振)은 광복군(光復軍)을
조직하고 조맹선(趙孟善)은 독립단(獨立團)을, 김호(金虎)는 국민단(國民團)을 주제하여
각 100여명의 병력을 거느려 장백(長白), 무송(撫松), 임강(臨江), 통화(通化), 즙안(輯
安), 환인(桓仁), 관전(寬甸) 등, 각 현에 기반을 건설하고 다수의 무장단원은 서북일대에
파견하여 자금과 병력 모집을 계속하고 도처에서 일경관 사살, 친일자 주살(誅殺)을 감행

하였다.

이 같은 급진무력투쟁은 워싱턴회의 이래 차차 실력 양성을 주장하는 자치운동으로 변향(變向)하고 양기탁(梁起鐸)의 알선(斡旋)으로 1922년 8월 하순 한족회 간부는 8단9회(八團九會)를 망라하여 대한통의부(大韓統義府)를 조직하고 김동삼(金東三)을 총장으로 선출, 서간도 12현에 총영을 배치, 동포 자치기관으로 발전시키기에 주력하였다.

독판 이상용

그리고 2개소에 중학교를 세우고 50여개소에 소학교를 열고 기관지 경종보(警鍾報)를 발행, 민도를 높였다.

스스로 농지를 개간하고 주민정착에 노력하여 지나인 지주와 소작쟁의를 조정하는 한편 토호세력과의 우호관계 설정에도 주력하고 무기없는 동포를 마적, 비적으로부터 보호하였다.

이외에 1923년 봄 통의부를 탈퇴한 김덕원(金德元)들이 이끈 대한의군부(大韓義軍府)를 비롯하여 장백현(長白縣)의 김호가 조직한 광정단(光正團), 길장(吉長)철도 연선(沿線)의 편강열(片康烈)이 동년 가을에 결성한 의성단(義成團)이 일시적으로 비상한 활약을 하였으나 재정난으로 모두 지속성을 잃고 재차 합동 기운이 일어났다.

광복군 총영 사령 오동진

• 正義府와 新民府

1923년 6월 상해(上海)에서 열린 국민회의(國民會議)의 결렬 이래 임시정부(臨時政府)의 개조로써 중・로 양국 혁명세력과 제휴를 도모하였던 안창호(安昌浩)의 계획도 헛되고 임시정부의 조락(凋落)은 결정적이었다.

김동삼

그리하여 먼저 제 단체의 통일로 조국 광복의 활로를 타개하려는 운동이 대두되고 상해회의의 결렬로 귀만(歸滿)하는 각단각파(各團各派)의 영수가 북경(北京)에 봉합(逢合)했는데 이 기회에 박용만(朴容萬)이 솔선하고 따라서 김동삼(金東三), 윤해(尹海), 문창범(文昌範), 이범윤(李範允), 김좌진(金佐鎭), 양기탁(梁起鐸), 편강열(片康烈) 등이 각각 주최하여 길림(吉林) 영고탑(寧古塔), 소수분(小綏芬) 등지에서 개별적으로 각 단체와 수차의 회담을 열었다.

따라서 1924년 10월 18일 통의부(統義府)를 중심으로 남만 8단체가 합동하여 정의부를 조직하였다.

정의부(正義府)는 서간도 유하현에 본부를 두고 합이빈(哈爾賓) 액목(額穆) 이남의 봉천(奉天), 길림(吉林) 양성을 세력권내로 동포 1만7천호, 인구 8만7천을 아울러 1년 예산액 5만3천원(圜)을 주민에게 징수하고 1925년 10월에는 군사령부를 설치, 오동진을 사령관으로 소속 단체의 군사 세력을 통일하였다.

정의부의 성립에 따리 북만의 제단체도 역시 1925년 3월 10일 목릉현(穆陵縣)에서 통일회의를 열어 김혁(金赫)을 위원장에 이범윤을 고문으로 신민부(新民府)를 조직하였다. 그리고 총사령 김좌진은 조성환(曹成煥), 이범석(李範奭) 등과 함께 목릉현 소추풍(小秋風)에 성동사관학교(城東士官學校)를 설치하고 56대(隊)를 편성하여 북만 15현을 통괄하였다.

자치행정조직의 완료에 따라 정의부에서는 1925년 4월 소장간부 정이형(鄭伊衡), 김창헌(金昌憲)이 중심이 되어 「全世界弱小民族運動과 同一步調를 取함」이라 당헌에 규정하여 「다물 靑年黨」을 조직하였다가 다음 해 2월에 다시 「高麗革命黨」으로 개편하고 최소수(崔素水)를 대표로 장개석(蔣介石)과 국제공산당에게 보내어 원조를 청하였다.

신민부에서도 고려국민당(高麗國民黨)을 조직하고 박찬익(朴贊翊)을 파견하여 원조를 청하였다.

• 參議府

정의부가 조직되었을 때 그 중핵단체(中核團體)인 통의부(統義府)와 일찍부터 반목하고 있던 의군부에서는 정의부에의 참가를 거부하고 1923년 12월 주만(駐滿) 참의부로 개칭하여 임시정부의 별동대로 즙안현에 본부를 두고 무송, 안도, 유하, 통화 각 현에 세력을 부식하고 압록강 상류에서 총독 제등(齊藤)을 저격하며 강안 일대의 경찰 주재소를 폭파하고 국경선을 혼란케 하였다.

그러나 참의부의 지반 확대는 정의부와의 사이에 무력 충돌을 야기하였으며 1925년 2월 이 틈을 탄 초산(楚山)의 일본 경찰이 참의부의 비밀 근거지인 흉마현(匈馬縣)을 습격하여 격전 수시간, 중대장 최석순(崔錫淳)과 동지 42명을 잃고 참의부는 치명상을 입었다.

익년(翌年) 2월부터 6월에 이르는 동안 소위 총독부 선무관(宣撫官)이 동지역에 주구기관을 설치할 무렵 참의부 군대는 이미 사방으로 흩어졌고, 이 비보가 상해에 달하자 임정은 상해독립신문총경리(上海獨立新聞總經理) 김희산(金希山, 承學)을 참의장에 임명하여 재건을 맡겼다.

동년(同年) 11월, 압록강 제1선에 도착한 김승학은 즉시 동지를 모아 각지의 반동단체를 무력 진압하고 1928년 초에는 새로 일본육군사관학교 출신 마덕창(馬德昌), 중국운남사관학교 출신 김강(金剛), 김태문(金泰文)을 군사위원으로 맞아 몽강현(濛江縣)에 무관학교를 설치하고 6중대 200명을 양성하였다. 또한 기관지 정로(正路)를 발행하여 일거에 수세를 만회하였다.

이리하여 겨울은 얼음(氷)을 타고 봄엔 강물을 건너 가장 용감한 유격전을 벌였으니 총독부 국경수비대가 입은 피해의 3분지 2가 실로 참의부의 공격으로 말미암은 것이다.

● 三府統一運動

정·참 2부의 충돌이 악화되자 1925년 6월 임시정부는 오영선(吳永善), 이유필(李裕弼)을 파견하여 양부의 타협을 알선하고 7월에는 정의부 중앙행정위원 이상용을 추대하여 임시정부 국무령으로 임명하고 3부의 통일을 도모하였다.

希山 金承學

그러나 이에 대해 일찍이 임시정부의 배격을 주장하던 정의부 군사파는 동년 12월 제4 회의에서 중앙행정위원회 불신임을 의결함에 중앙위원회를 해산하고 군사파를 눌렀다.

그런데 이즈음 소위 삼실협정(三失協定)에 의하여 동북관헌은 조선독립운동에 대한 압박을 개시하고 1927년 2월에 고려혁명당의 총검거를 실시하여 정이형 등 정의부 급진 간부를 체포하고 총독부에 인계하였다.

뿐만 아니라 일본 경찰의 사주를 받은 친일 단체들이 각지에 속출하였다.

• 新安屯會議

1927년 4월 15일 안창호의 임석 하에 정의부와 방계단체가 길림성 신안둔에 모여 연석회의를 열어 독립당결성 운동의 촉진을 결의했는데, 동년 12월 반석(盤石)에서 남만혁명동지 연석회의를 열고 이듬해 3월 1일을 기하여 통일회의를 개최하고자 전만(全滿) 32개 단체에 통고하였다.

이때 상해에서도 1927년 4월에 상해 촉성회(上海促成會)가 성립하고 5월에 해외의 모든 청년단체를 통일할 목적으로 중국본부 한인청년동맹이 조직되었다.

1928년 1월 홍진(洪震)은 상해 촉성회 대표로서 각단 각파의 타협을 알선하고, 또한 청년동맹 대표 정원(鄭遠)은 조선공산당 만주총국의 표현기관인 남북동만3청년동맹(南北東滿三靑年同盟) 등 기타 5단체를 통일하여 1928년 5월 중국 한인청년동맹을 결성하였다.

• 盤石會議

때마침 前(1927년) 12월 16일 정의부 군사위원장 오동진이, 1월에는 신민부위원장 김혁과 유정근(兪政根) 등이 적수에 빠져 각단 모두 동요를 일으키고 있었다.

통일 기운은 성숙하였으나 정의부 내의 문무(文武) 양파와 마찬가지로 신민부에서도 군민(軍民) 양파의 암투가 있고, 참의부에서도 신구(新舊) 2파의 다툼이 격화되었다.

회의는 연기를 거듭하다가 5월 12일에 이르러 정의부는 18개 단체 대표 39명이 길림성 화전현(樺甸縣)에 모였다.

그러나 신민부는 내부 분열로 말미암아, 또 참의부는 일경의 감시 까닭으로 참석치 못하고 회의장까지도 중도에 반석으로 이동하여 26일까지 2주일을 거쳐 회의는 계속되었으나 중국 한인청년동맹 소속 각 단체가 재만농민위원장 김응섭(金應燮)과 손을 잡고 일절 기성단체의 부인과 개인본위 신당을 조직키를 강조함으로써 마침내 독립당 결성에 대한 촉성회와 협의회의 2파로 갈라섰다.

또한 좌익에서도 상해파와 서울파는 협의회를 지지하고 「일구-구」파는 촉성회로 가담하였다.

• 東道溝會議

정의부는 우선 3부를 통일하고 촉성회를 압도하고자 1928년 7월에 3부 통일회의를 개최하려 하였다.

그러나 이때 신민부에서는 군민(軍民) 양파의 알력이 극도에 달하였다.

민정파 간부 독고악(獨孤岳), 송상하(宋尙夏) 등은 고려국민당의 이름으로 「김좌진, 정신(鄭信)을 죽여라」고 성토 격문을 발(發)하였다.

9월에는 참의부에서 구 간부 심용준(沈龍俊)이 차천리(車千里)를 암살하여 기성단체의 내부 붕괴는 부정할 수 없는 사실로 굳어졌다.

1928년 8월 24일 길림시 동도구에서 열렸던 정의부 중앙위원회에서 중앙위원 이청천(李靑天), 이진건(李鎭乾), 최명수(崔明洙), 김원식(金元植), 이규동(李圭東), 김상덕(金

尙德), 김동삼(金東三)은 정의부의 탈퇴 성명을 하고 일절 기성단체의 무조건 해산을 부르짖고 촉성회에 가맹하였다.

김좌진, 김희산(承學) 또한 신민부, 참의부 양부의 해산 성명을 내고 촉성회에 가입, 동년 12월 촉성회를 책진회(策進會)라 개칭하여 위원장에 김좌진을 추대하고 제출발하였다.

여기서 현정향, 현익철, 김이대(金履大), 이호원(李浩源) 등은 신민부 민정파와 참의부 구파를 규합하여 1929년 3월 하순에 국민부(國民府)를 조직하고 그 혁명운동기관으로 조선혁명당(朝鮮革命黨)을, 군사기관으로 조선혁명군을 조직, 당군 삼위일체의 신진 용을 갖추었다.

그리하여 만주혁명단체는 드디어 책진회와 국민부로 2분되어서 서로 민족운동의 주도권을 다투게 되었다.

그러나 그 실제 행동에 있어서는 전과 다름없이 각단보다 구 기반을 지켜 직접행동을 더욱 강화하였다.

이 사이에 1929년 2월 8일 희산(希山) 김승학이 적의 손에 빠졌으며 김동삼 또한 비장한 옥중투쟁으로 최후를 마쳤으며, 얼마 후 7월에는 김좌진이 영안현(寧安縣)의 한 정미소에서 반대파 청년의 저격을 받고 대 일제투쟁의 막을 내렸다.

악전고투의 투쟁 10년, 왜적은 백두산하 수천 리에 수백 망루를 세우고 중·러 양국은 독립투쟁을 방해하였으니 혹은 비마적에 죽음을 당하고 혹은 동족전의 희생이 된 자 그 수가 얼마인지, 만주의 독립운동은 우리 해외의 모든 투쟁 중에 가장 비참하고 가장 영웅적이었다.

1. 耕學社와 新興學校(以下 李裕岦 抄「武裝獨立運動秘史」「鐵城年表」中 당시,「朔州 獨立志士略傳」中에서 발췌)

1909년 봄 서울의 梁起鐸의 집에서 新民會 간부의 비밀회의 가 열렸는데 이 회의에서 李東寧, 朱鎭洙, 安泰國, 李鼎薰, 金道熙, 金九 등이 독립기지 건설건과 군사학교 설치건을 의결하였다.

• 九行略
이회영(李會榮) 등은 남만주 각지를 유력(遊歷)하여 답찰(踏察)하다가 마침내 요녕성 유하련 삼원포 추가가(鄒家街) 지방을 선정하였다.

우당 이회영

이 지방은 인가가 드문 황량한 미개척지이나 장래 발전성을 고려한 것이었다.

그해 겨울 우리나라 처음으로 귀인의 만주 진출이었으니 이시영(李始榮), 이석영(李石榮), 이회영(李會榮), 이상용(李相龍), 김창환(金昌煥), 주진수(朱鎭洙) 등의 6세대가 솔선하여 압록강을 건너 기설지점(旣設地點)에 도착하였다.

翌年(1910년) 봄을 기다려 인력 미급의 황무지 개척을 위하여 심혈을 기울였다. 이역 만주 황무지에서 대자연과 싸우는 이 학자들은 1920년 4월 삼원포에다 민단 성격의 자치기관으로 경학사를 조직하였고 부속으로 신흥강습소(新興講習所-신흥무관학교 전신)를 설치하여 국내에서 모여드는 애국청년들을 훈련시켰다.

동삼성(東三省) 한국혁명단체의 효시인 경학사의 사장에는 이상용이 피선되었으며 근본 방침으로 병농제(兵農制)를 택해 근로, 즉 이마에 땀을 흘려서 농업에 종사케 하며 일면에 근로정신에 입각해 학술을 연마케 하며 복국운동(復國運動)의 인재를 양성하기로 하였다.

신흥무관학교의 장 이세영(李世榮 韓國武官學校 출신)과 교관 이장영(李章榮-韓國武官學校 출신)과 양성모(梁聖模) 등은 경학사의 종지를 받들어 전교생을 통솔하며 낮에는 개간과 농업에 종사, 틈틈이 군사훈련(徒手敎鍊)을 시켰다.

그러나 신흥학교의 사업이 순조롭게만 진행되지 못했으니 첫째 중국인의 오해와 둘째가 경영난이었다.

중국인들로서는 동삼성 이주민이 학자나 부귀한 이들의 입주는 처음 보는 광경이고 고가인 이주 가구가 수십 마차씩 연달아 월경하여 오니 동삼성을 침입하는 것으로 오해하였다.

더욱 이시영, 이석영 등의 李와 尾字는 매국노 이완용의 중국 발음과 같아 이완용의 형제라 하여 그런 유언비어가 확대된 것이다.

각 현장들은 각 기관에 명하여 한인과의 토지 거래를 금하고 교통을 차단하여 한인의 왕래를 금하니 동포들은 노방(路傍)에서 헤매게 되었다.

경학사에서는 이회영 등을 봉천 장작림(張作霖)에게 특파하여 수차 교섭하고 진정한 결과 오해만은 풀렸다.

1910년의 1년간은 이시영 일가가 이주하여 오기 전 평양에서 가재를 판 돈으로 경학사 경비를 충당하였으나 예정하였던 신민회(新民會)의 75만원도 105인 사건(寺內총독 암살사건)으로 중단되고 또한 개간한 토지의 농작물도 대흉작이어서 도저히 1911년을 지내기 어려웠다.

황무지의 광야에는 추수할 곡식도 없으므로 대부분의 청년학도는 절망 속에서 본국으로 혹은 노령 시베리아로 사산(四散)하였다.

이러한 난경에 처하자 동년 가을에 경학사를 해산하기로 하고 이동녕은 노령(露領)으로 이시영은 봉천으로 독립운동의 길을 찾아 떠났다.

다만 김창환, 윤기섭(尹琦燮) 등은 꾸준히 학교를 계속하며 재정을 각 지방에서 염출하여 신흥학교를 유지 발전시켰다.

2. 扶民團과 韓族會

1911년 가을 대흉년으로 인하여 경학사가 해산된 뒤 한교민의 자치기관이 없어서 큰 불편을 겪던 차에 1912년 가을 이상용 등이 주동이 되어 부민단이라는 자치기관을 조직하였다.

중앙부에는 서무, 법무, 검무, 학무, 재무 등의 부서를 두고 교민의 자치 및 교양을 정리했으며 중앙기관을 유하현 합니하에 두었다.

단장에 이상용이 피선되고 중앙, 지방, 구, 비 등 4단 조직을 두었다.

중앙 - 단장 및 각 부서 주임

지방 - 천가(千家), 즉 대부락에 조직되어 장으로 千家一長을 두었다.

구(區) - 약 백가(百家)의 부락에 구단(區團)을 설치하여 구장, 혹은 백가장 1인

비(牌) - 비장 혹은 十家長一人

1919년에 이르기까지 부민단의 사업이 성공하고 독립기지의 기초적인 사명을 달성하였다.

동년 5월 초순에 서로군정부가 탄생된 것을 계기로 한족회(韓族會)를 조직했는데 이는 부민단의 제도 및 사업을 확충한데 불과하다.

중앙 최고책임자를 총장(總長)으로 바꾸고 지방 천가장을 총영(總營)으로 고쳤으며 한족회의 중앙기관은 삼원포에 두었다.

총장에는 이탁(李沰)이 피임되었고 기관지 한족신보(韓族新報)도 발행했는데 책임자 이시열(李時悅)이다.

한족신보는 한국혁명운동의 지도이론이 되었고 한족회원은 서로군정부의 재정을 부

담하게 되어 의무적으로 의헌금을 내게 되었다.

3. 西路軍政署

1909년 신민회들이 유하현에 독립기지를 설치할 때의 의도는 그곳에 망명정부를 둘 계획이었으나 1919년 3월 1일 전국적으로 독립선언과 함께 대 시위가 일어나고, 동년 4월에 상해에서 의정원이 조직되고 다시 임시정부가 수립되어(초대 대통령 李承晩) 만주에 망명정부를 수립할 계획은 차질을 빚었다.

임시정부에서도 동년 4월 부민단으로 문서를 보내 단독행위를 하지 말고 임시정부를 중심으로 단결하는 것이 좋으니 의정원에 대표를 파견해 줄 것을 요청하였다.

부민단에서는 정부조직을 중단하고 윤기섭을 상해에 파견하여 협의하였다.

1) 국제외교상 임시정부의 위치가 상해가 좋으니 정부 위치는 상해로 할 것.

2) 대 국내 무장 광복운동으로 만주가 적당하니 만주에 軍政府 수립을 허할 것.

이같은 타협안은 1919년 11월 17일 임시정부 국무회의에서 통과되어 조직 중이던 망명정부의 명칭을 바꿔 서로군정서라고 칭하였다.

서로군정서의 최고 책임자에는 이상용이 피임되었으며 부총판(副總辦)은 여준(呂準), 정무청장 이탁, 군무청장 양재훈(梁在薰)이 피선되었다.

무기라고는 소총 5정밖에 없었으니 훈련은 도수 교련이었으나 민병제도를 택하여 교관을 파견, 농촌 청년들을 농한기를 이용하여 훈련을 받게 하고, 수련생으로써 군대를 편성하였다.

1920년에 이르러 일제는 한국을 완전 요리하고 동삼성을 호시탐탐 노리고 더욱이 세계 1차 대전에서 청도역(靑島役)에 대첩한 여세를 몰아 봉산선 철도(奉天山海關)를 수비하며 항일자를 색출하고 북에는 시베리아에 출병하였던 일본군 제 19사단이 남하, 기세를 보이며 압록강 연안의 해안경비대까지 물샐틈없는 망을 치고 있었다.

이러한 군략적 포위하에서 위협을 느낀 서로군정서는 동년 초부터 제2 군사 근거지를 천연림이 가득한 백두산 녹안도(麓安圖) 삼림지대에 마련하고 병영막사 등을 건축하여 긴급시의 대책을 강구하였다.

4. 新興武官學校와 新興學友團

• 新興武官學校

1920년 4월 하순 일본 육군사관학교를 졸업하고 일본 육군중위로 있던 이청천(李靑

天)이 오광선(吳光鮮)과 같이 합니하의 서로군정서를 찾아왔다.

한적(韓籍) 일군장교가 독립군 진영에 가담하여 왔다니 독립진영에 큰 힘을 주고, 특히 청년들에게 많은 감명을 주어 신흥학교 입학지원자가 일증(日增)하였다.

서로군정서에서는 신흥학교를 신흥무관학교라 개칭하고 5월 3일, 정식 사관학교 개교식을 가졌다.

교장은 여전히 이세영이나 教成隊長에 이청천, 교관에 오광선, 신팔균(申八均), 이범석, 윤경천들을 임명하였다.

본교를 통화현 합니하에 두고 분교를 통화현 칠도구쾌대모자(七道溝快大帽子)라는 험한 산골짜기와 통화현 고산자하동(孤山子河東) 등지 3처에 두고 사관후보를 양성하였다.

본교 출신자의 한국 독립사에 끼친 공로는 크다.

송호성(宋虎聲), 의열단장 김원봉(金元鳳), 입법의원 부의장 윤기섭 등이 동교(同校) 출신이다.

신흥무관학교 교육 내용은 다음과 같다.

1) 하사관반 … 3개월

2) 장교반 … 6개월

3) 학과 … 10%

4) 교련 … 20%

5) 민족정신 … 50%

6) 건설 … 20%

매일 14시간(오전 7시간, 오후 8시간)을 훈련과 교육을 병행하였으며, 병서는 윤기섭이 일본 병서 및 중국 병서를 구하여 번역하고 그 중에 새로운 병서를 만들어 사용하였으며, 특히 구령(口令)을 통일하였다.

• 新興學友團

신흥학우단은 신흥학교 졸업생 및 재학생으로 조직된 강력한 혁명결사로서 동교 졸업생이 정단원이 되고 재학생이 준단원이 되었다.

장교로써 조직된 결사는 동삼성 한국혁명운동 초창기의 핵심조직으로서 일반 민중은 이 단체에 신앙적인 기대를 걸었으며, 그들은 국내외 혁명공작에 빠짐없이 참석하였다.

신흥학우단은 본부를 삼원포 대화사(大花斜)에 두고 마록포(馬鹿浦)에 학우발행처를 두어 신흥학우보도 발행하였다.

이 단의 정상 사업은 혁명운동에 참가하는 것이고, 그 외에 다음과 같은 사업을 추진하였다.

1) 각종 학술의 연구 - 특히 군사학에 주중(注重)하여 자기 실력 배양.

2) 각종 간행물 발행 - 혁명 이론을 선전하며 애국사상을 고취하여 민중을 자극하였다.

3) 학교경영 - 한교(韓僑) 50호 이상이 살고 있는 지구내에는 소학교를 세워 아동교육을 실시하고 교원은 모두 신흥학우단이 책임졌다.

4) 노동강습소 및 노동학교 경영으로 농민의 농한기를 이용하여 6월 중순부터 7월말까지 동년 11월에서 익년 정월까지 군사훈련 및 계몽교육을 실시하였다.

5) 민중조직 - 민중에게 자위체를 조직케 하여 주구 침입을 방지케 하였다.

6) 서로군정서의 근거지 이동

한인독립단체에 적잖은 공포심을 가지고 끊임없이 그 박멸책을 강구하여 오던 일제는 8월 18일경 시베리아에 출병하였던 제 19사단을 남하케 하여 장고봉(張鼓峰)을 경유, 북로군정서를 중심으로 북간도 한인군사단체를 공격하는 한편 나남(羅南)에 있는 제 21사단을 두만강을 건너 북상케 하여 양협(兩挾) 작전으로 발본책을 도모하였다.

그들은 연안수비대와 경비대까지 동원하였는데 급보를 받은 서로군정서는 피난키로 작정하고 군인 5백명을 교성대로 편성하여 무기 5정을 가지고 대장 이청천의 영도하에 안도현 삼림의 제2 군사기지로 보냈다.

또한 일반 청년들은 사산(四散)하여 피난케 하였으며 주민 중에 무난한 사람만 남아 추수케 하고 서로군정서 기관은 액목현에 근거를 옮겨 활동을 계속하였다.

한편 안도현에 피난한 교성대(敎成隊)도 엄동과 식량난의 무한한 고통을 받아 동년 12월에 청산역(靑山役)에서 퇴각한 김좌진 부대와 봉안(奉安) 지방에서 합류하였다.

5. 서로군정서의 활약

1917년 러시아의 혁명으로 1922년 10월까지의 혼란기 신생 소비에트연방정부의 힘이 미치지 못함을 기화로 4간간 시베리아에 출병했던 일제는 무자비한 탄압을 자행하고 친일세력을 부식하여 민족분열을 획책하는 한편 철병 후에도 직간접의 간섭과 압력을 꾸준히 행사하였다. 러시아의 혁명세력을 도와 참전했던 조선독립단체를 무장해제한 흑하사변 전후시기 상해 임시정부, 미주를 위시한 해외의 지사들, 특히 만주의 수많은 무장독립단들이 대일투쟁의 불꽃을 살랐다.

액목현에 기관을 옮긴 후에 민중적 지지기반과 군사훈련을 받은 군인들 대부분이 노령(露領)으로 가고 재정적 여유도 없었다.

그러나 곧 군정부 조직에 착수하고 임시정부 군무부 군무국장을 맡아 1922년 5월에 서로군정서를 재출발시켰다.

황학수(黃學秀)는 1922년 4월 20일 북경에서 개최된 군사통일회에 참석하고 산해관을 건너 화전(樺甸)에서 총판(總辦) 이상용을 만났다.

그 당시의 상황이 몽호해외기(夢乎海外記)에 다음과 같이 쓰여 있다.

「서로군정서가 액목현으로 옮긴 것을 알고 화전(樺甸)에 도착한지 수일 만에 이상용과 같이 해서(該署)에 가게 되었다.

해서 참모장 김동삼이 통의부 총재로 피임되어 전직을 사퇴하게 됨으로 총판의 권고로 그 책임을 맡게 되었으며 박용만(朴容萬)을 천거하여 서로군정서 총사령으로 선임되었다.

용만은 미주(美洲)에서 광복군 사업을 전력으로 해오던 바 임시정부 조직 당시에 외교총장으로 선임되었으나 군사운동을 적극적으로 해보려는 의도하에 이상용이 북경에 왔을 때 만주에 가서 진행할 의사가 있어 그 책임을 맡게 되었다.

앞서 해서군대는 교성대로 편성하여 대장 이청천이 대원을 통솔하고 안도(安圖) 산중에서 훈련을 시키고 있었는데 홍범도 군대가 그곳으로 이전하는 동시 동대와 혼합 편성하여 흑룡강 방면으로 향하게 되니 해서의 군대는 재향군인밖에 남지 않음으로 다시 별동대를 편성하여 그곳 질서를 정돈하였다.

서로군정서 부총판 여조현(呂祖鉉)은 유하현에서 액목현으로 떠나올 때 액목현 황야강자(黃也崗子) 한교부락(韓僑數百戶가 居住)에서 검성중학원(儉城中學院)을 신설하고 농촌에서 교육 사업에 힘썼으므로 재조직에는 참석치 못하였다.

(서로군정서 재조직에는 위원제를 택함-진행위원장 이탁, 경리위원장 이진산(李震山), 학무위원장 이척서(李尺西-李相龍의 弟), 법무위원장 김동삼, 참모장 황학수, 총사령 박용만(後에 金昌煥))

그러나 민중은 중국관헌의 압박과 기타의 사정으로 가망이 안 보이는 독립운동에 열의를 잃고 참모장 황학수도 내부 싸움에 싫증이 나서 취원포(聚源浦)에 있는 한교 농촌에 가서 농사를 짓다가 다음해인 1933년에 다시 군사부장으로 취임하였으나 총사령관

박용만이 국내에 들어가 조선총독부에 귀순하게 되어 군정서에서는 군사재판에 회부하여 사형선고를 내림에 황학수도 추천자로서 책임을 느끼고 군사부장의 직을 사임하고 북만으로 방랑의 길을 떠났다.

그러나 박용만의 후계자 의용대 총지휘관 김추당(金秋堂)은 영매(英邁)한 분으로 군사 재정비 및 훈련은 물론이고 나아가 독립단체의 난립 및 상극(相剋)을 통탄하고 타 단체들과 상의하여 남만통일회를 1923년 6월 2일에 조직하였다.」

• 走狗機關의 肅淸

1922년 가을 서로군정서 총판 이상룡은 제1중대장 채찬(蔡燦) 및 소대장 김유권(金有權)에게 삼원포에 있는 주구기관 숙청을 명하였다.

삼원포는 일본경찰의 소재지로 그들에게는 주요지대였다.

채부대(蔡部隊)는 잠시 두 밀림 계곡에 잠복하고 김유권 소대를 보내 삼원포에 있는 거류민회 사무소를 야간에 습격하였다.

이로써 거류민회 간부는 전멸하였고 지도원 玉井成雄도 사살되었다.

1922년이 저물기 전에 유하 및 해룡(海龍) 방면에 있는 주구를 숙청한 후 익년에는 한국혁명세력은 남만철도 연선을 제외하고 남쪽은 압록강에 달하고 북쪽은 길림 흑하성에 이르기까지 그 세력이 뻗게 되었다.

6. 大韓統義府

대한 서로군정서, 한족회, 대한독립단 등 제 단체가 1년여에 걸친 왜노(倭奴) 토벌 성공의 자축연을 1922년 8월 봉천성 환인현에서 개최하였다.

동연회에 모인 대표들은 과거의 게릴라전을 청산하고 당당한 군단조직을 하기 위하여 의견 합의를 보아 전기(前記) 3단체가 합하여 대한통군부(大韓統軍府)로 출발하게 되었다.

그러나 약 2개월 후 통군부라는 명칭이 부적하므로 다시 대한통의부(大韓統義府)로 고쳤다.

중앙 간부에는 양기탁(梁起鐸), 이상용(李相龍), 이탁(李沰), 오동진(吳東振), 전덕원(全德元), 현정경(玄正卿) 등이었다.

• 기타 滿洲運動

기원독립단(紀元獨立團)은 박장호(朴長浩), 백삼규(白三圭), 전덕원(全德元), 이웅해(李雄海), 김평식(金平植) 등이 지도하고 민국독립단(民國獨立團)은 조병준(趙秉準), 신우현(申禹鉉), 변창근(邊昌根), 김승학(金承學)이 주장하여 피차간 대립과 마찰이 있었으나 국내파괴운동에는 서로 원조 협력하였다.

당시의 민국독립단 부서는 다음과 같다.

도총재 조병준, 부총재 변창근, 자의부장(諮議部長) 조정환(曹正煥), 총단장 신우현, 부단장 유응하(劉應夏), 총무부장 백기준(白基俊), 소모부장(召募部長) 홍식(洪植), 훈련부장 여순근(呂淳根), 선전부장 양기하(梁基瑕), 경호부장 고득수(高得秀), 교통부장 김시형(金時馨), 재무부장 김승학, 국내특파원 박이열(朴利烈), 백의범(白義範), 김익곤(金益坤), 배준호(裵準浩), 박찬계(朴燦啓), 장학구(張學球), 이명서(李明瑞), 서춘보(徐春甫), 최지관(崔志寬), 김성택(金聖택), 최찬(崔燦), 이용담(李龍潭), 신영렬(申永烈), 양승우(楊承雨), 주명옥(朱明玉), 김덕명(金德明), 한철수(韓哲洙), 권영규(權寧奎), 하병일(河炳一), 신계관(申啓寬), 김창곤(金昌坤)

1909년 봄 경성 양기탁 집에서 개최된 신민회 간부회의에서 의결한 독립기지 건설, 군관학교 설치건을 실행하는 제1보로 한국의 세신(世臣)인 이철영(李哲榮), 이회영, 이시영 등 6형제와 이상용, 이동녕, 김동삼, 윤기섭, 김창환, 주진수, 이광 등이 조국광복의 대지(大志)를 품고 자금과 가권(家眷)을 지니고 압록강을 건너 미리 정한 봉천성 유하현 삼원포 추가가에 도착하였다.

1911년 교민의 자치기관으로 삼원포에 경학사를 설립하고 사장에 이철영을 추대하고 농업을 장려하는 한편 학술을 연마하며 군사(軍事)를 훈련하여 광복운동에 동량이 될 만한 인재를 양성하기에 주력하였으나 불행히 대흉년을 맞아 경학사가 해산되고 1912년 가을에 부민단을 조직하고 자치와 교육을 맡아 하며 중앙기관을 통화현 합니하에 두었다.

이때 초대 단장은 허혁(許赫)이 맡고 제2단장은 이상용이 맡았다.

이들은 1919년까지 정착과 독립운동기지 건설 사업을 지속하여 자치와 교육 사업이 성공하게 되어 남만 각지에 이주한 동포가 수십만에 달했으며 양성된 학생 수는 8백여명이었다. 이후 국내에서 발발한 3·1운동이 국외에 미쳐 남만에 산재한 각 기관이 총력을 집중하게 되어 부민단 중심으로 유화, 통화, 홍경(興京), 환인, 즙안 등 각 현의 지도자들이 기미년 4월 초순에 유하현 삼원포에 집결하여 남만주 독립운동의 총본영으로 군정부를 조직하였다.

이때 조직된 임시정부로부터 단독행동을 취하지 말고 임정중심으로 총 단결하자는 요청이 한족회를 통해 문서로 전달되자 남만대표로 윤기섭을 상해로 파견하는 동시에 군정부(軍政府)는 서로군정서라 하여 임정의 지배하에 두게 되었다.

(독판 이상용, 부독판 여준, 정무청장 이탁, 군정청장 양규열, 참모 김동삼, 교관 이청천, 신팔균, 김경천 등)

1923년 4월 참의부 참사 황찬문(黃贊文), 이성규(李成奎) 등 6명이 의주군 고관면에 출장하여 차복린(車福麟)에게 군자금을 모집하려 했으나 불응하고 적경에 밀고하므로 사살하고 황찬문 일행은 용천에서(內中面 大城里) 적경 60여명과 교전하여 약 6시간만에 적을 다수 살상하였으나 황찬문, 박인호(朴仁浩) 등 3명이 순사하고 백용화(白用華)는 남은 동지를 인솔하고 의주방면으로 향하여 이용담 일행과 합세, 활동하다가 동월(同月) 회일(晦日-그믐)경 귀가하였다.(下略)

祖國이 이어온 歷史이래 未曾有의 失國-二十世紀 民族波瀾의 劈頭, 다시 나라를 찾고자 목숨을 擔保하고 奮鬪한 愛國志烈士의 鬪爭記는 個人 또는 機關에 의해 많은 量이 細細히 記錄되었다.

어떤 記錄은 쓴 이의 感情과 事實이 混入되어 읽는 이로 하여금 志士들의 救國熱情과 風餐路宿의 異域을 流浪하는 나라 잃은 民草들의 慘憺한 實狀과 倭奴의 野蠻한 彈壓에 痛憤하고, 어떤 것은 事實의 敍述만으로 보는 이로 하여금 肅然케 하였다.

새삼 그 時期 선생님이 抄한 鬪爭實記의 一部나마 섞어 싣는 것은 온몸으로 그 때를 견뎠던 선생님 때문이다.

선생님은 先驅者들의 투쟁이 解放後 國家가 그 功績을 追敍하고 國立墓地와 紀念館을 만들어 기리고 있으나 모두 「依前例로 置簿하고 附日輩와 그 後裔들이 誤導」하는 世態를 歎息하였다.

'못난 祖上들을 만나 日帝의 銃劍앞에 어쩔 수 없이 親日한 것은 어쩌면 人之通情이고 毒한 말로 하자면 離合集散하며 저희끼리 총질까지 하며 싸웠던 獨立運動家의 行態에서 과연 몇 %가 眞正한 愛國志士였는지 궁금하다.'

1960年代 末 當時 時間을 쪼개 선생님에게 漢學을 배우던 조 敎授가 한 말이다.

'地球의 生成이 감히 셈이 안 되는 數十五億年이라 하고 地球의 나이에 比하면 現生 人類의 誕生이 十萬年도 안 됐다 하니 古人類, 類人猿이 四~五百萬年前에 誕生했다 하더라도 地球의 나이에 比하면 寸刻의 歷史로 내일 어떤 變故로 地球自體가 없어질지도 모

르는 版局에 國家니 民族이니 다투는 것은 이젠 때 지난 主義主張이다.'

數學이 專攻이고 哲學이 副專攻이었던 조教授에게 아직 高校生이었던 우리는 學生과 教授라는 레벨의 差異로 몇 數 접혀 있었는데 선생님은 이상하게도 빙긋이 웃기만 하고 徐敬源君이 語訥히 스피노자의 箴으로 對敵하는 정도였다.

그는 늦장가를 가서 新婚旅行에 돌아와 自殺했는데 그를 厭世主義者라 한 선생님은 아마 그의 죽음을 豫感했을지도 모르겠다.

그의 죽음에 대해 '學問的交友는 禮儀를 앞세운 쉬운 疏通보다 오히려 조講師같은 까다로운 疏通이 後에 組織해지는 것이니 同志는 個個의 稟性과 主觀을 認定하므로써 얻어지는 것이라'고 말씀하며 哀惜한 마음을 대신하였다.

요즘 政治圈뿐 아니라 一般大衆에게도 親日整理問題는 한 話頭로 國論이 尖銳하게 對立되어 있다.

一部 親日派 後孫이 '한 사람의 一生을 總體的으로 判斷하여…' 라는 말을 쓰며 反撥하는데 過去事-歷史記錄은 功이 많다 해서 過를 지울 수 없는 것이다.

때늦은 親日派整理問題는 어쩌면 獨立運動보다 더 어려운 問題이니 그 나물(菜)인 學者나 紛紛한 政治圈이 나설 일이 아닌 것 같다.

「廣開土王聖陵碑文 徵實」

雲樵 桂延壽·檀海 李觀楫

　　歲戊戌五月에 欲觀高句麗古都하야 將發에 吳君東振이 聞之하야 饋賻以五十金하고 李
參奉鴻麟이 亦出布以助之라 於是에 束裝北行할새 路由江界滿浦鎭하야 舟渡鴨綠水하야
而直抵輯安縣하니 李君德洙와 金君孝雲과 白君善健이 先在碑石街焉이라 留與之議贍碑
事하고 雇壯丁數人하야 至聖陵하니 林深山險하야 通路多未便이러라. 一行이 先祭以酒果
하고 又灌油酒掃後에 寫出碑全文하니 字總一千八百二字라 雖字劃精整하야 猶可判讀이
나 竟未得以取贍者-惟壹百十七字而已러니 越十五年壬子五月에 又復來祭觀碑字劃이 尤
至減減하야 多非如故也라. 乃嘆曰此碑不傳則何能以知我 高句麗聖人之治化於天下萬世者
乎아. 是乃冒淺劣하고 敢以前所贍으로 作此徵實하야 以備存古하니 讀者는 諒之어다.

一, 掃除仇恥傍·票徵實字 以下倣此
二, 以磏麗 屢犯邊境
三, 百殘 聯侵新羅
四, 又分遣 急圍其國城
五, 橫截直突 掠便國城
六, 官兵 躡跡而越, 夾攻來背急 追至任那加羅
七, 倭滿倭潰 城 大被我攻 盪滅無遺 倭 遂舉國降 死者 十之八九, 盡臣率來
八, 滿假□□ 倭欲敢戰與喙 已呑 卓淳諸賊 謀□□ 官兵 制先直取卓淳 而左軍 由淡路
　　島 到但馬 右軍 經難波 至武藏 王 直到竺斯諸賊悉自潰 遂分爲郡 安羅人 戍兵
九, □倭不軌 侵入帶方界 焚掠邊民 自石城島 連船 蔽海大至 王 聞之怒 發平穰軍直欲
　　戰相遇
十, 丁未 敎遣步騎五萬 往討契丹城 以太牢 薦師祭 □合戰
十一, 破沙溝城 樓城 爲郡縣 降九□ 又襲取涼州城
十二, 白模慮城四家

碑構造

碑高二十二尺 刻文總四十四行 第一面廣五尺一寸十一行 第二面廣四尺七寸十行 第三面廣六尺七寸十四行 第四面廣四尺四寸九行 每行四十一字 而第一面六行則三十九字 字總千八百三字 內缺字一百十七字 徵實一百三十八字 每行縱劃罫線 碑上下有橫線 一字大 約四寸 碑石 綠灰色花崗岩 四角柱 而上部 自然形無冠石 無碑閣也

所在

高句麗國皇城府 今滿洲奉天省輯安縣碑石街 自通溝城 去東北十五里也

光武十六年(僞隆熙六年)壬子五月 日宣川桂延壽鐵城李觀楫共記

廣開土地經

惟昔始祖鄒牟王之創基也에 出自北夫餘하시니 天帝之子시오 母河伯女郎이시니 剖卵出世하사 生子에 有聖德鄒牟王이 奉母命하야 駕巡車南下하실새 路由夫餘奄利大水러시니 王이 臨津言曰我是皇天之子오 母는 河伯女郎이오신 鄒牟王이시니 爲我하야 連鼈浮龜라한대 應聲하야 卽爲連鼈浮龜然後에 造渡於沸流谷忽本西城山上而建都焉하시니라 平樂世位에 天이 遣黃龍來下하야 迎王하시니 王이 於忽本東罡에 履龍首하시고 昇天하실새 顧命太子儒留王하야 以道興治라하시고 大朱留王이 紹承基業하사 傳至十七世孫國罡上廣開土境平安好太王하시니 二九에 登祚하사 號爲永樂太王이시오 恩澤이 洽于皇天하시며 威武-拂被四海하시며 掃除仇恥하야 庶寧基業하시니 國富民殷하야 五穀이 豊熟이샷다 昊天이 不吊하사 卅有九에 晏駕-棄國하시니 以甲寅年九月廿九日乙酉에 遷就山陵하실새 於是에 立碑하고 銘記勳績하야 以示後世焉하니라 其詞에 曰 永樂五年歲在乙未에 王이 以碑麗不貢으로 整師躬率하사 往討巨富山負山하시고 至鹽水上하야 破其三部落六七百黨하시니 牛馬群羊은 不可稱數러라 於是에 旋駕가 因過襄平道라가 東來額多力城北豊五備猶하야 遊觀土境하시고 田獵而還하시니라.

百殘新羅는 舊是屬民이니 由來朝貢이오 而倭가 以辛卯來하니 王이 渡海破하시고 百殘이 聯侵新羅여늘 以爲臣民이라하야 以六年丙申에 王이 躬率水軍하시고 討倭殘國한대 軍有降首하야 攻取하시니 堂八城 臼模盧城 岩模盧城 幹弓利城 上利城 閣彌城 牟盧城 彌沙城 古舍蔦城 阿旦城 古利城 困利城 雜彌城 奧利城 句牟城 古模龍羅城 頁山城 味城 家古而龍羅城 楊城 就谷城 豆奴城 沙奴城 沸乃城 利城 彌鄒城 也利城 大山韓城 掃加城 敦拔城 輔呂城 久婁賣城 散新城 餘婁城 細城 牟婁城 于婁城 蘇灰城 燕婁城 析支利城 巖門至城 林城 盛婁城 南蘇城 婁利城 就鄒城 居拔城 古牟婁城 閏奴城 貫奴城 彡穰城 交城 鴨本城 羅城 仇天城 禹山城 文城 其國城하니라.

賊不奪氣하고 敢出百戰한대 王威赫怒하사 渡阿利水하야 遣刺迫城하실새 橫截直突하야 掠便國城하니 百殘王이 困逼하야 獻出男女生口一千人과 細布千匹하고 歸王自誓하야 從今以後는 永爲奴客이라하야늘 太王이 恩赦前迷之愆하시고 錄其後順之誠하시니 於是에 取五十八城과 村七百하고 將殘王弟와 幷大臣十人하야 旋師還都하시니라.

八年戊戌에 教遣偏師하사 觀帛愼土谷이라가 因便抄得莫新羅城加太羅谷의 男女三百餘人하니 自此以來로 朝貢論事하니라.

九年己亥에 百殘違誓하야 與倭로 和通하고 王은 巡下平穰이러시니 而新羅가 遣使하야 白王云호대 倭人이 滿其國境하야 潰破城池하니 以奴客爲民으로 歸王請命이라한대 太王이 恩復稱其忠能하시고 特遣使還하야 告以兵許하니라

十年庚子에 敎遣步騎五萬하야 往救新羅할새 從南居城하야 至新羅城하니 倭滿其中이라가 官兵이 方至에 倭賊이 退여늘 官兵이 踵躡而越하야 夾攻하고 來背하야 急追至任那加羅하야 從拔城하니 城卽歸服하야 安羅人으로 戍兵하고 拔始羅城都城하니 倭滿倭潰에 城이 大被我攻하야 盪滅無遺라 倭가 遂以國으로 降하니 死者가 十之八九오 盡臣率來하니 安羅人으로 戍兵하니라

滿假改慮에 倭欲敢戰하야 與喙 己呑 卓淳 諸賊으로 謀再擧가라 官兵이 制先하야 直取卓淳하고 而左軍은 由淡路島하야 到但馬하고 右軍은 經難波하야 至武藏하고 王이 直渡竺斯하시니 諸賊이 悉自潰라 分爲郡國하고 安羅人으로 戍兵하니라

昔에 新羅寐錦이 未有身來朝貢이러니 今始朝謁이오 廣開土境好太王이 能以德濟化하야 咸來臣僕하니 勾茶川이 亦來朝貢하니라

十四年甲辰에 而倭不軌하야 侵入帶方界하니 王이 率水軍하시고 自石城島로 連船結陣하야 以制海하며 遣將하야 戍守平壤하시니 踵躡倭寇하야 相遇라 王幢이 要截盪刺하니 倭寇潰敗하야 斬殺無數하니라

十七年丁未에 敎遣步騎五萬하야 往討宿軍城할새 以太牢로 薦師祭하고 遂合戰하야 斬殺盪盡하니 所獲은 鎧甲이 一萬餘領이오 軍資와 器械는 不可稱數러라. 還破沙溝城 婁城하야 爲郡縣하며 降禿髮하야 因襲取凉州城하니라

廿年庚戌에 東夫餘는 舊是鄒牟王屬民으로 中叛不貢이어늘 王이 躬率往討하실새 軍到餘城에 而餘城은 國駢이나 無備遭難하야 遂降伏貢獻하니 王恩普處하시니라

於是에 旋還하실새 又其慕化隨官來者는 味仇婁鴨盧 卑斯麻鴨盧 城立婁鴨盧 肅斯舍鴨盧 㪍斯婁鴨盧니 凡所功破의 城은 六十四요 村이 一千四百이러라

守墓人烟戶는 賣勾餘民이 國烟二 看烟三이오 東海賈는 國烟三 看烟五요 敦城十 四家는 盡爲看烟이오 于城一家는 爲看烟이오 碑利城二家는 爲國烟이오 平穰城民은 國烟一 看烟十이오 訾連二家는 爲看烟이오 住婁人은 國烟一 看烟卌二오 梁谷二家는 爲看烟이요 忽城二家는 爲看烟이요 安夫連廿二家는 爲看烟이오 改谷三家는 爲看烟이오 新城三家는 爲看烟이오 南蘇城一家는 爲國烟이오 新來韓濊沙水城은 國烟一 看烟一이오 牟婁城二家는 爲看烟이오 豆比鴨岑韓五家는 爲看烟이오 勾牟客頭二家는 爲看烟이오 求底韓一家는 爲看烟이오 舍蔦城韓濊는 國烟三 看烟卅一이오 家古龍羅城一家는 爲看烟이오 炅古城은

國烟一 看烟三이오 客賢韓一家는 爲看烟이오 阿旦城 雜珍城合十家하야 爲看烟이오 巴奴城韓九家爲看烟이오 白模盧城四家는 爲看烟이오 岩模盧城二家는 爲看烟이오 牟水城三家는 爲看烟이오 幹弓利城은 國烟一 看烟三이오 彌鄒城은 國烟六 看烟一이오 勾茶川·寇莫汗은 合五家하야 爲看烟이오 豆奴城은 國烟一 看烟二이오 奧利城은 國烟二 看烟八이오 須鄒城은 國烟二 看烟五·百殘南居韓은 國烟一 看烟五요 大山韓城六家는 爲看烟이오 農賣城은 國烟一 看烟一이오 閏奴城은 國烟二都烟廿二. 古牟婁城은 國烟二 看烟八이오 涿城은 國烟一 看烟八이오 味城六家는 爲看烟이오 就咨城五家는 爲看烟이오 彡穰城廿四家는 爲看烟이오 散那城一家는 爲國烟이오 那旦城一家는 爲看烟이오 勾牟城一家는 爲看烟이오 於利城八家는 爲看烟이오 比利城三家는 爲看烟이오 細城三家는 爲看烟이러라.

國罡上廣開土境好太王이 存時에 教言하시니 祖王先王이 但教取遠近舊民하야 守墓灑掃나 吾慮舊民이 轉當羸劣하야 若吾萬年之後에 安守墓者어던 但取吾躬率取略來韓濊하야 令備灑掃라커시늘 言教如此하시니 是以如教하야 令取韓濊二百廿家로대 慮其不知法則일새 復取舊民一百十家하야 合新舊守墓戶하니 國烟卅과 看烟三百으로 都合三百卅家라 自上祖先王以來로 墓上에 不安石碑하야 致使守墓人烟戶하야 差錯일새

惟

國罡上廣開土境好太王이 盡爲祖先王하야 墓上立碑하시고 銘其烟戶하야 不令差錯하시며 又制守墓人이 自今以後로 不得更相轉賣하시니 雖有富足之者라도 亦不得擅買오 其有違令이면 賣者는 刑之하고 買人은 制令守墓之러라.

광개토지경

생각하옵건대 옛적에 시조 추모왕께옵서 〈鄒牟는 一云象解요 王曆에 作鄒蒙하야 檀君之子라〉 나라 터를 창업하시었나니 북부여 〈都牟本川하니 今沿海州大小綏芬河라〉로 부터 출하시었으며 〈鄒牟王이 以解慕漱之玄孫으로 入承北夫餘七世之統이라〉 천제님〈三神하느님 隋書에 作日子〉의 아들이시오 어머니〈神母 柳花夫人〉는 하백〈地方官, 一云에 水神〉 여랑〈女子-亦可稱郎이니 太白逸史에 源花를 稱女郎이라〉이시니 알을 깨고 강출하시매〈氣從天來하니 故로 我有身이라. 隋書에 生一大卵하니 有男子하야 破殼而出이라〉 낳으신 아들은 성스러운 덕이 있으시니라.

추모왕께옵서 어머님(神母 柳花夫人)의 명을 받드시고 멍에 메워 돌며 살피시고 동남으로 나려가시게 되었는데 노정은 부여엄리대수〈오늘의 松花江〉를 거치게 되시었다. 이때에 왕이 나루터에 다다르시어 큰소리로 말씀하시어 가라사대 「천제님의 아들이오 어머니는 하백여랑이옵신 추모왕이외다. 나를 위하여 자라들은 잇대고 거북들은 떠오를지어다」하시자 곧 말씀대로 응하여 자라들은 잇대고 거북들은 떠올라 다리가 되었다. 불류골 골밑 서성산〈지금 綏芬河 綏西市〉으로 나아가 도읍을 세우시니라. 평락〈多勿二十二年에 改元하여 平樂이니 이 해에 國號를 고치어 高句麗라 칭하다〉의 세대와 자리이신데 삼신하느님이 누른 미르를 보내 내려와서 왕을 맞이하시니 왕께옵서 골밑 동강에서 미르의 머리에 의지하시고 천궁으로 오르시니라.

태자유류왕에게 고명〈天帝子 臨崩때 遺言으로 後事를 부탁함〉하시기를 여론정치에 순하게 함으로써 하시고 대주류왕〈三記의 大武神烈帝시니 大朱留王은 커발한의 轉譯〉이 기업〈國家의 基本되는 빛나는 大業〉을 이어받드시고 전하여 십칠세손 국강상광개토경평안호태왕께 이르러 열여덟 살에 등극하옵시고 호(號)하여 영락태왕이라 하시는 것이다. 은택이 높은 하늘에 흡족하시며 위무가 네 바다에 떨치었나니 원수와 부끄러움을 쓸어 없애어 거의 기업을 든든히하여 편안하게 하시었나니 나라가 부요하고 인민이 은성하여 오곡〈쌀, 수수, 보리, 조, 콩〉이 풍숙하였더니 호천〈여름 하늘〉이 애껴 주시지 않으심인지? 서른이요 또 아홉에 안가〈平時보다 늦게 朝會에 나오시는 수레 곧 崩御의 뜻〉가 나라를 버리시니 갑인년〈開天四二一一年, 西曆四一四年〉九月이십구일 을유에 옮기어 산릉으로 모실 새 여기에 비를 세우고 훈적을 새겨 적어서 훗세상에 보이니라, 그 글에 가로대 영락 오년 해차례 을미〈開天四二九二年, 西曆三九五年〉에 왕이라라〈匈奴의 一種 또는 東胡의 一種으로서 外蒙古地方에 살고 있음〉가 조공하지 않음으로써 사단을 정비하시고 몸소 친히 거느리시고 가서 거부산〈修文備史에 陰山山脈의 臥龍山〉, 부산〈甘肅西北界의 阿拉善山〉을 정토하시며 다시 염수〈阿拉善山下의 吉蘭泰鹽湖也〉 위에까지 이르시어서 그 세 부락과 육칠백 당을 깨뜨리시니 소와 말과 그리고 뭇 양은 가히 일컬어 셈할 수 없었다. 여기에서 돌아오는 수레가 그대로 가평도〈興安西省의 開魯와 四平街의 四平으로 通한 道路〉를 지나고 동으로 액다력성〈延吉道敦化縣東外三十里〉과 북풍〈지금 遼原市〉 오비유〈지금 呼備 곧 滿洲里〉로 오시어서 토경을 노니시면서 구경하시며 사냥하시다가 돌아오시니라.

백잔〈곧 百濟〉과 신라〈지금 慶州〉는 예전부터 우리의 속민으로 이때까지 조공해 왔는데 왜가 신묘〈開天四二八八年, 西曆三九一年〉에 침범해 오니 왕께옵서 바다를 건너가서 깨뜨리시었더니 백잔〈百濟〉이 왜를 끌어 넣어다가 신라를 침노하게 되었다. 왕께옵서 말씀하시기를 「모두 우리의 신민이었다」고 하시면서 육년 병신에 왕이 친히 수군을 거느리시고 백잔국을 토벌하실새 군사 중에 항복해 자수하는 자가 있었다. 진공하여서 당팔성〈堂八은 八堂의 倒寫니 지금 德沼八堂〉 구모로성〈百濟의 埃坪縣이니 지금 任實郡西二十里라〉, 암모로성〈岩模盧는 阿麿代니 지금 光陽〉, 간궁리성〈지금의 황해도 瑞興〉, 상리성〈上伊沙니 지금 順天〉, 각미성〈關彌城의 잘못 지금 江華島〉, 모로성〈牟盧卑離國 땅이니 지금 高敞〉, 미사성〈內彌沙梁이니 지금 水原〉, 고사조성〈沙道城과 音近〉, 아단성〈지금 漢江北麓 阿嵯山城〉, 고리성〈骨衣奴縣이니 高麗때 豐德〉, 곤리성〈百濟 때 古湄縣 지금 靈岩郡 昆湄廢縣〉, 잡미성〈守墓人烟戶에 雜珍城이니 雜은 難의 잘못 鎭安 古號珍難阿이다〉, 오리성〈烏阿里城이니 지금 長湍〉, 구모성〈경기도의 金浦黔浦〉, 고모룡라성〈古龍城이니 곧 古龍郡은 지금 南原〉, 혈산성〈頁은 貞의 잘못이니 오늘의 靑陽郡 定山이다〉, 미성〈未谷城이니 지금 報恩郡懷仁廢縣〉, 가고이룡라성〈一本에 家古而耶羅城이니 耶羅는 耶耶 혹 夜牙로서 지금 長湍〉, 양성〈지금 陽城〉, 취곡성〈公州就利山下의 鷲洞〉, 두노성〈百濟의 周留城이니 지금 扶安〉, 사노성〈沙平城이니 지금 洪城〉, 불내성〈屈乃의 音混이니 지금 咸平郡〉, 리성〈乃利阿縣이니 지금 全州〉, 미추성〈지금 仁川〉, 야리성〈原州屬縣阿也尼〉, 대산한성〈扶餘郡鴻山廢縣〉, 소가성〈所可浦이니 지금 珍島〉, 조발성〈碑稱追至任那加羅從拔城의 從은 敦(그림그린활조)의 初發聲이니 조발성은 지금 對馬島의 鰐浦이다(國史反正論)〉, 보려성〈오늘의 保寧郡〉, 구루매성〈久麻, 固麻의 緩音이니 日本書紀의 久麻怒利城〉, 산신성〈沙西良이니 江原道平昌郡〉, 여루성〈餘邑 곧 餘美

縣이니 지금 唐津郡〉, 세성〈忠淸道洪州屬驛〉, 모루성〈牟婁等四縣은 任那聯邦의 內에 在한 것이나 一說春秋隱四年에 莒人이 伐杞하야 取牟婁라하니 지금 山東諸城西南〉, 우루성〈牛利山이니 高敞郡南十三里〉, 소회성〈蘇灰는 蘇泰의 音混이니 지금 瑞山郡泰安面〉, 연루성〈燕山鎭이니 文義古號〉, 석지리성〈析支는 日本書紀神功四十九年의 辟中·辟支山에 해당하니 지금 對馬島의 鷄知加羅山이다〉, 암문지성〈金浦郡陽川廢縣孔岩〉, 림성〈지금 扶餘郡林川〉, 성루성〈盛婁는 곧 松茂=茂松의 音混이니 곧 오늘 茂長이다〉, 남소성〈玄菟郡 句麗縣의 南高麗水 一說에는 熊本縣〉, 루리성〈누르재 곧 黃壤이니 鎭川古號〉, 취추성〈鷲縣이니 昌寧古號〉, 거발성〈滿洲源流考에 百濟王都 有東西兩城하니 號固麻城이요 亦曰居拔城이니 在遼西라〉, 고모루성〈抱川古芼城〉, 윤노성〈灌=沸은 부을, 閏은 부리, 奴는 내 곧 南의 뜻 南川이니 泰仁에 있음〉, 관노성〈管川이니 沃川郡管城廢縣〉, 삼양성〈삼(麻) 라(田)이니 連川郡 麻田廢縣〉, 交城〈交州 오늘의 坡州交河國史反正論에 交城이 太原府西南百二十里〉, 압본성〈鴨은 鴨谷이오 本은 谷下이니 鴨谷廢縣 지금 和順郡 땅〉, 라성〈百濟의 發羅城이니 지금 羅州〉, 구천성〈仇는 姤니 곧 昇天浦〉, 우산성〈山東省濟南府禹城〉, 문성〈오늘의 汶山驛〉, 기국성〈國原城이니 지금 忠州〉을 아우르니라. 그러나 적들은 조금도 기운을 앗기우지 않고 감연히 백방으로 싸우려 하기 때문에 왕의 위엄은 크게 진노하시어 아리수〈南漢江〉를 건너가 날쌘 군사를 추려 보내어 성을 공박하고 가로 끊으며 바로 부닥치면서 편한 대로 백잔의 서울을 노략하게 되자 백잔왕〈곧 百濟王〉이 곤핍하여 남녀 생구〈포로〉 일천 인과 세포 천 필을 내바치고 왕께 돌아와 스스로 맹서하기를 「이제부터 이후는 영원히 노객이 되겠나이다」 하거늘 태왕께옵서 은혜스럽게 전에 잘못된 허물을 용서하시고 그 뒤에 순종해 온 정성을 취록하시었나니 여기에서 쉬흔여덟 성과 촌락 칠 백을 아우르게 되고 백잔왕 아우〈辰斯王弟名未詳〉와 아울러 대신 열 사람을 거느리시고 군사를 돌려 서울로 돌아오시니라.

팔년 무술〈開天四二五九年, 西曆三九八年〉에 교칙으로 편사〈車戰에 二十乘士兵으로는 五十人〉를 보내어 백신〈沿海州白玲峽西南白鮮山이나 未詳〉 토곡〈間島琿春의 土門子이니 砂金생산으로 有名白亨奎說에 東部悉比利亞部의 「트스마야기」라 하니 恐是라〉을 지켜보다가 편의에 따라 막신라성〈阿爾多安高原 알단고원의 앞 평원〉 가태라곡〈阿爾多安高原 동쪽 계곡〉의 남녀 삼백여 인을 잡아오니 이로부터 옴으로 조공할 일을 의논하니라.

구년 기해〈開天四二九六年, 西曆三九九年〉에 백잔이 맹세를 어기어 왜와 더불어 화통할새 왕께옵서는 평양으로 순력하며 나리시더니 그리하여 신라〈慶州〉가 사신을 보내와 아뢰어 이르되「왜인이 그 국경에 가득차 있고 성과 못을 무너뜨리며 깨뜨리니 이제 노객〈土國에 對한 謙稱〉으로써 백성을 삼아주십사 하와 왕께 돌아와 명령해 주실 것을 청하옵나이다」한데 태왕께옵서 은혜스러운 마음으로 거듭 그 충하고 능함을 칭찬해 주시고 특히 사신 돌아가는데 함께 보내어 군사 윤허할 것을 써 통고하게 하니라.

십년 경자〈開天四二九七年, 西曆四00年〉에 교칙으로 보기 오만을 보내어 신라를 구하고자 남거성〈경상도 晋州〉으로 쫓아서 신라성〈慶州金城〉에 이르니 왜가 그가운데 가득차 있다가 관병〈國軍〉이 막 이르자 왜적들이 물러가거늘 관병이 그 자취를 밟아 바다를 건너가 양쪽에 끼어 치다가 등뒤로 돌아와서 급히 쫓으면서 임나〈意富加羅의 改稱·對馬島〉 가라〈任那의 首邑〉에 이르러 쏠리는 대로 성을 휘어꺾으니 성이 곧 돌아와 항복하게 되고 안라인〈太白逸史 曰多婆羅는 一稱多羅韓이니 自忽本而來하야 與高句麗로 早己定親故로 常爲烈帝所制라 多羅國이 與安羅國으로 同隣而同姓이라〉을 수병〈守邊曰戍〉으로 하니라. 시라성〈和名 抄에 大隅國에 有始羅郡〉과 도성〈大隅國首邑〉을 함락하게되니 왜인들이 가득차 들었다가 왜인들이 무너지는데 성이 크게 우리의 공격을 입고 탕멸되어 남음이 없게 되자 왜적들이 드디어 나라로써 항복하니 죽은 자가 열에 여덟 아홉이요 모두 신복이 되어 이끌고 오매 역시 안라인을 수병으로 하니라.

스스로 마음에 가득찬 듯이 존대함을 꾸미고 생각을 개변해서 왜인들이 감연히 싸우려고 훼〈出入口는 곧 關門의 뜻이니 喙國은 오늘의 山口＝ヤマクチ〉, 기탄〈己는 城의 뜻(結城古號結己) 呑은 廣韻에 并包也：휘싼다. 己呑은 재휘쌈〈己の有とする＝禦國有呑敵之勢〉이니 板島〈板子처럼 된 섬イタジマ〉라고 불리는 재메〈城山＝シロヤマ가 바다속의 섬(海中島) 四國山脈이 三方으로 둘러싸인 頂上의 城이 그때의 己呑이다〉, 탁순〈卓은 高遠의 뜻, 淳은 浸漬也 물에 잠기다의 뜻이니 卓淳은 경상도 大邱市가 아니라 博多한 이름 拍多니 拍多는 高句麗의 땅이란 말이니 지금 九州 博多이다〉의 여러 적들과 함께 다시 일어날 것을 꾀하다가 관병이 먼저 억제하여 바로 탁순〈九州博多市〉을 아우르고 그리하여 좌군은 담로도〈大阪灣 入口이니 距大阪市二十二里〉로 해서 단마〈오늘의 日本·兵庫鳥取二縣지방〉에 이르고 우군은 난파〈오늘의 大阪이니 日本姓氏錄에 難波連은 永樂大聖帝의 後孫이다〉를 지나서 무장〈오늘의 神奈川縣 川崎市 一帶이다. 그리고 高麗 神社에는 고구려왕 玄武若光을 奉安하고 있다〉에 이르자 왕께옵서 직접 배로 축사〈一名 竹斯又名筑紫니 오늘의 福岡市 隋書에 筑紫以東이 附於倭라 했다〉에로 건너시니 모든 적들이 죄다 스스로 무너지게 되었다. 나누어 군과 국을 만들고 안라인을 수병으로 하니라.

옛적에 신라매금〈尼師수(잇검) 樓寒(마루한)같은 뜻〉이 친히 와서 조공하지 않더니 이제 비로소 조알하였으며 광개토경호태왕께옵서 능히 덕으로써 가르치시고 이끌어서 모두 와서 신복이 되니 구다천〈東部悉比利亞部의 구리야혜라 勾爾耶侯羅이다〉이 또한 와서 조공하니라.

십사년 갑진〈開天四三0一年, 西曆四0四年〉에 왜들이 불법으로 대방계〈薊州豊潤縣東八十里에 腰帶山이 있고 讀史方輿紀要에 지금 豊潤縣東에서 西流하여 다시 南流東折하야 白河少北處로 入海하니 이곳이 屯有縣南荒地요 帶方郡을 析置한 것이다〉에 침입하거늘 왕께옵서 수군을 거느리시고 석성도〈渤海灣海中에 있는 섬으로 南沃沮地에 가까우며 東距鹿島가 六百里요 西至長山島가 三百里라〉로부터 배를 연달아 진〈陣勢의 형편〉을 치고 바다 길을 지배〈제압〉하는 한편 장수를 보내 굳게 지키게 하시며 왜구의 자취를 밟아 서로를 만나게 되자 왕당〈天王 또는 烈帝의 旌旗이니 군사 一百名 때에 따라 五百人을 一幢으로 하는 禁衛部隊〉은 끊고 씻고 추려내게 되니 왜구가 무너져 깨지고 베어 죽인 것이 수가 없었느니라.

십칠년 정미〈開天四三0四年, 西曆四0七年〉에 교칙으로 보기 오만을 보내어 가서 숙군성〈碧山師는 安肅縣西龍山의 長龍宮을 宿衛하는 關城이라 했고 蟄甲子는 和龍은 지금 鄴縣이라 했다. 鄴城은 오늘의 河南省臨漳縣西二十里다〉을 치려할새 태료〈備牛豕羊三牲하야 以饗食也〉로써 군제를 올리고 드디어 맞싸우자마자 베어죽이고 모두 소탕하니 노획한 것이 개갑〈투구와 갑옷〉이 일만여 벌이요 군자와 기계는 가히 일컬어 셈할 수 없었다. 이기고 돌아오는데 사구성〈沙溝子이니 河北省涿鹿縣의 沙城二堡〉과 루성〈樓城은 곧 樓煩城이니 在山西城 舊保寧·寧武府及 岢嵐筆縣之地라〉을 쳐 깨뜨리고 군현을 삼으며 독발〈禿髮氏는 西河의 鮮卑人이니 永樂十七年은 독발녹단(禿髮傉檀) 홍창六年이요 大燕皇帝 高雲 正始元年〉을 항복받고 그대로 량주성〈周때의 雍州땅이오 오늘의 甘肅省이다〉을 엄습하여 아우르니라.

이십년 경술〈開天四三0七年, 西曆四一0年〉에 동부여〈東夫餘는 오늘의 琿春이나 卒本夫餘때의 畿內地이다. 太祖隆武十六年에 都頭王을 遷王此하다〉는 예전부터 추모왕의 속민으로 중간에 반하여〈東夫餘가 鄒牟王의 屬民된 사실은 없고 鄒牟王이 卒本에서 訥見 곧 朱家城子로 遷都한 후에도 늘 高句麗의 屬民되어 온 까닭에 하는 말〉조공하지 않았더니 왕께옵서 친히 거느리시고 가시어 치실새 군사가 여성〈오늘의 琿春〉에 당도하게 되었다. 그런데 여성은 국변〈二馬並駕之國路〉대로인데 아무 설비 없이 어려움을 당하게 되자 드디어 항복하고 조공하였나니 왕께옵서 내리시는 은혜는 넓으신 도량으로

처분하시니라.

여기에서 돌아오실새 또 그 덕화를 사모하여 관을 따라온 이는 미구루 압로〈오늘의 諸尼斯克 : 國史反正論以下同〉, 비사마압로〈오늘의 庫尼河〉, 성립루 압로〈오늘의 例那河上流〉, 숙사사압로〈阿爾多安河 岸上流〉, 숭사루 압로〈阿爾多安河西岸下流〉들인데 무릇 쳐서 깨뜨린 바의 성은 예순 넷이오 촌락이 일천사백이다.

능지기(守墓人)연호는 매구여〈舊在五難河러니 또 稷臼多河下流라 했다〉민이 국연 둘, 간연 셋이요 동해가〈동해지빈(東海之濱)西見葉原이니 지금 通河縣〉는 국연 셋, 간연 다섯이요 돈성〈敦賀이니 옛날 意富加羅王子들의 개척지〉 열네 집은 모두 간연을 삼고 우성〈于沙城이니 日本 大分縣 宇佐城이다〉 한 집은 간연을 삼고 비리성〈卑離國이니 오늘의 부리야드族〉 두 집은 국연을 삼고 평양성〈欒河의 유역 平那王險城〉민은 국연 하나, 간연 열이요 도련〈龜潭과 島潭이 서로 連按한 땅이니 지금 丹陽郡〉 두 집은 간연을 삼고 주루〈碧山師曰住婁는 海拉爾也라. 만주 흑룡강 呼倫縣海拉爾河南岸〉인은 국연 하나, 간연이 마흔 둘이요 량곡〈梁山이니 섬서 同州郡韓城縣西北九十里〉두 집은 간연을 삼고 인성〈武藏의 忍城은 日本關東七名城의 하나로서 지금 川崎市行田市內〉 두 집은 간연을 삼고 안부련〈榮禧本은 安失連·朴魯撒氏는 安德遷이라하니 安德遷은 지금 九州 珂那郡筑紫安德村〉 스물 두 집은 간연을 삼고 개곡〈개골산이니 지금 金剛山〉 세 집은 간연을 삼고, 신성〈讀史方興紀要에 直隷保安府 新城縣은 古督亢地니 漢置新昌縣〉 세 집은 간연을 삼고 남소성〈南蘇는 일본 발음 나소(ナソ)로서 阿蘇城(アソ)의 音混으로 볼 수 있다. 지금 九州熊本縣〉한 집은 국연을 삼고 신래한회사수성〈沙水城은 泗水城이니 경상도 泗川古號〉은 국연 하나, 간연하나요 모루성〈春秋隱四에 莒人이 伐杞하야 取牟婁라. 今山東諸城縣西南地〉 두 집은 간연을 삼고 두비압잠한〈東部시비리아의 芇塘峕〉 다섯 집은 간연을 삼고 구모객두〈石勒喀河의 右岸에 있는 石勒喀驛이다〉 두 집은 간연을 삼고 구저한〈혹설 寄藻韓이니 東九州國東半島의 寄藻川이다〉 한 집은 간연을 삼고 사조성한회〈舍蔦는 고구려의 발음 사도이니 곧 沙冬院으로서 沙道城을 지금 盈德郡〉은 국연 셋, 간연 스물 둘이요 가고이룡라성〈一本에 龍羅는 耶羅이니 耶羅는 耶耶 또는 夜牙로 보아서 지금 長湍 前見〉한 집은 간연을 삼고 경고성(昗古는 名古屋의 音轉)은 국연하나, 간연 셋이요 객현한〈桓國十二聯邦의 하나〉 한 집은 간연을 삼고 아단성〈峨嵯山城前見〉 잡진성〈雜은 難의 잘못, 難珍阿로서 鎭安古號〉은 합하여 열 집이니 간연을 삼고 파노성한〈巴奴는 波乃灘이니 陽根의 大灘下流〉 아홉 집은 간연을 삼고 구모로성〈任實郡西의 九皐川 前見〉 네 집은 간연을 삼고 암모로성〈阿磨代니 光陽舊部曲前見〉 두 집은 간연을 삼고 모수성〈지금 水原〉 세 집은 간연을 삼고 간궁리성〈弓利幹의 倒寫 弓利幹은 곧 骨 利幹이니 鐵勒의 部落〉은 국연 하나, 간연 셋이요 미구성〈彌舊의 舊는 沙의 잘못으로 보아 水原의 內彌沙梁 前見〉은 국연 하나, 간연 하나요 구다천〈동부 시비리아의 구리야 혜라 前見〉 구막한〈지금 시비리아 땅이니 去養雲國馬行 一百日이다〉은 합하여 다섯 집 이니 간연을 삼고 두노성〈一作豆羅城이니 곧 豆梅羅(メッラ)로서 지금 福岡縣松浦(マッ ラ) 末盧國이다〉은 국연 하나, 간연 둘이요 오리성〈靑陽郡吾里峴 前見〉은 국연 둘, 간연 여덟이요 수추성〈樹州의 音混이니 富平古號〉은 국연 둘, 간연 다섯이요 백잔남거한〈南 은 一作男 前見 지금 晉州城〉은 국연 하나, 간연 다섯이요. 대한산성〈鴻山과 韓山 前見〉 여섯 집은 간연을 삼고 농매성〈農賣는 一作農買니 遠賀川(オンガ)의 福岡縣一帶이다〉은 국연 하나, 간연 하나요. 윤노성〈泰仁南쪽의 南川〉은 국연 둘, 도연 스물셋이요. 고모루 성〈抱川의 古毛城〉은 국연 둘, 간연 여덟이요 탁성〈燕 때의 涿邑, 秦때의 上谷, 漢때에 나뉘어 涿郡이 되고 百濟 때의 遼西郡에 속했다〉은 국연 하나, 간연 여덟이요. 미성〈未 谷城이니 懷仁廢縣〉 여섯 집은 간연을 삼고 취자성〈須佐(スサ)之男・就恣(シウシ)의 音 轉 곧 須佐之男의 고향 韓鄕之島 오늘의 對馬島(佐護平野)〉 다섯 집은 간연을 삼고 삼양 성〈오늘의 麻田〉 스물 네 집은 간연을 삼고 산나성〈水原市南陽東十五里에 有舍那山舍那 川〉 한 집은 국연을 삼고 나단성〈酒井改藏氏의 해석 경기도 安城古號 阿兮忽과 音近이 라 함〉 한 집은 간연을 삼고, 구모성〈意富加羅의 王子의 개척지(굼재=굴재)니 오늘의 日本穴門 山口縣이다〉 한 집은 간연을 삼고 어리성〈永同西十四里에 有於里山〉 여덟 집 은 간연을 사고 비리성〈九州에 있는 百濟屬領이니 日本書紀神功四十九年 三月條에 보 임〉 세 집은 간연을 삼고 세성〈天安細城山〉 세 집은 간연을 삼으니라.

국강상광개토경호태왕께옵서 계시옵실 때 교칙으로 말씀하옵시사 「조왕과 선왕님들 이 다만 멀고 가까운 옛 백성들을 취택하시어 능묘를 지키고 쇄소할 것을 교칙하시었으 나 옛 백성들이 그대로 굴러 바뀌어 파리고 못되게 당할까 염려하노니 만약 나의 만년지 후에 능묘를 잘 편안히 지키려 하거든 내가 몸소 이끌고 온 한〈百濟植民地〉 회〈不耐濊 : 舊樂浪國系〉들을 취택하여 쇄소하게 하라」하옵신 교칙 말씀이 이러하시었나니 이런 까닭에 교칙대로 이제 한회 이백 스무 집을 취택하기로 하시었으나 그 법도를 알지 못할 까 염려하여 다시 옛 백성 일백 열 집을 취택하시어 신・구의 능지기 호수를 합하여 국연 삼십과 간연 삼백, 도합 삼백 서른 집으로 하니라.

상조 선왕으로부터 나려옴으로 능묘 위에 돌비를 세우지 않으시사 능지기 연호가 차 착(差錯)하게 되었을새 오직 국강상광개토경호태왕께옵서 극진히 조선왕을 위하옵시어 능묘 위에 비를 세우시옵고 그 연호를 새기어 잘못되지 않게 하옵시고 또 제령으로 능지기는 금후로부터 고쳐 서로 바꾸어 팔 수 없도록 하옵시니 비록 부족함이 있는 자라도 또한 천단하여 살 수 없게 하고 그 영을 어기어 파는 자는 이를 처형하며 사는 사람은 제령으로 능묘를 지키게 하니라.

國罡上廣開土境平安好太聖帝陵(高句麗19世 烈帝)

廣開土地經批議

　　高句麗國國罡上廣開土境平安好太帝聖陵碑는 古今世界歷史上所未有之惟一無二最先最大之古碑也라　碑在高句麗國皇都國內城兩丸相照之大多勿山下하니　則自桓仁縣東距三百六十里許也라 據輿地勝覽컨대 楚山郡北二百七十里에 有古城하야 在鴨綠碆猪兩江間大野中하니 世稱皇帝城이오 城北七里에 有碑하고 又其北에 有石陵하니 是也라. 恭惟神市開天三千八百十九年壬寅五月에 東明聖帝高鄒牟-誕降于罸葉原夫餘하시니 乃今北滿洲舊三江省通河縣岎林이 是也라. 年二十一에 奉神母柳花夫人命하야 與烏伊, 摩離, 陜父三人으로 爲友하고 駕巡하야 東南下하실새 路由奄利大水하시니 卽今之松花江也라. 三神이 誘其神通自支之靈力於吾聖帝하시사 而擧弓縶水하시니 魚鼈浮而作橋하고 始得渡而後에 魚鼈橋-乃解오 雙鳩-含麥而飛하야 引弓射而開喉得麥하고 又噴水而鳩蘇高去라하니 其至神至秘之玅와 世莫能聞之秘法奇蹟이 奚啻譬諸「出埃及記」中之摩西者乎아 實爲高出於超人神施非常萬萬也라 行至毛屯谷하시니 亦今之牧丹江也라. 又於此地에 遇三人하니 曰克再思와 曰仲室武骨과 曰少室黙居也라. 偕至卒本川하시니 乃碑稱沸流谷忽本이오 卽今之沿海州大小綏芬河口子가 是也. 時에 北夫餘王이 無嗣라. 見帝爲非常人이라하야 以女召西努로 妻之러니 明年에 王이 崩하시고 以遺命으로 入承大統하시니 則神市開天三千八百四十年癸亥十月也라. 其地는 則連靺鞨하니 所謂靺鞨은 今譯之爲江畔之義也라. 自與勿吉로 同義하고 一稱挹婁하니 挹婁는 又與鴨盧葉瑠로 音混하니 鴨盧는 長江之義오 葉瑠는 巖穴之謂也라. 以今地理로 考之컨대 北自氷洋으로 以至沿海州가 乃其境也라. 恐侵盜爲害하야 遂攘斥之하니 自是靺鞨이 世世歸服焉이러라. 多勿二十二年甲申에 改國號하야 爲高句麗하니 盖曰高麗天, 高大光麗之自大地管境으로 最先發揮之義也라. 是年改元하야 爲平樂하니 乃復舊土하야 以平等爲樂之謂也라. 王志修碑歌에 有鄒牟永樂史不見之句하니 此指平樂爲永樂者는 卽誤也라. 今此諸本에 各殊不一하야 有或云平樂者하며 有或云永樂者하며 有或云不樂者하야 未知孰是나 玆據畏友槿葩朴魯徹所藏篤皇隨錄別錄逸事하니 則自與碑稱平樂으로 符合故로 可從也라. 逸事에 有曰平樂元年甲申에 改號高句麗하고 一十一年甲午에 伐北沃沮하고 明年에 移都訥見이라하니 聞諸槿葩則訥皇는 丹齋丈之所師오 而訥見는 卽今之長春朱家城子也라 十九年壬寅九月에 帝-崩하시니 在位四十年이오 壽는 六十一이라. 帝-於忽本東罡에 履龍首하야 昇天하실새 顧命太子儒留王하사 以道興治라하시니 所謂履者는 足所依也오 興者는 手所擧也니 亦曰載而行之之謂也라 時智齋語錄

에 曰敬者는 禮之興也오 道者는 治之興也라하니 興는 卽興人之公論也라. 然이나 雲樵先生이 謂興爲與하시고 張道斌崔南善及朴時亨諸氏가 亦同此說하니 亦通也라 故로 興者는 衆也니 聽興人之誦也오 治者는 法也니 正管境之情也라. 所以道之爲言은 人所蹈也며 治之爲義는 興所歸也니 乃治不外道오 而興之所歸者는 眞至德之治也니 自是民이 同受三神之中이오 而能獲自直其身하야 能徵實求我하고 又復空我存物하야 以遂捨身全義之大生命也라. 此乃衍魂長生之道故로 今以道로 爲政治之權興者-不其然乎아 琉璃明帝十一年壬子에 攻破鮮卑하야 降爲屬國하며 二十二年癸亥에 又移都國內京하야 築尉那岩城하니 山水深險하며 地宜五穀하며 又多獐鹿魚鼈之産하니 不惟民利之無窮이오 亦可免兵革之患矣라 碑所稱王者는 乃天王之王이니 蓋道貫天地人三極而能成智生雙修之化於天下萬世者也라. 故로 蔡邕獨斷에 云호대 天子는 夷狄所稱이니 父天母地故로 曰天子라하니 是也라 自古本國이 謂天王爲烈帝하니 乃盛光烈烈最偉大之皇帝也라. 碑稱大朱留者는 天地人定一之爲號居發桓之音轉也니 考之於史에 卽當大武神烈帝也라. 踐極二十年丁酉에 取大同江所都之崔氏樂浪國하야 爲城邑이나 惟薩水以南之南沃沮人이 不服이러니 二十七年甲辰에 故樂浪人이 欲復舊土하야 屯據沙卑城할새 乃乞兵於漢한대 漢人이 從之라. 玄菟太守는 引兵入沃沮城하고 樂浪太守는 引兵入不耐城하니 自是로 樂浪舊地에 漢兵替禦가 竟爲多勿軍所敗者也라 然이나 考後漢書則有云 「東夷韓國人이 詣樂浪郡內附라」하고 魏志則曰 「惟不耐濊侯-至今에 猶置功曹·主簿·諸曹나 皆濊民으로 作之오 沃沮諸邑落, 渠帥는 皆自稱三老하니 則蓋古縣國之是也라. 國小하야 迫於大國하니 遂臣屬於高句麗라」 然이나 抑何金富軾이 反以劉秀로 爲遣兵渡海하야 伐樂浪 「國」하고 取其也하야 爲郡縣者는 其亦怪矣오 徐居正等이 作通鑑호대 而改南爲北하고 謂薩水爲淸川하니 蓋其意-欲以淸川以北으로 爲屬漢之者나 未免自陷於成川爲卒本之誤耳라 碧山先生은 以薩水謂大洋河하고 詹園鄭寅普敎授는 謂薩水爲州南河하니 蓋狼山樹林이 作分水嶺하야 東流爲大洋河하고 西流爲州南河也라 然則大洋, 州南兩河以南之地가 乃屬於彼所謂不耐濊侯國也-明矣니 今假以金富軾, 遣渡伐取之爲郡縣云者로 得是면 則東川帝二十一年, 遷都平壤之說을 更將置於何處乎아 蓋媚外自虐之讕言也니라 慕本帝二年己酉에 襲漢北平, 漁陽, 上谷, 太原이라하니 其曰上谷은 樂浪潘國이오 又眞番胡國이며 曰太原는 本殷時畿內之子國이오 箕氏之邑이니 彼所謂濊朝鮮界也라. 今에 高句麗가 其襲而儘取者는 乃疆土日廣하고 兵威維揚之勢-所使然也어늘 蓋孔丘氏之徒가 無道外國正史爲訓者라. 彼驕傲無禮之習이 久慣於心目之間이오 而魔王世民之對新羅之策이 便不過是其爲我遣一宗支하야 與爲爾國王하고 而自不可獨王일새 當遣兵營護라가 待爾國安하야 任爾自守라하니 自此以來로 修史其人아 久滯

同伴하야 但唯而無對하야 更無復民族之主體史論하니 於是乎陳壽-始唱高句麗, 更屬玄菟之說하고 范曄金富軾阿曲之徒一取之爲求屬玄菟誤也라. 然이나 據資治通鑑則有曰高句麗王宮이 與濊貊으로 寇玄菟라하고 又尙書陳忠이 云호대 宮前桀黠하야 姚光이 不能討라하고 陳壽-亦曰密遣軍하야 攻玄菟焚燒라하니 因此而可知更屬求屬等浮說은 皆有誣辱하야 斷不可從也니라. 且其范曄招降之說은 近於遁辭하고 而金富軾-素以陰慝之性으로 餙爲之恩信待之者-抑亦非淫辭乎아-彼范曄輩가 謂高句麗하야 改爲遼東徼外貊人하고 集解에 陳景雲曰太原二字는 非衍則誤니 貊人이 入寇東邊諸郡이오 不能西至太原內地라하니 此何乃倀狂自恣하야 無所忌憚之甚者乎아 今玆「襲取」一轉하야 爲「招以降之」하고 再轉하야 爲恩信待之하고 三轉하야 又復爲「不能西至太原內地」者는 徒自妄負虛尊하야 遂陷爲律하니 乃非明人之史오 亦卽毁人之史也라 其所以爲祖述孔丘爲名者-必以一曰尊華攘夷오 二曰詳內略外오 三曰爲國諱恥之爲秉筆元則하야 自相逆行於世界之人權平等하니 噫嗟何物이 春秋爲法하여 其誤人無廉恥之性과 滅人不忌憚之筆이 果至此之極濫耶아 其亦悲矣오 尤可痛也니라.

自解慕漱帝로 至平安好太帝히 爲十七世祖하야 著代明系가 昭然可驗이나 而據三國史記則好太帝-爲琉璃明帝之十一世孫이오 考諸太白逸史則高鄒牟聖帝-爲北夫餘始祖解慕漱之玄孫이요 從篹皇隨錄別錄逸事와 並國史反正論則皆言古鄒加再思는 乃大朱留帝之次子오 非琉璃明帝之子也라 丹齋先生이 亦有高句麗縮代之辯하시니 其事大同件·自犯僞史之律을 更難有免也니라. 窃惟高句麗之出이 自北夫餘始오 北夫餘之立이 自解慕漱始니 而自解慕漱로 數之면 如碑稱十七世孫之說이 必無可疑也니 的是金富軾이 誤縮年代하야 以解慕漱玄孫, 高鄒牟帝로 爲解慕漱之子하고 而大朱留帝子再思로 爲琉璃明帝之子하고 又以解慕漱之曾孫解夫婁로 又復爲並立對等之君侯하며 又以高鄒牟帝之入承北夫餘, 前後一百數三十年之歷史로 一幷削縮하야 使若新羅로 先起於高句麗하니 史之挾亂과 統之閏位가 於斯爲變怪之極耳라. 其不可恨哉아 今玆以余로 論其傳世之大統컨대 則自高鄒牟帝로 數之면 如徐居正等通鑑所傳十九世也며 若從賈言忠所云高氏自漢有國이 蓋九百年之說이면 則與范休崖世東遺著北夫餘上下紀所傳者로 無異하니 其傳에 曰高句麗-自解慕漱로 數之하야 解氏는 傳四世하고 而東明王高豆莫이 傳二世後에 高鄒牟帝가 以解慕漱之玄孫으로 入承東明國三世之統하고 東明王高豆莫은 以檀君高列加之 後로 入系解氏五世之統이라하니 如此言之컨대 又與金千齡, 高句麗賦所稱, 東明이 啓其赫業하고 朱蒙이 承其餘波之文으로 前後事實이 鑿鑿有據也니라. 嗚呼痛矣라. 奧自金春秋로 割地修貢하고 而金富軾이 奴顔自貶하야 竟至於奴吾族而減吾史하니 今日所處之民族悲劇을 其可忍言哉아 近來所謂

久保田, 田中糾夫輩之妄言이 己根於反民族特委, 解散之日矣라. 當日執政이 反以舊讐土倭로 加擢一等於抗日鬪士之譽하니-則名不正矣오 言不順矣라. 嗚呼悲夫라. 人不侮我오而必自侮而後에 强隣이 始乘其虛而又兵威數加也니 乃天演公例之常也라. 反以求之에 可無惕然猛省者乎아 檀君世紀序에 曰爲國之道가 莫先於士氣하고 莫急於史學은 何也오 史學不明則士氣不振하고 士氣不振則國本搖矣오 政法歧矣라하니 今人이 若有大淩霄志於先時者는 必先去詐僞舊染之汚하야 而勉銳竟於自主하고 又去殺人利己之陰하야 而定立歷史之方向하고 集實力於統一然後에 庶可得以言救國扶民이오 而又可進於文明强大之列矣리라. 然이나 今世界一百五十四聯合之國이 皆能自主爲國하야 而又必自確立未來, 從事遠大高深之學問研究하야 惟以灌注傳統文化하며 啓發時代最新思想하나니 吾何不以更加强勉天符主義哲學精神과 與夫民族親和愛國能力하야 平生孜孜不怠乎求合其在世理化, 弘益人間之歷史的大元則乎아 然이나 今則不然하야 人皆口言自主나 而事大無氣力舊態는 依然成風하고 世多外唱統一이나 而植民不條理之殘在는 尤極襲榮矣라. 噫嘻라 往者日腐하고來者는 日新이어늘 夫思所以驗腐納新하야 必以民主獨立으로 爲興治者는 斷不可以假黑旋風, 眞搗鬼之所能으로 爲應急焦爛之多也니라. 今玆釋文은 折衷諸家하야 擇其雅之尤雅者하고 批議則先立如是之一貫旨義하되 當逐條立說하야 去其諸拓百釋之文, 最不雅馴者하고 並擧縉紳先生難言과 與夫世或不傳之微하야 第次剖索하고 未捨涓埃하야 以決百年未決之訟案耳라 其批議에 曰

今據碑稱永樂五年歲在乙未則乃爲神市開天 四千二百九十二年이니 的是好太帝之登極이 在神市開天四千二百八十八年辛卯오 碑又稱二九登祚하시고 州有九에 晏駕棄國이라하니 其曰二九는 謂十八也라. 太玄經玄圖에 有云 元有六九之數하야 策用三六하고 儀用二九하니 元其十有八乎라함이 是其用例也라. 帝年十八에 旣登天位則是在位二十二年하야當崩於神市開天四千三百九年壬子十月이라 故로 其太子巨璉이 登極於神市開天四千三百十年癸丑하시니 是爲長壽好太烈帝也시니라 然이나 今東國通鑑則不然하야 國罡上廣開土境平安好太聖帝-爲登極於神市開天四千八百八十九年壬辰하야 在位卄一年이라하니 是知通鑑이 誤縮一年也라 碑稱甲寅年九月二十九日乙酉에 遷就山陵하야 立碑銘記라하니 是好太帝聖陵碑가 立於神市開天四千三百一十一年也라 盖皇都國內城之東北隅, 兩丸相照之大多勿山之下에 有小溪하니 乃國罡上廣開土境平安好太帝聖陵碑之所在也라 其造碑則高可二十二尺五寸이오 刻文則總四十四行이니 第一南面은 廣可五尺一寸이니 十一行이오第二西面은 廣可四尺七寸이니 十行이오 第三北面은 廣可六尺七寸이니 十四行이오 第四東面은 廣可四尺六寸이니 九行이라. 字總一千八百二字오 每行이 縱劃罫線이오 碑上下에

有縱橫線이오 一字大는 每間五寸이오 石材는 四面平行形四角柱綠灰色花崗岩石也라. 碑文이 甚多有缺損處者는 不啻爲風雨所磨也라. 乃倭漢人之其有爲하야 而故爲之犯碑하고 以至變之易之, 破之滅之하야 少無顧忌하니 可謂尤極沒廉無禮之蠻行也라. 今觀碑照像컨대 若此其乖錯하고 如彼其誣毁하야 雖有半百多家之釋文이나 皆回互相蔽하야 次第條理가 本自不穩하고 字句錯亂하야 史實顚倒하니 初自漢人等이 以焜火炸裂始하야 竟至於倭人輩石炭塗付之犯而極矣라. 嗚呼恨哉라. 春秋事大之禍가 於斯爲甚하고 植民加榮之失이 挾以煽焉하니 其奴史敎人之漸이 末乃化爲假明倣倭之行屍已耳라. 其不可恨哉아 嗚呼噫嘻라. 當東川帝登極二十年하야 魏寇毋丘儉이 將萬人하야 出玄菟來侵하라가 爲我勇士密友, 紐由所敗하고 及帝分軍爲三道하야 急前擊之하니 魏軍이 不能陣하야 遂自樂浪而退라 하니 今若以李丙燾 李基白 金哲埈 千寬宇 崔泳禧 崔昌圭 等之說하야 而將樂浪爲今平壤하고 玄菟로 爲佟家江流域이면 則當魏寇之出自玄菟來侵者-果從丸都山之上空而降乎아 抑亦從丸都城之地底而出乎아 且其爲漢郡樂浪者-若在今平壤云則明年에 始營居大同江之平壤者-果其可得乎아 今夫平壤所在之崔氏樂浪國은 旣爲滅於大武神帝二十年하니 相距亦爲二百有九年이며 玄菟樂浪二郡은 己陷於山上帝元年丁丑하니 本紀所云, 遣第罽須하야 將兵禦之하니 漢兵大敗가 卽是오 又與賈耽, 四夷述自序所謂玄菟樂浪이 己陷於漢建安之際라 함과 陳壽, 魏志所載桓靈之末에 韓濊疆盛하야 郡縣이 不能制等說로 自相吻合矣오 山上帝八年은 卽漢之建安九年이니 是年에 公孫度死하고 至子康하야 析置帶方郡於樂浪者로 亦無不同矣라. 如此立其證則東川帝二十一年, 移都今平壤之一事는 確乎己無可拔之定案也라.

是以로 國人이 懷其恩德하야 上下一途하고 及崩當日에 莫不悲傷하야 近臣이 欲自殺以殉者-衆이오 自上으로 禁之以非禮로대 及葬에 至山陵自死者-甚多하니 其非寬仁至德之深入人心者면 能知是乎아 聖哉東川이시어 德恰萬民하시고 偉乎東川이시어 威加四海하시니 求之中外古今에 曾所未有也시니라. 自是繼志發政하야 至有美川, 小獸林之聲譽하고 以及國罡上廣開土境平安好太帝之履九五之尊하사 廣開土地하시고 統一區宇하시니 是我倍達民族最高最大之歷史的榮譽也시니라. 然이나 權近史略에 以元年, 攻關彌城하야 分軍七道二十日에 乃拔故로 譏其墨絰從戎하고 近者李基白之徒가 亦推諉以三年喪制하야 疑斥之爲不可信하니 可謂發「硜硜然小人哉」之嘆矣라 彼輩所論은 拘於儒俗者라. 余將以舊來之因襲慣例로 論析之하리니 盖所謂春秋之義에 國讐未報而豈可竟日以返兵乎아 且其新羅王法敏元年八月에 雖在服이나 領諸將하야 至始飴谷하고 世宗仁聖大王三十一年六月에 示咸吉道節制使金允壽와 慶源節制使兪應孚하야 令起復赴任하니 所謂起復은 起用喪中也

라. 況又西伯發이 父死不葬하고 爰及干戈者는 抑何義哉아 孔丘朱熹之黨이 皆尊爲聖人而
迄于今誦傳無替어늘 何獨至我好太聖帝, 多勿興邦之偉擧하야는 尤極加苛口誣辱之不已者
乎아 固不知我與非我之判正者라. 何足與之掛齒者哉아. 吁可嘆也니라. 余賞讀高句麗史하
니 偉乎偉矣오 盛哉盛哉라 惟我偉大祖國多勿主義統一高句麗가 自北夫餘檀君解慕漱之有
國으로 己開九百七年之能爲漢寇擊退, 完我舊疆之一大榮光歷史矣라. 自是以來로 制魏壓
晋而據有燕代하고 敗隋降唐而征服吳越하야 以至鮮卑, 契丹, 靺鞨, 磁麗(蠕蠕)禿髮之屬
이 悉來臣伏하고 百濟·新羅·加洛·倭人과 並其任那安羅, 伊勢, 狗邪韓諸國이 舊是屬
民이오 而由來朝貢者-久矣라. 倭自崇神으로 爲肇國天皇하고 厥後椽那部夫餘에 舊有扶羅
氏者曰應神이니 率衆數千하야 遂定倭人爲王者也라 故로 太白逸史에 曰倭人은 百濟之介
가 是也라. 金海人崇神은 以新羅而退하고 應神은 以百濟而起하니 當時에 若無百濟之援
護則應神이 何由以得其渡海有國者乎아 今驗百鍊鐵七枝刀之所賜者-固是倭人이 爲百濟之
侯國故也니 如此言之면 則倭卽穢也니 其實은 解氏夫餘之謂也라. 日本書紀雄略二十年에
有云호대 百濟者는 爲日本國之官家하야 所由來遠久矣라하고 敏達六年에 遣大別主하야
與小黑吉士로 宰於百濟國이라하니 宰는 謂宰守也니 歲修朝貢하야 宿衛宰守之謂也라 考
諸古事記應神條컨대 則有曰百濟國主照古王이 貢上橫刀之文하니 所謂橫刀가 亦卽七枝刀
之類也며 銘文이 刻在「世辟百兵하야 宣供으로 供侯王作」이라하니 辟은 猶理也며 兵은
戎器也며 宣은 謂詔書寫本也며 供은 具也니 夫百濟者는 久爲日本之官家者라 應自官家百
濟로 理兵詔具하야 以供與侯王之倭人이니 此乃自無異其辭者也라. 至如永樂元年하야는
當日本王仁德之七十九年하니 雖無戰事於日本書紀나 紀自是百濟人所撰일새 爲倭人諱恥
는 乃自諱百濟人之恥也라. 然이나 據朴提上傳則提上이 遂逕入倭國하야 若叛來나 倭王이
疑之하고 百濟人이 前入倭하야 讒言호대 新羅-與高句麗로 謀侵王國이라한대 倭人이 遂
遣兵하야 邏戍新羅境外러니 會에 高句麗來侵하야 幷擒殺倭邏人이라하고 又考日本書紀
則應神三年, 是歲에 百濟辰斯王이 立之하야 失禮於貴國하니 天皇이 故遣紀角宿彌, 羽田
矢代宿彌, 石川宿彌, 木菟宿彌하야 嘖讓其無禮狀하니 由是로 百濟國이 殺辰斯王하야 以
謝之하고 紀角宿彌等이 使立阿花하야 爲王而歸라하니 此言貴國은 卽慧琳音義所稱唐言
雞貴-卽高麗國이라함이 是也라. 失禮는 謂百濟之本自聯倭하야 以謀侵新羅也니 今百濟與
新羅로 俱爲好太聖帝之臣民이나 又復叛之作暴則已失臣事之禮也라. 仁德王이 所以故遣
嘖讓者는 乃勢之屈이 更無可伸하야 遂倒戈以弑辰斯하야 求謝高句麗之謂也니 乃與碑稱
討伐殘國에 軍有降首云者로 暗合史實하야 所謂軍有降首者-乃紀角宿彌等이 先以百濟王
首級으로 投兵降首하야 求屬高句麗者也오 決非百濟人이 陰殺辰斯王하야 以謝倭人之由

也-甚明矣니라 然則本紀所載辰斯王之獵薨於狗原行宮者는 乃永樂二年事오 又非應神三年

壬辰이 亦無疑라. 永樂二年壬辰은 是卽仁德之八十年壬辰이니 其間相距가 蓋一百二十年

也라. 碑稱六年丙申이 直與兩紀로 雖有紀年之差나 而其人物戰事之實은 則不相殊하니 此

可信也라. 又有碑文之考釋이 我與倭人學者로 我我而同하고 彼彼而殊히야 久爲未決之訟

案하니 其略曰「倭以辛卯年來渡海破百殘□□斤□以爲臣民以六年 丙申王率水軍討□殘

國軍□□首」라. 其曰倭以辛卯年에 來하니 此謂倭人이 來侵我高句麗也며 曰渡海破는 乃

高句麗之渡海而破倭人也니 自與朴提上傳「幷擒殺倭羅人」으로 有應하며 曰百殘聯侵新羅

는 謂百殘卽百濟가 聯倭而來하고 幷力東向하야 侵滅新羅也니 太白眞訓에 亦曰百殘通謀

하야 聯侵新羅라함이 是也며 曰以爲臣民은 乃好太聖帝之特旨也시니 謂百濟倭人과 幷其

新羅하야 舊爲我高句麗之臣民이나 而新羅之人이 獨在見敗於百濟聯倭夾侵之時하니 則事

已急矣오 時不可緩也라 豈可彼岸視火하야 傍觀不救者哉아. 然이나 若從彼說則以爲호대

「倭以辛卯年에 來渡海하야 破百殘, 任那加羅, 幷新羅하야 爲倭人之臣民云云하니 則是不

但文勢之不然이오 亦卽事理之不當也라 何哉오 今에 若以百殘與任那加羅幷新羅하야 俱

爲倭人之悉所被破則今日戰犯之首罪가 當在倭人而不在百濟也-甚明이어늘 今好太聖帝가

躬率水軍而先征百殘하시고 賊이 亦不奪氣하야 而又益奮敢出督戰하니 好太聖帝之威加赫

怒하사 拏百濟王之弟와 幷大臣十人하사 旋師而還하시니 蓋百濟-率倭人而來하야 侵滅新

羅故로 所以百濟가 獨受其高句麗之征討者-理非觀火之明乎아 李進熙 鄭寅普 兩敎授之說

이 亦不相殊하니 於此尤可信倭人者는 百濟之介也오 百濟者는 日本之官家也라. 扶桑記曰

建法興寺하야 立刹柱日에 大臣幷百濟人이 服百濟服하니 觀者皆悅이라하고 日本決擇에

曰君臣之間에 纔着韓衣하고 庶人은 皆裸形이니 皆依百濟人之貢也라하니 蓋倭人其先이

皆夫餘 高句麗百濟之聲敎中出來者-尤可信也라 然이나 今不曰倭以辛卯年來渡海破오 而

乃曰倭以辛卯, 來하니 王이 渡海破로 仍舊爲句讀者는 以從先考遺訓也니라 日本書紀應神

三年은 從最新世界年表則當高句麗西川烈帝三年壬辰이니 是歲에 殺辰斯王이라하고 三國

史記辰斯王八年壬辰은 東史年表永樂二年이오 日本仁德八十年이니 依高句麗本紀則永樂

元年辛卯秋七月에 南伐百濟하야 拔十城하고 冬十月에 攻陷關彌城하고 二年秋八月에 百

濟-侵南邊한대 命將拒之하고 三年秋七月에 百濟-來侵한대 帝-率精騎五千하야 逆擊敗之

하고 四年秋八月에 帝-與百濟로 戰於淇水峰之上하야 大敗之하고 虜獲八千級이라하고 百

濟本紀辰斯王八年秋七月에 高句麗烈帝-帥兵四萬하야 來攻北鄙하니 漢水北部諸部落이

多沒焉하고 冬十月에 高句麗-攻拔關彌城하고 王이 田於狗原하야 經旬不返이러니 十一月

에 薨於狗原行宮하다. 阿莘土二年에 命眞武하야 率師一萬하고 欲復石城等十城하야 圍關

彌城이라가 糧絶乃還하다. 應神二十八年은 乃高句麗烽上烈帝六年丁巳이니 日本書紀에
有高麗遣使日高麗王-敎日本國也之語하니 不必多言하고 雖日碑破而字缺이로대 斷不可以
枝屈遊詆之句讀法으로 直把王渡海破四字之主語하야 指爲倭者는 皆未透之論也니라. 俱
是漢字成語나 而我則懸吐而讀하고 彼則自吐而足하니 未必以筆舌爭也라 何哉오 彼不通
於吏讀하고 又疎於烏羽書法하니 宜無多言也니라. 嗚呼라 今復言之컨대 永樂二年春正月
에 新羅尼師今이 以高句麗强盛으로 送伊飡大西知의 子實聖하야 爲質하고 三年五月에 倭
人이 來圍金城하야 五日不解라가 賊이 竟無功而退라하니 自與碑稱渡海破하고 十年에 救
新羅하야 悉破入寇之倭人者로 大略相同이라 所謂從男居城者는 高句麗官兵이 廻自晉州
하야 直往救追也라 男居城은 一云南居城하니 國史反正論에 云호대 謂晉州爲南居烈하고
謂居昌爲北居烈이라하고 輿地勝覽에 日晉州牧은 本百濟居烈城이라하니 皆可驗也라. 碑
稱追至任那加羅라하니 考諸日本書紀則有日欽明二年夏四月에 因斯觀三國之敗컨대 良有
以也라.

　　昔에 新羅가 請求於高句麗하야 而攻擊任那與百濟하야 尙不剋之어늘 新羅가 安能獨滅
任那乎아 所謂 三國은 喙己呑·南加羅·卓淳也라 神功四十九年에 乃移西廻하야 至古奚
津하고 屠忱彌·南蠻·多禮하야 以賜百濟라. 然이나 考諸太白逸史則有日北有阿蘇山하
고 安羅는 後入任那하니 與高句麗로 早已定親이오 未盧國之南日大隅國이니 有始羅郡이
오 本南沃沮人所聚라. 南蠻·忱彌·暁夏는 比自體之屬이 皆貢焉이니 南蠻은 九黎遺種으로
自山越來者也라 比自㷟는 弁辰比斯代人之聚落이오 暁夏는 高句麗屬奴也라. 又日任那者
는 本在對馬島西北界하야 北阻海하고 有治日國尾城이오 東西에 各有墟落하야 或貢或叛
이러니 後에 對馬二島가 遂爲任那所制故로 自是任那는 乃對馬二島之全稱也라. 自古로
仇州對馬는 乃三韓分治之地也오 本非倭人世居之地러니 任那가 又分爲三加羅하니 所謂
加羅者는 首邑之稱也라. 自是三汗相爭하야 歲久不解하야 佐護加羅는 屬新羅하고 仁位加
羅는 屬高句麗하고 雞知加羅는 屬百濟가 是也라하니 乃與碑文으로 事實相合하고 以至安
羅人戍兵之事와 與夫始羅郡·都城之在大隅者하야 自無不同也라. 和名抄에 亦日大隅國
에 有始羅郡이라하니 亦其明證也라. 又有碑稱倭欲敢戰하야 與喙·己呑 卓淳諸賊으로 謀
再擧라가 官兵이 制先하야 直取卓淳하고 而左軍은 由淡路島하야 到但馬하고 右軍은 經
難波하야 至武藏하니 王이 直渡竺斯하시니 諸賊이 悉自潰라하니 今以地理考之컨대 喙는
夫里之音轉이니 今在一歧島平衍之地하야 有加良美山也오 己呑은 丹波也오 卓淳은 博多
也오 淡路島는 大阪灣入口니 去二十二里오 但馬는 今兵庫·鳥取二縣之地오 難波는 今大
阪이오 武藏은 今近畿以東地니 卽神奈川縣川崎市一域이니 曾爲高麗都하야 今皆有古墳

하야 而遺物이 出焉이라 平安好太帝-乃聖乃神하시고 乃武乃文하시니 興治以道하시며 武定禍亂하실새 惟百濟並倭하야 來侵作讐하야 戰事張大라 天威赫怒하사 更欲銳意督戰하야 親佩弓矢하시고 手持百鍊鐵龍光之劍하야 直渡南海하야 巡到竺斯하시니 竺斯는 一稱 筑紫오 又稱 伊都니 今福岡縣이 是也라. 據諸東溟集海槎錄컨대 則應神之二十二年에 新羅兵이 入明石浦하니 浦去大阪이 纔百里라하고 宋書倭人傳遣使上表之文에 有曰高句麗無道하야 圖欲見呑하고 抄掠邊隷하야 虔劉海戍云云하니 此與碑稱親征受降으로 前後相應也라. 故로 彼所表無道는 吾所謂有道니 亦謂之有常勝不敗之道也오 又無或敗不勝之道也라. 故로 倭人之邊隷를 可以撫育也며 倭人之海戍를 可以膺懲也니 其言抄掠은 卓淳是膺之謂也며 其言虔劉는 武藏是懲之談也라.

且其永樂二年은 卽奈勿尼師今三十七年이니 是歲春正月에 高句麗遣使하고 尼師今은 以高句麗强盛으로 遂伊湌大西知의 子實聖하야 爲質이라하니 其言遣使는 乃與碑稱太王이 恩復稱其忠能하시고 特遣使還하야 告以兵許로 同이오 其言爲質은 碑稱以奴客爲民으로 歸王請命之證也라. 永樂十五年은 卽實聖尼師今四年이니 是歲夏四月에 倭兵이 來攻明活城이라가 不克而歸라하니 此碑稱往救新羅할새 官兵方至에 倭賊退가 是也며 其言追於獨山하야 夾擊大敗之는 碑稱官兵이 踵躡而越하야 夾攻追至任那加羅가 是也라. 何以證之오 朴篤皇逸事에 曰津島有三加羅하니 北加羅에 有任那軍倉하고 南加羅에 有雪原獨山하고 獨山에 有百濟軍倉이러니 至高麗朝하야 津島-盡歸我焉이라하고 朴提上傳에 亦曰高句麗來侵하야 並擒殺倭羅人하니 倭王이 乃以百濟人言으로 爲實이라하고 又曰倭遂, 遣兵하야 邏戍新羅境外라하니 其言新羅之境外는 乃北阻之任那海上일새 所以倭人이 常遊偵巡也라. 此亦碑稱九年己亥에 百殘違誓하야 與倭和通이라함과 阿莘王八年에 王이 欲代高句麗하야 大徵兵馬라하니 諸說이 足爲高句麗之救羅懲濟와 並追倭人之一證也니라. 想必當時에 我高句麗之國勢가 蒸蒸日上하야 食足民信하고 國治兵强하야 戰無不勝하고 攻無不取하야 一以膺倭人而救新羅하고 一以懲百濟而兼倭人이러니 後에 復與百濟로 外競俱存하야 以百萬强兵으로 南定吳越하고 北撓燕趙齊魯하니 堂堂威德이 隆振光明하야 能爲無敵於天下者矣라. 嗚呼噫嘻라.

朴提上渡倭之年은 卽長壽弘武烈帝建興六年이니 距永樂辛卯가 實爲二十八年이라. 當時에 己有倭遂遣兵之語하고 又有高句麗來侵之文하니 此的是渡海破倭之一史證也라. 今에 「倭以辛卯來 王渡海破」九字之釋文이 見於柳河縣王氏家하니 此而不信이면 何者爲信乎아 嗚呼라.

坯上敎人·穀陽化石之黃石素書는 傳之無疑하고 堯德衰·爲舜所囚之堯舜禪讓은 (今

與張勉內閣自進辭退決議相類)渠不欲認其勾讀法之詭辯者-何哉아　蓋孔丘氏之尊華略外諱恥之爲一筆削主義春秋筆法者-誘以啓之也니라. 故로 孔丘氏之作春秋也에　彼所謂夷狄之國이 雖自稱王者라도 皆貶爲子하니 於是乎 文獻學再檢證之論이 起矣라. 故로 孔丘曰山戎은 乃聖申子曰朝鮮이오 司馬遷曰胡與東胡는 乃魚㒒曰朝鮮이오 史記曰息愼家語曰肅愼, 吳越春秋曰州愼은 乃山海經, 管子曰朝鮮이오 史記曰發息愼, 大戴記曰發肅愼은 乃管子曰八千里之發朝鮮不朝之發朝鮮이 是也며 漢書食貨志에 曰彭吳-穿濊貊朝鮮은 本史記平準書曰彭吳賈-滅朝鮮之詭辯的句讀法也라. 史記匈奴傳曰胡貊은 王氏曰胡는 樓煩, 林胡之屬이오 貊은 辰韓之屬이라하고 後漢書, 師古曰三韓之屬이 皆貊類라. 孟子曰夫貊은 五穀不生하고 無百官有司라하니 盖河東山東이 皆屬於彼所謂胡貊眞番濊貊朝鮮之舊墟也어늘 然이나 自古支那人이 蔑視外國하야 習與成性故로 其於詩史에 輒加無禮不美之名字하야 曰胡貊曰穢貊이라하야 遂岐名事而混하니 大可恨也라. 且其辛卯一事는 想必元載本紀而後史者-或漏而未記歟아 雖未敢質而斷이나 今己經倭漢人, 焜裂灰滅之後하야 不究當日犯碑之故하고 徒把詭辯的句讀法하야 陰護其百古難容之首惡하니 是其諱恥爲不恥者之最也로다. 辛卯倭亂이 曾被親征之初戰自破나 而百濟之聯倭犯境이 連年不解하야 至使倭人으로 先入新羅城而屠燒하니 於是에 天威赫怒하사 躬率水軍討伐하시니 是知百濟之不能支라.

　　最巧黠之倭軍이 乘釁背濟하고 而陰斬辰斯王而獻之高句麗하니 高句麗-急發大兵하야四進攻討하니 時에 百濟軍之屯守遼西江左, 對馬九州, 漢水南北者-多陷沒焉하니 碑稱五十八城七百村이 是也라. 然이나 百濟之聯倭作戰이 始自永樂元年辛卯하야 至六年丙申而止耳라 乃所以元年記事가 不在於「其詞曰」初頭而權入于永樂五年歲在乙未條之下하니 盖元年辛卯는 自與六年丙申으로 當爲一連競逐之戰事也라 以故로 斷不可以兩斷看也니 若以兩斷爲是則是眞大不是也니라 我有我碑하니 我碑我讀이오 不可使人讀我碑也로다 繼得碑稱永樂五年歲在乙未에 以碑麗, 不貢으로 整師躬率하야 往討巨富山負山하시고 至其鹽水上하야 破其三部落이라하니 是爲契丹中叛不貢之可證이오 如高句麗本紀「永樂元年九月에 伐契丹하야 虜男女五百口하고 又招諭本國陷沒民口一萬而歸」라 負山은 依雲樵先生說則爲拜察山이니 一云白岔山이오 在克什克騰之旗境과 及蒙古察哈爾部之界라하시고 從舊園文錄則鹽水는 今爲嫩江이니 如此證之면 則所謂三部落은 乃今之呼倫池와 貝爾池, 臚濱河也-無疑라 然이나 據朝鮮上古史則巨富山은 即顧炎武所著修文備史에 以爲陰山山脈之臥龍山이 是也며 負山은 乃甘肅西北之阿拉善山이 是也라. 山下에 有吉蘭泰鹽池하니 是即碑稱鹽水也라. 海拔三千一百尺이오 池中이 積産鹽하야 池畔凝結이 二尺으로 至六尺하

니 遠望如積雪이요 一名은 吉蘭泰湖라 碑稱磧麗는 乃蠕蠕之音混이니 音可讀囉囉也라. 亦卽匈奴之一族이오 非契丹八部之一也라하시니 此說이 甚好甚好라. 與碑稱降禿髮하고 因襲取凉州城之文으로 隱然有前後憑應之勢하니 今不可不以此爲的證者也라. 碑稱十四年 甲辰에 而倭不軌하야 侵入帶方界라하니 而倭之而는 當作伊라 據太白逸史則日本에 舊有 伊國하니 亦曰伊勢라. 與倭同隣이오 伊都國은 在筑紫하니 亦曰日向國也라. 自是以東은 屬於倭하고 其南東은 屬於安羅하니 安羅는 本忽本人也라하니 是乃「而」之爲「伊」之證이 라. 所謂帶方은 本樂浪郡屬縣이나 山上帝元年에 玄菟樂浪이 盡爲我所陷이라. 漢書地理 志에 曰建安中에 公孫康이 分二縣地하야 置帶方郡하니 屯有·有鹽이 並屬遼東屬國이라 하고 王志修碑歌에 亦云遼方舊郡連帶方이라하고 楊師道詩에 電擊驅遼水오 鵬飛出帶方 이라하고 讀史方輿紀要에 衢州豊潤縣東八十里에 有腰帶山이라하고 前漢地理志注에 帶 水西至帶方하야 入海라하니 據此則帶水-出自腰帶山하야 西流하고 復南流而東折하야 至 白河口少北處하니 今塘沽가 乃其境也라. 又其碑稱「帶方界」三字下에 金毓黻釋文은 有曰 太王率兵自石城島八字하고 朴時亨釋文은 渡海二字以下九字는 缺하고 以下有平穰二字 하고 平穰二字下에 四字缺而卽有相遇二字하야 以下繼之라. 然이나 先考檀海公存時에 嘗謂 兒輩曰去辛酉冬에 往見柳河縣王連福氏家하니 有數種拓本이라. 考覽則有二條可採者하니 一曰倭以辛卯年來之年二字는 作「來王」하야 讀之以「倭以辛卯來 王渡海破」로 爲句하고 二曰十四年條「自石城」三字上에 有「王率水軍」四字하고 「自石城」三字下에 有島一字하고 連船二字下에 有「結陣以制海 遣將戍守」九字하고 又平穰二字下에 有「踵躪倭寇」四字하 야 以續「相遇」二字라하시니 今復以此爲整書하니 則曰「王이 率水軍하야 自石城島로 連 船結陣하야 以制海하고 遣將하야 戍守平穰하고 踵躪倭寇하야 相遇」라. 至今反復思之컨 대 文與事勢가 殊爲近理故로 可從也라. 其稱十七年丁未에 敎遣步騎五萬往討之下에 諸本 이 皆爲異寫, 或見缺字로대 而我雲樵先生徵考는 以契丹云云으로 書之하시고 碧山先生考 釋은 宿軍城云云으로 錄之하시니 姑存兩說하야 以俟後考라. 據本紀則元年九月에 有曰伐 契丹하야 虜男女五百口之文하고 十一年에 亦有云遣兵攻宿軍城하니 燕平州刺史慕容歸- 棄城走之之說하니 皆歷史上實存可信之最大事件也라. 蓋契丹者는 其先이 庫莫奚로 同種 이러니 並爲慕容氏所敗하고 俱竄於松漠之間이오 至後魏時하야 號爲契丹하고 唐時에 國 內分爲八部라. 且其宿軍城은 宿衛之禁軍所在니 丹齋先生이 以爲鄴縣이오 亦曰龍城이라 하시니 今據讀史方輿紀要則河南省監漳縣條에 有曰鄴城은 在縣西二十里가 是也라. 德興 里古墳에 有信都郡信都彩都鄕甘里人高氏鎭之誌銘하니 今博川이 古之信都郡이오 一稱古 德縣이라 坊曰德安이오 洞曰德達, 德仁, 都南이오 驛院曰甘草니 今德都甘三字가 蓋其殘

痕也라. 今高鎭者는 仕於高句麗者라. 信都之爲郡爲縣은 己屬先天이오 歸化非歸包之爭은 是亦浮薄浸怠之行也라. 何足與之輕重哉아 且其官曰國小大兄은 乃高句麗之官等也니 依隋書則曰小兄은 三品이오 大兄은 二品이라. 又有龍驤將軍使持節東夷校尉等之號하니 據南齊書則百濟據有江左之時에 亦有冠軍將軍龍驤將軍之爵이오 今見龍田里拓境之碑에 指新羅謂東夷하니 東夷二字는 不必色眼看也라. 蓋此官號가 仍循舊慣하야 以悅新付之人心하고 德義授政하야 以先利導宣撫之爲一便法也라 今高句麗-方在隆振外競之威하야 廣固之幽州와 玉田幷其常山之遼東과 雁門北界之胡貊辰韓上谷之眞番朝鮮潘國이 彼所謂東夷胡潘之地니 於此新付之日에 譏察邊防하야 淸鄕以安은 不可一刻緩也라. 其仍舊校尉는 乃監檢五胡魏齊之爲也니 復何疑其間哉아 昔에 遼攻大震爲東丹國時에 乃大震國地이니 亦仍舊宮殿하며 被十二旒冕服하야 皆畵龍像하며 稱制行令하니 是其一例也라 今附日僞學之輩가 妄自姦巧하야 故傷史實하니 其亦天也라 爲之奈何哉아 吁可嘆也니라 碑稱帛愼은 白舟白亨奎隨記에 曰一稱白鮮山이니 在今沿海州白玲峽西南이나 未詳이오 東夫餘者는 太祖武烈帝隆武十六年에 降封都頭하야 遷于南曷思하니 卽今之琿春이오 亦卽東明國東夫餘城舊墟也라. 先是에 解夫婁-爲東明王高豆莫之所逐하야 至岢葉原立國하니 今北滿洲舊三江省通河縣岔林이 是也라 及帶素之遇害하야 其年四月에 帶素之弟曷思는 攻破海頭爲王하니 是爲曷思國이오 後爲大震東京龍原府地也라 至都頭王하야 而復遷之琿春하고 仍舊東夫餘라. 帶素之從弟絡氏는 至大武神烈帝五年七月하야 以其國으로 降於高句麗하니 以命으로 安置椽那部러니 後稍自國而轉徙于白狼山燕山等地라. 碑稱鴨盧는 亦稱把婁니 前已言之오 住婁는 李碧山師曰虞婁니 今呼倫縣海拉爾河南岸이오 或曰畢拉爾之一族이라 碑利는 卽神離之混音으로 又稱夫伊婁하니 今貝加爾湖之南境이라. 晋書列傳에 裨離國은 在肅愼(龍州屬縣)西北하야 馬行으로 可二百日이니 領戶二萬이오 養雲國은 去裨離國馬行이 又五十日이니 領戶二萬이오 寇莫汗國은 去養雲國이 又百日이니 領戶五萬餘요 一群國은 去寇莫汗이 又百五十日이니 計去肅愼이 五萬餘里라하니 蓋句茶川은 蓋今東部鮮卑爾亞之勾爾耶侯羅川也라 比利는 全州古號, 比斯伐이니 比斯伐之人이 移居九州者也라. 神功四十九年에 所謂比利, 辟中, 布彌支, 半古四邑이 自然降伏云云은 正謂古爾王十五年戊辰事也라 時에 百濟·與我有俱存之義하야 去年丙寅之魏寇丸都也에 先乘其虛而遣兵하야 襲取樂浪하고 今又取得九州之四邑하니 其有聲譽於遠外를 從可知也라. 然이나 今其比利人之又爲高句麗, 陵園護守之職하니 是其實錄也라. 碑稱又取韓濊二百二十家라하니 則所謂韓者는 其別有三하니 一曰百濟者는 爲中馬韓之舊故로 支那人이 仍謂百濟爲馬韓이오. 又或單稱曰韓이니 曰馬韓曰韓은 乃是百濟之全稱으로 看之可也며 二曰專指遼海出兵之百

濟하야 爲曰韓曰辰韓하니 盖中馬韓이 更爲辰, 弁二韓之辰王하니 自是辰王辰韓之權이 不
在中辰韓이오 而在中馬韓하고 中馬韓之舊統이 又歸百濟하니 則自是百濟-似或可稱辰王
辰韓也나 乃特殊稱也라. 然이나 金富軾이 本不知馬韓之源委하고 其於太祖武烈帝隆武六
十九年에 帝-率馬韓, 濊貊一萬騎하야 進圍玄菟城이라하니 金富軾이 自註曰馬韓이 以百
濟溫祚王二十七年으로 滅이어늘 今與高句麗로 行兵者는 盖滅而復興者歟아하야 乃以馬
韓으로 自別於百濟하야 作如兩國하니 盖誤見也라. 陳壽三國志에 只有韓傳하고 而無百濟
傳하니 的是彼謂馬韓으로 爲百濟者라. 更無復可疑者나 然이나 其實은 欲掩百濟之武而不
彰也니 是其支那人傳來之長技也니라. 且其濊貊者도 亦然하야 彼無所據而故有爲而爲之
하니 其分이 亦有四라. 其一은 濊水之貊이니 盖眞番二國之屯聚濊水之稱也라. 史記正義
에 謂濊貊爲濊하고 應劭-又謂之眞番朝鮮玄菟胡國이오 說文注에 樂浪潘國은 卽眞番이 是
也라. 其二는 謂解爲濊하니 濊는 一作桓也라. 解濊同義하고 渙桓同音이니 濊卽桓也며 謂
九黎爲貊하니 貊卽檀也니 夫濊貊者는 乃桓檀之轉訛也라. 其三은 謂靺鞨이니 靺鞨은 與
挹婁, 葉瑠, 鴨盧, 勿吉로 音義相似者라. 金仁問傳所謂高句麗-與濊貊同惡과 與其太祖武
烈帝之率馬韓, 濊貊·進圍玄菟者-皆靺鞨之謂也라 其四는 彼以濊爲夫餘하고 又爲北貊하
며 而又以高句麗爲貊하고 又爲貊人하니 所謂濊卽貊也라. 三曰天帝桓仁氏之王天下也에
分統十二國하니 乃天海以東之地라. 就中에 有寇莫汗·客賢汗之汗하니 汗은 卽碑稱之韓
으로 相通이요 又有韓濊하니 一爲古桓國慕化來者오 一爲百濟化中氓也라. 又有桓夫帝·
慈烏支하니 帝亦支, 支亦氏로 互用이라. 又有一群, 養雲하니 盖謂群爲軍이오 謂雲爲神也
라. 故로 帝之爲言은 蒂也니 卽綴實之義오 亦果鼻之謂也라. 氏之爲義는 貴所種也오 支之
爲言은 重所柱也니 總謂之主宰也라. 又碑載守墓人烟戶하야 國烟曰三十이오 看烟曰三百
이니 總之爲三百三十家者也라. 國烟은 國家勅命之烟戶오 看烟은 官府所定之烟戶니 盖天
下古今所未有之園陵護守之制也라. 聖碑之東, 最近地에 有一大石造陵하니 山林勝塏하야
宛然罡阜之勢가 如龍蟠蜿하고 如虎踞侍하야 精剛靈活之氣가 英發於時空界하야 使我六
千三百萬民族으로 能自獨立於日出光明之鄉하니 眞億萬年碓偉壯嚴, 睿智聖武之平安大好
太帝聖陵也라. 四顧平衍하야 多有古陵하고 土塚石陵이 星羅碁布하야 數至百千이나 皆立
石柱於地下하야 用巨石壘造하니 其陵園之制는 古所罕比也라. 問之土人컨대 均稱高句麗
烈帝陵이오 或稱聖曰皇帝陵이라. 今聖碑之東에 惟平安大好太帝聖陵이 極廣大最明粹하
야 歷代烈帝之中에 最高第一壯大之石造陵也라. 據汕耘張道斌氏大韓歷史則底邊前面이
長二百尺이오 左側面이 二百尺이오 周는 約八百尺이오 高는 五十五尺이오 初層石壇은
以大石材七枚로 築城하고 側面西隅에 有控石하야 廣五尺八寸이오 長은 十九尺五寸이니

皆巨石也라. 天井石은 東西徑이 十五尺이오 厚는 二尺六寸五分이니 亦一枚石也라. 倭俗이 貶之相呼하야 爲將軍塚者는 乃山上帝陵也오 非平安大好太帝聖陵也라. 碧山李德秀先生考釋이 多少與雲樵大承正之徵實考로 有一二不同이나 而其所以表章聖碑之大義는 固無有異者也니 較諸倭漢人之臆斷粧撰之釋文컨대 則高出群類하야 條析循理而爲可準也라. 然이나 今師遠碑殘하고 若余湔劣이 生倭漢輩剪粧幾滅之後하야 獨學孤陋하고 四顧無問하니 庶不爲自陷於回互淪宲之術中者를 姑未敢質而言之나 今聖碑作幻之餘에 更復難借史才於異代故로 余雖不才나 廣集諸拓各釋之文하야 以規父師之訓하고 熟考精究하야 條分類別할새 去其拓之不雅馴者하고 徵之經史하야 擇其釋雅之尤雅하고 日與諸核郎으로 難疑相確而未盡也라. 噫嘻라 在昔에 太世睿成四朝收上之書는 眞是固有惟一聖典이어늘 乃土儒者之皆不傳이오 朝代, 大辯, 三聖之記說은 薦紳先生이 難言之하니 蓋土儒並倭漢人之所不喜深考者也라. 窃想컨대 東天이 旣明矣라. 時乎時之方來矣라.

一千三百年之事大와 三十八九年之植民은 已付先天豕獐之夢하고 鄒牟乾坤永樂之日月, 九百七年과 大震人人當一虎之二百六十七年과 高句麗之舊高麗, 四百七十五年이 繼繼繩繩하야 其壽喬岳萬世永昌之多勿主義, 統一高句麗活寫眞은 方遍歌于大倍達民族文化史重光之新世紀也라. 毀譽批判은 非余之所關心이오 旣自有天符主義之爲民族的主體史觀과 並其價値之正立으로 確乎立其如磐石不拔之主旨則自來難言不傳之文과 並漢子之烻火砟裂之拓하야 乃至倭奴石灰塗付之一切字句諸釋을 今幷一括論次하야 惟此高句麗, 烏羽記法蒸羽寫字之活法으로 克正其不雅馴之拓하야 悉歸于雅之尤雅之釋하노니 是亦龜船之法으로 敵衆而敵不能害하고 烏羽之書로 彼隱而彼終不諉也라. 我自知我之眞獨이오 而能無復求其眞獨之生命力이 可乎아 是余所以拳拳焉至老不休하야 更不必跟跟於孔朱宋, 春秋假明之斜論과 與夫附日作幻之搗鬼浮影푸니라.

去癸丑歲에 旣爲因人以刊譯註나 而主辦者獨斷削縮이 甚多하니 其紀年記事之轉倒改印은 今未必區區說也라. 故로 越二年乙卯秋에 偶得新釋於獨立鬪士金泰淵氏家하니 乃大韓民國臨時政府平安北道督辦碧山李德秀先生考釋也라 自是傾襟하고 傾注此文하야 僅得其要하고 復取徵實之考하야 互相發明하고 更復縱橫搜索하야 通古照今에 一無漏脫하며 左右就正에 反復憑照하야 不傾詭道하며 執中勿失하고 間附己意하야 作此廣開土地經批議하니 嗚呼噫嘻라. 今玆吾等이 疾呼於衆者는 乃倍達之爲獨立國이오 倍達人之爲自主民이니 把持所以廣開土地經批議하야 多勿立義하고 而復興吾倍達文化하야 一其持標定志하고 不詭於道하며 莫陷非我하며 座言立行하야 惟以一意眞實하야 劃然作史學反正之先鋒也니라. 何哉아 天地間光明正大之氣가 集結於民心하고 激發全局之義憤者는 史學之偉力

이 是也라. 國家興亡이 雖在天命이나 然이나 民有此心此氣則能自獨立이어니와 若無此心此氣則何能統一起見이리오 乃耳古目今之爲眞知矣오 知我求獨之爲力行矣라. 惟願我居發桓核郞은 其勉之어다. 國先不立而民失統一이면 而天下人이 何由以得其安全保障乎아. 此余所以作廣開土地經批議也니 更請後來有憂之仙人健者는 幸或採擇焉하오라.

神市開天五千八百七十二年歲在乙卯十一月十四日卯初에

檀鶴洞人李裕岦采英은 書于摩利山之下 居發桓開天閣之靜修觀

螺蛉子 - 白亨奎 隨記『直松軒의 楛葉養螟』

李裕岦

　　김부식은 朝鮮古史(조선고사)가 결망(缺望)된 까닭에 무호동중(無虎洞中)의 호리(狐狸)와 같이 조선사가의 비조(鼻祖)가 되었지만 피(彼)의 악랄한 수단이 참 통오(痛惡)스러울 뿐만 아니라 그 사학적 두뇌가 비상히 결핍하야 피(皮)가 중국서적에서 어떤 박학도 너무 창피하야 사기조선 열전의 「聚燕齊亡命者 王之 都王儉 : 연제의 망명한 자를 모아서 왕노릇하며 왕험성에 도읍했다」를 인용할 때에는 王之를 하문(下文)에 붙여 「王之都王儉(왕지도왕험)」이라 하야 그 구절을 옳게 떼지 못하였으며 송서 고구려전의 「璉不欲弘南來 : 璉(련) 풍홍을 남쪽으로 오게 하려고 아니했다」를 이록(移錄)할 때에 璉(련)을 왕(王)으로 고치면서 來는 그대로 두어 장수제(長壽帝)가 평양에 앉지 않고 절강(浙江)에 앉으려 하는 말이 되었으며 수서의 「高麗 驕慢不恭 帝將討之 : 고구려가 교만하고 불공손하므로 황제께서 장차 치려했다)」는 「我 驕慢不恭 帝將討之 : 우리가 교만하고 불공손하므로 황제께서 장차 치려했다)」라 개서(改書)하야 허리 부러질 「我」란 주인을 찾았으며 책부원구(冊府元龜)의 성모명진(姓募名秦)을 등사하야 신라박석금 삼성(三姓) 이외에 턱없는 의문의 모씨제왕(募氏帝王)을 인사하게 되고 이밖에도 이같은 「盲人夜行(맹인야행)의 기사」가 많으니 선택없는 박학(博學)은 박학 아닌 선택만 못 하다 하였다. 참으로 김부식의 「更名吾王 爲下句麗侯 : 다시 우리왕을 고쳐 이름하여 하구려후라 했다」는 그쉬(구더기)가 쓴 머리의 사고방식은 하대무현(下代無賢)의 탄(嘆)이 없을 수 있겠는가. 李丙燾 등의 韓國史第四編(한국사제사편) 「고구려후 추(高句麗侯 騶)」란 인물에 대해서 고구려후는 물론 고구려왕의 謂로, 위에 왕망이 책명사를 보내어 일방적으로 강봉(降封)한 그임에 틀림없은즉 그는 삼국사기의 유리왕(瑠璃王)에 해당되고, 시건국 四년은 동왕 三십一년에 속한다. 그러나 삼국사기에 나타난 고구려 왕계(王系)에는 그러한 이름은 보이지 않고 오직 시조의 이름인 鄒牟(추모:朱蒙)가 거기에 가까울 뿐이며 (中略) 그러면 삼국사기의 我將延丕(아장연비)라는 것은 어떤 고기(古記)에 의거한 설(說)인지도 모르겠다. 그는 그렇다 하고 문제의 「騶(추)」는 본시 누구의 이름이었던가.

　　오전(誤傳) 혹 과장이라 하더라도 전혀 무근한 존재는 아닐 것이다. 즉 「騶」는 「고구려후(高句麗侯)로서 당시 한인(漢人)에게 저문(著聞)된 이름인 듯하므로 그 실재를 의심하거나 부인할 수는 없는 것이다. 그 이름의 근사(近似)함으로 보아 그는 결국 위에 말한 고구려 시조 추모(鄒牟 朱蒙)의 지칭으로 볼 수밖에 없다고 하였는데 이것도 모르긴 하지만 李丙燾는 순수한 학자적 양심에서 썼다고 자부하리라. 그러한 사실을 사실대로 밝히는 것은 「민족정신과는 아무 관련이 없는 것이고 그것은 어디까지나 순수한 학문의 세계인 것이다. 한국인의 머릿속에 들어 있는 정신이라는 것이 곧 한국정신이며 한국정신이란 자기만이 그것을 가졌다고 떠드는 머릿속에만 들어 있는 것이 아니다. 국적이 없는 한국인이란 없는 것이다」(東國史學 一九八一年 五月) 물론 그렇다고 볼 때, 李儁(이준) 열사도 국적없는 한국인일 것이며 송병준 이완용 모두가 국적없는 한국인은 아닐 것이다. 李容九의 일진회 호소문 소위 「人窮返本故로 憂愁悲苦에 未嘗不呼父母하고 迭痛慘怛에 不能無呼天者라 : 사람이 궁하게 되면 근본으로 돌아가는 까닭에 걱정하고 탄식하고 슬퍼하고 괴로워함에 일찍이 부모를 부르지 않음이 없으며 병나고 아프고 성내고 놀램에 능히 하늘을 찾지 않음이 없다)」그것은 피차의 스스로 우러나오는 인정이라 하자 그렇다해서 「宜聽日本하야 更始一新(의청일본하여 갱시일신)」하는 실로 민족정신과는 관계없는 인간 그대로의 한국인 정신 곧 순수한 학문의 세계에서 볼 때 과연 邦家萬世(방가만세)의 不拔洪基(불발홍기)는 創立韓日合邦(창립한일합방)이라고 우리나라의 문서 역사에 대서특필할 용기를 가졌다고 자부라도 할 수 있다는 것인가. 김원룡 교수의 소위 「국사란 결코 자국의 역사를 과시 미화하고 치부(恥部)는 모두 숨기고 자기 나라가 남의 나라를 정복하고 자기 나라 문화가 남의 나라를 휩쓸었다고 써야만 하는 학문이 아니다」 이기에 형식적인 체면개화(體面開化)의 속에 외척민씨(外戚閔氏)의 학정이 계속되고 동학란의 남은 물결이 외세의 그늘진 甲午更張(갑오경장)의 등장과 함께 허수아비의 光武改革(광무개혁)이 걷잡을 수 없는 역사의 정치과정을 겪어 왔지만 아직도 국적있는 한국인인 체 하면서 李某의 「역사를 종심(縱深)으로 꿰뚫는 정신은 없다. 爲堂의 〈五천년간 朝鮮의 얼〉 丹齋의 〈독립정신〉 朴殷植의 〈魂〉 신규식의 〈한국혼〉 崔南善의 〈조선정신〉 따위는 존재하지 않는다」(朝鮮日報 一九七三年十一月十三日)는 자의방담(恣意放談)을 서슴치 않는 가명(假名) 토왜(土倭)의 군상(群像)들의 용기(俑氣) - 그것이 바로 남의 회갑 축하의 기회에 실로 名과 실이 相符(상부)되지 않는 尉遲(위지) 문제를 덧붙이려는 색위행괴(索僞行怪) 또한 국사바로찾기 국민계몽의 주변에서 반대현상으로 일어나는 때에 허수아비들의 기운(俑氣)에 지나지 않는다. 어째서 그러냐 하면 (更名吾王 爲下句麗候)라는 사귀(史句)는 僞朝鮮史(위조선사) 편수관보(編修官補) 한 사람 밖에는 믿지 않을 것이며 위서의 「出大汗氏 爲韓氏: 출대한씨가 한씨」가 되었다한 그 韓氏는 위락의 「冒姓

韓氏(모성하여 한씨)」라 했다한 그 韓氏와는 서로 혈통이 같을 수 없으며 「獨孤氏後改爲劉氏 : 독고씨가 후에 고쳐서 유씨가 되었다」한 독고씨는 「獨孤渾氏後改爲杜氏 : 독고혼씨가 후에 고쳐서 두씨가 되었다」한 독고혼씨와 더불어 같은 혈통이 될 수 없는 것이다. 또 그 「西方尉遲氏後改爲尉氏(서방위지씨는 후에 고쳐서 위씨가 되었다)」하고 당시에는 위지공전(尉遲恭傳)이 있다. 위지공(字敬德)은 당서에 삭주선양인(朔州善陽人)이라 하였으나 이는 평안도 삭주나 춘천 고호(春川 古號)삭주가 아니다. 덕흥리(平壤市郊外德興里)에서 출토된 묘지명(墓誌銘) 유주자사 진(高鎭)의 信都人(신도인)이라 했은즉 이는 한 신도현(漢信都縣河北省)이 아니고 평안도 신도군(信都郡:今嘉山)이며 護東夷校尉(호동이 교위) 등 이것이 본시 한위진(漢魏晉) 역조(歷朝)의 벼슬 이름이지만 이제 동이(東夷) 두 자의 호칭이 꼭 고구려나 백제에 대한 국한칭(局限稱)이라 볼 수 없고 저들의 소위 선비동호 등 딴 겨레를 총칭한 것이므로 고구려 또한 그들이 통치하던 토경과 인민들은 선무하자매 그대로 동이교위를 인치(因置)한 것이라 볼 수 있다. 중원군 高句麗拓境碑(고구려척경비)에 보는 東夷(동이)의 한 예로 볼 것이다. 乙巴素(을파소)는 유리명제(琉璃明帝) 때의 대신 乙素의 손이라 했으니 고구려의 乙氏는 위서백관지(魏書)의 「乙弗氏(을불씨)」가 乙氏가 되었다한 乙氏의 먼저라고 할 수 없으며 다만 우리가 어려서 서당에 다닐 때부터 乙支文德 장군은 지금 강서군 증산면 石多山 사람이라 하는 말을 익히 들어 알고 삼국사기에는 분명 고구려 사람이라 하였다. 수서고 당서고 중외 어느 기록에도 尉遲氏(위지씨)의 일족으로서 고구려에 귀화했다는 문증도 물증도 없는 것이다. 그러나 민족정신과는 관계없이 순수한 학문의 세계에서는 李一醒(리일성)과 李容九의 서로 함께 같은 국적(國籍)으로 보고 한때 반민특위에 출두한 김갑순의 답변 「李完用은 나라는 팔아먹었어도 민족을 살린 공이 있다」고 하듯이 식민교육을 받고 식민생활의 안일함 속에서 한편 독립투사들의 옥창을 보지 못한양 나라는 망했어도 조금도 부끄러움 없이 해밝은 서울길을 활보하고 있었나니 호랑이 없는 이 강산에 누가 감히 나를 여우라고 조롱할 것인가 하겠지만 민족과 역사는 여기서 끝나는 것이 아니다. 淵蓋蘇文 장군을 羊皿(양명)의 화신이라든가, 李文眞을 밖에서 데려온 사람이다, 또는 분명 천사(遷史)에 연사람으로 적혀있는데 위만인이지만 朝鮮人으로 내세우고 태백산 단목 밑으로 내려왔다 했는데 무엇 때문에 알타이산에서 왔건, 어디서 왔건 하는 식의 부언란어(浮言讕語)를 펴는 것은 무슨 심사일까, 모든 역사상 사사건건을 이런 식으로 풀이하자면 한이 없고 널리 인간을 보람있게 할만한 일이 못 된다. 이런 따위 모두 쇠고기 몇 근에 팔린 거수기 사학자 때문에 주와 객이 자리가 바뀌고 진과 망(妄)이 서로 뒤섞이게 되는 것임을 모르는 것인가.

이것이 바로 속담에 「白龍이 도엽(稻葉)의 명자(螟子)다」라는 옛이야기에 비유할 수 있다. 백형규(白亨奎)의 수기(隨記:稻葉養螟)의 「稻竿葉捲蟲 兒戲作釣龍, 龍者天所貴 化則人所賤, 君子人所尊 變則世所卑, 從倭忘國恥, 却是類此類, 汝眞有魂者 決莫從倭做 稻子吸稻露 倭僕食倭粟, 從倭稻梁謨 譬諸白龍化 白龍下淸冷 化爲淵中魚, 遂爲漁者射 白龍上訴天 何形何處在 白龍曰云云 魚者人所射 倭者國所讐 不化焉能射 不從誰可讐, 稻竿葉捲蟲, 戲譏養倭螟, 市有白龍臕 不在言所及, 稻葉養螟子 倭說做行屍楚王好細腰 後宮飢死多, 戚関虐爲政」「賊完爭賣國 一朝螟子作 桓書變倭說, 腰不細者疎 疎則楚何近 書不倭則斥 斥者倭不用 一世總倭色 何處得桓魂 勸汝莫腰細, 戒不從倭食, 白龍元始龍 賣奴同國籍 昨龍今非龍 今奴作非奴, 我與非我戰 白日判潮頭 何形何處在 決案在史家」(直松軒李龍潭作)

벗짚으로 만든 낚시대 끝(稻竿)에 달린 잎을 말아 그 속에 사는 벌레(葉捲蟲). 어린이 놀이로 용 낚는 시늉을 한대요 용이란 삼신하느님이 귀엽게 여기지만 탈바꿈하면 사람들은 천하게 본단다 군자란 사람들이 높이 보지만 지조를 변하면 세상은 비열하다 하느니 왜놈따라 나라 부끄러움 잊으면 문득 이것이 이런 따위와 같지요. 너희가 참으로 혼이 있다면 결코 왜를 따라 닮으려 마오 벌레새끼(稻子)는 벼 이슬을 빨아먹고요 왜의 종살이는 왜 밥을 먹느니 왜를 따라 식량을 꾀한다면 그건 흰룡이 탈바꿈함과 비유될게다. 흰룡이 맑고 서늘한 데를 찾아 나려와 못가운데의 물고기로 탈바꿈했대요 드디어는 낚시꾼에 물려 들었지 흰룡이 하늘로 올라가 하소연 했더니 어떠한 모양을 하고 어떤 곳에 살았느냐고요 흰룡이 가로대 이러이러 하외다 물고기란 낚시꾼이 낚는 거야 왜놈이란 나라의 원수다 탈바꿈 안했으면 어찌 가히 낚겼으며 따라 닮지 않았으면 누가 감히 원수라 하랴. 벗짚으로 한 낚시대 끝 잎마른 속의 숨은 벌레 놀음놀이로 왜놈벌레 기름을 기룽하느니 장거리에는 흰룡 곰국도 있다지만 말하자는데 있지 않고요 벗짚낚시대(稻)잎(葉)말이(卷)속 벌레새끼(螟子) 기르고 왜놈 따라 설함이란 단니는 죽엄 닮는 거다. 초임금 가는허리 좋아하니 후궁들이 굶어죽은 자 많았단다 외척 민가들이 교학으로 정치했고 역적 완용이 다투어 나라 팔았죠 하루아침에 벌레들이 일어나니 붉사람의 글 왜놈식으로 설하더라. 허리 가르지 않으면 소박받고 설하는 식이 왜가 아니라면 배척하니 소박되면 초임금이 어찌 가까이 할고 배척인데 왜놈들 마다하느니 한세상 모조리 왜놈의 빛일새 어디에서 붉사람의 혼을 찾으랴 권하노니 너희들 허리 가늘려 말고 경계하노니 왜놈 닮아 먹으려말라 흰룡이 원시 룡이었고 나라 판 놈 같은 국적이었다. 어제(天界)는 룡이었으나 오늘(淵中)은 룡이랄 수 없다. 오늘(自己)의 매국노가 어제(父祖)는 매국노가 아니다 나(我)와 아닌 나(非我)와 더불어 싸움인데 한낮에 사상 물결치는 머리에서 판가름할 것이니 어떠한 모양으로 어떠한 곳에서 살았느뇨 판정에 붙이는 안(기록)은 올바른 사가에 달렸느니」

이제 이 위에 적은 도엽양명(稻葉養暝)의 시를 읽을 때 과연 십九년三개월 옥중에서 수련된 直松軒義士(직송헌의사)의 만강의혈(滿腔義血)의 용솟음이 아직도 우리의 눈에 선하다. 우리 임금을 봉하여 하구려후가 되었다. 騶(추)는 추모(鄒牟)다. 蓋金(개금)은 양명(羊皿)의 화신이다. 유주자사 진(鎭)이 출생한 신도(信都)는 평안도 嘉山인데 하북에 있는 한현(漢縣)이라 하고 한현수성(漢縣遂城)을 오늘의 산해관 진황도 근방인데 되려 황해도 수안군이라 하여 진시왕의 만리장성을 이쪽으로 끌어붙이고 있으니 「어린이들의 조롱하는 놀음 : 稻竿葉捲蟲 兒戲作釣龍」을 방불케 하고 있다. 참으로 현도군(玄菟郡)은 산서(山西) 하남(河南)과의 견아(犬牙)한 지대에 있는 사실인데 진서재기서(晋書載記序) 玄菟를 싸고(苞, 抱也) 황하를 드린다(歁 納也)한 것과

※ [晋書載記序] 燕築造陽之郊하고 秦塹臨釣之險하며 登天山 · 絶地脈하고 苞玄菟 歁 黃河하니 所以防夷狄之亂中華니 其備豫如此라

또 그 사기흉노전 상곡(上谷 : 申菜浩曰大同縣)으로부터 동쪽은 회맥조선(濊貊朝鮮)으로 연접했다하고 또 사기정의에 회맥은 현도라 했고 사기기색에는 현도는 진번국(應劭云玄菟本眞番國)이라 한 그 문서 역사가 충분히 이를 증명하고도 남음이 있다 하겠다.

漢四郡 正誣論 譯註

詹園 鄭寅普 교수 著

檀鶴洞人 李裕岦

　담원 정인보 선사(詹園 鄭寅普 先師)의 한사군 정무론(漢四郡 正誣論)은 선사가 누대에 걸쳐 지나 사가들이 교설(僑設)한 한사군을 지나에 이어 위조한 물증을 제시하며(조선고적도보) 한동반도내에 비정을 기정사실화 하려고 조작한 일제의 어용학자들의 흉모를 낱낱이 밝힌 명저(名著)이고, 선생님은 우리 국사찾기에 있어서 우선 중요한 문제이므로 그런 왜인에게 협조하고 배우고 해방 후에도 왜인의 학설을 여전히 좇는 가왜(假倭)군상들의 가면을 벗기기 위해서라도 「한사군 정무론 역주」를 썼다.

　원문은 담원선사의 「漢四郡 正誣論」(大倍達民族史2권 240p)로 대신하고 국사찾기에 생을 건 선생님의 육필이 녹아 있고 또, 아직도 왈왈(曰曰)하는 그 말학(末學)들에게도 일독(一讀)을 권(勸)하기 위해 그 서문을 전재(轉載)한다. (筆者 註)

漢四郡 正誣論 譯註를 펴내는 理由

-序 韻-

天遣大賢史草存	一篇正誣動乾坤
古蹟圖譜非實錄	樂浪時代屬浮言
幾陷植民肇漢郡	猶搜出土勵桓魂
土倭不遵國先訓	敢何搗鬼釀禍源

三巴體制初相同	自在乘機族競中
陰間使人謀國事	疑有反計排漢風
山僕逡巍皆坐法	參陶峽最全立功
從比眞妄俱眼得	彼亦有心面嘲紅

尼谿是齊瀧淸連　　樂浪曾在濕水川

東接濊貊卽玄菟　　北京柳城臨潢川

(胡三省曰玄菟郡 在北平柳城之間〔漢書集解〕先謙曰 北平在今保定府滿城縣西)

匈奴左臂漢欲斷　　先起樂浪直當前

(起는 與說苑,「起九夷之師」之起字로 同義라)

(漢韋玄成傳, 東代朝鮮 起玄菟 樂浪 以斷匈奴之左臂) 玄菟樂浪屬夫餘 夫餘助漢史有傳

(一)

三神 하느님이 大賢 鄭寅普 교수를 보내사

〈古朝鮮의 大幹〉〈고구려의 創基〉… 많은 史草를 남기시니

그중에 한편의 正誣論! 생명력 있는 바른 이론은

맥박이 식어가는 오늘의 倍達 乾坤을 고동치느니….

하욤이 있어서 만든 그 장본인이 關野貞인데

〈朝鮮古蹟圖譜〉란 것 또한 사실이 아닌 기록이거니

[악랑시대] [대방시대] [예맥시대]란 朝代,

이도 또한 꾸며낸 [뜬말]임을 알아야 하느니….

하마터면 간교한 식민사관의 술책에 빠져서

우리나라 역사가 한四군에서 시작될 뻔 했지만

그래도 오히려 출토품을 낱낱이 찾아 가릴 수 있어

위대한 祖國, 통일된 붉겨레의 魂을 가다듬으리라.

너희들도 배달의 水土에 자라난 목숨이 아닌가! 토왜들이여.

내 나라 선조 선열들이 밝혀 놓은 역사의 교훈좇지 않고서

어찌타 구태여 黑旋風 빌리듯 搞鬼(거짓말장이)가 되어

崇明事大 附日植民 그대로 民族史의 禍源을 만들려느냐.

불朝鮮 尼谿(濊朝鮮) 衛虜의 변칙적인 三巴體制의 수립
準王을 몰아 낸 政變의 수습, 처음은 서로 같다지만
스스로 잠재한 틈만 엿보는 屠衛復讐戰의 전개 언제나 민족의 경쟁.
오직 자주통일 찾는 중이리라.

朝鮮大臣들이 몰래 중간에 사람을 樓船으로 보낸 건
衛虜와 漢寇 모두들 함께 쳐부수고 새나라 세우자 함 아닌가.
筍彘는 아마도 틀림없는 反擊의 음계가 있다 했고요
公孫遂도 그럴것 같다고 들리는 풍설을 의심치 않았다오.

어떻든 衛山, 楊僕, 公孫遂, 筍彘는 漢將인데
모두 시기 쟁공 괴계(乖計) 그리고 無功하므로 坐法되고
尼谿相參 將軍王唊 朝鮮相韓陰 그리고 最는 朝鮮大臣인데
右渠僞王과 右渠大臣成己를 誅滅하여 완전히 功을 세웠다오.

이렇게 衛,漢軍은 전멸되고 朝鮮大臣이 이긴 것을 좋아 생각해 보라.
참이다 가달이다 두 눈을 갖추었거든 환하게 볼 수 있거니
저들 사마천, 반고, 어환, 진수 또한 춘추주의 논자들이라,
그래도 學者의 양심이 있다면 嘲罵의 소리에 낯이 붉어지리라.

尼谿가 어디냐 이것이 옛날 齊땅 산동인데
尼谿相의 領地∶潽淸國이 빙 돌려 접했느리라,
그러면 樂浪國은 어디냐 後漢 때는 쪼개어 帶方郡인데
본시는 山東, 東武陽 濕水(一稱漯水)가 흐르는 沿邊이었다오.

〈史記匈奴傳〉 上谷 동쪽으로 접경이 濊貊朝鮮인데
〈史記正義〉는 濊貊, 이곳이 玄菟郡:眞番胡國이라 했소,
〈資治通鑑〉 胡三省註 현도군은 북평 柳城 사이다.
이제 알아보니 柳城은 河南西華의 西쪽 潢川을 바라본대요.

盧綰은 東屠盧王, 衛滿은 匈奴의 左臂 세상은 험극하다.
漢으로서는 平城의 雪辱과 衛, 盧의 叛寇를 끊고자 하여
먼저 朝鮮 大臣과의 密約. 불朝鮮의 再建과 함께
玄菟.樂浪의 독립군을 일으키어 바로 앞장섰느니라.

黃河의 別出.屯氏河.위가 臨屯國인데(晉書載記曰苞玄菟疑黃河)
玄菟.樂浪이 옛날부터 檀君夫餘의 屬領이었고
夫餘가 漢의 劉邦을 도와서 項羽를 쳤다함.
역사에 전해 오느니 오늘도 그 빛은 살아 있느니…

※北貊,以梟騎,助漢伐楚, 漢書曰高帝四年八月, 北貉燕人, 來致梟騎, 助漢,師古曰貊在
東北方 三韓之屬皆貉類也.

正誣論은 舊園 鄭寅普 교수의 역사적 名著의 하나이다. 그 저작 내용이 漢四郡의 역사
적 眞相을 究明하는 것인데 臨政때 臨政의 권한이 미치지 못하는 틈을 타서 대동강 유역
을 근거로 한 많은 조작된 출토 유물이 전시(展示)된 中 특히 封泥. 동종銅鍾. 刻石. 瓦當.
묘전墓甎 등 五種으로 구분하여 이것이 정책적으로 그 조작된 동기와 그 경과된 사실내
용을 과학적 방법으로 證考 분석하여 낱낱이 해명함과 아울러 일본 자본주의 침략의 魔
手가 마침내 신성 막중한 우리 역사와 歷史文化에까지 날조 내지 말살하게 되어 온 慘狀
을 證言해 주는 快著이다.
그러므로 이제 漢四郡正誣論譯註라고 표제를 붙이는 것임을 먼저 밝혀 두고 따라서
李丙燾-李基白의 對談 『鄭寅普는 史家라기보다…』하는 忠良鮮人의 語套로 『平壤에서
유물이 나왔는데도 樂浪郡의 위치가 요동에 있다느니…』하고 비웃는 말이 八─五 이후
于今 三十五年을 통행하고 있다는 것이 아닌가? 일본 경찰관의 주먹과 구둣발이 뻔질나

게 국사찾기 연구가의 어깨 위에 올려 붙이곤 하던 때가 어제같지만 아직도 국사찾기 해방의 시기는 먼 것만 같다. 아 슬프다! 고구려의 九백년 사직이 종말을 告하자 이 땅에는 당 계림주도독(唐鷄林州都督) 악랑군공 신라왕(樂浪郡公新羅王) 김춘추(金春秋)의 잘 못된 숭당사대(崇唐事大)의 국방외교 및 그 한화일변도(漢化一邊倒)의 국민교육이 마침내 내 조국의 독립된 민족역사를 송두리째 뺏어 버리고『혹』과 무욕(誣辱)에 가득찬 존주춘추(尊周春秋)의 허탄(虛誕)을 되려 사회유일(社會惟一)의 정의로 내세우며 부일식민(附日植民)의 태만과 부조리한 잔재를 그대로 오늘의 국사교육에 적용시키고 있는 실정이다.

어떻든 종래의 춘추사관은 사대주의 신라와의 서로간 대립된 처지에 있어온 항당(抗唐)독립의 대진국을 완전히 우리 국사에서 삭제해버리고 대진국 이전은 환단조선(桓檀朝鮮) 북부여(北夫餘) 고구려로 이어지는 것이 아니라 단군조선(檀君朝鮮)을 외기(外紀)로 적거나 그렇지 않으면 기자동래(箕子東來)의 밑에 붙이며 또 그 요회(遼濊)의 한 변경을 침략했던 위만을 아무 근거없이 위만조선으로 조작하여 전ㆍ중ㆍ후 三朝鮮의 位列로 위장(僞裝)함과 아울러 본래부터 그 건치연혁(建置沿革)에 대한 내용진상이 확실하지 않은 피소위(彼所謂) 한四군, 또한 사대주의자들의 조작을 기본 자료로 삼아 가지고 식민교육자들의 위조유물을 정책적으로 확대 선전함으로써 악랑시대 대방시대 예맥시대 등등의 허다한 가공(架空)의 조대(朝代)를 이끌어다가 사실상 정당하고 또 자유로이 발생한 것 같이 이리 붙이고 저리 끼워 가지고 언제고 권력의 그늘을 이용하여 눈 깜박할 사이에 많은 螟蛉(나나니)들을 길러내고 그들에게 벼슬을 주고 학위를 주고 또 상금을 주어 대번에 당세의 명사가 되게끔 한 다음 그들의 입을 통하여 버젓하게 소위 실증주의 객관적 사실로 내세우고 있으나 이것이 모두 임나일본부(任那日本府)의 허구성과 견주어 조금도 다를 바가 없다 할 것이다.

참으로 사대식민(事大植民)의 타율사관(他律史觀)을 바탕으로 하는 학문 사상의 풍토 속에 자라난 아닌 나(非我)의 가명군상(假明群像)과 격설주우(鴃舌做偶)의 나나니 잔도들이 아직도 사학계의 우이(牛耳)를 잡고 있는 것이다.

우상(偶像)과 이성(理性)은 동질(同質)이 될 수 없으며 진실과 허탄(虛誕)은 동위(同位)가 될 수 없는 것이니 한갓 국가의 主權을 상품으로 볼 수 있다고 해서 되겠는가 말이다.

지난날 과거(科擧) 출신인 李栗谷이 소위 해주사론(海州士論)이라는 조건(條件)을 들어 해동공자 崔冲을 종사문묘(從祠文廟), 전향서원(全享書院)할 수 없다는 반대의 이유가 최충의 교해(教誨)는 단지 과업(科業)뿐이며 또는 불사(佛寺)비문을 지어서 불의 공덕을 칭양하였다는 것이 아닌가(李珥答奇大升書).

장계곡(張谿谷)이 일찌기『기자가 가로대 상이 끝내 윤상 할지라도 나는 신복이 되지 않겠다 하였는데 만약 주발의 봉작을 받았다면 이는 주에 신하노릇하여 처음 뜻을 변한 것이니 사천의 말이 분명 이것은 무망된 것이오, 그리고 한서는 이유가 있다.(箕子曰 商其淪喪我罔爲臣僕 若受武王之封爵是臣於周而變其初志也 史遷之說明是謬妄 而漢書其有理)』한 것이지만 李栗谷은 아무 비판없이 평양을 기자의 도읍으로 위증하기 위하여 소위 箕子實記를 조작한 것이다.

이 기록에 담긴 사상이 첩첩이 쌓이고 적적(滴滴)이 흘러내려 옮겨지지 못하니 따라서 乃一强盜(石洲 先生說)인 위만을 거짓 기자조선과 함께 위만조선으로 조작하고 또 그 漢四郡의 한(漢) 식민지까지 부회환작하는데 이용가치를 만들어 주고 있는 것이다.

김부식의 삼국사기 이전부터 배달유기, 고구려유기, 해동고기, 三韓古記, 백제서기 같은 많은 문서역사가 전해 왔지만 김부식의 삼국사기에서는 충분히 참작 인용하는데 쓰이지 못하고 겨우 李奎報의 동명왕편에서 고구려의 법통이 북부여 해모수(解慕漱)로부터 나왔다는 사실을 밝히고 한양조선이 건립되자 극단적인 사대숭유(事大崇儒) 정책의 강행과 함께 太, 世, 睿, 成의 四世에 걸쳐서 조대기(朝代記), 고조선비사(古朝鮮秘詞), 삼성기(三聖紀), 삼성밀기(三聖密記), 표훈천사(表訓天詞), 대변설(大辯說), 같은 국학국사(國學國史)의 많은 서책을 수상(收上)하게 되자, 연산 중종의 交에 一十堂主人의 태백일사(太白逸史)가 엮어지고 임진 병자의 두 큰 국난을 치르면서 공허무실한 성리학에 대한 반발과 아울러 朝鮮 본위의 사관과 가치의 비판풍조가 일기 시작하자 권현(權俔)의 규원사화(揆園史話)와 혜풍 류득공(惠風 柳得恭)의 발해고에서 역사지리의 개편 이유가 강조되었으며 연암 박지원(燕岩 朴趾源)의 평양패수변, 그리고 李瀷의 성호새설에서 모두 한사군(漢四郡)의 압록강 이동설(鴨綠江以東說)을 의심하기 시작하였다.

光武 二年以來로 고서수방(古書搜訪) 운동이 시작되면서 해학 李沂선생의 增註 太白續經과 운초 桂延壽 선생의 환단고기 그리고 단재 申采浩 선생의 平壤浿水考 前後三韓考 朝鮮上古史와 碧山 李德秀 선생의 國史反正論과 함께 담원 鄭寅普 교수의 한사군正誣論이 세상이 소개되면서 국민정신 혁명의 뿌리가 되는 민족사학 확립의 길잡이가 되고 있는 것이다.

그러나 臨政의 삼부권한(三府權限)이 오랫동안 미치지 못한 지역은 한 때의 국민태만과 부조리가 그대로 쌓이게 됨과 함께 八·一五 이후 뜻하지 않은 미·소의 남북분주(南北

分駐), 좌우 합작의 실패, 그리고 金九氏의 준비없는 개인자격 입국, 그 밖의 모든 사회 여건이 점차로 사회 앞뒤의 순서가 올바로 잡힐 수 없게 되고 따라서 민족의 주체사관과 價値의 正立에 대한 관심조차 가질 기틀을 잃었고 간혹 관심이 있다 해도 뜻 뿐이며 힘의 뒷받침이 있을 수 없었던 것이다.

그러니 송학성설(宋學性說)의 천하에 三神一體의 原理學이 통할 수 없고 위정(僞政)의 시대에 고유한 倍達의 정사(正史)가 나타날 수 없는 것이다.

그러한 변칙적인 학문사상이 고식적으로 인습된 이날에 崔永禧(국사편찬위원장)은『樂浪이 北京 지역이라는데 대하여』이렇게 말하고 있다. 인용한 增補文獻備考 내의 杜佑通典의 내용은 사료가치가 희박하며 낙랑에 대하여서는 史記朝鮮列傳과 漢書地理志가 보다 사료가치가 우선한다. 또한 대동강 유역에 산재한 유적과 출토품의 성격으로 보아도 樂浪의 위치가 北京 지역이 될 수 없음이라고(문교부장관을 대신한 회신의 한 귀절) 했다.

그 다음 李萬烈(숙대 사학과 교수)은『丹齋史學의 배경과 구조』에서『단재가 역사 연구가로 알려져 있는 만큼 그의 역사 연구의 내용이 알려져 있는 것은 아니다. 그의 사론(史論)의 몇몇 귀절, 예를 들면〈역사란 무엇이뇨, 인류사회의 아(我)와 비아(非我)의 투쟁이 시간에서부터 발전하여 공간으로 확대하는 심(心)적 활동상태의 기록〉이라고 한【조선상고사】총론의 첫 구절을 거론하는데 그치고 있는 실정이다. 그렇기 때문에 단재의 역사 연구가 어떠한 배경에서 이루어졌으며 그 구조가 어떠하며 그의 사학이 한국의 사학사(史學史)에서 어떠한 위치를 차지하고 있는가에 대해서는 거의 외면하고 있는 형편이 아닌가 생각된다.』(創作과 批平 一九八○년 여름)

그리고 李丙燾, 李基白의 대담(서울評論)에서 정담원(鄭舊園)의『五千年 朝鮮의 얼』을 두고 평하여 가로대『이것이 史家라기보다 文章家요, 한문학에서는 최고의 권위자』라면서『너무나 민족주의적 사관에 입각해져 있기 때문에 지나치게 과장적인 해설이다』했고 무조건 덮어 씌우려는 이른바 협외세 이멸국성(挾外勢 以滅國性)의 근성이 아닐 수 없다. 평양에서 유물이 나왔는데도 樂浪郡의 위치가 요동에 있다느니 하는 따위의 자학자멸(自虐自滅)의 파렴치한 대담이 아닐 수 없다.

소위 史記朝鮮列傳에는 漢四郡 명칭으로서 악랑, 임둔, 진번, 현도가 없으며 漢書地理志에는 현도 악랑의 二郡만 있다. 그런데 한서 韋玄成傳에 보면 악랑 임둔 현도 진번이란 소위 漢四郡의 설치를 완전히 부정하는 문증이 있다. 그것이 바로『東伐朝鮮할새 起玄菟 樂浪하야 以斷匈奴之左臂』라 한 그것이다.

이것은 분명 朝鮮, 곧 番朝鮮, 尼谿(濊人), 衛滿 右渠의 三巴체제로 형성된 朝鮮을 토벌하는데 있어서 한 유철(漢劉徹)은 흉노의 좌비(左臂)구실을 담당한 우거(右渠)와 우거대신(成己) 일당 세력을 폭력으로 제거하기 위하여 불조선 (路人 韓陰〈韓陶〉)과 니계(尼谿:濊人)의 양파세력권(玄菟.樂浪)을 起(일어나게 함:說苑의 起九弟之師라한 起字와 같은 義)하였다는 사실에 주목할 때 소위 史記朝鮮列傳의 드디어 朝鮮을 定하여 四郡을 두었다는 것은 틀림없는 조작이며 현도 악랑은 사실상 『遂定朝鮮爲四郡』이전에 이미 三韓管境制의 안에 들어 있었던 군국(郡國)임이 확실한 것이다.

무엇보다 유방(劉邦) 자신이 부여의 도움을 받은 일도 있지만 어떻든 한(漢) 초기의 국제정세는 흉노의 체제를 중심으로 한 노관, 진희의 군사력을 막아내기 위하여 흉노의 좌비(左臂:衛滿, 右渠)세력을 단절하지 않을 수 없으므로 무엇보다 현도 악랑(현도:山西, 樂浪:山東)의 주도권을 장악한 니계상 參 등 衛虜僞政(위노위정) 내궤(內潰) 운동자들과 합작했으며 또 그 흉노의 우비(右臂 : 故混邪王地) 세력을 단절하기 위해서는 흉노의 옛 신하였던 오손(烏孫)을 직접 투입시키려 했으나 실패하고 만 것이다.

어떻든 한(漢)이 흉노에 대한 국방정책은 자초지종 실패로 그치고 소위 陳平의 六出奇計라는 것도 결국은 칭신공녀(稱臣貢女)에 불과했고 여후(呂后)는 모돌의 연서(戀書)를 받아들이고 나중에 왕소군이란 후궁까지 흉노에게 바치지 않을 수 없었던 것이다.

식민학교 출신 崔永禧 위원장은 그래도 『增補文獻備考 내의 두우 通典보다 소위 史記朝鮮列傳과 漢書地理志가 사료가치가 우선한다』는 것인가. 우리는 이제 지나의 고전『司馬昭之心은 路人皆所知』라는 글귀를 바꾸어『崔永禧之心은 國民皆知』라고 해 두고 싶다. 이밖에 무슨 다른 말이 있겠는가. 그리고 대다수의 맹인이 모여 사는 사회에서는 한 사람 눈뜬 자가 있다해도 되려 맹인들에게 맹인 대우를 받게 되는 것이니 李萬烈 교수의 『단재가 역사연구가로 알려져 있는 그만큼 그의 역사연구의 내용이 알려져 있는 것은 아니다』한 것 또한 맹인들이 모인 사회에서 눈뜬 사람을 알아보지 못하는 것과 조금도 다를 바가 없는데 『역사란 무엇이뇨, 인류사회의 아(我)와 비아(非我)의 투쟁이 시간에서부터 발전하여 공간으로 확대하는 심(心)적 활동 상태의 기록』이라고 한 귀절을 거론하는 실정도 식민사관이 난동치는 이 땅에서는 그만큼 장한 일이 아닐 수 없으며 무엇보다 그의 史學이 한국의 사학사(史學史)에서 어떠한 위치를 차지하고 있는가에 대하여는 거의 외면하고 있는 형편이 아닌가 하는 생각은 당연하다. 왜냐하면 여름벌레는 얼음을 말할 수 없기 때문이다.

세계의 모든 민족에게는 모두 제 나라의 國號가 있고 제 나라의 主權이 존중되어야 한다면 언제나 어디에서나 누구든지 무엇을 하든지 간에 민족주의 사학은 내몸에서 잠시라도 떠날 수 없다.

참으로 民族의 주체사관과 價値의 正立, 이것이 바로 생명력 있는 민족사상인데, 이 사상은 물체를 통하여 서는 것이 아니며 권력을 의지하여 행하는 것이 아니며, 生함을 기다려서 존재하는 것이 아니며, 죽음(侵略滅亡)을 따라서 없어지는 것이 아니다. 민족史學과 민족사상은 초세선시(超世先時)의 영웅을 만나면 영웅독조(英雄獨造)의 민족역사를 만들고, 자유평등의 민중을 만나면 민중혁명의 민족역사를 만드나니 민중과 英雄이 사학과 사관의 기본지침을 좌우하는 것이 아니라 민족사학과 민족사상이 언제나 영웅의 시대는 英雄의 朝鮮을 만들고 민중의 시대는 民衆의 朝鮮을 만드는 것 뿐이다.

이 지구(地球) 위에서 인간생활과 정치활동이 시작되는 시간부터 『나(我)와 나(我)의 소속된 관계』가 『아닌 나(非我)와 아닌 나(非我)의 소속된 관계』와 서로 대립적으로 발전하고 또 한편 서로 對待적으로 발전하면서 공간적으로 또한 서로 대립적으로 확대하고 또 한편 對待적으로 확대하는 그러한 정신적 활동, 곧 민족사학과 민족사상의 사회적 활동의 기록이 있을 뿐이다.

그런데 이제 李基白, 李萬烈 여러 교수들이 동첩(動輒) 거론(擧論)하되 단재의 민족사학이 당초 영웅을 주체로 한 사관이었으나 그 후 新民(新國民)說을 바탕으로 하게되고 나중에는 民衆(無政府 自由勞動)을 주체로 하여 이것이 단재 선생의 사상적 변화를 일으키게 하였고 따라서 단재의 민족주의 사학은 영웅의 주체에서 민중의 주체로 바뀌어서 민족보다 민중을 더욱 더 강조한데 놀랜다는 등 자문자답의 형식으로 조롱 아닌 조롱이 마침내 李基白 교수의 고답적인 표현 위에 『공판 판정에서 말한 수단은 자금이라든가 하는 것에는 해당이 될른지 모르지만 사상에까지 적용될 성질의 것은 아니다 』하는데까지 言及하면서 단재의 민족사학을 단절하려는 최후의 언도 같기도 하지만 진정한 학문의 최구경(最究竟)에서 볼 때 세계는 광대하고 의리(義理)는 복잡다단(多端)한 것이니 어찌 통틀어 한 개인의 생각 즉 한 조항의 법률로만 논단 처리될 성질의 것이 아님을 알아야 할 것이다.

물론 律, 법률이라 함은 그렇기 때문에 定分止爭하는 원칙이기는 하지만 그렇다고 해서 소위 僞朝鮮總督府 制令違反(위조선총독부 제령위반)이 어디까지나 진리와 정의의 판가름에서 항일무장 독립투쟁을 목적으로 하고 일어선 光復軍 총사령장 吳東振 장군 사건이나 민족주의 사학자 丹齋 申采浩 선생의 무정부주의 사건을 심리 공판하는데 최종의 승복(承服)을 얻는다고 생각하겠는가. 이것은 도무지 한낱 妄想에 지나지 않은 일이다.

공자의 제자 증참(曾參)의 역책(易簣)은 무슨 의리(義理)를 갖는 것인가. 증원(曾元:參의 子)이나 李基白 교수의 생각으로는 병이 방재 위독한 그의 고통을 덜기 위해서라도 책(簣:살평상 牀棧)을 바꾸어 드릴 것까지는 없다고 해서 증참의 『책을 바꾸라』(易簣)는 말을 못들은 양하고 임종을 지켜 보겠지만 곁에 앉아 있던 동자가 곧 손을 가리키면서 『華而晥 大夫之簣歟 빛나고 환하다 대부(季氏)의 살평상이야!』(禮記) 소리치자 선뜻 정신차린 증참은 증원에게 동자만도 못하다고 꾸짖으며 어서 바삐 살평상(책)을 바꾸라 하고 곧 살평상을 바꾸어 옮기자 곧 증참은 숨을 거둔 것이다.

이제 노(魯)의 권신 季氏의 簣과 다름없는 숭당숭명(崇唐崇明) 춘추사대의 사관 그리고 부일식민(附日植民) 민족말살의 사관 그대로 태만과 부조리한 잔재를 이어받아 가지고 『申采浩 답지 않은 글』이라는 一言之下에 단재의 민족주의 사학을 일종의 무정부주의 즉 민족을 부정하는 민중주체의 사관 곧 精神병원 같은 곳으로 넘기려는 듯한 그런 고약한 근성이 우리의 국사찾기 운동 주변을 현혹 또는 위협하고 있다는 사실을 이날 이땅의 민족사회에 고발하지 않을 수 없게 된 것이다.

보통 말하기를 세계인류의 공통된 공동의 법칙을 추구하는 것이 현실인데 나(我)와 아닌 나(非我)의 투쟁을 민족의 주체사관으로 강조하게 되면 이것이 고립독선(孤立獨善)의 결과를 불러오게 되어 결국 오늘의 日本이나 독일(德意志:떠이춰)과 같은 패망을 면하지 못한다는 것이다.

그렇다 하더라도 물론 언제나 멸하지 않는 나라(朝代)가 없고 망하지 않는 임금이 없지만 문명선진의 민족은 항상 남의 홍한 역사를 배워서 나의 새 힘을 만들고 남의 망한 역사를 거울삼아서 나의 잘못을 고치는 것이다.

그러나 다른 한편으로 생각할 때 모두 함께 꼭같이 미국의 원조를 받았지만 새로 해방된 우리 한국과 대만국은 우뚝 솟아나지 못했고 오히려 전패국인 日本과 떠이춰가 재빨리 부흥하여 하나는 벼락부자가 되고 하나는 라인강의 기적(奇蹟)을 일으키게 되었나니 이것이 민족의 주체사관과 價値의 正立이 그 자세를 갖추고 갖추지 못한데 근본적인 원인이 있다는 것을 먼저 알아야 할 것이다.

어떻든 民族이란 天賦的이긴 하지만 그보다 역사적인 공동목적, 공동운명체로서의 어제보다 오늘의 지위(自由와 獨立)를 향상하고 오늘보다 내일의 명예(偉大와 榮光)를 확대하려는 역사와 역사의식의 原動力은 언제나 내나라의 主人인 民族을 主體로 삼고 항상 시대(時間)의 사정과 지리(空間)의 조건, 그리고 대다수가 호응하는 大衆(人間)의 각성도와 함께 자리가 서로 일치되는 지식·경제·도덕으로서의 充分 실천화 하는 역사과정에 있어서 주체는 民族主義를 떠날 수 없고 民族主義는 지난날 양반·귀족과 타협하는 것이 아니라, 노동자 農民 일반 무식하고 빈약한 사회 대중들의 각성 발전까지 촉구하는 운동의 역사에 도달해야 하는 것이다. 그러므로 獨立協會 시대의 군주입헌운동과 三一獨立선언 시대의 市民自由思想이 대거 사회를 풍미하던 중 뜻밖에 소련의 사회혁명이 일어나면서 世界二次大戰을 경험했고 또 새로운 世界 질서가 보다 次元 높은 역사창조의 새 時代를 구상하는 데 여기에서도 民族을 주체로 하지 않을 수 없다.

오늘의 인류세계에는 자유진영을 대표로 하는 미국과 공산진영을 대표로 하는 소련이 있는데 소련은 자고로 농노가 많았다. 팔고 사는 데 노예와 다르지 않았다. 神市開天 五四九七年(西紀 一六00年)부터 국법으로 무릇 농민은 地主가 될 수가 없다. 용역(庸役)을 벗지 못한다. 그 후(西紀 一八六三年)에 이르러 비로소 전국전호(佃戶:代耕農者) 四천만 명을 석방하여 그들의 自主를 들어주고 전주(田主)는 구속할 수 없게 되었다. 이것이 소련의 종래 풍습이었기 때문에 오늘의 공산제도가 오늘의 소련을 좌우하지만, 제 二차대전의 위급을 당하자, 슬라브 민족의 단결을 호소하고, 민족영웅(民族英雄)의 훈상(勳賞)까지 만들었다고 들었으며 미국은 본래부터 영국 본토의 가혹한 조세(租稅) 행정에 전면적으로 항쟁하여 일어나지 않을 수 없게 된 역사에서 시작되는데 미국인들 생각으로는 하느님이 우리에게 준 것은 나 스스로 버릴 수 없고 사람들이 또한 빼앗지 못한다. 이것이 自由自立의 권리인 것으로 확신한 것이다.

그러므로 『美國婦女遇客 進一碗茶 亦畢納稅 美人憤怒 相議 自今不復用茶』(萬國史記) 이것이 동기가 되어 부인 소동(小童)까지 모두 自由를 주장하게 되었고 동인도상회(東印度商會)의 배에 싣는 茶葉 三백 四십 二 궤짝을 바다에 던지게 된 것이다. 그때 미국사람들은 "今日不能獨立則有死耳:오늘날 능히 독립하지 못하면 곧 죽음이 있을 뿐이다"라는 銳意自立 人期必死(예의자립 인기필사)의 결단에서 神市開天 五六七二年(西紀 一七七五年) 四월 十八일 미국 사람들은 드디어 영국 본국에 대하여 항전을 개시했고 따라서 와싱톤(華盛頓)이 국왕세습제를 완강히 반대하고 또 대통령 재직 八년에 미국이 부서(富庶)할 수 있는 기틀이 서게 되었다.

또 그 支那로 말해도 康有爲 譚嗣同(담사동) 양계초(梁啓超) 등이 변법자강지책(變法自强之策)을 주장하여 그 사상의 기본을 공자의 춘추(春秋)에 두고 다시 공자개제고(孔子改制考) 위경고(僞經考) 대동서(大同書)의 저서가 공개되면서 오늘날 중공지도자 周恩來로 이어진 것이며 그밖에 영국 불란서 모두가 主權在民(주권재민)의 혁명에 의하여 오늘날 강대국의 영광을 누리고 있는데 이것이 또한 그들의 민족과 역사를 존립하게 된 기틀이 아닐 수 없다.

어떻든 오늘날 세계 인류의 공통된 공동의 法則을 상징하는 국제연합(國際聯合:UN) 은 당초 『세계평화와 安全의 유지를 지상목표로 하고 있지만 그 소위 운영방법이 이사국 의 거부권(拒否權)이란 우상이 결국 약주고 병 주는 음모가 암거래(闇去來)되고 이것이 또 한편으로 살인무기를 팔아 이득을 보는 속셈이 갑을 우방(甲乙 友邦)의 서로간 향방 (向方)이 같지 않기 때문에 역시 강대국과 약소국 서로간의 균형을 깨게 됨과 아울러 강대국은 점차로 국제연합의 테두리 밖으로 뛰어나가서 또다시 새로운 이익을 차리고(戰 爭準備) 있는 사실인데 이것이 소련의 覇權主義에 대항하는 레이건 독트린인 것이다.

물론 이러한 세계 속의 우리 붉겨레이지만 그렇다고 언제나 약마태중(弱馬駄重)의 헐떡거리는 숨만 계속하는 것만이 장한 일이 될 수 없고 또 그것만이 세계 속에서 살아가 는 우리 붉겨레의 도리(理性)가 될 수 없지 않는가.

만국공법(萬國公法)이 원폭일개(原爆一個)만 못한 현실에 처하여 나(我:理性)와 아닌 나(非我:偶像)의 판가름 없는 소위 이승만식의 덮어놓고 뭉치자가 이미 실패한 사실인데 아무런 근기(根氣)없이 허공중에 둥둥 떠 있는 현대 지성인들 소위 『세계 인류의 공통된 공동의 법칙』에 무조건 승복하려는 세계 속의 붉겨레인 것만 알고 우리 붉겨레가 앞으 로 위대한 조국의 영광스러운 자리에 오르고 보다 한층 높은 광명과 이상발전을 바라볼 수 있는 역사 창조의 선시적(先時的 혹 應時的)인 위대한 인간상(人間像)을 나타내어서 는 안 되는 것인가 ?

이제 선시적 인간상(先時的 혹 應時的 人間像)이란 무엇인가. 성현과 영웅은 지도자요 사학과 철학가는 선전자요 민중(노동자.농민)은 실천자이니 그 주체적 원동력이 곧 생명 력 있는 민족사상인데 이 민족사상의 샘터가 바로 민족주의 사학인 것이기 때문에 讀史 新論에서 (一) 민족주의를 천명하며, (二)국가정신을 발휘하여, (三) 아 고대사의 잔결을 보(補)하며, (四) 수천년 동양사상(史上) 아 민족이 처한 지위를 논코자 한다 하였으니 이것이 고유적 조선(固有的 朝鮮) 조선적 조선(朝鮮的 朝鮮) 그대로의 기록을 말하는 것 인데 몰락양반의 후예라느니 우승 열패의 사회 진화론 영향이라느니 하여 백방으로 단재 의 민족사학을 헐뜯고 담원은 『史學家라기보다 문장가요 한문학에서는 최고의 권위자이 지만 너무나 민족주의적 사관에 입각해 있기 때문에 지나치게 과장적인 해석이다』하여 사사건건(事事件件) 훼방 뿐이지만 집안이 빈곤할수록 현처를 구하고 나라가 혼란할수록

양상(良相)을 생각하는 것은 떳떳한 일이다.

서구(西歐)는 한 때 장기적인 피정복 수난(被征服 受難)의 역사시대가 계속되자 우리 붉겨레와 같이 한 고향을 정착으로 농경생활을 할 기회가 되지 못하니 대대로 선조의 분묘를 모시고 제사하는 추원보본(追遠報本)의 효사상(孝思想)을 실천에 옮길 여념조차 없었다.

그렇기 때문에 작동금서(昨東今西) 모산(暮散) 조취(朝聚)의 유리지객(流離之客) 오합지중(烏合之衆)이 서로 모여 가지고 하나의 신개척 사회를 조직하니 여기에서 하느님을 한 가상의 아버지로 받들고 상대방을 경계하는 악수 인사법을 마련하고 남녀간 서로의 사랑에 치중하는 종교.철학 내지 역사가 존립하게 된 것 또한 세(勢)의 자연이 아니겠는가.

神市開天 五八七八年의 민족역사를 통하여 을지문덕전(乙支文德傳), 동국거걸 최도통전(東國巨傑 崔都統傳), 리순신전(李舜臣傳)에서 옛날 우리 붉겨레의 민기(民氣)가 멸(滅)하지 않았다는 역사적 증언으로 찾아볼 것이며, 三. 一 독립선언과 朝鮮人의 十寶章발포, 또 그 조선혁명선언(朝鮮革命宣言)에서 오늘 우리 붉겨레의 民權이 살아 있다는 역사적 시범으로 보면 그만인데 느닷없이 李基白 교수는 왈(曰)『申采浩는 왜 사상적인 변화를 일으키게 되었는가. 그는 과연 민족주의로부터 떠나게 되었는가?』『신채호의 논리적으로 불투명한 내용이 단순히 수단으로서 였다고 보는 것은 잘못일 것으로 생각된다.』하지만 사람은 어머님 뱃속에서 분만되는 것부터가 적자생존(適者生存)의 원리인 것이다.

그러므로 태백진훈(太白眞訓)에서 말하는 왕부내신(往腐來新 : 往者日腐來者日新), 유교중용(儒敎中庸)의 재배경복(裁培傾覆:裁者培之傾者覆之) 그 자체 설명이 사회 진화론인데 하필이면 민족주의 사학을 말하면서 양계초 음빙실전집(飮氷室全集)이나 또는 몰락 양반 신필영 방손云云까지 거론할 이유가 무엇인가.

민족주의 사학과 민족주의 사관에 대한 훼예비평(毁譽批評)은 스스로 그 사람이 있을 것이오. 오늘날 李基白, 李萬烈 여러 교수의 일은 아니라고 생각한다.

어떻든 다시 한 번 더 강조하노니 민족사학이 곧 민족사상인데 초세선시 (超世先時)의 영웅을 만나면 영웅독조(英雄獨造)의 民族 역사를 만들며, 자유평등의 민중을 만나면 민중혁명의 民族 역사를 만드나니 민중과 영웅이 사학과 사관의 기본 지침을 좌우하는 것이 아니라, 민족사학과 민족사상이 언제나 영웅의 시대는 영웅의 朝鮮을 만들고 민중의 시대는 민중의 朝鮮을 만드는 것뿐이다. 단재 선생이 말하는 고유적 朝鮮, 조선적 朝鮮

또한 이것이 아닐 수 없다.

한때 영국의 막트날트가 철저한 반전론자였지만 일단 영국이 실제적으로 전쟁에 참여하게 되자 막트날트는 곧 시간을 늦추지 않고 의료 도구를 짊어지고 야전병원을 찾아다니면서 상의군인들의 구호치료에 힘썼으니 그렇다 해서 막트날트의 사상에 변화가 왔다고 생각하는 愚者는 없을 것이며 나중에 내각조직의 대명(大命)을 받게 되자 영국 인민들은 물론 세계 도처에서 영국의 대변혁이 임박된 것 같이 두려워했지만 막상 영국 수상이 된 노동당의 시대는 앞뒤의 질서가 정연한 영국 大憲章 그대로의 실천자였고 세계적으로 민주시범이 된 양당제도가 되려 확립되었다는 것 아닌가.

乙支文德은 을지문덕 그때의 시대사정과 地理的 조건, 그리고 고구려 國民전체의 覺醒度를 총집결한 결과에서 이루어진 역사이다. 우리 붉겨레는 民族을 주체로 한 역사에 의하여 살고 또 앞으로 民族을 주체로 하는 역사를 창조하는 것이니 단재 선생이 강조하는 나(我)와 아닌 나(非我)의 定義는 민족(人種)으로서 自他를 구별하는 것만으로 볼 수 없는 것이다.

왜냐하면 시대와 처지에 따라 我(同族同黨)가 아닌 나(非我 : 異志)일 수 있으며 아닌 나(異族.異志)가 나(同族.同志)일 수 있나니 우리의 역사에 있어서 한 때 자본주의 사상을 받아들여 한말의 봉건전제를 개혁하려 했으며, 혹은 사회주의 理論을 끌어서 일본자본 세력을 쳐부수기도 했지만 오늘의 天符主義 민족史學은 보다 한층 높은 새로운 理念, 새로운 체제, 새로운 人間像을 찾게될 수 밖에 없는 것이다.

어떻든 오늘날 우리 붉겨레의 사상과 기본진로(基本進路)를 천명하는 한 방법으로서 무엇보다 나(我:理性)와 아닌 나(非我:偶像)의 판가름이 가장 시급 중요하며 조선구강(朝鮮舊疆)이 싸움에 의해서가 아니라 사대식민을 實證의 바탕으로 하는 소위 전문가연하고 자만을 부리는 그 사람들의 붓끝에 의하여 쪼그라들게 하는 것을 한갓 직업으로 삼는 아닌 나(非我:偶像)의 史觀을 타파하고 그리고 강역고증에 있어서는 단재 선생의 말씀을 빌린다면 독각이도 뜨지 못한다는 땅뜨는 재주를 부리어 졸본(卒本:沿海州 大小綏芬河)를 떠다가 성천 혹은 영변에 놓으며 安市城(開平市東北七十里)을 떠다가 용강에 놓으며 阿斯達(골ᄂᆞ루哈爾濱)을 떠다가 황해도의 九月山을 만들며 가슬라(迦瑟羅)를 떠다가 강릉군을 만들었다.

이와같은 허다한 땅에 근거가 없는 역사가 서술되어 크지도 말고 더 작지도 말라고 한 압록상 이남의 이상적 강역, 즉 不大不小 克符帝心에 해당하는 강역을 획정(劃定)하였다는 것인데 이것이 모두 事大主義 체제에서 번신윤리(藩臣倫理)의 안이한 생각이겠지만 神市開天以土爲治:신시의 하늘 트심으로부터 土 즉 國土를 정치의 원칙으로 삼았다 한 그것이 바로 土地국가의 근본이 아닐 수 없다는 것이다.

어떻든 우리가 나(我)를 알고 獨을 찾아 다시 새로운 偉大와 榮光을 되찾아야 할 역사적 민족의 使命이 중하고 또 큰 이 시점에 있어서 담원 鄭寅普 교수의 저작 『漢四郡正誣論』을 이제 譯함과 아울러 주를 달아서 國史찾기 연구활동하는 여러 學友에게 보내드리는 것은 오늘날 中共의 國境정책을 계기로 해서 매우 의의가 없는 것은 아니나 오직 그 사람이 아니니 그저 송구할 뿐이다.

新刊誤記

國立서울大學校文理科大學國史研究室
韓㳓劤 · 金哲埈 共著 「國史槪論」(明學社)

第二編 第三節
「古朝鮮이 漢文化의 압력으로 타도된 이후에는 韓民族의 유일한 中心勢力도 붕괴되었다. 半島內에 있어서 원시사회에서 국가형성을 보는 다음 단계의 사회로의 추진은 韓民族 자신의 힘으로 되지 않고 일종의 國家機構라고 볼 것인 漢郡縣이 漢의 植民地로서 漢人의 힘에 의해서 되었다는 變態的 科程을 밟았던 것이다.」

李基白 〈韓國史新論〉 改正版

第二章 第二節 漢의 郡縣
「漢의 郡縣이 그들의 植民政策을 수행한 중심지는 樂浪郡이었다. 그 낙랑군에는 郡太守 이하의 관리와 상인 등 많은 漢人이 와 살면서 일종의 植民都市를 건설하고 있었다. 그들의 생활상의 대략은 樂浪郡治로 생각되는 平壤 서남쪽 강 맞은편의 土城里 유적이 발굴 조사단 결과 짐작할 수 있게 되었다. 또 그 부근에 있는 그들의 木槨墳과 塼築墳에서 나오는 각종 부장품을 통하여 植民都市에서 번영한 漢人 관리나 상인들의 생활이 호화로운 것이었음도 알 수 있게 되었다…… 호화로운 植民都市의 건설에도 불구하고 漢

의 植民政策은 심한 정치적 압박을 수반하는 것은 아니었던 듯하다. 그들은 古朝鮮人의 거주지와는 따로 떨어져 살면서 어느정도의 통제를 가할 뿐 비교적 관대한 정치적 자유를 古朝鮮人에게 허락하였다 한다. 그러나 경제적인 관심은 지극히 컸던 것 같다.」

崔昌圭著 「새韓民族史」

제二부 제二장 제三절

「한의 군현과 고대 토착세력의 저항. 한四군 四백여년의 역사 (BC108-AD313) 그것은 결국 우세한 철기문화를 갖고 밀려온 한(漢)의 식민 세력 앞에서 아직 청동기 문화 단계에 머물고 있던 불리한 우리 조상들이 오직 자주의 힘으로써 그것을 받아들이고 저항하면서 이겨내야 했던 수난과 저주의 역사였다.」

新刊記誤跋

오늘날 많은 新刊記誤에 대하여 일일이 지적할 수 없고 이제 舊園 鄭寅普 교수의 쾌저 「漢四郡正誣論」을 오직 新刊正誤의 표준으로 추천함과 아울러 譯과 註를 더하여 국사찾기 동지에게 제공하고 따라서 石洲 李相龍 先生의 遺訓「나라에 역사가 있게 되는 것은 한갓 지나간 사건을 기술하는데 그치는 것이 아니라 以하여 국가의 체통을 높이며 국민정신을 가다듬는 것인데 그렇지 않다면 역사있는 것이 역사없는 것과 같다(國之有史 非止記述事而己 以之而尊國家之體統 勵國民之精神 不然有史 與無史等耳)」하였나니 참으로 역사란 지극히 중요한 학문인데 세계인류가 서로 관계를 맺고 평화의 유지 안전의 보장을 위하여 최선 공헌하는데 있어서 역사와 역사문화는 가장 고상한 인류지식의 좋은 寶庫가 되며 이 사회 진화의 실익있는 準極이 되고 또 그 올바른 정치혁신의 밝은 거울이 되는 것이다. 오늘의 세계에 있어서의 공통된 공동의 법칙을 모색하는 하나의 국가주권을 의식하는 국민으로서 응당 제 국가의 역사를 바르게 알아야 하는 것이니 우리가 이제 이 세상에 태어나서 倍達國人이 되고 배달국의 지나간 통일된 국토, 영광된 역사 그리고 우수한 文化에 대해서 보다 더한층 고쳐 다시 마땅이 자상하게 완전 파악할 것이다. 그러므로 桂雲樵先生의 桓檀古記, 申丹齋선생의 朝鮮史研究草 그리고 이제 이 漢四郡正誣論이 모두 倍達民族과 倍達歷史에서 內修外攘의 일체 지식 도덕 경제 국방 외교의 개요를 서술하고 보다 더욱 우리나라의 悠久 찬란한 文化와 민족정신에 주의 주력하고 이것을 바탕으로 하여 매양 一位國民으로서의 민족적 自尊心과 그 국권회복과 국가건설에 대한 응분의 책임감을 계발하는 것이니 이것이 國史教育의 眞面目이다. 그렇지 않다면 國史教育이 무엇에 소용될 것인가. 「고등학교」國史「한은 고조선을 넘어뜨린 후 낙랑 진번 임둔 현도의 四郡을 두어 식민지로 만들었다.」(一九七九年 三월 一일 발행. 著作權者 文教部)는 국사교재가 또한 사대주의 여타(餘唾)가 아니면 분명 부일 식민의 잔재가 아닐 수 없다. 어떻든 國史찾기는 漢四郡의 허구성을 올바르게 고치는 것으로부터 시작해야 할 것임을 다시 강조한다.(終)

※「신라의 한반도 통일이 민족사적 의의를 지닌다」

　或 힘 있는 地域覇權主義에 머문 일부 정치가들에게서 들을 법한 말이 學者의 입으로 定義되어 「新羅統一」이 旣定事實이 되었다. 우리의 前職大統領先生이 獨裁時代와의 不和로 獄에 갇혀 讀破한 한 책이 韓國史新論이라니 北政權의 首班과 만나던 歷史的 瞬間에 어떤 所懷가 들었을까?

　土倭・請洋史觀 ~ 不足掛齒, 蜀犬吠日, 僞表裏, 井中之蛙 등등.
　國史찾기運動 ~ 不絶如髮 (寒闇堂)

다시 찾을 民族의 榮光을 위하여

故 寒闇堂 李裕岦 선생의 생애와 업적

1. 생애

철저한 항일독립투쟁의 가문에서 출생

선생은 國權이 바람 앞에 등불 같던 神市開天 5804년(서기 1907년) 丁未 11월 14일 卯時에 平北 朔州에서 독립운동가 檀海 李觀楫先生의 四男으로 출생하였다. 일찍이 우리의 참된 역사와 얼을 찾아 떳떳한 민족국가를 세우겠다는 雲樵 桂延壽先生을 師事한 부친의 영향으로 선생은 유아시절부터 민족주의사관에 눈을 떴던 것이다. 선생은 6세에 童蒙先習을 읽다가 "漢武帝 計滅之하시고"라는 구절에 이르러 衛滿朝鮮이 우리나라라면서 우리나라를 토멸한 漢武帝는 분명 우리나라 원수인데 "하시고"라는 토씨를 붙여 읽는 것은 나는 싫다고 하면서 끝내 童蒙先習을 읽지 않았다. 그러나 그 후 衛滿도 본래 燕나라 사람으로 우리나라를 빼앗은 사실을 알고 역사를 말할 때마다 그런 도적놈을 어떻게 우리나라 왕으로 삼을 수 있겠느냐 하니 듣는 사람마다 기특하고 신통하게 생각했다 한다. 이미 이때부터 항일독립투쟁과 민족사학확립을 위한 험난한 선생의 역정은 시작되었던 것이 아닌가 한다.

소년 시절부터 事大植民史觀을 반대하고 民族主義史觀에 길들여져

光武초기부터 부친 檀海 선생께서 雲樵 桂延壽先生을 師事하여 檀君世紀, 太白眞訓을 출판하는데 협력하였다. 光武 15년 5월경, 桂延壽先生이 고구려 옛 서울 國內城을 찾아 廣開土境好太帝聖陵碑文을 등출하는 데 참가하였고 그 후 백두산을 참관하고 河北省開平市 東北 70리에 위치한 安市城을 답사하여 이곳이 옛날 對唐戰役때 楊萬春장군이 唐主 李世民의 왼쪽 눈을 독화살로 쏘아 떨어뜨린 곳임을 확인하였다.

이 후 선생은 松岩 吳東振장군이 지도하는 日新學校에서 애국적인 교육을 받았다. 三 · 一 독립선언과 항일시위운동이 거국적으로 일어나자 3월 6일 朔州에서도 민중궐기가 일어나고 4월 7일에 삭주군 9개 면이 총동원되어 일어나는 新安河 시위운동에 父兄을 따라 참가하였다.

그해 十月 부친의 임시 처소인 南滿州 寬甸縣 紅石拉子區 또는 小雅河 등지로 거처를 옮기면서 檀學會가 주관하는 倍達義塾에서 雲樵 桂延壽, 碧山 李德秀 두 선생께 강의를 들으며 한편 桓檀古記와 弘益四書를 전공하였다. 한편 悟山 崔時贊(石泉 崔時興의 舍弟) 선배의 지도로 大韓獨立少年團 조직에 참가하여 團長의 책임을 맡았고 따라서 義民社, 天摩山隊의 소년통신원으로 국내의 통신연락을 겸했다.

항일독립투쟁을 통한 민족주의 실천

이후 선생은 부친의 독립운동이 韓奸의 밀고로 발각되어, 왜경에 피체 옥고를 치르게 되자 고향으로 돌아오게 되었다. 선생은 우리의 옛 역사와 얼을 찾는 데 심혈을 기울이는 한편 야학을 세워 청소년들에게 애국 독립사상을 고취하였다. 선생은 民國 11년(己巳) 10월에 '三育全材 國權恢復'이라는 檀學大義를 비장하고 三育社를 조직, 위원장에 피선되어 청년독립운동가 양성에 힘썼다. 그러나 간악한 왜경이 선생의 독립운동에 무관심할 리가 없었다. 왜경은 갖은 악랄한 수단과 방법을 동원하여 국사광복 · 민족주의 정립을 위한 선생의 활동을 방해하였고 선생은 이후 무수한 탄압과 옥고에 시달리게 된다. 이미 雲樵 선생과 남만주의 단학회본부는 왜경의 무자비한 총칼아래 짓밟혔고 운초선생의 육신은 여러 토막으로 잘려져 압록강에 내던져졌던 것이다. 그간에 연구했던 온갖 자료와 저술은 왜경에 고스란히 빼앗긴바 되었고 石州 李相龍國務領, 丹齋 申采浩先生, 石泉 崔時興장군, 松岩 吳東振장군, 白岩 洪範圖장군, 直松軒 李龍潭선생 등과 같은 檀學會 관계 인사들은 더욱 적극적인 항일무장 독립투쟁에 나서게 된다.

조국의 완전독립과 민족의 영광을 위해 민족사학투쟁에 몸바치기로 결심

선생은 雲樵, 丹齋 선생의 死後 檀學會의 이론적 영수가 되어 기존 여러 종파의 교리를 분석 비판하고 시대적 상황에 따르는 가장 힘있고 빛나는 민족주의 역사 철학 사상을 확립하여 이것을 민족의 이념체계화하고 사회적 도의체계로 하는 새로운 이념체계를 세우기로 결심하였다. 선생은 桓檀古記와 弘益四書를 기본 경전으로 하는 天符主義 哲學思想을 체계화하고 어디까지나 민족의 주체사관과 가치의 정립을 위하여 왜경의 탄압, 가난과 같은 온갖 고통에 시달리면서도 불철주야 이론연구와 보급에 힘썼다. 드디어 8·15 국권회복이 되었고 공산당치하 이북에서도 민족주의 확립을 위한 선생의 노고는 그칠 줄 몰랐다. 항일 독립투쟁사상 가장 긴 옥고를 치르고 나온 直松軒 李龍潭선생의 지휘로 檀學會를 중흥하고 기관지 『太極』을 발행 그 주간에 취임하여 그 맹렬한 필봉을 휘둘렀다. 그러나 소련과 공산주의 치하에서 민족주의 사상은 위험천만하기 짝이 없는 것이었다. 선생은 재차 수감되었고 광복된 이 나라에서 다시 탄압받는 영어의 몸이 되었다. 그러나 결국 南下에 성공, 새로운 민족주의 사학을 위한 투쟁의 횃불을 들게 된 것이다.

국사광복의 횃불을 높이든 선생의 고난과 역경

남하에 성공한 선생은 檀學會를 檀檀學會로 개칭하고 檀學綱領 三章을 발표하고 전국에 참가문을 발송하여 새로운 커발한 문화운동을 시작하게 된다. 대전 은행도 셋집에 단단학회 간판을 내걸고 연구와 강연에 힘쓰는 선생에게 정부의 보조나 주위의 도움은 전혀 없었다. 이 시절 선생이 얼마나 가난하고 혹독한 시련의 연속이었는지 자제들의 일화를 들어보면 과연 선생의 불굴의 그 민족혼과 의지가 얼마나 장했는지 저절로 고개가 수그러든다. 언젠가 식량이 떨어지게 되어 식구가 굶주리게 되자 선생은 불도 안 땐 2층 방에서 일주일간을 꼬박 굶으면서 오직 사학연구에 몰두했다 한다. 주위에서 누구하나 알아주는 이 없고 정식 학위 하나 갖지 못한 선생의 궁핍과 국사찾기 운동의 어려움이 어떠했는가는 능히 짐작이 간다. 선생은 오직'민족의 주체사관과 가치의 정립'이라는 나라 사랑 겨레 사랑의 일념으로 영하 20도가 넘는 추위 속에 냉방에서도 꼿꼿이 사학연구에 몰두하였고 굶주림을 밥먹듯이 하였던 것이다. 또한 매스컴에서 선생의 활동과 업적을 보도하고자 무수히 시도하였어도 선생은 虛名을 내는 것을 누구보다도 싫어해 오직 외길 자신의 길로 나아갔던 것이다.

남하 뒤 선생의 행적은 檀檀學會 中興과 강화도 마리산에 커발한 開天閣을 짓고 祭天儀禮를 거행하기 시작한 시절, 朴蒼岩장군, 文定昌선생, 安浩相박사 등과 국사찾기 운동 협의회를 조직해 맹렬히 활동하던 시절, 80년대 선생의 활동이 드디어 사회 각계각층에 알려져 빛을 보게 된 시절로 나눠진다. 이제 민족의 영광을 위한 선생의 학문은 찬란한 빛을 발휘하기 시작하였다. 雲樵, 丹齋, 爲堂 이래 최대의 民族史學者, 國史光復의 旗手인 선생의 업적은 이 나라 이 겨레의 일원이라면 그 누구도 부정하지 못할 것이다. 이제 선생의 그간의 행적을 정리하여 그 공을 기리고자 한다.

선생은 김부식의 三國史記 이래 이 나라를 망쳐온 事大史觀과 간악한 倭政의 침략정책 아래 조작된 植民史觀을 불식시키기 위하여 지나, 일본 및 우리의 옛 史書를 철저히 검증 분석하여 雲樵, 丹齋, 爲堂선생을 이어 정통 民族主義史觀을 확립하였다. 선생은 天符主義 人代天思想을 확립함으로써 諸派철학과 종교의 根源인 민족주체 사상의 본원을 철저히 밝혀 놓았다.

선생은 강화도 마리산이 檀君 이래의 중요한 민족의 聖地임을 밝히고 이를 聖域化하는 데 앞장서서 결국은 마리산이 성역화 되도록 하였다.

선생은 事大 植民史觀과 西歐의 唯心, 唯物思想의 맹독에서 갈 길을 잃은 民族의 主體性 상실과 무국적 교육을 통탄하여 성지 상화도 마리산에 커발한 開天閣을 세우고 매년 2회 이상 民族祭天大會를 개최, 나라와 겨레사랑의 전통을 수립하였다.

선생은 桓雄天王, 蚩尤天王, 단군왕검의 三皇과 五帝, 三文五武 및 三宗五正의 민족의 大偉人들을 추모봉헌함으로써 참된 민족의 위인상을 정립하여 국민정신과 청소년도의심 昻揚에 크게 이바지 하였다.

또한 선생은 半島史觀의 왜곡된 현실을 통렬히 반박하고 雄大한 滿蒙大陸을 향한 민족의 기상을 드높일 것을 주창하였다.

오늘날 일고 있는 國學運動의 연원은 선생의 그 불굴의 민족혼과 강철도 녹일 열렬한 의지로 인하여 발화된 것임을 우리는 잊어서는 아니 될 것이다.

이제 내가 있건대 우리가 있고 우리가 있건대 겨레가 있으니 선생께서 이 나라 이 겨레에 끼치신 항일독립운동의 투쟁정신과 조국과 민족의 영광을 위한 정신사적 업적은 이 나라 이 겨레가 존속하는 한 길이 길이 빛날 것이다.

2. 민족 역사관

한암당선생의 역사관은 桓檀古記, 특히 杏村 李嵒(고려 공민왕 때)의 太白眞訓과 桓檀古記, 一十堂 李陌의 太白逸史가 그 중심을 이루고 있다. 또, 雲樵 桂延壽, 丹齋 申采浩, 碧山 李德秀, 爲堂 鄭寅普로 이어지는 民族主義史學을 체계적으로 집대성하고 있다. 한암당의 민족역사관의 특징을 하나씩 설명하기로 한다.

(1) 世界文明東源論과 桓國의 歷史的 조명

지금의 바이칼호와 波奈留山(시베리아 중앙공원: 天山)을 포함한 시베리아 전역에 桓國이 있었는데, 그 넓이가 남북 5만리 동서 2만리이여, 12分國으로 이루어져 있었다. 이 환국이 세계문명의 시작이며, 우리 민족역사의 뿌리라 규정하고 12分國에 대한 연구 결과 須密爾國이 서양문명의 기원인 슈메르국임을 밝혀 세계문명이 서양에서 일어난 것이 아니라 환국에서 일어났다는 세계문명동원론을 주장한다. 환국은 前期 桓國 63182년과 七世 桓仁 3301년의 後期 桓國으로 나누어진다고 한다.

(2) 환웅천왕의 배달국과 치우의 청구국

우리 민족역사의 시작은 갑작스러운 기후변동으로 인해 환국의 庶子村으로부터 太白山[白頭山] 神檀樹 아래로 天降한 桓雄天王의 神市開天에서 비롯하고 '倍達'이란 말도 환웅천왕이 天下를 평정해서 統有한 국호로서 그 뜻은 '三神하느님이 배어 주신땅[三神懷胎之地]'이다. '배달민족'이란 말의 歷史的 根據를 제시하고 있다. 환웅천왕의 배달국은 三伯[風伯·雨師·雲師], 五加[牛加, 馬加, 狗加, 豬加, 鷄加]의 分業體制와 '在世理化 弘益人間'의 天符主義 人代天思想에 의해 熊虎 두 겨레의 理念分爭을 평화적으로 통일했다.

14세 慈烏支桓雄 세칭 治尤天王 때에는 수도를 大凌河 유역인 靑邱로 옮겨 黃河를 중심으로 하북, 산동, 강소, 절강을 恢拓하여 '海東山北 天王管境'[바이칼호 동쪽 회계산 북쪽이 모두 천왕이 다스리는 땅이다]을 구가하게 되었다.

배달국은 18世 1565년간 계속되었다.

(3) 檀君朝鮮의 三韓管境制와 그 歷年

선생은 단재 신채호의 '前後三韓考'를 더욱 체계화하여 三神一體의 天一神思想의 제도적 표현인 신·말·불[眞莫番] 三韓에 의한 통치제도와 그 領域을 밝혔다. 檀君兼攝인 신한[眞韓]은 압록강이북, 요하[고구려하, 또는 서압록하] 이동의 땅이고, 말한[馬韓]은 압록강 이남의 반도와 제주, 대마도의 땅이고, 불한[番韓]은 요하의 서쪽으로부터 하북, 산동, 산서, 강소에 이르는 땅이다. 이와 같이 신한은 단군이 직접 통치하고 말한, 불한은 각기 汗을 두어 나누어 다스리게 하니 三韓이 모여 朝鮮이 된다는 統治體制이다.

단군조선의 歷年이 47世 2096年임을 문헌적으로 고증하고 있다.

徐居正의 東國通鑑 '享壽 1048년'은 단군조선의 阿斯達[지금의 合爾濱]時代이고, 三國遺事 인용의 古記 '壽 1908年'은 아사달 시대 1048년과 白岳山阿斯達[지금의 長春·農安 일대]時代 860년을 합한 것이며, 장당경으로 옮겼다(乃移於藏唐京)의 藏唐京(지금의 開原)시대는 188년이다. 이는 三國史記의 高氏自漢有國今九百年'(고씨가 한 때로부터 나라 있은 지 지금 900년이다)라는 것과 解慕漱의 壬戌年[서력전 238년] 천강의 두 근거에 의한 것이다.

(4) 東夷에 대한 새로운 고찰

東夷 또는 九夷라 함은 三韓管境의 나라, 檀君이 직접 統治하는 국가영토를 지칭하는 국호가 아니라, 仲國 支那의 河北, 河南, 山東, 江蘇, 浙江 등지에 진출한 朝鮮人의 整個的 集團을 말한다. 이들 지역은 이미 治尤天王에 의해 恢拓되어 瑯邪(랑야)를 연합수도로 삼아온 단군조선의 분국이었다. 이 瑯邪分國은 番韓이 監虞所를 두어 다스렸다.

(5) 箕子朝鮮과 衛滿朝鮮의 부정

'東來 사실이 없는 箕子朝鮮은 이것을 削하노라'(단재 신채호) '단군혈통이 북부여로부터 卒本夫餘[곧 東明夫餘] 高句麗에 이르기까지 三千年을 綿亘하였는데 後史者들이 우리 임금이 聖하지 못하다 하여 正統을 다른 나라 異族에게 옮겨 준다면 이 무슨 筆法이란 말인가'(李相龍 國務領의 石州遺稿) 등 민족학자들의 학설을 그대로 이어서 기자조선의 존재를 부정한다.

떼도적 衛滿은 燕의 경계인 추수(溴水 : 河南 懷慶府 濟源縣 西쪽)를 건너와 番朝鮮으로 위장 귀순한 자로, '乃一强盜耳(石洲遺稿)', '遼海一隅를 窃據한 자(鄭寅普 조선사연구)'이니 '마땅히 本國邊疆侵略史에 편입시켜야 한다 (丹齋先生 朝鮮史研究草)'는 선학들의 定案을 따라 위만조선을 부정한다.

(6) 漢四郡에 대한 철저한 문헌비판

史記 朝鮮列傳의 '遂定朝鮮爲四郡' 이하에 眞番, 臨屯, 樂浪, 玄菟의 이름이 없고, 漢書 韋玄成傳에 '朝鮮을 伐할 새 玄菟, 樂浪을 起하였다' 함은 '遂定朝鮮爲四郡' 이전부터 玄菟, 樂浪이 있었다는 증거가 된다. 그리고 衛虜의 정권을 붕괴시킨 자가 漢人인 衛山, 公孫遂, 荀彘, 楊僕이 아니라 朝鮮相 尼谿를 포함한 朝鮮 四將相의 내궤운동이 마침내 승리한 것이니 漢四郡이 아니라 朝鮮將相의 自治四國이라는 결론이다. 이 四將相의 領地는 山西의 上谷, 하남의 淮陽, 山東의 臨淄 등이므로 僑設된 漢四郡의 위치도 이 지역을 벗어날 수 없다. 이는 또 樂浪은 說文에 '樂浪潘國'이요 注에 '卽眞番'이니 漢書地理志에 '潘은 今 上谷郡潘縣地'라 하고, 玄菟는 漢書地理地應勵曰眞番朝鮮胡國이요 杜佑通典에 玄菟郡은 在柳城安平之間이라 하니 今 山西遼州遼山縣地라 함과 일치함을 고증했다.

(7) 고구려정통론과 영락대통일

한암당선생의 역사관 가운데 가장 큰 특징은 事大主義 新羅正統論을 배격한 前中後

高句麗로 이어지는 高句麗正統論의 확립이다. 즉 解慕漱가 세운 北夫餘는 原始[前]高句麗가 되고 高鄒牟가 창건한 高句麗는 本고구려가 되고 大仲象[寶藏帝의 막내아들 高德茂]이 세운 大震國[소위 발해]은 中高句麗가 되고 王建이 통일한 高麗는 後高句麗가 되는 高句麗正統論이다.

실학자들이 체계화하고 事大植民史學者들이 주장하는 花郎精神에 의한 新羅의 三國統一을 부정 批判하고, 天符經, 三一神誥, 參全戒經에 精神的 基礎를 둔 高句麗 皂衣仙人에 의한 國罡上廣開土境平安好太聖帝[永樂은 그 年號]의 永樂大統一을 주장한다. 선생은 광개토성제비문[廣開土聖帝碑文]을 문헌학적으로 철저히 고증하여 그 全文 1802字를 복원하였다.

(8) 多勿主義 高句麗의 歷史的 延長으로서의 遼, 金, 元, 淸

多勿이란 원래 '옛 땅을 회복한다'(復舊土)는 고구려 말로서, 단순한 영토회복이라는 의미와 함께 배달과 단군조선의 옛 思想과 文化를 다시 부흥하자는 뜻[서양의 Renaissance]도 가진 高句麗의 國是였다. 고구려는 多勿[따무르재]主義를 그 국시로 하고 民族固有思想인 三神一體의 天一神思想[선생은 이를 커발한이라 한다]으로 국력을 하나로 해 동아시아를 통일하고 찬란한 민족문화를 남겼다. 고구려가 멸망한 후 이 天一神思想은 大震으로 이어졌고, 그 여파는 遼, 金, 元, 淸으로 퍼져 나가 支那를 지배하는 大帝國 건설의 사상적 기초가 되었다. 선생은 遼, 金, 元, 淸은 高句麗 正統의 附廓國家로 체계화했다.

(9) 高麗史에 江陵王父子를 追陞正號

즉 우왕과 창왕을 漢書 王莽傳에 준하여 '降爲列傳' 한 종래의 史錄을 耘谷 元天錫의 詩史에 의거하여 王氏正統으로 陞하여 正統爲王했다. 따라서 雲樵 先生의 定案에 의하여 前廢王[즉 우왕]은 江陵大王으로, 後廢王[즉 창왕]은 江華大王으로 제각기 追陞正號한다.

또 高麗史에서 叛逆列傳으로 엮어 넣은 裵仲孫, 金通精 등 三別抄軍이 承化侯溫을 추대하여 抗蒙獨立을 선언한 것은 정당화하기로 한다.

(10) 대한민국 임시정부의 법통계승

丁未 7月 18日 高宗太皇帝의 '軍國大事를 皇太子로 하여금 代理케 한다'는 詔書에 의거하여 순종의 隆熙元年을 僞로 하고, 光武 23年(서력 1919년)까지 延長함과 아울러 同

年 4月 10日부터 大韓民國 元年으로 紀年을 삼는다. 이렇게 함으로써 임시정부를 이은 大韓民國을 正統國家로 서술하고 있다.

이상과 같은 업적이외에도 反正我邦疆城考를 저술하여 각 時代에 걸친 우리民族의 영토를 고증하였다. 특히 遼水, 遼東, 碣石, 渭水 등을 문헌적으로 상세히 밝힘으로써 歷史地理의 신기원을 이루었다고 할 수 있다. 다만 한 가지 아쉬운 것은 生前에 通史인 倍達民族史大綱을 완성하지 못하고 운명 한 점이다.

또 주로 문헌학적 연구에 전념하였으므로 考古人類學的 證明을 과제로 남겨 놓았다.

3. 민족 철학관

오늘날 古代의 우리 민족이 東北亞의 文化的 源流를 이루었음을 지적하는 소리가 간헐적으로 들려온다. 일변 우리에게는 외래문화를 수용해서 이를 발전만 시켰지 우리의 고유한 문화는 없었다고 단정하는 소리도 있다. 사실 朝鮮朝까지 우리 민족의 정신과 문화에 흡수되어온 일종의 생활철학이라고 불릴 수 있는 思想은 儒佛仙이었다. 근자에 서구사상이 우리에게 전해져 이를 체질화 하느라고 많은 고통과 제약을 받고 있는 것도 또한 사실이다.

선생은 이러한 사상적 혼란 속에서 우리에게 전해져 왔고 우리의 체질속에 녹아있는 民族魂의 뿌리―6천년 이상 숨쉬어왔던 倍達民族의 思想―가장 고유한 우리 민족얼의 본래의 모습을 형상화하고 상징화 하는데 온갖 노력을 다 경주하였다.

선생이 해석하고 체계화한 우리 겨레의 고유한 사상은 '在世理化 弘益人間'으로 요약되는 天符主義 人代天思想이다. 이 말은 저자의 독창적인 造語가 아니요, 우리 겨레라면 누구나 핏줄속에 간직하고 있는 유전적 상징어이다. 그러나 우리 겨레 구성원 누구에게라도 그 말의 진정한 출전과 뜻은 무엇인가 자문해본다면 그저 어물어물 거릴 뿐 우리의 위대한 이 용어는 값싼 골동품처럼 無知의 外皮로 감싸져서 그 고유의 외연과 내포마저 매몰되어 버리고 말았다.

선생은 시베리아의 붉카알을 중심한 남북 5만리 동서 2만리의 광활한 대륙 최초의 문헌상 國家 桓國(三國遺事曰 昔有桓國)에 이미 민족사상의 뿌리가 존재했음을 밝히고 있다. 그 사상이 '붉'의 사상이다.

'붉'은 光明의 철학이었다. 광명은 善의 철학이라고도 할 수 있으며 이것은 어둠과 惡, 온갖 모순을 克己 止揚한 절대 통일적 理想世界이다. 이 세계를 크고 둥글며 절대적 (하나인)인 大圓一世界―이것을 역사상 문헌에서 상징화한 용어는 '커발한'이다―로 보고 이 근원세계를 地上에 건설하고자한 雄大한 꿈이 집약된 것이 우리 조상들의 사상이었으며 이를 끝까지 추적하고 형상화하고 상징화한 것이 바로 선생의 민족철학관인 것이다.

커발한에서는 우주만물의 근원을 一元良氣라 본다. 虛粗同體의 대우주에 빽빽이 들어찬 一元良氣는 그 本體가 영원무궁 절대불변한 것이나 그 쓰임 또는 흐름은 億兆의 변화를 일으키니 이 一元良氣의 주재[氣之宰]를 神이라 한다. 이 神은 主體 즉 一身이며 作用 즉 三神이니 三神은 造化, 敎化, 治化이며 이는 우주만물을 만들고, 되게 하고, 가르치고 다스리는 神妙, 억측불용의 경지를 형상화한 것이다. 이 三神의 一體된 '세검한 몸'의 원리를 우주론의 최구경의 철학으로 선생은 체계화하였다.

인간은 이 '세검한 몸'의 원리로서 하늘로부터 (三神一體則上帝) 각각 性, 命, 精을 이어받아 '三眞一像'의 化現을 이룬다. 인간은 스스로가 곧 하늘일 수는없으나 그러한 가능성을 부여받은 소우주로서, 이 가능성을 계발하여 神의 경지에 들어갈 수 있으니 이러한 길을 닦는 사람을 우리는 仙人(=센이=선비)로 모상화하고 이로부터 숱한 붉神道 (=仙道)의 亞流가 쏟아져 나오게 되는 것이다.

內的으로 우주의 哲理를 체득하고 外的으로 莫强한 힘을 쌓은 인간은 이 세상을 저 커발한 大圓一世界 즉 지상낙원을 건설하는 데 뭇 증인들을 이끌고 지도하게 되니 여기서 우리 조상들은 桓檀以來 高句麗 永樂統一을 거쳐 '발해상인 당일호'의 웅건한 在世理化(현실 중시) 弘益人間(人本主義) 世界의 실현을 보게 된다.

그러나 新羅의 반벽통일 이래 우리 고유의 사상과 역사를 헌신짝처럼 내팽개친 채 우리 겨레의 정신은 小兒病的 思考를 통해 제 영토마저 줄이다 줄이다 못해 半島국민으로 전락하고 이제는 동족상잔의 대전란 및 온갖 사상의 혼란과 정신세계의 무국적 사상을 초래하게 된 것이다. 선생은 우리의 조상들이 남긴 弘益五書 등과 史書 및 서구의 과학사상을 총동원하여 천부주의를 체계화 했다.

조상들의 사상에서 핵심적인 것은 이 커발한 세계를 또한 太陽의 그 절대적 기운(에너지)과 인간의 관계를 종적, 횡적으로 구성했다는 것이다. 선생은 이 관계를 과학적으로 설명하고 있다.

"원시인들의 생각에는 모든 만물의 씨알이 해=하날(天=大日)의 빛과 열을 받아서 싹이 트는 것을 보고, 이것을 모두 해=한알(=큰알)=하날의 나뉘어 된 몸(分身)으로 알게 되면서 따라서 사람도 해=하날의 둥근 박같은 알(한알=大卵)에서 낳는다고 하였다.(史學 총서仁 184p). 선생은 인간만이 하늘과 땅의 중간적 매개자로서 하늘의 광명의 실체인 태양과 지상의 인간을 親子관계로서 연결 지음으로써 어째서 조상들의 무수한 卵生說話 와 太陽中心文明의 위대한 철학이 가능했는가를 認識論的으로 설명했다.

"기운이 하늘로부터 와서 태어났다(高豆莫), 햇빛을 받아서 낳았다(承日光而生 : 高鄒 牟) 그밖에 박혁거세, 석탈해, 김수로 등의 신화적 전설은 커발한 세계와 태양 및 인간의 관계를 보여주는 단적인 예이다.

물론 이미 桓雄天王이 太白山(=白頭山)꼭대기 神檀樹 아래에 내려왔다(降于太白山神 檀樹下)한 사실에서 우리 겨레의 사상사적 문화사적 특징이 분명히 드러나는 것이다.

우리 겨레는 三神하느님의 피를 받은 天降族이요, 그리고 민족의 국가는 三神하느님 이 배어주신 땅[倍達]이며, 천손민족이 행하는 정치는 天符主義 人代天政治, 그리고 통치 의 방식은 三神一體의 모습 그대로 지상에 재현된 三韓觀境制인 것이다. 우리 민족이 白色 옷을 입었던 것은 太陽의 총화색이 白色이며 白은 또한 하늘[天宮]의 상징색이기 때문이었다. 이로 보건데 이미 배달민족 초기에 사상과 제도의 완벽한 일치가 있음을 알 수 있으며 동북아는 이러한 사상의 실현세력판도로서 모든 족속이 우리 겨레의 사상 적, 문화적, 정치적 지도권 아래 놓여 있었음을 알아야 한다.

이러한 민족사상은 치우천왕의 웅대한 지나경략과 檀君王儉의 三韓觀境制를 거쳐 고 추모성제(고주몽)의 桓檀 및 北夫餘 계승—따무르자 維新統一의 선언 아래 배달나라의 완전한 옛 강역을 수복하고자 하는 운동에서 드러난다.

우리 겨레는 祭政敎가 일치되는 神權代理行使의 정치제도이면서도 철저한 人本主義 文明을 발전시켜 왔다. 곧 우주론을 神觀(서구의 神과는 다름)을 통해 전개하면서도 神을 절대화하거나 우상화 하지도 않고, 오히려 인간 자체의 내적수련을 통한 참된 생명의 의식과 우주의 철리를 깨닫고 웅건한 인간의 내적 잠재력을 개발하여 절대자에까지 나아 가고자 하는 사상을 발전시켜 왔다. 선생의 사상은 따라서 허무한 山 중에서 秘密한 자연 현상을 통해 인간의 영적 수련만을 강조한 것이 아니며, 그렇다고 사상 없는 무지반의 현실생활을 강조한 것도 아니었다. 선생은 어찌해야 桓檀 이래 祖上들의 위대한 思想을 되살리어 지극히 현실주의적이고 인간주의적인 문화를 이룰 수 있는가 연구하여 왔다.

선생이 강조한 우리 민족의 우수성은 이미 그가 채택한 '커발한'이라는 용어에서 나타 난다. 어떤 민족이 이미 6천년 전에 이러한 理想世界 건설의 꿈을 꾸었는가? 어떤 민족이 그 당시 人本主義라는 참으로 놀랄만한 정치사회문화 선언을 했겠는가? 어떤 민족이 文

弱과 독재에 빠지지 않고 道力과 武力으로 위대한 사회를 건설했는가?

선생은 소위 지식층에서 그의 사상을 가리켜 국수주의라고 비난을 퍼부어도 초연하였다. 왜냐하면 그는 힘없는 민족이 국수주의라고 매도해도 그것은 아무 짝에 쓸데없는 일이라고 생각했기 때문이다. 선생은 국수주의자도 아니며 복고주의자도 아니었다. 그가 생각한 것은 이 나라 이 민족의 진정한 생명력 있는 완전한 자주독립통일국가였다.

누구를 우리민족이라 하는가? 그는 붉겨레(소위 한족, 만주족, 여진(말갈), 거란, 몽고족, 일본족, 은족) 모두를 우리 민족이라 하는 의식 확대를 통하여 우리 민족만이 진정으로 환웅천왕의 백두산 천강 이래 민족의 숙원인 대통일세계―커발한 세계를 건설할 수 있음을 강조하였다.

그는 지연, 혈연, 학연 등 分派主義的인 사고방식을 싫어하였으며 또한 허무맹랑한 복술적 미래신앙 또한 완강히 반대하였다.

선생의 사상은 한마디로 정의하면 조상들의 생각 그대로인 '在世理化 弘益人間' 주의였다. 그는 자기사상의 정립을 위해서는 반드시 그것이 참된 조상들의 숨결과 의식에 적합한 것이었는가를 스스로 자문해 보았으며 그 누구의 도움도 받지 않고 우리 겨레의 가장 고유한 우리의 것을 찾아 온 몸을 불사른 진정한 배달혼(倍達魂)의 巨木이었다. │寒闇堂紀念事業會

생명의 불꽃을 사른 마지막 강연

≪커발한≫ 기사

참석기

신시개천 5882년(서력 1985) 말, 寒闇堂 李裕岦 선생을 존경하고 그의 학문을 연구하던 각 계 각 층의 사람들이 모여 한암당 후원회를 결성한 바 있었다. 그러나 대부분 선생을 직접 뵙지는 못했기에 언젠가 한 번 찾아뵙고 직접 그 고매한 정신과 학문에 접할 수 있기를 바란 것이 사실이다. 그러나 각자의 사정과 연로한 선생의 입장 때문에 차일피일 미루다가 결국 실현된 것이 지난 4월 16일 제5회 수요 강좌 때였는데 그것이 마지막 강연이 될 줄이야……

며칠 전 후원회 회원들 및 단단학회 회원들 30여명이 선생을 초청하자, 책을 만드는 현장을 이번 기회에 한 번 볼 겸, 수요 강좌에 참석하고 싶다고 하면서 쾌히 승낙하여 종로구 경운동 소재 (주)고려가 사무실에서 그의 얼굴을 뵙는 기쁨과 함께 정열적인 강연을 직접 청취하게 되었다.

선생은 강연예정시간보다 약 1시간가량 일찍 도착해서 자신의 저작을 편집하는 현장을 직접 돌아보시며 관계자들을 격려하고 그들의 노고에 감사하였다. 그리고는 언론사의 기자들과 잠시 환담을 나누다가 예정시간에 강연을 시작하였다.

강연은 회원들이 그동안 알고 싶었던 문제들을 하나씩 질문하고 선생이 상세히 답변하는 형식으로 진행되었다. 강연은 약 2시간가량 계속되었고, 그동안 선생의 자세는 너무도 진지하고 답변하는 그 모습은 불꽃이 타는 듯 열정적이었다.

그러나 9시 30분에 이르자 선생에겐 피곤한 빛이 역력하였고, 당신의 제안대로 9시 30분이 되어 강연을 파하고 회원들은 한 사람씩 선생과 아쉬운 작별의 인사를 나누었다. 돌아가려고 자리에서 일어난 선생은 다리에 힘이 없어 의자에 다시 기대어 앉게 되었다. 이때 회원들이 피곤하신 듯 하니 인근 병원에서 영양제 주사라도 맞으시도록 하자고 하여 인근 병원으로 옮기게 되었다.

그 병원에서는 더 큰 병원으로 옮기라고 권고하였다. 회원들은 할 수 없이 중앙대부속 성심병원으로 선생을 옮겼다. 이 때 회원 한 사람이 "선생님 괜찮으십니까?" 하자 선생은 고개를 끄덕였으나 말은 하지 못하는 상태였다.

　병원에서 선생에게 의식은 다소 있었으나 중태였다. 정밀진단 결과 뇌졸중으로서 뇌에서 계속 출혈이 있다는 것이었다. 지혈을 위해 더 관찰할 필요가 있어 병원에 더 있어야 한다는 의료진의 말에 따라 만 24시간을 병원에서 머무르게 되었다.

　12시간 후 다소 호전이 되었으나 다시 출혈이 시작되고 12시간 동안 혼미를 거듭하다가 의료진들의 권유에 따라 할 수 없이 화곡본동 자택으로 돌아오게 되었다. 선생은 다음 날 18일 오전 1시 18분, 그 파란만장한 80여년의 생애를 마치게 되었던 것이다.

　본지는 그 마지막 강연을 생생하게 재구성하여 여기 선생이 마지막 생명의 불꽃을 사른 그 현장을 다시 방문하고 그를 추모하고자 한다.

강연 내용

　[문 1] 비류백제와 일본에 세운 우리 민족의 역사에 관하여 설명해 주십시오.

　[답] 우선 「비류」 즉 「고추모성제」의 아들이라 기록되어 있는 「불류」가 일본에 백제국을 건설하였다는 것은 역사적인 연대로 보아 맞질 않는다. 그러나 일본에 우리 민족이 국가를 건설하였다는 것은 사적인 근거가 있는 말이다. 우선 「부여풍」의 도일에 관하여도 그렇고 마한 비미국계 「연오」가 바다를 건너가 구주에 토착하여 구노국왕이 된 것도 그 하나이며 갈사국의 王都 역시 나라의 연장지는 결국 일본이었던 것이다.

　[문 2] 발해 멸망 후 여진과 청나라를 우리의 역사에 포함시켜야 합니까?

　[답] 후금을 포함하여 여진과 요, 금, 원의 역사는 우리의 손에 의하여 다시 쓰여져야 한다고 생각한다. 정확하게 표현하기는 어렵지만 지나, 일본이 주장하는 역사를 세밀하게 분석하여 결론을 내린다면 고구려의 역사는 우리의 역사가 아닌 것으로 되어 있는 실정이다. 좀 더 성실한 역사의 연구없이 이대로 한 시대가 지나고 만다면 한 세기 후에는 분명 우리의 고구려 역사는 일본이나 지나의 역사에 편입이 되어 있을 것이다. 그러한 의미에서 비록 역사는 과거를 다루는 학문이지만 우리의 올바른 역사를 위해서 요, 금, 원, 후금 및 청의 역사까지 다시 재검토되어져야 하는 것은 사학계의 의무라고 할 수

있다.

[문 3] 국내외 사학계에서 끊임없이 논란이 일고 있는 광개토대세성릉비문의 기사 중 신묘년의 기사를 어떻게 해석해야 합니까?

[답] 일본사람들의 해석은 왜가 신묘년에 바다를 건너와 고구려를 파하였다는 것이다. 그래서 둔 것이 임나일본부라는 것이라고 하나 ≪일본서기≫에 임나일본에 관한 기사는 하나도 없다. 또한 학술적으로 번역 문제를 따진다면 왜가 고구려를 치기 위하여 바다 가운데에 있는 섬나라로부터 오려면 바다를 건너오는 것이 순서일 것이나 일본의 임나일본부설에 맞추기 위해서는 바다를 건너는 것보다 오는 것을 먼저 번역해야 하니 이는 억지일 수밖에 없는 것이다.

[문 4] 선생님께서는 일본까지 고구려의 영토에 포함시키셨는데 그 이유는 무엇입니까?

[답] 왜가 감히 훼, 기탄, 탁순의 여러 적들과 더불어서 싸우려 하거늘 관병이 먼저 탁순을 취하고 좌군은 담로도를 거쳐서 단마에 이르고 우군은 난파를 거쳐서 무장에 이르고 왕은 곧바로 축사로 건너가니 여러 적들이 모두 다 스스로 무너지니 나누어 군과 국을 삼고 안라인으로 수자리를 지키게 하였다. 내용상 광개토대제의 비문에 나와 있는 것을 근거로 하여 보면 왜가 모두 고구려에 항복하여 고구려의 군과 현으로 복속된 사실을 알 수 있다.

[문 5] 광개토대제성릉비문 중 결자를 채운 근거는 무엇입니까?

[답] 운초 선생의 ≪徵實考≫와 벽산 이덕수 선생의 ≪釋文≫을 근거로 하였다. 비문의 글자를 기왕 날조해놓은 것이라면 그 원문은 찾기가 힘이 든다. 그렇다면 내용은 가급적 문헌적인 고찰을 통해서 우리의 역사에 근접한 것을 선택하는 것이 사학가의 자세라고 생각한다.

[문 6] 한사군에 대히여 선생님의 견해를 듣고 싶습니다.

[답] 한사군의 위치를 압록강의 동쪽이라고 주장한 사람은 당나라의 안사고부터 비롯되나 그실 한사군의 원전이 되는 사마천의 ≪사기≫ 〈조선열전〉에는 한사군의 위치가 황하를 중심으로 한 하북일대와 산서성으로 나와 있다. 또한 ≪사기≫의 한의 군이라는 것이 획청, 적저, 열양, 평주 등의 군명이지 지금 한사군의 군명은 아니다. 지금 우리가 알고 있는 한사군, 즉 악랑, 진번, 현도, 임둔의 군명은 지나의 춘추사학의 발전에 따라 ≪한서≫와 ≪삼국지≫〈후한서〉에서 비규칙적으로 무분별하게 실려 있는 것이나, 한사군이 압록강의 동쪽 주변에 있을 수 없는 것이 위나라 「관구검」과의 전쟁 과정 중 출전의 군사가 현도로부터 출발하여 악랑으로 도망갔다는 내용이 나오는 데는 분명 학술적인 미비점을 포함하고 있는 것이라 할 수 있는 것이다.

또한 가장 중요한 것은 악랑군과 악랑국의 정확한 구별을 해야 한다. 호동왕자와 악랑공주의 이야기를 남긴 것은 악랑국으로서 「대무신열제」20년에 멸망했고, 그 이후 계속 나온 악랑은 한의 전쟁교설지인 악랑군인 것이다.

[문 7] 高句麗의 나라 이름을 下句麗로 바꾸었다는 말을 어떻게 보십니까?

[답] 삼국지의 개천 3909년 기사를 보면 「고구려의 이름을 고쳐서 하구려라 하였다. 이 때로 부터 후국이 되었다」라는 내용이 있다. 이것은 고구려현이 있었던 것을 국가로 연결시켜 우리 민족의 정통 제국인 고구려의 지위를 격하시킴으로써 자기네들의 국가적 위신을 높이려는 음흉한 春秋史觀에 불과한 것으로, 여기에서 벗어나지 못한 우리 사학계가 이 춘추사관을 그대로 받아들인 것이다.

[문 8] 우리 역사에 보면 사대주의에 기운 경향이 있는 왕조가 있는데, 근래도 끊임없이 사대주의 논쟁이 일고 있습니다. 국가의 시책상 필요한 事大와 事大主義에 관해서 선생님의 견해를 듣고 싶습니다.

[답] 사대와 사대주의는 분명히 구별해야 한다. 국가가 힘이 없어서 더 강한 국가에게 국가와 민족의 생존을 위협받거나 보다 높은 차원의 문화를 더 선진한 국가에게서 받아들여야 할 필요가 절실할 때는 할 수 없이 사대를 할 수는 있다.

그러나 이것은 어디까지나 방편상 그렇게 하는 것이지 사대가 목적이 되어서는 안

된다. 만일에 국가가 일단 사대주의에 기울어 구성원의 정신까지 그것에 물들어 버리면 도저히 국가는 일어서거나 번영할 수 없는 것이다. 이것은 마치 부모에게만 의지하려는 아이를 정신적으로 언젠가 독립시키지 아니하면 결국 그 사람은 평생 자립도 못하고 폐인이 되는 이지와 같다.

따라서 유교 신자가 유교를 위한 한국이 아니라 한국을 위한 유교이어야 하며, 모든 것이 자기 종파나 숭배하는 국가의 문화 중심으로 자기를 몰각해 버리면 결국 민족이란 패망하게 되는 것이므로 대외적으로는 사대를 하더라도 국민정신만은 사대주의에 기울게 해서는 절대로 안 된다.

[문 9] 단군신화는 신화가 아니라 역사적 사실이라는 것을 역사해석의 난해성이라는 차원에서 설명해주십시오.

[답] 단군신화에 대해서 곰과 호랑이의 신화로 알고 있는 사람들에게 그것은 곰과 호랑이의 신화가 아니라는 것을 설득 이해시키기가 무척 어려웠는데, 어느 날 신문에서 '猛虎向越'이라는 신문기사의 제목을 읽고 깨닫는 바가 있었다. 이는 정말 맹수의 왕인 호랑이를 월남에 파견한다는 것이 아니라 싸움에 임했을 때 호랑이와 같이 맹렬하다 하여 붙여진 한국 파병군의 별명인 것이다. 마찬가지로 이를 단군신화에 적용시켜 보았다. 정말 신화속의 곰과 호랑이가 아니라 곰을 상징으로 하는 겨레와 호랑이를 상징으로 하는 겨레의 이름이었다는 설명을 월남파병의 맹호부대와 연결시켜 설명하자 모두들 공감하는 수긍의 표시를 함으로써 나의 단군신화 부정설은 비로소 이해를 얻기 시작한 것이다.

[문 10] 마지막으로 국사찾기운동에 적극 참여하고자 하는 저희들에게 주실 말씀을 부탁드립니다.

[답] 여기 모이신 여러분들이 결코 역사를 모르는 것이 아니다. 다만 모르도록 이끌려져 왔기 때문이다. 이제 이러한 점을 안다면 몇 가지의 구체적 예를 들어가며 사실을 원전대로 대합비교하면 시시비비를 가릴 수 있을 것이다. 이 시시비비를 가리는 엄정한 중립자이면서 양식있는 판단자가 필요한 것이다. 나는 여러분들이 그러한 일을 담당할 수 있으리라 생각한다.

과거 사대주의자들의 행동에 의하여 우리나라에 오랫동안 해독을 끼친 것을 보면 부끄럽기 짝이 없다. 이를테면 본래 ≪수서≫에「高句麗驕傲不恭上將討之」(고구려가 교만하고 오만하여 공손하지 아니하므로 황제께서 장차 이를 토벌하시다」를 김부식이 ≪삼국사기≫에「我驕傲不恭帝將討之」(우리가 교만하고 오만하여 공손하지 아니하므로 황제께옵서 장차 이를 토벌하시다)로 옮겨 놓았다. 이게 말이 되는가? 나는 어린 6세때 ≪동몽선습≫을 읽다가「武帝伐之하시니」(무제께옵서 조선을 정벌하시니)라는 대목을 읽고 우리나라인 조선을 정벌한 적국의 임금에게 존칭을 붙인다는 것은 아무래도 납득이 가지 않아 이후 ≪동몽선습≫을 읽지 않았는데, 이것뿐만이 아니다. 진무가 쓴 ≪삼국지≫의 〈동이전〉 가운데 이른 글이 있다.「更名高句麗爲下句麗」(다시 고구려를 이름하여 하구려라 하였다) 이것을 ≪삼국사기≫에서는「我將延丕」라는 가공적인 인물을 만들어내 저들이 꾸며놓은 거짓말을 오히려 부연설명하여 엉터리로 만들어 놓았다. 이것이 민족자존심에 바른 일인가?

우리나라 초기 역사에 보면 위만이라는 떼도적이 있었다. 이 위만이 연나라 사람으로 漢 유방의 신하 중의 하나인 노관이라는 자의 졸개였다. 노관이 흉노로 망명하는 바람에 위만은 유랑민들의 틈에 끼여 조선의 변방으로 도망쳐온 것을 기화로 번조선의 箕準을 꾀어내 사기로 정권을 찬탈하여 거짓 정권을 세웠던 것이다. 물론 위만의 지배하에 고통으로 신음하던 사람들은 우리 민족이었다. 이들은 당연히 위만정권과 다를 수밖에 없었다. 그 결과 漢과 衛氏가 대립했을 때 양자 사이에서 교묘한 행동을 통해 위씨를 거꾸러뜨리고 漢도 이득을 보지 못하게 만든 것이다.

곧 한이 우리 조선을 멸망시키고 사군을 두었다는 것은 거짓말이다. 우리 민족이 이제까지 위만을 조선의 왕이라 이름하고 한의 4군이 우리 민족의 정통국가 위만조선을 거꾸러뜨리고 만든 한의 식민지라고 말하는 것이나, 이 4군이 진보된 문명을 전해주었다고 하는 것도 몽땅 거짓된 가정에서 비롯된 것일 뿐이다. 이 역사를 우리 역사로 취급하고 부르는 것은 마치 오늘날 일본인들이 우리를 점령했던 불법의 강점시대를 실증이라는 미명아래 일제시대라 부르고, 그 식민지 경험에 의해 우리 민족이 보전되었다고 생각하는 식과 같은 부당한 결론이 아닐 수 없다.

국사찾기의 문제는 애국심을 고취시키는 문제이다. 그리고 모든 문제에는 힘이 있어야 하며, 이 국사찾기라는 문제도 곧 힘을 기르는 문제인 것이다. 그리고 본인은 여러분들 하나 하나의 힘을 합쳐 이 꿈은 달성되리라고 확신하는 바이다.

神市開天 五八八三年 (陰)五月 五日 寒闇堂紀念事業會(커발한 第六十三輯)

국사찾기협의회와 민족사운동

출처 : http://blog.naver.com/iking815/120020536505(2005/12/12)

국사찾기협의회

1975년 결성되었으며 회장이 안호상 박사이고, 이유립, 박창암, 문정창, 임승국, 박시인, 유봉영 등이 있다.

1981년 8월 31일 안호상 박사를 청원자로 하고 권정달 당시 민정당 의원 외 18인을 소개의원으로 해 국회 문공위원회에 제출된 청원서가 초·중·고 학교용 국사교과서에서 고칠 점으로 든 구체 사항은 7가지.

그 첫째가 단군과 기자는 실존 인물, 둘째가 단군과 기자의 영토는 중국 베이징까지라는 내용 복원이었다.

윤 편수관은 "정책 문제가 아닌 학문적인 내용 문제를 공청회를 통해 전공학자가 아닌 국회의원이 일반 국민들의 여론을 듣고 교과서 등재 여부를 결정한다는 것은 하나의 웃음거리밖에 되지 않는다"는 의견을 냈으나, 5공화국 출범 초기 가라앉은 국민들의 관심을 끌 거리를 찾던 정치권 분위기에 밀려 묵살당하고 말았다.

11월26·27일 국회 문공위원회 회의실에서 열린 공청회는 청원자쪽에서 안호상(국사찾기협의회장), 박시인(서울대 교수), 임승국(한국정사학회장)씨, 발표자로 최영희(국편위원장), 김원룡(서울대 교수), 이기백(서강대 교수)씨 등 8명이 참가해 열띤 공방이 벌어졌다. 국회에 처음 나와 그 관행에 생소한 학자들을 마구잡이로 다루는 국회의원들을 보며 민망해하던 윤 편수관은 결론 안 난 이 공청회 에필로그를 이렇게 끝맺었다.

"이 공청회로 국사학계가 고대사 분야에 많은 관심을 갖게 되고 국사교과서에 재야학자들의 주장이 일부 수록될 수 있었던 것이 하나의 수확이었다. 대신 공청회에 참여한 일부 학자들이 국회에서 받은 충격 때문에 교과서 개발 참여를 기피하게 되는 등 후유증을 낳기도 하였다."

특히 이들은 박창암이 운영하던 ≪자유自由≫지를 기관지로 하여 수많은 논문들을 연재하였다. 그리고 남산시립도서관에서 젊은 학도들에게 민족사강좌를 무료로 열어 수많은 젊은이들에게 민족정신을 고취시켰다.

• 안호상(安浩相)

1902~1999. 호는 한뫼. 1924년 중국 상하이동제대학(上海同濟大學) 예과를 거쳐 1929년 독일 예나대학교를 졸업하고, 동 대학에서 철학박사학위를 받았다. 1933~45년 8·15해방 전까지 보성전문학교 교수를 지내다가 1945년 8·15해방과 함께 서울대학교 문리과대학 교수가 되었다. 1948~50년 초대 문교부장관, 1949년 초대 학도호국단장, 1951년 한국청년단장, 1958년 동아대학교 대학원장을 역임했다. 1960년 무소속으로 참의원 의원에 당선되었고, 1969년 재건국민운동중앙회 회장, 1973년 마을금고연합회 회장, 1976년 한독(韓獨)협회 회장을 역임했으며, 1981년 학술원 원로회원이 되었다. 1978~88년 경희대학교 연구교수, 1978~89년 국제문화협회 총재, 1981~91년 한성학원(한성대학교) 이사장, 1987년 권율장군기념사업회 회장을 지낸 바 있다. 1992~97년 대종교 총전교를 지냈는데, 1995년 정부의 승인 없이 북한을 방문해 논란을 불러일으키기도 했다.

그는 한글운동과 한국상고사 연구에 깊은 관심을 가지고 활동했다. 학계와 교육계에 기여한 공로로 대한민국 국민훈장 모란장, 독일 십자훈장, 외솔상, 일본 학사회 학술상 등을 수상했으며, 주요저서로는 〈철학개론〉·〈논리학〉·〈민주적 민족론〉·〈헤겔의 판단론〉(독문)·〈배달동이겨레는 동아문화의개척자〉(국영합본)·〈겨레역사 6천 년〉 등 다수가 있다.

• 이유립(李裕岦)

1907~1986. 민족운동가. 본관은 철성(鐵城). 자는 채영(采英) 또는 중정(中正), 호는 한암당(寒闇堂)·정산초인(靜山樵人)·단하산인(檀下山人)·호상포객(湖上逋客)·단학동인(檀鶴洞人). 평안북도 삭주출생. 암(嵒)의 후손으로, 아버지는 독립운동가 관집(觀楫)이며, 어머니는 태인백씨(泰仁白氏)이다.

유년기에는 한문을 익히고, 1915년 오동진(吳東振)이 비밀로 가르치는 구한국군(舊韓國軍)의 노래와 행진연습을 받았으며, 1919년 신안동(新安洞)에서 태극기를 들고 조선독립만세운동에 가담하는 등 배일애국사상이 강하였다.

같은 해 만주 관전현(寬甸縣) 홍석납자(紅石拉子)에 이거, 3년여를 머무르면서 이기(李沂)가 창도한 단학회(檀學會)에서 주관하는 배달의숙(倍達義塾)에 입학, 계연수(桂延壽)·최시흥(崔時興)·오동진 등의 강의를 듣는 한편, 1921년 조선독립소년단(朝鮮獨立少年團) 조직 활동에 참가하여 단장이 되었다. 이때 이름은 이채영(李采英)이었다. 이로부터 의민사(義民社)·천마산대(天摩山隊) 등 항일단체의 소년통신원으로 뽑혀 국내의 통신연락을 도왔다.

1923년 종정산(倧靜山) 아래 정곡(井谷)에 초막을 짓고 독서에 열중하면서 야학당을 설치하고 청소년들의 야간교육을 실시하였다.

1924년 삭주고등보통학교 3학년에 입학하여 1927년 21세에 6년제를 졸업하였는데, 재학 중에도 천마산대 소년별동대격인 삼육회(三育會)를 조직, 방과 후에 역사·체육·노작활동 등 특별연수를 하였다.

학교를 마친 뒤 한동안 만주일대를 유력하다가 1930년 고향에 돌아와서 이기의 신교육종지를 실천할 목적으로 삼육사(三育社)를 조직, 위원장이 되어 농촌자력진흥, 청소년 자유교양, 국제동향의 비판, 회람잡지 발행 등을 실시하다가, 일제로부터 강제해산을 당하면서 한때 천마산에 입산하였다.

1933년 경기도 시흥에 안순환(安淳煥)이 세운 명교학원(明敎學院, 일명 朝鮮儒學會)에 입회, 유학을 수습하면서 이상룡(李相龍)의 ≪대동광의大同廣義≫, 이기의 ≪유서≫, 량치차오(梁啓超)의 ≪음빙실전집飮氷室全集≫을 연구하는 한편, 대종교(大倧敎)의 남도본사와 시흥 녹동에 있는 단군교본부의 활동상황을 주시, 보다 더 강력한 민족적 이념을 탐색하고 조선유학회 기관지인 ≪일월시보日月時報≫의 주필이 되기도 하였다.

1939년 이상유(李尙游)의 희사금으로 신풍학원(新豊學院)을 설립, 학감 겸 교사로 근무하였으나, 학생들의 신사참배 불응과 창씨개명 불응 등 배일행위로 지적되어 폐교조처를 당하였다.

1945년 4월 건국동맹(建國同盟)의 평안북도 삭주책을 맡았는데, 전봉천(全鳳天)의 〈대동아전쟁거부론〉 삐라살포사건에 관련되어 구령포 일본헌병대의 문초를 받던 중 광복을 맞았다.

그해 9월 압록강국민학교장과 풍민조합장(豊民組合長), 대한근로국민회 문화부장의 직에 피임되었으나 모두 사퇴하였다.

그해 10월 3일 천마산제전대회에서 독립운동가 이용담(李龍潭)의 주재로 결성된 단학회(檀學會)의 기관지 《태극太極》의 주간으로 피임되었으나, 1946년 1월 발행 신년호에 게재된 〈신탁통치반대론〉이 문제가 되어 구금, 폐간되었다.

즉 소련군 반출양곡 제지 등을 내세워 군중궐기대회를 책동하였다는 청우당 정치부의 허위고발에 의해서였다. 삭주검찰소에 구금된 지 2개월 만에 무혐의로 출감되었다.

1948년 5월 월남 도중 해주에서 붙잡혔다가 4개월 만에 출감, 그해 추석 다음날 밤에 월남하였다.

1963년 5월, 이전에 조직되었던 단학회를 계승하여 단단학회(檀檀學會)의 명칭으로 조직을 확대하고, 3대회장이 되어 본부를 대전시 은행동 자택에 두고 기관지 《커발한》을 발행하였다.

1969년 강화도 마니산에 환인(桓因)·환웅(桓雄)·환검(桓儉) 등 국조 삼성(三聖)을 받드는 개천각을 세우고 대영절(大迎節)과 개천절의 제천행사를 하였다.

1973년 서울에 이거 《광개토성릉비문역주廣開土聖陵碑文譯註》·《세계문명동원론世界文明同源論》을 펴내고, 1976년 《커발한문화사상사》I·II를 발간하였으며, 그해 10월 박창암(朴蒼巖)·안호상(安浩相)·문정창(文定昌)·임승국(林承國) 등과 함께 국사찾기협의회를 조직, 잡지 《자유自由》에 기고하였으며, 1983년 《한암당이유립사학총서》를 간행하였다. 평생을 배달민족의 역사와 사상연구에 몰두하였다.

1986년 그동안 정리된 《대배달민족사》 5권이 간행되었다

• 임승국(林承國)

함북 청진 출신으로 고려대 영문학과를 나와 경희대 영문학 교수를 지내다가 백제사를 고리로 한국고대사에 뛰어들어 이른바 강단사학계와는 다른 길을 걸으면서 대표적인 재야사학자로 활동했다.

1970년대 유신정권 치하에서는 박정희 대통령을 피고로 하는 국사교과서 개정관련 행정소송을 제기하는 한편 故 안호상 박사, 박시인 전 서울대 교수 등과 함께 국사찾기협의회라는 단체를 만들었다.

이어 이들과 함께 80년대에 기존 국사교과서가 단군의 존재를 부정하고 한반도에 있지도 않은 한사군을 한반도로 설정하는 등 역사를 왜곡하고 있다면서 다시 정부를 상대로 소송을 제기하는가 하면 이를 위한 국회청원활동도 병행했다.

이런 활동은 급기야 이기백 당시 서강대 교수를 비롯한 이른바 강단사학계 거물들을 국회청문회장으로 불러내 그들과 난상토론을 벌이기에 이르렀다.

그 결과 재야사학계나 강단사학계 어느 쪽도 만족스럽지는 않았으나 어떻든 이후 국사교과서에서 단군이 비중있게 다뤄지는가 하면 평양 일대를 중심으로 설정됐던 한사군 또한 그 위치를 표시한 지도가 사라지게 됐다.

이와 함께 강단사학계가 가짜라고 하는 ≪한단고기≫라는 사서를 완역, 소개함으로써 재야사학 열풍을 일으키기도 했다.

• 문정창(文定昌)

1899~1980. 역사학자. 본관은 남평(南平). 호는 백당(柏堂). 부산출생. 동래 동명중등학교를 졸업하였다.

1923년 동래군 서기를 거쳐 경상남도 도청, 조선총독부에 근무한 뒤, 1940년 충청북도 사회과주사, 1942년 황해도 은율군수, 1944년 황해도 사회과장 등을 역임하였다. 그리고 관직생활을 하면서 조선총독부가 간행하는 조선조사자료총서의 하나인 ≪조선의 시장朝鮮の市場≫(1941)과 ≪조선농촌단체사朝鮮農村團體史≫(1942) 등을 저술하였다.

8·15 광복으로 황해도가 인민공화국 치하에 들어가자 월남하여 남한에서 한때 조선농회(朝鮮農會)총무부장에 있기도 하였으나 1947년 개인사업으로 전업하면서 저술활동을 하였다.

그는 일제 패망기 조선총독부의 폐기문서들을 빼돌려 해방 후 이것을 가지고 일제침략사연구에 몰두하여 ≪근세일본의 조선침탈사≫(1964)와 ≪군국일본 조선강점 삼십육년사≫상(1965)·중(1966)·하(1967)를 발표하였으며, 일제가 남긴 자료들을 근거로 일제의 한국사 왜곡에 관심을 가져 상고사연구에 정진하여 ≪단군조선사기연구檀君朝鮮史記硏究≫(1968), ≪고조선사연구古朝鮮史硏究≫(1969), ≪일본상고사日本上古史≫(1970), ≪한국고대사韓國古代史≫상·하(1971), ≪한국사의 연장 : 고대일본사≫(1973), ≪백제사百濟史≫(1976), ≪이병도(李丙燾)저 한국고대사연구평≫(1976), ≪광개토대왕훈적비문론廣開土大王勳績碑文論≫(1977), ≪가야사加耶史≫(1978), ≪한국-슈메르 이스라엘의 역사≫(1979) 등을 저술하였다.

이러한 한국사연구는 일제식민사학에 대한 기성 사학계의 도전이 불충분하다고 믿고 독자적인 고대사연구를 시도한 것이나 그 뿌리는 일제하의 재야사학이었다고 할 수 있으며, 이를 광복 후까지 이끈 재야사학의 선구자라 할 수 있다.

1976년 10월 8일 이유립(李裕岦)·안호상(安浩相)·유봉영(劉鳳榮) 등과 〈국사찾기협의회〉를 결성하여 국사바로잡기운동을 전개하였다.

• 박창암(朴蒼岩)

1923~2003. 만주에서 건국동맹에 가담하여 백두산일대에서 독립운동을 하다가 5·16이후 혁명검찰부장을 지냈다. 이 당시 장도빈선생을 만나 ≪조선사편수회사업개요≫라는 책을 받고 왜곡된 우리역사를 바로 잡고자하는 뜻을 세웠다. 1963년 3월 10일 이규광(李圭光)·박임항(朴林恒)·김동하(金東河)·김명환(金明煥) 등과 함께 쿠데타 음모 혐의로 체포되어 군법회의를 거쳐 강제 예편된 후에는 1968년부터 ≪자유≫지를 발행하였고, 그 후 민족주의역사학자들과 함께 결성한 〈국사찾기협의회〉가 이 잡지를 통해 역사광복운동을 전개해 나갔다.

• 박시인(朴時仁)

1921~ . 서울대 영문과 교수로써 알타이연구와 일본신화연구에 독보적인 업적을 남겼다.

• 최동(崔棟)

1896~1973. 법의학자·병리학자·역사학자. 본관은 해주(海州). 호는 해산(海山). 서울출신. 아버지는 전라남도 순천군수를 지낸 정익(正益)이다.

유년기를 순천에서 보냈다. 어머니 박씨가 세상을 떠나자 관직을 버린 아버지를 따라 아우와 함께 일본 동경으로 건너가 가톨릭교단에서 운영하는 교세이학교(曉星學校)에 입학, 아버지가 아우만을 데리고 도미한 이후에 거의 고학으로 중학교까지 마쳤다.

중학교 졸업 후 도미, 캘리포니아주립대학(University of California, Berkeley)에서 약 1년간 수학하다가 다시 귀국하여 1917년에 세브란스의학전문학교에 입학하였고 1921년에 졸업하였다.

졸업 후 세브란스의학전문학교 해부학교실 조교로 있다가 중국 북경협화(北京協和) 의과대학에서 기생충학을 1년간 연구하고, 캐나다 토론토대학(University of Toronto) 병리학교실에서 2년간 연구하였다.

1929년 세브란스의학전문학교 교수로 재직하였으며, 1931~1934년 학교 재단이사를 겸직하였다.

1925년부터 기생충학 강의를, 1931년부터는 병리학 강의를 맡아오다가 다시 일본 도호쿠제국대학(東北帝國大學) 법의학교실에서 2년간 연구, 1936년 박사학위를 받고 귀국하여 법의학을 강의하였다.

1945년 광복 직후 제4대 세브란스의학전문학교 교장에 취임, 대학승격과 학교정리에 진력한 뒤 1948년 학장직을 사임하고, 1955년까지 교수로 재직하였다.

10세 전후의 어린 시절에는 아버지와 가까이 지내던 박영효(朴泳孝)·서재필(徐載弼)·안창호(安昌浩) 등에게 사숙하였고, 자라서는 최남선(崔南善)·정인보(鄭寅普)·이광수(李光洙) 등으로부터 지도와 조언을 받았다. 그리고 상면은 없었으나 신채호(申采浩)의 ≪조선사론≫·≪조선사연구초≫에서 크게 자극받아 평생동안 의학연구와 아울러 민족사연구에 전념하여 집필 30여년만에 ≪조선상고민족사≫(1966)를 출간하였다.

이 업적으로 1968년 연세대학교에서 명예문학박사학위를 받았다. 이밖의 주요 저서로는 ≪조선문제를 통하여 본 만몽(滿蒙) 문제≫(일문, 1932), ≪한국 기독교 선교의 신배경≫(영문, 1945) 등이 있고, 다수의 의학논문이 있다.

• 정명악(鄭命岳)

국사대전과 다수의 저술활동을 통하여 민족사를 찾고자 노력하였다.

大倍達民族史 自序와 目次

「三育全材 國權回復」(海鶴)

三十餘年의 한 世代는 긴 歲月인가?

「朝鮮人들의 歷史와 傳統을 抹殺하여 愚民을 만들라」

偽朝鮮總督 齋藤의 指針이 植民治下를 벗고 同族相殘을 거쳐 다시 두 世代를 지낸 지금 더욱 深化되었다 해도 過言이 아니다.

「먹고 보자(經濟)」가 民聲이 되고 國是가 되어서야 어찌 뜻있는 民族(太白眞訓)이라 할 수 있겠는가?

「들쥐 같은 민족」~웨컴 駐韓美軍司令官

「20세기 萌芽者」~申丹齋

大倍達民族史自序

李裕岦 著

大倍達民族史 (全五券)

自序

子桂子一編桓檀古記하사 明神市開天之法統하시고 析三韓管境之分統하시니 大矣哉라. 最偉大之祖國·倍達民族六千年傳世之大統이 於是乎定于一而民志一立焉이니라. 繼而聖申子― 作朝鮮上古史總論하사 更復訂立其歷史之定義와 本國歷史之範圍하시니 乃人類社會之理性的我 偶像的非我之所判正과 與夫自我發達擴充과 並其進取鬪爭이 自時間而發展하며 自空間而擴大하야 集其生命力於意志的人間之活動狀態之總記錄也니라. 此乃天符主義哲學·民族思想之偉力이 是也니 此―不依於物體而立也며 此―不依於死滅而盡也니라. 故로

子桂子一曰有生曰根이오 知守曰核이니 根核生命이 主宰萬物하야 視之無形하며 聽之無聲하야 有此而生하고 無此而滅하나니 恭惟我

桓雄天王이 以天降之之姿로 至神兼聖하사 能代天而立敎하야 標的萬世者也라하시니 是乃所以倍達民族과 倍達歷史之存立이 於是乎有自來矣니라. 然이나 自新羅金春秋之妄

想事唐以來로 以主爲客하고 非我爲我하야 使當世之民人으로 盡局之於囚心奴顔以繩之하고 通以柔謹自貶으로 爲風尙하야 甘於他添禮義君子之虛稱하니 於是乎孔丘氏之所謂尊攘·略外·諱耻之爲一春秋筆法者一乘機而誘啓之하야 滔滔溢域하고 奴顔事大之外交와 棄割祖土之自虐史學이 捲地而作하야 雖有魂이나 而與無魂으로 等하고 又有史나 而與無史로 同耳라. 自來天下·寒心傷心之事가 豈外此耳何哉아. 故로 王沈魏書에 曰乃往二千載에 有檀君王儉하야 立都阿斯達하고 開國하야 號朝鮮이라하니 此地上世界惟一無二之最古信筆也여늘 何物徐兢이 作高麗圖經曰高麗之先이 蓋周封箕子於朝鮮하고 歷周秦至漢하야 燕人衛滿이 浸有朝鮮之地而王之하야 自十姓有國이 八百餘年에 而爲衛氏하고 衛氏有國이 八十餘年이라하니 是謂之倍達開天檀君管境之正史乎아. 嗚呼噫噫라 彼雖以王沈魏書로 貶之爲抑正順而襃簒奪하고 矜夷狄而陋華夏之謬案하야 不能健行於仲驒惟一主義之春秋土境이오 而當世之人이 駭駭然未免爲淪汨之嫌이나 吾輩一生天地最後之今日하야 豈不據此知守有根之實而的然可證有我之獨乎아. 三國遺事에 曰檀君이 又移都白岳山阿斯達하니 檀君之壽는 一千九百八歲라하고 太白逸史에 亦載馬番二韓이 與檀君과 檀君兼攝辰韓으로 各有本紀世家以傳이어늘 今徐居正等東國通鑑에 斷自檀君朝鮮하야 直與箕子朝鮮·衛滿朝鮮·漢四郡等狹號衍文으로 並載外記하고 安鼎福東史綱目은 妄作定統始箕·檀君附見之凶說하니 何若是貶降本國·誣辱自族之甚者乎아. 司馬遷曰封箕子於朝鮮而不臣者一固爲誣妄이어니와 而班固·范曄輩는 其於良心에 有所拘하야 乃少變其說하니 班曰殷道-衰하야 箕子가 去之朝鮮하고 敎其民·樂浪朝鮮이라하고 范曰箕子一違衰殷之運하야 避地朝鮮이라하니 噫噫라. 世無三人當一虎之大震人하야 彼班范野狐輩가 乃敢爾造出樂浪朝鮮하야 妄爲箕子所走之朝鮮하고 又爲箕子避地之朝鮮하니 可笑哉라. 若馬班范三人者는 可謂詭辯之最也로라何也오. 殷末箕子가 佯狂而奔하야 舊居空故로 設軍士하야 寨而護之여늘 當是時也하야 箕子一不能走之朝鮮이오 而又況周初에 其奈無地志的樂浪郡朝鮮縣之地名에 何哉아. 故로 范이 又託意曰仲尼懷慣하야 以爲九夷可居라하니 然則果以箕子先在로 爲何陋之有云乎아. 窃相支那에 元無北海나 鄒魯當時에 以渤海灣之口一濶五百里로 爲北海하고 又並時支那人이 以孤竹爲荒裔하며 又後漢書東夷贊에 曰宅是嵎夷하니 曰乃暘谷이라하니 彼所謂嵎夷者는 惟海岱青州요 暘谷은 亦卽山東青州府莒州日照縣이 是也라. 且其論語正義에 九夷之首가 爲玄菟하고 次曰樂浪이니 按史記正義컨대 濊貊朝鮮은 卽玄菟樂浪二郡이라하고 史記匈奴傳에 直上谷以往으로 東接濊貊朝鮮이라하고 說文『樂浪潘國』의 注에 卽眞番이요 漢書地理志에 潘은 上谷郡屬縣이요 又玄菟郡注에 應劭曰本眞番朝鮮胡國이요 番汗縣注에 徐廣曰遼東에 有番汗縣故城히니 疑卽眞番也리하

니 據此言之로대 子欲居九夷之地者는 的是非玄菟則乃樂浪也無疑라. 然이나 抑又有一說하니 林惠祥所著『仲國民族史』日文選에 李斯一上書에 設秦伐楚하야 包九夷讓注에 曰然則九夷는 實在淮泗之間하야 北與齊魯로 接壤하니 故로 前所言子欲居九夷는 參互校蕤컨대 基彊域을 可考矣라하니 殊爲當理也라. 以故로 基隋書裵矩傳所謂『高麗之地는 本孤竹國也라. 殷代에 以之封于箕子하고 漢世에 分爲三郡하고 晋氏一亦統遼東이러니 今乃不臣하야 別爲外域이라』하니 然則環上谷嬀州= 眞番朝鮮幾千里之地하야 而所列置者一 的非玄菟樂浪遼東三郡乎아 又基析置樂浪南荒者一爲帶方郡하고 太原府遼州西北에 有遼陽水하고 亦曰遼水라. 州北三里에 有遼陽城하니 乃遼山故城地也라. 又一說에 曰玄菟在遼東北二百里하야 歉黃河者也라. 潞安府屯留縣西七十里에 有高麗村하니 高麗水一所出也라. 河間縣西北十二里에 有高麗城하고 通州西南十二里에 有高麗莊하고 北京安定門外六十里에 有高麗鎭하고 山東登州萊陽縣西九十里에 有高麗山·高麗戌하고 慕本帝二年에 襲取右北平漁陽上谷太原四郡하고 太祖隆武三年에 築遼西十城하니 自是嬀州는 樂浪西縣地요 遼州遼山縣은 漢玄菟郡舊治요 渤海郡章武縣故城西에 有濊州하고 枝濆이 出焉하니 謂之濊水니 彼所謂濊貊國이 卽此라. 殷人箕子國이 亦在太原郡大谷縣箕城하고 平陽府蒲州東南三十里에 有首陽山하니 山有孤竹國王子伯夷墓하니 隋書裵矩所傳이 亦不外是라 故로 余一嘗作箕子朝鮮抹殺論者一盖以此也라. 旣無箕子朝鮮하니 則流寇滿者一亦何從以得立於後朝鮮乎아. 乃一强盜而己라. 旣曰衛滿이 不過是窃據遼濊어늘 則又漢四郡이 終無得以實名建置者也라. 然이나 今又有僞編修官補李丙燾者一妄造韓氏朝鮮說하야 此之謂前朝鮮也며 衛滿朝鮮하야 此之謂後朝鮮也라하니 其必完全削去檀君朝鮮과 並其檀君朝鮮以前歷史而乃己者也라. 非誣妄而何哉아 余在向年鹿洞時에 聞姜琪元氏하니 曰故府使權倪所撰揆園史話는 早己失傳이오 現行揆園史話는 去辛壬之年間에 出於尹德榮僞作이라하니 從其說則三韓管境之制를 終無得以考오 倍達開天之義는 盡削之難憑하니 桓雄傳世一千五百六十五年과 檀君之壽一一千九百八世는 更將杳然於五里霧하니 思每到此에 只自廢書而長太息也로라. 又有奇子朝鮮하야 新粧普通歷史하니 此乃始於僞編修官崔南善이오 而又近自鄭海珀하야 敷演助俗而無愧하고 尤可憎者는 李殷相之徒가 襲土倭之謬하야 採檀奇古史序於丹齋申采浩全集하니 末世亡倭之習이 果至是耶아. 更復有安某 博士者하야 自八·一五以來로 將假黑旋風眞搗鬼之魔術法하야 間於韓奇箕三者之說而蕩雜之爲一民하고 新做出一怪說하니 乃所謂箕奇傍三子一爲一身之箕子朝鮮的韓朝鮮이 是也라. 亦一萬愚節戲談之類니 而何足與之較者哉아 今又有日本人鹿島某者하야 其三刊假名版桓檀古記也에 首揭檀君桓因像하니 盖羅某氏所謂『三神檀君大祖神ᄒ비ᄀᆞᆷ』之妄說이 誘以啓之也라. 文化

九月山에 舊有桓因ㆍ桓雄ㆍ檀君王儉之廟하고 顧曰三聖祠요 而不曰三神祠也여늘 試問
今若將裕仁之眞影하야 改爲昭和盤余彥像云이면 則可乎哉아. 雖曰可也라도 此未必謂之
歷史上實存人物也니라. 駭怪乎醜矣哉라. 編集者之無擇이 如是硜硜然細小人者耶아 彼必
應之曰宗敎法人大倧敎藏也라하리라. 然이나 口某者는 賣國貢臣金允植之徒弟也라. 素昧
於國史常識이오 而徒自跟跟於自家神格化하야 而造出類似宗敎之自由信仰이나 本非有關
於國史文獻學上可證之實跡也라. 嗚呼라 若徒大倧敎設則不當國史上限이 未得要領者也요
而又弘益人間之爲人間宣言이 悉混於假託缺系之神怪界하야 直陷於似神非神ㆍ似人非人
者之爲夢幻泡影之建國狀態也니라. 雖一時名僧金一然이 其於海東古記『桓國』之下에 妄入
『謂帝釋也』四字之註하니 盖因佛書에 有所謂釋提桓ㆍ因佗羅之爲忉利天主之句하야 擅改
誣註라.

其亂史統之說이 自與大倧敎羅某氏之敢自以三韓管境之祖檀君王儉으로 幻作桓儉人倧
之所行으로 均犯僞史律也라. 嗚呼噫噫라. 檀國並桓因하야 乃天=帝釋之爲盲目倭佛과 並
其三神檀君. 檀君桓因像之爲冒號者ー 何莫非假黑旋風眞搗鬼之荒唐事乎아. 放光般若經
에 曰釋提桓因이 白佛言云云하야 各禮佛足하며 退坐一面云云이라. 法句喩經에 曰佛이
使帝釋하야 取湯水라하고 神檀民史에 亦曰桓儉이 以神化人하야 有神市氏之稱이라하며
又其爲謬妄之最者는 世所謂檀君敎佈明書ー是已라. 其言에 曰殷箕子가 亦慕化來朝하야
安接平壤하고 其子孫이 深入染化하야 分受螾蛤之系라하니 今平壤에 曾無一土山이오 夫
餘史에 又不見王受兢하니 後朝鮮記者ー本非古來所傳이오 且其衛滿者는 乃一僞裝歸順之
姦盜輩也여늘 檀本神誥를 何猺以得傳乎아 盖好事者ー作誘誣啓惑之端也니라. 嗚呼라 夫
李華西者는 韓國儒家之巨匠也오 山崎闇齋者는 日本儒家之巨擘也라. 今若較其兩人之學
術文章컨대 山崎氏者는 不過是華西門下一侍童也라. 然이나 華西ー嘗曰今日吾輩之責이
在儒敎盛衰요 至於國家存亡하야는 猶屬第二件事라하고 山崎는 曰若有來侵吾國者면 雖
孔子爲將하고 顔淵이 爲先鋒이라도 吾將絞以殺之니 是儒敎也라하니 俱是儒家者流나 而
其爲民族史觀之正立不正立이 乃國勢强弱之所自來耳니라. 駭怪乎冒濫哉라 其華夏一脈이
寄寓在朝鮮으로 爲唯一之義하니 柳麟錫之言에 有一曰保華於國하고 二曰守華於身하고
三曰以身殉於華라하야 刻『小華始根』四字於妙香山石壁하고 崔某氏一疏曰惟我東方이 自
殷師以來로 已變夷俗之舊여늘 今見皇廟(萬東)之撤하니 君臣之倫이 斁矣이라하니 噫噫
라. 以崔某氏之言으로 借之則眞淺俗之說也오 以余論之컨대 總是無國無精神하야 爲滑稽
多辯之最也니라. 盖以文書歷史로 考之컨대 天帝桓仁(一云桓因)이 自是一人也시며 桓雄
大王이 自是一人也시며 檀君王儉이 亦自是一人也여시늘 今羅某氏之一黨이 只知此世가

惟有宗敎오 而自不知其先有國史하고 擅改文化三聖祠之位牌하야 書之桓儉人宗하니 是所謂之一括混通之爲三聖一人身하야 造出三神檀君大祖神한비긐 曰檀君桓因像이라하니 俯仰天地間에 豈有幻惑然混芒然無國史之國敎者乎아. 夫檀君·大倧等敎者는 斷不可謂之倍達固有之宗敎也라. 夫倧之字釋이 玉篇에 爲上古神人也며 非謂檀君曰大倧也라. 盖倧之爲義는 據太白逸史하니 曰朝鮮氏는 以倧建王하야 敎人責禍라하고 又太白眞訓에 曰三神者는 主體則爲一上帝시오 非各有神也시며 作用則三神也라하시니 然則三神은 乃原理正義之神也시니 自與桓國始祖曰天帝桓仁과 倍達始祖曰桓雄天王과 三韓管境(朝鮮) 始祖曰檀君王儉으로 當有別也여늘 今與日本奸細之輩로 貪利野合하야 豈可以混之雜之하야 恣其意而爲無擇者乎아 痛矣哉嘆矣哉라 余憎一日本人故로 余尤憎一大倧敎人也니라. 窃念컨대 今聖甲子一向所發表之『前三韓創立者檀君說은 大有異於三神檀君大祖神曰檀君桓因像之假面說也라. 故로 余更作三韓解하야 以公之하니 曰天一은 主造化하고 而馬韓은 出於天一神思想하니 其都曰白牙崗也며 地一은 主敎化하고 而番韓은 出於地一神思想하니 其都曰五德鄕也며 太一은 主治化하고 而辰韓은 出於太一神思想하니 其都曰蘇密浪也라. 故로 三一은 曰天一·地一·太一이니 三一之中에 太一이 最貴하고 三韓은 曰馬韓·番韓·辰韓이니 三韓之中에 辰韓이 爲上이니 是也니라. 在昔檀君이 以三韓爲管境制하시사 韓分三京하야 以應三神之對像하시고 職分五事하야 以應五帝之對像이시나 以其所分統之爲三汗三京者는 乃桓桓檀在世理化之現世土地오 而非三神所居之天上虛空界也며 其所分權之爲職事者는 亦復神市舊規之出於檀君勅命이오 而非出於鐵漢不死人之神通術也니라. 故로 三國魏志三韓傳에 曰辰韓者는 古之辰國也라하니 其曰辰韓者는 乃蘇密浪(松花江)所都之辰韓也오 非謂今慶州所在之中辰韓也라. 又馬韓傳에 曰國邑이 各立一人하야 主祭天神하시니 名之爲天君이오 又有臣(上也大也)蘇塗라하니 盖自前三韓以來로 以至北夫餘高句麗·大震之世하야 皆有祭天國中大會하니 其同祖一源·信仰三神之俗이 其來遠古矣라. 更復奚疑哉아. 又復詳之컨대 其曰衛滿者는 乃一僭窃頭目耳니 本自渡溴(河內懷慶府濟源縣)而來하야 窃居遼瀡(二州名)一隅者也며 旣無箕子朝鮮이어니 而衛滿이 何從以繼箕子하야 王朝鮮乎아

當入邊疆(卽番朝鮮地)侵略史라야 斯可耳니라 至於劉徹漢四郡하야는 史記本傳에 原無眞番·臨屯·樂浪·玄菟之名이오 漢書地理志에 亦無臨屯眞番二郡하니 是乃枝屈遊諠之一說也니라 正諠論에 曰王莽代漢之初는 太守爲大尹之時니 樂浪은 卽同改爲樂鮮矣니 自是以後는 則有樂鮮大尹이오 而無樂浪太守여늘 今此泥印文에 顧曰樂浪大尹章이라. 曰樂浪大尹五官掾이라하니 只用大尹之號하고 而郡은 仍舊漢名이면 的非莽時物이니 其爲僞

托은 的然이라. 誠執此竅郤하야 而轉刀以入諸疑之間이면 其有譹然而破者哉인저 嗚呼悲哉라. 最偉大之祖國·高句麗之歷史는 乃吾倍達民族六千年最高之榮譽也어늘 考諸中外文獻컨대 則無一字言及乎多勿主義永樂統一之記事也라.

王沈所著魏書曰檀君工儉開國朝鮮은 俄變爲魚豢魏略曰箕子朝鮮하고 三國魏志는 只有韓傳이요 而無百濟傳하며 新舊唐書와 並其司馬光通鑑에는 削去唐酋世民之失目降表之語하니 想必孔丘氏作春秋以來로 東洋三國이 果有至公無私하고 空我存物하야 兼內外統均之爲一烏羽書法乎아. 日本書記에 曰高麗國이 書于烏羽하야 字隋羽黑하니 旣無識者라. 惟王辰爾一乃蒸羽於飯氣하고 以帛印羽하야 悉寫其字하니 滿朝悉異라. 是時諸史가 於三日內에 皆不能讀하고 玉塵叢談에 曰大震國이 有書於唐하니 擧朝一無解之者라. 李太白이 能解而答之하니 多勿主義文明이 早已傳於倭唐諸國者를 亦下可誣也어니와 然이나 國故以來로 烏冊無人하야 烏文을 更不可見하니 嗚呼噫噫라. 惟以文筆로 誣人之史者는 支那其人也며 以銃劍으로 毀人之史者는 日本其人也라. 支那에 舊有廿五史나 而不可謂之直筆也며 日本에 亦有記紀等書나 而又不可謂之正傳也라. 皆何足以無擇焉取信哉아. 新唐書에 賈言忠曰高麗氏一自『先』漢有國으로 今九百年也라하나 是乃北夫餘·高句麗兩朝代之傳世計年이 實爲九百七年也라. 大震國世祖振國烈皇帝高德武의 字仲象은 以寶臧先帝之子로 適守西鴨綠이라가 聞變하시고 走險自保하야 能重光舊物하시니 重光二年에(卽唐主治總章二年)彼李勣所謂『猶有鴨水以北未降十一城(助利非西·燕子忽·肖巴忽·仇次忽·波尸忽·非達忽·烏列忽·屋城州·白石城·多伐岳州·安市城)하고 重光三十一年에 (周主曌聖曆初年) 唐幷州太原人狄仁傑이 疏請하야 廢安東하야(一僑設今平壤)實遼西하고 復高氏하야 爲王이라 하니 此靑天霹靂之聲也여늘 天下何物이 其能壞我日高麗天九百七年·多勿大統一之爲精魂山脈者乎아. 時有事大主義樂浪郡公之新羅者하야 僅存泥河(今江原道溟州郡連谷面靑鶴里連谷廢縣) 浿江(黃海道牛峰縣)之南이나 自初至終하야 徹頭尾而獨保乾剛하고 抗手唐奴하야 能雄視天下之爲海東盛國者는 惟中高句麗之大震聖族也라. 大震이 傳十六世하야 共二百六十八年이오 自是歷後高句麗之高麗四百七十五年과 朝鮮五百二十八年하야 自與遼金元淸으로 並爲同族南北國하고 至韓帝國之光武十一年七月十九日하야 皇太子拓이 承命代理여늘 仍托僞禪하고 是月二十一日에 進稱僞皇帝四載而止하고 光武二十三年一月二十一日에 高宗太皇帝一俄爲倭人所弑하야 國絶하니 是年四月에 安昌浩等이 召集國民代表會議于舊高句麗國松江縣之今上海祖界하야 建大韓民國臨時政府焉하니라. 先是에 自漢城으로 宣言大韓獨立하고 全國民人이 徒手蹶起하야 呼唱萬歲하니 並其時히야 住南滿洲遺民이 齋會丁柳河縣孤山子하야 議血戰準備하고 推李相龍하야

仍設軍政府러니 至是하야 派呂運亨于上海하야 要與妥合曰吾意一建政府太早나 然이나 旣建矣니 一民族이 豈有兩政府哉아하고 遂擧軍政하야 讓于上海政府하니 是亦多勿主義 統一運動史上一美談也라. 何幸至大韓民國二十七年四月하야 建國同盟之勢가 潛延國內하고 而海外軍聲이 漸高러니 是年八月十五日에 曳皇帝가 遂降伏하야 而卽僞政이 悉爲罷徹矣라. 於是에 南北이 不期協應하고 左右가 無言作合하야 內於南京漢陽府에 朝鮮建國準備委一立焉하니 南北左右가 一無使通이오 一夜之間에 混然一體하야 儼然乎自爲一新政府矣라. 然이나 三神不佑하시고 民命不幸하야 在重慶之臨政主席은 行方不明이오 個人金九는 與韓獨黨諸人으로 徒手入國하니 事勢至此에 天實爲之니 人在其間하야 更無如何之道也로다. 噫夫라 當此天下一殆哉岌岌乎之寸刻하야 猶能抗手美軍政하야 固守民聲者는 惟人共國이 在焉이라. 嗟彼美軍官輩之爲無知傲慢이 先自盲招亡倭之殘類하야 以助揠苗而枯折하고 又復專聽英語通譯官之淺見하야 潛托謀利而腐爛하나 如應如犬之巧點輩가 歡呼乘機而競進하고 惟意密謀하야 自與美軍政으로 野合作勢하야 妄造黨議者一誰不曰韓民黨諸人乎아 然이나 建準委는 內有分裂之跡하고 人共國은 四顧無援하야 將近左傾之漸하니 於是乎無帶志之民衆은 竟難固結이오 無史觀之敎育은 一民走肉이 嗚呼三神이시어 果厭我祖國乎잇가. 嗟乎斯民이 何至此慘境이리오 民衆은 無地知我而難與하고 英雄은 失機織群而不作하니 大事는 已法矣오 好運은 不再也로다. 嗚呼痛哉라. 呼天而天不語하고 叩地而地無應하야 人微言輕하니 爲之奈何哉아. 然이나 余更思之에 又何憂乎哉리오 不曰烏羽之書法이 猶在玆乎아. 蒸羽帛印之更生史法이 旣有自來하니 多勿統一이 應有其日矣리라. 余又何憂乎哉아 竊想컨대 昔有桓雄天王이 自太白山天降하시니 則有天經神誥之大訓하시고 治尤天王之世에 則有紫府先生三皇內文之經하시고 繼有檀君朝鮮하야 又得金簡玉字之書・加臨土・倍達留記하고 高句麗에 有衆佺戒經과 留記一百券하고 高麗에 有海東古記一舊三國史러니 入漢陽朝하야 專以崇明事大로 爲國是하고 魯史春秋로 作偶像하야 蓋非佛則乃儒矣오 又非儒則乃倻乃馬矣라. 滔滔之勢一駸駸然淪泪하니 國家項上之所命이 何莫非謀殺祖國生命之敎育也리오.

假明人頭上一棒之說이 忽然轉落於千丈之斷坑하고 三韓世守地・仍舊爲便之大聖綸音이 反坐得罪於土儒勒造敵性天子之囚首하니 慟乎慟哉라. 天王管境三萬里之地에 果有倍達民族・倍達歷史之存立乎아. 假明群像之世界에 只有亡明復辟之虛像이오 不然則妄把正統始箕・檀君附見之凶說也라. 以故로 攻鴨江以西八站之印璵이 難免被刑이오 創刻大東輿地圖之金正浩는 未伸志義而獲罪하니 豈非志士之恨耶아. 在昔에 盡收古朝鮮秘詞・大辯說・朝代記・誌公記・表訓天詞・三聖密記・安含老元董仲三聖記・道證記等文書而後

에 更復無聞焉이오 惟檀君世紀·北夫餘紀·天符經·三一神誥·叅佺戒經·太白眞訓等
書가 幸漏於收上書目하야 僅存於世而可見耳라 嗚呼痛矣라. 天又不弔하시고 事多不幸하
야 釋迦入而擧族이 不知有我之國하고 盡爲釋迦惟一之忠僕하며 宣尼入而一世가 不知有
我之國하고 盡爲宣尼無二之忠僕하니 自是以往으로 事大僧侶는 謂桓國爲帝釋하고 崇明
儒林은 謂箕子爲正統하고 土倭僑牧은 謂檀君建國하야 爲神話하고 今大倧敎徒는 絶棄神
市開天一千五百六十五年之信史하고 又復以檀君王儉으로 幻作桓儉人宗하야 直與桓因·
桓雄으로 並爲一員之神하니 其僭濫無嚴之狀을 何可忍者耶아 獨坐深思하니 淚自添襟이
오 而起欲爭辯하니 拳先挑動이로다. 嗚呼噫噫라 史之所存은 國魂所存也라. 國史不亡則
國亦不亡也니 故로 余雖湔劣이나 敢竭吾所存하야 欲復倍達民族之主魂이오 而先立倍達
歷史之體系하나니 於是焉一摘發支那二十五史中朝鮮東夷諸傳之誣辱하고 並其索出我邦
疆域考之誤謬하야 盡復詳審整理하며 次則取按桓檀古記하야 熟讀詳味하고 反復校覈하야
作正解以發旨義하며 次則以三國史記로 爲舊據하야 更復整立北夫餘·高句麗·大震三代
正統史하야 以備千年未定之史案也라. 書成에 名之曰更生倍達民族史라. 今玆以有特志之
周旋하야 別設剞劂於高麗苑하고 一以折衷於最善하야 以公於世하니 其於明徵國統과 養
成民族精神之方也에 未必無少補云爾라. 嗚呼라. 今之毁譽褒貶은 非余之所關이오 惟希緣
是之刊하야 而新作出尤最新新之신更生倍達民族史己耳로다.

　　神市開天五千八百八十一年歲在甲子三月十六日에 寒闇堂主人鐵城李裕岦은 書于摩璃
山檀鶴洞天하노라.

大倍達民族史 一卷 (總 548쪽)

更生倍達民族史 天卷 目次

二. 反正我邦疆域考

源始高句麗=北夫餘史 第一

始祖檀君解慕漱正紀 第一

二世檀君慕漱離正紀 第二

三世檀君高奚斯正紀 第三

四世檀君高于婁正紀 第四

五世檀君高豆莫正紀 第五

六世檀君高無胥正紀 第六

多勿主義正統大高句麗史 第二 上

始祖東明鄒牟大聖帝正紀 第一

琉璃明烈帝正紀 第二

大武神烈帝正紀 第三

閔中烈帝正紀 第四

慕本烈帝正紀 第五

太祖武烈帝正紀 第六

次大帝正紀 第七

新大烈帝正紀 第八

故國川烈帝正紀 第九

山上烈帝正紀 第十

東川烈帝正紀 第十一

中川烈帝正紀 第十二

西川烈帝正紀 第十三

烽上帝正紀 第十四

美川烈帝正紀 第十五

故國原烈帝正紀 第十六

小獸林烈帝正紀 第十七

故國壤烈帝正紀 第十八

國罡上廣開土境平安好太帝正紀 第十九

長壽弘濟好太烈帝正紀 第二十

五. 桓檀古記 正解

桓檀古記 正解標辭

桓檀古記凡例

三聖紀全上篇

三聖紀全下篇(神市歷代記)

檀君世紀(檀君世紀序)

始祖檀君王儉·二世檀君扶婁·三世檀君嘉勒·四世檀君烏斯丘·五世檀君丘乙·六世檀君達門·七世檀君翰栗·八世檀君于西翰·九世檀君阿述·十世檀君魯乙·十一世檀君道奚·十二世檀君阿漢·十三世檀君屹達·十四世檀君古弗·十五世檀君代音·十六世檀君尉那·十七世檀君余乙·十八世檀君冬奄·十九世檀君緱牟蘇·二十世檀君固忽·二十一世檀君蘇台·二十二世檀君索弗婁·二十三世檀君阿忽·二十四世檀君延那·二十五世檀君率那·二十六世檀君鄒魯·二十七世檀君豆密·二十八世檀君奚牟·二十九世檀君摩休·三十世檀君奈休·三十一世檀君登屼·三十二世檀君鄒密·三十三世檀君甘勿·三十四世檀君奧婁門·三十五世檀君沙伐·三十六世檀君買勒·三十七世檀君麻勿·三十八世檀君多勿·三十九世檀君豆忽·四十世檀君達音·四十一世檀君音次·四十二世檀君乙于支·四十三世檀君勿理·四十四世檀君丘勿·四十五世檀君余婁·四十六世檀君普乙·四十七世檀君高列加

北夫餘紀 上

始祖檀君解慕漱·二世檀君慕漱離·三世檀君高奚斯·四世檀君高于婁

北夫餘紀 下

五世檀君高豆莫·六世檀君高無胥

迦葉原夫餘記

始祖解夫婁·二世金蛙·三世帶素

太白逸史

三神五帝本紀 第一

桓國本紀 第二

神市本紀 第三

三韓管境本紀 第四

(馬韓世家上・馬韓世家下・番韓世家上・番韓世家下)

蘇塗經典本訓 第五(三一神告・天符經)

高句麗國本紀 第六

大辰國本紀 第七

高麗국本紀 第八

太白逸史 拔

大倍達民族史 二卷 (總 446쪽)

大倍達民族史 三卷 (總 314쪽)

大倍達民族史 四卷 (總 1041p)

- 事大와 事大主義의 판가름
- 民族史的 正統性의 本源과 探究方法
- 北伐論의 民族史的觀照
- 宋時烈·尹鑴·李浣의 北伐論對比
- 露梁津 六臣墓是非判定報告書
- 具錫逢씨의 「新死六臣論」을 읽고

大倍達民族史 五卷 (總 893p)

- 國罡上廣開土壞平安好太帝聖陵碑文譯註
- 龍田里 「高句麗 拓境碑」 管見
- 國名과 族稱異同에 대한 考察
- 桓族의 起源과 分派 및 移動
- 肇國과 王朝의 變遷·中興
- 承襲·天紀五千八百七十餘年
- 國史教科書 編次目錄 試案
- 求眞再檢 「三國史記」 鈔選
- 建國始祖의 出自와 史績概要
- 「孤竹鑼」 出土가 傍證하는 史的意義
- 「抗蒙殉義」의 昂揚과 史統
- 「東鶴寺 三隱閣」 位次分爭 辯白
- 「龍蛇日記論考」 有感
- 李基白著 「韓國史新論」 批判
- 鄭鑑錄은 類似宗教의 凶器이다
- 崔永浩교수의 記事를 읽고
- 奇那邊有先生三絶
- 古事類考

— 國統則高句麗 — 滅而歸於新羅 渤海則無以及之此不釐而整之則無以明滿州爲朝鮮根本之地(石州 太白敎範 五條)

居發桓 解題 (指要)

居發桓(大圓一) : 天以玄默爲大其道也普圓其事也眞一. 地以畜藏爲大其道也效圓其道
也勤一. 人以知能爲大其道也擇圓其道也協一.

- 宗旨 : 崇信三神 接化郡生. 主體則爲一上帝非各有神也 作用則三神也
- 主義 : 人代天. 相對性主觀統一
- 綱領 : (三綱四領)
  一. 祭天報本 以求眞實
  二. 敬祖興邦 以求平和
  三. 弘道益衆 以求統一
  四. 虛祖同體
  五. 個全一如
  六. 知生雙修
  七. 刑魂俱衍
- 念標 : 一神降衷 性通光明 在世理化 弘益人間
- 依恃 : 本源依恃天 現實依恃先 民族依恃佺
- 信條 : (桓國五訓) 誠信不僞 敬謹不怠 孝順不違 廉義不淫 謙和不鬪
  (多勿五戒) 事君以忠 事親以孝 交友以信 臨戰無退 殺生有擇
- 參佺戒
  一. 愛人喜施 人不愛人則孤 不喜施則天
  二. 一其主敎 保育人衆 心固志硬 業久則通 愛人如己
  三. 哲人愛物必克始終 終之非難時正不邇 傳之托之續我克終
  四. 人之所有 若我所有 人之有失 若我所失
  五. 決人惑勿轉致於人導人之迷自得於己
  六. 百鍊之鐵 臨物便切
  七. 哲人處衆 逸衆而勞我 分衆厚衆而博我 同憂而衆 有若獨當
  八. 安心而心不動 愛詆毀而不溫 定氣而氣不亂 逢忿激而不作者 順天德也. 天德內立
     則人德外成

九. 去惡莫怠 守善不遷 空我存物 捨身全義

- 杏村李侍中五修

  一. 持身不敬非誠也

  二. 交友不信非誠也

  三. 言語不實非誠也

  四. 職事不勤非誠也

  五. 患難不勇非誠也

- 海鶴大宗師訓 : 以獨立破事大主義之弊 以國文破漢文習慣之弊 以平等破文戶區別之弊

- 標語

  一. 代天立敎 化人成規

  二. 三育全材 國權恢復

  三. 勿失己權 勿奪己權

  四. 徵實求我 依實求獨

- 時務八義

  一. 建元主義 - 獨立主義 - 非事大主義 (高句麗)

  二. 在世主義 - 平等主義 - 非差別主義 (神市)

  三. 和白主義 - 統一主義 - 非分裂主義 (夫餘, 新羅)

  四. 開闢主義 - 進化主義 - 非保守主義 (神市開天)

  五. 徵實主義 - 科學主義 - 非虛文主義 (夫餘, 近世朝鮮)

  六. 多勿主義 - 勇强主義 - 非放慢主義 (高句麗)

  七. 賑濟主義 - 永世主義 - 非虐民主義 (高句麗)

  八. 責禍主義 - 廣愛主義 - 非狹愛主義 (夫餘)

- 理想

  一. 爲天神通性

  二. 爲衆生立法

  三. 爲先王完功

  四. 爲天下萬世 成智生雙修之化

- 目的 : 三神一體의 原理에 立脚하여 全世界人類의 光明全一化運動의 先鞭者로서 弘益人間의 世界를 文化的으로 建設한다.

居發桓開天閣位次圖

	朝鮮國世宗仁聖大王李祹	國罡上廣開土境平安好太聖帝高談德	蚩尤天王	桓雄天王	檀君王儉	高句麗國始祖高鄒牟聖帝	大震國太祖高皇帝大祚榮	大金國太祖大聖武元皇帝阿骨打	
高句麗國大莫離支乙支文德									高句麗國相乙巴素
高句麗國大莫離支淵蓋蘇文									高麗國章威公徐熙
百濟國征盧將軍邁羅王沙法名									高麗國文貞公李晶
高麗國武愍公崔瑩									커발한大宗師李沂
朝鮮國忠武公李舜臣									커발한大宗師李相龍
大韓獨立軍總司令官洪範圖大承正									커발한大宗師申采浩
光復軍總營將吳東振大承正									커발한大承正桂延壽
天摩山隊隊長崔時興大承正									
西路軍政署總營將李德秀大承正									
			大　　始　　殿			開天閣創始者　李裕㟇			

三皇五帝　三文五武　三宗五正

● 三皇五帝

三皇 ― 桓雄, 蚩尤, 檀君

五帝 ― 高朱蒙, 高談德, 大祚榮, 阿骨打, 李祹

● 三文五武

三文 ― 乙巴素, 徐熙, 李晶

五武 ― 乙支文德, 淵蓋蘇文, 沙法名, 崔瑩, 李舜臣

● 三宗五正

三宗 ― 李沂, 李相龍, 申采浩

五正 ― 桂延壽, 洪範圖, 吳東振, 崔時興. 李德秀

詩『思師賦』外

연개소문(淵蓋蘇文)

6천년 겨레들의 발자취 속에
열 가지(十岐) 넘는 용솟음치는 맥박이 있었느니
아! 따무르자(多勿) 대고구려
동녘 해 돋는 영걸들의 나라였다.

상전(相傳) 907년 사직이 당신의 승천으로 스러졌으니
단군 해모수, 시조성제 고추모, 광개토대제 고담덕,
대막리지 을지문덕을 잇고
고황제 대조영, 장위공 서희, 무민공 최영,
세종 인성대왕 이도,
충무공 이순신, 대한국인 신채호님이 따라 이은
불세출의 영웅이라.

지나의 자질들마저 상기 당신의 혼백을 두려워하는데
해괴하다.
참람되다.
이 땅의 자질들은 당신을 조롱하였느니
땅은 나라의 근본이요 겨레의 무궁이라
우리가 힘을 모아 적구를 아우르자 달랬던
소인배들은 어찌타 영웅이라 행세하고
그 후예들은 열 중 하나 반도의 유랑민이 되어
지금은 하나가 둘이 되고
또 여덟이 되어
쇠귀(牛耳)잡기, 사두(蛇頭)놀이 여넘없으니
지나와 대국들이 심중 깊숙이

꼭두각시라 비웃는 걸 모르고 있다.

오늘 서양의 대국과
아직 우리 역사였던 왜국과
당신이 건곤을 겨뤘던 저 지나가
지금은 그들의 역사인 것을….

그나마 뒤안길로 가까스로 맥 잇고
우리의 핏줄 속에 일말(一抹)로 있는
꺾일지언정 휘지 않았던
대고구려 찬란한 당신의 역사를
바로 세우려는 갸륵한 후인들을
어버이 마음으로 지켜주시길….

(天紀 五八八二年(1995) 三月 十五日 고려산에서 後人 檀石)

寒閣堂 先生

　　내 나라 태백산(白頭山)을 닮고

　　고구려를 닮고

　　저자거리의 내 겨레 아무개를 닮아(農漁如業 民歸如市)

　　모든 게 좋고

　　모든 게 싫은…….

　　헛된 빛은 찬연해

　　눈을 가리워

　　차라리 아득한 어둠이 사랑인데

　　하염없는 사랑

　　지독한 사랑

　　그 사랑이 사무쳐

　　80년 앓던 노인이여!

　　　　(天紀 五八八三年 五月 初日 檀鶴洞에서)

申丹齋 大宗師

　　승냥이의 들판에

　　홀로 우뚝 서다.

　　장부의 40년이 어찌 지루하기만 하랴(人生四十太支離)

　　질풍노도 고유 조선을 찾다.

　　　　(開天 五九○○(西曆 2003) 春. 天飛山을 바라보며)

桂子 大承正

사람은 글로써 공허히 남고
풍상에 마멸되는 비(碑)로써 남고
그냥 그런 자신 닮은 자식으로 남느니
생각하면 모두가 아쉬운 자취라
위인만이 위업으로 영원토록 남는가
커발한 대승정 계연수 선사(先師)는
50년 일생을 오로지 하여
까마득한 조국의 시원을 찾고
환단고기 한 책으로 펼쳐 놓았다
아무 책이 모두 책이더냐
별별사람 공훈록이 저마다 있고
국립묘지 묘비가 철철 넘치고
세상 밖 석가, 공자, 예수…
많기도 하지만
석가가 부러우랴
공자가 부러우랴
예수가 부러우랴
또 누가 부러우랴
훗날 내가 누군지 아는 날
선사께도 향 피워 기려주기를….

(神市開天 五千八百七十六年 十日月)

(後學 檀石)

596　百年의 旅程

忠武公 李舜臣 將軍

참으로 별 볼일 없는 나라에
무슨 볼 일이 있어 오셨더이까?
그러려면 차라리 왕으로 오실 것을
유신도 왕으로 대접받는 나라에
어느 왕보다 눈부신 왕 중 왕이시여!

(開天 五八八九年 七月. 남해에서)

少年에게

소년이여!

왕이 되어라.

옛적 왕은 하늘이 점지해 주었단다.

왕재(王材)는 따로 있다는 말이겠거니

왕의 할배도 왕

왕의 아배도 왕

왕은 물론 왕

왕의 아들도 왕

왕의 손자도 왕

왕의 아우도 왕

왕의 조카도 왕

왕의 친척도 인척도 왕

하지만 하늘이 점지하면 누구도 왕이라

하늘은 스스로 돕는 자를 돕는다.

간절히 원하고 행하면

하늘도 감응하리니

주산 잘하면 주산왕

암기 잘하면 암기왕

발명 잘하면 발명왕

산수 잘하면 산수왕

과학 잘하면 과학왕

컴퓨터 잘하면 컴퓨터왕

운동 잘 하면

높이뛰기왕

야구왕

농구왕

축구왕

.

.

.

몸짱(왕)….

옛날에는 왕은 오직 하나
왕자 중에 점지했단다.
속지 말아라
영재라는 말에.
점찍은 왕자라는 말과 무엇이 다르랴
왕도 아니면서 왕노릇 하고 싶어
너희들을 영재라 하느니
너희는 태어날 때 이미 왕이었다.
천제자(天帝子) 천손(天孫)임을 잊지 말아라.

소년들이여!
왕이 되거라
성군(聖君)이 되거라
몸에 사는 기생충도 온갖 균도 어여삐 여기고
만물을 빠짐없이 사랑하는
성군이 되거라
연애는 왕보다 박사가 어울리리니
진리를 스토커하는 연애박사가 되거라
그깟 아무렴 어때
왕도 되고 백성도 되거라
박사도 되고 학도도 되거라.

(韓日 월드컵 해 炎天 檀石)

不動의 『檀君朝鮮 二大標準計年法』

▶ 檀君朝鮮의 年代를 셈하는 방법을 알아보는 것인데, 먼저 壽라는 것은 오래도록 존재한다는 뜻으로 해석하고 檀君의 壽라 함도 檀君이라는 지존의 이름과 지존의 자리가 이어지기까지의 햇수를 말하는 것이라 볼 수 있다. 그런데 王沈魏書의 「도읍을 아사달에 정했다(立都阿斯達)」한 아사달(完達山)은 古記의 「평양에 도읍했다(都平壤)」한 평양과 의 같은 곳임이 분명하며 東國通鑑의 「享壽一千四十八年」은 檀君朝鮮의 阿斯達 시대에 대한 歷年이라 보며, 또 그 古記의 「다시 도읍을 백악산 아사달로 옮겼다(又移都白岳山 阿斯達)」했으니 이것은 지금의 鹿山(옛 白岳) 夫餘(新城府) 農安(長春西北百四十滿里) 일대를 말한 것이며, 이것이 또한 古記의 「壽一千九百八年」이라 한 그 年數의 속에는 阿斯達(非西岬)시대의 一千四十八年과 白岳山 阿斯達시대의 八百六十年을 모두 포함한 것으로 볼 수도 있다.

▶ 그리고 古記의 「이에 장당경으로 옮겼다(乃移於藏唐京)」는 것은 白岳山 阿斯達시 대가 끝나고 새로이 藏唐京 서울이 세워지는데 海鶴 李沂, 雲樵 桂延壽 두 先師께서는 藏唐京이 곧 오늘의 開原城＝滿洲 四平省에 있는 縣城 開原街의 동북 十一㎞・北으로 昌 圖・長春쪽으로 통하는 要路＝이라 했으니 이때부터 檀君朝鮮이 또 檀君夫餘로 국호를 바꾸었다(檀君世紀) 볼 수 있으며, 藏唐京시대가 북부여의 解慕漱二年(癸亥・檀君古列加 五十八年・嬴政九年 西紀前二三八年)까지 되었다 한 것이 이유있다면 이 시대의 歷年은 一百八十年이 된다 할 수 있다.

▶ 물론 解慕漱의 壬戌年 天降에 대하여 嬴政八年說과 漢神爵三年(檀紀二二七五年 西 紀前五九年)說이 있는데 여기에서는 前說을 取한다. 물론 檀君의 朝鮮, 檀君의 夫餘 내지 檀君의 北夫餘(解慕漱)에 대한 傳世歷年의 고고학적 考證을 하기 위하여는 상당한 시일 을 두고 신중히 다루어야 하겠지만 古記의 「壽一千九百八年」과 三國史記의 「高氏 自漢 有國 今九百年(고구려씨가 支那의 漢代로부터 지금 九百年이다)」이라 한 「二大標準計年 法」만은 움직일 수 없다는 것을 확언할 수 있다.

▶ 만약에 이 「二大標準計年法」을 무시하고 그 중간에 殷人箕子나 韓人寄子나 또 그 冒生韓氏의 헛된 閏統을 끼워 넣을 수 있다 하게 되면 그것은 國史觀과 國史 작성의 正當性을 파괴하는 행위로 볼 수밖에 없다. 한두 곳도 아닌 箕子墓가 平壤의 無主古塚으로 추정하게 되기는 高麗肅宗七年(西紀二○二)이며 그때 支那(宋)의 문화세력에 아첨하는 무능정치인들의 손에 崇華事大의 춘추사상과 함께 일약 朝鮮始祖로 만들어 놓았다.

▶ 이같이 붓끝으로 조작한 箕子朝鮮의 허위성을 사실화하기 위하여 史書에 엮기 시작한 것은 멀리 金一然, 李承休, 徐居正을 비롯하여 근래의 金敎獻, 魚允迪 諸人들이요 이것을 부정하고 있는 것은 實學의 集大成子 茶山 丁若鏞님(今人多疑箕子朝鮮·我邦疆域考)·燕岩 朴趾源님을 비롯하여 李沂·桂延壽·李相龍·朴殷植·申采浩·李德秀·權德奎·張道斌·宋基植·姜邁·安在鴻·鄭寅普 諸賢들이다.

▶ 참으로 檀君血統이 北夫餘·卒本夫餘·高句麗로부터 錦亘하여 三千年을 끊치지 않았는데 한 楊子의 위에 다시 어떻게 箕氏의 鼾睡할 땅이 있겠는가. 우리나라 사람들은 처음부터 史家識見이 없는지라 망녕되이 奴隷의 근성으로 함부로 粧撰의 手法을 남용하여 國體의 汚損을 돌보지 않고 오직 他人崇拜를 힘써하여 드디어 殷家去國의 臣을 幻術(환술)적으로 大東方創業의 太祖로 만들고 또 사당을 세운다 묘소를 수축한다해서 國典으로 수호까지 하기 이미 오래 되었으니 國民의 耳目이 도무지 바꾸어지고 地面의 형적조차 의빙할 수 없게 되었다. 비록 총명 박아한 선비라도 마침내 어떻게 능히 그 眞僞를 가려낼 수 있겠는가(李相龍 西徒錄) 하고 격분하였나니 이것이 崇明事大의 노예 근성에서 오는 盲點임이 확실하다. (檀鶴洞人)

주) 맹점(盲點) : 시신경이 망막으로 들어오는 곳에 젖꼭지 모양으로 솟은 희고 둥근 점으로 이 점만 망막이 없어 시각이 없다. 盲斑이라고도 하며 사람들이 미처 알아차리지 못하는 점을 빗댄 말이기도 한데 자동차 백밀러의 사각지대와 같이 매우 위험한 것이다. 학도는 항시 이 점을 염두에 두어야 할 것이고, 운전자는 사각이 보일 수 있게 보조거울을 달아 안전한 운행을 擔保해야 할 것이다. 어떤 이는 우리의 역사학이 이미 타인을 의지해야 하는 맹인과 다름없다고 하나 보고 싶은 것만 가려서 보는 맹점이 何等 나을 것 없다.

時代別 倍達國圖

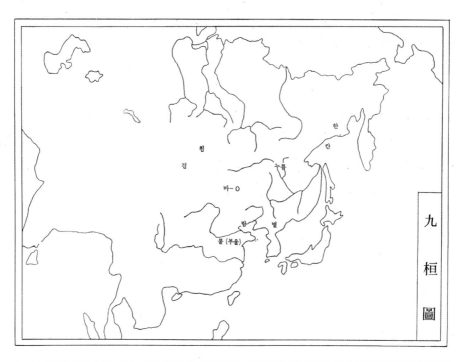

九

桓

圖

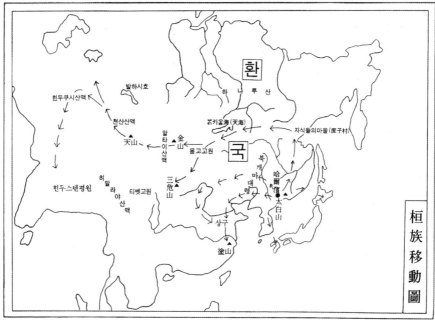

桓

族

移

動

圖

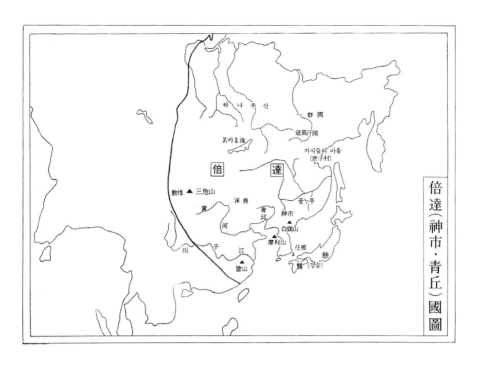

倍達（神市・青丘）國圖

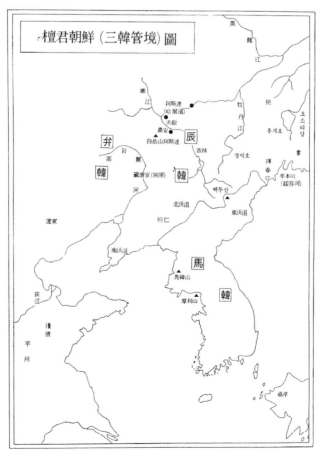

檀君朝鮮（三韓管境）圖

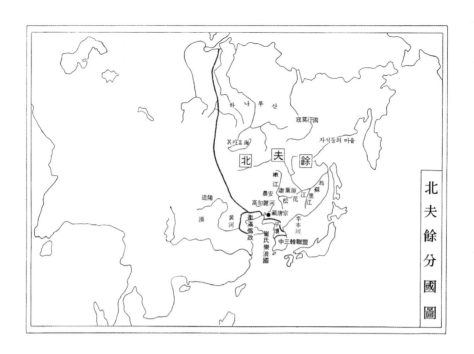

北夫餘分國圖

衛虜邊彊侵略圖

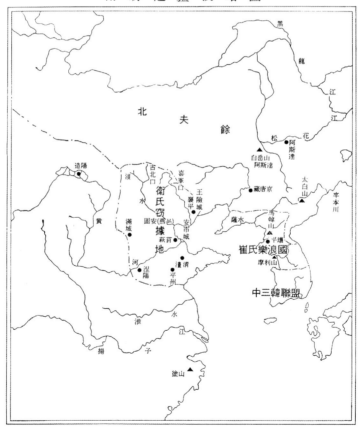

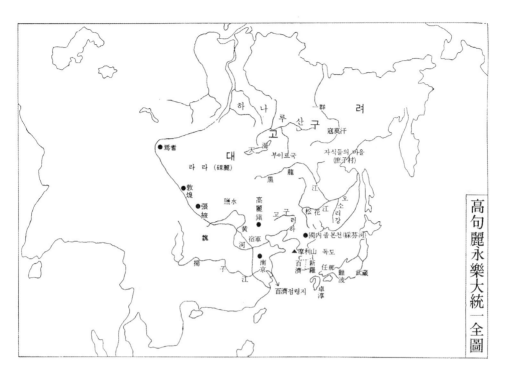

高句麗永樂大統一全圖

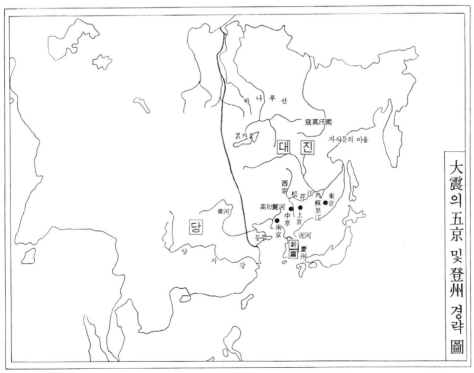

大震의 五京 및 登州 경략 圖

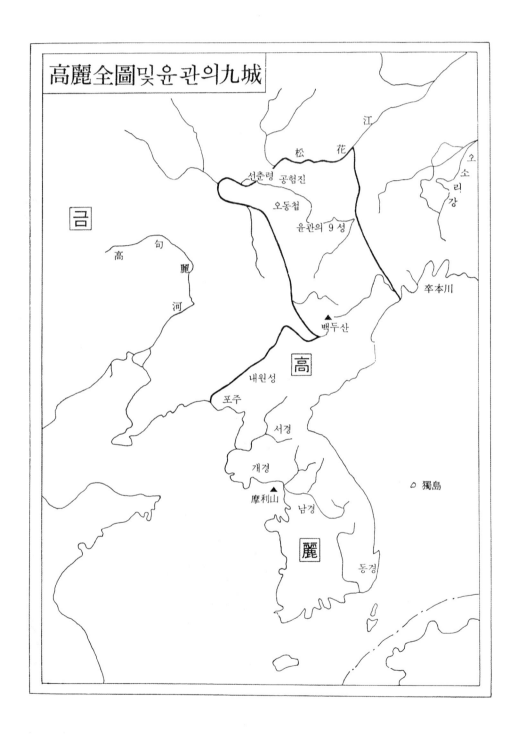

高麗全圖및윤관의九城

松花 江

선춘령 공험진

오동첩

윤관의 9 성

금

高句麗河

오소리강

卒本川

▲백두산

高

내원성

포주

서경

개경

▲摩利山

남경

○ 獨島

麗

동경

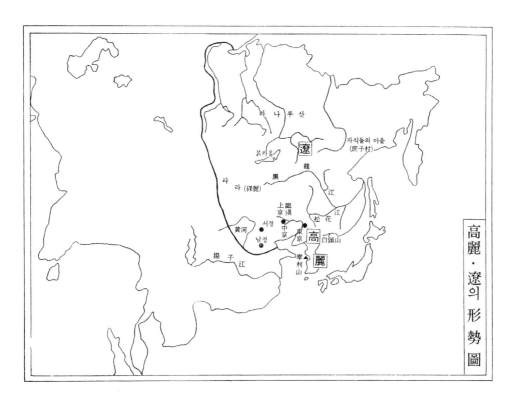

高麗・遼의 形勢圖

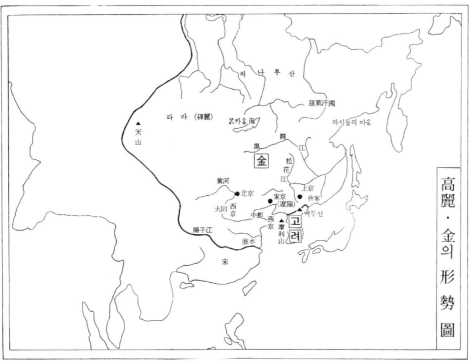

高麗・金의 形勢圖

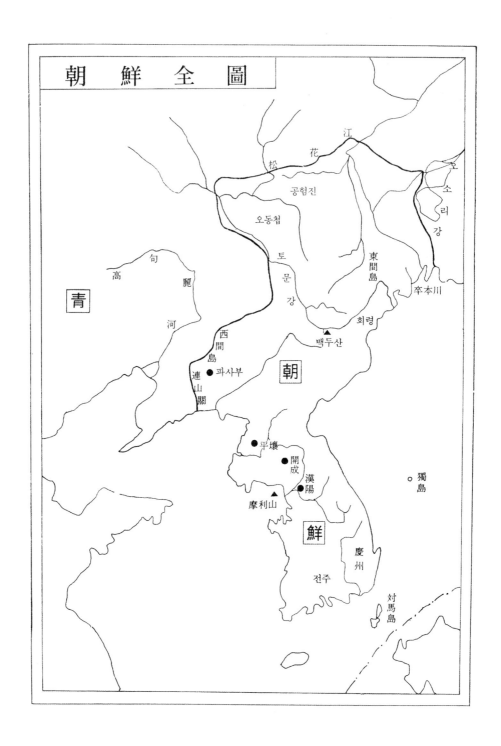

朝 鮮 全 圖

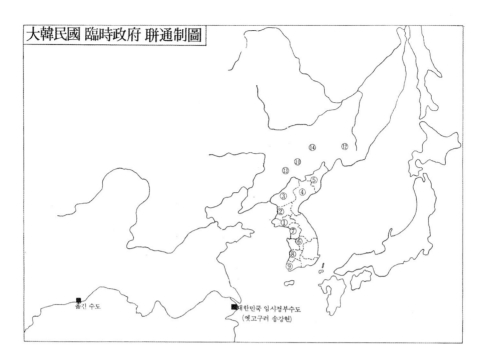

大韓民國 臨時政府 聯通制圖

줌긴 수도

대한민국 임시정부수도
(옛고구려 송강현)

浿水考　第二十六의　참고地圖

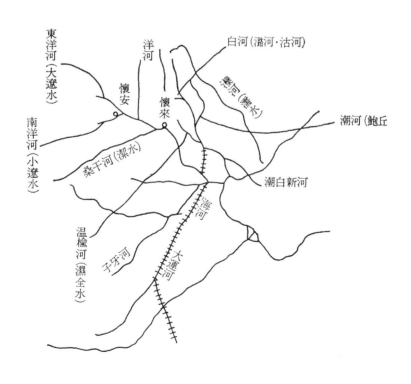

東洋河(大遼水)

南洋河(小遼水)

洋河

懷安

懷來

白河(潞河·沽河)

灤河(濡水)

潮河(鮑丘

潮白新河

桑干河(㶟水)

海河

大運河

溫楡河(濕餘水)

子牙河

括弧内「水經」에 의한 名稱

참고문헌

대배달민족사(전5권) 1987.2.15 李裕岦 저. 고려가

환단고기 1978.10.3 배달의숙판재판발행본. 원저 계연수

환단고기 소화57,7.7 가지마 노부로 (주)신국민사

환단고기 개천5876. 조병윤. 광오이행사

한단고기 2007.3.15 60쇄판. 임승국. 정신세계사

잃어버린 역사를 찾아서(1,2,3권) 1986.9.1. 서희건. 고려원

아메리카 인디언의 땅 1998.6.30 필리프 자갱 지음, 송수자 옮김. 시공사

고대에도 한류가 있었다 2006.12.8. 임재해. 안동대 임재해 교수 연구실편

이규태 코너 1991.9.1 이규태. 조선일보사 출판업무국

철성문고(2.5.6권) 개천5881.8.1 철성문고 간행회. 고려문화사

행촌회보 1999.8월 여름호 등. 사단법인 행촌 문화원

삭주군지 1991.12.1 편집간사 최정화. 삭주군민회발행

한국독립사 1975.9.25 독립문화사

독립운동사(독립군전투사) 1965.9.25 편저자 김승학. 독립문화사

녹동서원지(상하) 소화14년 녹동서원 발행

중산전서 1983.8.20 박장현. 중산전서 간행회

겨레의 얼을 찾아서 2007.3.5 박정학. 도서출판 백암

월간 자유 1979.3월호 월간 자유

커발한(1~5, 16, 56호) 회상사. 단단학회

커발한 문화사상사(1,2권) 5873.3.16 李裕岦 저 왕지사

환단휘기 개천5868.7.5 李裕岦 편저

중용 1986.2.25 한국교육출판사

이 땅의 아름다운 사람들 2003.5.30 이호철. 도서출판 현재

역사를 위하여 1996.10.1 강만길. 도서출판 한길사

역사는 남북을 묻지 않는다 2001.4.30 심지연 저. 조합공동체 소나무 발행

어원으로 밝히는 우리 상고사 박병식 초고

철성이씨 백세이감(상하) 1962.12.2. 고성이씨 모자회 우문당 인쇄소

붉은 함성! 세계를 뒤덮다 2002.7.25 편집인 조용관 한국언론인협회 발행

해학유서 1955.1.1 한국사학회

석주유고 1973.3.20 이상용 저. 고려대학출판부

고조선사 연구 1964.5.15 문정창 저. 백문당

일본상고사 1970.9.25 문정창 저. 백문당

독립운동지혈사 대한민국2년 12.30 박은식

고려사 전4권

매천야록 1980.3.1 임병주역 청구문화사

25사초(상중하) 1977.10.15 단국대학출판부

야인시대 실증분석 2002.11월간 발행-영웅은 없었다. 몰락한 시장의 깡패였을 뿐

한반도 중립화 통일은 가능한가? 2001.11.5 김종일, 이재부 편저 도서출판 들녘

식민지 근대화를 비판하나 1995. 배성준 역사비평 봄호

규원사화 청학집 1976.4.10. 아세아 문화사 발행

신정삼국유사 소화16.10.31. 최남선 삼중당서점

누가 미국을 움직이는가 2001.7.20 소에지마 다카히코 저. 신중기 옮김. 도서출판 들녘

한국사회의 과거청산 2003. 가을호. 서종석. 기억과 전망

수운 최재우와 동학 2007.10.31. 대구은행 사외보 계간

참된 조국의 상 1권 세계문명동원론 1973.1.28 李裕岦 저. 단단학회

신시개천경 개천5839 李裕岦

전쟁과 학살 부끄러운 미국 2003.3.5 홍윤서 도서출판 월간 말

대쥬신을 찾아서 2005.5. 김운회. 프레시안

동양학 어떻게 할 것인가 1989. 12. 김용옥, 통나무

위기의 한민족 평화민족주의로 넘는다 2005. 5. 정상모, 풀빛

동아원색세계대백과사전, 1983. 동아출판사

마호메트 평전 2002.6.10 비르질 게오르규 옮긴이 민희식, 고영희. 도서출판 초당

제주4.3 사건 진상보고서 2003. 미군학살 만행진상규면 전민족 특별조사위원회 간행

대한민국사1.2.3 2003. 한홍구. 한겨레신문사

노근리는 살아있다 2003. 정구도 지음. 백산서당

뇌허당사서초 양종현 초록본(5873~5878)

회일강좌기 서경원, 양종현 개천 5864~5875

사서오경 1986. 2. 25 장도빈 권상도 한국교육출판사

환국역사개론 1984. 8. 31 황상기 삼신각

기타. 소장자료. 녹취록. 학회점전록 등.

국조실록, 김교헌, 김삼웅, 김상일, 김지하, 뇌허당 신문잡지 자료철, 대학한국사

대한매일신보, 류연산, 문일평, 민영현, 박기봉, 박선희, 박시인, 박현, 배동수, 복기대, 서영대, 손보기, 손진태, 송지영, 송호수, 신용하, 신채호, 심백강, 안용근, 유희경 外, 윤명철, 이가원, 이규태, 이남규, 이덕일, 이상시, 이어령, 이융조, 이을호, 이이화, 이형구, 이홍식, 임종국, 정석배, 정인보, 주종환, 주채혁, 천관우

청주 인물역사기행, 최동, 최민호, 최인호, KBS역사스페셜, 한규성, 한배달, 한성신문, 한수산, 한영우, 홍이섭, 황준연, 황훈영의 논문 저술 대담기사 등